suhrkamp taschenbuch
wissenschaft 279

Die exemplarische Diskussion der Sprachphilosophien Herders und Humboldts im ersten Hauptteil des Buches dient der Einführung in die Sachfragen des Zusammenhangs von Sprache und Denken. Die Gründe, die Herders und Humboldts Vorhaben scheitern ließen, bilden die Grundlage für eine Systematisierung und Präzisierung der Fragestellung, die Seebaß im zweiten Hauptteil unternimmt. Sie führt noch nicht zu einer Form der Frage, in der das Problem von Sprache und Denken definitiv zu entscheiden wäre, wohl aber so weit, daß eine in dieser Beziehung weiterführende Auseinandersetzung mit vorliegenden oder denkbaren Argumenten, die eine solche Lösung für sich beanspruchen, möglich wird. Der dritte und umfangreichste Teil des Buches ist dieser Auseinandersetzung gewidmet. Diskutiert werden einschlägige Beispiele aus dem wissenschaftlichen Verständnis, der Philosophie, der Linguistik, der Psychologie und der Medizin: »Sprachliche Relativität«, Taubstummheit und Aphasie, Tests zur sprachfreien Begriffsbildung und »Objektkonstanz«, logisch-behavioristische Argumente für die theoretische »Unhintergehbarkeit« des faktisch sprachlichen Denkens, und verschiedene andere. Die Schwierigkeiten, die mit jedem dieser Lösungsversuche verbunden sind, und die Möglichkeiten zu ihrer Überwindung lassen erkennen, in welcher Weise eine aussichtsreiche Formulierung des Problems selbst zu erfolgen hat, und erlauben am Ende der Untersuchung die in methodischer Hinsicht entscheidende Eingrenzung: Die Frage nach dem Zusammenhang von Sprache und Denken muß überführt werden in eine ihr entsprechend »radikalisierte« semantische Frage.

Gottfried Seebaß, geboren 1945, hat in Heidelberg und in den USA (Harvard University, M. I. T., Providence) studiert und ist gegenwärtig Mitarbeiter am Max-Planck-Institut zur Erforschung der Lebensbedingungen in der wissenschaftlich-technischen Welt in Starnberg.

Gottfried Seebaß

Das Problem von Sprache und Denken

Suhrkamp

suhrkamp taschenbuch wissenschaft 279
Erste Auflage 1981

Satz und Druck: Georg Wagner, Nördlingen
Printed in Germany
Umschlag nach Entwürfen von
Willy Fleckhaus und Rolf Staudt

CIP-Kurztitelaufnahme der Deutschen Bibliothek
Seebass, Gottfried:
Das Problem von Sprache und Denken / Gottfried Seebass. –
1. Aufl. – Frankfurt am Main:
Suhrkamp, 1981.
(Suhrkamp-Taschenbuch Wissenschaft ; 279)
ISBN 3-518-07879-8
NE: GT

Inhalt

Vorwort

Das vorliegende Buch ist aus zehnjähriger Beschäftigung mit dem Problem von Sprache und Denken hervorgegangen. Während seine Gesamtkonzeption weitgehend gleichblieb, haben sich der formale Aufbau und die Gewichtung zwischen den einzelnen Teilen mehrfach verändert. Nahezu dem gesamten Text gingen frühere Fassungen voraus. Kürzungen betrafen vor allem die Untersuchungen zum Denkbegriff und zur ›radikalen Semantik‹, von denen die Teile, die dies aus sachlichen Gründen erlauben, zu gesonderter Publikation vorgesehen sind. Für die Druckfassung wurde zudem auf logische Formalisierung verzichtet. Gewisse Einbußen an Genauigkeit und Explizitheit schienen mir durch den Gewinn an Lesbarkeit und Allgemeinverständlichkeit überwogen zu werden.

Wie sehr meine Untersuchungen anderen Arbeiten verpflichtet sind, wird der Text zu erkennen geben. Mein besonderer Dank gilt denjenigen meiner akademischen Lehrer, mit denen ich in verschiedenen Phasen der Vorbereitung und Ausarbeitung Gelegenheit hatte, über die Arbeit selbst oder sie unmittelbar berührende Fragen zu sprechen, den Professoren Jeremy Anglin, Roderick Chisholm, Noam Chomsky, Nelson Goodman, Dieter Henrich, Willard V. Quine und vor allem Ernst Tugendhat, dem dieses Buch, trotz seiner in manchem anders gerichteten philosophischen Grundtendenz, mehr an Kritik und Beratung verdankt als jedem anderen. Der Studienstiftung des deutschen Volkes und der Heinrich-Heine-Stiftung danke ich für mehrjährige Stipendien, der Studienstiftung darüber hinaus für die Förderung eines einjährigen Studienaufenthalts in den USA.

Einleitung

»Geschickt schlug ich mit der Pfote ein ziemlich dickes Buch auf, welches vor mir lag, und versuchte, ob es mir nicht möglich sein würde, die Schriftzeichen darin zu verstehen. Das gelang mir zwar anfangs ganz und gar nicht, ich ließ aber gar nicht ab, sondern starrte hinein in das Buch, erwartend, daß ein ganz besonderer Geist über mich kommen, und mich das Lesen lehren werde. [. . .] Dabei darf ich auch nicht unterlassen, die merkwürdige Beobachtung mitzuteilen, die ich rücksichts des vollkommenen Verstehens der menschlichen Sprache gemacht. Ich habe nämlich mit vollem Bewußtsein beobachtet, daß ich gar nicht weiß wie ich zu diesem Verstehen gekommen bin. Bei den Menschen soll dies auch der Fall sein, das nimmt mich aber gar nicht wunder, da dies Geschlecht in den Jahren der Kindheit beträchtlich dümmer und unbeholfener ist, als wir.«

E.T.A. Hoffmann: *Kater Murr*

Liest man in der von der deutschen sprachphilosophischen und hermeneutischen Tradition beeinflußten Literatur, so kann mitunter der Eindruck entstehen, als erlernten die Menschen die Sprache so wie der Kater Murr. Hineingeboren in eine Gemeinschaft, so kann man lesen, wird der Mensch mit dem in dieser Gemeinschaft Vorhandenen, zu dem auch die Sprache gehört, konfrontiert, und vertrauensvoll wird es von ihm übernommen, ohne daß sich erkennen ließe, wie er nun eigentlich dazu kam. Nachträglich empfindet man es wie ein Geschenk. Und da man einem geschenkten Gaul bekanntlich nicht ins Maul sieht, so wird man sich hüten, ihm auf den Zahn zu fühlen oder gar zu versuchen, ihn anders zu machen, als er ist. Die Grenzen meiner Sprache bedeuten die Grenzen meiner Welt. Und meines Denkens. Allenfalls wird man sich noch nach anderen Geschenken umsehen. Aber Geschenke *bekommt* man eben. Und wenn man nachträglich darauf reflektiert und doch nicht weiß, wie man, was man weiß, jemals zu wissen bekommen konnte, sondern immer nur wieder darauf stößt, daß man schon weiß, was man weiß, dann gibt man das fruchtlose

Reflektieren auf und bescheidet sich vor dem factum mysticum des hermeneutischen Zirkels.

Aber der Kater Murr ist ein Kater, und das sollte stutzig machen. Er selbst muß auf einen ›Geist‹ warten, der über ihn kommt, und daß er dabei bloß in sein dickes Buch zu starren braucht, ohne sich sonst noch ein bißchen in der Welt umzusehen, nehmen wir ihm einfach nicht ab. (Tiere reden ja auch, bislang, nur im Märchen.) Der Geist, auf den der Kater warten muß, steht dem Menschen von Anfang an zur Verfügung, wenn auch gewiß nicht in der Weise, daß er aus bloßem Hinstarren auf Druckfiguren oder aus bloßem Hinhören auf Laute plötzlich Verständnis macht. Vielmehr wird dieser Geist sich anstrengen und mit dem, was ihm gegeben ist, auseinandersetzen müssen. In diese Auseinandersetzung hinein bzw. mit ihr zugleich muß der Lehrende, der seine Sprache weitergibt, wirken, und das geschieht sicher nicht wie das Aushändigen eines Geschenkes, sondern nur in der Form eines langwierigen und komplizierten Anpassungsprozesses, währenddessen der Schüler zu einem (mehr oder weniger) ordentlichen Glied der Gemeinschaft gedrillt wird. Aber auch der gewaltigste Instrukteur kann sich nicht einfach über das in der Welt, unabhängig von seinen Instruktionen, Gegebene hinwegsetzen. Er kann es nicht einmal nach Belieben vorenthalten. Der Geist des Schülers wird sich nicht blindlings an die Leine nehmen lassen, und selbst wenn er es täte, bliebe er doch in seinen Fesseln lebendig, könnte sich später einmal befreien und das blind Übernommene kritisch, im Vergleich mit dem tatsächlich Vorliegenden oder selbständig von ihm Errungenen, überprüfen und nach seinen Vorstellungen umgestalten. Ja, noch für die traditionalistischen Musterknaben dürfte das Wort des Dichters gelten, nach dem man das von Vätern Ererbte erwerben muß, um es selbst zu besitzen.

Das hat man schließlich auch in der deutschen sprachphilosophischen Tradition nicht übersehen können. Der Vergleich mit dem Kater Murr ist ja, glücklicherweise, nur eine Karikatur, die sich manchmal aufdrängen will. Was etwa Herder angeht, der gern als Begründer oder zumindest als Anreger dieser Philosophie zitiert wird, so hat er selbst bekanntlich eine Theorie des Sprachursprungs entwickelt, die auf dem Zusammenwirken von in der Welt Gegebenem und menschlichem Geist aufbaut. Auch wenn er dieses Zusammenspiel, in dem sich die Sprache konstituiert, nicht im einzelnen aufgeklärt hat, bleibt es doch grundsätzlich denkbar, das in seinem Sinne nachzuholen. Zwei Punkte freilich belasten den Herderschen Ansatz und machen seine kritiklose Fortführung unmöglich. Einerseits die, wie sich zeigen wird, nicht bewiesene These vom (notwendigen) *Zusammenhang* zwischen Geist, Welt und Sprache. Andererseits die schon im Vorstehenden ironisierte, unreflektierte oder zumindest undetaillierte Behandlung des *Spracherlernens*. Tiefsinnige Erklärungen über eine weitgehende oder gar vollständige Abhängigkeit von der tradierten Sprache, wie sie in der auf Herder folgenden deutschen Sprachphilosophie zum Gemeinplatz wurden, waren nur möglich, weil die Zusammenhangsthese unbesehen vorausgesetzt und der Übernahmeprozeß selbst unaufgeklärt gelassen oder doch so global behandelt wurde, daß er tatsächlich wie das Aushändigen eines Geschenkes erschien.

Es ist das Ziel dieses Buches, die Frage nach den Grundlagen solcher und ähnlicher Sprachabhängigkeitsbehauptungen neu zu stellen. Das Kernstück, das es vor allem zu überprüfen gilt, ist die These vom notwendigen Zusammenhang zwischen Sprache und Denken. Aber es wird sich zeigen, daß eine gesicherte Entscheidung hierüber mit einer detaillierten Analyse des Spracherlernens direkt verknüpft ist.

Sprachabhängigkeitsbehauptungen sind nicht auf die deutsche Szene beschränkt, auch wenn sie hierzulande vielleicht die längste Tradition haben und (aus nur allzu gekannten Gründen) noch immer den besten Nährboden finden. Thesen, wie sie in Deutschland etwa von Weisgerber oder Cassirer vertreten wurden, sind in Amerika durch die programmatischen Aufsätze Whorfs zu spektakulärer Berühmtheit gelangt. Und auch dort, wo man so ausgreifenden Behauptungen gegenüber skeptischer blieb, wie in der analytischen Philosophie und der strukturellen Linguistik, herrscht weitgehend die Überzeugung, daß zumindest das höhere menschliche Denken ohne Sprache nicht denkbar ist. Der ›linguistic turn‹ zu Beginn dieses Jahrhunderts hat die Zusammenhangsfrage praktisch zugunsten der Abhängigkeit entschieden. Von welcher Art aber die seither vertretenen Auffassungen über Sprache und Denken auch sein mögen, ihnen allen gemeinsam ist die nicht zureichende theoretische Begründung, wenn nicht die völlige Unreflektiertheit auf die Grundlagen des behaupteten Zusammenhangs.

Ein wesentliches Motiv dafür, das vor allem im angelsächsischen Bereich, teilweise (uneingestanden) aber wohl auch in der deutschen hermeneutischen Tradition eine Rolle gespielt hat, ist die Annahme, daß Fragen von solcher Prinzipialität und Allgemeinheit gar nicht erfolgreich gestellt werden können und daß man daher, um fruchtlose Spekulationen zu vermeiden, besser tut, sich mit dem Konstatieren der faktischen (und als Faktum natürlich unbestreitbaren) ›Sprachlichkeit‹ des menschlichen Denkens zufrieden zu geben. Wo sie von dieser Haltung getragen ist, stellt die Abhängigkeitserklärung, entgegen ihrem äußeren Anschein, keine *Antwort*, sondern eine pragmatische *Zurückweisung* der prinzipiell verstandenen Zusammenhangsfrage dar. Im Gegenzug hierzu ist es die Grundüberzeugung der vorliegenden Arbeit, daß diese Frage nicht nur sinnvoll gestellt werden *kann*, sondern gestellt werden *muß*, wenn man das Phänomen, das von denen, die sie verwerfen, als etwas Selbstverständliches vorausgesetzt wird, sc. das Phänomen ›Sprache‹, wirklich verstehen will. Insofern bleibt sie der deutschen sprachphilosophischen Tradition verpflichtet, zumindest so weit, als diese durch Autoren wie Herder und Humboldt, bei denen die Zusammenhangsfrage diese Bedeutung hat, repräsentiert wird.

Sinnvoll ist sie jedoch nur, wenn sie in einer Form gestellt wird, die Aussicht auf befriedigende Antworten bietet. Daß die begrifflichen und methodischen Mittel der deutschen Tradition dazu ausreichen, ist zu bezweifeln. Die entscheidende sprachtheoretische Entwicklung der letzten Jahrzehnte ist nahezu vollständig an dieser Tradition, größtenteils auch an der deutschen Szene vorbei- und letztlich ganz über sie hinweggegangen, und es wäre so etwas wie ›wissenschaftliche Nostalgie‹ oder unwissenschaftlicher Nationalismus dahinter zurückgehen zu wollen. Niemand, der heute ernsthaft und mit dem Anspruch auf theoretische Geltung mit der Sprache befaßt ist, kann den Zuwachs an begrifflicher und methodischer Klarheit, der in der strukturellen Linguistik und vor allem in der sprachanalytischen Philosophie erreicht wurde, unberücksichtigt lassen. Wenn es möglich ist, eine zentrale Frage der deutschen Tradition in einer anderen als historischen Form aufzugreifen, dann nur, wenn es gelingt, sie mit den dort bereitgestellten sprachtheoretischen Mitteln zu explizieren. Die vorliegende Arbeit geht von der Annahme aus, daß dies für das Problem von Sprache und Denken zu leisten ist und stellt ihrerseits einen ersten Versuch dazu dar. Es versteht sich von selbst, daß ein solches Vorhaben mit einem ›positiven Vorurteil‹ für die Tradition, an die es anknüpft, verbunden ist. Aber es impliziert auch die prinzipielle Bereitschaft, sie dort, wo es sachlich notwendig ist, hinter sich zu lassen. Es geht nicht darum, eine bestimmte Tradition zu ›retten‹, sondern die in ihr zur Sprache gebrachten Sachfragen voranzubringen.

Wenn darum im ersten Hauptteil des Buches eine Auseinandersetzung mit Herder und Humboldt unternommen wird, so hat dies einen doppelten Grund. Einmal soll die für die deutsche Tradition charakteristische Abhängigkeitsbehauptung im Rückgang auf zwei ihrer frühesten und gewichtigsten Vertreter kritisch *›destruiert‹* werden, um so den Weg frei zu machen, die Frage nach ihrer Berechtigung innerhalb dieses Traditionszusammenhangs neu und unvoreingenommen zu stellen. Gleichzeitig aber dient der traditionelle Ausgangspunkt dazu, im Gegenzug gegen eine extern verbreitete Indifferenz den *Sinn* der Fragestellung in einer vorläufigen, historisch eingebundenen Form zu verdeutlichen und seine nachfolgende schrittweise Präzisierung und Systematisierung vorzubereiten. Hier liegt das Ziel des zweiten Hauptteils. Unter Zuhilfenahme der Mittel, die die neuere Sprachtheorie an die Hand gibt, wird der Versuch gemacht, die Zusammenhangsfrage, unter Bewahrung ihres grundlegenden Sinns, von traditionellen Fußangeln zu befreien und in die Form zu bringen, die befriedigende Antworten zuläßt. Zugleich damit werden formale Bedingungen statuiert, an denen sich konkrete Lösungsvorschläge messen lassen. Im dritten und umfangreichsten Teil des Buches, der dieser Aufgabe gewidmet ist, wird sich ergeben, daß keines der Argumente, die einen Beweis für oder gegen die Sprachabhängigkeit zu liefern scheinen oder in dieser Absicht vorgebracht worden sind, zu einer definitiven Entscheidung führt. Die Gründe dafür liegen zum Teil in der Unklarheit über den Fragesinn und die notwendigen Schritte zu ihrer Beantwortung, teilweise aber auch in grundlegenden sprachtheoretischen Schwierigkeiten, die bislang ungelöst sind und deren Beseitigung daher die vordringliche Aufgabe für die Zukunft darstellt. Der Entwurf eines hierfür geeigneten Verfahrens bildet den Schluß des Buches: den Zugang zum Problem von Sprache und Denken eröffnet eine (ihm entsprechend) ›radikalisierte‹ *semantische* Fragestellung, die ihrerseits sinnvoll in ›radikalen‹ Sprach*lern*situationen angesetzt wird.

Der Leser also, der sich von diesem Buch bereits eine gültige Lösung oder doch wenigstens einen konkreten eigenen Lösungsvorschlag erwartet, wird sich getäuscht sehen. Aber seine Erwartung entspricht nun einmal nicht den realen Gegebenheiten. Wie in anderen philosophischen Teilbereichen so befinden wir uns auch in der Sprachphilosophie, trotz der bedeutenden sprachtheoretischen Fortschritte seit dem ›linguistic turn‹, nicht in der Phase der großen Synthesen oder Gesamtentwürfe, sondern in der differenzierter analytischer Vorklärungen. Die Gefahr, daß ihre Vorläufigkeit und ihr weiterer philosophischer Horizont ganz aus dem Blickfeld gerät, darf kein Vorwand sein für freizügiges philosophisches Spekulieren. Geistige Levitationen unter dem Deckmantel der Abstraktion enden immer mit einer Bruchlandung, und spekulative ›Lösungen‹ ohne die nötigen Vorklärungen waren es schließlich, die die traditionelle Fragestellung in Mißkredit brachten. Die entscheidenden sachlichen Gründe, die gesicherte Aussagen über den Zusammenhang zwischen Sprache und Denken derzeit unmöglich machen, werden im folgenden hinreichend deutlich werden. Zu viele Punkte sind unaufgeklärt, als daß eine einzelne Arbeit mit ihnen fertig werden könnte, und wie sich zeigen wird, kann eine definitive Entscheidung ohnehin nicht allein ›im Armsessel des Philosophen‹ fallen, sondern nur im direkten Kontakt mit den einschlägigen empirischen Wissenschaften. Der spezifische Beitrag des Philosophen, scheint mir, liegt in der kritischen Reflexion darauf, ›was man vernünftigerweise fragen solle‹, und das ist dort, wo noch immer die Gefahr droht, daß einer (nach Kants bekannten Diktum) den Bock melkt und der andere ein Sieb unterhält, nicht so ganz wenig.

Teil A
Das Problem von Sprache und Denken bei J. G. Herder und W. v. Humboldt

Daß weder Herder noch Humboldt eine einheitliche und systematische Sprachphilosophie entwickelt haben, wird von den Interpreten übereinstimmend herausgestellt. Herders sprachphilosophische Äußerungen sind über rund 35 Jahre hin auf verschiedenste Schriften verstreut, die weder in sich konsistente Theorien enthalten, noch, wie die unterschiedlichen Ergebnisse der entsprechenden Versuche gezeigt haben, in einer kontinuierlichen historischen Entwicklung zusammenzufassen sind. Humboldts Beschäftigung mit der Sprache reicht über einen noch längeren Zeitraum und ihr schriftlicher Niederschlag übertrifft, ihrer größeren Intensität und Kontinuität entsprechend, das Herdersche Opus um ein Vielfaches. Aber auch hier stehen wir vor zahllosen Unklarheiten und inneren Widersprüchen. Die Texte sind eher noch undurchsichtiger. Sie enthalten eine fast unüberschaubare Fülle von Einzelgedanken, deren theoretischer Zusammenhang und argumentative Relevanz oft nicht zu erkennen sind, eine Sachlage, die (u. a.) darauf zurückgeht, daß sich bei Humboldt sprachphilosophische und empirisch-sprachwissenschaftliche Gesichtspunkte, zumindest in der Darstellung, vermischen.

Diese Situation stellt jede Interpretation vor beträchtliche Schwierigkeiten. Die Gefahr von uferlosen philologischen Diskussionen ist ebenso groß wie die Gefahr, eigene Ideen in die Texte hineinzutragen, und vor allem für das letztere liefert die vorliegende Literatur eine Reihe von warnenden Beispielen. Noch verhängnisvoller ist es, sich durch die Unklarheiten der Texte zu Spekulationen über angeblich in ihnen enthaltene ›neue Denkweisen‹ verleiten zu lassen oder die Unklarheit (im Gewande des Tiefsinns) gar zur Methode zu erheben.[1] Unangemessen sind alle derartigen Interpretationen nicht zuletzt deshalb, weil sie die kritische Auseinandersetzung mit der von Herder und Humboldt, wenngleich in nicht hinreichend geklärter Form, vertretenen Sache verhindern, bzw. stillschweigend (und z. T. sicher unbewußt) voraussetzen, daß sie einer kritischen Prüfung nicht standhält. Daß man, indem man sie in der Sache nicht ernst nimmt, den Intentionen der Autoren am allerwenigsten gerecht wird, liegt auf der Hand.

1 Das eklatanteste mir bekannte Beispiel hierfür ist G. Meggle: *J.G. Herders Erkenntnistheorie als Sprachtheorie*, in: Vergleichen und Verstehen. Festschrift H. Motekat, edd. A. Goetze / G. Pflaum, München 1970, 52-73.

Wenn hier eine solche, allein an der Sache orientierte Auseinandersetzung versucht wird, so ist von vorneherein davon auszugehen, daß das nur in einem begrenzten Umfange möglich ist. Der sachliche Rahmen ist durch die systematische Zielsetzung dieser Arbeit gegeben. Es geht darum, die sprachphilosophischen Ansätze von Herder und Humboldt zu explizieren und ihre wesentlichen Behauptungen über das Verhältnis von Sprache und Denken auf ihre Stichhaltigkeit hin zu prüfen. Die systematischen Interessen bestimmen nicht nur die Interpretationsmethode, sondern auch die Auswahl der interpretierten Texte, bzw. (im Falle von Humboldt) zudem der zugrundegelegten Schriften.[2] Vollständigkeit ist in keiner Hinsicht beansprucht. Es versteht sich von selbst, daß die Positionen der beiden Autoren so weit und so sorgfältig wie möglich von den Texten her zu bestimmen versucht wurden.

2 Von HERDER wurden die folgenden Schriften zugrundegelegt (zitiert nach der Ausgabe von B. Suphan, Berlin 1877 ff.): *Über den Fleiß in mehreren gelehrten Sprachen*, 1764 (I,1-7); Fragmente: *Über die neuere Deutsche Literatur*, 1766-68 (I,147-157. 229-240. 386-406. 414-423; II,8-29. 58-69); *Abhandlung über den Ursprung der Sprache*, 1770 (V,5-147); *Aelteste Urkunde des Menschengeschlechts*, 1773. 1774-76 (VI,297-303; VII,30-31); *Vom Erkennen und Empfinden der menschlichen Seele*, 1774. 1775. 1778 (VIII,195-198. 287-294); *Ideen zur Philosophie der Geschichte der Menschheit*, 1784 ff. (XIII,138-142, 343-374); *Verstand und Erfahrung. Eine Metakritik zur Kritik der reinen Vernunft*, 1799 (XXI,12. 18-21. 25 f. 40 f. 49. 57. 63. 82-112. 117-128. 157 f. 171-184. 207-210. 220-222. 250-254. 263-265. 267-271. 292-294. 305 f. 317 f.)

Die Auseinandersetzung mit HUMBOLDT stützt sich auf eine (relativ umfangreiche) Auswahl von sprachphilosophisch orientierten Texten, bei der, vom unveröffentlichten Nachlaß abgesehen, nur die spezielleren sprachwissenschaftlichen Arbeiten nicht berücksichtigt wurden. Zugrundegelegt sind (zitiert nach der Akademie-Ausgabe, ed. A. Leitzmann, Berlin 1903 ff.): *Über Denken und Sprechen*, 1795/96 (VII,581-583); Zwei Nachlaßblätter, 1796/97? (veröffentlicht von W. Lammers in: *Wilhelm von Humboldts Weg zur Sprachforschung 1785-1801*, Neue dt. Forschungen XIX/1, Berlin 1936, 31-33, im Folgenden abgekürzt: ›L,31-33‹); Fragmente der Monographie über die Basken, 1801 (VII,593-603); *Einleitung in das gesamte Sprachstudium*, 1810/11 (VII,619-628); *Ankündigung einer Schrift über die Vaskische Sprache und Nation, nebst Angabe des Gesichtspunctes und Inhalts derselben*, 1812 (III,288-299); *Über Sprachverwandschaft*, 1812/14 (VII,629-636); *Ueber das vergleichende Sprachstudium in Beziehung auf die verschiedenen Epochen der Sprachentwicklung*, 1820 (IV,1-34); *Ueber den Einfluss des verschiedenen Charakters der Sprachen auf Literatur und Geistesbildung*, 1821 (VII,640-644); *Ueber das Entstehen der grammatischen Formen, und ihren Einfluss auf die Ideenentwicklung*, 1822 (IV,285-313); *Ueber den Nationalcharakter der Sprachen*, 1822 (IV,420-435); *Ueber die Buchstabenschrift und ihren Zusammenhang mit dem Sprachbau*, 1824 (V,107-133); *Grundzüge des allgemeinen Sprachtypus*, 1824/26 (V,364-473); *Ueber den Dualis*, 1827 (VI,4-30); *Von dem grammatischen Baue der Sprachen*, 1827/29 (VI,337-398); *Ueber*

Die Unklarheiten der Texte und ihr weitgehend unsystematischer Charakter zwingen den, der sich sachlich mit ihnen auseinanderzusetzen versucht, jedoch zu selbständigen Systematisierungen, die über das gegebene Material hinausgehen. Es kann nicht ausgeschlossen werden, daß auch die vorliegende Untersuchung gelegentlich der Gefahr des ›Eintragens‹ von Eigenem erliegt. Wo dies der Fall ist, muß der historische Anspruch eingeschränkt werden. Der sachliche Anspruch bleibt und er schien mir in einer systematischen Arbeit im Zweifelsfalle den Vorzug zu verdienen.

die Verschiedenheiten des menschlichen Sprachbaues, 1827/29 (VI,111-303); *Ueber die Verwandschaft der Ortsadverbien mit dem Pronomen in einigen Sprachen*, 1829 (VI,304-330); *Ueber die Verschiedenheit des menschlichen Sprachbaues und ihren Einfluss auf die geistige Entwicklung des Menschengeschlechts* (=Einleitung zum Kawi-Werk), 1830/35 (VII,1-344).

Kapitel I

Johann Gottfried Herder

1. Das Problem des Sprachursprungs

Die Frage nach dem Zusammenhang von Sprache und Denken stellt sich für Herder als Teil der Frage nach dem Wesen der Sprache und das Problem der Sprache stellt sich für ihn als das Problem des Sprachursprungs. Obwohl dies erst das unmittelbare Thema der *»Abhandlung«* ist, wird es bereits in den *»Fragmenten«* berührt, und nur hier finden sich Äußerungen, die direkten Aufschluß darüber geben, wie Herder die Fragestellung als solche auffaßt. Er nennt in diesem Zusammenhang drei Arten, nach dem Ursprung der Sprache zu fragen: »ihn entweder historisch zu erfahren, oder Philosophisch zu erklären, oder Dichterisch zu muthmaßen« *(II,61)*. Die historische Frage, die zunächst als der sicherste Weg erscheinen mag, scheidet für Herder aus, weil wir Nachrichten über den Sprachursprung weder faktisch besitzen, noch je besitzen könnten, da Denken, Sprechen und sogar Schreiben hierzu bereits vorausgesetzt werden müßten. Gefragt sollte nicht werden, wie die Sprache entstanden *ist*, sondern vielmehr, wie sie entstehen *konnte (I,150; II,64)*, d. h. seine Ursprungsfrage ist *zeitlos* gemeint und zielt letztlich auf eine Bestimmung des Wesens der Sprache durch die Bestimmung ihrer konstitutiven Prinzipien. Zu einer Antwort ist hier nur die »philosophische Erklärung« in der Lage, ergänzt durch die (in sich erkenntnismäßig unzureichende) »dichterische Muthmaßung«, die erst anschließend in eine »historische« Darstellung umgesetzt werden kann *(II,61 f.)*. Diese Reihenfolge wird dann in der *»Abhandlung«* selbst leitend: die Begründung der These vom menschlichen Sprachursprung erfolgt ›philosophisch‹, ›historische‹ Belege dienen nur zur Illustration.

In der vorliegenden Literatur sind es H. Salmony und vor allem K. Ulmer gewesen, die darauf aufmerksam gemacht haben, daß Herder die Ursprungsfrage als prinzipielle philosophische Frage nach dem, was ›Sprache zu Sprache macht‹, verstanden, und deutlich, wenn auch nicht deutlich genug, von einer entsprechenden historischen Frage unterschieden hat.[3] Ein sicheres Indiz dafür ist (neben den zitierten Äußerungen) auch die Tatsache, daß Herder in der *»Abhandlung«* auf jeden Versuch verzichtet, die auch von ihm unterstellte Ursprache aus den vorliegenden Sprachdaten zu rekonstruieren *(V,73. 139)*. Denn zu den »vielen Ursachen«, die er für diesen Verzicht verantwortlich macht, gehört natürlich nicht nur der Mangel an empirischem Material. Dieser Mangel ist wenig später durch die aufkommende sprachwissenschaftliche Forschung erheblich verringert worden, ohne daß Herders Frage dadurch überholt worden wäre. Im Gegenteil, Ulmer hat an Jacob Grimms späterer Abhandlung gezeigt, wie eine rein sprachwissenschaftlich-historisch verstandene Ursprungsfrage zum Verlust des philosophischen Sinnes und zur gänzlichen Unreflektiertheit auf die eigenen sprachphilosophischen Prämissen führt.[4] In der Tat: wenn es um das (genauere) Verständnis der Sprache selbst geht, muß jede historische Frage nach ihrer Entstehung das Ziel grundsätzlich verfehlen. In phylogenetischer Hinsicht ist sie, wie Herder erkannt hat, praktisch und theoretisch aussichtslos. Ontogenetisch gilt – trotz des erleichterten empirischen Zugangs – das gleiche, denn es geht in der philosophischen Ursprungsfrage nicht darum, *wann* eine bestimmte Sprachleistung (von einem einzelnen oder der Menschheit überhaupt) erbracht wird, sondern welche *Prinzipien* für ihre Ausbildung konstitutiv sind.[5]

Nach einer genaueren theoretischen Bestimmung dessen, worin das Verfahren der »philosophischen« Erklärung besteht, suchen wir bei Herder nun allerdings vergebens. Wir müssen uns an das halten, was er faktisch zur Begründung seiner Behauptungen über den Sprachursprung tut, sc. begriffliche Folgerungen aus bestimm-

3 H.A. Salmony: *Die Philosophie des jungen Herder* (Diss. Basel), Zürich 1949, 11. 47 f.; K. Ulmer: *Die Wandlungen des Sprachbildes von Herder bis zu J. Grimm*, in: Lexis II/2 (1951), 263-286. Daß das eigentliche Ziel der *»Abhandlung«*, wie Ulmer vermutet (269) noch immer »die Beantwortung der historisch-philologischen Frage« ist und Herder nur »die Notwendigkeit sieht, zuvor die Wesensfrage zu beantworten«, scheint mir vom Text her jedoch nicht einleuchtend.

4 Ulmer 1951, a.a.O., 273 f., u. ö.

5 Es ist darum nicht notwendig, daß Herder, wie Salmony fordert (a.a.O., 87 ff.), zur Begründung seiner These vom Menschen als Sprachwesen den Sprachbesitz auch bei Neugeborenen nachweist. Mit gleichem Recht könnte man diesen Nachweis dann auch beim Embryo fordern oder gar für das Genom – eine absurde Konsequenz, die beweist, daß die philosophische Frage verfehlt wurde.

ten Annahmen über das Wesen der Menschen und seiner Sprache zu ziehen, und dies nicht in logisch geklärter Form, sondern in mehr oder weniger lockerer Gedankenführung. Seine Schlüsse sind alles andere als formal eindeutig und ihre Prämissen haben wir als »philosophische« Spekulationen (oder »dichterische« Einsichten) erst einmal hinzunehmen. Wenn wir uns dadurch von einer sachlichen Auseinandersetzung nicht abschrecken lassen, bleiben uns eine Reihe bewährter Beurteilungskriterien: ›intuitive‹ Plausibilität, innere Konsistenz und Folgerichtigkeit, Vereinbarkeit mit bekannten Fakten und (wenn nötig) Gesichtspunkte der theoretischen ›Ökonomie‹. Versuchen wir, Herders Theorie, soweit möglich, an ihnen zu messen.

2. Herders Kritik an den traditionellen Ursprungstheorien

Herder gewinnt seinen Standpunkt in der polemischen Abgrenzung gegen die drei wesentlichen Ursprungstheorien, die er vorfand: der ›natürlichen‹ Ableitung der Sprache aus den Lautäußerungen der Tiere; der Konventionshypothese, nach der sie von mehreren Menschen auf Grund eines (erweiterten) Kommunikationsbedürfnisses konstruiert wurde; und der Theorie des göttlichen Ursprungs, die den Menschen die fertige Sprache durch höhere Unterweisung empfangen ließ. Die erste dieser Theorien wird von Herder mit dem Argument widerlegt, daß die Tiere selbst keine Sprache besitzen *(V,17f. 37f. 44f.)*, und es erübrigt sich m. E., näher auf sie einzugehen.[6] Anders steht es mit den beiden zuletzt genannten Positionen. Denn hier werden in Herders Kritik Voraussetzungen erkennbar, die nicht selbstevident sind und seine eigene Theorie gefährden.

An Herders Ablehnung der Konventionshypothese fällt auf, daß er ein sachliches Gegenargument überhaupt nicht verwendet. Erklärt wird nur, sie stehe im Widerspruch zu der von selbst in die Sprache drängenden menschlichen Natur *(V,38. 60. 101)*, was Herders eigene Theorie schon voraussetzt und darum zunächst

6 Auf evolutionistische Tendenzen in Herders Theorie des Sprachursprungs, die die zitierte klare Absage an eine ›natürliche‹ Ableitung relativieren könnten, verweist P. Salmon: *Herder's Essay on the Origin of Language, and the Place of Man in the Animal Kingdom,* in: German Life and Letters 22 (1968-69), 59-70.

ohne Beweiskraft ist. Eine eingehendere Untersuchung des behaupteten konventionellen Sprachursprungs fehlt. Gefährlich ist das vor allem deshalb, weil damit gerade die stärkste Seite der Hypothese und ihre eigentliche Pointe, sc. die versuchte Erklärung der sprachlichen Intersubjektivität, unberücksichtigt bleibt. Herder lehnt mit der Konventionstheorie die Möglichkeit vorsprachlicher Kommunikation (z. B. durch einfache Gesten) ab, ohne daß klar wird, ob das nur die Folge eines verengten Sprachbegriffs ist (der Gesten ausschließt) oder ob sachliche Argumente dahinterstehen, und ohne daß eine andere Theorie entwickelt wird, die die Einigung mehrerer Individuen auf eine der vorliegenden Natursprachen verständlich macht. Was das für die Herdersche Theorie bedeutet, wird sich noch zeigen.

Die Theorie des göttlichen Sprachursprungs beruft sich auf die (von Menschen nicht zu bewirkende) Zweckmäßigkeit und Ordnung der Sprache. In einem ersten Argumentationsgang versucht Herder darum zunächst, durch Hinweise auf das allgemeine Phänomen des Sprachwandels *(II,65)* und auf verschiedene Einzelerscheinungen nachzuweisen, daß die vorliegenden Sprachen so wohlgeordnet nicht sind und daß die tatsächlich bestehende Ordnung durchaus von Menschen erfunden sein könnte.[7] Dabei ist ein Argument besonders bemerkenswert. Daß sich alle Sprachen mit einer begrenzten Anzahl vom Buchstaben schreiben lassen, spricht nach Herder darum nicht für die göttliche Ordnung, weil es sich bei den Buchstaben um später hinzugefügte Gedächtnisstützen handelt, die in höchst unvollkommener Weise die unendliche Lautvielfalt der gesprochenen Sprache zu fassen suchen *(V,10-14. 124 f.; VI,297)*. Damit wird die linguistische Tatsache übersprungen, daß für Sprachen ja auch in lautlicher Hinsicht nur

7 Beispiele für die fehlende Ordnung sind: Zweisilbigkeit der Verben *(V,55 f.)*, Homonymie *(71)*, Synonymie *(75 f.)*, Benutzung von vorhandenen Stämmen bei Wortneubildungen *(87 f.)*, frühere Verwendung von Verben als von Substantiven *(51 f.)*, Fehlen von erfahrungsunabhängigen reinen Begriffen *(81)*. Die menschlich bedingte Sprachordnung wird pauschal behauptet *(V,143 f.)* und durch folgende Erklärungen gestützt: acht Redeteile waren (so Herder) ursprünglich nicht gegeben und ihre Ausbildung zeigt nur die menschliche Sprachgestaltung *(V,108 f.)*; die Eignung der Sprachen zu Kunst und Wissenschaft beweist ihre Menschlichkeit *(81)*; und es ist auch nicht notwendig, ein philosophisch oder grammatisch reflektiertes Bewußtsein für die Veränderung von Sprachen vorauszusetzen *(109 f.)*, sondern dazu genügt ein einfaches Sprachverständnis, wie es sprechende Menschen von Anfang an besitzen *(107)*.

die in Opposition zueinander stehenden *Phoneme* und die aus ihnen gebildeten höherstufigen Ausdrucks-*Typen* relevant sind, nicht die verschiedenen Ausspracherealisationen. Herders Darstellung erweckt den – historisch verständlichen, aber sachlich irreführenden – Anschein, als gehöre die Lautvielfalt wesentlich mit zur Sprache, und es wird sich herausstellen, daß dies mit bestimmten Schwierigkeiten in seiner eigenen Theorie zusammenhängt.

Der entscheidende Einwand gegen den göttlichen Sprachursprung richtet sich aber gegen die Annahme des göttlichen Unterrichts selbst. Herder erklärt: wenn es sich dabei auf seiten des Menschen nicht bloß um ein gedankenloses Nachplappern handeln soll *(V,41)*, müßte für diesen Lernprozeß Vernunft und Sprache bereits vorausgesetzt werden *(V,40. 46)*. Daß die Voraussetzung von Vernunft ein Argument gegen den göttlichen Unterricht sein kann, hat ihrerseits Herders These von der Sprachgebundenheit der Vernunft zur Voraussetzung, die an dieser Stelle noch nicht berücksichtigt werden soll. Wichtig ist aber (auch unabhängig davon) der Vorwurf vorausgesetzter Sprache. Denn er bezieht sich, genauer betrachtet, gar nicht auf einen göttlichen Sprachunterricht speziell, sondern auf das Erlernen der Sprache im allgemeinen. Streng genommen besagt er, daß Sprachen überhaupt nicht *erlernt*, sondern nur selbständig *entwickelt* werden können, eine Behauptung, die den Tatsachen ganz offensichtlich zuwiderläuft.

Wir können Herder freilich auch weniger streng interpretieren und sagen, daß eigene Spracherfindung bei jedem Lernprozeß *mitbeteiligt* sein muß und daß dieser Anteil bereits genügt, um einen göttlichen Unterricht, der den Menschen in *völlige* Passivität verweisen würde, unmöglich zu machen. In dieser Weise hat Herder offenbar selbst verstanden sein wollen, da er den menschlichen Sprachunterricht ausdrücklich durch die mitwirkende Spracherfindung vom göttlichen unterscheidet *(V,41)*. Aber auch damit wären die Schwierigkeiten nicht vollständig ausgeräumt; denn nun müßte noch immer gezeigt werden, wie auch nur teilweise Sprachübernahme möglich sein kann, ohne daß das Übernommene selbständig entwickelt wird, und dafür gibt Herder keine Erklärung. Auch hier also wird eine Theorie verworfen, deren sachlicher Gehalt nicht ausdiskutiert und für die alternative Erklärungen noch nicht entwickelt wurden, und auch dies hängt, wie sich zeigen wird, mit ungelösten Problemen in Herders eigener Theorie zusammen.

3. Die Herdersche Ursprungstheorie

Das Hauptmerkmal dieser Theorie ist ihr Versuch, die Sprache unmittelbar im Wesen des Menschen zu begründen. Dazu entwirft Herder zunächst eine eigene philosophische Anthropologie *(V,22-34)*. Der Mensch ist nach ihr grundsätzlich vom Tier unterschieden. Angeborene Instinkte und spezialisierte Fähigkeiten, mit denen die Tiere für einen bestimmten Lebenskreis prädisponiert sind, fehlen ihm und setzen ihn allen anderen Lebewesen gegenüber in (jeweiligen) Nachteil. Ausgeglichen wird dies durch die Freiheit, sich einen eigenen Lebenskreis zu suchen und die für ihn notwendigen Fähigkeiten selbständig zu entwickeln; der Mensch ist offen für die gesamte Welt. Die Grundlage dafür kann nun nach Herder nicht durch verschiedene, über die Tierheit hinausgehende Sondervermögen wie »Vernunft«, »Verstand«, »Besinnung«, »Witz«, »Scharfsinn« oder »Phantasie« bestimmt werden; vielmehr handelt es sich um eine einzige, unterschiedlich ausgeprägte Grundkraft, die Herder »Besonnenheit« (oder »Reflexion«) nennt. Sie ermöglicht es dem Menschen, aus einer Totalität von Eindrücken bestimmte herauszugreifen und sich auf sie zu konzentrieren. Als Mittel dazu dienen ihm Merkmale. Er sieht z. B. ein Schaf, sucht nach einem Merkmal, um es gegen andere Erscheinungen abzugrenzen, und findet es schließlich in seiner Lautäußerung, dem Blöken. Herders These ist nun, daß mit der Bildung von Merkmalen die Sprache ›erfunden‹ wird. Als ›besonnenes‹ und damit merkmalbildendes Wesen erweist sich der Mensch als ›Sprachwesen‹: der Sprachursprung ist nichts als menschliche Selbstverwirklichung.[8]

Für Herder ist die Entwicklung von Sprache darum keine spezifisch soziale Erscheinung, wie es die Konventionshypothese

8 Die Herdersche Theorie der Merkmalbildung ist, wie sich aus dieser Zusammenfassung ergibt, mit seiner These vom Menschen als ›Sprachwesen‹ unmittelbar verbunden und nicht etwa nur ein nebensächliches Relikt früherer Sprachauffassungen, wie in der Literatur gelegentlich behauptet wurde (vgl. W. Sturm: *Herders Sprachphilosophie in ihrem Entwicklungsgang und ihrer historischen Stellung*, Diss. Breslau 1917, 30).

behauptet, sondern ebenso und primär eine individuelle. Auch derjenige, der auf einer einsamen Insel ausgesetzt wäre, müßte – als Mensch – Sprache entwickeln, sofern er nur überhaupt von sinnlichen Eindrücken erreicht wird *(V,38. 49 f. 101 f.)*. Das gilt jedenfalls für die konsequente Entwicklung der Ursprungstheorie in der *»Abhandlung«*. Später (vgl. *XIII,138. 356* und unten S. 42 ff.) und an einer Stelle der *»Abhandlung«* selbst *(V, 140 f.)* hat Herder seine Ansicht in diesem Punkt revidiert, da er die Sprachentwicklung nun an die soziale ›Anregung‹ bindet und den einzelnen allenfalls zu einer rohen und mangelhaften Sprache für fähig hält. Diese Kehrtwendung ist natürlich kein Zufall. Sie verweist erneut auf die unzureichende Berücksichtigung der sprachlichen Intersubjektivität, die sich schon in Herders argumentationsloser Ablehnung der Konventionstheorie zeigte, und wir können jetzt schon genauer sehen, worin das Problem besteht: die anthropologische Ableitung ermöglicht es Herder, eine rein instrumentelle Auffassung von der Sprache, wie sie der Konventionshypothese zugrundeliegt, zu vermeiden und ihr eine grundsätzlichere Bedeutung zuzuschreiben, aber das gewählte anthropologische Modell zwingt ihn zum Ansatz beim einzelnen und zur Ausklammerung des Intersubjektivitätsaspekts, dessen Unerklärtheit die Herdersche Ursprungstheorie nachhaltig belastet.

Versuchen wir, dieses anthropologische Modell noch etwas präziser zu fassen. An der entscheidenden Stelle in der *»Abhandlung«* heißt es *(V,35)*: »Er [sc. der Mensch] beweiset Reflexion, wenn er aus dem ganzen schwebenden Traum der Bilder, die seine Sinne vorbeistreichen, sich in ein Moment des Wachens sammlen, auf Einem Bilde freiwillig verweilen, es in helle, ruhigere Obacht nehmen, und sich Merkmale absondern kann, daß dies der Gegenstand und kein andrer sey. Er beweiset also Reflexion, wenn er nicht blos alle Eigenschaften, lebhaft oder klar erkennen; sondern Eine bei sich *anerkennen* kann: der erste Aktus dieser Anerkenntniß gibt, deutlichen Begrif; es ist das Erste Urtheil der Seele – und – wodurch geschahe die Anerkennung? Durch ein Merkmal, was er absondern muste, und was, als Merkmal der Besinnung, deutlich in ihn fiel.« Der Mensch wird also mit einer ungeordneten Mannigfaltigkeit von sinnlichen Eindrücken konfrontiert, die er zwar wahrnehmen, aber ohne die Unterscheidung von Merkmalen nicht im eigentlichen Sinne erfahren kann; ohne sie bleibt es, wie Herder an anderer Stelle sagt *(V,99 f.; XIII,357)*, bei einem »dunklen Gefühl«.[9] Eigentliche Erfahrung setzt offenbar Denken voraus.

Die einzige Denkform, die in der Herderschen Sprachtheorie eine entscheidende Rolle spielt, ist die Begriffsbildung, wie sie dem ›Anerkennen‹ von Merkmalen zugrundeliegt, speziell die von einfachen empirischen Begriffen.[10] Es liegt auf der Hand, daß dies eine erhebliche Einschränkung bedeutet, die den Anwendungsbereich seiner Theorie von vorneherein stark begrenzt. Immerhin, *daß* die empirische Begriffsbildung zum menschlichen Denken gehört, ist nicht zu bestreiten, und wenn Herder die These vom menschlichen Sprachursprung auch nur für diesen (einfachsten) Fall begründen könnte, hätte er sein Ziel weitgehend erreicht.[11]

Dabei ist allerdings von Anfang an zu berücksichtigen, daß die Begriffsbildung auf Sinneseindrücke angewiesen ist, die vorbe-

9 Man kann jedoch nicht davon ausgehen, daß das ›dunkle Gefühl‹ der in *V,35* unterschiedenen Stufe des einfachen ›Erkennens‹ von Eigenschaften entspricht, da Herder dort ausdrücklich von ›lebhaften‹ und ›klaren‹, hier aber von ›dunklen‹ Vorstellungen spricht, die in der Erkenntnistheorie des 18. Jahrhunderts bekanntlich streng voneinander unterschieden wurden. Wo man das ›Erkennen‹ von *V,35* genau zu plazieren hat, ist aus den Texten nicht klar zu ersehen. Mit dem ›Anerkennen‹ von Merkmalen *soll* es und mit dem bloßen ›Gefühl‹ oder dem bloßen ›Traum der Bilder‹ *kann* es nicht gleichgesetzt werden, wenn man die Aussage ernst nimmt, daß Eigenschaftenerkenntnis vorliegt. Die verständlichste Interpretation dürfte wohl die sein, das ›Erkennen‹ hinsichtlich der in ihm liegenden (begriffsbildenden) Denkleistung mit dem ›Anerkennen‹ gleichzusetzen und es von diesem nur durch das Kriterium des fehlenden Bewußtseins zu unterscheiden.

10 Daß es (schon in der zitierten Stelle *V,35*) ein »Urtheil« ist, in der sich die ›Anerkenntnis‹ des Merkmals äußert, und daß es zur Unterscheidung von ›Gegenständen‹ dient, sind Gesichtspunkte, die bei Herder eine ebenso geringe Rolle spielen wie in der dem Problem der numerischen Identität und der Subjekt-Prädikat-Struktur gegenüber weitgehend unreflektierten Erkenntnistheorie seiner Zeit. Formen des begriffsverknüpfenden und des schlußfolgernden Denkens werden zwar auch von Herder erwähnt (z. B. *I,6=147=II,16; XXI,19*), aber nur beiläufig und in einem Zusammenhang, der die entscheidenden Schritte der Ursprungstheorie schon voraussetzt. Nichtempirische Begriffe würde Herder am liebsten ganz eliminieren (vgl. *XXI,19. 184*), und weil er das (natürlich) nicht kann, versucht er zunächst, sie durch den metaphorischen Gebrauch von empirischen Begriffen zu erklären (vgl. *XXI,121 f.* und schon *I,153; V,78-82*), danach *(XXI,264 f. 292 f.)*, sie im Rahmen einer (recht unklaren) Abgrenzung von »Verstand« und »Vernunft« zumindest zum größten Teil an vorausgegangene Sinneseindrücke zu binden.

11 ›Weitgehend‹ deshalb, weil noch gezeigt werden müßte, daß die von Herder berücksichtigten Formen der Begriffsbildung auch für den Menschen *spezifisch* sind (und nicht schon von Tieren erbracht werden können). Hier ließe sich eventuell das in der ›Anerkenntnis‹ enthaltene Bewußtseinskriterium heranziehen, doch wird die Frage als solche von Herder nicht weiter thematisiert.

grifflich (im ›dunklen Gefühl‹ oder im ›Traum der Bilder‹) wahrgenommen werden. Eine entsprechende Abhängigkeit gilt folglich auch für die Sprache, und es gibt zahlreiche Belege dafür, daß Herder diese Konsequenz seiner Theorie auch anerkannt hat (z. B. *V,50 f.; VIII,287* u. ö.). So kann er erklären *(I,1 f.; V,127)*, jede Sprache werde durch ihre spezifische geographische Umgebung geprägt. Umgekehrt dient das sinnlich Gegebene als Entscheidungskriterium für den tatsächlichen Inhalt von anfänglich ungeprüft übernommenen Termini: allgemeine Begriffe haben nur darin Bedeutung, daß sie durch endliche oder (nach subjektiven Erkenntnisinteressen) als endlich gesetzte Klassen von Gegenständen »particularisiert« werden *(XXI,250 ff. 263. 293)*. Innerhalb dieser prinzipiellen Bindungen bleibt dem Menschen jedoch die Freiheit, bestimmte Merkmale nach Maßgabe seiner subjektiven Interessen auszuwählen,[12] und da es zu eigentlicher Erfahrung nach Herder nur über das Herausgreifen bestimmter Merkmale kommt, ist diese Subjektivität von grundsätzlicher Bedeutung. Es gibt also einen Sinn, in dem Herder nicht nur das Denken, sondern auch die Erfahrung des Menschen als ›wesentlich sprachlich‹ bezeichnen kann.

4. Herders unzureichende Begründung

Wie sieht nun Herders Begründung für diese fundamentale Bedeutung der Sprache aus? Im unmittelbaren Anschluß an die zitierte Stelle über das ›Anerkennen‹ des Merkmals heißt es mit Bezug auf den Menschen: »Wohlan! laßet uns ihm das ευρηκα zuruffen! Dies *Erste Merkmal* der Besinnung *war Wort der Seele! Mit ihm ist die Menschliche Sprache erfunden!*« *(V,35)*. Herder behauptet also, daß ›Merkmal‹ und ›Wort‹ zusammenfallen und daß die Entstehung des ›Wortes‹ der entscheidende Schritt bei der Ausbildung von Sprache ist. Sehen wir davon ab, daß auch der

12 Herder rechnet hier auch mit Einseitigkeiten und Verzerrungen (vgl. *II,18; XXI,103*; u. a.). Er hat also, wie schon Hanna Weber erkannte, die Erkenntnisverengung durch Merkmale keineswegs übersehen, wie M. Krüger gegen ihn einwenden zu können glaubt (vgl. H. Weber: *Herders Sprachphilosophie. Eine Interpretation in Hinblick auf die moderne Sprachphilosophie* (=Germ. Stud. 24), Berlin 1939, 20. 80 f.; M. Krüger: *Der menschlich-göttliche Ursprung der Sprache. Bemerkungen zu Herders Sprachtheorie*, in: Wirk. Wort 17, 1967, 6).

Sprachbegriff damit wesentlich eingeengt wird und in einer erweiterten Fassung sicher nicht nach dem gleichen Muster erklärt werden könnte, und verstehen wir ›Wort‹ nicht im spezifizierten linguistischen Sinne, sondern als unbestimmten Generalterminus für ein sprachliches Zeichen. Auch dann bleiben noch eine Reihe von schwerwiegenden Problemen. Sie sollen in drei Stufen diskutiert werden, drei unterschiedlichen Interpretationen des Zeichens entsprechend, die sich in diesem Zusammenhang nahelegen.

Wenn wir Herders Erklärung wörtlich nehmen, ist es das MERKMAL SELBST, das als Zeichen fungiert, und diese Deutung, die seine Gleichursprünglichkeitsthese analytisch wahr werden ließe, ist auch verständlich, wenn wir voraussetzen, daß es als Teileigenschaft eine Gesamtheit sinnlicher Eindrücke repräsentiert.[13] Das Blöken des Schafes vertritt das ganze Tier; wenn es selbst unsichtbar ist, kann der Ton sein Bild ins Gedächtnis zurückrufen. Als Zeichen fungiert das Merkmal dabei offenbar in einer der Weisen, die Peirce und Husserl als ›Anzeigeverhältnisse‹ beschrieben haben und von denen man sagen kann, daß sie durch die (in jeweils näher zu spezifizierender Weise) ›natürliche‹ Verbindung zwischen Zeichen und Bezeichnetem charakterisiert sind.[14] Diese ›Natürlichkeit‹ scheint das intersubjektive Verständnis bis zum gewissen Grad zu erleichtern und insoweit die hier bestehende theoretische Lücke bei Herder zu schließen. Näher betrachtet zeigt sich jedoch sehr bald, daß das differenzierte Verständnis von Anzeigeverhältnissen alles andere als voraussetzungslos ist.

13 Für diese Interpretation sprechen verschiedene Stellen bei Herder (z. B. *V,36 f. 52. 138 f.; XXI,85. 103*). In der Literatur ist sie von E. Sapir (*Herders Ursprung der Sprache*, in: Mod. Philol. 5, 1907-08, 120 f.) vertreten worden.

14 Vgl. Ch.S. Peirce: *Collected Papers II*, Cambridge/Mass. 1932, bes. §§ 227-307; E. Husserl: *Logische Untersuchungen II/1*, Halle ²1913, 23 f. Teilmerkmal und Gesamtphänomen bilden dabei nur eine spezielle Form der ›natürlichen‹ Verbindung, neben der auch der *rein* faktische oder *funktionale* Zusammenhang zweier in sich voneinander unabhängiger Phänomene (prähistorische Faustkeile und Tonscherben einer bestimmten Art z. B., oder Schloß und zu ihm passender Schlüssel) oder die *kausale* Beziehung zwischen ihnen (Gewitterwolken und Regen, Fußspur und Tier, usw.) in Rechnung zu stellen sind. Herders Theorie müßte entsprechend erweitert werden. In ihrer vorliegenden Form kann sie jedoch als Beispiel für den gesamten ›natürlichen‹ Ansatz gelten.

Historisch hat die kausale Beziehung, die den assoziationistischen Zeichentheorien – ›introspektionistischer‹ wie behavioristischer Art – zugrundeliegt, die bedeutendste Rolle gespielt, wobei ein sachlicher Vorzug zugleich darin lag, daß sie die theoretische

Für die Herdersche ›Merkmalsprache‹ wird man zunächst feststellen müssen, daß sie auf Fälle begrenzt ist, in denen sich tatsächlich markante Teileigenschaften vom Gesamtphänomen abheben lassen, was bei einfacheren Begriffen sicher nicht mehr gegeben ist. (Auf das Schafbeispiel mag es zutreffen, aber es wäre absurd, beim Wiedererkennen – sagen wir – eines bestimmten Farbtons oder der Kreisform auf eine zeichenhafte Vermittlung durch Teileigenschaften rekurrieren zu wollen.) Und es kommen noch allgemeinere Probleme hinzu.[15] Welche Gesichtspunkte sind es, die die Betroffenen einen ›natürlichen‹ Zusammenhang von der von Herder ins Auge gefaßten Art überhaupt als *Zeichenbeziehung* verstehen lassen statt als einfaches Naturphänomen? (Die bloße Tatsache, daß ein Stein Teil eines Hauses ist, macht ihn noch nicht zum ›Zeichen‹ des Bauwerks.) Setzt man die Zeichenbeziehung als solche voraus, wie wird sichergestellt, in welcher *Richtung* sie vom Benutzer des Zeichens zu lesen ist, d. h. was jeweils gilt als Bezeichnetes und als Zeichen? (›Pars pro toto‹ ist das Prinzip, nach dem wir das Herdersche Beispiel interpretiert haben, aber es hätte natürlich ebensogut ›totum pro parte‹ sein können.) Und was ist entscheidend dafür, *welcher* ›natürliche‹ Zusammenhang aus einer Vielzahl von gleichzeitig vorliegenden weiteren speziell ins Auge zu fassen ist, wenn ein präsentes, wahrzunehmendes Phänomen ein nicht wahrzunehmendes oder abwesendes anderes ›anzeigt‹? (Blöken als solches kann – je nach den individuellen Assoziationen – nicht nur das Schaf, sondern auch dessen Geruch, seine Wolle, den Schäfer, das Kinderlied ›Schlaf,

Rückführung auch der (offenbar nicht ›natürlichen‹) arbiträren Zeichenbeziehungen auf ›natürliche‹ ermöglichte, sc. durch ihre Erklärung als sukzessiv etablierte Kausalverbindungen zwischen verschiedenen Wahrnehmungs-, Vorstellungs- und Verhaltensleistungen ihrer Benutzer. Daß die Benutzer sich dabei der zeichenhaften Zusammenhänge nicht *bewußt* sein müssen (der rezipierte Laut ruft ein bestimmtes Vorstellungsbild ohne Bewußtsein *von* dieser Wirkung hervor; der konditionierte Reiz wirkt wie der unkonditionierte, ohne daß er *als* dessen Stellvertreter aufgefaßt würde; usw.), bildet den wesentlichen Unterschied dieser assoziationistischen Zeichentheorie zu denjenigen Formen eines ›natürlichen‹ Zeichenverständnisses, die Herder, Peirce und Husserl im Auge hatten. Die entscheidenden Schwierigkeiten der letzteren gelten jedoch auch für sie, so daß die folgenden Überlegungen zugleich eine Kritik am zeichentheoretischen Assoziationismus enthalten.

15 Vgl. dazu auch: A.W. Burks: *Icon, Index, and Symbol,* Philos. and Phen. Res. 9 (1948-49), 687 f.; M. Black: *Ogden and Richard's Theory of Interpretation,* in: ders.: Language and Philosophy, Ithaca 1949, 194 f.; und vor allem H.H. Price: *Thinking and Experience,* London 1953, 94 ff. 213 f.

Kindchen, schlaf‹ oder verschiedenstes anderes indizieren.) Eindeutigkeit in diesen Fällen ist keine ›natürlich‹ gegebene Sache, sondern Ergebnis menschlicher *Interpretation* auf der *Basis* natürlicher Zusammenhänge. Als solche ist sie zeichentheoretisch in Rechnung zu stellen und dies um so mehr, als wir mit Blick auf die faktisch verwendeten menschlichen Sprachen nicht nur Eindeutigkeit *per se*, sondern *intersubjektive* Eindeutigkeit bei allen Beteiligten sicherzustellen haben. Herders Merkmaltheorie enthält hier eine empfindliche theoretische Lücke.[16]

Und selbst wenn wir das Interpretationsproblem als gelöst betrachten und die Herdersche ›Merkmalsprache‹ als subjektiv oder intersubjektiv etabliert voraussetzen, bleiben entscheidende Schwierigkeiten. Wenn das Blöken das Schaf als *reales* physisches Phänomen ›anzeigen‹ soll, muß – zur Sicherstellung seiner Funktion als Zeichen – vorausgesetzt werden, daß das faktische Auftreten des Anzeichens durchweg den Rückschluß auch auf die Existenz des Bezeichneten möglich macht.[17] Das ist ersichtlich nicht der Fall (Tierstimmenimitatoren oder Tondbandaufzeich-

16 Für die assoziationistischen Zeichentheorien, bei denen der ›natürliche‹ (kausale) Zusammenhang erst etabliert werden muß und nur für bestimmte Benutzer besteht (Anm. 14), ist die ›Menschengemachtheit‹ der Zeichenbeziehung ohnehin evident. Was leicht übersehen wird und von Herder an den genannten Stellen offenbar übersehen wurde, ist der Umstand, daß auch *tatsächlich* nicht ›menschengemachte‹ Naturzusammenhänge *Zeichenfunktion* erst durch menschliche Interpretationsleistungen erhalten, deren Intersubjektivität durch die ›Objektivität‹ des Interpretierten nicht gewährleistet ist.

17 Dies entspricht auch der traditionellen Auffassung über Anzeigeverhältnisse. Die Möglichkeit, vom Auftreten des Zeichens auf die Existenz des Bezeichneten zu schließen, wird als abgrenzendes Merkmal der ›natürlichen‹ gegenüber den ›nicht natürlichen‹ Zeichenbeziehungen angesehen (vgl. Husserl 1913, a.a.O., 25; Price 1953, a.a.O., 89; H.P. Grice: *Meaning*, in: Phil. Rev. 66, 1957, 377 f.), so daß ein Bezeichnungsfehlschlag per definitionem ausgeschlossen erscheint. Aber abgesehen davon, daß die Anerkennung ›nicht natürlicher‹ Zeichenbeziehungen *neben* den ›natürlichen‹ ohnehin eine Kritik an der Herderschen Merkmaltheorie (auch in dem exemplarischen Verständnis von Anm. 14) bedeuten würde, ist die *so* getroffene Abgrenzung schwerlich zu halten. Auch bei ›nicht natürlichen‹ Zeichen ist der Schluß (z. B. vom Klingeln des Busses auf sein Besetztsein und sofortiges Abfahren, vgl. Grice, a.a.O.) ohne gegenteilige Evidenzen gerechtfertigt, und auch ›natürliche‹ Zeichen sind, da sie auf faktischen Zusammenhängen beruhen, keine logische Garantie für die Existenz des Bezeichneten (z. B. des Schlüssels zu einem Schloß oder des wirklichen Regens nach einer Gewitterwolke). Für ihr Verständnis als Zeichen für etwas *normalerweise* oder auch nur bis zum *Aufbau* der Zeichenbeziehung ›natürlich‹ mit ihnen Verbundenes ist dessen faktische Existenz im *Einzel-* oder im *Anwendungsfall* nicht weniger irrelevant als seine Wahrnehmbarkeit oder Präsenz.

nungen können uns über die Anwesenheit von Tieren täuschen), und wenn es so wäre, gäbe es keine Möglichkeit mehr, den zeichenhaften Bezug auf etwas Nichtexistentes von einem totalen Bezeichnungsfehlschlag zu unterscheiden. Offenbar *darf* das vom Anzeichen Angezeigte nicht als reales Phänomen aufgefaßt werden. Ja, läßt es sich *überhaupt* sinnvoll als physisches Phänomen verstehen? Wenn beide: Teileigenschaft und bezeichnetes Ganze, wahrnehmbar und präsent sind, ist die Festlegung einer Zeichenbeziehung überflüssig. Sinnvoll ist sie *allein* mit Blick auf die mögliche Nichtexistenz, Abwesenheit oder Nichtwahrnehmbarkeit des Bezeichneten. In diesen Fällen aber ist das Verstehen *losgelöst* vom Zusammenhang des konkret verwendeten Zeichens mit einem realen physischen Phänomen von der Art, wie sie ursprünglich oder normalerweise mit Zeichen der fraglichen Art verbunden sind. Entweder also wir lassen das Schema ›natürlicher‹ Anzeigeverhältnisse fallen oder betrachten (wie wir das oben stillschweigend schon getan haben) als Angezeigtes nicht das physische Phänomen, sondern sein ›Bild‹ oder andere ›Vorstellungen‹ von ihm oder ähnliches[18]. Damit aber hätten wir nicht nur für eine neue (und offenbar wiederum zeichenhafte) Beziehung zu sorgen, sc. die zwischen Vorstellung und Vorgestelltem, sondern würden zugleich mit einer weiteren Verschärfung des Interpretationsproblems konfrontiert, da wir nun zu erklären hätten, wie man vom subjektiven Umgang mit ›verinnerlichten‹ Merkmalen und Gesamtvorstellungen zu einer intersubjektiv funktionierenden ›Merkmalsprache‹ gelangt.

Zudem liegt eine letzte Schwierigkeit des bisher zugrundegelegten Anzeige-Schemas darin, daß es uns auf das passive Rezipieren und Interpretieren *vorliegender* Merkmale (wie das unabhängig von uns produzierte Blöken des Schafs) beschränkt und die aktive – subjektive wie intersubjektive – Zeichenverwendung des gewöhnlichen menschlichen Sprechens nicht mehr erklären kann. Sie wäre beseitigt, wenn wir nicht Merkmale selbst, sondern nur Imitationen von Merkmalen zu Zeichen machen.[19] Unter der

18 Eine modifizierte Merkmaltheorie dieser Art findet sich z. B. in einer dreißig Jahre nach der Herderschen erschienenen französischen Preisschrift von M.-J. Degérando (vgl. N. Kretzmann: *History of Semantics*, in: Enc. of Phil., ed. P. Edwards, New York 1967, vol. VII, 388).

19 Zum aktiven Zeichengebrauch der gewöhnlichen Rede gehört freilich auch das ›stille Sprechen‹. Um der realen Situation gerecht zu werden, müßten wir neben den

Voraussetzung, daß Anzeigeverhältnisse von allen Menschen gleich aufgefaßt werden, kann man (z. B.) durch laute Nachahmung des Blökens das Bild des Schafes aktiv bei anderen hervorrufen. Tatsächlich scheint Herder die ersten Sprachworte als Merkmalnachahmungen aufgefaßt zu haben: »Bei tönenden Dingen z. B. war Ton, dem Ausdruck der Sprache am nächsten; das Tönende sprach gleichsam sich selbst aus, und lehrte die Menschen seinen Namen ihm *nachtönen*. Bei anderen war es eine vorrufende Eigenschaft der *Farbe, der Gestalt*, am meisten aber, weil dies auf den Menschen am lebhafftesten wirkte, *Thätigkeit, Bewegung*.«[20] Die entscheidenden Schwierigkeiten der ersten kann aber auch diese zweite Interpretation seiner Ursprungstheorie nicht beseitigen, vielmehr führt sie zu neuen Komplikationen.

Auch in ihr haben wir es mit *zwei* verschiedenen Zeichenbeziehungen zu tun: derjenigen zwischen Teilmerkmal und Gesamtphänomen und der zwischen Merkmal und Imitation. Bei der ersten treten die gleichen Probleme auf wie oben. Bei der zweiten entfällt zwar, da die Zeichenfunktion nur auf *qualitativen* Bezügen beruht, nicht auf realen Verbindungen zwischen *einzelnen* Phänomenen, der Einwand der Abhängigkeit von der Existenz des Bezeichneten, aber die Frage der eindeutigen Interpretation stellt sich in gleicher Weise. Ähnlichkeit, d. h. partielle qualitative Gleichheit, wie sie für die betroffenen Imitationen und Merkmale vorausgesetzt wird, gibt es natürlich auch zwischen jeder betroffenen Imitation und verschiedensten anderen realen oder denkbaren Phänomenen (z. B. zwischen dem nachgeahmten Blöken und allen übrigen menschlichen Lautnachahmungen), und welche Ähnlichkeit jeweils gemeint ist, müßte zunächst – im subjektiven ebenso wie im intersubjektiven Gebrauch – festgesetzt werden.[21]

›äußeren‹ auch geeignete ›innere‹ (vorstellungshafte o. ä.) Merkmalimitationen in Rechnung stellen, die dann (in der Form von vorstellungshaften Nachwirkungen des Gehörten z. B.) auch für das rezeptive Verstehen Bedeutung erlangen. Da die Sachlage dadurch jedoch in einer für unsere Zwecke nicht benötigten Weise kompliziert würde, soll das ›stille Sprechen‹ hier und im Folgenden unberücksichtigt bleiben.

20 *XXI, 102*. Für die »*Abhandlung*« vgl. etwa *V,49-51. 67*. Herder greift dabei möglicherweise auf eine Theorie M. Mendelssohns zurück, die er nachweislich, wie die Übernahme des Schafbeispiels zeigt, gekannt hat; vgl. F. Lauchert: *Die Anschauungen Herders über den Ursprung der Sprache, ihre Voraussetzungen in der Philosophie seiner Zeit und ihr Fortwirken*, in: Euphor. 1 (1894), 458 f.

21 Auch wenn wir gegenüber einer pauschalen Kritik an der ›Natürlichkeit‹ von Ähnlichkeitsbeziehungen (vgl. N. Goodman: *Seven Strictures on Similarity*, [orig. in:

Zudem ist es nicht selbstverständlich, daß eine menschliche Äußerung überhaupt zeichenhaft aufgefaßt wird und (im Falle der Realität von betroffenen ähnlichen Phänomenen) daß sie die Rolle des Zeichens und nicht des Bezeichneten spielt. Die Schwierigkeiten der ersten Zeichenbeziehung könnten wir grundsätzlich wohl vermeiden, indem wir die Imitationen direkt, nicht über ein Teilmerkmal, auf die Gesamtphänomene beziehen, aber die letztgenannten Schwierigkeiten der zweiten zeigen, daß eine wirkliche Lösung dadurch noch nicht erreicht würde.

Ja, auch wenn wir das Interpretationsproblem vollständig ausklammern, läßt sich die Gleichsetzung von Zeichen und Merkmalnachahmung nicht aufrechterhalten. Einmal ist zu bezweifeln, daß die menschliche Imitationsfähigkeit für die Vielfalt der sinnlichen Merkmale ausreicht (auch dann, wenn wir uns auf onomatopoietische Zuordnungen in *einem* Sinnesbereich beschränken). Darüber hinaus besteht das Problem, wie nichtlautliche Phänomene in (onomatopoietisch eindeutige) Lautzeichen umgesetzt werden können, wie sie für die Natursprachen konstitutiv sind. Das Problem der Imitationsfähigkeit wird von Herder umgangen. Wir können nur rückblickend feststellen, daß er bei seiner Kritik am göttlichen Sprachursprung offenbar deshalb die Lautvielfalt der gesprochenen Sprache für wesentlich halten konnte, weil ihm an einer breiten onomatopoietischen Basis gelegen war. Die lautliche Repräsentation von nichtlautlichen Phänomenen versucht er dagegen verständlich zu machen *(V,61-69* u. a.), indem er die Sinne des Menschen für direkt miteinander verbunden und wechselseitig einander erregend erklärt und die natürliche Umsetzung aller Sinneseindrücke in Laute mit der (von ihm unterstellten) ausgezeichneten Mittelposition des Gehörs begründet. Aber obgleich Herder sich weitläufig um eine Rechtfertigung dieser Theorie bemüht, bleibt es (natürlich) bei ungesicherten physiologischen

Experience and Theory, edd. L. Foster / J.W. Swanson, London 1970], repr. in: ders.: Problems and Projects, Indianapolis 1972, 437-446) mit Recht skeptisch sein dürfen, weil sie die Irreduzibilität der qualitativen Differenzierung auf einer *elementaren* Stufe übergeht (vgl. dazu noch unten S. 96 f., Anm. 80), so kann doch zumindest die Konstitution von *komplexeren* Ähnlichkeiten und deren zeichenhafte Verwendung keineswegs als ›natürliche‹ Sache gelten (vgl. Burks 1948-49, a.a.O., 675 f.; Price 1953, a.a.O., 175 ff. 268 ff.; W.P. Alston: *Philosophy of Language*, Englewood Cliffs 1964, 58 f.), und bei den elementaren Qualitäten stellt sich (mit Rücksicht auf die betreffenden Intentionalitätsprobleme, vgl. unten S. 131 f., Anm. 132) auf jeden Fall noch die Frage der Intersubjektivität.

Spekulationen, und noch wichtiger als dies ist die Tatsache, daß auch die gesicherte Theorie die eigentlichen Probleme nicht lösen könnte. Sie betrifft nur die Frage, warum gerade Laute die für den Menschen natürlichsten Sprachzeichen sind, nicht aber das angesprochene Zeichenproblem. Nach wie vor würde es sich um (quasi-)onomatopoietische Zuordnungen handeln, bei denen nicht ohne weiteres feststeht, daß sie und wie sie als Zeichen fungieren und welche unter den zahllosen denkbaren Ähnlichkeiten gemeint sind.[22]

Aus diesen Schwierigkeiten führt eine dritte Interpretation, in der das ›Wort‹ des Herderschen Sprachursprungs als ARBITRÄRES ZEICHEN verstanden wird. Damit ist ein Zeichenbegriff erreicht, der den sprachlichen Tatsachen gerecht wird. Die Probleme der

22 Diese Schwierigkeiten und die grundsätzliche Irrelevanz der Theorie der Sinnesverbundenheit sind Herder ebenso wie seinen Interpreten entgangen, einschließlich derer, die wie Sapir (1907-08, a.a.O. [Anm. 13], 127) und Salmony (1949, a.a.O. [Anm. 3], 92 f.) die These von der Mittelstellung des Gehörs ablehnen. Von diesen zumindest teilweise kritischen Stimmen abgesehen scheint die Mehrzahl der Interpreten nach Rudolf Hayms vorbehaltloser Zustimmung (*Herder nach seinem Leben und seinen Werken*, Bd. I, Berlin 1880, 406) die Herdersche Theorie für außer Diskussion stehend zu halten.

Der Gedanke einer Erklärung der Zeichenfunktion von Sprachlauten durch ihre Ähnlichkeit zum Bezeichneten und das Bewußtsein des damit verbundenen Problems der Beziehung zu anderen Sinnesbereichen reichen bekanntlich bis in die Sophistik zurück und haben schon Demokrit zur Preisgabe, Platon zumindest zur Einschränkung des Ähnlichkeitsprinzips veranlaßt. Seine theoretische Anziehungskraft blieb jedoch, trotz der eindeutig konventionalistischen Position von Aristoteles und seinen Nachfolgern, erhalten und läßt sich nicht nur bei einem dezidierten Antikonventionalisten wie Herder, sondern auch bei Autoren nachweisen, die von der Konventionalität der Sprache ausgehen und auf das Ähnlichkeitsprinzip nur zurückgreifen, um die ersten Schritte beim Aufbau konventioneller Zeichen verständlich zu machen (vgl. S.R. Schiffer: *Meaning*, Oxford 1972, ch. V; J. Bennett: *Linguistic Behavior*, Cambridge 1976, chs. 5-7). Die Erklärung arbiträrer Zeichenbeziehungen als Ergebnis sukzessiven Verzichts auf vorhandene Ähnlichkeiten hat zwar als Hypothese über die *ursprüngliche* Einführung einer gewissen *Gruppe* von Zeichen Plausibilität, kann aber nicht darüber hinwegtäuschen, daß auch hier schwerwiegende Interpretationsprobleme bestehen (Schiffer und Bennett erwähnen sie zwar, bieten als Lösung aber nicht mehr an als das ›Erraten‹ o. ä. der Betroffenen) und daß weder der Ursprung aller *übrigen*, für die menschliche Sprache weitaus charakteristischeren Arten von Zeichen nach diesem Schema erklärt werden kann, noch (was die vor allem bei Bennett erkennbare phylogenetische Orientierung verdeckt) die gesamte *ontogenetische* Sprachentwicklung, bei der eine sukzessive Loslösung von zunächst erlernten onomatopoietischen Zeichen offensichtlich nicht stattfindet. Bei der Erklärung realer sprachlicher Fakten führt der Ausgang von (scheinbar) selbstevidenten ›natürlichen‹ Ähnlichkeiten und Anzeigeverhältnissen mehr in die Irre, als daß er nützt.

Imitationsfähigkeit und der onomatopoietischen Zuordnung entfallen, und die zusätzliche Verschärfung der Interpretationsprobleme, die der Verzicht auf Anzeige- und Ähnlichkeitsbeziehungen bedeutet, dürfte als Preis dafür kaum ins Gewicht fallen, da ja auch sie das intersubjektive Verständnis nur sehr beschränkt zu erleichtern vermögen und die entscheidenden Schwierigkeiten nicht lösen. Daß Herder willkürliche Zeichen berücksichtigt hat, steht außer Frage. Sie spielen bei ihm jedoch eine merklich untergeordnete Rolle und der Grund hierfür ist auch nicht schwer zu finden. An einer Stelle in den *»Ideen« (XIII,359 f.)* gibt Herder selbst den entscheidenden Hinweis: bei willkürlichen Zeichen, heißt es, könne man nie genau wissen, ob ein anderer die gleiche Vorstellung mit ihm verbindet wie man selbst. In der Tat ist dies der für Herder kritischste Punkt. Er hat nirgendwo eine Erklärung dafür geliefert, wie sich zwei sprachschöpferische Individuen auf ein gemeinsames Zeichenverständnis einigen können. Was die Probleme des Sprachursprungs betrifft, so hat er sich die Möglichkeit hierzu durch seine pauschale und argumentationslose Abweisung der Konventionstheorie praktisch selbst genommen. Und auch an der anderen dafür entscheidenden Stelle, der Frage des Spracherlernens, hat er, wie seine Kritik am göttlichen Sprachunterricht und sein Zurückschrecken vor den Konsequenzen einer rein individuellen Ausbildung von Sprache zeigt (S. 26 f., 28), die entscheidenden Probleme übersprungen. Spätestens bei den arbiträren Zeichen wird das Problem der sprachlichen Intersubjektivität unabweislich. Wenn wir also die Intersubjektivität für den Sprachbegriff konstitutiv sein lassen, können wir schon jetzt feststellen, daß Herders Ableitung der Sprache aus dem ›besonnenen‹ (merkmalbildenden) Wesen des Menschen mißlungen ist.

Sehen wir aber davon einmal ab. Nehmen wir an, Herder verfüge über eine gesonderte Erklärung des intersubjektiven Zeichenverständnisses, die mit seiner Theorie des individuellen Sprachursprungs konsistent ist und unterstellen wir auch für diesen eine befriedigende Lösung des Interpretationsproblems. Können wir dann sagen, daß die Bildung des ersten Merkmals zugleich die ›Erfindung‹ der Sprache bedeutet, daß es begriffsbildendes Denken nicht ohne Verwendung von sprachlichen Zeichen gibt? Offenbar nicht, wenn wir arbiträre Zeichen ins Auge fassen. Denn warum sollten wir solcher Zeichen bedürfen, wenn es lediglich um die Abgrenzung eines Merkmals in einer zunächst unstrukturierten Totalität von sinnlichen Eindrücken geht? Diesen (entscheidenden) Zusammenhang hat Herder nicht begründet. Seine These des ›Zugleich‹ von Merkmal und Wort, die bei der Gleichsetzung des Zeichens mit dem Teilmerkmal eines Gesamtphänomens noch plausibel erscheinen konnte, erweist sich schon bei den Merkmalimitationen, allemal aber beim Übergang zu den arbiträren Zeichen als bloße Behauptung. So stehen wir vor einem ausweglosen Dilemma: in dem Maße, in dem wir uns einem adäquaten Sprachbegriff nähern, wird die Herdersche Auffassung von der fundamentalen Bedeutung der Sprache weniger einleuchtend.

Aber noch mehr. Wir müssen uns rückblickend fragen, worin denn eigentlich jene anfängliche Plausibilität seiner These bestand? Offenbar im *nicht* willkürlichen Charakter der Zeichenbeziehung und in der Tatsache, daß Merkmal und Zeichen zusammenfielen. Aber was heißt das? Fragen wir einmal anders herum: was ist der ›Begriff‹, dessen Bildung nicht ohne Zeichen möglich sein sollte? Wenn es das Gesamtphänomen (das Schaf) ist, das durch ein Teilmerkmal (das Blöken) bezeichnet wird, so ist nicht einzusehen, warum für dessen begriffliche Abgrenzung die zeichenhafte Verwendung des Merkmals nötig ist. Im Gegenteil, das Blöken kann *als* Teilmerkmal des Schafes erst aufgefaßt werden, wenn man dieses schon kennt. Wenn Herders Theorie hier also überhaupt etwas über den Zusammenhang von Sprache und Denken beweist, dann eher das Gegenteil von dem, was sie beweisen wollte. Sehen wir aber das Teilmerkmal selbst als ›Begriff‹ an, dann ist seine Behauptung noch unverständlicher. Denn nun würde Herders These darauf hinauslaufen, daß kein Begriff gebildet werden kann, ohne zugleich als (merkmalhaftes) Zeichen für einen *anderen* Begriff verwendet zu werden, und wenn dies konsequent durchgeführt wird, kommt man natürlich in einen Regreß. Nichts wenn nicht das Zeichen selbst kann also die Stelle des ›Begriffs‹ einnehmen.[23] Die anfängliche Plausibilität der Herderschen

23 Oder sollen wir sagen, daß das Bezeichnete weder das Teilmerkmal noch das Gesamtphänomen ist, sondern ein beiden als bloßen ›Erscheinungen‹ zugrundeliegendes ›Ding an sich‹? Aber damit wären wir nicht nur an einen in sich höchst problematischen Begriff gebunden, sondern hätten uns zugleich der Möglichkeit beraubt, die Zeichenbeziehung irgendwie (als ein Anzeige-, Ähnlichkeits- oder als arbiträres Verhältnis) zu explizieren, und müßten obendrein noch die absurde Konsequenz hinnehmen, daß nun *alles* im Bereich der ›Erscheinungen‹ ›Zeichen‹ genannt werden kann.

Gleichsetzung von Wort und Merkmal erweist sich bei näherem Zusehen als Schein, der nur dadurch entstehen konnte, daß der in ihr enthaltene totale Kollaps der Zeichenbeziehung nicht realisiert wurde. Herders These ist demnach in jeder Beziehung unbegründet.

5. Widersprüchliche Äußerungen zur Prioritätsfrage

Wir haben gesehen, daß Herder den behaupteten fundamentalen Zusammenhang von Sprache und (begriffsbildendem) Denken im Rahmen seiner Ursprungstheorie nicht stichhaltig begründet hat. Eine entsprechende Lücke zeigt sich, wenn wir seine allgemeineren Aussagen über ihre jeweilige Priorität betrachten. In einer frühen Äußerung *(I,148)* hat Herder die Frage nach dem Abhängigkeitsverhältnis zwischen Sprache und Denken als eine spezifisch sprachphilosophische Aufgabe gekennzeichnet. Aber schon wenig später nennt er die gleiche Frage ein »Labyrinth« *(II,63)*. Ob er dabei an ihre prinzipielle Unbeantwortbarkeit dachte oder nur an eine besonders schwierige Problemlage, ist nicht klar zu ersehen. Seine eigenen späteren Antworten sind jedenfalls widersprüchlich. Einerseits heißt es, die Sprache sei ein Produkt des menschlichen Geistes *(II,68; V,78. 87 f.)*, ein Spiegel seiner Gedanken *(V,120; XXI,1)*, ja, an verschiedenen Stellen wird eine klare Abfolge von Sinneseindrücken, Begriffen und Wörtern nahegelegt *(I,2; V,87 f.; XIII,358 f.; XXI,123. 171 f.)*.[24] Auf der anderen Seite wird erklärt, ohne Sprache gebe es keine Vernunft *(V,39 f.; XIII,382)*, erst durch sie lerne der Mensch denken *(I,147; VIII,197)*, der Begriff könne am Wort »kleben« *(I,386 ff. 417 ff.)*.

Herder sieht selbst, daß diese Aussagen zusammen in einen Zirkel führen *(V,40;* vgl. *II,18)*, und versucht, den darin liegenden Vorwurf zurückzuweisen, indem er den »ewigen Kreisel« »anhält«

24 Besonders deutlich ist das im Zusammenhang mit den Phänomenen des *Sprachwandels*, wo Herder z. B. erklärt, die Sprache werde fortschreitend durch Erfahrung und Denken bereichert *(V,102. 110 f.)*, sie sei ein Spiegel der Geistesentwicklung *(V,52 f. 134)*, der selbständig Denkende – etwa der Künstler – könne seine Sprache nach der ihm eigenen Denkart formen *(II,20; XIII,369 f.)* und es sei generell möglich, die Sprache für bestimmte Gedankenzwecke adäquat zu machen *(I,147. 422; II,8 ff.)*.

und die Prioritätsfrage entweder im Sinne der Gleichursprünglichkeit oder im Sinne eines wechselseitigen Einflusses zwischen Sprache und Denken beantwortet.[25] Aber wie ist das zu verstehen? ›Gleichursprünglichkeit‹ in einem allgemeinen Sinne könnte auch dann vorliegen, wenn der Zusammenhang rein faktisch und oberflächlich ist, was zur Rechtfertigung einer grundsätzlichen Bindung, wie sie von Herder erstrebt ist, sicher nicht ausreicht. Und selbst wenn man die Bindung voraussetzt, bliebe zu klären, ob nicht eine der beiden Seiten allein bestimmend ist und der Einfluß nicht gerade umgekehrt zur Sprachabhängigkeitsthese verläuft. (Herder selbst bezeichnet schließlich die Sprache mehrfach als »Werkzeug« oder »Organ« des Geistes, z. B. *II,24; XXI,19.*) Wenn die Behauptung der Gleichursprünglichkeit also mehr sein soll als ein ad hoc erfundener Ausweg aus dem Zirkel, muß sie ihrerseits im Nachweis des Wechseleinflusses gründen. Aber abgesehen davon, daß dies ebenfalls eine schwer verständliche (und von Herder nirgends begründete) Unterstellung wäre, würde es sich auf jeden Fall nur um eine *Erweiterung* seiner einfachen, auf das Denken bezogenen Abhängigkeitsthese handeln, die ja, wie wir gesehen haben, selbst noch keine Begründung erfahren hat. Das »Anhalten« des »Kreisels« beruht also nicht auf einer gesicherten ›tiefen‹ Einsicht in den untrennbaren Zusammenhang zwischen Sprache und Denken, sondern einfach auf dem Verzicht, weiter nach ihm zu fragen, und die zitierten widersprüchlichen Äußerungen Herders sind nicht mehr als ein Ausdruck eigener Unsicherheit.

6. Sprachabhängigkeit durch Anpassung

Aus alledem können wir nur den Schluß ziehen, daß Herders Versuch, die Sprache aus dem allgemeinen, als Fähigkeit zu begrifflicher Erfahrung bestimmten, Wesen des Menschen abzuleiten, gescheitert ist. Es ist jedoch möglich, sein Programm auch in abgeschwächter Form zu vertreten. Die fundamentale Bedeutung der Sprache könnte auch darin liegen, daß Erfahrung und Denken des Einzelnen durch die Übernahme einer vorliegenden Gemein-

25 Für die Gleichursprünglichkeit vgl. etwa *II,18* und *XXI,88*, für den Wechseleinfluß *II,68* oder *V,88*.

schaftssprache geprägt wird. Daß hier ein wesentlicher Einfluß besteht, ist ein Faktum. Um eine mehr als nur oberflächlich-faktische Abhängigkeitsthese darauf zu gründen, genügt eine leichte Modifikation der anthropologischen Basis. Man müßte sagen: begriffliche Erfahrung ist zwar selbst nicht an Sprache gebunden, aber der Mensch ist ein durchweg soziales Wesen und *sein* Denken und *seine* Erfahrung können sich darum nur innerhalb einer Gemeinschaftssprache entfalten.

Tatsächlich beziehen sich Herders Behauptungen über die Sprachabhängigkeit häufig auf diesen Fall. Die Sprache, heißt es etwa, sei eine »Schatzkammer« von Gedanken, die beim Erlernen übernommen werden *(II,12. 16; V,136 f.; VIII,291; XIII,351* u. ö.). Die Muttersprache vermittle dem Kind seine »erste Welt« *(V,118)*, ja seine ersten Gefühle, und da ein über alle Generationen reichender Traditionszusammenhang besteht, kann die Sprache geradezu als Bildungsmittel der gesamten Menschheit bezeichnet werden *(V,134 ff.; XIII,346)*. Die Übernahme selbst erfolgt blind *(VII,30 f.; XIII,362)* und bedeutet eine Fixierung des Denkens, die nach Herder bis zur totalen Bewegungsunfähigkeit gehen kann: »Alle, die eine gelernte Sprache gebrauchen, gehen wie in einem Traum der Vernunft einher; sie denken in der Vernunft anderer und sind nur nachahmend weise [. . .]« *(XIII,369;* vgl. *VIII,198)*.

Freilich führt die Behauptung einer so fundamentalen Abhängigkeit von übernommenen Sprachen in die Schwierigkeit, wie sie sich mit der Herderschen Theorie der selbständigen, individuell einsetzenden Spracherfindung vereinbaren läßt. Beides steht in der *»Abhandlung«* auch noch unvermittelt nebeneinander. Später (vgl. aber schon *I,386* und *V,41. 95*) entwickelt Herder eine Theorie, die Sprachübernahme und selbständige Sprachschöpfung miteinander in Einklang zu bringen sucht. Sie soll im Folgenden kurz als Anregungstheorie bezeichnet werden. Ihre zentrale These ist, daß der Mensch zwar ein angeborenes Vermögen zu Sprache und Denken besitzt, zur Entfaltung aber der Anregung von außen bedarf, wobei Herder der Rousseauschen Annahme eines leeren Sprachvermögens, die er in der *»Abhandlung«* ausdrücklich verworfen hatte, entgeht, indem er den Menschen mit seinem ersten Auftreten zugleich angeregt sein läßt *(VI,300; VII,30)*.

In der Entwicklung der Anregungstheorie lassen sich drei verschiedene Stufen erkennen:

1. In der *»Aeltesten Urkunde«* (1774) und in der zweiten ungedruckten Fassung von *»Erkennen und Empfinden«* (1775) steht Herder ganz unter dem Einfluß von Hamanns Kritik an der Ursprungstheorie von 1770: er übernimmt die Hypothese des göttlichen Sprachunterrichts. Mit der Anregungstheorie versucht er allerdings, seinen ursprünglichen Ansatz teilweise zu retten. Auf sich gestellt hätte es endlos gedauert, bis sich die menschliche Sprachkraft entfaltete. Gott selbst und die durch Gottes Wort sprachlich geschaffene Welt aber kommen ihr von Anfang zu Hilfe.

2. Die Druckfassung von *»Erkennen und Empfinden«* (1778) und die *»Ideen«* (1784 ff.) lassen die Göttlichkeitsthese in ihrem eigentlichen Sinn wieder fallen. Göttlich ist nur das Sprachvermögen, wie die gesamte Natur. Menschliche Sprache entsteht, indem das schlummernde Vermögen durch andere Menschen geweckt wird. Orientiert ist Herder dabei am frühkindlichen Spracherwerb und an der Sprachtradition. Eine Theorie des ersten Sprachursprungs fehlt. Bestehende Sprachen sind vorausgesetzt.

3. Die *»Metakritik«* (1799) behält die Ablehnung des göttlichen Unterrichts und die Annahme eines schlummernden Sprachvermögens bei. Die Anregung erfolgt aber nicht mehr durch menschliche Sprache, sondern durch die dem menschlichen Sprach- und Denkvermögen korrespondierende Erfahrungswelt. Damit gewinnt Herder wieder eine Möglichkeit zur Erklärung des Sprachursprungs, allerdings um den Preis, daß jetzt das Spracherlernen – als Prozeß der ›Welterschließung‹ nach Maßgabe einer gegebenen Sprache – kaum in die Gesamttheorie integriert werden kann.[26]

Wie hat man sich eine solche Theorie vorzustellen? Wenn es das Ziel ist, Sprachübernahme und Sprachschöpfung miteinander in Einklang zu bringen, scheint eine Lösung nur mit der Annahme vollständiger Entsprechung zwischen Anregendem und Angeregtem möglich zu sein. Die Abhängigkeit des Individuums würde dann freilich nur im *Daß* einer Anregung bestehen, nicht in der spezifizierenden Anpassung an das Vorliegende. Zudem ergäben sich Schwierigkeiten bei der vorausgesetzten ›prästabilisierten Harmonie‹. Wenn alle Menschen das gleiche Sprachvermögen besitzen, wie konnten dann mehrere verschiedene Sprachen entstehen?[27] Um die vollständige Entsprechung zu retten, müßte

26 Die erkenntnistheoretischen Schwierigkeiten dieser gegen Kant gerichteten Theorie und ihre offensichtlichen Mißverständnisse seines Ansatzes können hier nicht expliziert werden. Der Versuch von G. Kamrath (*Vernunft und Sprache*, Diss. Heidelberg 1964), der Herderschen *»Metakritik«* einen eigenen erkenntnistheoretischen Platz neben Kant zuzuweisen, erscheint mir jedenfalls kaum überzeugend.

27 Auf dieses von Herder ungelöste Problem hat schon Salmony hingewiesen (1949, a.a.O. [Anm. 3], 93. 96 f.).

man entweder (für die Variante der *»Metakritik«*) zu der seltsamen Behauptung greifen, daß sich die Welt gleichsam ›von selbst‹ in ebensoviele Parzellen zerlegt hat, wie die bestehende Sprachenvielfalt fordert, und daß jeder Teil angemessen nur durch die zugehörige Sprache erfaßt werden kann. Oder man müßte (für die Varianten der früheren Schriften) die Entstehung der Sprachenvielfalt selbst unerklärt lassen und nur auf seiten des Lernenden eine angeborene Vielfalt von Einzelgrammatiken annehmen, von denen dann jeweils eine durch vorliegende Sprachen angeregt wird.[28] Beides ist

28 Diese Idee ist in neuerer Zeit bekanntlich von N. Chomsky plausibel zu machen versucht worden, freilich ohne durchschlagenden Erfolg. Ein Grund dafür ist das sprachtheoretische Erbe des linguistischen Strukturalismus, dem Chomsky – trotz seiner vehementen Kritik in Fragen der ›Taxonomie‹ und seiner (späteren) formalen Abkehr vom ›bedeutungsbewahrenden‹ Charakter grammatischer Transformationen – im entscheidenden Punkt, sc. der Annahme einer einheitlichen, *syntaktisch* zu spezifizierenden ›Sprachstruktur‹ und ihrer grundsätzlichen, wenn auch vielleicht nicht empirischen, Unabhängigkeit von semantischen Fragen, verpflichtet bleibt. Der unterstellte Primat der Syntax ist nicht nur sprachtheoretisch, wie wir noch öfter sehen werden, mehr als zweifelhaft, sondern auch empirisch unvertretbar, nachdem neuere Untersuchungen die für den praktischen Sprachgebrauch ohnehin selbstverständliche Auffassung bestätigt haben, daß das Erlernen syntaktischer Regeln vom Verständnis ihrer Bedeutung beeinflußt wird (vgl. M. Miller: *Zur Logik der frühkindlichen Sprachentwicklung*, Stuttgart 1976, 17 ff. 275 ff.).

Die Chomskysche Theorie müßte also zunächst in eine angemessene semantische Form gebracht werden. Aber selbst dann bliebe sie wenig pausibel. *Daß* angeborene Fähigkeiten im Spiel sind, kann natürlich nicht strittig sein, ebensowenig das *Faktum* der Unterbestimmtheit des Lernresultats durch die Daten (vgl. dazu unten S. 457 ff.). Fraglich ist, wie *spezifisch* die Annahmen sein müssen, um erfolgreiches Lernen erklären zu können. Daß unspezifische Assoziations- und Generalisationsprinzipien, wie sie von Chomsky verworfen wurden, dazu allein nicht hinreichen, dürfte kaum zu bestreiten sein. Aber daraus folgt weder die Angeborenheit ganzer ›Grammatiken‹ noch die totale lerntheoretische Irrelevanz der genannten Prinzipien selbst. Chomskys ›Rationalismus‹ verleitet ihn dazu, den empirischen Anteil insgesamt und speziell die Bedeutung empirischer Analysen auch für sein eigenes Erklärungsschema zu unterschätzen. Auch er rechnet ja mit der Anregung der unterstellten angeborenen Fähigkeiten durch die empirischen Daten (vgl. N. Chomsky: *Aspekte der Syntax-Theorie* [orig. Cambridge/Mass. 1965] dt. Frankfurt 1969, 51 f. 69; ders.: *Recent Contributions to the Theory of Innate Ideas,* in: Synth. 17, 1967, 10; ders.: *Reflexionen über die Sprache* [orig. New York 1975], dt. Frankfurt 1977, 16. 182. 190 ff.). Doch das ist nur möglich, wenn die *sprachlichen* Daten zuvor von allen nichtsprachlichen bzw. für die zu erlernenden Regeln irrelevanten Daten getrennt und strukturell zumindest so weit *aufgeklärt* sind, daß die oder eine zu ihnen passende ›Grammatik‹ unter der Vielzahl angeborener ausgewählt werden kann. Der Versuch, die erste Voraussetzung durch Annahme weiterer, entsprechend spezifizierter angeborener Fähigkeiten zu erfüllen (vgl. Chomskys Replik in: Hook, ed., 1969 [vgl. S. 121, Anm. 119], 89 auf ein ähnliches ›Argument ad absurdum‹ von G. Harman in:

unplausibel. Zu vermeiden wäre es, wenn man den Anspruch auf vollständige Übereinstimmung zwischen Anregendem und Angeregtem fallen ließe, das angeborene Sprachvermögen als weitgehend unspezifiziert betrachtete und die bestehende Sprachenvielfalt aus dem Zusammenwirken von individuellem Vermögen und Umwelt bzw. Umgebungssprache erklärte. Aber nun wäre der Einklang gestört. Denn nun würde der gleiche Einwand zu machen sein, der schon oben (S. 26) gegen Herders Abweisung des göttlichen Unterrichts erhoben wurde, sc. daß das Problem auf einen Teilbereich der Sprache verschoben wurde, innerhalb dessen es weiterhin offen ist, wie eigene Spracherfindung am Übernahmeprozeß beteiligt sein kann. Eine wirkliche Auflösung des Gegensatzes kann die Herdersche Anregungstheorie nicht bieten.

Mehr noch. Im Falle der Anregung durch bestehende Sprachen bliebe die selbständige Spracherfindung völlig unverständlich, weil hier menschliche Sprache entweder immer vorausgesetzt oder durch göttliche Sprache ersetzt ist. Und auch wenn wir das Ursprungsproblem außer acht lassen und uns auf das Erlernen bestehender Sprachen beschränken, bleibt die Frage nach dem genauen Anregungsverfahren. Sind es die in der Umgebung des Lernenden geäußerten bloßen Laute, die (wie die Druckfiguren beim Kater Murr) die fragliche Wirkung haben? Aber wie kommt es dann zum Verständnis? Entweder müßte man hier erneut auf entsprechend differenzierte angeborene Fähigkeiten zurückgreifen (nur eben keine ›Grammatiken‹, sondern bloße ›Interpretationsschemata‹, deren Zusammenhang mit bestimmten Klassen von Lauten dann freilich ungeklärt bliebe) oder man müßte einen obskuren dritten Faktor (wie den ›besonderen Geist‹ des Katers) einführen, der die entstandene Lücke füllt. Sollen die anregenden

J.Phil. 64, 1967, 83 ff.), wirkt naiv angesichts der mit ihm verbundenen immensen Aufblähung des angeborenen Bereichs, ist aber zunächst immerhin denkbar. Unmöglich wird er durch die Erkenntnis, daß sich das Analyse-Problem dort wiederholt und spätestens dann, wie auch im Falle der zweiten Voraussetzung, nicht mehr durch angeborene Fähigkeiten gelöst werden kann. Daß der Rekurs aufs Angeborene für eine Theorie, die *überhaupt* eine empirische Komponente in Rechnung stellt, *keine* generelle Lösung der Unterbestimmtheitsprobleme sein kann, hätte Chomsky erkennen müssen, wenn er die Notwendigkeit der empirischen Daten-Analyse und der Ausgrenzung von ›Performanz‹-Faktoren nicht nur allgemein anerkannt (vgl. 1965, a.a.O., 13 ff. 40 f. 47 ff. 81; 1975, a.a.O., 23 f.), sondern in ihren konkreten lerntheoretischen Implikationen durchgespielt hätte.

Ausdrücke also bedeutsam sein? Wenn es so ist, kann sich die Anregung bestenfalls auf einen Teil der Sprache beziehen, dessen genaue Abgrenzung schwer gegen den Verdacht der Willkür zu sichern ist. Und wie werden die Ausdrücke selbst verständlich? Kommt man hier ohne Rekurs auf Sinneseindrücke und spezifische angeborene Denkfähigkeiten aus, und wenn nicht, wie kann dann noch von *Sprach*anregung die Rede sein? Die *»Metakritik«* hat darauf verzichtet. Aber in ihr verwischen sich auch die Grenzen von Sprachlichem und Nichtsprachlichem derart, daß die Frage nach der Sprachabhängigkeit von Erfahrung und Denken sinnlos wird.

Einmal mehr stoßen wir somit auf das Problem der sprachlichen Intersubjektivität, das Herder schon für den Sprachursprung nicht lösen konnte. Beim Spracherlernen verwickelt er sich sogar in offene Widersprüche. Da er die Sprachübernahme, wie erwähnt, blind erfolgen läßt, ist es nur konsequent, wenn er mit dem Gebrauch auch von ungeprüften, erfahrungsmäßig nicht ausgewiesenen Wörtern rechnet und deren nachträgliche Überprüfung verlangt.[29] Aber wie kann es *leere* Wörter überhaupt geben, wenn sie – unter Rekurs auf eine für ›Lehrer‹ und ›Schüler‹ gleiche Erfahrung – jemals *erlernt* wurden? Und wenn es *nachträglich* möglich sein soll, sie auf ihren Gehalt hin zu prüfen, warum setzt etwas Entsprechendes nicht schon zu *Anfang* ein? Hier muß der Eindruck entstehen, als stelle sich Herder das Spracherlernen wie das Aushändigen eines (verpackten) Geschenkes vor. Selbst wenn es sich tatsächlich so verhielte, würde man doch im Blick auf die mögliche spätere Überprüfung nicht von einer grundsätzlichen Bindung an diese Sprache reden können. An einer Stelle in den *»Ideen«* tritt der Widerspruch seiner Darstellung unmittelbar in Erscheinung *(XIII,362)*: nachdem Herder zunächst (mit dem eigenartigen Argument, daß man ja auch seinen Sinneseindrücken blind glauben müsse) jede Rechenschaftsforderung für die ersten übernommenen Wörter abgelehnt hat, versucht er den Einfluß der Sprache plötzlich nur noch im Sinne einer Anleitung »zum eignen, thätigen Gebrauch« der angeborenen Fähigkeiten zu interpretie-

29 So vor allem in der *»Metakritik« (XXI,123. 220 ff. 267 ff.)*. Die Möglichkeit eines ungeprüften Gebrauchs von (übernommenen) leeren Termini hatte Herder schon in den *»Fragmenten«* angenommen *(I,238 f. 387 f. 415. 421; II,17)*; ähnlich in den *»Ideen« (XIII,359 ff.)*. Für die *»Abhandlung«* vgl. etwa V,73. 111 f.

ren, ohne zu sehen, daß eben damit eine Überprüfung des Überkommenen möglich wird.

Auch der letzte Versuch, seiner Abhängigkeitsthese einen begründbaren Sinn zu geben, führt somit nicht zum Erfolg. Soweit es Selbständigkeit auf seiten des Lernenden bei der Übernahme von Sprache gibt – sei es zu Anfang, sei es bei ihrer späteren Überprüfung – so weit kann auch seine soziale Gebundenheit keinen Beweis für die Sprachabhängigkeit seines Erfahrens und Denkens liefern. Man kann den Menschen *mit* Herder als ein soziales und (in seinem Sinne) ›besonnenes‹ Wesen charakterisieren, *ohne* zugleich behaupten zu müssen, daß seine ›Besonnenheit‹ sich nach Maßgabe der schon früher entwickelten ›Besonnenheit‹ anderer Menschen (oder Gottes) entwickeln muß. Das unbestreitbare Faktum der Anpassung könnte durch andere, weniger grundsätzliche Ursachen erklärt werden, durch das menschliche Kommunikationsbedürfnis etwa (wie in der Konventionstheorie) oder durch noch ›oberflächlichere‹ psychologische oder soziologische Determinanten. Der Spracheinfluß wäre nur relativ. Grundsätzlich würde er erst, wenn man dem Menschen völlige Passivität unterstellte, was aber nicht nur höchst unplausibel, sondern vor allem ein klarer Widerspruch zu dem ursprünglichen Ansatz Herders wäre, der die ›Spracherfindung‹ gerade als genuine menschliche Leistung zu erweisen versucht. Wir müssen demnach feststellen, daß der Versuch, die Sprache aus dem Wesen des Menschen abzuleiten und dessen Erfahrung und Denken dadurch als sprachabhängig zu erweisen, zumindest in der von Herder verfolgten Form zum Scheitern verurteilt ist.

Kapitel II

Wilhelm von Humboldt

1. Humboldts Methode

Die Zeit, in die Humboldts Beschäftigung mit der Sprache fällt, unterscheidet sich von der Herders wesentlich durch die entschiedene Zuwendung zur wissenschaftlichen Erforschung der Einzelsprachen, insbesondere der indoeuropäischen Sprachgruppe. Humboldt hat sich bekanntlich selbst an der aktuellen Diskussion beteiligt und sich über Jahre hindurch dem Studium einzelner Sprachen gewidmet. Es ist darum nicht verwunderlich, daß *empirische* Beobachtungen auch in seinen vorwiegend theoretisch orientierten Schriften breiten Raum einnehmen. Sie nur als Illustrationen abstrakter Gedankengänge aufzufassen (wie bei Herder), dagegen spricht schon ihr äußerer Umfang. In Humboldts Sprachtheorie haben sie eigenes theoretisches Gewicht. Immer wieder verweist er auf die Notwendigkeit detaillierter empirischer Untersuchungen (z. B. *VII,623; VI,5*), und daß dies nicht nur spezielle sprachwissenschaftliche Fragen betrifft, sondern auch jede allgemeinere Theorie der Sprache, zeigt seine oft wiederholte Kritik an der traditionellen, auf bloßes »Raisonnement« gestützten ›allgemeinen Grammatik‹, am deutlichsten wohl die frühe kritische Äußerung über »die Dinge, die man jetzt so oft im Munde führt, [...] *Sprachphilosophie*, Geist des Zeitalters u.s.f., über die es freilich bequemer ist, oberflächlich zu raisonnieren, als gründliche *historische* Untersuchungen anzustellen.«[30]

Humboldts Interesse an der Sprache ist allerdings selbst ›philosophisch‹. Er will keine Einzelgrammatik schreiben, sondern Einblick gewinnen in das zugrundeliegende »Verfahren« und die »Individualität« einer Sprache (*IV,420 ff.; V,370=VI,146* u. ö.), in das Wesen der Sprache überhaupt *(VII,620; IV,9)*, ihre Einwirkung auf Empfinden und Denken des Menschen *(IV,423)*, ja in das Wirken des menschlichen Geistes selbst *(IV,430; VI,6;*

30 *I,373* (Hervorhebung von mir) – Den Hinweis auf diese Stelle verdanke ich Lammers 1936, a.a.O. [Anm. 2], 26. Zur Kritik an der ›allgemeinen Grammatik‹ vgl. auch *V,453. 455; VI,305* und die im übernächsten Absatz zitierten Stellen.

VII,173). Nur bindet er diese Erkenntnisse an vorausgegangene empirische Untersuchungen. Mit Rücksicht auf sie entwirft Humboldt das Programm eines »vergleichenden Sprachstudiums«, das eine möglichst vollständige Anzahl empirischer Daten systematisch auswerten und so an Hand von einzelnen Sprachtatsachen die weitergehenden Fragen beantworten helfen soll.[31] Sowohl für das ›Verfahren‹ von Einzelsprachen *(V,379; VII,50. 257)*, wie auch für die Bestimmung des allgemeinen Sprachwesens *(III,296; VI,10)* hält er es für erfolgversprechend.

Das gilt jedoch nur dem Prinzip nach. Die praktischen Erfolgsaussichten seines Programms hält Humboldt aus zwei Gründen für begrenzt. Der erste besteht in der Unvollständigkeit des verfügbaren Sprachmaterials. Der ›allgemeinen Grammatik‹ wirft Humboldt vor, sie habe sich mit einer unzureichenden empirischen Stoffsammlung begnügt *(VII,624; IV,421)* und auf dieser Basis, vermischt zudem mit rein ›philosophischen‹ Überlegungen, weitreichende Generalisierungen vorgenommen, die den Anschein von apriorischen Gesetzen erweckten *(IV,421; V,450=VI,344 f.)*, während es dazu in Wahrheit – aus Stoffmangel – viel zu früh sei *(VI,145)*. Streng genommen würde das freilich den ganzen empirischen Ansatz diskreditieren, denn das empirische Sprachstudium hängt, wie Humboldt selbst sieht,[32] wesentlich an der Möglichkeit eines induktiven Vorgehens. Der Unvollständigkeitsvorwurf kann den Erfolg seines Programms also nur in einem relativen, nicht aber in einem prinzipiellen Sinne einschränken.

Gewichtiger ist der zweite Grund, nach dem die spezifische Eigenart der Sprache selbst ihre vollständige empirische Analyse nicht zuläßt. Für Humboldt ist die Sprache kein fertig vorliegendes Produkt, sondern ein lebendiger, in unendlicher Entwicklung

31 Neben der programmatischen Vorlesung von 1820 *(IV,1 ff.)* vgl. bereits die erheblich früheren Äußerungen in *VII,598 f.* und *VII,623*.

32 Eine hinreichende Kenntnis korrekter Sätze läßt nach Humboldt einen ungefähren Überschlag über die Gesamtheit der grammatischen Regeln zu *(VI,349)*. Beim empirischen Sprachstudium muß immer generalisierend zusammengefaßt werden (*IV,305;* Bf. an Goethe v. 19. 11. 1821, zit. bei: E. Ruprecht: *Die Sprache im Denken Wilhelm von Humboldts*, in: Festschrift F. Maurer, Düsseldorf 1963, 227 f.), auch wenn es sich – bei unvollständiger Untersuchung – nur um vorläufige Resultate handelt *(VI,10. 144 f.)*. Humboldt rechnet zudem damit, daß im Sprachbereich Teiluntersuchungen immer auch schon zu einem Einblick in den Gesamtzusammenhang führen *(VI,145)*.

begriffener Organismus, der eine letztlich unerforschliche Individualität darstellt (*V,369 ff.* = *VI,146 f.*; *VI,177* = *VII,57 f.*; *VII,278* u. a.).[33] Sie läßt sich darum auch nicht wie ein toter Körper zergliedern (*V,369*; *VI,232*). Die ihr angemessene Methode ist nicht die »Anatomie«, sondern die »Physiologie« (*VII,633*; *V,369* = *VI,146*). Und wenn das »Verfahren« einer Sprache oder das allgemeine Sprachwesen durch Zergliedern und Aufzählen einzelner sprachlicher Erscheinungen zu bestimmen versucht wird, so kann das immer nur näherungsweise, niemals vollständig gelingen (*III,296*; *VI,246* = *VII,48* u. a.).

Der Ausweg aus den Schwierigkeiten des rein empirischen Vorgehens stellt sich für Humboldt ähnlich dar wie für Herder.

33 Hierher gehört auch Humboldts zu einiger Berühmtheit gelangte Charakterisierung der Sprache als »Energeia« im Gegensatz zum »Ergon« (*VII,45 f.*). Die Stelle selbst ist unklar und bedarf einer eingehenderen Interpretation. Wenigstens vier Merkmale der Sprache werden angesprochen: [1] sie ist nicht mit schriftlich fixierten Texten gleichzusetzen, sondern existiert primär im mündlichen Vortrag; [2] sie befindet sich in ständigem sie verändernden Fortschreiten und ist als solche nur in einzelnen Sprachzuständen faßbar, streng genommen nur im aktuellen Sprechen; [3] sie ist aber in gewisser Weise als Totalität der Einzelzustände anzusehen; [4] »sie ist [...] die sich ewig wiederholende Arbeit des Geistes, den articulirten Laut zum Ausdruck des Gedankens fähig zu machen«. Der Kontext erbringt für die Interpretation wenig (gegen L. Weisgerber: *Zum Energeia-Begriff in Humboldts Sprachauffassung;* in: Wirk. Wort 4, 1953-54, 374-377), da es sich um einen Exkurs innerhalb eines der ›Sprachform‹, d. h. dem ›Verfahren‹ einer Sprache gewidmeten Abschnitts handelt, der auf die Schwierigkeiten methodischer Sprachanalyse aufmerksam machen soll und in dem die ›Energeia‹-Stelle gerade das Kernstück bildet. Parallelstellen (die im übrigen nie von ›Energeia‹ sprechen, sondern nur das entsprechende Adjektiv ›energisch‹, verwenden) gibt es bei Humboldt zwar eine ganze Reihe; unter den mir bekannten aber bezieht sich nur eine (*V,468*) direkt auf eines der oben erwähnten Merkmale, sc. [4], während die übrigen nur zur Charakterisierung der ›allgemeinen Sprachkraft‹ beitragen (vgl. dazu unten S. 55). So wird man sich an die zitierte Stelle selbst halten müssen. Mir scheint, daß man den gemeinsamen Skopus aller vier Merkmale am ehesten im Phänomen des *Sprachwandels* erblicken kann, das hier durch den menschlichen ›Geist‹ als veränderndes Prinzip näher expliziert wird (vgl. dazu noch unten S. 60 f.).

Daß es in der ›Energeia‹-Stelle primär um den im aktuellen Sprechen vollzogenen Sprachwandel geht, kommt in den Interpretationen von Ruprecht (1963, a.a.O., 225 f.), K. Giel (*Die Sprache im Denken W. v. Humboldts,* in: Z. f. Päd. 13, 1967, 213) und G. Pätsch (*Humboldt und die Sprachwissenschaft,* in: W. v. Humboldt, ed. Humboldt-Univ. Berlin, Halle 1967, 119) zum Ausdruck. Die Behauptung von J. Stenzel (*Die Bedeutung der Sprachphilosophie Wilh. von Humboldts für die Probleme des Humanismus,* in: Logos 10, 1921-22, 266 f.) und ähnlich von Pätsch (a.a.O.), mit ›Energeia‹ solle auf die spezifische, gleichbleibende Funktion einer Sprache verwiesen werden, wird vom Text her ebensowenig gestützt wie Cassirers

Einerseits soll es so etwas sein wie ein auf die Sprache bezogenes ›GEFÜHL für das Ganze‹, das die Grenzen der Einzelbeobachtung hinter sich läßt (*VII,634; VII,96* u. ö.), wobei jedoch – ähnlich wie auch bei Herders ›dichterischer Mutmaßung‹ – unklar bleibt, was man sich näher darunter vorstellen und welchen wissenschaftlichen Wert man ihm beimessen soll.[34] Ein wirklicher Ausweg scheint sich nur dort zu ergeben, wo eine rein begriffliche »PHILOSOPHISCHE« Untersuchung erwogen wird, die den empirischen Weg, wenn er versagt, ganz ersetzt oder zumindest ergänzt (*VII,633; VI,244;* u. a.). ›Philosophisch‹ müssen die allgemeinen logischen Formen bzw. die für alle konkreten Sprachentwicklungen verpflichtenden idealen Normen bestimmt werden (*V,451 f.=VI,345; VII,157*). Sie stellen die leitenden Gesichtspunkte für das Erfassen von grammatischen Einzelheiten und für den empirischen Sprachvergleich dar (*VII,633; VI,5* u. ö.), so daß Humboldt in diesem Zusammenhang sogar erklären kann, die ›philosophische‹ Auffassung bilde die »Grundlage« des gesamten Sprachstudiums (*V,450=VI,344*).

Zwei verschiedene methodische Ansätze, empirischer und ›philosophischer‹, stehen sich damit in der auf weitreichende ›philosophische‹ Ziele gerichteten Sprachtheorie Humboldts gegenüber. Nach seiner eigenen Auffassung sind sie strikt voneinander zu

Deutung (*Die Kantischen Elemente in Wilhelm von Humboldts Sprachphilosphie*, in: Festschr. P. Hensel, Göttingen 1923, 120), nach der die »genetische Definition«, von der Humboldt in *VII,45 f.* spricht, »transzendental« zu verstehen sei. Und vollends gilt dies für die alles ins Schema von »Muttersprache« und »Weltansicht« pressende Interpretation Weisgerbers (a.a.O.) und seiner Nachfolger H. Gipper (*Wilhelm von Humboldt als Begründer moderner Sprachforschung*, in: Wirk. Wort 15, 1965, 12 ff.) und H. Seidler (*Die Bedeutung von W. v. Humboldts Sprachdenken für die Wissenschaft von der Sprachkunst*, in: Z. f. dt. Philol. 86, 1967, 437), wie schon J. Pleines (*Das Problem der Sprache bei Humboldt*, in: Das Problem der Sprache, ed. H.G. Gadamer, München 1967, 33) richtig bemerkte. Daß die von N. Chomsky (vor allem in *Current Issues in Linguistic Theory*, Den Haag 1964, ch. 1) behauptete Entsprechung zwischen seinem eigenen Begriff der ›Generierung‹ und Humboldts ›energetischer‹ Sprachauffassung nicht besteht, liegt nach dem Obigen auf der Hand und ist detaillierter von E. Coseriu (*Semantik, innere Sprachform und Tiefenstruktur*, in: Folia Ling. 4, 1970, 53-63) und H.-H. Baumann (*Die generative Grammatik und Wilhelm von Humboldt*, in: Poetica 4, 1971, 1-12) gezeigt worden.

34 In einem längeren Abschnitt über Humboldts »Methode und Darstellungsweise« hat R. Haym (*Wilhelm von Humboldt*, Berlin 1856, 476 ff.) dieses ›Sprachgefühl‹ als ein positives Merkmal seiner Sprachforschung darzustellen versucht, ohne dabei freilich den mit dem Schlagwort »wissenschaftlicher Mysticismus« treffend bezeichneten Vorwurf erfolgreich abwehren zu können.

trennen *(V,450=VI,344 f. 343)*, wobei er ausdrücklich davor warnt, die grammatische Idealnorm in den bestehenden Sprachen realisiert zu sehen (*IV,285; VI,140 f.* u. ö.). Im Unterschied zu Herder gibt es bei Humboldt aber keine eindeutige Entscheidung zugunsten der ›philosophischen‹ Seite. Einerseits scheint sie allein bestimmend zu sein und von der empirischen lediglich sekundär korrigiert zu werden; andererseits soll sie nicht mehr sein als deren Ergänzung.[35] Ja, das Spezifikum der Humboldtschen Position liegt offenbar gerade, wie von zahlreichen Interpreten bemerkt wurde,[36] in der Verbindung zwischen empirischer und ›philosophischer‹ Sprachuntersuchung, bei der jede Einseitigkeit das erstrebte Ziel in Gefahr bringen würde *(VI,5)*. Erforderlich wäre dann allerdings eine nähere, positive Bestimmung ihres Zusammenwirkens und ihres jeweiligen Anteils am Endresultat gewesen und dazu sind Humboldts Erklärungen äußerst dürftig. Es bleibt beim Sowohl-Als-auch und es wird nicht einmal grundsätzlich klargestellt, ob die beiden Methoden überhaupt kompatibel sind und ob sie dieselbe Fragestellung betreffen.

Die methodischen Unklarheiten zeigen sich exemplarisch an Humboldts Stellung zum Problem des *Sprachursprungs*. Es ist bezeichnend, daß er es, anders als Herder, nicht für den schlechthin zentralen Ansatzpunkt jeder Sprachphilosophie hält, obwohl er die Herdersche Ursprungstheorie nachweislich *(VII,372)* gekannt und sie sich zunächst offenbar auch zu eigen gemacht hat *(VII,581 f. 595 f.)*. Darauf ist wiederholt verwiesen worden, teilweise mit dem erklärenden Zusatz, daß dafür Humboldts Tendenz zur empirischen Begründung seiner Sprachtheorie verantwortlich sei.[37] Träfe diese Erklärung zu, so läge der Verdacht ziemlich nahe, daß Humboldt der tiefere philosophische Sinn der Herderschen Ursprungsfrage entgangen ist. Aber sie enthält wohl auch nur eine Teilwahrheit. Humboldt will selbst nicht allein historisch, sondern auch ›philosophisch‹ nach dem Sprachursprung fragen *(VII,599; IV,421)* und er hält die Annahme einer ursprünglichen Spracherfindung – trotz ihrer historischen

35 »Man muß sich [. . .] vorzüglich auf dasjenige stützen, was die Vernunft über das Vorhandene hinaus, allein immer mit Hülfe desselben, zu erkennen im Stande ist.« *(VII,622)* Und umgekehrt: »Darum darf aber die Entwicklung aus bloßen Begriffen [. . .] nicht unnütz genannt werden. Sie muß vielmehr, wo es nur irgend angeht, die Prüfung der Thatsachen begleiten.« *(V,122)*

36 Vgl. z. B. Haym (1856, a.a.O., 464 ff.); E. Fiesel: *Die Sprachphilosophie der deutschen Romantik*, Tübingen 1927, 220 ff.; Ruprecht (1963, a.a.O., 221 ff.); R.L. Brown: *Wilhelm von Humboldts Conception of Linguistic Relativity*, Den Haag 1967, 106 ff.

37 M. Scheinert: *Wilhelm von Humboldts Sprachphilosophie*, Leipzig 1908, 46.

Unbegründbarkeit – für eine »nothwendige Hypothese« *(VII,80)*. Ja, zuweilen scheint er sich auch der grundsätzlichen Irrelevanz der historisch verstandenen Ursprungsfrage für die Bestimmung sprachkonstitutiver Prinzipien bewußt zu sein (*IV,14; VII,38 f. 238* u. a.). Aber dem stehen dann wieder zahlreiche andere Stellen gegenüber, wo mit dem Argument, man könne nichts historisch Genaues darüber wissen, auf eine Frage nach dem Sprachursprung verzichtet wird (*V,292; V,389=VI,182* u. ö.) oder wo gar ein Rückschluß auf ihn auf der Basis empirischer Beobachtungen anvisiert ist *(VII,595. 599)*, so daß schließlich ganz unklar bleibt, wie Humboldt zum Ursprungsproblem eigentlich steht.[38]

Es liegt nahe, das unaufgeklärte Nebeneinander von empirischem und ›philosophischem‹ Vorgehen als (verhängnisvolle) Vermischung zweier grundverschiedener Fragestellungen zu verstehen. Doch würde man damit den Humboldtschen Schriften gegenüber in ein Dilemma geraten. Legt man den Schwerpunkt auf die empirischen Elemente,[39] so erscheinen sie nur als erster, unvollständiger Schritt auf dem Wege von der philosophischen Fragestellung Herders zur linguistischen Fragestellung (etwa) von Jacob Grimm. Humboldt ist dann durch diesen und die ihm folgende Sprachwissenschaft methodologisch überholt. Sieht man sie aber als genuine Fortführung Herders, so müssen ihre empirischen Teile als ›Schritt vom Wege‹ erscheinen. Beides ist negativ und für die sachliche Auseinandersetzung wenig fruchtbar. Man kann dem methodischen Nebeneinander Humboldts aber auch einen positiven Sinn geben, der seinem eigenen Selbstverständnis wohl zugleich am nächsten kommt. Man kann es als Ausdruck seiner Maxime verstehen, den ›philosophischen‹ Prämissen, die man bei Herder zunächst als Spekulationen hinzunehmen und erst *nachträglich* auf ihre Vereinbarkeit mit den Fakten zu überprüfen hatte, *von Anfang an* eine empirische Basis zu geben. Die Bewertungs-

38 Die Humboldtschen Unklarheiten spiegeln die Interpreten. Haym erklärt (1856, a.a.O., 534), aus dem ›philosophisch‹ bestimmten allgemeinen Wesen des Menschen und der Sprache »wage« Humboldt zuweilen Schlüsse über den historisch nicht zu erfassenden Ursprung der Sprache. Nach O.F. Bollnow (*Wilhelm von Humboldts Sprachphilosophie,* in: Z. f. dt. Bildg. 14, 1938, 112) weiß Humboldt gerade umgekehrt um das undurchdringliche Dunkel des Ursprungs und tastet sich darum nur vom empirischen Material aus »vorsichtig deutend« zum ursprünglichen Sprachwesen vor. Und für H. Gipper (1965, a.a.O., 7) bleibt der Sprachursprung bei Humboldt unerklärt; lediglich über die spätere Sprachentwicklung stelle er Hypothesen auf.

39 So Pätsch 1967, a.a.O., 122 u. ö.

kriterien der so begründeten Theorien sind im Prinzip die gleichen wie bei Herder. Das methodische Vorgehen aber besitzt, seiner größeren Direktheit wegen, einen erkennbaren Vorzug, zumindest solange, als die Grenze zwischen empirischer Beobachtung und philosophischer Erklärung gewahrt bleibt. Die Gefahr ist, daß sich diese Grenze verwischt, die Philosophie ins Schlepptau der Empirie gerät und Aussagen mit Notwendigkeits- und Allgemeingültigkeitsanspruch unbesehen auf empirische Generalisierungen zurückgeführt oder philosophische Erklärungen überhaupt nur noch in der Form von Aussagen über rückprojizierte ›zugrundeliegende Vermögen‹ gegeben werden. Wenn wir Humboldt in der genannten positiven Weise verstehen, werden wir folglich darauf zu achten haben, ob er diese Gefahr vermieden hat.

2. Sprachkonstitutive Prinzipien

Wie Herder, so möchte auch Humboldt die Sprache unmittelbar aus dem Wesen des Menschen ableiten: »Der Mensch ist nur Mensch durch Sprache; um aber die Sprache zu erfinden, müsste er schon Mensch sein« (*IV,15*; vgl. *VII,595; V,118; VI,120* u. ö.). Die Sprache ist darum weder eine natürliche Fortentwicklung der Tierlaute *(VII,625)*, noch ein sekundäres Hilfsmittel zur Befriedigung äußerer Lebensbedürfnisse.[40] Sie beruht nicht auf zweckbedingter Konvention *(III,296; VI,232)*. Von einer ›Erfindung‹ der Sprache kann eigentlich gar nicht gesprochen werden, da sie bewußtlos und, ihrem wesentlichen Gehalt nach, mit einem Schlage aus der tiefsten Natur des Menschen hervorgeht (*VII,625; IV,14 f.; VII,16 f.* u. ö.).

Eine eigene philosophische Anthropologie, durch die das zur Sprache drängende Wesen des Menschen zuvor bestimmt würde, entwickelt Humboldt, anders als Herder, allerdings nicht. Er spricht pauschal von einem allgemeinen »Vermögen« und »Bedürfnis« des Menschen (*IV,8; VII,158* u. ö.), von einer »Naturan-

40 Vgl. *VII,595; V,378=VI,156=VII,60* u. ö. Nicht davon betroffen ist das Bedürfnis nach intersubjektiver Kommunikation. Humboldt unterscheidet es ausdrücklich von anderen Bedürfnissen *(V,378=VI,156; VII,175 f.)* und erkennt es als wesentlichen Faktor bei der Entstehung von Sprache an (*L,32; VII,596 f.; V,380=VI,159;* u. ö.), ohne daß der soziale Aspekt dadurch jedoch eine Vorrangstellung erhielte (vgl. dazu Anm. 41).

lage zur Sprache« *(VII,251)*, die in unmittelbarem Zusammenhang mit seiner »Geisteskraft« steht *(VII,19)* und die im Folgenden mit dem (teilweise – etwa *V,382 = VI,174* – auch von Humboldt gebrauchten) Terminus »ALLGEMEINE SPRACHKRAFT« bezeichnet wird. Damit beginnen aber auch schon die Schwierigkeiten. Der grundsätzlichen Gleichheit der Menschennatur entsprechend ist auch die Sprachkraft bei allen Menschen prinzipiell gleich (*VI,174 f.* u. ö.). Wie kommt es dann zu verschiedenen Sprachen? Sollen wir sie als ein unspezifiziertes Vermögen betrachten, das verschiedener Individualisierungen fähig ist? Und wenn wir das tun und zugleich davon ausgehen, daß auch der einzelne Mensch – als Träger der Sprachkraft – zur Ausbildung von Sprache fähig ist,[41] wie können wir erklären, daß es nicht ebensoviele Sprachen wie Individuen gibt? Das Faktum der Sprachenvielfalt zwingt zu weiterer Differenzierung.

Die einfachste Möglichkeit hierzu bietet sich Humboldt im Gesichtspunkt der ›Kraft‹. Die Sprachkraft bleibt grundsätzlich gleich, aber sie tritt nicht gleichmäßig in Erscheinung. Als dynamisches Vermögen entfaltet sie sich in verschiedenen Intensitätsstufen *(VI,128; VIII,253)*, teils aus natürlicher Schwäche oder Stärke, teils weil sie von der Anregung durch schon bestehende Sprache abhängig ist, wobei es sich sowohl um die steigernde Rückwirkung eigener Sprachschöpfungen handeln kann *(V,117)*, wie auch um die Anregung eines noch unentwickelten Vermögens durch die Sprache anderer Menschen (*V,384 f. = VI,117 = VII,57 f.* u. a.). Je nach der Stärke, mit der die allgemeine Sprachkraft zum Durchbruch gelangt, unterscheiden sich die Sprachen der Individuen und der Völker. Humboldts

41 Humboldts Äußerungen dazu sind allerdings widersprüchlich. Einerseits hebt er die individuelle Spracherfindung hervor (*V,377 = VI,155; VII,250* u. ö.), andererseits heißt es, die Sprache habe nur in Gemeinschaft entstehen können *(VII,596 f.; VI,204; VIII,129)*. Der soziale Aspekt hat aber auch bei der Entwicklung von Sprache keine andere Bedeutung als jene, die er nach Humboldt im allgemeinen besitzt, sc. die Gemeinschaft dient zur Anregung und Steigerung, sie ergänzt und sie beschleunigt die vollkommene Entwicklung (*V,380 = VI,159; VI,23. 204* u. ö.). Das wäre jedoch nicht möglich, wenn nicht die ersten Schritte zumindest spontan erfolgten. Man könnte darum sagen: Humboldt vertritt die individuelle Spracherfindung im Prinzip, hält aber ihre praktischen Fortschritte ohne Gemeinschaft für begrenzt. Die Behauptung von Pätsch (1967, a.a.O., 112), daß Humboldt, indem er die gesellschaftliche Funktion der Sprache miteinbezieht, neben dem rationalistischen Konventionalismus auch die Herdersche Theorie des individuellen Sprachursprungs hinter sich gelassen habe, wird der komplexeren Sachlage offenbar nicht gerecht.

wichtigstes Beispiel dafür ist die Grammatikalität, deren ideale Norm er in den flektierenden indoeuropäischen Sprachen nahezu vollständig realisiert, in primitiveren Sprachen wie dem Chinesischen und Mexikanischen dagegen nur der Anlage nach enthalten sieht, wobei die Sprachkraft aber auch dort solange lebendig bleibt, bis sie ihr Ziel erreicht (*VI,386 ff.; VII,162 ff. 252 f.* u. ö.).

Wenn wir uns grundsätzlich auf das Konzept der allgemeinen Sprachkraft einlassen, sind diese Erklärungen relativ einleuchtend, aber es dürfte klar sein, daß die bestehende Sprachenvielfalt damit nicht zu erklären ist. Humboldt selbst geht bei seinen speziellen Aussagen zur Entfaltung der Sprachkraft auch noch erheblich weiter. Er erklärt nicht nur, daß die vollendete Flexion nicht am Anfang der Sprachentwicklung stehen könne, sondern rechnet zugleich mit einem grammatischen Kulminationspunkt, nach dem es notwendigerweise wieder abwärts gehe *(VI,220 f.; VII,239 f.)*, mit dem Erschlaffen des lebendigen Prinzips einer Sprache, ja, mit der Unmöglichkeit der Entwicklung von neuen Sprachen in der Gegenwart *(VII,621)*, und er behauptet zudem, daß die Entfaltung der Sprachkraft nicht kontinuierlich, sondern gestuft erfolgt: der Zeit nach in zwei klar voneinander zu trennenden Phasen, zeitunabhängig in unterschiedlich großen sozialen Gruppierungen.[42] Das alles läßt sich nicht mehr aus bloßen Intensitätsdifferenzen der Sprachkraft ableiten. Vielmehr hat es den Anschein, daß Humboldt faktische Sprachentwicklungen einfach in die zugrundegelegte allgemeine Sprachkraft zurückprojiziert hat. Wenn dies die einzige Art der Erklärung wäre, wäre es für sein sprachphilosophisches Ziel freilich katastrophal. Die Sprachkraft, die an die Stelle der philosophischen Vorklärung des zur Sprache drängenden Wesens des Menschens tritt, würde damit zum bloßen ›Vermögen‹, das nachträglich angesetzt und durch theoretische ›oracula ex eventu‹ spezifiziert werden muß, und die These vom

42 Historisch unterscheidet Humboldt zunächst zwischen einer Phase der »Organisation« des Sprachbaus und einer Phase der feineren Ausgestaltung, teilweise noch durch eine dritte Phase der Sprachenmischung getrennt *(IV,2 ff.; VI,237 f.)*; später lautet der Gegensatz: Sprachschöpfung und bloßer Gebrauch der Sprache *(VII,165. 240)*. Bei den sozialen Gruppierungen denkt Humboldt vor allem an die Nation (*VI,246; VII,12 f.* u. ö.), berücksichtigt aber als weitere individualisierende Prinzipien auch Völkerstamm, Rasse, Mundart, Familie, Alter, Geschlecht, Bildungsgrad und Beruf *(VI,174. 194 ff.)* und gelangt damit zu einer umfassenden Skala von Sprachgemeinschaften, deren Endpunkte von der Gesamtheit aller Menschen und vom einzelnen Individuum gebildet werden.

Menschen als Sprachwesen würde zur blanken Tautologie. Bevor wir das als die Humboldtsche Position unterstellen, sollten wir uns nach weiteren Erklärungen umsehen.

Sie sind nicht schwer zu finden. Humboldt beläßt es natürlich nicht beim Hinweis auf bloße Intensitätsdifferenzen, sondern verweist zur Erklärung der Sprachenvielfalt auch auf andere Prinzipien, nach denen sich die allgemeine Sprachkraft, wie er sagt, »individualisiert«. Er nennt hier zunächst den »Laut« als »das eigentlich constitutive und leitende Prinzip der Verschiedenheit der Sprachen« (*VII,52;* vgl. *VII,82,252* u. ö.). Hinzu kommen individuelles »Denken«, »Phantasie« und »Gefühl«, sowie »äussere Zufälligkeiten« der Welterfahrung (*V,382=VI,174; V,396=VI,183; VII,87* u. ö.). Phantasie und Gefühl können wir ausklammern, da sie innerhalb der Humboldtschen Theorie keine grundsätzlich anderen Probleme aufwerfen als das Prinzip Denken und diesem gegenüber auch ganz in den Hintergrund treten. Wesentlich sind LAUT, DENKEN und ERFAHRUNG. Was ist mit ihnen gemeint?

Das Prinzip ›Laut‹ umfaßt für Humboldt nicht nur phonologische, sondern auch morphologische und syntaktische Spracheigenheiten (vgl. *VI,250 f.*), sowie die verschiedenen Zuordnungen von Ausdrücken und Bedeutungen. Wenn wir die Terminologie des linguistischen Strukturalismus auf Humboldt rückübertragen, können wir sagen: betroffen sind die gesamte Gliederung der ›Ausdrucksseite‹ und die Korrelation von ›Ausdrucks-‹ und ›Inhaltssubstanz‹.[43] Die beiden anderen Prinzipien beziehen sich

43 Die Übertragung der strukturalistischen Terminologie legt sich bei Humboldt an mehreren Stellen nahe. Auch er stellt der ›Form‹ einer Sprache zwei Arten des ›Stoffs‹ gegenüber (»auf der einen Seite der Laut überhaupt, auf der andren die Gesammtheit der sinnlichen Eindrücke und selbstthätigen Geistesbewegungen«, *VII,49*, vgl. auch S. 75 f.), und läßt dadurch eine strukturalistische Deutung, wie sie z. B. von G. Ramischvili (*Zum Verständnis des Begriffes der Sprachform bei Wilhelm von Humboldt*, in: Wiss. Z. d. Fr. Schiller Univ. Jena. Ges. u. sprwiss. Reihe 16, 1967, 555-566) gegeben wurde, durchaus plausibel erscheinen. Der entscheidende Unterschied liegt jedoch darin, daß Humboldt sich – sehr zum Vorteil seines sprachtheoretischen Ansatzes – nicht an die These des Strukturalismus von der durchgängigen Eins-zu-Eins-Korrelation zwischen Ausdrucks- und Inhaltsseite, d. h. an das Prinzip der sogen. ›quantitativen Konsubstanzialität‹ bindet. Das zeigt im gegenwärtigen Zusammenhang (vgl. auch unten S. 70, Anm. 58) seine zitierte Zuordnung auch der morphologischen und syntaktischen Merkmale einer Sprache zum Prinzip ›*Laut*‹, nicht etwa zum Prinzip ›Denken‹ oder ›Erfahrung‹. Die syntaktischen Regeln einer Sprache gehören – gleichgültig, ob sie tatsächlich ›semantikfrei‹ (wie die radikaleren

ausschließlich auf den Inhalt. Beide sind unmittelbar miteinander verbunden, weil es nach Humboldt keine Erfahrung ohne Denken gibt: die Grundlage bildet die ungeordnete Mannigfaltigkeit sinnlicher Eindrücke (vgl. z. B. *VII,54*), und die Denktätigkeit besteht im wesentlichen in der Begriffsbildung und der Verknüpfung dieser Begriffe zu »Gedanken« (vgl. *VII,120*). Da die Erfahrung vom jeweiligen Denken abhängt, ist sie grundsätzlich subjektiv. Nur durch bestimmte Merkmale wird die Natur erkannt. Die Termini einer Sprache bezeichnen nicht die Gegenstände, sondern nur die von ihnen gebildeten Begriffe (*V,387=VI,179=VII,59; VII,90;* u. ö.), wobei Humboldt gelegentlich sogar so weit geht, Eigennamen als Klassenbezeichnungen für verschiedene Gegenstandszustände aufzufassen *(V,419)*. Sprachinhalte sind nicht die einzelnen Sinneseindrücke, sondern die von ihnen ausgehenden ›Gedanken‹, und da diesen komplexe Geisteshandlungen zugrunde liegen, ist die primäre sprachliche Einheit der Satz (*V,446; VI,360; VII,158* u. ö.); erst nachträglich kann er in Wörter und Verbindungsformen zerlegt werden (*V,114; VI,249* u. ö.).[44]

Strukturalisten glaubten) oder unter *heuristischer* Mitverwendung semantischer ›Intuitionen‹ gewonnen wurden – *als* Regeln zur ›Generierung‹ korrekter *Lautketten* auf die ›Ausdrucksseite‹, deren Struktur der semantischen Sprachstruktur prinzipiell nicht entsprechen muß und in vielen Fällen auch faktisch nicht entspricht (etwa bei Homonymie und Synonymie, vgl. unten S. 204, Anm. 204). Nur die verfehlte Idee, daß es nur *eine* (›die‹) Struktur in der Sprache geben könne, kann zu der Auffassung führen, die Syntax stehe in einer grundsätzlich engeren Beziehung zur Semantik als die Phonologie und spezifiziere bei (ausdrucksseitig) korrekter Analyse automatisch auch die Bedeutungsstruktur.

44 Die erkenntnistheoretische Grundlage entspricht also weitgehend derjenigen Herders (vgl. oben S. 28 f.), mit dem hauptsächlichen Unterschied, daß Humboldt die Begriffsverknüpfung stärker berücksichtigt. Darüber hinaus ist leicht zu sehen und auch historisch nachzuweisen (vgl. dazu: E. Spranger: *Wilhelm von Humboldt und Kant*, in: Kant-St. 13, 1908, 57-129), daß Humboldt an dieser Stelle auf Kant fußt. Spranger (a.a.O., 87 ff.) sah eine »methodisch«, wenn auch nicht sachlich »konstitutive« Parallele zu Kants Subjektivismus, Cassirer (1923, a.a.O. [Anm. 33]) weitgehende sachliche Übereinstimmung in der Frage der Gegenstandskonstitution und Haym (1856, a.a.O. [Anm. 34], 449 f.) glaubte eine Aufnahme des Kantischen Schematismus bei Humboldt feststellen zu können. So naheliegend solche Parallelen aber auch sein mögen, letztlich bleiben sie ungesichert, weil die Humboldtschen Texte überhaupt keine ausgearbeitete Erkenntnistheorie enthalten und auch nur gelegentlich auf Kant anspielen (z. B. *IV,3 f.; VI,23. 347*). Von einem Versuch, die zugrundegelegten Erkenntnisformen zudem als *Wesensmerkmale* des Menschen auszuweisen, wie es für eine Wesensableitung nach Herderschem Muster eigentlich notwendig wäre, kann mit Rücksicht auf die bei Humboldt vom Ansatz her fehlenden anthropologischen Grundlagen (S. 54 f.) ohnehin nicht die Rede sein.

Sprachliche Individualisierungsprinzipien sind Laut, Denken und Erfahrung insofern, als sie sich in den einzelnen Sprachen verschieden ausgeprägt haben. Aber es sind natürlich nicht nur die Verschiedenheiten, die unter diesen Gesichtspunkten faßbar werden, sondern, wie Humboldt selbst hervorhebt, auch das, was allen Sprachen gemeinsam ist.[45] Offenbar haben wir es mit Prinzipien zu tun, die ein Generalprinzip wie die ›allgemeine Sprachkraft‹ nicht nur spezifizieren, sondern, seinem sachlichen Gehalt nach, vollständig ersetzen können, so daß sich die Frage stellt, ob Humboldt nicht besser daran getan hätte, die Sprachkraft, die ohnehin in der Gefahr steht, zum bloßen ›Vermögen‹ zu werden, ganz aus dem Spiel zu lassen? Wenn Laut, Denken und Erfahrung erst einmal als die drei wesentlichen sprachkonstitutiven Prinzipien anerkannt werden, scheint es tatsächlich angemessener, das Verfahren von Herder einzuschlagen und die Sprache allein aus dem als ›denkende Erfahrung‹ bestimmten Wesen des Menschen abzuleiten. Wir können annehmen, daß dies, letztlich, auch Humboldts sachliche Grundlage ist. Doch das heißt nicht, daß sein Rekurs auf die allgemeine Sprachkraft damit bedeutungslos wird. Sie behält einen eigenen Sinn, wenn wir sie als den Ausdruck der zum ›Vermögen‹ hypostasierten *notwendigen Verbindung* von Laut, Denken und Erfahrung betrachten, die (nach seiner Auffassung) für den Menschen charakteristisch ist. Weil diese Interpretation am ehesten dazu angetan ist, der Humboldtschen Sprachkonstitution einen verständlichen Sinn zu geben, soll im Folgenden von ihr ausgegangen werden.

3. Phänomene der Sprachkonstitution

Wie sieht nun die genaue Wirkung der als Prinzip der notwendigen Verbindung verstandenen Sprachkraft aus? Indem wir diese Frage beantworten, gewinnen wir Einblick in die Gründe, die Humboldt dazu veranlassen, Denken und Erfahrung als notwendig mit dem Laut (und dadurch mit der Sprache) verbunden zu sehen. Der

45 Humboldt spricht (neben den zitierten Stellen über die Individualisierung) auch davon, daß Laut, Denken und Erfahrung für alle Menschen im wesentlichen gleich sind; vgl. die in Anm. 43 zitierte Stelle über den ›Stoff‹ der Sprache, sowie speziellere Äußerungen über den Laut *(V,401; V,385=VI,178; VI,245. 301; VII,252)*, das Denken *(VI,245)* und die Erfahrung *(V,393. 438)*.

systematische Ort unserer Frage ist also genau der, an dem bei Herder die Theorie des Sprachursprungs stand. Wir haben gesehen (S. 52 f.), daß Humboldt der Ursprungsfrage gegenüber eine ambivalente Haltung einnimmt, so daß wir nicht damit rechnen können, gerade an dieser Stelle näheren Aufschluß über die Wirkung der Sprachkraft zu erhalten. Aber es gibt eine Reihe von offenkundigen, empirisch faßbaren und darum auch von Humboldt kaum zu übergehenden sprachlichen Fakten, die zu entsprechenden Fragen führen. Versuchen wir, seine Position von ihnen her näher zu bestimmen.

Ein relevanter Fall sind die Phänomene des *Sprachwandels.* Sofern es dabei tatsächlich zu etwas Neuem kommt (und nicht nur zur Umlagerung oder erstmaligen Anwendung von vorhandenen Mitteln), entspricht die Situation, zumindest teilweise, der des Sprachursprungs. Da es uns nur um die Verbindung mit Erfahrung und Denken geht, können wir rein ausdrucksseitige Veränderungen unberücksichtigt lassen und uns ganz auf den Bedeutungswandel konzentrieren. Wir haben gesehen, daß Humboldt die Sprache als einen in ständiger Entwicklung begriffenen Organismus beschreibt, den Wandel also geradezu als Wesensmerkmal der Sprache betrachtet (Anm. 33). Kann er verständlich machen, daß die mit ihm einhergehenden Veränderungen des Denkens und der Erfahrung *nur* in dieser an den ›Laut‹ gebundenen Form erfolgen können?

Entscheidend dafür ist die Bestimmung der sprachverändernden Prinzipien, die er in Rechnung stellt. Veränderungen durch Sprachenmischung (*V,390 f.; VI,280* u. ö.) sind für unsere Zwecke uninteressant, da es sich hier nicht um echte Neuschöpfungen handelt, sondern um sekundäre Veränderungen, bei denen die konstituierenden Schritte schon vorausgesetzt sind. Nicht weniger voraussetzungsvoll, wenn nicht gar Ausdruck der bloßen ›Rückprojektion ex eventu‹, ist es, wenn Humboldt sich zur Erklärung des Sprachwandels auf die sprachschöpferische »Individualität« (*V,390 = VI,182 = VII,64; VII,191* u. ö.), die »Nation« (*V,397; V,390 . . .;* u. a.), die »Generation« *(V,390 . . .)* oder überhaupt nur auf den Verlauf der Zeit beruft (*VI,341; VI,277* u. a.). Den Kern der Sache treffen nur jene Erklärungen, in denen die äußeren »Umstände« (*(VII,601; VI,227. 299; VII,174)* oder der menschliche »Geist« (*VII,160. 177 f.* u. ö.), also Erfahrung und Denken selbst, als Prinzipien des Sprachwandels aufgefaßt werden, und innerhalb des Bereichs des letzteren finden sich in der Tat verschiedene Stellen, die Aufschluß darüber geben, wie Humboldt sich das verändernde Wirken der Sprachkraft vorstellt. Der Geist, so heißt es *(VII,177 f.)*, »strebt unaufhörlich«, der Sprache »Neues zuzuführen, um es, an sie geheftet, wieder auf sich zurückwirken zu lassen«, und das setzt »ein Zwiefaches voraus, ein Gefühl, dass es etwas giebt, das die Sprache nicht unmittelbar enthält, sondern der Geist, von ihr angeregt, ergänzen muss, und den Trieb, wiederum alles, was die Seele empfindet, mit dem Laut zu verknüpfen«.

Eine solche Erklärung ist in mehrerer Hinsicht aufschlußreich. Wenn wir (im Blick auf das oben Gesagte) den Aspekt der steigernden Rückwirkung außer acht lassen, können wir feststellen, daß die mit der ›allgemeinen Sprachkraft‹ behauptete notwendige Verbindung von Laut und Denken hier offensichtlich zum bloßen ›Trieb‹ geschrumpft ist, den in sich sprachunabhängigen Bereich des Geistes zu versprachlichen. An anderer Stelle *(VII,100)* heißt es sogar, die Seele müsse »immerfort versuchen, sich von dem Gebiete der Sprache unabhängig zu machen. [. . .] Sie muß das Wort mehr wie einen Anhaltspunkt ihrer inneren Thätigkeit behandeln, als sich in seinen Grenzen gefangen halten zu lassen. Was sie [. . .] auf diesem Wege schützt und erringt, fügt sie wieder dem Worte hinzu.« Es *gibt* also nicht nur einen von der Sprache prinzipiell unabhängigen Bereich, es ist auch – in gewisser Hinsicht – gefährlich, ihn *nicht* losgelöst von der Sprache zu betrachten. Und aus beiden zitierten Äußerungen geht hervor, daß das, was an ›Neuem‹ in eine Sprache eingeführt werden kann, unabhängig von ihr gewonnen sein muß. Zu allgemeinen Schlußfolgerungen ist es an dieser Stelle natürlich noch zu früh. Aber es entsteht der Verdacht, daß Humboldt dort, wo er, orientiert an konkreten sprachlichen Fakten, die Wirkungsweise seiner ›Sprachkraft‹ näher zu bestimmen versucht, zu Ergebnissen kommt, die der Sprachabhängigkeitsthese, wenn nicht direkt widersprechen, so doch zumindest keine Bestätigung geben.[46]

Dieser Verdacht wird erhärtet, wenn wir – erneut – nach der Humboldtschen Erklärung für das Faktum der *Sprachenvielfalt* fragen. Die Einführung von Laut, Denken und Erfahrung als

46 Vgl. auch *V,417*, wo Humboldt erklärt, die sprachwissenschaftliche Erklärung des Bedeutungswandels sei zu einer (faktisch nicht greifbaren) Trennung von Laut und Begriff gezwungen.

sprachkonstitutive Prinzipien ermöglicht eine genauere inhaltliche Bestimmung der bestehenden sprachlichen Unterschiede, ohne daß ein (in sich unspezifiziertes) ›Vermögen‹ im nachhinein spezifiziert werden müßte. Aber auch jene drei Prinzipien dürfen – als allgemeinmenschliche Merkmale – nicht so spezifiziert sein, daß die bestehende Vielfalt nicht mehr erklärbar ist. Wenn wir ausschließen wollen, daß jeder individuelle Träger der Sprachkraft seine eigene Sprache entwickelt, müssen wir mit einer gegenseitigen Anpassung bei der Sprachkonstitution rechnen. Auch wenn Humboldt die *individuelle* ›Spracherfindung‹ ganz hätte umgehen wollen, hätte ihn die Analyse des *überindividuellen* Anpassungsprozesses zu einer genaueren Bestimmung der Konstitution einer konkreten Sprache aus Laut, Denken und Erfahrung führen müssen.

Natürlich hat Humboldt mit einer überindividuellen Anpassung bei der Entstehung der vorliegenden Sprachen gerechnet (vgl. *IV,24; VII,81* u. ö.). Seine Aussagen über den Anpassungsprozeß selbst sind aber bemerkenswert knapp und vage. Mit Bezug auf die Entstehung von *Nationalsprachen* heißt es, sie entstünden aus dem Zusammenwirken »einer hinreichenden Mannigfaltigkeit verschiedener, und doch nach Gemeinsamkeit strebender Denk- und Empfindungsweisen« von menschlichen Individuen (*VI,127;* vgl. *VI,203* u. ö.), und dieser Vorgang wird als ein »dunkles Naturwirken bewusstlos zusammenstimmender Anlagen« *(VI,189)* bezeichnet. Entsprechend allgemein sind die übrigen Erklärungen. Die Sprachen seien Bildungen der Nation *(VII, 641 f.; VI,125 f.)*, Abdruck der nationalen Individualität *(VI,242)*. Ihnen gemäß müsse das einzelne Individuum aus »Zwang seiner intellectuellen Natur« *(VI,127)* sprechen. Die Zeit der ersten Ausbildung von Nationalsprachen sei eine Zeit, »wo für uns die Individuen sich in der Masse der Völker verlieren und wo die Sprache selbst das Werk der individuellen schaffenden Kraft [sc. einer Nation] ist« *(VI,17)*. Das Bestehen einer nationalen Gemeinsamkeit der Individuen wird also vorausgesetzt und die Anpassung selbst übersprungen.

Entsprechendes gilt für das *innersprachliche Verstehen*. Jede intersubjektive Kommunikation, so erklärt Humboldt, setzt etwas Gemeinsames zwischen den Partnern voraus, und zwar in solchem Ausmaß, daß man eigentlich nur das versteht, was man selbst hätte sagen können (*V,382 = VI,174* u. a.). Handelt es sich um ausgeprägte Individualitäten, so ist ein vollständiges Verstehen unmöglich: Verstehen heißt zugleich Nichtverstehen (*V,396 = VI,183 = VII,64 f.* u. ö.). Streng genommen sollte man daraus ableiten können, daß es genau das jeweils Individuelle ist, was vom Verstehen ausgeschlossen bleibt.[47] Humboldts eigenes Beispiel zeigt aber, daß man so streng nicht interpretieren darf: die Individualität eines »Schriftstellers« könnte ja als solche gar nicht gewürdigt werden, wenn sie völlig unverständlich bliebe. Das Herausfallen des Individuellen ist von Humboldt darum auch schon in einer frühen Äußerung nur in sehr abgemilderter Form behauptet worden *(VII, 597)*. Später entfällt es ganz *(VI,419.|434; VII,179)*. Auch das Fremde kann nun, gerade in seiner Andersartigkeit, verstanden werden *(VII,169. 179)*, und insofern, als es der Freiheit des einzelnen überlassen bleibt, wird das Mißverstehen zum Nicht-mehr-verstehen-Wollen *(VI,419)*.[48] Wenn es möglich ist, andere Individualitäten in ihrer Eigenart zu erfassen, so beruht das offenbar auf einer dem Menschen zugeschriebenen Fähigkeit, sich in der Kommunikation auf den Gesprächspartner einzustellen (vgl. *VII,597*). Aber wenn wir nach einer genaueren Spezifikation dieses Einstellungsvorgangs fragen, werden wir von den Humboldtschen Texten enttäuscht. Er wird, wie schon bei der Entstehung der Nationalsprachen, vorausgesetzt, ohne jeden Versuch zu weiterer Erklärung.

Man könnte sagen, daß die Probleme des innersprachlichen Verstehens insofern weniger elementar sind, als sie erst auf dem Hintergrund einer weit überwiegenden Mehrheit von sprachlichen Gemeinsamkeiten auftreten und zum guten Teil auch mit ihrer Hilfe zu beseitigen sind.[49] Entsprechende überindividuelle Anpassungsprobleme entstehen aber auch dann, wenn wir uns auf den gemeinsamen Bereich beschränken. Wir müssen uns dabei nicht unbedingt an der Entstehung vorliegender Gemeinschaftssprachen orientieren, denn die uns interessierenden Fragen lassen sich

47 Vgl. *V,418 f.*, wo Humboldt das Bild zweier sich teilweise schneidender Kreise gebraucht.

48 Die Darstellung von H.G. Gadamer (*Wahrheit und Methode*, Tübingen ²1965, 418), nach der Humboldt das Eintragen der Subjektivität beim Erlernen einer fremden Sprache einseitig negativ von der »Reflexionsebene des Sprachforschers« und nicht von der »hermeneutischen Erfahrung« aus beurteilt, dürfte seiner Position darum kaum gerecht werden.

49 Vgl. jedoch S. 455 ff. unten.

ebensogut, wie auch Humboldt bemerkt (z. B. *VI,226*), an einer späteren Stelle erheben, nämlich beim *Spracherlernen*. Wie ist es zu erklären, daß sich die ursprünglich unspezifizierte Sprachkraft eines Kindes nach Maßgabe der in seiner Umgebung gesprochenen Sprache individualisiert? Wie kommt es, daß seine allgemeinmenschlichen Fähigkeiten zum Denken und Erfahren sich den Erfahrungs- und Denkweisen seiner Sprachgenossen angleichen? Und wie vor allem sind die Gemeinsamkeiten bei ihrer Verbindung mit dem Laut verständlich zu machen? Humboldts Erklärungen zum Spracherlernen sind detaillierter als zum innersprachlichen Verstehen oder zum Entstehen von Nationalsprachen. Aber in dem Maße, in dem er dem Lernprozeß weiter nachgeht, kommt er, wie schon im Falle des Sprachwandels, zu Ergebnissen, die eine Abhängigkeit von der Sprache eher zweifelhaft machen als bestätigen.

Zunächst gibt es auch hier eine Reihe von Äußerungen, in denen die zentralen Probleme übersprungen werden. Erklärungen wie die, daß das Erlernen von Sprache auf der Anregung der allgemeinen Sprachkraft beruht (*V,385=VI,177=VII,58* u. ö.), können wir von vorneherein als zu unspezifiziert ausscheiden. Ähnlich uninformativ ist es, wenn Humboldt mit Bezug auf die Taubstummen bemerkt, sie lernten »das Gesprochene an der Bewegung der Sprachwerkzeuge des Redenden, [. . .] indem sie durch den Zusammenhang ihres Denkens mit ihren Sprachwerkzeugen im Andern aus dem einen Gliede, der Bewegung seiner Sprachwerkzeuge, das andre, sein Denken, errathen lernen« (*V,375 f.=VI,153*), denn hier sind die entscheidenden Punkte, die überindividuelle Gleichheit und die Verbindung mit dem Laut, ebenfalls schon vorausgesetzt. Der ›Rückschluß‹ wäre allenfalls für die onomatopoietischen Zeichen verständlich, von denen wir schon bei Herder gesehen haben, in welche Schwierigkeiten sie führen.[50]

50 Onomatopoietischen Verbindungen mißt Humboldt eine große Bedeutung zu (*L,31; IV,296; VII,76* u. a.), ja, an bestimmten Stellen (*V,416 f.; VII,316* u. a.) scheint er sie für das einzige Umsetzungsprinzip bei der Spracherfindung zu halten, von dem die Sprache sich erst bei der Weiterentwicklung allmählich befreit. Es überrascht darum nicht, wenn sich zugleich Anklänge an die Herdersche Theorie der Sinnesverbundenheit (vgl. oben S. 36) bei ihm finden. Die unzertrennliche Verbindung von Gedanke, Stimme und Gehör sieht Humboldt in der »ursprünglichen, nicht weiter zu erklärenden Einrichtung der menschlichen Natur« begründet (*VII,53*, vgl. *75 f.*). Gedanken sollen deshalb in Laute gefaßt werden, weil diese ihrer unkörperlichen

Interessant sind nur jene Passagen, in denen die elementare Einführung von bislang (für den Lernenden) bedeutungslosen sprachlichen Ausdrücken zur Diskussion steht. So erklärt Humboldt im Blick auf die *empirischen Prädikate*, sie würden durch »Vorzeigen« der betroffenen Gegenstände in einem sinnlich zugänglichen Bereich gelernt *(L,31; IV,296; V,418)*. Geht man von dem aus, was Humboldt selbst über das Verhältnis von Denken und Erfahrung und über die grundsätzliche Subjektivität der letzteren gesagt hat (S. 58), so wirkt seine jetzige Darstellung dürftig und ungenau, ja, beinahe wie ein Rückfall. Auch wenn wir naiv voraussetzen, daß sich die Subjektivität nicht auf die Identifikation der ›vorzuzeigenden‹ Gegenstände erstreckt, können wir nicht ohne weiteres damit rechnen, daß (extensional) gleiche Klassen von Gegenständen von verschiedenen Individuen unter den jeweils gleichen (intensionalen) Klassifikationsgesichtspunkt gestellt werden,[51] und von den allgemeineren zeichentheoretischen Schwierigkeiten, die sich in der Diskussion der Herderschen Ursprungstheorie zeigten, wollen wir gar nicht erst reden. Der Rekurs auf das ›Vorzeigen‹ läßt gerade die kritischen Aspekte der erforderten überindividuellen Anpassung beim Spracherlernen unerklärt.

Beweglichkeit und Schärfe sinnlich vollkommen entsprechen (*IV,21; VII,54* u. ö.). Und in dem frühen Fragment *»Über Denken und Sprechen«* heißt es geradezu *(VII,582)*: »Die Sprachzeichen sind [. . .] nothwendig Töne, und nach der geheimen Analogie, die zwischen allen Vermögen des Menschen ist, musste der Mensch, sobald er deutlich einen Gegenstand als geschieden von sich erkannte, auch unmittelbar den Ton aussprechen, der denselben bezeichnen sollte.« Für die Begründung der Sprachabhängigkeitsthese spielt die onomatopoietische Zuordnung allerdings keine so große Rolle wie bei Herder, und Humboldt ist auch (m. W.) niemals in den Fehler von Herder verfallen, die unendliche Lautvielfalt als Wesensmerkmal der Sprache zu betrachten (vgl. die sehr ›modern‹ klingenden Äußerungen über die Lautsysteme der Sprachen in *V,401* und *VII,582 f.*).

51 Daß Humboldt hier selbst unsicher ist, zeigt *VII,169 f.*, wo er erklärt, alle Menschen (einer Sprachgemeinschaft) bezeichneten mit ›Pferd‹ »dasselbe Thier«, aber jeder verbinde damit »eine andere Vorstellung«. Das kann Verschiedenes heißen. Handelt es sich nur darum, daß jeder andere individuelle Pferde als ›Repräsentanten‹ der Gattung (vgl. S. 134, Anm. 137) im Auge hat, oder handelt es sich um intensionale Differenzen? Für das Zweite spricht der Umstand, daß Humboldt in unmittelbarem Anschluß an das Beispiel fortfährt: »Daher entstehen in der Periode der Sprachbildung in einigen Sprachen die Menge der Ausdrücke für denselben Gegenstand. Es sind ebenso viele Eigenschaften, unter welchen er gedacht worden ist [. . .].« Aber wenn es so ist, dann ist das ›Vorzeigen‹ des Gegenstandes natürlich *kein* hinreichendes Mittel zur Einführung des fraglichen Prädikats.

Immerhin, wenn wir von diesen Einschränkungen absehen, ist das genannte Verfahren zumindest verständlich, solange es nur um die Einführung empirischer Prädikate geht. Bei *nichtempirischen Prädikaten* ist auch das nicht mehr gegeben. Humboldt hat ihre Einführung (m. W.) nirgends direkt thematisiert. Eine frühe Äußerung *(L,31)*, die uns auf einen, dem sinnlichen entsprechenden, nichtempirischen Gegenstandsbereich zu verweisen scheint, legt eine analoge Erklärung nahe. Aber es ist ersichtlich, daß wir, auch wenn wir die Annahme eines nichtsinnlichen, quasianschaulichen Gegenstandsbezugs für unproblematisch halten,[52] die erforderliche Anpassung im Bereich des Nichtempirischen nicht durch das sinnliche ›Vorzeigen‹ oder ein nichtsinnliches Analogon dazu erklären können, wenn wir uns weiterhin an der für den Menschen üblichen, auf sinnlich wahrnehmbare Lehreinflüsse gestützten Form des Spracherlernens orientieren wollen.

Vor allem aber gibt uns die Humboldtsche Erklärung weder hier noch bei den empirischen Prädikaten Aufschluß darüber, warum die auf der Basis ›vorgezeigter‹ Gegenstände zu erlernenden Begriffe notwendig an die Verwendung von Lauten gebunden sein sollen. Wenn die sich im Erlernen vollziehende Konstitution der Sprache auf einem – geistigen oder sinnlichen – ›Vorzeigen‹ von etwas basiert, was der subjektiven und damit (möglicherweise) individuell verschiedenen Auffassung grundsätzlich enthoben ist, sollte man daraus, wenn überhaupt, viel eher auf die grundsätzliche Sprachunabhängigkeit der betreffenden ›Erfahrungen‹ schließen. Und auch wenn die Subjektivitätsprobleme berücksichtigt werden, muß noch gezeigt werden, daß die im Spracherlernen erfolgende Anpassung als solche notwendig mit der Verwendung von Lauten verbunden ist. Die Wirkung der ›Sprachkraft‹ bleibt in der uns speziell interessierenden Hinsicht unbestimmt.

Ein Lernmodell, das über das bloße ›Vorzeigen‹ hinausgeht, deutet sich an im Zusammenhang mit den *grammatischen Ausdrücken*. Humboldt unterscheidet bei allen Sprachen in einfacher Zweiteilung zwischen den eigentlich bedeutungstragenden Wörtern und den Mitteln zu ihrer Verbindung, vor allem zum Satz.[53] Grammatische Ausdrücke gehören zu den letzteren, aber sie erschöpfen sie nicht. Im Gegenteil, für die Verbindung selbst sind

52 Vgl. jedoch unten S. 135 f.

53 Vgl. z. B. *L,32; IV,291; VII,120* u. ö. Die offenkundigen sachlichen Schwierigkeiten der Zweiteilung brauchen uns hier nicht zu interessieren.

sie sekundär, weil es sich dabei letztlich um eine selbständig und aktuell zu vollziehende Leistung des Geistes handelt *(VI,337. 340. 361)*. Die Grammatik wird nicht nur in einigen Sprachen, verglichen mit den flektierenden primitiveren Sprachen, wie dem Chinesischen, »hinzugedacht«, sondern bestimmte grammatische Beziehungen müssen in allen Sprachen ergänzt werden *(V,464; VI,362 f.)*, ja, eigentlich kann sie niemals im Laut einen wirklich angemessenen Ausdruck finden (*V,290; VI,340* u. a.). Wenn Humboldt in einer vollendeten Sprache gleichwohl grammatische Wörter für unerläßlich hält, dann deshalb, weil die grammatische Form als »ein von jedem andren Inhalt leeres Zeichen den Geist bloss auf die Form, als innere Handlung, hinweist« *(VI,363;* vgl. *V,402. 460)*.

Daß die grammatischen Ausdrücke völlig bedeutungslos sind, ist allerdings kaum anzunehmen. Humboldt fordert, genauer besehen, auch nur, daß sie von jedem »Sachbegriff« frei sind, weil sonst die Verknüpfung der – in diesem Sinne – bedeutungstragenden Wörter nicht geleistet würde und ein unendlicher Regreß von eingeschobenen Verknüpfungswörtern entstünde (*IV,292; VI,362* u. a.). Die Bedeutung der grammatischen Ausdrücke für die Bestimmung verschiedener Verknüpfungsarten kann er natürlich nicht bestreiten (vgl. *V,460; VII,119*), obgleich er versucht, diese Funktion als sekundär gegenüber der reinen Geistesanregung hinzustellen *(V,465 f.)*. Aber selbst wenn wir die Geistesanregung als einzige Aufgabe der grammatischen Ausdrücke ansähen, würde doch schon die Tatsache, daß sie diese Funktion zu erfüllen imstande sind, zeigen, daß sie mehr sind als bloße Laute. Wenn Humboldt sie darum als ›inhaltsleer‹ bezeichnet und ihnen nur eine ›anregende‹ Funktion zuerkennt, dann kann das nicht heißen, daß es hier *gar keine* Verbindung von Inhalt und Ausdruck gibt, sondern nur daß sich die *Art* der Verbindung geändert hat. Die Bedeutung grammatischer Ausdrücke kann offenbar nicht mehr durch bloßes ›Vorzeigen‹ (von was auch?) gelernt werden. Sie beruht vielmehr, Humboldt zufolge, auf ›geistigen‹ Fähigkeiten, die man bei allen sprachbegabten Wesen voraussetzen muß und an die man beim Sprachunterricht lediglich ›appellieren‹ kann.

Die weitere Aufklärung eines solchen ›Appellverfahrens‹ wäre für die Sprachlerntheorie von größter Bedeutung. Nicht nur bei den grammatischen Ausdrücken, auch bei den nichtempirischen Prädikaten reicht das Verfahren des ›Vorzeigens‹, wie wir festgestellt haben, nicht mehr aus. Ja, selbst empirische Prädikate sind, wie es scheint, durch das ›Vorzeigbare‹ nicht hinreichend zu bestimmen, sondern verlangen zu adäquatem Verständnis die schon vorhandene (›geistige‹) Fähigkeit des Betroffenen, ›vorgezeigte‹ Gegenstände in *gleicher* Weise zu identifizieren wie der ›Sprachlehrer‹, *als* Beispiele einer Gegenstandsklasse zu begreifen und den zugrundegelegten (intensionalen) Klassifikations*gesichtspunkt* in ihnen zu erfassen.[54] Das ›Appellverfahren‹ trägt dieser Sachlage Rechnung. Aber es stellt uns zugleich vor neue Probleme. Worin, wenn nicht in ›vorzuzeigenden‹ geistigen oder sinnlichen Gegenständen, bestehen die zu erlernenden Inhalte? Wie nimmt man auf sie Bezug? Und welche Funktion hat die Verwendung von Lauten? Auf diese Fragen hat Humboldt keine Antwort gegeben. Die sprachkonstituierende Wirkung der ›Sprachkraft‹ bleibt auch im Zusammenhang mit dem ›appellierenden‹ Spracherlernen weitgehend unaufgeklärt, und soweit sie – bei den grammatischen Ausdrücken – näher spezifiziert wurde, spricht das Ergebnis (vorläufig) eher gegen als für eine notwendige Verbindung von Laut und Denken, weil die grammatischen Verbindungen ja gerade *nicht* notwendig an entsprechende Ausdrücke gebunden sein sollen.

4. Widersprüchliche Aussagen zur Sprachabhängigkeit

Wenn wir bei Humboldt lesen, der Sprachwandel beruhe auf einem geistigen Überschreiten der Sprache, gewisse grammatische Verknüpfungen seien überhaupt nicht im Laut auszudrücken und bestimmte Gegenstände ließen sich unabhängig von der bereits erlernten Sprache ›vorzeigen‹, so entstehen berechtigte Zweifel, nicht nur, ob er eine notwendige Verbindung von Laut, Denken

54 Daß dies auf der Basis des ›Vorzeigbaren‹, speziell auf der von verhaltensmäßigen ›Lehrvorführungen‹ und sonstigen sinnlichen Einflüssen, nicht mehr erklärt werden kann, wird von den neueren behavioristischen Lerntheorien (aller Varianten) freilich bestritten. Doch erweisen sich, wie wir unten noch näher sehen werden (S. 125 f., Kap. XI), ihre *konkreten* Erklärungen vorerst als dürftig und ihre *grundsätzlichen* Argumente, die sie zu fordern scheinen, definitiv als nicht durchschlagend. Humboldts sprachtheoretischen Einsichten sind, ungeachtet ihrer notorischen Unklarheiten und Vagheiten, auch in dieser Beziehung durch die neuere Sprachtheorie nicht überholt.

und Erfahrung begründet behaupten *kann*, sondern auch, ob er es überhaupt *will*. Was haben wir davon zu halten? Nun, Humboldt *muß* eine derartige Behauptung aufstellen, wenn er an dem Programm, die Sprache aus dem durch Erfahrung und Denken bestimmten Wesen des Menschen abzuleiten, grundsätzlich festhalten will. Der einfache Tatbestand ist aber, daß seine Äußerungen über die betreffenden Abhängigkeitsverhältnisse, wie schon bei Herder, widersprüchlich sind.

Die allgemeine Sprachabhängigkeitsthese findet sich bei Humboldt nicht durchgehend. Es gibt geradezu gegenteilige Äußerungen, in denen die Sprache als Schöpfung des Geistes *(IV,309; VII,211* u. ö.) oder als für den Gedankenausdruck stets unzulänglich bezeichnet wird *(IV,432; V,290 f.)*, und hierher gehören offenbar auch die zitierten Erklärungen über den Sprachwandel und die grammatische Verbindung. Selbst dort, wo er mit einer Gebundenheit an die Sprache rechnet, vertritt Humboldt nicht immer die stärkste Version eines notwendigen Zusammenhangs. So heißt es mitunter bloß, es gebe ein inneres »Bedürfnis« zur Versprachlichung von Gedanken *(V,376 = VI,154; VII,111)*, die Sprache sei das »Organ« des Denkens *(VII,640; V,374=VI,151=VII,53)* oder sie beide seien faktisch koextensiv *(V,433; VII,42)*. Der Spracheinfluß besteht zunächst nur in einer anregenden Wirkung auf das Denken *(IV,18; V,118; VII,256* u.v.a.) oder als wechselseitige Einflußnahme *(IV,310; VI,344; VII,236 f.)*, die von Humboldt oft noch in der Weise verstanden wird, daß das Denken zuerst in die Sprache übergeht und anschließend wieder zurückwirkt (*IV,21; V,374 = VI,151 = VII,53* u. ö.). Stärker sind erst solche Erklärungen, nach denen der Geist des Menschen zwar über die Sprache hinausgeht, dennoch aber in Worte gefaßt werden muß *(VII,602)*. Und ein eindeutig notwendiger Zusammenhang wird vertreten, wenn es heißt, der Mensch könne ohne die Sprache nicht denken *(VII,596)*, das Sprechen sei eine »nothwendige Bedingung« des Denkens *(V,377=VI,155=VII,55)* oder ganz lapidar: »Das Denken ist [. . .] abhängig von der Sprache [. . .]« *(IV,21)*.

Ähnliches gilt für die Behandlung speziellerer Phänomene. Was etwa das begriffliche Denken anbetrifft, so finden sich einerseits Äußerungen, in denen die Suche nach einem Ausdruck und die Umsetzung in den Laut als eine der eigentlichen Begriffsbildung nachfolgende Tätigkeit beschrieben wird *(IV,26 Anm.; VII,49.*

89 f.), und ebendies würde man auch beim Erlernen von Prädikaten durch »Vorzeigen« erwarten.[55] Auf der anderen Seite aber wird erklärt, ein Wort sei »so wenig ein Zeichen eines Begriffs, daß ja der Begriff ohne dasselbe nicht entstehen, geschweige denn festgehalten werden kann« *(VIII,129*; vgl. *V,428 f.; VII,100)*.[56] Ebenso wird die Frage, ob es ein allen Einzelsprachen gegenüber neutrales Begriffsfeld gibt, von Humboldt auf der einen Seite bejaht, wenn auch wohl nur für einen Teil der Begriffe.[57] Andererseits wird sie, ebenso partiell (vgl. *VII,623; IV,22 f.*) oder doch wenigstens mit einer graduellen Einschränkung,[58] verneint. Für die These von der notwendigen Bindung des Denkens und der Erfahrung an die Sprache wäre eine verneinende Antwort erfordert gewesen, weil nur sie garantiert, daß die Begriffe nicht einfach ›vorgefunden‹, sondern erst mit der Sprache zusammen gebildet werden. Aber sie ist, offenbar, nur die eine Seite von dem, was Humboldt behauptet.

Können wir seine widersprüchlichen Äußerungen verständlich machen? Das einfachste Verfahren, einen Widerspruch aufzulösen, besteht bekanntlich darin, beide Behauptungen nur unter einem bestimmten Gesichtspunkt für gültig zu erklären, und Humboldt hat in der Tat eine solche Lösung bereit. Die behauptete Sprachunabhängigkeit gilt, wie durch verschiedene Stellen nahegelegt wird, nur *grundsätzlich* und für die nachträgliche theoretische Reflexion; *faktisch*, für die konkrete Untersuchung der

55 Das gilt jedenfalls dann, wenn der Begriff zu dem gehört, was durch das ›Vorgezeigte‹ eindeutig bestimmt ist und erst *im* Lernprozeß mit einem sprachlichen Ausdruck verbunden wird. Wenn nur die Gegenstände als ›vorzeigbar‹ vorausgesetzt werden, ist es denkbar, wenn auch aus anderen Gründen kaum akzeptabel (vgl. unten S. 186 ff.), daß die Verwendung von Ausdrücken eine notwendige Funktion bei ihrer begrifflichen Einteilung hat.

56 Den Hinweis auf die zitierte Stelle verdanke ich V. Heeschen: *Die Sprachphilosophie Wilhelm von Humboldts*, Diss. Bochum 1972, 133.

57 Humboldt schwankt dabei, ob er zu diesem Teil die »rein durch den Verstand gebildeten» Begriffe rechnen soll *(IV,21 f. 28)* oder ob gerade sie auszuschließen *(V,436*; vgl. *VII,640)* und an ihrer Stelle ein neutrales Feld von empirischen Begriffen zu unterstellen ist *(VII,623)*.

58 In *V,436* wird die Ablehnung eines neutralen Begriffsfeldes auf die »strenge und ganz genaue Analyse« beschränkt. Uneingeschränkt wird eine verneinende Antwort nur an zwei Stellen gegeben, an denen Humboldt wahre Synonyma kategorisch für unmöglich erklärt *(VIII,129; VII,190)*; auch bei den Synonymien aber heißt es mitunter, sie gebe es eigentlich nur dann nicht, »wenn man es scharf und genau nimmt« *(V,437)*.

Phänomene, besteht gerade das umgekehrte Verhältnis, bei den Verbindungsformen ebenso wie bei den Begriffen.[59] Die entscheidende Frage ist natürlich, wie diese Abgrenzung zwischen dem ›Faktischen‹ und dem ›Grundsätzlichen‹ zu verstehen ist? Wenn wir sie wörtlich nehmen und die Humboldtsche Lösung zugleich als Antwort auf die Frage nach dem Zusammenhang zwischen Sprache, Denken und Erfahrung verstehen, können wir sie nur als *Zurücknahme* der notwendigen Zusammenhangsbehauptung betrachten und den Schluß ziehen, daß Humboldt eigentlich nur eine faktische Bindung an die Sprache und einen darauf gegründeten relativen Spracheinfluß vertritt. Diese Konsequenz war es, zu der schließlich auch die widersprüchlichen Äußerungen Herders geführt hatten, und wir wissen von dort her, daß sie das Scheitern seines Versuchs, die Sprache aus dem Wesen des Menschen abzuleiten, beinhaltet.

Bevor wir das akzeptieren, sollten wir es mit einer anderen Interpretation versuchen, die sich bei Humboldts stärker an empirisch-sprachwissenschaftlichen Fragestellungen orientiertem Ansatz nahelegt. Wir können seine Abgrenzung auch als *methodologische* Erklärung auffassen, die nur für die Situation des auf Sprache, Denken und Erfahrung bezogenen Theoretikers gilt. Wenn er nach ihrem Zusammenhang fragt, muß er, so wäre Humboldt nun zu verstehen, von ihrer faktischen Verbindung in der Sprache ausgehen. Er kann die *drei* (wesentlichen) sprachkonstitutiven Prinzipien also nur dadurch unterscheiden, daß er das *eine* vorfindliche Phänomen, die menschliche Sprache, analysiert. Für den ›Laut‹ ist das wenig bemerkenswert, aber für die beiden anderen Prinzipien ist es von großer Bedeutung. Wenn Humboldt, wie er es tatsächlich mehrfach tut,[60] ›Erfahrung‹ und ›Denken‹ nur

59 Die Sprache »verliert [. . .] sich über das Gebiet der Erscheinungen hinaus in ein ideales Wesen. Wir haben es historisch nur immer mit dem wirklich sprechenden Menschen zu thun, dürfen aber darum das wahre Verhältnis nicht aus den Augen lassen. Wenn wir Intellectualität und Sprache trennen, so existiert eine solche Scheidung in der [sc. empirischen] Wahrheit nicht.« *(VII,42;* vgl. *IV,26 Anm.; VII,177 f.)*. Speziell auf die Begriffe beziehen sich die Stellen *V,417* und *VII,89 f.*, auf die Verbindungsformen *V,455* und *VII,111*.

60 Humboldts Aussagen sind aber auch hier widersprüchlich. Mit Bezug auf die Verbindungsformen erklärt er einerseits, die allgemeinen Gesetze des Denkens müßten »auf dem Wege reiner Begriffsableitungen aufgesucht werden« und dies sei die Aufgabe einer gesonderten philosophischen Disziplin, sc. der Logik *(V,451 f. = VI,345 f.)*. Auf der anderen Seite heißt es, die reinen Denkformen könnten

von der Sprache her für bestimmbar hält, ist seine Sprachabhängigkeitsthese dann nicht von vorneherein tautologisch? Hat es Sinn, nach dem Zusammenhang von Phänomenen zu fragen, zu denen man keinen voneinander unabhängigen methodischen Zugang besitzt?

Es wäre tatsächlich sinnlos, wenn die *methodische* Abhängigkeit implizieren würde, daß Laut, Denken und Erfahrung *begrifflich* nicht voneinander zu trennen sind. Doch das ist nicht der Fall. Die Untersuchung des einen vorfindlichen Phänomens ›Sprache‹ kann sehr wohl zu begrifflichen Differenzierungen führen, ja, die Rede von *verschiedenen* konstitutiven Prinzipien hat überhaupt nur Sinn, wenn diese begrifflich *nicht* voneinander abhängen. Der gemeinsame methodische Zugang besteht im anfänglichen Bezug auf das noch undifferenzierte Phänomen. Nach der vollzogenen Unterscheidung diverser Prinzipien kann man erkennen, daß auch der erste Schritt mehr enthielt, als er zunächst zu enthalten schien, aber was er enthielt, war nicht mehr als das Faktum ihres Zusammenwirkens in der Sprache. Ob dieses Zusammenwirken notwendig ist oder nur von externen Faktoren veranlaßt (z. B. dem Drang nach intersubjektiver Kommunikation, wie er von Herder verworfen wurde), ist immer noch unentschieden. Wir können die Humboldtschen Widersprüche also durch die von ihm selbst nahegelegte methodologische Interpretation auflösen, ohne seine weitergehenden Ansprüche zu gefährden.

überhaupt nur »als eine unmessbare Grösse vorausgesetzt werden, um zu einem Vergleichspunkte des durch Sprache gefärbten Denkens [. . .] zu dienen« (*VI,350; parallel V,456*), was offenbar impliziert, daß man zu allgemeinen Gesetzen des Denkens nur auf dem Wege des Sprachvergleichs kommen kann.

Ähnliches gilt für die Begriffe. Auf der einen Seite stehen die schon erwähnten Äußerungen über die der Begriffsbildung nachfolgende Umsetzung in den Laut und das Vorhandensein eines neutralen Begriffsfeldes. Andererseits erklärt Humboldt, daß »die Summe des Erkennbaren« zwar objektiv »zwischen allen Sprachen« liege, aber nur subjektiv, von den Einzelsprachen her, anzugehen sei *(IV,27)*. Ein Heraustreten aus der eigenen Sprache könne nur stattfinden durch den Wechsel in eine andere *(VII,623; IV,22; V,387 f.=VI,180=VII,60)*, aber die Fremdsprachen könnten das eigene Begriffsnetz ergänzen *(V,424. 437)*, so daß ihre Aneignung einen Gewinn an Objektivität bedeute *(IV,28; IV,193)*. Ja, Humboldt rechnet sogar mit einem Verfahren, das ›zwischen‹ allen Sprachen Liegende, wenn auch nie vollständig, als objektiven Vergleichspunkt zu bestimmen (vgl. *V,437; VII,101*). Auch die zahlreichen Äußerungen, in denen der Begriff als notwendig an die Verwendung des Lauts gebunden oder von ihm gefärbt hingestellt wird, gehören hierher.

5. Unzureichende Begründung der starken Sprachabhängigkeitsthese

Versuchen wir nun, auf dem Hintergrund des im Vorstehenden spezifizierten Sinns seiner Fragestellung, die Argumente, die Humboldt für seine stärkste, Notwendigkeit implizierende Abhängigkeitsthese ins Feld führt, kritisch zu überprüfen. Da es für ihn keine Erfahrung ohne Denken gibt, genügt es, wenn der Beweis für das Denken erbracht wird. Auch wenn wir uns auf die stärkste Version beschränken, kann die zu beweisende These noch immer verschieden ausfallen, je nach dem, welcher Sprach- oder Denkbegriff dabei zugrundelegt wird. Im Folgenden soll dem (ähnlich wie an der entsprechenden Stelle bei Herder) durch Unterscheidung zweier Stufen in Humboldts Beweisführung Rechnung getragen werden.

Ein erster Beweisgang bewegt sich im Rahmen eines durch die Verwendung von *Lauten* charakterisierten Sprachbegriffs, wie er der obigen Unterscheidung von drei (wesentlichen) sprachkonstitutiven Prinzipien am ehesten entsprechen dürfte. Die These heißt also: kein Denken ohne Verwendung lautlicher Zeichen! Halten wir uns dabei zunächst an das begriffsverknüpfende Denken, dann zeigt sich sogleich, daß ein stichhaltiger Beweis dafür von Humboldt kaum zu erwarten ist; denn er hatte ja selbst erklärt, daß die grammatischen Formen keinen angemessenen Ausdruck im Laut erhielten, daß sie in primitiveren und z. T. auch in grammatisch voll entwickelten Sprachen ›hinzugedacht‹ würden und daß auch die eigentlichen grammatischen Ausdrücke nur zur Anregung selbständiger Geisteshandlungen dienen könnten. Wir sehen uns also von vorneherein auf das begriffsbildende Denken allein verwiesen. Nichtempirische Begriffe werden in Humboldts Beweisführung kaum berücksichtigt, und da sie, wie wir gesehen haben, in die grundsätzlich gleichen Schwierigkeiten führen wie die empirischen und zusätzliche Probleme aufwerfen, können wir uns auf die empirischen Begriffe beschränken. Wenn wir von der Erklärung ausgehen, daß empirische Prädikate durch ›Vorzeigen‹ von Gegenständen erlernt werden, können wir die Humboldtsche Sprachabhängigkeitsbehauptung dahingehend präzisieren, daß den auf dieser Basis gebildeten Begriffen nicht etwa nachträglich Laute zugeordnet werden, sondern daß diese für die begriffliche

Klassifikation von Gegenständen selbst von entscheidender Bedeutung sind. Worin soll sie bestehen?

In einigen frühen Äußerungen heißt es, nur durch die Verwendung sinnlicher Zeichen lasse sich das Gedachte »auffassen und gleichsam festhalten« *(VII,581; 602;* vgl. aber auch *V,112; 427).* Oder es wird erklärt, nur so werde ein »deutlicher« Begriff ermöglicht *(VII,596; V,375=VI,152=VII,53),* der Schärfe des Gedankens entspreche die Schärfe des Lauts *(VII,582; VI,154=VII,53 f.).* Daß solche unspezifizierten und selbst eher thetischen Erklärungen einen Beweisgrund abgeben können, muß man freilich bezweifeln, und wenn sie es tun, dann bestenfalls für eine relative, nicht aber für eine prinzipielle Bedeutung der Sprache. Ja, wenn diese nur das ›Auffassen‹ oder ›Festhalten‹ von Begriffen betrifft, scheint das zu implizieren, daß die Begriffsbildung ohne die Sprache erfolgt. Warum sollte man dann nicht auch für die Lautzeichen jene Erklärung geben, die Humboldt selbst für die Schriftzeichen gibt, sc. daß sie nur die Funktion eines Kürzels, einer Gedächtnisstütze erfüllen (vgl. *V,125. 130. 132*)?

Das einzige Argument, dem Gewicht zukommt, ist die These von der ›Objektivierungsnotwendigkeit‹. Der Gedanke, sagt Humboldt, muß dem denkenden ›Subjekt‹ als ›Objekt‹ gegenübergestellt werden und das kann nur in der Sprache erfolgen *(VII,581; V,455; VI,155=VII,55 f.).* Die Begriffsbildung wird als sprachliche Objektivation beschrieben, mit der aus einer Masse von Vorstellungen erstmals ein Gedanke hervortritt *(V,380 = VI,160).*[61] Ist der gesuchte Beweisgrund damit gefunden? Sicher nicht. Zunächst bleibt unverständlich, warum so etwas wie eine ›Objektivierung‹ des Denkens überhaupt notwendig sein soll, ja, wie sie, selbst für einfachste empirische Begriffe, auch nur vorstellbar ist. Was soll es heißen, den ›Begriff des Pferdes‹ dem ›Subjekt‹ als ›Objekt‹ gegenüberzustellen? Vor allem aber ist nicht zu sehen, welche Funktion der Lautausdruck dabei haben soll.

61 Humboldt verwendet hier allerdings einen (vermutlich von Kant geprägten) Objektbegriff, der neben der Bedeutung ›Gegenstand‹ auch die von ›Objektivität‹ im Sinne von ›Allgemeingültigkeit‹ umfaßt. Sie manifestiert sich vor allem in der Behauptung, daß die vollendete Gedankenobjektivierung erst im Wort eines *anderen* Subjekts gegeben sei (vgl. *VI,26; 304 f.; V,380=VI,160* u. a.). Doch erhielte die Objektivierungsthese dadurch einen Sinn, der sie für den Beweis, daß das Denken *jedes* Menschen an die Sprache gebunden sei, unbrauchbar machte. Wir können uns darum auf die Objektivierung durch einen Gegenstand konzentrieren.

›Objektiviert‹ wird ja nur das Zeichen, und man müßte schon zu der merkwürdigen und die entscheidenden Fragen im Ansatz überspringenden Behauptung greifen, daß der Laut den Begriff gleichsam ›einverleibt‹ habe, um dessen ›Objektivation‹ durch die Sprache verständlich zu machen. Wenn schon etwas derartiges erfolgen soll, dann läge es doch viel näher, die ›Objektivation‹ in der Vorstellung oder durch eine exemplarische Klasse von Gegenständen zu leisten. Auch der Gedanke der Objektivierung kann also die prinzipielle Sprachabhängigkeit nicht begründen.

Der erste, auf die Verwendung des Lauts bezogene Beweisgang muß damit als gescheitert betrachtet werden. Nun unterscheidet Humboldt aber bekanntlich zwischen einer äußeren Sprachgestalt, die im Laut ihren Ausdruck findet, und einer anderen, für die er in seiner letzten sprachphilosophischen Schrift den Terminus »Innere Sprachform« geprägt hat. Es wäre denkbar, diese Unterscheidung für eine zweite Definition des Sprachbegriffs zu benutzen und einen auf ihn gestützten zweiten Beweisgang ins Auge zu fassen.

Der genaue Sinn des neueingeführten Terminus ist, wie die Interpreten übereinstimmend hervorgehoben haben, aus den Texten kaum eindeutig zu bestimmen. Humboldts Erklärungen sind dunkel und haben als solche wiederholt zu mehr oder weniger weitschweifenden Spekulationen über den in ihnen vermuteten Tiefsinn verleitet.[62] Hält man sich strikt an das, was die Texte sagen, so läßt sich freilich – ohne allzugroßen interpretatorischen Aufwand – ein relativ klarer und einheitlicher Sinn in ihnen erkennen. ›Innere Sprachform‹ bedeutet für Humboldt: äußere, lautlich faßbare Sprachform unter Abstraktion vom Laut.[63] Dabei

62 Das markanteste Beispiel hierfür dürfte wohl Bollnow sein, der – in Analogie zu Heideggers Kant-Interpretation – die innere Sprachform als »bildende Mitte« verstehen will, »aus deren Tiefe sich dann die beiden gleichursprünglichen Glieder des Denkens und der Sprache ausbilden« (Bollnow 1938, a.a.O. [Anm. 38], 111). Grundsätzlich gilt aber das Gleiche auch für die kantianisierende Interpretation Cassirers (1923, a.a.O. [Anm. 33], 122 f.) und für die einseitige Deutung der Weisgerber-Schule (vgl. Anm. 66).

63 Das Verfahren, von der äußeren Sprachform auszugehen und vom Laut zu abstrahieren, wird in dieser Form nur an einer Stelle beschrieben und ist dort speziell auf die grammatischen Verbindungsformen bezogen *(VI,253 f.)*. Sehr ähnlich klingt jedoch die Erklärung, allein vom Laut her könne man »in den inneren Sinn eindringen« *(VII,111)*. Auch hier ist Humboldt vornehmlich an der Grammatik orientiert. Zahlreiche weitere Stellen sprechen davon, daß sich die Grammatik aus

erstreckt sich die ›Form‹ einer Sprache nicht nur auf die grammatische Verbindung (obwohl hierauf vor allem, vgl. *VI,248. 249 f.*), sondern auch auf das »Lexicon«, d. h. auf die zu verbindenden, eigentlich bedeutungstragenden Wörter *(VII,49)*. Wie Humboldt das versteht, ist im Text nicht eindeutig zu ersehen. An der zuletzt genannten Stelle verweist er zunächst nur auf die Einordnung von Stammwörtern in »gewisse allgemeinere logische Kategorien«, die in den Wortsuffixen enthalten sind. Wenn aber wenig später die »Form« mit dem »Stoff« kontrastiert und der letztere einerseits als »der Laut überhaupt«, andererseits als »die Gesammtheit der sinnlichen Eindrücke und selbstthätigen Geistesbewegungen, welche der Bildung des Begriffs mit Hülfe der Sprache vorausgehen« bestimmt wird *(VII,49)*, wird man wohl davon ausgehen müssen, daß auch die begriffliche und phonologische Gliederung einer Sprache zu ihrer ›Form‹ gehört.[64]

Der Schritt der Abstraktion vom Laut, der zur inneren Sprachform führt, scheint, wenn man die obige Unterscheidung dreier sprachkonstitutiver Prinzipien zugrundelegt, zunächst völlig problemlos. Bei näherer Überprüfung aber ist festzustellen, daß ein durch die Abstraktion vom Laut definierter Sprachbegriff offenbar wesentlich enger gefaßt ist, als es den obigen Erklärungen

zwei Elementen, der idealen Auffassung der Beziehungen und ihrer sinnlichen Bezeichnung im Laut, konstituiere (*V,462; VI,382; VI,249* u. ö.). Entsprechendes gilt auch für Einzelwörter *(VII,121)*. Und für die Sprache im allgemeinen heißt es, »innerer Sprachsinn« und »Laut« seien ihre »zwei constitutiven Principe« (*VII,250;* vgl. *VII,82* und die gesamte Gliederung der §§ 15-22 in der Einleitung zum Kawi-Werk). Berücksichtigt man diese Stellen in ihrer Gesamtheit, so liegt die obige Interpretation ziemlich nahe. Es ist aber bemerkenswert, daß von den gerade an dieser Stelle sehr zahlreichen Humboldt-Kommentatoren nur Ramischvili (1967, a.a.O. [Anm. 43]), allenfalls noch E. Stolte (*Wilh. von Humboldts Begriff der Inneren Sprachform,* in: Zs.f. Phon. u. allg. Sprwiss. 2, 1948, 205-207) und Heeschen (1972, a.a.O. [Anm. 56], 219) eine so einfache Grundbedeutung in Humboldts neuer Wortprägung zu sehen bereit waren.

64 Das Verfahren der Abstraktion vom Laut impliziert eine ›strukturelle‹ Entsprechung von äußerer und innerer Sprachform nur in einem trivialen Sinn, der mit der strukturalistischen ›Konsubstanzialitätsthese‹ nicht zusammenfällt. Die strukturalistische Interpretation von Ramischvili, die in bestimmter Hinsicht plausibel ist (vgl. oben S. 57, Anm. 43), findet hier ihre Grenzen. Wenn Humboldt, wie Ramischvili selbst hervorhebt (1967, a.a.O., 560 bzw. 564), einen eigenen Akt der Synthese von Lautform und innerer Form für nötig hält und darüber hinaus auch mit der Möglichkeit einer Zerstörung der historisch gegebenen idealen Einheit beider Sprachformen rechnet, zeigt das, daß er nicht von ihrer vollständigen strukturellen Gleichheit ausgeht.

entsprechen würde. Würde der Abhängigkeitsbeweis also gelingen, dann bliebe dies für einen wesentlichen Teil der Humboldtschen These, daß nämlich die Lautgestalt selbst Denken und Erfahrung beeinflußt (vgl. *IV,24; VI,124; V,387 = VI,180 = VII,60*), ohne Bedeutung. Ja, es würde nicht einmal für den engeren Sprachbegriff ausreichen; denn Humboldt ist der Ansicht, daß auch die innere Sprachform vom Laut geprägt wird *(VII,82. 251)* und beide, als Wirkungen ein und derselben Sprachkraft, immer zugleich entstehen *(VII,83. 94)*. Von all dem muß abgesehen werden, wenn nach dem Verhältnis von innerer Sprachform und Denkform gefragt wird.

Wenn sich die Sprache aus den genannten Prinzipien konstituiert, steht zu erwarten, daß das Fallenlassen des Lauts nicht wieder auf etwas Sprachliches führt, sondern auf das in der Sprache mit ihm verbundene Denken oder Erfahren. Läßt sich die innere Sprachform von der Denkform überhaupt unterscheiden? Und wenn nicht, ist der Versuch eines auf sie gegründeten Beweisgangs dann nicht von vorneherein überflüssig? Humboldt hat diese Schwierigkeiten offenbar selbst gesehen und in zwei längeren Passagen, die sich inhaltlich weitgehend decken, eine genauere Abgrenzung zwischen Sprachform und Denkform zu geben versucht *(V,452-459* bzw. *VI,345-353)*. Es handelt sich dabei allerdings um Texte, die auch innerhalb ihres Kontextes ungewöhnlich dunkel und unklar sind.[65] Humboldt selbst betont mehrfach, wie schwierig sein dortiges Vorhaben sei, ja, er empfindet die eigenen Unterscheidungen als so »fein«, daß er sich gegen den »Vorwurf der Spitzfindigkeit« verwahren zu müssen glaubt *(V,457)*. Man wird also von vorneherein keine endgültige Lösung erwarten dürfen. Immerhin, vom Text her ergibt sich soviel, daß eine Unterscheidung erstrebt ist, in der die allgemeine logische Denkform der spezifischen ›Verfahrensweise‹ einer Sprache gegenübersteht. Die entscheidenden Differenzen zeigen sich zweifach: »Die Grammatik bezeichnet nicht immer ausdrücklich, was als logische Form dem Inhalte des Gedankens sichtbar

65 Diese Unklarheit wird noch dadurch gesteigert, daß Humboldt sich bei seiner Unterscheidung nicht konsequent an die innere Sprachform hält, sondern mitunter auch wieder den Lautcharakter der Sprache für eine Abgrenzung gegenüber der logischen Denkform heranzieht, wodurch natürlich die eigentlichen Schwierigkeiten entschärft werden. Darüber hinaus orientiert sich der Text ausschließlich an den grammatischen Verbindungen.

anhängt, und stellt dagegen Constructionen auf, welchen keine eigene logische Form entspricht« *(VI,349)*. Als Beispiel für den ersten Fall führt Humboldt erneut die primitiveren, nicht flektierenden Sprachen an; für den zweiten verweist er auf sprachliche Erscheinungen wie das absolute Partizip oder den lateinischen ›a.c.i.‹.

Was ist mit dieser Unterscheidung gewonnen? Zunächst können wir feststellen, daß der Begriff der inneren Sprachform weiter spezifiziert wurde: sie wird nicht allein durch die Abstraktion vom Laut, sondern erst durch die zusätzliche Abstraktion von der allen Sprachen gemeinsamen Form gewonnen, d. h. sie ist gerade dasjenige, was eine Sprache in ihrer Verfahrensweise spezifisch von anderen unterscheidet.[66] Wenn Humboldts Abgrenzung also in sich verständlich wäre, könnte sie durchaus der inneren Sprachform einen vom Denken abgehobenen Sinn geben. Aber ist sie verständlich? Einerseits finden sich beide Formen ja zugleich in der Sprache, die sie zudem, wie Humboldt sagt, »synthetisch in Eins verschmelzt« *(V,455)*. So ist nicht einzusehen, warum man die eine mehr als die andere als die genuin sprachliche Form bezeichnen sollte. Umgekehrt wäre zu fragen, warum die für eine Sprache spezifischen Formen nicht gleichfalls Formen des Denkens sein können, wenn auch nicht die eines für alle Menschen gültigen logischen Denkens. Humboldt erklärt schließlich selbst, daß die Sprache den Gedanken so vollständig durchdringt, daß sie »in ihm auf allen Seiten hervorspringt« *(V,457=VI,351;* vgl. *V,456=VI,350)*. Vielmehr ist die von ihm herangezogene Unter-

66 Diese Bestimmung der inneren Sprachform präzisiert das Verständnis, das Weisgerbers Humboldt-Interpretation zugrundeliegt (vgl. vor allem L. Weisgerber: *Innere Sprachform als Stil sprachlicher Anverwandlung der Welt,* in: Stud. Gen. 7, 1954, 574 f.). Weisgerber und seine Nachfolger Gipper (1965, a.a.O. [Anm. 33], 15 f.) und Seidler (1967, a.a.O. [Anm. 33], 438 f.) möchten den Humboldtschen Terminus ganz für die in einer Sprache enthaltene ›Weltansicht‹ in Beschlag nehmen, ohne sich dabei der beiden entscheidenden Abstraktionsschritte und ihrer Konsequenzen für den Sprachbegriff bewußt zu sein. So versteht Weisgerber die ›Innerlichkeit‹ der Sprachform nicht als das einfache Fehlen des Lauts, sondern als Hinweis darauf, daß sich die ›Weltansicht‹ einer Sprache in ständiger, nicht fixierbarer Entwicklung befinde. Er interpretiert also den Begriff der inneren Sprachform genauso wie Humboldts Bemerkung über den ›energetischen‹ Charakter der Sprache (vgl. oben S. 50 f., Anm. 33), und zwar in offen eingestandener Entfernung vom Text. Da dieses Eingeständnis vorliegt, ist an seiner Darstellung als solcher nichts auszusetzen. Aber sie bedeutet von vorneherein eine Vereinseitigung und einen Verzicht auf eine genauere Analyse (vgl. z. B. Gipper, a.a.O., S. 16 oben!).

scheidung der geforderten Abgrenzung zwischen Sprachlichem und Nichtsprachlichem gegenüber neutral: sie betrifft nur den Gegensatz zwischen allgemeinen und spezifischen Formen, gleichgültig ob der Sprach- oder Denkbereich dabei ins Auge gefaßt wird.

Und selbst wenn man tatsächlich das Allgemeine dem Denken und das Spezielle der Sprache zuordnen könnte, würde uns das für unsere Frage nur wenig nützen. In der Beschränkung auf das Spezielle wäre der Sprachbegriff nun so eng gefaßt, daß ein auf ihn gegründeter Abhängigkeitsbeweis kaum noch Interesse besäße.[67] Es könnte darum kein Zufall sein, wenn Humboldt in seiner letzten, bedeutendsten Schrift, der Einleitung zum Kawi-Werk, keinen Versuch mehr zur Abgrenzung zwischen Sprachform und Denkform gemacht hat. Geben wir seiner inneren Sprachform jedoch einen Sinn, der die allgemeinen Formen miteinschließt,[68] dann ist überhaupt nicht mehr zu sehen, wie sie vom Denken unterschieden werden kann. Auch der zweite Beweisgang endet

67 Abgesehen haben wir dabei ohnehin von internen Schwierigkeiten, die sich aus Humboldts Beispielen ergeben. Absolutes Partizip und ›a.c.i.‹ im Lateinischen sind Konstruktionen, deren jeweilige semantische Funktion auch auf andere Weise ausgedrückt werden kann und in anderen Sprachen auch anders ausgedrückt wird. Das Spezifische ihrer ›Form‹ ist offenbar gar nichts Inhaltliches, sondern etwas, das auf die Ausdrucksseite (d. h. für Humboldt: zum Prinzip ›Laut‹, S. 57) gehört und für den Begriff der ›*inneren* Sprachform‹ eigentlich *nicht* relevant sein sollte. Bei den flexionslosen Sprachen ist das noch deutlicher, denn was hier fehlt, sind ja nach Humboldts eigenen Worten (S. 67) nicht die ›hinzugedachten‹ Beziehungen, sondern allein der sprachliche Ausdruck, sc. die grammatischen ›Formen‹ im Sinne von Endungen und Präfixen, die auf die »Form als innere Handlung« *(VI,363)* lediglich ›hinweisen‹ sollen. Sicher können wir Humboldt, der sich über die grundsätzliche Unabhängigkeit von Ausdrucks- und Inhaltsstrukturen ja völlig im klaren war (S. 57, Anm. 43), nicht unterstellen, daß er das *bloße Auftreten* jener ›äußeren‹ Formen schon als Beweis für das Vorliegen ihnen entsprechender ›innerer‹ aufgefaßt hat. Sein Fehler betrifft den Nachweis im *Einzelfall,* den er für seine Beispiele nicht erbracht hat und der dafür offenbar auch nicht erbracht werden kann. Das Überspringen der Frage nach der semantischen Relevanz grammatischer Merkmale ist für Humboldt freilich weniger charakteristisch als für seine modernen Nachfolger in der ›Sprachinhaltsforschung‹ und ›Ethnolinguistik‹, und wir werden noch sehen, welche Bedeutung das für die dort vertretenen starken Sprachabhängigkeitsthesen hat (vgl. unten S. 207 ff.).

68 So in den Interpretationen von W. Porzig (*Der Begriff der inneren Sprachform,* in: Idg. Forschgn. 41, 1923, 151) und, an ihn anschließend, J. Derbolav (*Das Problem der inneren Sprachform,* in: Wiss. u. Weltbild 4, 1951, 296), die beide ausdrücklich erklären, die innere Sprachform betreffe nicht nur die Eigentümlichkeit einer Einzelsprache, sondern zugleich eine allgemeingültige logische Norm.

also, noch ehe er eigentlich begann, mit einem Fehlschlag, genauer mit einem Dilemma: er scheitert entweder, weil der zugrundegelegte Sprachbegriff nicht vom Denken zu unterscheiden, oder, weil er – in einer obendrein wenig einleuchtenden Weise – so eng gefaßt ist, daß der Beweis, selbst wenn er gelänge, nicht das bewiese, was zu beweisen ist.

6. Relativer Einfluß der Sprache

Humboldt kann demnach keinen stichhaltigen Beweis für einen notwendigen Zusammenhang von Sprache und Denken liefern. Erst recht dürfte dies für die (Denken ja schon beinhaltende) Erfahrung gelten, und tatsächlich findet sich nirgends ein ernsthafter Versuch, ihre Sprachabhängigkeit durch Argumente, die den erörterten Überlegungen über das Denken vergleichbar wären, zu etablieren. Wenn wir also von der Voraussetzung ausgehen, daß letztlich auch Humboldt – wie Herder – das allgemeine Wesen des Menschen durch Erfahrung und Denken bestimmt (vgl. S. 59), müssen wir seinen Versuch, daraus die Sprache abzuleiten, als definitiv gescheitert betrachten. Bei Herder waren wir auf die Möglichkeit gestoßen, die Sprachabhängigkeitsthese in einer abgeschwächten, aber immer noch mehr als rein faktischen Form zu vertreten, die sich auf die soziale Gebundenheit des Menschen bezieht (S. 41 ff.), und man könnte von daher an eine ähnliche Abschwächung auch bei Humboldt denken. Wir haben jedoch gesehen (S. 62 ff.), daß Humboldt oft die entscheidenden Fragen der sozialen Entwicklung der Sprache überspringt, und daß er dort, wo er sie näher betrachtet, zu Ergebnissen kommt, die eher gegen als für eine Sprachabhängigkeit von Erfahrung und Denken sprechen. Auch eine sozial begründete Abhängigkeitsbehauptung kann darum im Rahmen seines Ansatzes nicht plausibel vertreten werden.

Was Humboldt wirklich vertreten kann, ist ein *relativer* Einfluß der Sprache, der in der (mit der Sprache gegebenen) faktischen Verbindung von Laut, Denken und Erfahrung begründet ist, und durch die Angabe von eigenen, weniger grundsätzlichen Faktoren näher spezifiziert werden müßte. Vieles, was Humboldt sagt, geht tatsächlich in diese Richtung. Betrachten wir etwa – erneut – seine Erklärung des *Sprachwandels*. Sofern dieser sich auf ein ›geistiges‹

Überschreiten der Sprache gründet, setzt er die grundsätzliche Unabhängigkeit des Denkens voraus: von den mit einer bestimmten Sprache übernommenen Denkformen kann man sich durch Veränderungen befreien. Wenn Humboldt diese Freiheit gleichzeitig für begrenzt erklärt, ist das im Sinne seiner Sprachabhängigkeitsthese notwendig und als solches natürlich nicht überraschend. Bemerkenswert ist, daß er sich dabei nicht etwa auf Erklärungen stützt wie die, daß das Denken in ›wesentlichen Bereichen‹ eben *nicht* frei von der Sprache sei, sondern daß er Begründungen gibt, die nur einen relativen Spracheinfluß zulassen. Sprachverändernd, so heißt es, wirkt nur das Individuum (vgl. *V,110; 434*). Der Geist aber, der einer vorliegenden Sprache etwas Neues hinzufügt, muß mit ihr »ringen« *(IV,432; VI,234)* und das Neue gegen das Vorhandene durchsetzen, was zur Folge hat, daß sich der Sprachwandel nur allmählich vollziehen kann *(V,390)*. Insofern besteht also keine beliebige Veränderungsmöglichkeit für den Einzelnen. Eigene Trägheit, Aufnahmeunwilligkeit von seiten der Sprachgenossen und eine (durch sie bedingte) längere Zeitdauer jedes Wandels binden ihn – relativ – an die tradierte Sprache.

Ein weiteres Beispiel für einen von Humboldt vertretenen relativen Spracheinfluß sind seine Erklärungen über die *Ausdrucksflexibilität* jeder Sprache. Auch hier handelt es sich um Modifikationen der übernommenen Sprache, nur mit dem Unterschied, daß sie – im Gegensatz zum Sprachwandel – keine bleibenden Spuren hinterlassen, sondern im individuellen Gebrauch allein in Erscheinung treten. Jedes Individuum, erklärt Humboldt, könne die Sprache anders behandeln (*VII,73. 93* u. a.), ein Gebildeter könne von jeder Sprache einen vollendeten Gebrauch machen (*IV,286 f.; V,396* u. a.), ja, mit gewissen Einschränkungen heißt es sogar, eigentlich seien alle Sprachen zum Ausdruck von allem geeignet (*IV,16 f.; V,434 f.* u. a.). Natürlich stellt sich die Frage, ob eine Äußerung wie die letzte, in der jeder Einfluß der Sprache auf Erfahrung und Denken bestritten scheint, überhaupt noch mit der von Humboldt anderweitig vertretenen Position zu vereinbaren ist. Aber wie eng man die Grenzen der mit seinem Ansatz vertretbaren Ausdrucksflexibilitäten auch ziehen mag: *daß* es sie überhaupt gibt, ist genug, um die Freiheit des einzelnen von der überkommenen Sprache sicherzustellen. Andererseits ist klar, daß auch diese Freiheit nicht unbegrenzt ist. Auch der ›Gebildete‹, der seine Sprache selbständig gebraucht, muß

Vorliegendes verändern und dabei – für sich – die gleichen Hindernisse überwinden, die sich beim Sprachwandel ergeben.

Die Möglichkeit des Erlernens von *Fremdsprachen* kann als dritter Fall eines nur relativen Spracheinflusses angeführt werden. Wie erwähnt (S. 71 f., Anm. 60), rechnet Humboldt damit, daß Fremdsprachen das eigene Begriffsnetz ergänzen und zur Gewinnung von Objektivität beitragen. Etwas Entsprechendes gilt für das gesamte Spracherlernen. Mit einer neuen Sprache werden neue Denkweisen und Erfahrungen erschlossen, man gewinnt mit ihr eine andere »Weltansicht« (*VII,602; IV,427; V,388 = VI,180 = VII,60 u. a.*). Humboldt nennt das Umformulieren eines Gedankens in mehreren Sprachen »eine der trefflichsten Übungen«, weil der Geist dadurch von einer bestimmten Ausdrucksart freier werde und der Gehalt reiner hervortrete (*VI,193;* vgl. *IV,19*). Wiederum aber zeigen sich Grenzen. Humboldt selbst erwähnt den nie vollständigen Lernerfolg und das Eintragen eigener Vorstellungen in die Fremdsprache (*V,388 = VI,180 = VII,60*). Zudem ist mit Faktoren wie der begrenzten Lernfähigkeit des Menschen zu rechnen und grundsätzlich läßt sich auf diesem Wege natürlich nie mehr gewinnen als das, was in vorliegenden Sprachen schon enthalten ist.[69]

Beispiele wie diese lassen es fraglich erscheinen, ob das erwähnte Verfahren Humboldts (S. 71 f.), seine widersprüchlichen Äußerungen zur Sprachabhängigkeit durch Unterscheidung ihrer bloß ›faktischen‹ oder ›grundsätzlichen‹ Geltung aufzulösen, tatsächlich als methodologische, starke Abhängigkeitsthesen ermöglichende Erklärung verstehbar ist[70] oder ob es, was oben offen blieb, schließlich doch als Zurücknahme und Beschränkung auf einen relativen Einfluß der Sprache interpretiert werden muß. Eine Entscheidung über die richtige Interpretation ist freilich solange nicht erfordert, als keine Klarheit darüber besteht, welche Form der Sprachabhängigkeit die von Humboldt vertretene ist, und eine Entscheidung in dieser Frage ist kaum zu treffen angesichts dessen,

69 Es wäre allerdings denkbar, daß unter ›Sprache‹ die *Gesamtheit* der vorliegenden Einzelsprachen verstanden und mit Bezug auf sie eine *prinzipielle* – nicht nur relative – Sprachabhängigkeitsthese vertreten wird. Diese Möglichkeit werden wir unten in Rechnung stellen (S. 140).

70 Wie erinnerlich (S. 71 f., Anm. 60) waren ja selbst die Äußerungen, die eine methodologische Interpretation direkt zu fordern schienen, bei Humboldt widersprüchlich.

daß beide Formen nebeneinanderstehen. Was immer aber auch seine ›eigentliche‹ Position, sofern es sie überhaupt gibt, gewesen sein mag: *begründet* vertreten kann er allein die schwache; die starke bleibt bei ihm unbewiesen.

Teil B
Der Sinn der traditionellen Problemstellung und ihre begrifflichen und methodischen Implikationen

Weder Herder noch Humboldt haben also die These vom notwendigen Zusammenhang zwischen Sprache, Denken und Erfahrung beweisen und die auf sie gestützte Ableitung der Sprache aus dem Wesen des Menschen leisten können. Was ihre Untersuchungen hier erbracht haben, ist, auf den sachlichen Kern reduziert, nur eine Bestätigung des bestehenden faktischen Zusammenhangs und der damit gegebenen relativen Sprachabhängigkeit – eine Erkenntnis, die unbestreitbar (und auch historisch wohl unbestritten) sein dürfte, die aber weder besonders aufregend noch von besonderer sprachphilosophischer Signifikanz ist. Für unsere Frage sind die Ergebnisse Herders und Humboldts freilich weniger wichtig als ihr Programm, aus dessen Scheitern wir systematische Konsequenzen zu ziehen haben. Daß sie Erfahrung und Denken nicht als abhängig von der Sprache erweisen konnten, ist natürlich noch kein Beweis für deren Unabhängigkeit, aber es zeigt die Schwierigkeit einer stichhaltigen Begründung. Könnte es sein, daß beide Autoren nicht die richtigen Argumente benutzten? Fehlte ihnen vielleicht das erforderliche begriffliche und methodische Rüstzeug, um ihr Problem erfolgreich anzugehen? Oder wurde es selbst nicht sinnvoll von ihnen formuliert?

Indem wir nach einer Antwort auf diese Fragen suchen, stellen wir zugleich die systematische Frage, wie das Problem, das Herder und Humboldt nicht zu lösen vermochten, gestellt werden muß, um eine wirkliche Lösung möglich zu machen, ja, ob es als solches überhaupt lösbar ist. Die historischen Positionen liefern uns dafür nur den Ausgangspunkt. Wir können nicht damit rechnen, daß alle relevanten Aspekte in ihnen erfaßt wurden, und auch die erfaßten müssen wir im Interesse ihrer rein sachbezogenen Klärung und Präzisierung aus dem historischen Kontext lösen. Die historische Untersuchung hat die Frage als solche deutlich gemacht. Jetzt kommt es darauf an, sie begrifflich und methodisch zu verschärfen und auf den gesamten relevanten Bereich auszudehnen. Erst danach verfügen wir über hinreichend klare Beurteilungskriterien auch für Argumente, die unabhängig von der historischen Fragestellung für oder gegen die Sprachgebundenheit von Erfahrung und Denken ins Feld geführt werden. Dabei können wir von dem ausgehen, was Herder und Humboldt ansatzweise geleistet haben. Auf dieser Basis können wir versuchen, notwendige, wenn auch für sich vielleicht noch nicht hinreichende, Bedingungen einer befriedigenden Antwort zu formulieren, die sich auf konkrete

Lösungsvorschläge anwenden lassen. Sie sind nicht endgültig, denn ebenso wie sie diese bewerten, erfahren sie an ihnen ihre Bewährungsprobe, wobei nachträgliche Ergänzungen und Modifikationen nicht ausgeschlossen sind. Ohne Anspruch also auf definitive Klärung, wohl aber mit dem Ziel, systematische Konsequenzen aus den historischen Diskussionen zu ziehen und die weiteren Untersuchungen sachlich zu strukturieren, ist das die Aufgabe der folgenden vier Kapitel.

Kapitel III

Generelle Formulierung der These

1. Der sprachphilosophische und der anthropologische Sinn der traditionellen Problemstellung

Zunächst müssen wir uns des genauen Sinnes versichern, den die Sprachabhängigkeitsthese für Herder und Humboldt besitzt. Bei beiden steht sie im unmittelbaren Zusammenhang mit dem Bemühen um ein vertieftes Verständnis vom Wesen der Sprache. Dieses bestimmt sich aus der Bedeutung der Sprache für die durch sie ausgezeichneten Lebewesen. In Übereinstimmung mit der traditionellen These vom Menschen als ›Sprachwesen‹ vertreten Herder und Humboldt die Auffassung, daß die Sprache das für den Menschen wesentliche und allein charakteristische Merkmal ist. Aber sie wollen sich dabei nicht mit dem bloßen Faktum begnügen, daß es kein anderes sprechendes Wesen gibt, sondern versuchen, die Sprachlichkeit des Menschen durch die Sprachgebundenheit seines Erfahrens und Denkens tiefer zu begründen. Keine sekundären Bedürfnisse, wie etwa das nach (erweiterten) intersubjektiven Kommunikationsmöglichkeiten, sind es, deren Befriedigung zur Entwicklung der Sprache treibt, sondern die für den Menschen *wesentlichen* Denk- und Erfahrungsweisen, die von ihr abhängig sind und ihn aus *diesem* Grunde zum ›Sprachwesen‹ machen. In der Funktion, die sie für jene menschlichen Leistungen[71] erfüllt, liegt zugleich das Wesen der Sprache.

Wenn wir die Fragestellung Herders und Humboldts sachlich weiterverfolgen wollen, müssen wir ihren zentralen sprachphilosophischen Sinn bewahren, zugleich aber bereit sein, sie im Interesse eines systematischen Vorgehens inhaltlich zu beschrän-

71 Von ›LEISTUNGEN‹ reden wir hier und im Folgenden nur im *unspezifizierten* Sinne, der sie auf Tätigkeiten im allgemeinen bezieht, nicht im *spezifizierten*, der sie auf zielgerichtete und erfolgreich abgeschlossene Tätigkeiten beschränkt oder auf solche, die mit über- bzw. unterdurchschnittlicher Intensität oder Dauer ausgeführt werden. Nur der unspezifizierte Sinn wird der Allgemeinheit der Frage Herders und Humboldts gerecht (vgl. auch S. 108). Der spezifizierte bezieht sich auf Unterarten, die im folgenden Abschnitt weiter bestimmt werden (S. 105 f., Anm. 93).

ken und in sinnvolle Teilfragen zu zerlegen. Eine Einschränkung legt bereits die bisherige Untersuchung nahe: die Ausklammerung des Bereichs der *›Erfahrung‹* und die thematische Konzentration auf das *›Denken‹*. Herder und Humboldt selbst haben im Einklang mit der erkenntnistheoretischen Tradition ihrer Zeit, im besonderen Kants, ›Erfahrung‹ im engeren Sinne an ›Denken‹ gebunden und nur auf der untersten Stufe ›reine‹ (›gedankenlose‹) sinnliche Eindrücke angesetzt. Für uns besteht kein Grund, den traditionellen erkenntnistheoretischen Dualismus fallen zu lassen, ausgenommen die Rede vom ›sinnlich Mannigfaltigen‹ (o. ä.), der die unhaltbare Vorstellung von einer Vielfalt ›gegebener‹ partikulärer Gegenstände, speziell mentaler ›Sinneseindrücke‹, zugrundeliegt, an die uns sachlich aber nichts bindet.[72] Wo die genaue Grenze zwischen dem ›sinnlich Gegebenen‹ und der ›gedanklichen Organisation‹ durch den jeweils Erkennenden liegt, kann für unsere Frage vorläufig offen bleiben.[73] Wesentlich ist die Verbindung beider in der ›Erfahrung‹, da sie zur Folge hat, daß die Aufklärung des Zusammenhangs zwischen Sprache und Denken auch die Erfahrung mit betrifft und an bestimmten Stellen selbst thematisch auf sie zurückführt.[74] Wir verlieren darum sachlich durch die Beschränkung nichts, gewinnen methodisch aber eine höchst wünschenswerte Vereinfachung.

Ebenso naheliegend ist die Beschränkung auf die Frage, ob Sprache notwendig für das Denken ist und nicht umgekehrt Denken notwendig für die Sprache. Diese letztere Frage trägt in gewisser Weise zwar auch zum ›vertieften Verständnis vom Wesen

72 So erschüttern ›gestaltpsychologische‹ Beobachtungen, die auf irreduzible Wahrnehmungskonstanzen *oberhalb* des Bereichs von elementaren (›synthetisierbaren‹) partikulären Gegenständen hindeuten, zwar den erkenntnistheoretischen Atomismus der traditionellen Vorstellungspsychologie, nicht aber den Dualismus als solchen, denn oberhalb *jener* Schwelle ist natürlich noch immer ein Gegenüber von ›sinnlichen Daten‹ (im weitesten Sinne) und ›intelligenter Verarbeitung‹ denkbar. Auf die entscheidenden philosophischen Gründe, die – auch unabhängig von den psychologischen Feststellungen – gegen den Atomismus sprechen, kann an dieser Stelle nicht weiter eingegangen werden (vgl. unten S. 96 f., Anm. 80).

73 Zur Grenze dieser Vorläufigkeit vgl. unten S. 117.

74 Sie bedeutet nur deshalb nicht auch für sie bereits eine umfassende Aufklärung, weil theoretisch denkbar bleibt, daß die Sprache schon auf der untersten Stufe des ›sinnlich Gegebenen‹ eine entscheidende Rolle spielt. Daß gerade dort eine Sprachbindung vorliegen sollte, ist freilich mehr als unwahrscheinlich (vgl. S. 150), und es dürfte darum angezeigt sein, diese spezielle Frage bis zur Beantwortung aller übrigen aufzuschieben.

der Sprache‹ bei, entspricht aber als solche nicht mehr dem Sinn, den Herder und Humboldt damit verbanden, und ist überdies relativ uninteressant, da für sie die Notwendigkeit einer bejahenden Antwort leicht demonstriert werden kann.[75] Kritisch und einziger Gegenstand unserer Untersuchung ist die These von der Sprachabhängigkeit des Denkens. Ihr gegenüber müssen wir *beide* Alternativen offenhalten, die der bejahenden *und* der verneinenden Antwort, was nur dadurch sicherzustellen ist, daß die Frage *im Ansatz beweisneutral* formuliert wird, d. h. losgelöst von der Entscheidung darüber, ob und wer gegebenenfalls die Beweislast trägt: derjenige, der die Sprachabhängigkeitsthese vertritt, oder derjenige, der sie bestreitet. Die Beweislastverteilung hat *methodische* Bedeutung und ist bei der Aufstellung einer rationellen Beantwortungsstrategie, wie wir sehen werden (Kap. VI), sinnvollerweise in Anschlag zu bringen. *Sachlich* darf sie nicht ins Gewicht fallen und muß strikt von den eigentlichen Argumenten geschieden werden. Sachlich geht es, wenn die Problemstellung Herders und Humboldts in der erörterten Form präzisiert wird, ausschließlich um die neutrale Frage: ist es richtig, oder wie weit ist es richtig, zu sagen, ›Denken‹ von der Art, wie es für Menschen charakteristisch ist, sei nicht möglich ohne die Sprache?

So formuliert verlangt unsere Frage sogleich nach weiterer Differenzierung. Innerhalb des von Herder und Humboldt verfolgten Programms hat sie nicht nur einen spezifisch *sprachphilosophischen* Sinn, sondern zugleich einen allgemeineren *anthropologischen*, der grundsätzlich von ihm getrennt werden sollte. Eigentlich sind es zwei voneinander unabhängige Thesen, die zur Entscheidung anstehen:

[A] Bestimmte Arten des Denkens sind spezifische Wesensmerkmale des Menschen.
[B] Diese Arten sind (für ihn) notwendig an die Sprache gebunden.[76]

75 Sie ergibt sich aus der Erkenntnis, daß der ›Gebrauch von Sprache‹, global betrachtet, selbst eine ›intelligente Leistung‹ darstellt, und einer entsprechend weiten Definition unseres Denkbegriffs, die wir für unsere Frage ohnehin benötigen (vgl. S. 108). Zur internen Differenzierung der verschiedenen an der Sprache beteiligten Denkleistungen vgl. unten S. 145 ff.

76 Der Zusatz in Klammern verweist auf entsprechend abgeschwächte Versionen, wie wir sie exemplarisch bereits bei Herder fanden (S. 41 ff.) und später noch weiter spezifizieren werden (S. 106 f.).

Nur die zweite These betrifft das Wesen der Sprache. Die erste ist eine Wesensaussage über den Menschen, die ihrerseits auf verschiedenen anthropologischen Grundannahmen beruht: daß *überhaupt* signifikante Unterschiede zwischen dem Menschen und allen übrigen Lebewesen bestehen, daß sie nicht oder nicht primär in körperlichen Merkmalen (wie dem aufrechten Gang o. ä.) zu suchen sind sondern in ›*geistigen*‹, und daß von den ›geistigen‹ Leistungen speziell die *theoretischen*, in Erfahrung und Denken manifestierten, in Frage stehen, nicht die moralischen oder ästhetischen. Ob oder wie weit diese Annahmen richtig sind, müßte geprüft werden. Selbstevident sind sie auf keinen Fall,[77] und wie wir feststellen konnten (S. 29, Anm. 11 bzw. S. 58, Anm. 44), haben Herder und Humboldt gerade diesem Teil ihres Vorhabens wenig Beachtung geschenkt und den ›wesentlich menschlichen‹ Charakter der von ihnen zugrundegelegten Denkweisen zweifellos nicht bewiesen.

Wenn wir die Lücke füllen wollten, müßten wir notgedrungen in Untersuchungen eintreten, die uns von unserer sprachphilosophischen Zielsetzung abführen. Es scheint darum angebracht, die Bedeutung der anthropologischen These [A] für das Gesamtpro-

77 Angriffe auf die beiden ersten Voraussetzungen können die Wesensableitung der Sprache als solche zweifelhaft machen, Angriffe auf die dritte lediglich ihre konkrete Durchführung. Daß es *keinerlei* signifikante geistige Unterschiede zwischen Menschen und anderen Lebewesen gibt, dürfte auch heute, trotz der gewachsenen Zahl relevanter Beobachtungen an Tieren, kaum diskutabel sein, wohl aber, welche *Arten* von Leistungen dabei betroffen sind und an welcher *Stelle* die Grenzen liegen. Alternativen zu Herder und Humboldt sind hier relativ leicht zu finden. Nicht nur haben wir weitere Denkfähigkeiten neben ›Begriffsbildung‹ und ›Begriffsverknüpfung‹ in Rechnung zu stellen (vgl. unten S. 109 ff.). Bestimmte (vor allem wohl: ausgeprägt ›rationale‹) Formen der Organisation des sozialen Zusammenlebens oder der individuellen Lebensführung könnten sich ebensogut als ›wesentlich menschlich‹ (und sprachgebunden) erweisen wie bestimmte theoretische Leistungen, und Entsprechendes dürfte auch im Bereich des Ästhetischen gelten. Ja, denkbar wäre sogar eine Begründung mit Hilfe des menschlichen Kommunikationsbedürfnisses, wie sie von Herder ausdrücklich und weniger eindeutig auch von Humboldt (vgl. S. 54 f. Anm. 40 und 41) verworfen wurde: gezeigt werden müßte nur, daß es bestimmte, für Menschen ›wesentliche‹, Formen des sozialen Lebens gibt, die zugleich bestimmte Formen des Kommunizierens verlangen, und daß wiederum diese nur durch die Sprache ermöglicht werden. Ob veränderte anthropologische Grundvoraussetzungen dieser Art (und entsprechend modifizierte Deduktionen der Sprache) freilich ebenso leicht, oder leichter, begründbar sind wie die Behauptungen Herders und Humboldts, läßt sich vor einer eingehenderen Untersuchung nicht sagen. Sie erschüttern die traditionellen Thesen also einstweilen nicht, weisen aber auf ihre noch ausstehende definitive Begründung.

gramm Herders und Humboldts und ihre Begründungsbedürftigkeit hier nur festzuhalten und die genauere Überprüfung – ähnlich wie die der Sprachabhängigkeit auf der untersten Stufe der Wahrnehmung – bis zur Entscheidung über die eigentlich sprachphilosophische These [B] zu verschieben. Diese kann grundsätzlich losgelöst von der Wahrheit von [A] untersucht werden. Doch sollte der spätere Anschluß der anthropologischen Frage offenbleiben. Wir müssen zumindest mit der *Maxime* arbeiten können, daß [A] sich tatsächlich begründen läßt. Das bedeutet aber für [B] eine wichtige Einschränkung. Denn es wäre natürlich ebensowenig sinnvoll, Denkarten, die schon als nicht auf den Menschen beschränkt erkannt wurden, noch auf ihre notwendige Bindung an die menschliche Sprache zu prüfen, wie es das auch bei menschlichem Denken wäre, von dem sich nicht einmal auf der faktischen Ebene eine Beziehung zur Sprache nachweisen läßt. Für unsere weitere Untersuchung ergibt sich daraus die doppelte Forderung, daß nur solche Denkarten thematisiert werden, die der Mensch [a] *nicht mit anderen Wesen teilt* und die [b] bei ihm in einer erkennbaren, wenn auch vielleicht in keiner notwendigen, *Verbindung mit seiner Sprache* stehen.

Welche Arten das freilich sind, läßt sich nicht ohne weiteres sagen. Die Forderung selbst gibt über die Stelle, an der wir, jeweils, am sinnvollsten nach der Erfüllung der beiden Teilbedingungen fragen, keine genauere Auskunft; doch lassen sich unschwer verschiedene Strategien dafür entwerfen, von denen vier vor allem Beachtung verdienen. Sie unterscheiden sich einerseits in der Frage, ob man sich zunächst auf den Menschen allein konzentriert oder mit dem Vergleich zwischen ihm und den übrigen Lebewesen beginnt, andererseits durch die Vor- oder Nachordnung des speziellen Bezugs auf das Denken oder die Sprache. Beginnt man mit dem Vergleich und orientiert sich zuerst am Gesichtspunkt der sprachlichen Fähigkeiten, so ist das erste Teilziel die Sicherstellung der ›spezifisch menschlichen Sprache‹, die anschließend auf ihre Bedeutung für die mit ihr verbundenen Denkformen hin untersucht werden muß. Das wäre die erste Strategie. Die zweite ergäbe sich analog aus der primären Orientierung am Denken, wobei es zu Anfang ebenfalls um die Eingrenzung des ›spezifisch Menschlichen‹ ginge, dann um die interne Restriktion auf dessen sprachlichen Teil und zuletzt um die Frage, ob der Zusammenhang notwendig ist. Setzt man demgegenüber beim Menschen an und verlegt den Vergleich mit anderen Wesen ans Ende, läßt sich die Abhängigkeitsfrage eher ins Spiel bringen. In einer dritten denkbaren Strategie wird zunächst das menschliche Denken im ganzen betrachtet, anschließend – auf der Basis einer entsprechenden internen Differenzierung – alle nichtsprachlichen Denkarten ausgegrenzt und die verbleibenden sprachlichen auf Sprachabhängigkeit hin geprüft; sollte sich eine solche zeigen, könnte abschließend ganz gezielt untersucht werden, ob die betroffenen Arten auch im außermenschlichen Bereich zu finden sind. Dieser letzte Schritt deckt sich gleichzeitig mit dem entsprechenden einer vierten Beweisstrategie, die von der dritten im übrigen dadurch geschieden ist, daß sie anstelle des menschlichen Denkens die menschliche Sprache zum Ausgangspunkt nimmt und für sie prüft, ob die faktisch mit ihr verbundenen Arten des Denkens notwendig an sie gebunden sind.

Gibt es Gründe, die einer der Strategien den Vorzug geben? Für die ältere Tradition war die erste praktisch bedeutungslos, weil die Sprache als menschliches Spezifikum gar nicht in Frage stand. Statt dessen verfolgte Herder (im Ansatz, wenngleich, wie wir sahen, nicht konsequent in der Durchführung) die zweite Strategie, und obgleich die gewachsene Kenntnis der ›Tiersprachen‹ eine *generelle* Beschränkung der ›Sprachfähigkeit‹ auf den Menschen inzwischen unplausibel gemacht hat, dürfte die zweite noch immer größere Aussichten bieten, wenn es darum geht, das ›spezifisch Menschliche‹ durch den Vergleich mit anderen Lebewesen einzugrenzen. Beide jedoch haben für uns den entscheidenden Nachteil, keine Verschiebung der anthropologischen Frage möglich zu machen, so daß sich von daher eine eindeutige Präferenz für Strategie drei oder vier ergibt. Unter diesen wiederum scheint die vierte in ›ökonomischer‹ Hinsicht geeigneter. Denn es ist sinnvoll (und bei entsprechend weiter Fassung des Denkbegriffs unumgänglich, S. 91, Anm. 75) davon auszugehen, daß die Gesamtzahl der menschlichen Denkleistungen größer ist als die seiner Sprachleistungen, und es scheint einfacher, den gesuchten Klassendurchschnitt von der kleineren Klasse her zu bestimmen. Wir werden das später mehrfach bestätigen und für unsere Frage konkretisieren können und danach tatsächlich zwingende Gründe für eine Entscheidung zugunsten von Strategie vier besitzen. Einstweilen reichen unsere Gründe dazu nicht hin. Wir können den formalen Vorzug lediglich festhalten und im übrigen konstatieren, daß es sich dabei grundsätzlich um das gleiche Verfahren handelt, das wir historisch bei Humboldt angelegt fanden: die methodologische Interpretation seiner Gegenüberstellung von ›Grundsätzlichem‹ und ›Faktischem‹ in der Sprachbetrachtung (S. 71 ff.) hat uns erstmals mit dem Gedanken vertraut gemacht, das auf Sprachabhängigkeit hin zu prüfende ›Denken‹ durch die begriffliche Differenzierung des betroffenen Phänomens ›Sprache‹ selbst zu bestimmen und es insofern diesem methodisch nachzuordnen. Eine Entscheidung für unsere vierte Beweisstrategie bedeutet also zugleich eine Anknüpfung an bestimmte Aspekte der Tradition.

2. Der ontologische Status der Denk- und Sprachphänomene

Nach der erfolgten Eingrenzung der von uns übernommenen traditionellen Fragestellung ist der nächstliegende Schritt die genauere Bestimmung ihrer Objekte. Welche Phänomene sind es, die wir mit ›Sprache‹ und ›Denken‹ bezeichnen? Offenbar keine in sich selbständigen, sondern solche, die abhängig sind von gewissen ›Trägern‹ – ›Lebewesen‹, wie wir bisher gesagt haben, und unter diesen besonders ›Menschen‹. Doch wen meinen wir oder sollten wir damit meinen: Menschen im allgemeinen, also ›die Menschheit‹ insgesamt; menschliche Gruppen, wie sie Nationen und sonstige Sprach- und Lebensgemeinschaften repräsentieren; oder einzelne Individuen, die denk- und sprachfähig sind? Die anthropologische Ausrichtung des Gesamtprogramms scheint die erste Alternative nahezulegen, die Orientierung an der ›Geprägtheit‹ durch die (jeweils) erlernte Sprache, die bei Herder und Humboldt gleichfalls zu finden war, dagegen die zweite. Bei genauerem Zusehen erweisen sich beide jedoch als unangemessen, da sie in einer Hinsicht, wenngleich weiter als die erwähnte dritte Alternative, noch immer zu eng, in einer anderen aber bereits zu weit gefaßt sind.

Zu eng sind sie offenbar für die – längerfristig ja immer noch anvisierte – anthropologische These [A], die nur dann eine echte, verifizierbare *und* falsifizierbare, theoretische Hypothese darstellt, wenn die in ihr zugrundegelegten ›Träger‹ des Denkens *nicht* von vorneherein auf den Menschen beschränkt werden. Wesen, die sich durch wesensspezifische Eigenschaften von anderen unterscheiden sollen, müssen als solche mit diesen vergleichbar sein. Der Nachweis, daß ›Denken‹ (einer bestimmten Art) nur bei Menschen zu finden ist, bringt nur dann einen echten Erkenntniszuwachs, wenn es zuvor theoretisch denkbar war, daß auch andere Lebewesen etwas derartiges leisten. Das heißt konkret: es darf *theoretisch* zumindest nicht sinnlos sein, auch (z. B.) von ›denkenden‹ Elefanten, Katern oder extraterrestrischen ›grünen Männchen‹ zu reden.[78] Ja, im Zeitalter ›rechnender‹ oder ›logische Schlüsse ziehender‹ Computer scheint es geboten, nicht nur Lebewesen, sondern auch leblose Maschinen und Aggregate als mögliche ›Träger‹ des Denkens heranzuziehen.[79] Welche Bedingungen leblose oder lebende Wesen erfüllen müssen, um sich als theoretisch ›denkfähig‹ oder ›sprachfähig‹ zu qualifizieren, läßt sich nicht allgemein, sondern nur im speziellen Bezug auf die verschiedenen Arten des Denkens und Sprechens sagen, auch wenn gewisse durchgängige Gemeinsamkeiten wahrscheinlich sind. Wir jedenfalls werden gut daran tun, die *Gesamtheit materieller Gegenstände*[80] zugrundezulegen, wenn wir den ›Trä-

78 In welchem Sinne von ›theoretisch‹ das auch für ›Wesensmerkmale‹ gilt, die sich als *definitorisch* oder in anderer Weise ›kategorial‹ mit dem Begriff des Menschen verbunden erweisen, wird erst im letzten Kapitel dieses Teils (S. 170 ff.) deutlich werden, zusammen mit den Gründen, die eine (in jenem Sinne) ›theoretisch‹ nicht hinterfragbare ›kategoriale‹ Vorentscheidung unserer Frage nicht als angemessen erscheinen lassen. Vorerst mag zur Zerstreuung entsprechender Skrupel der Hinweis genügen, daß der ›Träger‹-Bereich auch bei *nichtdefinitorischen* oder ›kategorial‹ unabhängigen Merkmalen zu erweitern ist, die sich (was der Vergleich erweisen könnte) ausschließlich faktisch auf den Menschen beschränken, und daß ein definitiver Ausschluß dieser Möglichkeit (als dem Sinn der anthropologischen These zuwiderlaufend) bislang jedenfalls nicht gerechtfertigt ist.

79 Wie weit die teilweise schon gebräuchliche Rede von ›denkenden Maschinen‹ (o. ä.) in der Sache gerechtfertigt ist, braucht uns nicht zu interessieren. Sie ist zumindest *irreführend*, da sie, wie später auch an entsprechend begründeten Antworten auf die Abhängigkeitsfrage zu kritisieren sein wird, pauschal vom ›Denken‹ spricht und den Anschein vollständiger Analogie erweckt, wo es sich allenfalls um speziellere Arten oder Aspekte des Denkens handelt. Doch diese Schwäche tangiert die *prinzipielle* Anwendbarkeit des Begriffs auf Maschinen nicht.

80 Zur terminologischen Klarstellung: ›Gegenstand‹ wird in einem *formalontologischen* Sinne verwendet, der ausschließlich auf die Kriterien der numerischen Identifizierung mit Hilfe von singulären Termini bzw. Variablen, der Funktion als Subjekt möglicher Prädikationen und der Anwendbarkeit von Identitätsaussagen abhebt und den *ontologischen Status* völlig unspezifiziert läßt. Physische raumzeitliche Gegenstände kommen demnach ebenso in Betracht wie mentale oder abstrakte, die nicht raumzeitlich gebunden sind (vgl. auch S. 124 ff.). ›Materielle Gegen-

ger‹-Bereich wirklich weit genug fassen wollen. Zwar sind auch damit einige denkbare ›Träger‹ (Geister und Engel z. B.) ausgeschlossen, aber für unsere Frage dürfte die vorgeschlagene Abgrenzung, die ihrem Sinn ohne Zweifel gerecht wird, genügen.[81]

Zu weit andererseits sind Gruppen und die Gesamtheit der Menschen insofern, als es ja nicht das betreffende *Kollektivum* ist, dem wir (als solchem) ›Sprache‹ und ›Denken‹ zuschreiben. Prädikate wie ›Ehepaar‹, ›Streichquartett‹ oder ›Arbeitsgruppe‹ haben tatsächlich mehrere Menschen als ›Träger‹, und auf einige Denk- oder Sprechleistungen (›Sich-Beschimpfen‹ z. B.) trifft das ebenfalls zu. Aber gewöhnlich denken und sprechen nicht solche

STÄNDE‹ bilden nach meiner Auffassung eine Unterart der raumzeitlichen Gegenstände, die ontologisch *nicht* auf der untersten Stufe steht. Materielle Gegenstände konstituieren sich vielmehr durch Folgen raumzeitlich ›direkt benachbarter‹ und qualitativ ›essentiell‹ gleicher Gegenstände einer elementareren ontologischen Kategorie, die ich ›PRIMÄREREIGNISSE‹ nenne. Primärereignisse sind partikuläre Instantiierungen sinnlicher Qualitäten durch Raum-Zeit-Stellen. Letztere müssen auf einer *elementaren* Stufe demonstrativ identifiziert werden und dies notwendig unter Rekurs auf gleichzeitig instantiierte Qualitäten (P.F. Strawson: *Einzelding und logisches Subjekt* [orig. London 1959], Stuttgart 1972, Kap. 1 u. 7; E. Tugendhat: *Existence in Space and Time,* Neue Hefte f. Phil. 8, 1975, 14-33; ders.: *Vorlesungen zur Einführung in die sprachanalytische Philosophie*, Frankfurt 1976, bes. Vorl. 26). Raum-Zeit-Stellen lassen sich im Vergleich mit Primärereignissen also nicht als elementarer auffassen und Qualitäten (einer elementaren Art) erweisen sich ontologisch als irreduzibel. Welche Qualitäten jeweils als ›essentielle‹ Identifikationskriterien verwendet werden und welche nur ›akzidentelle‹ Merkmale sind, ist jedoch keine Frage der Rücksicht auf eine ›vorgegebene Ordnung der Dinge‹, sondern nur eine Frage der ›theoretischen Wahl‹. Einzige Forderung für elementar identifizierende Qualitäten ist ein in ihnen enthaltener Aspekt der zwei- oder dreidimensionalen räumlichen ›Konfiguriertheit‹, ohne den die gleichzeitige Individuierung von Raum-Zeit-Stellen unmöglich wäre. In diesem, aber auch *nur* in diesem Sinne (der Prädikate wie ›Apfel‹ und ›Katze‹, aber auch ›Stein‹ und ›Linie‹ miteinschließt und nur solche wie ›rot‹ und ›duftend‹ nicht) scheint mir die traditionelle Abgrenzung einer ontologisch ausgezeichneten Klasse von sog. ›sortalen Prädikaten‹ gerechtfertigt. – Auf eine formale und inhaltlich detaillierte Durchführung des hier skizzierten ontologischen Aufbaus und eine Begründung seiner (in der Literatur natürlich nicht unumstrittenen) philosophischen Prämissen muß ich aus naheliegenden Gründen verzichten.

81 Geister und Engel kommen nicht in Betracht, ebensowenig Gott in sich selbst. Undefinierte ›Stimmen in der Luft‹ oder Signale aus dem Weltall, die eine wahrnehmbare Realität für uns besitzen können, fassen wir nicht als ›trägerlos‹ auf, sondern als Wirkungen gegenständlicher Urheber, die sich materiell interpretieren lassen. Immaterielle Urheber können wir ohne Nachteil für unsere Frage ausscheiden, auch wenn es *wegen* des Fehlens eines erkennbaren ›Trägers‹ immer schon nahegelegen hat, gerade an dieser Stelle auf sie zurückzugreifen. Aber *Gottes*

Gruppen oder gar alle Menschen auf einmal, sondern jeder für sich allein. Daß man es nicht als einziger tut, ja, mit seinen Leistungen (möglicherweise) von entsprechenden Leistungen anderer Menschen abhängt, ist durch diese Feststellung natürlich nicht ausgeschlossen. Ebensowenig bedeutet sie, daß unsere zentralen Thesen nur auf einzelne Individuen zu beziehen sind. Was wir meinen, wenn wir Gruppen von Menschen oder ihre Gesamtheit zu ›Trägern‹ von Sprache und Denken machen, ist vielmehr, daß *jedes Mitglied* davon in gleicher Weise betroffen ist. Ausgeweitet auf die Gesamtheit der materiellen Gegenstände, wie wir sie jetzt zugrundelegen, ergibt sich hieraus als erste Präzisierung der sprachphilosophischen These [B]:

[B 1] Für alle materiellen Gegenstände gilt: wenn einer von ihnen denkt, muß er auch sprechen.[82]

In diese Fassung sind alle bisherigen Punkte eingegangen, aber die These als solche ist dadurch nicht hinreichend spezifiziert. Sie läßt sich so verstehen, daß eine Eigenschaft, die den Gegenstand

Gedanken sind ja bekanntlich *nicht* unsere Gedanken und als solche, wie sich ergänzen ließe, auch nicht in unserem Sinne *Gedanken,* und *wenn* Gott vernehmlich spricht, muß er sich unseren materiellen Bedingungen unterwerfen »(verbum caro factum est«).

Kritisch ist die Beschränkung allenfalls mit Bezug auf die menschlichen ›Träger‹ selbst, die sich nicht unbesehen auf ihre materielle Gegenständlichkeit reduzieren lassen. Sich auf sie festzulegen wäre an dieser Stelle jedenfalls kaum geraten. Doch können wir uns den Zugang zur Immaterialität der ›Träger‹ sichern, *ohne* den Ansatz allein bei den materiellen preisgeben zu müssen, wenn wir voraussetzen, was nur die extremsten Cartesianisten bestreiten würden, sc. daß die (etwaige) immaterielle ›Person‹ (o. ä.) grundsätzlich *in Beziehung* zu einem materiellen Gegenstand treten kann und im Falle des (lebenden) Menschen auch faktisch getreten ist. Dann nämlich könnten wir alles, was über ›Personen‹ zu sagen ist, formal entsprechend komplexen Aussagen über ihre materiellen Relata einverleiben und behielten dabei sogar die formale Möglichkeit, sie auf immaterielle Gegenstände hin ›umzufocussieren‹, falls sich Gründe dafür ergeben sollten, diesen ein ontologisches Prius zu geben, wie das z. B. von S. Shoemaker (*Self-Reference and Self-Awareness,* in: J. of Phil. 65, 1968, 565 ff.) und R. Chisholm (*Individuation: Some Thomistic Questions and Answers,* in: Grazer Phil. St. 1, 1975, 25 ff.) behauptet wurde.

82 Der besseren Lesbarkeit wegen verzichte ich auch bei der Formulierung der präzisierten Versionen auf logische Formalisierung, die jedoch leicht ergänzt werden kann. Zu beachten ist, daß die substantivische (›Denken‹, ›Sprache‹) und die verbale Rede (›denken‹, ›sprechen‹) vorerst als völlig bedeutungsgleich gelten. Die begrifflichen Unterscheidungen, die die grammatische Differenz in der Umgangssprache (partiell) indiziert, sc. individuelle Leistung oder Leistungsprodukt bzw. überindividuelles ›System‹, werden im Folgenden hinreichend deutlich werden.

für die Gesamtdauer seiner Existenz kennzeichnet, an eine ebenso durchgängige oder an eine beliebige andere Eigenschaft notwendig gebunden oder eine beliebige Eigenschaft, umgekehrt, von einer durchgängigen abhängig gemacht werden soll.[83] Das kann in einigen Fällen auch tatsächlich der Sinn der Sprachabhängigkeitsthese sein, etwa dann, wenn auf allgemeinster Ebene behauptet wird, Menschen seien nur dadurch ›denkende‹ Wesen, daß sie zugleich ›sprechende‹ Wesen sind. In Normalfall aber steht nicht der Zusammenhang zwischen Denken und Sprache im allgemeinen zur Diskussion, sondern der zwischen einzelnen Denk- und Sprachleistungen, und auch etwaige allgemeinere Abhängigkeitsbehauptungen lassen sich nur im Rekurs auf speziellere verifizieren. Ob jemand wirklich, sagen wir, über einen bestimmten ›Begriff‹ verfügt und dies nur, weil er zugleich ein sprachliches Prädikat beherrscht, ist nur dadurch zu überprüfen, daß man Beispiele jener Begriffsverwendung bei ihm sucht und dann feststellt, ob ein erkennbarer Zusammenhang mit konkreten Verwendungen von Prädikaten besteht und ob es Gründe gibt, diesen als notwendig zu betrachten. Primärer Gegenstand unserer Frage ist also nicht der Besitz von Sprache und Denken *als solcher*, sondern nur der Besitz *zu einer bestimmten Zeit*, wobei die Erstreckung auf die gesamte Lebenszeit eines Gegenstandes einen extremen Grenzfall bildet.

Die zeitlich bestimmte Instantiierung einer Qualität durch einen materiellen Gegenstand konstituiert einen höherstufigen Typus von Ereignissen, die (entsprechend der Terminologie von Anm. 80) ›Sekundärereignisse‹ heißen sollen.[84] Die Phänomene, die wir durch ›Sprache‹ und ›Denken‹ ansprechen, sind Sekundär-

83 Beispiele für diese drei Typen wären Sätze wie: ›Wer mit zwei Jahren eine toxische Diphtherie übersteht, muß eine gute physische Kondition haben‹, ›Wenn ein Mensch im Zeichen der Jungfrau geboren ist, wird er zwangsläufig spät heiraten‹ oder ›Rundfinnendelphine können nicht sprechen‹.

84 Sekundärereignisse stehen im Rahmen des oben skizzierten Aufbaus ontologisch auf dritter Stufe. Sie werden qualitativ durch die temporär instantiierten Eigenschaften, numerisch durch die jeweiligen Zeitstellen und die zugrundeliegenden materiellen Gegenstände identifiziert, die ihrerseits auf Primärereignisse (und mit ihnen auf elementare sinnliche Qualitäten und Raum-Zeit-Stellen) rückverweisen. Eine zusätzliche Individualisierung durch den Ort ist bei Sekundärereignissen nicht erfordert, da die Zeitangabe lediglich eine bestimmte Strecke der schon bekannten Raum-Zeit-Spur des materiellen ›Trägers‹ herausgreift und durch diese den Ort automatisch mitspezifiziert.

ereignisse. Darum erscheint es sinnvoll, beide Termini nunmehr so zu konstruieren, daß sie anstelle von Eigenschaften materieller Gegenstände Arten von Sekundärereignissen bezeichnen.[85] Nur diese Umformulierung stellt sicher, daß wir die Vielfalt einzelner Denk- und Sprachleistungen erfassen, ohne den prädikativen Charakter der Ausdrücke ›Sprache‹ und ›Denken‹, den wir für eine auf *Arten* des Sprechens und Denkens bezogene Abhängigkeitsthese benötigen, preisgeben zu müssen. Formal tritt damit die Totalität der Sekundärereignisse als ›Träger‹-Bereich für Sprache und Denken an die Stelle der Totalität der materiellen Gegenstände, doch bleibt auch diese weiterhin unentbehrlich. Nicht nur ist sie zur Identifikation unserer neuen ›Träger‹ vorauszusetzen; sie muß ausdrücklich angesprochen werden, wenn zum Ausdruck gebracht werden soll, was bisher selbstverständlich vorausgesetzt wurde und was auch nachfolgend sinnvoll vorausgesetzt wird, sc. daß die Abhängigkeitsbehauptung nur auf solche Fälle bezogen wird, in denen der Denkende und der Sprechende jeweils identisch sind, nicht dagegen (was theoretisch denkbar, praktisch aber bedeutungslos wäre) auf solche, wo beide numerisch differieren. Unter dieser Voraussetzung können wir unsere These [B 1] nunmehr in folgende These [B 2] überführen:

[B 2] Für alle materiellen Gegenstände x gilt: wenn es in der Gesamtheit der Sekundärereignisse eines gibt, das zum Ereignistyp ›Denken‹ gehört und x zum ›Träger‹ hat, muß es auch eines geben, das zum Ereignistyp ›Sprechen‹ gehört und ebenfalls x zum ›Träger‹ hat.

Auch diese Version ist freilich nicht spezifiziert genug. In ihrer jetzigen Form läßt sie das Zeitverhältnis zwischen den beiden Ereignissen unbestimmt, und so wäre es möglich, die Denkleistung eines Kindes von sieben Jahren an eine Sprachleistung, die es mit siebzehn oder mit siebzig erbringt, zu binden – eine Behauptung, die natürlich nicht ernsthaft Gegenstand unserer Untersuchung sein kann. Was wir meinen, wenn wir Denkereignissen einer bestimmten Art Abhängigkeit von bestimmten Sprachereignissen zuschreiben, ist (im Normalfall) vielmehr, daß immer dann, wenn

85 Jede akzidentelle Eigenschaft materieller Gegenstände (›x denkt‹ z. B.) läßt sich als essentielle Eigenschaft eines entsprechenden Typs von Sekundärereignissen (›Denken von x‹) rekonstruieren, wobei die erwähnte (Anm. 80) weitgehende Flexibilität in der Funktion als akzidentelle oder essentielle Eigenschaft (›Der Stein ist kugelförmig‹ oder ›Die Kugel ist aus Stein‹) sich sinngemäß auf die Ereignistypen überträgt.

ein Ereignis der einen Art auftritt, gleichzeitig eines der anderen auftreten muß. Sollen wir also fordern, daß beide nicht nur den materiellen ›Träger‹, sondern auch ihren Zeitpunkt gemeinsam haben? Das wäre über das Ziel hinausgeschossen. Denn wenn man z. B. ein Puzzle zusammensetzt oder ein Schachproblem löst und dabei nach einer Phase des (offenbar) ›bloßen Beobachtens‹ zwei Teile sinngemäß aneinanderfügt bzw. eine Figur in eine spielentscheidende Stellung bringt, werden diese Leistungen selbst zwar wortlos erbracht, aber natürlich ist das keine hinreichende Widerlegung der These, da ein (bei weiterer Untersuchung etwa zu konstatierendes) halblautes oder stilles Sprechen während der Vorbereitungsphase wesentlich am Ergebnis beteiligt sein könnte. Zeitdifferenz als solche macht unsere Frage also nicht sinnlos.

Mehr noch, nicht nur unmittelbar aufeinanderfolgende, sondern auch zeitlich weit auseinanderliegende Sprach- und Denkereignisse können für sie von Bedeutung sein. Angenommen, L.S. Wygotski hat prinzipiell recht mit seiner Behauptung, Sprache und Denken träten beim Kind nach gemeinsamer Ausbildung in der ›äußeren Sprache‹ in der ›inneren‹ anschließend, unter sukzessiver Verkürzung des sprachlichen Ausdrucks bei im übrigen gleicher ›gedanklicher‹ Leistung, auseinander,[86] und die Tatsache dieser Verkürzung kann entweder selbst als Beweis für (partielle) Unabhängigkeit interpretiert werden[87] oder als Stufe eines Prozesses, der beim Erwachsenen schließlich zur völligen Loslösung von der Sprache führt. *Aktuelle* Sprachfreiheit ist damit nicht nur während des Denkens, sondern auch unmittelbar vorher (in der Phase der Vorbereitung) sicherzustellen. Dennoch kann Abhängigkeit bestehen, da die Denk*fähigkeit* das Ergebnis einer Entwicklung ist, an der sprachliche Leistungen ursprünglich Anteil hatten.

Indirekte Abhängigkeiten dieser Art lassen den Abstand zwischen beiden Ereignissen irrelevant erscheinen. Tatsächlich dürfte es (Identität der materiellen ›Träger‹ natürlich vorausgesetzt!)

86 L.S. Wygotski: *Denken und Sprechen* [orig. Moskau 1934], Berlin 1964, Frankfurt 1969, bes. Kap. 7 – Die sachliche Richtigkeit von Wygotskis Theorie steht hier nicht zur Debatte. Auf die Bedeutung der von ihm verwendeten psychologischen ›Begriffsbildungs‹-Experimente für eine Entscheidung der Sprachabhängigkeitsthese werden wir unten mehrfach zu sprechen kommen.

87 Diese Annahme ist allerdings rein hypothetisch, denn in Wirklichkeit wird ein solcher Beweis dadurch nicht erbracht (vgl. unten S. 318 ff.).

keinerlei oberste Zeitgrenze geben, wohl aber sachliche Vorbedingungen für einen etwa darüber hinreichenden notwendigen Zusammenhang. Offenbar muß das Bedingte, also das Denken, das zeitlich *Spätere* sein und zudem in einer direkten oder indirekten *Kausalverbindung* mit dem bedingenden Sprechen stehen.[88] Diese Kriterien sind es, die die Behauptung der Abhängigkeit einer kindlichen Denkleistung von einer Sprachleistung im Erwachsenenalter sinnlos erscheinen lassen. Sie sind folglich auch bei der weiteren Spezifizierung der These durch ihr internes Zeitverhältnis in Rechnung zu stellen und erlauben es, eine entsprechende zweite Version neben die naheliegende erste, in der beide Ereignisse gleichzeitig auftreten, zu stellen:

[B 3.1] Für alle Zeitpunkte z und alle materiellen Gegenstände x gilt: wenn es in der Gesamtheit der Sekundärereignisse eines gibt, das durch x und z individualisiert wird und zum Ereignistyp ›Denken‹ gehört, muß es auch eines geben, das zum Ereignistyp ›Sprechen‹ gehört und gleichfalls durch x und z individualisiert wird.[89]

[B 3.2] Für alle Zeitpunkte z und alle materiellen Gegenstände x gilt: wenn es in der Gesamtheit der Sekundärereignisse ein Ereignis u gibt, das durch x und z individualisiert wird und zum Ereignistyp ›Denken‹ gehört, muß es auch einen vor z gelegenen Zeitpunkt z' und ein Ereignis v geben, das durch x und z' individualisiert wird, zum Ereignistyp ›Sprechen‹ gehört und Ursache des Ereignisses u ist.[90]

88 Beide Kriterien gelten nur *für den Fall* einer zeitlichen Differenz zwischen Sprechen und Denken und nur im Sinne einer *notwendigen*, nicht etwa einer *hinreichenden* Bedingung der Abhängigkeit, für die eine bloße Kausalverbindung, wie wir noch sehen werden (S. 181 f.), niemals genügen könnte.

89 Die umgangssprachliche Rede vom ›Individualisieren durch x und z‹ bezieht sich (abkürzend) auf die beschriebene Konstitution von Sekundärereignissen (Anm. 84) und verpflichtet uns als solche nicht zur Annahme einer (die Prädikationsstruktur scheinbar unterlaufenden) ›Instantiierungsrelation‹ zwischen abstrakten und konkreten Gegenständen. Was wir für die formale Explikation unserer These benötigen, sind ausschließlich Relationen zwischen konkreten Gegenständen: eine, die Sekundärereignisse zu ihren materiellen ›Trägern‹ in Beziehung setzt, und eine, die sie mit ihren Zeitstellen verbindet.

90 Ich gehe davon aus, daß die Kausalbeziehung als *irreflexive*, *transitive* und *asymmetrische* Relation zwischen individuellen Ereignissen zu konstruieren ist und die zeitliche Differenz der Relata *nicht* impliziert (vgl. Kant: KrV A 202 f. = B 247 f.). *Mit* der letzten Implikation könnten wir auf die genauen Zeitangaben in [B 3.2], ohne die Irreflexivitätsbedingung zusätzlich sogar auf [B 3.1] als eigene Version verzichten. *Nicht* vorausgesetzt aber wird natürlich, daß ein Ereignis nur jeweils *eine* Ursache haben kann.

Der einfacheren Verhältnisse wegen werden wir uns im folgenden primär an [B 3.1] orientieren, doch ist die Möglichkeit auch der Version [B 3.2] stets mit im Auge zu behalten.

Die Möglichkeit indirekter Abhängigkeit über direkt miteinander verbundene Fähigkeiten macht eine Ausweitung nicht nur bei den in Rechnung zu stellenden Zeitverhältnissen, sondern auch bei der Anzahl der miteinander relierten Ereignisse notwendig. Bisher haben wir unterstellt, daß jeweils *ein* Ereignis des Sprechens und Denkens betrachtet wird. Formal ist das noch immer sicherzustellen, sofern ein partikulärer Zustand der ›Denkfähigkeit‹ als notwendig abhängig von einem ursächlich mit ihm verbundenen, gleichzeitigen oder vorausgehenden Zustand der ›Sprachfähigkeit‹ statuiert wird. Aber natürlich kann diese letztere Fähigkeit ebensogut als Bedingung *mehrerer* aktueller Denkleistungen aufgefaßt werden, ja, der Zustand der ›Denkfähigkeit‹ selbst weist offenbar auf das Kriterium mehrerer einschlägiger Anwendungsfälle zurück. Das gleiche gilt für den Zustand der ›Sprachfähigkeit‹. Und selbst wenn es anwendungsunabhängige Nachweismethoden für *etablierte* Fähigkeiten gäbe, könnte ihr *Aufbau* vom Umgang mit einzelnen Fällen getragen sein, so daß eine hierauf bezogene Abhängigkeitsthese zumindest möglich bleibt. Es ist darum angebracht, unsere Rede von ›einem‹ Ereignis des Denkens bzw. Sprechens und ›einem‹ Zeitpunkt des Auftretens in [B 3.1] und [B 3.2] nicht im spezifizierten Sinne von *›genau eines‹*, sondern im unspezifizierten von *›mindestens eines‹* zu interpretieren.

Gestützt wird diese Interpretation zudem durch eine formale Differenzierung innerhalb der betroffenen Gegenstände. Sekundärereignisse sind entweder ›Zustände‹ oder ›Prozesse‹. ZUSTÄNDE sind durch die Invarianz aller (essentiellen) Eigenschaften während der Gesamtdauer eines Ereignisses definiert, PROZESSE durch deren vollständigen oder partiellen Wechsel, wobei jeder Prozeß in eine zusammenhängende Folge zeitlich ›direkt benachbarter‹ Teilzustände zerlegt werden kann.[91] Wer zu einem bestimmten

91 Wir beschränken uns nach dem oben Gesagten (vgl. S. 97f., Anm. 81 und S. 100) auf Prozesse mit einzelnen, allen Teilereignissen gemeinsamen, materiellen ›Trägern‹, ohne damit die Möglichkeit von Prozessen mit immateriellen, mehreren oder wechselnden ›Trägern‹ grundsätzlich auszuschließen. Auch die Beschränkung auf Sekundärereignisse folgt der bisherigen Darstellung; Primärereignisse lassen sich ebensogut in Prozesse und Zustände einteilen, wenn ihre Raumstellen als ›Träger‹ aufgefaßt werden.

Zeitpunkt ›an jemand denkt‹ oder ›denkt, daß dieses oder jenes der Fall ist‹, befindet sich in einem Denkzustand; wer ›seinen Gedanken nachhängt‹, ›tagträumt‹, ›meditiert‹, ein Schachproblem löst oder ein Puzzle zusammensetzt, durchläuft, sofern er jeweils eine charakteristische Folge von Teilleistungen erbringt, einen Prozeß. Zustände einer elementaren Art lassen sich nicht mehr in einzelne Teilereignisse zerlegen. Komplexe Zustände dagegen lassen eine Zerlegung zu und können sich bei Erfüllung der relevanten Kriterien ihrerseits als ›global betrachtete‹ Prozesse erweisen.[92] Der ›globale‹ Zustand des ›Schachspielens‹ etwa erweist sich bei weiterer Analyse als ein aus unterschiedlichen Teilzuständen oder -prozessen konstituierter Prozeß, der Zustand des ›Tagträumens‹ als Folge zeitlich geordneter Vorstellungszustände (o. ä.) und der Zustand des ›Vorlesens‹ als eine prozessuale Sprachleistung, die sich in sukzessive Wahrnehmungen bzw. Äußerungen einzelner Sätze, Wörter oder Buchstaben zerlegen läßt. Nicht alle differenzierbaren Teilzustände oder -prozesse einer komplexen Denkleistung müssen gleichfalls ein ›Denken‹ sein. (Die Einhaltung einer bestimmten Folge nicht-intelligenter Leistungen könnte sich selbst als intelligente Leistung erweisen.) Ähnliches gilt für die Sprache. Aber natürlich bleibt, wie die Beispiele zeigen, die grundsätzliche Möglichkeit einer Konstitution komplexer Leistungen aus verschiedenen Teilleistungen desselben Typs offen, so daß die Frage der *Anzahl* der jeweils beteiligten Leistungen abhängig wird von der Frage, in welchem Grade theoretischer *Differenzierung* wir die betroffenen Denk- oder Sprachereignisse beschreiben.

Weitere formale Differenzierungen, die wir berücksichtigen sollten, lassen sich anschließen. Bei den *Prozessen* können verschiedene Typen danach abgegrenzt werden, wie weit sie im Hinblick auf Anzahl und Art der sie konstituierenden Teilereignisse restringiert sind. Tagträume und Meditationen gehören ans untere Ende der Skala. Sie lassen es (weitgehend) offen, welche und

92 Ereignisse, die sich aus mehreren Teilereignissen konstituieren, mögen ›Komplexe Ereignisse‹ heißen. Prozesse sind also per se komplex. Zustände sind es nur, wenn sie entweder selbst als Prozesse analysiert oder in Folgen qualitativ identischer Teilzustände zerlegt werden, was in beiden Fällen nur möglich ist, wenn die Zeitstrecke des komplexen Zustands in kleinere Zeitsegmente aufgeteilt wird. Zustände, die auf die (jeweils) *kleinste* zeitliche Einheit bezogen sind und sich als solche nicht mehr als komplexe Ereignisse interpretieren lassen, werden sinngemäß ›Elementarzustände‹ genannt.

wieviele Einzelleistungen in welcher Reihenfolge erbracht werden. Puzzlespiele und Schachprobleme sind demgegenüber mehr oder weniger eingeschränkt. Hier gibt es vorgegebene Ausgangs- und klar umrissene Endzustände, die mit bestimmten Methoden zu erreichen sind, und in Grenzfällen führt eine einzige wohldefinierte Folge von Schritten dorthin. ›Denksportaufgaben‹, in denen man ausgehend von gegebenen Sätzen andere Sätze als logische Konklusionen erreichen soll, gehören gewöhnlich zu diesem extrem restingierten Typ. Zielgerichtete Denk- und Sprachprozesse bilden die Musterbeispiele für ›Leistungen‹ in einem naheliegenden *engeren* Sinn, der für unser Vorhaben nicht genügt (vgl. S. 89, Anm. 71), und die Aufklärung ihrer besonderen Stellung *innerhalb* jener Kategorie von Gegenständen, der wir die Phänomene des ›Sprechens‹ und ›Denkens‹ zurechnen müssen, schützt uns somit vor falschen Einschränkungen und irreführenden Assoziationen.[93]

Bei den *Zuständen* haben wir zwischen aktuellen Leistungen und Dispositionen zu unterscheiden, die sich nur unter bestimmten

93 Negative Beispiele aus den mit Sprache und Denken befaßten Wissenschaften sind unschwer zu finden. In der *Denkpsychologie* ist es die generelle Tendenz dazu, den ursprünglich auf erkennbar zielgerichtete und der experimentellen Untersuchung relativ leicht zugängliche Intelligenzleistungen bezogenen Begriff des ›Problemlösens‹ zum Grundmodell des gesamten Denkens zu machen und auf Leistungen auszudehnen, die die ursprünglichen Kriterien nicht mehr erfüllen (vgl. Anm. 105). In der *Philosophie* lassen sich schwerwiegende Konfusionen bei der Abgrenzung zwischen sogen. ›Leistungs-‹ und ›Vorgangsverben‹ erkennen, die G. Ryle (*Der Begriff des Geistes*, [orig. London 1949], Stuttgart 1969, bes. S. 173 f. 199 ff.) und in etwas veränderter Weise A. Kenny (*Action, Emotion, and Will*, London 1963, ch. 8) und Z. Vendler (*Say What You Think*, in: Studies in Thought and Language, ed. J.L. Cowan, Tucson 1970, 79-97) vor allem, wenn auch bezeichnenderweise nicht ausschließlich (vgl. Anm. 99), mit Hilfe grammatischer Kriterien zu etablieren versuchten, deren sachlicher Kern aber offenbar im genannten Unterschied zwischen prozessualen Leistungen mit und ohne festgelegten Endzustand zu suchen ist. Nur die Unklarheit über den sachlichen Abgrenzungsgesichtspunkt konnte Ryle zu der irrigen Annahme verleiten, Denkphänomene, die durch ›Leistungsverben‹ beschrieben werden, wie z. B. das logische Schließen, seien *deshalb nicht* prozessual (a.a.O., 409 ff., bes. 414). Zwar kann man, anders als etwa beim ›Vorgangsverb‹ ›tagträumen‹, von einem ›Schluß‹ nur sprechen, wenn eine Konklusion (nach bestimmten Vorgaben) wirklich erreicht wurde, aber natürlich bedeutet das nicht, daß die Leistung des ›Schließens‹ insgesamt kein Prozeß ist. Und die Verwirrung wird noch größer durch die hinzugefügte Erklärung, ›Leistungsverben‹ allein seien durch Adverbien wie ›schnell‹ oder ›langsam‹ zu qualifizieren (Ryle, a.a.O., 202. 413 f.; Kenny, a.a.O., 176). Solche Qualifikationen betreffen den speziellen Leistungsgesichtspunkt der über- bzw. unterdurchschnittlichen Ausführungsdauer und sind in

Bedingungen in bestimmten aktuellen Zuständen oder Prozessen manifestieren.[94] Aktuelle Zustände bilden (zusammen mit den Prozessen) die Fälle, an denen wir uns zuerst orientieren, wenn wir nach dem Zusammenhang zwischen Sprache und Denken fragen. Daß beide auch in der Form von Dispositionen auftreten können, haben wir implizit aber bereits vorausgesetzt, indem wir partikuläre Zustände der ›Denk-‹ und der ›Sprachfähigkeit‹ in die zu prüfende Abhängigkeitsthese eintreten ließen. Dabei waren wir speziell auf jene Fähigkeiten bezogen, die der Mensch in der Kindheit und Jugend erwirbt und gewöhnlich (mit einigen Einschränkungen) auch bis zum Tode behält. Der formale Begriff des ›dispositionellen Zustands‹ ist jedoch weiter. Dispositionen müssen nicht über das *ganze Erwachsenendasein* reichen. Ein Tagtraum z. B., den man nur einmal und nur für Augenblicke erlebt und der als solcher (offenbar) nicht an aktuelle Verwendung von Sprache gebunden ist, könnte sich dadurch noch immer als sprachgebunden erweisen, daß sein Auftreten vom Bestehen der *temporären* Fähigkeit abhängt, unter bestimmten Bedingungen – etwa: der Aufforderung dazu durch einen anderen – eine Beschreibung von ihm zu geben. Umgekehrt gibt es sprachliche oder

sich prinzipiell unabhängig von dem des Erreichens eines bestimmten Ziels oder der Einhaltung sonstiger festliegender Teilzustände. Relativ auf die übliche Dauer können ziellose Tagträume und Meditationen nicht weniger ›schnell‹ oder ›langsam‹ verlaufen (umgangssprachlich verwendet man hier den Ausdruck ›schnell‹ oder ›langsam fertig sein mit‹) als zielgerichtete logische Schlüsse oder Lösungen eines Schachproblems. Die interne Differenzierung der Sekundärereignisse und speziell der Prozesse führt zur Trennung zwischen den einzelnen Leistungskriterien und erlaubt uns, die irreführende Unterscheidung zwischen ›Leistungen‹ und ›Vorgängen‹ durch eine sachlich angemessenere zu ersetzen.

94 Dispositionen sind durch die Manifestationen und ihre Bedingungen qualitativ bestimmt und nur mit deren Hilfe empirisch nachzuweisen. Nur die (mögliche) Kontrafaktualität dieser Bedingungen und Manifestationen unterscheidet sie grundsätzlich von aktuellen Zuständen. Es handelt sich also weder um obskure Eigenschaften, die der ›Träger‹ ›nicht wirklich‹ besitzt, noch um gewöhnliche, äußerlich nicht zu erkennende aktuelle Zustände in seinem (physischen) Inneren. Den einfachsten Fall einer Disposition, die für unsere Probleme in Frage kommt, dürften erlernte Reiz-Reaktions-Muster bilden, deren Manifestationen und deren Bedingungen wahrnehmbare Ereignisse sind und die kausal miteinander zusammenhängen: der ›Träger‹ x befindet sich zum Zeitpunkt z in dem dispositionellen Zustand D (R,S) genau dann, wenn das Auftreten eines Ereignisses vom Typ S im Wahrnehmungsbereich von x zum Zeitpunkt z ein gleichzeitiges oder nachfolgendes Ereignis des Typs R bei x hervorrufen würde. Wir können uns hieran als einem Musterbeispiel für Dispositionen orientieren, doch sollte klar sein, daß ein so einfacher Fall sich nicht unbesehen auf alle anderen übertragen läßt.

›gedankliche‹ Dispositionen, die der Mensch nicht erst entwickeln muß, sondern die er schon von Geburt an und (mit quantitativen Einschränkungen) für sein *ganzes Leben* besitzt. Jene abgeschwächte Version der Sprachabhängigkeitsthese, die wir bei Herder fanden (S. 42 ff.), zielt ja speziell auf Situationen, in denen das Denken der Anlage nach – und insofern ›prinzipiell‹ – nicht an die Sprache gebunden ist und erst durch die Sprachabhängigkeit der betreffenden Lern- und Entwicklungsprozesse sich als ›notwendig sprachlich‹ erweist. Die Bedeutung aller drei unterschiedenen Arten, in denen ein ›Träger‹ zu Sprache und Denken disponiert sein kann, zeigt exemplarisch die oben erwähnte Theorie von Wygotski (S. 101): die behauptete Loslösung einer zunächst rein sprachlichen Denkleistung vom aktuellen Sprechen ist nicht nur deshalb keine hinreichende Widerlegung der Abhängigkeitsthese, weil die *entwickelte* Denkfähigkeit sich als sprachabhängig erweisen könnte, sondern auch deshalb, weil eine Bindung an *temporäre* sprachliche Dispositionen bestehen kann, doch wäre beides ebenso unzureichend, um eine prinzipielle Abhängigkeit, die das Denken der *Anlage* nach betrifft, beweisen zu können. Die Rücksicht auf die verschiedenen Arten von Dispositionen schützt uns vor übereilten Schlüssen, die sich nicht selten in Fällen der aktuellen Sprachfreiheit oder Sprachlichkeit aufdrängen.[95]

95 Wir werden das später mehrfach bestätigen können. Die Abgrenzung zwischen aktuellen Leistungen und Dispositionen ist darüber hinaus eine jener begrifflichen Unterscheidungen, auf die uns umgangssprachlich die substantivische und die verbale Rede verweist (vgl. S. 98, Anm. 82). Wenn wir vom ›menschlichen Denken‹ oder vom ›Denken einer bestimmten Person‹ reden, meinen wir meist die Anlage oder die ausgebildete Fähigkeit; wenn wir erklären, daß jemand ›denkt‹ oder zu einer bestimmten Zeit ›dachte‹, haben wir in der Regel die aktuelle Leistung im Blick. Wir werden im Folgenden diese sprachlichen Differenzen in Rechnung stellen. Doch sind eindeutige Zuordnungen dabei nicht zu erwarten, da (z. B.) auch die gegenständliche Rede über ein aktuelles Ereignis umgangssprachlich die Substantivierung verlangt.

Kapitel IV

Der Terminus ›Denken‹

1. Notwendige Spezifizierung

Bisher haben wir das, was wir ›Sprache‹ und ›Denken‹ nennen ausschließlich formal bestimmt. Konkrete Antworten auf die Frage nach ihrem Zusammenhang können wir aber nur gewinnen, wenn wir die beiden zentralen Termini unserer These inhaltlich weiter spezifizieren. Darauf vor allem bezieht sich die oft getroffene Feststellung in der Literatur, daß das Problem von Sprache und Denken im Grundsatz gelöst wäre, wenn man darüber Klarheit besäße, was unter ›Sprache‹ und ›Denken‹ zu verstehen ist.[96] Für den Sprachbereich folgt dies bereits aus dem Sinn der Problemstellung Herders und Humboldts, die ja letztlich das Wesen der Sprache betrifft (S. 89). Aber auch der Bereich des Denkens ist unmittelbar berührt. Wenn man, wie es die anthropologische Zielsetzung des Gesamtprogramms fordert, Aussagen über *spezifisch* menschliche Denkleistungen machen will, kann man nicht unspezifiziert über *»das Denken«* als (möglicherweise) wesentlich sprachliche Leistung reden, ganz davon abgesehen, daß eine derart pauschale Abhängigkeitsbehauptung ohnehin wenig plausibel wäre. Angegeben werden muß vielmehr, welche besondere *Art* des Denkens im Einzelfall vorliegt. Der unspezifizierte Terminus ›Denken‹, der in [B 3.1] und [B 3.2] auftritt, darf darum nur die Funktion einer Variablen haben, die durch unbestimmt viele speziellere Termini zu ersetzen ist, und der Bereich, der damit abgedeckt wird, muß sich, um eine spätere sinnvolle Untersuchung auch von [A] zu ermöglichen, auf die Gesamtheit denkbarer menschlicher, tierischer oder maschineller Intelligenzleistungen erstrecken.[97]

96 Vgl. H. Gipper: *Denken ohne Sprache?*, in: Wirk. Wort 14 (1964), 145; S.J. Schmidt: *Sprache und Denken als sprachphilosophisches Problem von Locke bis Wittgenstein*, Den Haag 1968, 173.

97 Zum Ausdruck dieses Totalitätsaspektes schiene der Terminus ›intelligente Leistung‹ vielleicht geeigneter als der mit bestimmten, gleich noch zu spezifizierenden Konnotationen behaftete Terminus ›Denken‹. Aber auch er wäre nicht völlig neutral und zwar in einer Hinsicht, die dem Sinn unserer Frage eher noch abträglicher ist, sc.

Feststeht allerdings, daß wir nicht alle Leistungen gleichzeitig thematisieren können. Wir müssen einzelne aus der Gesamtheit herausgreifen. Hätten wir eine genaue und theoretisch verläßliche Übersicht darüber, wie sich der allgemeine Denkbegriff in spezielle Arten und Unterarten differenziert, wäre diese thematische Einschränkung völlig problemlos. Wir könnten sicher sein, daß wir die zeitweilig ausgeklammerten Teile später hinzunehmen können und den Gesamtbereich systematisch erschließen, ohne Lücken und unnötige Überschneidungen. Die Crux unserer unspezifizierten Rede vom ›Denken‹ ist, daß wir über ein solches Begriffssystem nicht verfügen und unsere Auswahl somit nicht unter systematischen Gesichtspunkten treffen können. Weder die Umgangssprache noch die speziell mit dem Denken befaßten Wissenschaften bieten uns hier eine verläßliche Basis.

Der Umgangssprache mangelt es nicht nur an einem neutralen Ausdruck für den Gesamtbereich (Anm. 97), sondern auch an konkreten Hinweisen für seine begriffliche Differenzierung. Die psychologische Binsenweisheit, daß ›Intelligenz das ist, was der jeweilige Intelligenztest mißt‹, beweist eben nicht, wie gelegentlich kritisiert wird, die ›offenkundige Zirkularität‹ einer solchen Begriffsbestimmung, sondern nur, wie wenig der unspezifizierte umgangssprachliche Terminus über den Intelligenzcharakter einzelner Leistungen aussagt. Der Ausdruck ›Denken‹ eröffnet hier, vor allem angesichts seiner zahlreichen umgangssprachlichen Ableitungen, bessere Aussichten. Wenn wir uns an die inhaltlich differenzierten ›Bedeutungen‹ halten, die uns die Reflexion auf den Sprachgebrauch oder ein Lexikon an die Hand geben, können wir relativ leicht (wenn auch ohne Anspruch auf Eindeutigkeit und Genauigkeit) drei ›Grundbedeutungen‹ unterscheiden, um die die übrigen zu gruppieren sind: Denken im Sinne von ›Meinen‹ (z. B. ›denken, daß . . .‹), ›Im-Bewußtsein-Haben‹ (›drandenken‹, ›Denkmal‹) oder von ›intelligenter Leistung‹ in einem engeren Sinne (›Denksportaufgabe‹). Ebenso lassen diese Gruppen sich intern differenzieren. Aber man kann leicht sehen, daß man mit diesem ›intuitiven‹ Vorgehen zahllose Ungereimtheiten, Kreuzklassifikationen und begriffliche Lücken heraufbeschwört und (bei konsequenter Beschränkung auf das in der Umgangssprache Gegebene) immer

der erforderlichen Beschränkung auf die qualitativen, von denen der Quantifizierbarkeit und der Lernfähigkeit prinzipiell unabhängigen Aspekte der einzelnen Leistungen. Und der methodische Vorzug des Terminus ›Denken‹ liegt vor allem darin, daß er in der Umgangssprache weitaus verzweigter verwendet wird als relevante andere Ausdrücke (wie etwa ›Geist‹, ›Intelligenz‹ oder gar ›Einsicht‹, ›Verstand‹, ›Vernunft‹, oder ›Begriffsvermögen‹) und sich als Leitfaden für die gesuchte Spezifizierung darum viel eher eignet.

noch zahlreiche relevante Gesichtspunkte nicht erfaßt.[98] Formale grammatische oder logische Unterschiede unserer Rede vom ›Denken‹ (substantivisch, verbal oder adjektivisch; einstellig prädikativ, relational oder vollständige Sätze modal präfigierend; u. a.) können im günstigsten Falle einige, keinesfalls aber alle Lücken der inhaltlichen Differenzierung schließen.[99] Und stilistische Eigentümlichkeiten, die man gelegentlich auch zur Begriffsbestimmung heranziehen wollte,[100] bieten, sofern sie überhaupt für jene Rede charakteristisch sind, sicher keine besseren Aussichten.

Auch der vergleichsweise differenzierte Terminus ›Denken‹ und seine Ableitungen führen also zu keiner verläßlichen Differenzierung von Denkarten. Ja, ihre Abgrenzungen sind durch umgangssprachliche Konnotationen belastet, die den Gesamtbereich in einer unserer Frage nicht angemessenen Weise zu restringieren drohen. Einmal besteht die Tendenz, das ›Denken‹ als etwas *spezifisch Menschliches* zu behandeln und, sollten ähnliche Leistungen auch bei Tieren oder Maschinen auftreten, eher den Denkbegriff weiter einzuschränken als diese Fälle miteinzubeziehen. Zum anderen legt die Umgangssprache das Schwergewicht auf das *›innere‹*, ›äußerlich‹ nicht zu erkennende Denken, grenzt es entsprechend gegen das Handeln im allgemeinen und speziell gegen das sprachliche Handeln ab

98 Auf eine ausführlichere Begründung hierfür und für die weiteren Behauptungen über das theoretische Ungenügen der bisherigen Erschließung unseres Phänomenbereichs muß ich an dieser Stelle verzichten. Die kritische Diskussion von vorliegenden Argumenten in Teil C wird uns jedoch Gelegenheit geben, einige jener Unklarheiten, die für die umgangssprachliche oder wissenschaftliche Rede vom ›Denken‹ charakteristisch sind und der Lösung unseres Problems im Wege stehen, eingehender zu betrachten.

99 Ob sie überhaupt zu Rückschlüssen auf begriffliche Differenzen geeignet sind, ist ohnedies äußerst zweifelhaft. Substantive, Verben und Adjektive bzw. Adverbien können im Denkbereich ebenso wie in anderen Bereichen die verschiedensten Phänomene bezeichnen (siehe schon Anm. 95), und die genannten logischen Formen erweisen sich, wenn ihre weitere Explizierbarkeit nicht grundsätzlich ausgeschlossen wird (was ohne inhaltliche Begründung kaum zu leisten sein dürfte) formal als wechselseitig aufeinander reduzierbar, so daß schon aus diesem Grunde keine begrifflichen Aufschlüsse von ihnen zu erwarten sind. Wie problematisch der Übergang von formalen Beobachtungen zu begrifflichen Aussagen ist, zeigt im übrigen auch die oben (Anm. 93) erwähnte Abgrenzung zwischen ›Leistungs-‹ und ›Vorgangsverben‹, die, von ihrer sachlichen Inadäquatheit abgesehen, lediglich deshalb (wie an den Texten leicht zu zeigen wäre) zu relevanten begrifflichen Differenzierungen führt, weil die Autoren sich *nicht* konsequent an grammatische Merkmale halten.

100 Vgl. etwa die wiederholten Hinweise auf die (angeblich) außergewöhnlich starke Metaphorik unserer Rede vom ›Denken‹ in dem von I. Murdoch, A.C. Lloyd und G. Ryle bestrittenen Symposion über *»Thinking and Language«*, in: Proc. Arist. Soc. Suppl. 25 (1951), 25-82, sowie bei Price 1953, a.a.O. [Anm. 15], 313 und W.J. Ginnane: *Thoughts*, in: Mind 69 (1960), 380 ff.

(›nachdenken‹, ›denke, bevor du sprichst‹), charakterisiert es als ›privates‹ Refugium oder als Grundlage bewußter Täuschung für einen einzelnen (›die Gedanken sind frei‹, ›das Herz denkt anders als der Mund redet‹) oder stellt ihm als etwas *bloß* ›Innerlichem‹ die Lebenswirklichkeit und die Lebenspraxis gegenüber (›Gedankenexperiment‹, ›der bloße Gedanke‹, ›er denkt zuviel‹, usw.). Beides ist unangemessen restriktiv.[101] Wollen wir nicht Gefahr laufen, unsere Frage schon dadurch vorzuentscheiden, müssen wir uns der umgangssprachlichen Rede vom ›Denken‹ eher entgegenstemmen, als uns begrifflich von ihr leiten zu lassen.

Daß der Denkbegriff in der Psychologie, trotz deren jahrzehntelanger Beschäftigung mit den betroffenen Phänomenen, nicht als geklärt gelten kann, ist ihr mit Recht von philosophischer Seite entgegengehalten worden[102] und wird von selbstkritischen Psychologen auch nicht bestritten.[103] Die Gründe sind unschwer zu finden. Unterschätzt wurde nicht nur die Klärungsbedürftigkeit der umgangssprachlichen und der traditionellen psychologischen Termini, an die die ›wissenschaftliche Psychologie‹ anknüpfte, sondern auch die Bedeutung begrifflicher Klärungen im allgemeinen, die man, soweit man sie überhaupt als notwendig anerkannte, ohne Verlust einer anderen Disziplin, sc. der Philosophie, zuschieben zu können glaubte.[104] Der Schritt zur ›Wissenschaftlichkeit‹ beschränkte sich auf die Anwendung experimenteller Methoden und die ›exakte‹ mathematische Auswertung. So kam es zu jener seltsamen Diskrepanz zwischen der Komplexität des quantifizierenden mathematischen Apparats und der

101 Für das erste haben wir das bereits gezeigt (S. 95 f.), für das zweite vgl. unten S. 133 f.

102 G. Ryle: *Denken* [orig. in: Acta Psych. 9, 1953], dt. repr. in: Denken, ed. C.F. Graumann, Köln 1965, 461-466. Freilich enthält Ryles Kritik eine Reihe von Schwächen, die ihre Durchschlagskraft deutlich mindern und sicher mit dazu beigetragen haben, daß die begriffliche Situation in der Psychologie sich auch ein Vierteljahrhundert nach ihr nicht wesentlich anders darstellt. Ryle orientierte sich nur an der vorbehavioristischen, ›introspektiven‹ Denkpsychologie, die für die Wissenschaft insgesamt nicht repräsentativ war (R.A. Littman: *Mr. Ryle on »Thinking«*, in: Acta Psych. 10, 1954, 381-384). Und noch einschneidender ist seine strikte Abtrennung der Begriffsklärungen von empirischen Untersuchungen, die, wie bei allen empirischen Wissenschaften, so auch im Falle der Psychologie deren realem Vorgehen nicht entspricht (G. Humphrey, Acta Psych. 9, 1953, 197 ff.) und auch unserer Frage nicht gerecht würde (vgl. unten S. 171 ff.).

103 Vgl. D.M. Johnson: *The Psychology of Thought and Judgment*, New York 1955, ix. 34; R. Bergius: *Einleitung: Begriffe, Prinzipien, Methoden*, zu: Handb. d. Psych. I/2 (Einl. u. Gesch. d. Lern- u. Denkpsychologie bis z. Gegenwart), ed. R. Bergius, Göttingen 1964, 3; Graumann (ed.), 1965, a.a.O., 459.

104 Vgl. Graumann (ed.), 1965, a.a.O., 47, sowie als Beispiele für das Verfehlen des Sinns von Begriffserklärungen im allgemeinen E. Vinackes (*The Psychology of Thinking*, New York 1952, 1 f. 41 ff.) und R. Meilis (R. Meili/H. Rohracher: *Lehrbuch der experimentellen Psychologie*, Bern[2] 1966, 176 ff.) Ausführungen zu der Frage, »was Denken ist«.

Simplizität oder völligen inhaltlichen Unbestimmtheit der quantifizierten Parameter, die auch für andere Bereiche der Sozialwissenschaften charakteristisch ist und den Wert ihrer Ergebnisse stark beeinträchtigt. Was unter ›Denken‹ (oder ›Intelligenz‹) verstanden wird, bestimmt sich aus allgemeinen methodischen Vorgaben (›Introspektion‹ oder Verhaltensbeobachtung unter Einschluß neurologischer Tatbestände) sowie aus speziellen Zielsetzungen und praktischen experimentellen Möglichkeiten. Nur wenige, unsystematisch gegeneinander abgegrenzte Arten des Denkens sind damit ins Blickfeld gerückt und eine wirklich bedeutende Rolle spielen nur zwei: ›*Begriffsbildung*‹ und ›*Problemlösen*‹, wobei die erste sich noch einmal als Spezialfall der zweiten auffassen läßt. Dieser Einschränkung steht zwar die Tendenz gegenüber, das ›Problemlösen‹ zum Grundtypus des Denkens überhaupt zu machen. Doch zeigt eine kritische Überprüfung der empirischen Untersuchungen und theoretischen Äußerungen nicht nur, daß es sich hier im günstigsten Falle um eine spezielle Form der intelligenten Leistung handeln kann, sondern zudem, daß ihre definierenden Merkmale nur zum Teil für den Denkbereich charakteristisch sind und die Leistungen selbst nicht hinreichend spezifizieren.[105]

Auch in der PHILOSOPHIE ist der Denkbegriff teils zu vage, teils zu sehr durch spezielle Interessen eingeschränkt[106]. Wo er nicht mehr bedeutet als ›philosophieren‹ im allgemeinen (›das Denken Platos‹), bleibt er inhaltlich unspezifiziert und somit abhängig von den Werken einzelner ›Denker‹, die die verschiedensten Leistungen involvieren. Hat er dagegen einen

105 Definitorisch für das ›PROBLEMLÖSEN‹ im psychologischen Sinne ist ein mehr oder weniger spezifiziertes *Ziel*, zu dessen Erreichung von einem bestimmten Ausgangszustand der Denkende *motiviert* ist, das er aber *nicht ohne weiteres* erreichen kann. Diese drei Merkmale jedenfalls nennen die meisten Autoren, u. a. K. Duncker (*Zur Psychologie des produktiven Denkens*, Berlin 1935, 1), E. Vinacke (1952, a.a.O., 160; ²1974, 249 f.), D.M. Johnson (1955, a.a.O., 63; *Systematic Introduction to the Psychology of Thinking*, New York 1972, 133 f.), F. Süllwold (*Bedingungen und Gesetzmäßigkeiten des Problemlösungsverhaltens* [orig. in: Ber. Kgr. Dt. Ges. Psych. 22, 1959], repr. in: Graumann (ed.) 1965, a.a.O., 273, F. Dorsch: *Psychologisches Wörterbuch*, Hamburg ⁸1970, 320), sowie L.E. Bourne et al. (*The Psychology of Thinking*, Englewood Cliffs 1971, 9R. 41L. 117R). Weder die Zielgerichtetheit noch gar die Motiviertheit des Ausführenden können jedoch als spezifisch für den Denkbegriff gelten, so daß es nicht überrascht, daß bei gewissen Autoren (vgl. das Referat bei D.E. Berlyne: *Structure and Direction in Thinking*, New York 1965, 281-283) das erste Merkmal, bei anderen wieder das zweite fehlt (D.W. Taylor: *Thinking and Problem Solving*, in: Enc. Brit. 1962, XXII, 133L; W.D. Reitman: *Cognition and Thought*, New York 1965, 126; F. Klix: *Information und Verhalten*, Bern 1971, 640). Nur das dritte Merkmal macht die Rede von einem ›Problem‹, das denkend gelöst werden muß, verständlich, und auch hier gibt es entscheidende theoretische Lücken. Einmal wird nur die Phase des *Findens* eines geeigneten Weges zum Ziel ins Auge gefaßt, nicht die (möglicherweise ebenso intelligente) *Durchführung*. Sodann kann das Bestehen eines ›Problems‹ allein die *Intelligenz* der Lösung nicht garantieren (sie könnte zufällig oder mechanisch sein).

bestimmten Sinn, so ist dieser nur an speziellen philosophischen Unterscheidungen ausgerichtet, nicht am allgemeinen Problem der begrifflichen Differenzierung des Phänomenbereichs. Zwei Gesichtspunkte haben dabei eine Rolle gespielt: die erkenntnistheoretische Gegenüberstellung von *Meinung und Wirklichkeit* (›Denken und Sein‹) und die Differenzierung verschiedener *logischer Formen* (›Denkformen‹), in denen sich die Erkenntnis des ›Wirklichen‹ konstituiert. Beidemal wird unter ›Denken‹ eine spezielle Denkart verstanden, die in der Neuzeit dadurch noch weiter beschränkt wurde, daß man die allgemeine erkenntnistheoretische Unterscheidung nach dem Schema von ›Innerem‹ und ›Äußerem‹ oder, noch spezieller, nach dem von erkennendem ›Subjekt‹ und erkanntem ›Objekt‹ interpretierte und den gesamten Bereich des Denkens, einschließlich der in ihm enthaltenen logischen Form, in die ›Innerlichkeit‹ verlegte, während die ›äußeren‹ Aspekte, speziell die sprachlichen, weitgehend unter den Tisch fielen. Es ist ersichtlich, daß man mit solchen Restriktionen nicht zu einer umfassenden Differenzierung kommen konnte und auch die unmittelbar betroffenen Denkarten inadäquat behandeln mußte.[107] Der philosophische Behaviorismus, der in den letzten Jahrzehnten an ihre Stelle trat, brachte zwar einige notwendige Korrekturen, aber die wesentlichen begrifflichen Schwierigkeiten blieben auch weiterhin (bislang) ungelöst, ja, die traditionellen Einseitigkeiten wurden, da man der falschen Entgegensetzung von ›Innen‹ und ›Außen‹ verhaftet blieb, nur durch neue Einseitigkeiten ersetzt.[108] Von einer angemessenen Differenzierung unseres Phänomenbereichs sind wir weiter entfernt denn je.[109]

Und vor allem bleiben die *Leistungen*, die dafür zu erbringen sind und die eigentlich das ausmachen, was wir als ›Denken‹ bezeichnen, immer noch völlig unspezifiziert. Sie müssen für jeden Einzelfall neu bestimmt werden, wobei deutlich ist, daß der allgemeine Titel ›Problemlösen‹ die verschiedensten Arten des Denkens umfaßt. So unspezifiziert er in dieser Hinsicht aber auch ist, er schließt noch immer zahllose Leistungen aus, die ohne Frage zum ›Denken‹ gehören (Aussagenmachen und Meditieren z. B.), sich aber nicht nach dem obigen Schema interpretieren lassen.

106 Vgl. hierzu den begriffsgeschichtlichen Überblick von C. v. Bormann, R. Kuhlen und L. Oeing-Hanhoff im *Histor. Wörterb. d. Philos.*, ed. J. Ritter, Bd. II, Darmstadt 1972, 60-102.

107 Daß selbst ein so umfangreicher und differenzierter Versuch wie der von Husserl, das sprachliche ›Meinen‹ und die in der Sprache enthaltenen ›logischen Formen‹ im Rahmen des traditionellen Schemas zu explizieren, nicht zum Erfolg führt, hat E. Tugendhat nachgewiesen (*Phänomenologie und Sprachanalyse*, in: Hermeneutik und Dialektik, edd. R. Bubner / K. Cramer / R. Wiehl, Tübingen 1970, Bd. II, 3-23; Tugendhat 1976, a.a.O. [Anm. 80], Vorl. 9-10).

108 Diese Feststellung werden wir unten begründen (vgl. S. 126 f.).

109 Der Vorwurf Ryles gegenüber der Denkpsychologie (Anm. 102) trifft die Philosophie in gleicher Weise: die ältere, die die Psychologie in ihrer ›vorwissenschaftlichen‹ Phase mit umfaßte, ohnehin, aber auch die neuere, in der begriffliche Untersuchungen über das Denken weitgehend fehlen. Ryle selbst, der sich mit ihm vor allem in einer Reihe von Aufsätzen auseinandergesetzt hat (zum überwiegenden

Mehr als die speziell auf das *Denken* bezogenen Unterscheidungen nützen uns hier die logischen und semantischen Unterscheidungen, die uns die philosophische *Sprach*analyse, namentlich seit dem ›linguistic turn‹ zu Anfang dieses Jahrhunderts, an die Hand gibt. Sie lassen sich als den ersten Schritt einer versuchten Klärung des Denkbegriffs im methodischen Ausgang von der Sprache verstehen, also als Teil jener vierten Beweisstrategie, der wir oben schon einen formalen Vorzug gegeben hatten (S. 94 f.). Was für ihn selbst erfordert ist und welche Schritte sich an ihn anschließen müssen, werden wir unten genauer bestimmen (S. 149 ff.). Feststeht jedenfalls, daß *rein sprachliche* Unterscheidungen für eine korrespondierende Differenzierung des *Denk*begriffs noch nicht hinreichen und die uns vorliegenden logischen und semantischen Abgrenzungen, die in der sprachlichen Ebene verharren, *als solche* unsere begrifflichen Schwierigkeiten nicht lösen.

Die Bereitstellung eines Begriffssystems, das den mit dem unspezifizierten Terminus ›Denken‹ angesprochenen Phänomenbereich angemessen erschließt, ist die bedeutendste Schwierigkeit auf dem Wege zu einer definitiven Entscheidung unserer Frage. Wir können sie im Rahmen dieser Arbeit nicht beseitigen und stoßen damit an eine erste, absolute Grenze dessen, was wir zur Klärung des Problems von Sprache und Denken beitragen können. Auch diese negative Feststellung ist aber nicht bedeutungslos. Sie ermöglicht es, vorliegende Argumente darauf zu prüfen, ob ihre (scheinbare) Überzeugungskraft nur auf der Unspezifiziertheit des zugrundegelegten Denkbegriffs oder der unreflektierten Übernahme umgangssprachlicher oder traditioneller wissenschaftlicher Restriktionen beruht. Und sie verschafft uns Klarheit darüber, auf welcher theoretischen Stufe wir uns im Folgenden zu bewegen haben: entweder wir beschränken uns auf *formale* Aspekte der Abhängigkeitsthese, die von der Spezifizierung ihrer Termini nicht betroffen sind,[110] oder wir operieren mit Denk-(oder

Teil gesammelt in den *Collected Papers,* vol. II, Oxford 1971; vgl. ferner *Some Problems about Thinking;* in: Mind, Science, and History, edd. H.E. Kiefer / M.K. Munitz, Albany 1970, 39-52 und Ryle 1949, a.a.O. [Anm. 93], 31 ff. 385 ff.), bildet eine der wenigen Ausnahmen. Doch hat er sich selbst – ohne Anspruch auf angemessene, vorgängige Differenzierungen des Gesamtbereichs – auf bestimmte Aspekte des Denkens beschränkt und seine Aufsätze sind zugleich ein Beispiel für die soeben verworfene einseitig behavioristische Position.

110 Für den Sprachbegriff steht ein entsprechender Nachweis noch aus. Doch werden wir später sehen, daß wir auch hier vorerst keine definitive Klärung erwarten können und daß die Differenzierung des Sprachbegriffs an bestimmten Stellen formal auf die des Denkbegriffes zurückweist.

Sprach-)Begriffen, die wir nur *›intuitiv‹*[111] verstehen oder uns *vorläufig* aus den Wissenschaften vorgeben lassen, nicht im Interesse einer systematischen Ausgrenzung einzelner Teile, sondern um *Beispiele* zu gewinnen, an denen wir unsere Frage (vorläufig) konkretisieren und die in systematischer Hinsicht entscheidenden Abgrenzungsgesichtspunkte entwickeln können.

Welche Beispiele sollen wir wählen? Herder und Humboldt haben sich, was das Denken angeht, auf die ›begrifflichen‹ Fähigkeiten und die Fähigkeiten zur ›Verknüpfung‹ von ›Begriffen‹ zu komplexeren ›Gedanken‹ konzentriert (S. 29, S. 57 f.), eine Auswahl, die natürlich nicht zufällig ist, sondern dem traditionellen philosophischen Interesse an diesen (wie unterstellt wird) fundamentalen Formen des menschlichen Denkens entspringt. Dieses Interesse besteht noch immer und dient auch uns sinnvollerweise als thematischer Orientierungspunkt. Herder und Humboldts Bestimmungen können wir dabei sinngemäß, wenngleich unter weiterer Konzentration, durch begrifflich klarere und präzisere Unterscheidungen aus der neueren philosophischen Sprachanalyse ersetzen.[112] Unter ›begrifflichem Denken‹ (im engeren Sinne) soll die Ausbildung bzw. Anwendung von Fähigkeiten der *qualitativen Identifikation*[113] verstanden werden, wobei wir uns hier auf einfache sinnliche Qualitäten beschränken. Bei der

111 Ich verwende den Ausdruck ›Intuitiv‹ (hier wie im Folgenden) in dem *unspezifischen* Sinne, der in der neueren Literatur gebräuchlich ist und das nicht theoretisch begründete oder auch nur explizierte ›Vor-Wissen‹ eines einzelnen Menschen bezeichnet. Der polemische Unterton, der sich mit ihm verbindet, dient als Hinweis auf die bestehende Unklarheit über die Grundlagen dieses ›Wissens‹. Da er in dieser Verwendung jedoch nicht wörtlich gebraucht wird, soll er (zur Abwehr entsprechender Mißverständnisse) stets in Anführungszeichen gesetzt werden.

112 Wir bedienen uns dieser *an Hand* einer Analyse sprachlicher Sätze gewonnenen Unterscheidungen natürlich nur im erwähnten methodischen Sinne (S. 94 f.), ohne ihre *spezifische* oder *notwendige* Sprachlichkeit zu implizieren. Die ›neutralen‹ Formulierungen suchen im Folgenden dieser Sachlage Rechnung zu tragen.

113 Die Ausdrücke ›Identifizieren‹ und ›Identifizierung‹ bzw. ›Identifikation‹ werden in einem *weiten* Sinne verwendet, der zwar auch die Bedeutung von ›eines-unter-unbestimmt-vielen-anderen-herausgreifen‹ hat, aber nicht nur die Wahl zwischen partikulären Gegenständen, sondern (u. a.) auch die zwischen qualitativen Unterscheidungskriterien betrifft. Diese ist prinzipiell unabhängig vom gleichzeitigen Bezug auf numerisch identifizierte Gegenstände; es genügt z. B. die qualitativ differenzierte Reaktion auf verschiedene Reizmuster. Doch kann es sich auch um die Wahl zwischen mehreren Klassifikationsgesichtspunkten von bzw. Identifikationsgesichtspunkten für partikuläre Gegenstände handeln, die in sich (wie wir festgestellt hatten, S. 97, Anm. 80) nicht ohne qualitative Kriterien identifizierbar sind.

›Begriffsverknüpfung‹ konzentrieren wir uns auf solche mit *›prädikativer Struktur‹*, d. h. die Beziehung einer sinnlichen Qualität auf einen qualitativ und numerisch identifizierten raumzeitlichen Gegenstand als dessen (reale oder irreale) ›Eigenschaft‹. Und von ›Gedanken‹ reden wir dann, wenn die prädikative Verknüpfung in einer bestimmten Weise ›modalisiert‹ ist, worunter wir vor allem das gleichzeitige Erheben eines *›Realitäts-‹* oder *›Wahrheitsanspruchs‹* bezüglich des ›Eigenschaftseins‹ der betroffenen Qualität verstehen wollen.[114] Alle diese Bestimmungen sind zwar klarer als die Herderschen oder Humboldtschen, gründen sich aber nach wie vor nur auf das ›intuitive‹ Vorverständnis, das eine angemessene theoretische Ausgrenzung einzelner Teile innerhalb des Gesamtbereichs der Denkphänomene nicht beanspruchen kann. Was es im einzelnen *heißt*, qualitativ und numerisch zu identifizieren, Eigenschaften zu prädizieren oder Wahrheitsansprüche zu erheben und einzulösen bzw. zu verwerfen, bleibt hier ebenso offen, wie die Frage, ob und welche verschiedenen *Leistungen* daran jeweils beteiligt sind und in welchen Teilberei-

114 Als Bezeichnung für das, was sprachlich durch einen ›Satz‹, speziell einen ›Aussagesatz‹, ›zum Ausdruck gebracht‹ wird, unterscheidet sich diese Verwendung des Ausdrucks ›GEDANKE‹ von der Freges, der ihn auf den Satzinhalt *abzüglich* seines Modus bezieht (G. Frege: *Der Gedanke. Eine logische Untersuchung*, [orig. in: Beitr. z. Phil. d. dt. Ideal. 1, 1918-19], repr. in: (ders.:) Logische Untersuchungen, ed. G. Patzig, Göttingen 1966, 34 f.). Hierfür verwenden wir *generell* den in der neueren Literatur gebräuchlichen Terminus ›PROPOSITION‹, *speziell* den Terminus ›SACHVERHALT‹, wenn es sich um eine behauptete, aber noch unverifizierte Gegebenheit in Raum und Zeit handelt, ›TATSACHE‹, wenn diese sich zudem bereits als real erwiesen hat. Bei dem primär ins Auge gefaßten Modus ist ›WAHRHEITSANSPRUCH‹ der generelle Ausdruck, während der Ausdruck ›REALITÄTSANSPRUCH‹, seinen umgangssprachlichen Konnotationen entsprechend, auf Wahrheitsansprüche von Sachverhalten beschränkt werden kann. Gedanken mit dem (positiven) Modus des Wahrheitsanspruchs sollen ›BEHAUPTUNGEN‹ heißen. Sie haben insofern eine ausgezeichnete Stellung, als die überwiegende Mehrzahl der anders modalisierten Gedanken sich formal als (höherstufige) Modalisierungen von Behauptungen rekonstruieren läßt: ›verneint‹, ›gefragt‹, ›bezweifelt‹, ›gewünscht‹, ›geboten‹ oder ›als schön bezeichnet‹ wird jeweils, *daß es wahr ist*, daß dies oder jenes der Fall ist (vgl. Tugendhat 1976, a.a.O. [Anm. 80], 507). Eine Ausnahme bilden allenfalls solche Modi, bei denen ein realer oder gedachter Gegenstand spielerisch oder versuchsweise mit einer Eigenschaft belegt wird (vgl. das »Fassen« eines ›Gedankens‹ bei Frege); doch wäre auch hier – möglicherweise – ein impliziter Bezug zum Behaupten herzustellen, indem man erklärt, ›durchgespielt‹ (o. ä.) werde nur, wie es aussähe, *wenn* dies oder jenes *wahr wäre*. Aber selbst wenn wir behauptungsunabhängige Bezugnahmen auf Propositionen generell ausschließen könnten, würde das an der Notwendigkeit einer begrifflichen Trennung von ›Wahrheitsanspruch‹ und ›Proposition‹ nichts ändern.

chen sie außerdem auftreten. Wir beziehen uns nicht auf eine bestimmte Art des Denkens, die wir in unsere These einsetzen und definitiv auf ihre Sprachabhängigkeit hin untersuchen können, sondern auf eine ›intuitiv‹ identifizierte Gruppe von Beispielen, die unser spezielles Interesse besitzt.

2. Unerwünscht weite und unzulässig enge Fassungen des Denkbegriffs

Wie aber können wir dann noch sicher sein, daß es sich hier tatsächlich um Phänomene des ›Denkens‹ handelt? Auch der Gesamtbereich, innerhalb dessen wir unsere Beispiele lokalisieren, muß ›intuitiv‹ bestimmt werden, wobei sich zwangsläufig Unschärfen und Unklarheiten ergeben. So ist es ›intuitiv‹ zwar einleuchtend, *daß* wir im Bereich der Erfahrung und der Imagination zwischen dem sinnlichen bzw. imaginativ ›Gegebenen‹ und seiner ›gedanklichen Organisation‹ unterscheiden müssen (S. 90), aber *wie* das genau zu erfolgen hat, ist dadurch nicht bestimmt. Noch problematischer ist die Abgrenzung ›intelligenter‹ von ›mechanischen‹ Leistungen, die sich äußerlich nicht von ihnen unterscheiden. Was sich bei Kleinkindern oder Debilen als Zeichen ›erwachender Intelligenz‹ darstellt, hat bei ›bewußt-‹ oder ›willenlos‹ operierenden, routinierten Erwachsenen diese Bedeutung verloren, ohne daß Willentlichkeit und Bewußtheit deshalb notwendige oder hinreichende Bedingungen *aller* intelligenten Leistungen wären. Ob der Denkbereich *überhaupt* durch gemeinsame Merkmale aller in ihn fallenden Phänomene definiert werden kann, ist, so wahrscheinlich diese Voraussetzung auch für den umgangssprachlichen Denkbegriff sein mag, zweifelhaft, macht eine Definition aber nicht unmöglich und entbindet uns nicht von der Pflicht zu genauerer Abgrenzung.[115] Auch hier liegt eine der

115 In der philosophischen ebenso wie in der psychologischen Literatur ist die notorische Vieldeutigkeit des Wortes ›Denken‹ oft als Beweis für das Fehlen eines gemeinsamen Sinnes verstanden worden. Ob es sich tatsächlich so verhält, steht dahin. Aber auch wenn es so wäre, würde das nicht bedeuten, daß der Denkbegriff zwangsläufig vage bleibt. Er könnte (was freilich weniger wahrscheinlich ist) durch eine abgeschlossene Liste einzelner Leistungen definiert sein. Oder er könnte (was eher denkbar erscheint) sich formal als einer jener Begriffe erweisen, die H. Putnam (*The Analytic and the Synthetic*, in: Minn. St. in the Philos. of Science III, 1962,

Grenzen, die wir in dieser Arbeit nicht überschreiten können. Die theoretische Lücke ist freilich weniger kritisch: sollten unsere Beispiele unbemerkt den Bereich des Denkens verlassen, wären sie zwar für unsere Frage *irrelevant*, aber nicht *hinderlich* und nur dann eine echte Gefahr, wenn wir uns über die Spezifizierungsbedürftigkeit unserer Rede vom ›Denken‹ im unklaren wären, was nach dem Obigen aber ausscheidet.

Wichtiger als das Problem der zu *weiten* Fassung des Denkbegriffs ist das Problem seiner zu starken *Beschränkung*. Einige relevante Fälle haben wir schon erwähnt (S. 109 ff.), einige weitere, systematisch besonders bedeutsame, müssen wir noch herausheben. Willentlichkeit und Bewußtheit sind, wie gesagt, keine notwendigen Bedingungen des Denkens, d. h. wir haben auch unbewußte und unwillentliche Denkleistungen in Rechnung zu stellen. Um uns ihrer möglichen *Unbewußtheit* zu versichern, brauchen wir nicht die Tiefenpsychologie zu bemühen, denn es gibt näherliegende Beispiele. Dispositionelle Fähigkeiten (S. 105 ff.) sind ihren ›Trägern‹ gewöhnlich nicht als solche bewußt. Wer ›nur an sich denkt‹, ›nichts Böses denkt‹, oder ›denkt, er müsse sich permanent profilieren‹, befindet sich ebenfalls nicht in einem dafür charakteristischen Bewußtseinszustand (einen solchen gibt es wohl überhaupt nicht), sondern in einem Zustand, der ihn nur unter bestimmten Bedingungen in einer bestimmten, ihm selbst gewöhnlich bewußten Weise aktuell denken und handeln läßt. Und die Tatsache, daß wir Tieren oder Maschinen intelligente Leistungen grundsätzlich zugestehen (S. 96), kann uns natürlich nicht zum Zugeständnis auch von Bewußtsein verpflichten.

Ebendies gilt für die *Willentlichkeit*. Tiere oder Maschinen ›wollen‹ ihre Leistungen offenbar nicht. Wer ›an die ferne Geliebte denkt‹, tut dies, auch wenn er sich seines Zustands sehr wohl bewußt ist, sicher nicht immer willentlich, obgleich sein Wille daran beteiligt sein kann, daß er in diesem Zustand längere Zeit verharrt. Dispositionen mögen mit Willen herbeigeführt worden sein, aber ihr Fortbestehen wird schwerlich von ihren ›Trägern‹ ›gewollt‹. Und wenn uns ›ein guter Gedanken kommt‹, oder ›ein

378 ff.) als »cluster concepts« bezeichnet hat und die sich von anderen durch die unbestimmt große Anzahl relevanter Merkmale unterscheiden, von denen keines notwendig und kaum eines für sich hinreichend ist, die aber in verschiedenen Kombinationen – möglicherweise mit je unterschiedlichem individuellem Gewicht – als Kriterien fungieren.

jäher Gedanke durchzuckt‹, ist Willentlichkeit per definitionem ausgeschlossen. Der Verzicht auf das Willenskriterium bedeutet, daß Denkleistungen keine ›*Handlungen*‹ sein müssen, also a fortiori auch keine ›*Zweckhandlungen*‹.[116] So wenig aber bestehende Willentlichkeit als solche kausale Undeterminiertheit des Handelns beweist,[117] so wenig beweist ihr Fehlen seine kausale Determiniertheit. *Beide* Erklärungsmöglichkeiten stehen uns offen. Wir können, je nach den vorliegenden Evidenzen, *entweder* auf die Prinzipien des psychologischen Assoziationismus zurückgreifen und (z. B.) die Tatsache, daß ein Mensch die geforderten Teilzustände eines bestimmten Denkprozesses vollständig und in der richtigen Reihenfolge durchlaufen kann, darauf zurückführen, daß sie bei ihm eine angeborene oder erlernte Kausalkette bilden. *Oder* wir können dies Faktum so erklären, daß wir ein ›Wissen‹ um die geforderte Abfolge unterstellen, sowie den allgemeinen und dann für jede Teilleistung einzeln aktivierten Wunsch, sie zu

116 Ich gehe davon aus, daß HANDLUNGEN durch die ›Willentlichkeit‹ der erbrachten Leistungen zu definieren sind und daß ›Willentlichkeit‹ sich als ›Erwünschtheit von seiten des Trägers‹ explizieren läßt. ›x handelt in der Art F‹ hieße dann (auf einer elementarsten Stufe) etwa soviel wie: ›x wünscht, daß x sich im Zustand oder Prozeß F befindet, x befindet sich in einem solchen Zustand oder Prozeß und x's Wunsch ist für das Eintreten dieses Zustands oder Prozesses verantwortlich‹, wobei dieses ›Verantwortlichsein‹ vorläufig als kausales Verursachen interpretiert werden kann. Eine ZWECKHANDLUNG läge vor, wenn x ein von jenem Zustand oder Prozeß unterschiedenes Ereignis (eines beliebigen Typs) wünscht und in der Art F handelt, weil x glaubt, daß eine Handlung dieser Art das gewünschte Ereignis (kausal oder anders) herbeiführt. Handlungen aller Typen sind von anderen Leistungen demnach durch die spezielle ›Beteiligung‹ ihres ›Trägers‹ unterschieden. Wenn wir unter ›VERHALTEN‹ Leistungen materieller ›Träger‹ verstehen, die sich ausschließlich als ›äußere‹ physische Zustände oder Prozesse (vor allem: Körperbewegungen) identifizieren lassen, ergibt sich daraus für beide Termini ein Verhältnis partieller Überschneidung und Ausschließung: Handeln kann eine spezielle Art des Verhaltens sein, muß es aber nicht notwendig, sc. wenn ›innere‹ Leistungen involviert sind, und entsprechend kann es Verhalten mit und ohne Handlungscharakter geben.

Es ist offenkundig, daß eine Konzeption, in der ›Handlungen‹ durch leistungsverursachende ›Wünsche‹ (natürlich nicht ›Willens*akte*‹!) definiert werden, voraussetzt, daß Einwände, wie sie etwa von G. Ryle (1949, a.a.O. [Anm. 93], 78 ff.) erhoben wurden, nicht stichhaltig sind, ohne daß dies an dieser Stelle im einzelnen nachgewiesen werden könnte. Für eine Rechtfertigung der Funktion von Wünschen als Ursachen in elementaren oder komplexeren Handlungen vgl. A.I. Goldmann: *A Theory of Human Action*, Englewood Cliffs 1970, 75 ff.

117 Der Wunsch, der für eine Leistung verantwortlich ist, könnte ja selbst kausale Folge externer oder interner Ursachen seines ›Trägers‹ sein.

erfüllen – eine Erklärung, die uns zugleich die Möglichkeit gäbe, faktisches Nichterfüllen nicht nur auf intervenierende kausale (Stör-)Einflüsse, sondern zugleich auf willkürliches Abweichen, Abbrechen oder Neubeginnen von seiten des Menschen zurückzuführen.

Aus dem Verzicht auf Willentlichkeit und Bewußtheit ergibt sich zugleich die Irrelevanz des Kriteriums der ›Regelgeleitetheit‹ für den Intelligenzcharakter von Leistungen, zumindest dann, wenn wir die Abgrenzung gegenüber den bloßen ›Regularitäten‹ in der Weise vornehmen, daß der ›Träger‹ die definitorischen qualitativen Leistungsstandards nicht nur *faktisch erfüllt*, sondern sie auch *als solche ›kennt‹* und *in dem ›Bemühen‹ handelt*, ihnen gerecht zu werden.[118] Faßt man die hier geforderte ›Kenntnis‹ als

118 Diese Abgrenzung dürfte dem ›intuitiven‹ Vorverständnis entsprechen und differenziert genug sein, um alle wesentlichen an sie zu stellenden Aufgaben zu erfüllen: die Unterscheidung zwischen einer versuchten, aber faktisch erfolglosen Regelerfüllung (eines technisch nicht ausgereiften Klavierspielers etwa, oder eines Eisläufers bei einer verpatzten Pflicht), einer bewußten Regelverletzung (eines Verkehrssünders) und einem einfachen Abweichen ohne Regelbezug (eines Kindes, das unwissentlich die gesellschaftliche Etikette verletzt), sowie die Abgrenzung regelgeleiteten Verhaltens, wie es bei Menschen zu finden ist, von beliebigen zufälligen oder naturgesetzlichen Regularitäten, angeborenen Regularitäten von Lebewesen (Wintervorsorge beim Eichhörnchen, ›informierendes‹ Tanzen bei Bienen) oder erlernten, regelhaft ablaufenden Verhaltenssequenzen (Pawlows Hund, Skinners Ratten).

Gleichwohl sind die genannten Kriterien bislang in ihrer grundlegenden Bedeutung kaum erkannt bzw. anerkannt worden. Standard-Erfüllung, Standard-Kenntnis und Folge-Bemühen finden sich in der neueren Literatur zum Regelbegriff explizit m. W. nur bei J.S. Ganz (*Rules. A Systematic Study,* Den Haag 1971, 29 ff.), andeutungsweise auch noch bei H.L.A. Hart (*The Concept of Law,* Oxford 1961, 54 ff.) und W. Sellars (*Language as Thought and as Communication,* in: Phil. and Phen. Res. 29, 1968-69, 506 ff.), während sie sich im übrigen, bestenfalls, als ein ›bona fide‹ zu unterstellendes Implikat anderer Erklärungen aufweisen lassen (vgl. M. Black: *The Analysis of Rules,* in: [ders.:] Models and Metaphors, Ithaca 1962, 108, sowie die Beiträge von R. Keller und G. Öhlschläger in: *Der Regelbegriff in der praktischen Semantik,* ed. H.J. Heringer, Frankfurt 1974, 14 f. bzw. 103 f.). Häufiger ist die Bestimmung des Regelbegriffs mit Hilfe von epiphänomenalen oder nur für spezielle Formen der menschlichen Regelverwendung gültigen Merkmalen, wie etwa: mögliche Rede von ›Fehlern‹, Kritisierbarkeit, speziell durch soziale Partner, oder Rechtfertigungsmöglichkeit unter Berufung auf Regeln (Hart 1961, a.a.O.; N. Garver: Artikel *Rules* in: Enc. of Phil., ed. P. Edwards, New York 1967, vol. VII,231 ff.; U. Steinvorth: Artikel *Regel* in: Hdb. phil. Grdbegr., edd. H. Krings / H.M. Baumgartner / C. Wild, München 1973, 1212 ff.; Keller 1974, a.a.O., 12 f.; Öhlschläger 1974, a.a.O., 94. 103), oder die Differenzierung von Regel-Typen ohne vorherige Klärung des allgemeinen Regelbegriffs (J. Rawls: *Two Concepts of Rules,* in: Phil.

›*Wissen*‹ im engsten Sinne, so dürfte bereits das Faktum der möglichen Unbewußtheit für einen solchen Nachweis genügen. Doch läßt sich mit Grund bezweifeln, daß man so restriktiv interpretieren muß. Dispositionelles Wissen, das sich jeweils im bewußten Bezug auf den qualitativen Standard manifestiert, sollte auf jeden Fall einzubeziehen sein und ein Verzicht auch auf die aktuelle Bewußtheit wäre zumindest denkbar. Daß man im letzteren Falle weiterhin sinnvoll von ›Wissen‹ reden kann, scheint zwar mehr als fraglich.[119] Aber es wäre denkbar, die für die Abgrenzung gegenüber den einfachen Regularitäten erforderte ›Regelkenntnis‹ ohne bewußten Bezug auf den Standard zu konstruieren, etwa nach dem Modell des geschlossenen Regelkreises, wie er im Kühlschrank oder in automatischen Navigationssy-

Rev. 64, 1955, 19 ff.; J.R. Searle: *Sprechakte* [orig. Cambridge 1969], Frankfurt 1971, Kap. 2.5). Diese Situation, die in seltsamem Kontrast zu der Häufigkeit der Inanspruchnahme gerade dieses Begriffes steht, dürfte freilich kein Zufall sein. Sie entspringt vielmehr, wo nicht der schlichten Unreflektiertheit gegenüber den eigenen theoretischen Grundlagen, der philosophischen Skepsis gegenüber ›dem Allgemeinen‹ als etwas (scheinbar, vgl. Anm. 80) weniger Elementarem und seiner Funktion als ›intentionaler‹ (und damit – scheinbar – notwendig mentaler) Richtpunkt des Handelns, wie sie sich z. B. in den Äußerungen des späteren Wittgenstein zum Begriff der ›Regel‹ manifestiert. Daß diese Skepsis nicht zu Recht besteht und daß vor allem die mit ihr verbundenen positiven Alternativen wegen ihrer immensen internen Schwierigkeiten und ihrer Unfähigkeit zur Erklärung der obigen Unterscheidungen ausscheiden, ließe sich in einer genaueren Analyse der relevanten Texte (etwa von Wittgenstein) unschwer nachweisen, würde jedoch den gegenwärtigen Rahmen sprengen.

119 In der neueren Literatur sind es bekanntlich vor allem N. Chomsky und die von ihm beeinflußte ›mentalistische‹ Sprachwissenschaft gewesen, die mit Bezug auf die Meisterung von grammatischen, speziell syntaktischen, ›Regeln‹ beim Spracherwerb und beim Sprechen die Annahme eines nicht ausdrücklichen, bewußtseinsunabhängigen ›Wissens‹ plausibel zu machen versuchten. Doch ist es gerade bei ›ausdrucksseitigen‹ (syntaktischen, morphologischen oder phonologischen) Merkmalen keineswegs selbstverständlich, daß man beim Sprecher Kenntnis des *Regelstandards* voraussetzen muß statt nur einfache dispositionelle Fähigkeiten zur Hervorbringung der betreffenden *Regularitäten,* und auch wenn man es muß, bleibt die ›*Wissens*‹-Zuschreibung fraglich. Freilich legt sich im Englischen eine unkontrollierte Ausweitung des Wissensbegriffes nahe, weil ein einziger Terminus (›know‹) den gesamten bewußten wie unbewußten Bereich nicht nur des propositionalen Wissens (›know that‹) und des Vertrautseins mit Gegenständen oder Qualitäten (›know someone‹, ›know some kind‹) abdeckt, sondern auch den des gewöhnlichen Fähigseins zu regulärem Verhalten (›know how‹). Alles hat so den Anschein bloßer Spezifizierung innerhalb einer umfassenden Gattung, läßt sich bei kritischer Überprüfung aber auch relativ leicht wieder auf seinen sachlichen Kern reduzieren. Chomsky, der später selbst einen Kunstausdruck (›cognize‹) an die Stelle der

stemen zu finden ist.[120] Willentliches ›Bemühen‹ um die Erfüllung des Standards wäre dann freilich ebenfalls ausgeschlossen, so daß – völlig im Einklang mit unserem ›intuitiven‹ Vorverständnis – von einem ›regelgeleiteten‹ Vorgehen nicht mehr die Rede sein kann. Spätestens der Verzicht auf das Willenskriterium zeigt also, daß der Denkbegriff nicht an den Begriff der ›Regelgeleitetheit‹ gebunden ist.

›Denken‹ in unserem Sinne ist eine ereignishafte Leistung einzelner oder mehrerer ›Träger‹. Umgangssprachlich aber bezieht sich die Rede vom ›Denken‹ nicht nur auf *Leistungen*, sondern auch auf *Objekte*, wie sie der Denkende bei seiner Leistung verwendet (individuelle ›Gedanken‹ z. B.) oder wie er sie als ihr

mißverständlichen Rede vom ›Wissen‹ gesetzt hat (Chomsky 1975, a.a.O. [S. 44, Anm. 28], 194 ff.), ist darum *formal* im Recht, wenn er die traditionelle Zweiteilung Ryles zwischen ›knowing how‹ und ›knowing that‹, auf die seine philosophischen Kritiker ihn festzulegen versuchten, als erschöpfende Alternativen für sich ablehnt (z. B. in: *Language and Philosophy*, ed. S. Hook, New York 1969, 86 ff.). Sein Problem ist, daß er die anvisierte besondere Art der Regelkenntnis *inhaltlich* unspezifiziert läßt und daß vorhandene Präzisierungsvorschläge (J.A. Fodor, in: J. of Phil. 65, 1968; Graves, Katz et al., in: J. of Phil. 70, 1973) die Unausweichlichkeit entweder einer Definition des betroffenen ›impliziten‹ in Abhängigkeit vom bewußten Wissen oder der Annäherung an gewöhnliche dispositionelle Fähigkeiten eher zu bestätigen als zu entkräften scheinen.

Eindeutiger, aber auch sachlich wesentlich problematischer, ist in dieser Beziehung Ryle, der das gesamte Regelfolgen seinem auf Dispositionen gemünzten Begriff des ›knowing how‹ unterordnet (vgl. *Knowing How and Knowing That*, [orig. in: Proc. Arist. Soc. 46, 1946], repr. in: Coll. Pap. II, a.a.O. [Anm. 109], 217. 218. 233; Ryle 1949, a.a.O. [Anm. 93], 56. 67). Hier droht die Rede vom ›Wissen‹ nur die Gefahr der Aufhebung jeder Trennung zwischen regulärem und regelgeleitetem Verhalten zu überdecken, der Ryle vergeblich durch epiphänomenale und teilweise völlig irrelevante Zusatzkriterien, wie: wiederholtes Erfüllen des Standards, gleichzeitiges Beherrschen eines Bündels von Fertigkeiten oder Fähigkeit zur Verbesserung und zur Einführung von Neuerungen (1946, a.a.O., 223 f.; 1949, a.a.O., 47 ff.), zu entgehen versucht. Wittgenstein hat die Konsequenzen gezogen und die irreführende Rede vom ›Wissen‹ durch die vom »blinden«, »wahllosen«, oder »mechanischen« Regelfolgen ersetzt (*Philosophische Untersuchungen*, [orig. Oxford 1953], dt. Ausg. Frankfurt 1960, § 219; *Bemerkungen über die Grundlagen der Mathematik*, [orig. Oxford 1956], dt. Ausg. Frankfurt 1974, 326. 350. 422), freilich um den Preis, daß der Kollaps von Regelgeleitetheit und Regularität sich nun nicht einmal mehr verbal kaschieren läßt und die Irrelevanz der herangezogenen Zusatzkriterien – bei Wittgenstein vor allem: selbstverständliche Anwendung, soziale Instituiertheit, Faktum des Unterrichts – offen zutage liegt.

120 Einen Versuch zur Erklärung regelhaften Verhaltens – einschließlich des syntaktisch korrekten Sprechens – nach diesem Schema haben G.A. Miller, E. Galanter und K.H. Pribram (*Plans and the Structure of Behavior*, New York 1960) unternommen.

Ergebnis herbeiführt (›Gedankenkomplexe‹, die aus ›Gedanken‹ konstituiert sind). Es könnte scheinen, daß wir die Frage nach ihrer Sprachabhängigkeit mit unserer früheren Festlegung ausgeschlossen haben. Das wäre kaum in unserem Interesse, denn wir wollen natürlich auch feststellen können, ob (z. B.) ein ›Argument‹, das jemand sich ›ausgedacht‹ hat, oder ein ›Sachverhalt‹, den er ›als real hinstellt‹, notwendig sprachlich ist oder nicht. Aber der Ausschluß besteht auch nur scheinbar. Wenn wir nur überhaupt voraussetzen, daß die *Gegenstände* des Denkens Gegenstände des *Denkens* sind, können wir weiterhin von den Leistungen ausgehen, da Objekte, auf die der ›Träger‹ eines Ereignisses aktuell oder als dessen Ergebnis bezogen ist, sich formal als Teile entsprechend komplexer Leistungseigenschaften auffassen lassen. ›Argumente‹ erweisen sich als Produkte des Denkens, die sowohl *als solche* sprachliche Gebilde sein können wie auch sprachabhängige Gebilde mit Rücksicht auf die notwendige Sprachlichkeit der sie produzierenden *Denkprozesse,* ›Sachverhalte‹ möglicherweise ebenfalls als spezifisch sprachliche oder sprachabhängige Denkprodukte, zumindest aber als sprachliche oder nichtsprachliche Relata zweistelliger Relationen, deren zweites Relatum jeweils der modal auf sie bezogene materielle ›Träger‹ ist.[121] Als ›Objekte des Denkens‹ kommen natürlich nicht nur Produkte früherer Denkleistungen in Betracht, sondern alle Arten von Gegenständen, die der Denkende ›intelligent verwendet‹ (also z. B. auch Puzzlesteine). Demnach dürften die meisten konkreten Denkphänomene sich als objektbezogen erweisen. Wichtig ist das für uns vor allem im Hinblick auf die behauptete Sprachbindung, die hier jeweils verschiedene Teilaspekte betreffen kann: das *Objekt selbst,* seine *Identifikation* durch den Denkenden und dessen *intelligenten Umgang* mit ihm.[122] Welcher Aspekt betroffen ist, läßt sich den

121 Vgl. Anm. 114. Natürlich gilt diese Darstellung nur, wenn Propositionen als (gegebene oder konstituierte) *Gegenstände* modaler Bezugnahmen auf sie verstanden werden. Ob diese (›intuitiv‹ fraglos plausibelste) Analyse theoretisch verpflichtend bzw. angemessen ist, muß hier offen bleiben, dürfte den uns interessierenden Punkt aber kaum tangieren. Eine Analyse jedenfalls, in der nur die Referenten der ›Propositionen‹ als Relata fungieren (vgl. W.V. Quine: *Word and Object,* Cambridge/Mass. 1960, 215 f.; A.N. Prior: *Objects of Thought,* Oxford 1971, 18 ff. 26 ff.), verstärkt den Zusammenhang mit der Leistung des ›Trägers‹ eher als ihn in Frage zu stellen.

122 »Die Verbindung eines Gedankens mit einem gewissen Satze ist keine notwendige; dass aber ein uns bewusster Gedanke mit irgendeinem Satze in unserem Bewusstsein verbunden ist, ist für uns Menschen notwendig. Das liegt aber nicht an

vorliegenden Argumenten für oder gegen die Abhängigkeit oft nicht entnehmen, muß aber vor ihrer sachlichen Beurteilung aufgeklärt werden. Die Einbeziehung auch der Objekte des Denkens ermöglicht uns also zugleich eine weitere, notwendige Differenzierung unserer These.

3. Relevante Phänomenbereiche

Die bedeutendste Stelle aber, an der eine zu starke Beschränkung des Denkbegriffs droht, liegt beim *phänomenalen Status* der Denkereignisse. Wir haben schon festgestellt, daß die Konzentration auf die ›*Innerlichkeit*‹, die für die umgangssprachliche Rede vom Denken und für die ältere philosophische oder psychologische Tradition (einschließlich Herders und Humboldts) charakteristisch ist, die Gefahr der unangemessenen Restriktion enthält. Sie übersieht vor allem, daß sich die menschliche und natürlich erst recht die tierische oder die maschinelle Intelligenz auch und zuallererst im *Verhalten* manifestiert. Hier lag der Ansatzpunkt für jene behavioristische Gegenströmung, die seit dem Anfang dieses Jahrhunderts wachsenden Einfluß auf Philosophie und Psychologie gewonnen hat. Sie hat die Verhältnisse inzwischen umgekehrt. Die primäre Gefahr liegt heute nicht mehr bei der Verabsolutierung des ›Inneren‹, sondern bei der des ›Äußeren‹, auf die unser Augenmerk darum vor allem gerichtet sein muß.

Festzustellen ist zunächst, daß die Kritik sich im allgemeinen nur auf die *metaphorische* Rede vom ›inneren‹ Denken bezieht, nicht auf die *wörtliche*, die den Körper des ›Trägers‹ betrifft und vor allem an neurophysiologischen Zuständen oder Prozessen orien-

dem Wesen des Gedankens, sondern an unserem eigenen Wesen. Es ist kein Widerspruch, Wesen anzunehmen, welche denselben Gedanken wie wir fassen können, ohne dass sie ihn in eine sinnliche Form zu kleiden brauchen.« (G. Frege: *Nachgelassene Schriften*, Hamburg 1969, 288; vgl. auch parallel die in Anm. 140 zitierte Bemerkung von A. Church) Frege sagt nicht ausdrücklich, daß es das *Identifizieren* (»Fassen«) eines »Gedankens« ist, das nach der »sinnlichen Form« verlangt, so daß auch denkbar bliebe, daß erst der *intelligente Umgang* mit ihm (das Erheben eines Wahrheitsanspruchs z. B.) die Sprache ins Spiel bringt. Umgekehrt wäre es denkbar, entgegen der Auffassung Freges *Propositionen* sprachliche Entitäten sein zu lassen (angelegt etwa in ihrer gebräuchlichen Definition als ›das Gemeinsame‹ intensional äquivalenter Sätze) und den Bezug auf sie und ihre weitere Verwendung nicht als sprachabhängig zu verstehen.

tiert ist. Diese sind ebenso wie das Verhalten selbst, mit dem sie zudem in kausaler Verbindung stehen, *physische* Phänomene, deren Identifikation keine prinzipiell neuen Probleme bereitet. Die Kritik an der ›Innerlichkeit‹ ist darum weniger auf spezifisch behavioristische als auf allgemeine physikalistische Grundüberzeugungen zurückzuführen. Was verworfen wird, sind *mentale* Phänomene, die nur ›introspektiv‹ zugänglich sind.[123] Auf den ersten Blick scheinen auch unsere früheren Festsetzungen ihren Ausschluß zu implizieren, denn wenn die ›Träger‹ des Denkens durchweg materielle und damit physische Gegenstände sind (S. 96 f.), heißt das nicht zwangsläufig, daß es sich hier durchweg um physische (Sekundär-)Ereignisse handelt? Nicht unbedingt. Die Physikalität des ›Trägers‹ schließt zwar aus, daß seine Zustände und Prozesse *außerhalb* des raumzeitlichen Identifikationszusammenhangs liegen, nicht aber, daß er *innerhalb* dieses Zusammenhangs ›Träger‹ nichtphysischer Eigenschaften ist oder zu nichtphysischen Gegenständen in Relation tritt (vgl. Anm. 81). Das Schmerzen in meinem linken Daumen ist zwar (offenbar) keine *physische* Eigenschaft, nichtsdestoweniger aber eine Eigenschaft meines *Daumens*, und meine Vorstellung von einem früher gesehenen Testbild auf einem Fernseher ist zwar weder dieses Bild selbst noch ein (physisches) Bild dieses Bildes, wohl aber ein Objekt, auf das ich – als zumindest *auch* physischer Gegenstand dieser Welt – mich zu einem bestimmten Zeitpunkt beziehe. Die Berücksichtigung des Mentalen ebenso wie von anderen Phänomenbereichen ist uns also formal möglich und die Frage kann nur sein, ob und wie weit wir uns auf sie einlassen sollen?

Daß es *keine* mentalen Erscheinungen geben sollte, ist ganz unplausibel und durch das Faktum von Vorstellungen, Empfindungen oder Gefühlen hinreichend widerlegt. Physikalistische Zweifel richten sich auch nicht wesentlich gegen die Phänomene, sondern gegen ihre beanspruchte theoretische Relevanz oder Irreduzibilität. Die Extremform bildet der ›Logische Behavioris-

123 Die traditionelle Rede von der ›Introspektion‹ ist irreführend, da sie nicht nur im Hinblick auf die erwähnte ›Innerlichkeit‹, sondern auch mit Bezug auf das angesprochene ›Sehen‹ metaphorisch bleibt: weder sind alle ›introspektiven‹ Erscheinungen visuelle Vorstellungen, noch alle visuellen Vorstellungen zweidimensionale (Quasi-)›Bilder‹, noch können diese selbst im gewöhnlichen Sinne ›gesehen‹ werden. Nur seiner Gebräuchlichkeit wegen wird der Ausdruck im folgenden beibehalten, doch sollen Anführungszeichen an seine innewohnende Metaphorik erinnern.

mus‹, der vor allem durch Ryle und Wittgenstein an Bedeutung gewann und die logische Reduktion aller (scheinbar) mentalen Prädikate auf Verhaltensprädikate zum Ziel hat.[124] Mit der praktischen Durchführung dieses Programms ist es auch heute, wo Jahrzehnte seit seiner ursprünglichen Formulierung vergangen sind, nicht eben gut bestellt,[125] aber die Faszination, die es erregte, gründete sich von Anfang an weit weniger auf seinen realen Erklärungswert als auf die ihm zugrundeliegenden theoretischen Überlegungen. ›Mentale‹ Prädikate werden wie alle sprachlichen Ausdrücke auf der Grundlage von Verhaltensevidenzen erlernt; wenn daraus, wie wir annehmen dürfen, ein für alle Beteiligten wesentlich gleiches Sprachverständnis entstehen soll, muß dann nicht alles, was hier erlernt wird, im Verhalten und seiner

124 ›Behaviorismus‹ im weitesten Sinne nenne ich jede Konzeption, die sich auf den Bereich des Verhaltens als phänomenale Basis beschränkt. Liegen die Gründe hierfür lediglich in methodischen oder forschungsstrategischen Überlegungen, kann von ›Methodischem Behaviorismus‹ gesprochen werden. Eine Sonderform des methodischen Behaviorismus bildet jene durch J.B. Watson inaugurierte psychologische Forschungsrichtung, die man (summarisch und ohne Anspruch auf wissenschaftstheoretische Genauigkeit) unter dem Stichwort ›Psychologischer Behaviorismus‹ begreifen kann und die sich sachlich durch die Bindung an *assoziationistische* Erklärungsprinzipien auszeichnet, seien diese nun einfachster reflextheoretischer Natur oder durch komplexe ›intervenierende‹ (aber behavioristisch zu definierende) Prozesse verfeinert. Diese vielfach als radikal und reduktionistisch empfundene Konzeption ist in *behavioristischer* Hinsicht aber noch immer weit weniger radikal als der ›logische Behaviorismus‹, der der phänomenalen Beschränkung einen explizit reduktionistischen Sinn gibt. Wie weit Ryle oder Wittgenstein selbst *konsequente* Vertreter dieser Extremposition sind, scheint diskutabel, ändert in unserem Zusammenhang aber nichts. Die verbalen Abgrenzungen beider gegenüber ›dem Behaviorismus‹ (vgl. Wittgenstein 1953, a.a.O., § 307 f.; Ryle 1949, a.a.O., 450) treffen jedenfalls nur – im günstigsten Falle – den Assoziationismus der behavioristischen Psychologie, nicht ihre phänomenale Beschränkung.

125 Die Anzahl konkreter Reduktionsvorschläge ist gering und die vorliegenden sind höchst unplausibel, oft bis zur Grenze der Lächerlichkeit. Das bekannteste Beispiel ist Wittgensteins Analyse des Satzes ›Ich habe Schmerzen‹ (1953, a.a.O., § 244 f.) als eine nicht beschreibende, sprachliche ›Schmerzäußerung‹, die die prinzipiell gleiche Funktion hat wie ein Schrei: sie erregt die Aufmerksamkeit der Umgebung und veranlaßt diese zur Hilfeleistung. Die Assimilation an natürliche Schmerzensschreie oder auch nur an Ausrufe wie ›Au!‹ ist ein Witz. Aber auch wenn wir nur eine Assimilation dieses (offenbar) assertorischen Satzes an eine explizit ›performative‹ Äußerung wie ›Ich bitte dich, hilf mir!‹ o. ä. in Betracht ziehen, ist die behavioristische Reduktion nicht plausibel. Ist es gesichert, daß der Satz *ausschließlich* in ›performativem‹ Sinne verwendet wird? Offenbar nicht, und selbst wenn es so wäre, hieße das denn bereits, daß der Teilausdruck ›Schmerzen‹ *nicht* prädikativ verwendet wird? Handelte es sich um eine Äußerung mit rein ›perlokutionärer‹

wahrnehmbaren Umgebung enthalten sein? Wäre dieses grundsätzliche ›Lernargument‹ stichhaltig, könnte das Faktum der fehlenden Durchführung das Reduktionsprogramm selbst kaum gefährden. Aber sein Schluß ist ein klares ›non sequitur‹. Denn natürlich beweist die Tatsache, daß auf Verhaltens*basis* erlernt wird, weder, daß keine mentalen oder sonstigen Phänomene *hinzutreten*, noch, daß *mit* dieser Voraussetzung überindividuelle Gleichheit unmöglich ist. Nur weil es unter der Hand (verdeckt durch die undifferenzierte Bezugnahme auf den ›Verhaltenscharakter‹ des Lernens) das Beweisziel, sc. die Irrelevanz des Mentalen für das Erlernte, in die Prämissen einschmuggelt, kann das Lernargument scheinbare Plausibilität gewinnen.[126]

Bessere Aussichten bietet ein schwächeres physikalistisches

Funktion im Sinne Austins, wäre das allenfalls akzeptabel. Doch diese Deutung ist zweifellos unangemessen und ›illokutionäre‹ Äußerungen *implizieren* ja im Normalfall gerade, wie Austin angedeutet und Searle explizit gemacht hat, einen propositionalen Teil mit (letztlich) prädikativer Struktur. Und wäre es sprachtheoretisch plausibel, in einer propositions*los* ›performativen‹ Analyse anzunehmen, daß ein unzweifelhaft prädikativer Satz wie ›Er hat Schmerzen‹ durch bloße Substitution des Pronomens der dritten durch eines der ersten Person seine semantische Struktur so radikal ändert? Nur unter eklatanter Mißachtung der strukturellen Zusammenhänge ist eine nichtprädikative Analyse durchführbar. Offenkundig hat Wittgensteins *sachliches* Interesse an einer Elimination des Mentalen seinen *sprachanalytischen* Scharfblick an dieser Stelle getrübt. Gibt man die prädikative Form aber erst einmal zu, welche inhaltlichen Gesichtspunkte bleiben, die eine mentale Deutung für das Prädikat ›Schmerz‹ unmöglich oder doch wenigstens eine konkrete behavioristische Alternative zu ihr plausibel machen?

126 Vgl. auch S. 462, Anm. 455. – Anders wäre es, wenn die Mentalität von Prädikaten sich als *sprachtheoretisch unmöglich* erweisen ließe. Wittgenstein hat mit seinem Argument gegen die Möglichkeit einer ›Privatsprache‹ diesen Beweis bekanntlich zu führen versucht, freilich mit zweifelhafter (und in der Literatur wiederholt bezweifelter) Überzeugungskraft. Sein bedeutendster Einwand, der auf das Fehlen eines »Kriteriums« für die Richtigkeit der Erinnerung an ein früheres mentales Erlebnis und die daraus entspringende Unmöglichkeit einer Differenzierung von Meinung und Wirklichkeit abhebt (vgl. etwa 1953, a.a.O., § 258), krankt an der mangelnden Bereitschaft des Extensionalisten zur Anerkennung der Irreduzibilität von (elementaren) Qualitäten. Ganz abgesehen von der grundsätzlichen Frage, was denn gewonnen wäre, wenn man, wie nach dem Ansatz notwendig, die zu bestimmende ›Wirklichkeit‹ statt an das Urteil des *einen* nun an das Urteil eines oder mehrerer *anderer* Menschen binden würde, könnte ja keiner dieser externen Beurteiler zu einem sicheren Resultat kommen, wenn er nicht über geeignete *qualitative Kriterien* zur Identifikation und Reidentifikation von physischen Phänomenen verfügte (vgl. Anm. 131). So wenig aber die qualitative Identität zweier *physischer* Ereignisse, sagen wir: zweier roter Blitze, auf der Stufe elementarer sinnlicher Qualitäten noch durch irgendwelche dazwischentretenden ›Kriterien‹

Reduktionsprogramm, das die in der neueren analytischen Philosophie mit überwiegender Zustimmung diskutierte ›Psycho-Physische Identitätsthese‹ an die Hand gibt.[127] Sie zweifelt nicht an der (irreduziblen) ›Mentalität‹ unserer gewöhnlichen psychologischen Prädikate, hält sie aber im Falle der ›faktischen Identität‹ der betroffenen mentalen mit bestimmten physischen Ereignissen für theoretisch entbehrlich. Da sie dabei speziell auf neurophysiologische Zustände oder Prozesse abhebt, ist die Wahrscheinlichkeit, jedem mentalen Prädikat ein geeignetes nichtmentales zuordnen zu können, weitaus größer als bei behavioristischen Reduktionsversuchen. Kritisch freilich ist ihre Berufung auf eine über faktische Korrelationen hinausreichende, aber gleichwohl auf sie gegründete ›faktische Identität‹, die in kaum lösbar erscheinende logische und methodische Schwierigkeiten führt.[128] Aber wir können dieses Bedenken hintanstellen. Denn der für uns entscheidende Punkt ist, daß wir, gleichgültig ob die zunächst mental

sichergestellt werden kann, so wenig kann das natürlich auch diejenige zweier *mentaler* Ereignisse, etwa zweier brennender Schmerzempfindungen. Werden mentale Qualitäten aber erst einmal zugestanden, so ist nicht einzusehen, warum sie, auch wenn sie rein ›privat‹ wären, von ihrem ›Träger‹ nicht in derselben Weise ›versprachlicht‹ werden sollten wie die physischen.

127 Vgl. vor allem den Essay ›*The Mental and the Physical*‹ von H. Feigl (in: Minn. Studies II, 1958, erw. repr. Minneapolis 1967) und die in den Sammelbänden von J. O'Connor (*Modern Materialism,* New York 1969) und C.V. Borst (*The Mind-Brain Identity Theory,* London 1970) zusammengefaßten Aufsätze.

128 Empirische Gesetzmäßigkeit allein kann den faktischen Zusammenhang zwischen korrelierten Ereignissen natürlich nicht bis zur Identität verstärken. Engere Bindungen sind erfordert. Aber welche? Man hat die fraglichen Identitätsaussagen nach dem Muster bestimmter ›theoretischer Gleichsetzungen‹, wie sie aus den Naturwissenschaften bekannt sind (›Wolken sind kondensierte Wassertröpfchen‹, ›Wasser ist H_2O‹), zu konstruieren versucht (vgl. etwa H. Putnam: *Psychological Predicates,* in: Art, Mind, and Religion, edd. W. H. Capitan / D. D. Merrill, Pittsburgh 1967, 37 ff.). Doch bleibt dabei ungeklärt sowohl, ob die zugrundegelegten Muster echte Identitätssätze sind, wie auch, ob die betroffenen psychophysischen Sätze ihnen in allen relevanten Hinsichten gleichen. Daß zumindest an einer Stelle ein Irrtum im Spiel ist, darauf verweist die Tatsache, daß die psychophysischen Identitäten Leibniz' Gesetz offenbar nicht mehr erfüllen. Entweder müssen wir (was gewisse Autoren tatsächlich ins Auge gefaßt haben) eine besondere, ›nichtleibnitianische‹ Form der ›Identität‹ zulassen, die aus logischen Gründen suspekt erscheint, oder wir müssen (was ebenfalls anvisiert wurde) die Bedeutungen unserer Prädikate durch formale Festsetzungen, die die Erfüllung jenes Gesetzes sicherstellen, so weit verändern, daß die phänomenale Eigenständigkeit des Mentalen gegenüber dem Physischen, die ja eigentlich unangetastet bleiben sollte, in Gefahr gerät – ein Dilemma, das wenig Ansatzpunkte für einen sinnvollen Ausweg bietet.

identifizierten Ereignisse sich *später* durchweg als physisch identifizierbar erweisen oder nicht, mit ihrer mentalen Beschreibung *beginnen* und den Denkbegriff darum entsprechend weit fassen müssen. Ohne den Ansatz bei den mentalen Phänomenen wären die *relevanten* physischen Korrelate nicht nur nicht auffindbar, die Beschränkung auf sie würde uns angesichts unserer unzureichenden neurologischen Kenntnisse und des weitgehenden Fehlens von korrelierten Verhaltensmerkmalen auch gewichtiger Evidenzen für eine angemessene Antwort auf unsere Frage berauben: Herders »Merkmal«-Theorie (S. 30 ff.) liefert zwar kein verbindliches Zeichenmodell, weist aber auf die Möglichkeit einer versteckten Zeichenverwendung schon in der Wahrnehmung, die in die auf sie aufbauenden Denkleistungen eingehen und uns bei gänzlichem Absehen vom Mentalen zu übereilten Sprachunabhängigkeitsbehauptungen führen würde.

Alles spricht also für eine Öffnung des Denkbegriffs auch für mentale Applikationen und diese Offenheit sollte uns um so leichter fallen, als sich die Gründe, die ihr *entgegenzustehen* scheinen, ebenfalls als nicht zwingend erweisen. Der bedeutendste ist der Vorwurf mangelnder *Intersubjektivität.* Er bildete den entscheidenden Grund für den Verzicht des psychologischen Behaviorismus auf die ›Introspektion‹ als wissenschaftlich nicht respektablem Verfahren, und für den logischen Behaviorismus war er Motiv und (für sein ›Lernargument‹) zentrale Prämisse zugleich. Doch der Aspekt der ›Privatheit‹, der hier zur Debatte steht, ist als ein nur die jeweiligen Leistungs-›*Träger*‹ betreffender Gesichtspunkt prinzipiell unabhängig von dem an den *Leistungen* orientierten Gesichtspunkt der Mentalität. Daß verschiedene Gegenstände ›Träger‹ der gleichen mentalen Eigenschaft sind, ist nicht nur logisch nicht ausgeschlossen, sondern, wenn nicht direkt, so doch indirekt überprüfbar auf der Grundlage von charakteristischen (wenngleich nicht definitorischen) behavioralen oder neuralen Indizien.[129] Diese ›bedingte Intersubjektivität‹ des Mentalen

129 Auch eine direkte Überprüfung ist theoretisch denkbar, wenn man entsprechende ›fremdintrospektive‹ Fähigkeiten ins Auge faßt (man könnte an Telepathie denken); aber unser gewöhnliches Vorgehen ist das genannte indirekte. Basis hierfür sind faktische Korrelationen. Ihre Bereitstellung bzw. theoretische Explikation bildet eine der wesentlichsten Voraussetzungen für die empirische Untersuchung des Denkens. Bei erwachsenen Menschen springt sie weniger in die Augen, weil man dort mit pauschalen Gleichheitsannahmen operiert und (außer in Grenzfällen) keinen

genügt vor allem dem logischen Behaviorismus nicht. Aber sein ›Absolutheitsanspruch‹ erweist sich als Utopie, sobald seine eigenen theoretischen Grundlagen expliziert werden. Auch das Verhalten bietet nur dann den gewünschten ›objektiven‹ Bezugspunkt, wenn die Intersubjektivität und Nichtmentalität seiner Identifikation bzw. Interpretation durch die Ausführenden oder ihre Beobachter schon vorausgesetzt werden, was jedoch beides höchst problematisch ist.

Wenn eine Verhaltensleistung als ›in Raum und Zeit geschehend‹ beschrieben oder dem Ausführenden selbst (was schon bei gewissen tierischen Leistungen angebracht scheint) raumzeitliche Lokalisierungsfähigkeit unterstellt wird, kommt der mentale Bereich offenbar stillschweigend mit ins Spiel, da eine rein behavioristische Explikation des Raum-Zeit-Bewußtseins unmöglich sein dürfte.[130] Und selbst wenn wir voraussetzen könnten, daß

Anlaß zum Zweifel hat. Kritisch ist sie bei Kleinkindern oder Tieren, denen man mentale Fähigkeiten nicht ohne weiteres zugesteht. Dennoch gibt es auch hier zahllose mentale Rückschlüsse, die in praxi unreflektiert bleiben und als solche teilweise gar nicht realisiert werden. So kann die bekannte Tatsache, daß man bei Kenntnis der ›empirischen Annahmen‹ und der körperlichen Fähigkeiten eines Tieres dessen ›Absichten‹ aus seinem Verhalten erraten kann und umgekehrt, leicht in der Weise mißdeutet werden, daß das Verhalten (jeweils, und wegen der Umkehrbarkeit dann auch grundsätzlich) nicht allein das *Indiz*, sondern auch das *Kriterium* für die erschlossene Leistung darstellt, während in Wahrheit (nahezu) alles, was über die zu beobachtende Annäherung des Tieres an ein bestimmtes Objekt hinausgeht, ›anthropomorphe‹ psychologische Interpretation ist.

130 Wir können zwar – als ›objektive‹ Beobachter – vom (etwaigen) *Raumbewußtsein* der Lebewesen absehen und ihr *›räumliches Orientierungsvermögen‹* rein behavioristisch, durch eine bestimmte Art des ›Verhaltens im Raum‹, definieren. Aber was dieses ›im Raum‹ *heißt* und was wir folglich dem Lebewesen *mit* einem Raumbewußtsein zuschreiben müßten, kann nicht mehr durch ein entsprechendes raumorientiertes Verhalten bestimmt werden (Regreß). Wir müssen auf eine elementare räumliche Lokalisationsfähigkeit rekurrieren, die dem Verhalten (als Regelstandard, S. 120 f.) zugrunde liegen, aber auch völlig losgelöst von ihm auftreten kann und von der schwer zu sehen ist, wie sie sich *ohne* Rekurs auf das mentale räumliche Vorstellungsvermögen explizieren ließe. Bei der zeitlichen Lokalisation ist das noch deutlicher, da wir hier auf das in sich mentale und die Vorstellung schon involvierende Phänomen der *Erinnerung* rekurrieren müssen: beim Bezug auf Vergangenes allemal und beim Zukunftsbezug zumindest im Sinne ›parasitärer‹ Abhängigkeit.

Durch periphere scheinbare Gegenevidenzen darf man sich nicht verwirren lassen. Irrelevant für den hier interessierenden Punkt ist zumindest die Tatsache, daß Raum-Zeit-Stellen nicht unabhängig von instantiierten Qualitäten zugänglich sind, denn diese Abhängigkeit besteht allgemein (S. 97, Anm. 80). Es ist darum nicht kritisch, daß wir ein ›introspektives‹ Phänomen, das wir als ›die Vorstellung eines bestimmten Ortes oder Zeitpunkts‹ ansprechen könnten, faktisch nicht vorfinden.

es Verhaltensbeschreibungen völlig frei von mentalen Implikationen gibt, bliebe die Intersubjektivitätsvoraussetzung strittig. Jene sprachlichen Intersubjektivitätsprobleme, die wir bei Herder und Humboldt ungelöst fanden (S. 31 ff., S. 62 ff.), stellten sich vollkommen unabhängig von der Frage der Zulässigkeit des Mentalen. Welchen von mehreren qualitativen Klassifikationsgesichtspunkten etwa ein ›Subjekt‹ verwendet, kann ein anderes zwar auf Grund seiner faktischen Klassifikationsleistungen und allgemeinen theoretischen Gleichheitsannahmen *erschließen*, aber (bekanntlich) nicht definitiv *bestimmen*, so daß von ›absoluter‹ Intersubjektivität nicht die Rede sein kann.[131] Extensionsgleiche Prädikate mit unterschiedlichen Intensionen liefern nur ein, wenn auch besonders naheliegendes, Beispiel für Probleme, die sich in anderen Bereichen teilweise noch radikaler stellen (z. B. bei der numerischen Identität oder, wie wir bei Herder und Humboldt sahen, beim Zeichenverständnis) und immer dann unvermeidlich sind, wenn wir es mit ›Subjekten‹ zu tun haben, denen wir – prinzipiell – eigene kognitive oder volitionale Fähigkeiten der Art zugestehen müssen, wie wir sie selbst im praktischen oder theoretischen Umgang mit ihnen anwenden.[132] Das aber ist bei möglichen

Und noch weniger kritisch ist das Faktum der (nichtmentalen) vorwissenschaftlichen oder wissenschaftlichen Identifikation von Raum-Zeit-Punkten durch mathematische Koordinatensysteme. Denn Systeme dieser Art sind nur dann Systeme *von Raum und Zeit*, wenn sie ein phänomenales (und das heißt offenbar: mentales) Fundament haben.

131 Man müßte, um diese Konsequenz zu vermeiden, schon einen extremen extensionalistischen Standpunkt beziehen und *jeden* Rekurs – also auch in den elementarsten Fällen – auf Klassifikations*gesichtspunkte* und qualitative *Kriterien* verwerfen. (Wittgenstein war konsequenter logischer Behaviorist genug, um das zumindest zu realisieren.) Doch der Preis, den man für diese theoretische Sicherstellung ›absoluter‹ behavioraler Intersubjektivität zu bezahlen hätte, ist, wie ja häufig beim Absoluten, die totale Preisgabe. Nicht nur, daß alle Aussagen über Klassifikationsleistungen nun aus der Retrospektive getroffen und alle faktischen Leistungen damit *per se* als ›korrekt‹, also eigentlich *gar nicht mehr* als ›korrekt‹ oder ›inkorrekt‹, aufgefaßt werden müßten (Anm. 119). Wichtiger noch ist die Feststellung, daß man infolge der unauflöslichen Wechselabhängigkeit zwischen Raum-Zeit-Stellen und sinnlichen Qualitäten (S. 97, Anm. 80) *ohne* qualitative Kriterien nicht einmal mehr zur elementaren Identifizierung klassifizierbarer Gegenstände oder klassifizierender Verhaltensleistungen in der Lage wäre und jede Basis für Intersubjektivität verlöre.

132 *›Intersubjektivität‹* ist in diesen Fällen gebunden an überindividuelle Gleichheit im Hinblick auf *alle* betroffenen Fähigkeiten, also auch die *zur* Identifikation von Leistungen, die als kriteriell für bestimmte Fähigkeiten verwendet werden, *›Objek-*

›Trägern‹ von Denkleistungen offenkundig der Fall, so daß sich zumindest für sie die ›absolute‹ Intersubjektivitätsforderung nur als Ausdruck unzureichender methodischer Reflexion erweist.

Selbsttäuschungen über versteckte mentale Anleihen, wie sie der raumzeitlichen Lokalisation des Verhaltens zugrundeliegen, sind für die Ausblendung des Mentalen allgemein charakteristisch. Das wird vor allem an Positionen deutlich, die wie die sogen. ›Analogietheorie‹ von W. Sellars[133] und die ›Mediationstheorie‹ des (neueren) psychologischen Behaviorismus[134] innerhalb eines prinzipiell behavioristischen Ansatzes einen ›Mittelweg‹ zwischen der mentalistischen Rede über ›innere‹ Denkereignisse und dem totalen Verzicht auf sie zugunsten dispositioneller Verhaltensbeschreibungen verfolgen. Beide wollen solche Ereignisse nur als ›theoretische Entitäten‹ zur Verhaltenserklärung zulassen, geben ihnen aber de facto (implizit und z. T. auch im Widerspruch zu ausdrücklichen anderslautenden Aussagen) nicht den Status *rein* theoretischer *›intervenierender Variablen‹*[135], deren phänomenale Implikationen ausschließlich im

tivität‹ bei der Beschreibung oder Bewertung fremder Leistungen an vorhandene ›Rücksicht‹ auf die jeweilige theoretische oder praktische ›Einstellung‹, die der Betroffene zu seiner Leistung hat. Die Probleme, in die diese ›Rücksichtnahme‹ führt, können, in sinngemäßer Modifikation und Erweiterung des Brentanoschen Terminus (vgl. vor allem: *Psychologie vom empirischen Standpunkt,* 2. Aufl., ed. O. Kraus, Leipzig 1924/28, Bd. I,124 f. 137), als Probleme der ›Intentionalität‹ bezeichnet werden. Die von ihnen betroffenen Sachgesichtspunkte (qualitative und numerische Identität, Zeichenverständnis, u. a.; vgl. auch S. 222, Anm. 228) lassen sich sinnvoll an Hand der logischen Eigentümlichkeiten ›intentional‹ modalisierter Sätze aufweisen, wie sie mit ähnlicher Zielsetzung vor allem von R. Chisholm analysiert worden sind (vgl. bes. *Notes on the Logic of Believing,* in: Phil. and Phen. Res. 24, 1963-64, 195-201), ohne daß allerdings die formalen Merkmale einfach die Stelle der sie fundierenden Sachgesichtspunkte einnehmen könnten. Eine genauere Explikation des durch ›Einstellungs-Rücksichten‹ definierten, allgemeinen Intentionalitätsbegriffs und seiner über Brentanos bzw. Chisholms Bestimmungen hinausgehenden Punkte ist an dieser Stelle nicht möglich.

133 Vgl. vor allem W. Sellars: *Empiricism and the Philosophy of Mind,* in: Minn. Stud. I (1956), 253-329 und Sellars 1968-69, a.a.O. [Anm. 118] sowie B. Aune: *On Thought and Feeling,* in: Philos. Quart. 13 (1963), 1-12 und ders.: *Knowledge, Mind, and Nature,* New York 1967, ch. VIII.

134 Die systematische Rede von der ›Mediation‹ beobachtbarer Leistungen durch ›implizite‹ Reize und Reaktionen geht auf Ch. Osgood zurück (*Method and Theory in Experimental Psychology,* New York 1953), sachlich sind Mediationsprozesse aber auch schon in früheren Arbeiten angesprochen. Für die Anwendung mediationstheoretischer Prinzipien auf komplexere Intelligenzleistungen vgl. vor allem A.W. / C.K. Staats: *Complex Human Behavior,* New York 1964 und Berlyne 1965, a.a.O. [Anm. 105].

135 K. MacCorquodale / P.E. Meehl: *Hypothetical Constructs and Intervening Variables* [orig. in: Psych. Rev. 55,1948], repr. in: Read. in the Phil. of Science, edd.

Bereich der erklärten Leistungen liegen und die als solche die Rede von ›inneren‹ *Ereignissen* auch nicht rechtfertigen würden, sondern den Status raumzeitlich lokalisierbarer ›*hypothetischer Konstrukte*‹, mit denen ein vorläufig uneingelöster, aber prinzipiell einlösbarer phänomenaler Anspruch verbunden ist. Solange dabei allein an neurophysiologische Zustände oder Prozesse gedacht wird, ist ein physikalistischer, wenn auch kein behavioristischer, Rahmen zu wahren. Aber ganz davon abgesehen, daß damit der Anspruch zumindest der Analogietheorie auch auf angemessene Rekonstruktion der gewöhnlichen Rede vom ›Inneren‹ äußerst unplausibel erscheint, bleiben Ereignisse dieser Art auf absehbare Zeit hinaus unspezifizierbar, und die Annahme ›innerer‹ Entitäten wäre darum nur eine unbegründete (und, wie sich zeigen läßt, für die Erklärung der relevanten Verhaltensevidenzen völlig unnötige) Spekulation, wenn ihr nicht der versteckte Rekurs auf entsprechende ›introspektive‹ Evidenzen zugrundeläge.[136] Macht man ihn explizit, so verschwinden mit dem Schein eines möglichen ›Mittelweges‹ zwischen Physikalismus und Mentalismus auch die Bedenken gegen den letzteren.

Kann demnach weder der Vorwurf der ›*Subjektivität*‹ noch der der prinzipiellen *Entbehrlichkeit* auch einen ernsthaften Einwand gegen den Einbezug des Mentalen liefern, so könnte dies doch die faktische oder tendenzielle *Universalisierung*, die wir bereits in der umgangssprachlichen Rede vom ›Denken‹ angelegt fanden (S. 110f.)

H. Feigl / M. Brodbeck, New York 1953, 596-611. Meehls und MacCorquodales Definitionen (p. 605 f.) enthalten mehrere problematische Bestimmungen, an die ich mich nicht binden möchte, die für den aufgegriffenen Hauptpunkt aber nicht wesentlich sind.

136 Das ist bei der ausschließlich auf die Verhaltenserklärung bezogenen Mediationstheorie freilich weniger deutlich als bei der Analogietheorie, bei der dieser Gesichtspunkt sich dem Versuch zur nichtmentalistischen Explikation der traditionellen mentalistischen Rede vom ›Inneren‹ und vom ›privilegierten Zugang des Einzelnen‹ unterordnet und bei der die behauptete Analogie zwischen ›äußeren‹ und ›inneren‹ Leistungen den Zwang zur phänomenalen Einlösung verstärkt. Sellars' scheinbar behavioristische Explikation des ›privilegierten Zugangs‹ als ›antrainierte Beobachtungsunabhängigkeit‹ von Aussagen über das eigene Denken verdeckt nur die Tatsache, daß man, wenn man sich nicht mehr auf die (selbstbezogene) Anwendung von *Verhaltens*kriterien stützen kann, *andere* Kriterien benötigt, um zwischen korrekten und inkorrekten Aussagen unterscheiden zu können, und daß dafür nur die stillschweigend wieder in Anspruch genommenen ›introspektiven‹ Evidenzen zur Verfügung stehen. Und wenn Aune (1963, a.a.O., 10; 1967, a.a.O., 182 f. 186 f.) seine Analogiebehauptungen auch durch nachträgliche verbale Berichte des Betroffenen über sein äußerlich unbeobachtbares Denken stützen will, ist die Abhängigkeit vom Mentalen offenkundig. Auf eine detaillierte kritische Auseinandersetzung mit der Analogie- ebenso wie der Mediationstheorie muß ich an dieser Stelle verzichten.

und die – manifestiert in der Verwendung des Vorstellungsbegriffes als Oberbegriff nicht nur für Vorstellungen, sondern auch für (partikuläre) Wahrnehmungen, allgemeine Begriffe oder Gedanken – für die neuzeitliche Philosophie bzw. Psychologie charakteristisch war. Diesen kritischen Teilaspekt des modernen Antimentalismus haben wir anzuerkennen. Wahrnehmungen sind natürlich *keine* Vorstellungen, und die Auffassung des mentalen Phänomenbereichs als ein ›inneres Theater‹ (Ryle) oder eine Art ›innerer Fernsehschirm‹, auf dem die vorstellungshaften Spuren der an sich unzugänglichen physischen Realitäten erscheinen, verwischt die entscheidenden Differenzen (sc. zwischen Meinung und Wirklichkeit bzw. Mentalität und Physikalität) nur, statt sie zu explizieren. Das traditionelle philosophische Problem des ›Allgemeinen‹ wird durch die bloße Verlagerung ins mentale ›Innere‹ sicher nicht kleiner.[137] Und ein Verständnis von Gedanken als mentale ›Synthesen‹ von ›Allgemein‹- und ›Individualvorstel-

137 Daß es so etwas wie ›allgemeine Vorstellungen‹, die die Begriffe darstellen könnten, nicht gibt, ist ohnehin keine Entdeckung des Antimentalismus, sondern dem Mentalismus seit langem bekannt; vgl. die so angesetzte Kritik von Berkeley (Princ. Intr. § 11 ff.) an Locke, der jedoch ebenfalls schon (Ess. B. II ch. 21 § 9) die von Berkeley selbst (a.a.O., § 12) und danach vor allem von Hume (Treat. B. I pt. I sect. 7; Enqu. sect. XII pt. II note) vertretene ›Repräsentationstheorie‹ kannte.

Ob der Übergang vom Bereich des Physischen zum Mentalen das philosophische ›Allgemeinheits‹-Problem freilich *vergrößert* und ob es *überhaupt* die Bedeutung hat, die man ihm herkömmlich zuschreibt, läßt sich bezweifeln. Das klassische Argument des ›unvorstellbaren allgemeinen Dreiecks‹ ist in dieser Beziehung nicht radikal genug, da es sich nur gegen die angenommene Subsumierbarkeit numerisch *und* qualitativ unterschiedener Instantiierungen unter eine bestimmte ›Allgemeinvorstellung‹ richtet, die zwar durch ihre teilweise bis ins Absurde gesteigerten internen Schwierigkeiten (vgl. dazu Price 1953, a.a.O. [Anm. 15], 276 ff.) die Widerlegung besonders leicht macht, den bedeutendsten Punkt aber eher verdeckt, sc. daß Vorstellungen etwas *Partikuläres* sind und auch dann, wenn sie qualitativ bis zur (faktischen) Undifferenzierbarkeit spezifiziert werden, nicht zur Gleichsetzung mit *Allgemeinem* taugen. Darin unterscheiden sie sich aber nicht grundsätzlich von physischen Phänomenen. So wenig wie es ›das Dreieck‹ als konkrete physische Erscheinung gibt, so wenig gibt es ›das Dreieck‹ als einzelne Vorstellung, und so gut wie verschiedene physische Dreiecke Instantiierungen ein und derselben Eigenschaft sein können, so gut können es auch verschiedene Dreiecksvorstellungen. Was das Argument also, konsequent durchgeführt, über die Unmöglichkeit einer Gleichsetzung von Begriffen mit Vorstellungen hinaus beweist, ist nicht die besondere Problembehaftetheit des Mentalen, sondern die allgemeine theoretische Irreduzibilität des Qualitativen, die wir oben erwähnt hatten (Anm. 80) und die das traditionelle, von der Priorität des Partikulären ausgehende ›Allgemeinheitsproblem‹ letztlich als falsch gestellt erweist.

lungen‹ ist in jedem Falle unhaltbar.[138] Mentale Phänomene sind keine ontologischen ›Lückenbüßer‹, sondern reale Erscheinungen, auf die – ebenso wie auf die physischen – nur dort rekurriert werden darf, wo sie sich phänomenal aufweisen lassen. Bei der Bewertung (offenbar) mental begründeter Sprachunabhängigkeitsargumente werden wir sorgfältig auf diese phänomenale Einlösungsfähigkeit zu achten haben. Ihre *Begrenztheit* anzuerkennen heißt aber nicht, sie in toto zu *eliminieren,* wie der Antimentalismus – ebenso scheuklappenhaft ›radikal‹ wie sein mentalistischer Gegner – ableiten möchte. Mentalität und Physikalität stellen weder ausschließende Alternativen noch konträr entgegengesetzte Extreme dar, die zu ›vermitteln‹ wären, sondern jeweils in sich berechtigte und als solche einander ergänzende Weisen unseres Zugangs zu Phänomenen.

Gilt dies aber auch für den dritten, bislang unberücksichtigten traditionellen Phänomenbereich, der speziell für (offenbar) nicht mental oder physisch zu identifizierende Gegenstände – wie Begriffe, Propositionen oder Gedanken – eingeführt wurde und der, *wenn* es sich hier tatsächlich um phänomenal einlösungsfähige Entitäten handelt, auch unumgänglich erscheint, sc. das *›dritte Reich‹*?[139] Die Philosophen, die es für sich beanspruchten, haben zwar seine phänomenale Eigenständigkeit in beredten (metaphorischen) Worten beschrieben[140], aber sein phänomenaler Status

138 Vgl. die in Anm. 107 zitierten Arbeiten von Tugendhat.

139 Der neutrale Terminus Freges (1918-19, a.a.O. [Anm. 114], 43), der die phänomenale Zugangsweise unspezifiziert läßt, scheint mir geeigneter als die mit inhaltlichen Assoziationen verknüpfte Rede von ›idealen Objekten‹ ›Noemata‹ oder dergleichen.

140 »[...]the preference of (say) *seeing* over *understanding* as a method of observation seems to me capricious. For just as an opaque body may be seen, so a concept may be understood or grasped. And the parallel between the two cases is indeed rather close. In both cases the observation is not direct but through intermediaries – light, lens of eye or optical instrument, and retina in the case of the visible body, linguistic expressions in the case of the concept« (A. Church: *The Need of Abstract Entities in Semantic Analysis,* in: Proc. Amer. Acad. of Arts and Sciences 80, 1951, 104). Auch Frege spricht vom »Fassen« der Gegenstände des ›dritten Reichs‹, gibt sich aber mit einer negativen Abgrenzung dieser besonderen phänomenalen Zugangsweise gegen die physische und die mentale zufrieden: »Wenn man einen Gedanken faßt oder denkt, so schafft man ihn nicht, sondern tritt zu ihm, der schon vorher bestand, in eine gewisse Beziehung, die verschieden ist, von der des Sehens eines Dinges und von der des Habens einer Vorstellung« (1918-19, a.a.O., 44 A. 5).

bleibt unklar und auch für Unvoreingenommene in der Regel nicht zugänglich. Theoretisch jedenfalls dürfte das dezidierte Interesse bestehen, Gegenstände des ›dritten Reichs‹ wo möglich, entweder als rein *theoretische Entitäten* zu konstruieren oder sich ganz mit ihnen zu *dispensieren*. Allerdings scheint dieses letztere bislang wenig plausibel,[141] und das erste zwingt uns zur Spezifikation der jeweiligen (mentalen oder physischen) Evidenzen, die durch die theoretischen Entitäten erklärt werden sollen und ohne sie (wie gezeigt werden müßte) nicht adäquat zu erklären sind, eine Aufgabe, die zwar eher lösbar erscheint, aber mit größten Schwierigkeiten verbunden ist und bislang jedenfalls nicht gelöst wurde. So werden wir einen über unser *Interesse* an ihm hinausgehenden *definitiven* Ausschluß des ›dritten Reiches‹ nicht vornehmen können. Wir müssen es offenlassen, ob unsere Rede über ›Gedanken‹, ›Propositionen‹ und ›Begriffe‹ letztlich als Rede über ›hypothetische Konstrukte‹ oder ›intervenierende Variablen‹ (S. 132 f.) zu verstehen ist oder gar nur als eine sachlich unangemessene, explikationsbedürftige Redeweise. (Der ›intuitive‹ Charakter unserer Beispielbeschreibungen bleibt bestehen.) Das heißt aber auch, daß unser Denkbegriff *prinzipiell* offen sein muß für die fraglichen phänomenalen Evidenzen: kaum zwar für eine spezielle

141 Reduktionsversuche auf (bloße) sprachliche Ausdrücke scheiden, wie wir im nächsten Abschnitt noch näher sehen werden (S. 150 ff.), aus und formale Reduktionen, die nur an den logischen Möglichkeiten, nicht an den tieferliegenden Sachfragen orientiert sind, umgehen die eigentlichen Probleme. So ist mit der bloßen formalen Analyse modalisierter Sätze als Sätze nicht über Propositionen, sondern über gewöhnliche Referenten (vgl. Anm. 121) solange nichts gewonnen, als die strukturellen Zusammenhänge, die in den Substitutionsreihen: $M(p_1)$, $M(p_2)$, ... $M(p_n)$ bzw. $M_1(p)$, $M_2(p)$, ... $M_n(p)$ erkennbar sind, unerklärt bleiben. Die natürliche Sprache jedenfalls gibt uns die Möglichkeit, auf einer ontologisch höheren Stufe singuläre Termini zu verwenden, die das Ergebnis der ›Nominalisierung‹ von Ausdrücken sind, die auf einer darunterliegenden Stufe nicht referentiell verwendet wurden, und dieser ontologische Stufenwechsel läßt sich nicht einfach als eine formale (logische oder syntaktische) *Transformation* beschreiben. Das grammatische Merkmal der Nominalisierung indiziert semantische Differenzen, die theoretisch entweder ignoriert oder expliziert werden müssen und im letzteren Falle offenbar nur als Schritt der ›*Vergegenständlichung*‹ zu verstehen sind – gleichgültig, ob es sich dabei nur um das Explizitmachen eines verdeckt bereits vorhandenen Gegenstandsbezugs (etwa auf die in einem Satz zum Ausdruck gebrachte aber nicht als solche thematisierte Proposition) handelt oder um die ursprüngliche Einführung eines rein theoretischen oder eines phänomenal identifizierbaren Gegenstands selbst (etwa wenn sich das Satzverstehen ohne versteckten Propositionsbezug analysieren läßt).

Art von ›inneren‹ Eigenschaften, wohl aber für eine spezielle Art von Gegenständen, auf die der Denkende sich bezieht. Daß wir auf sie gegründete etwaige Abhängigkeits- oder Unabhängigkeitsargumente (vgl. Anm. 122) mit der gebotenen Skepsis behandeln, versteht sich von selbst.

Kapitel V

Der Terminus ›Sprache‹

1. Konzentration auf den allgemeinen Begriff der ›Zeichenverwendung‹

Am Beginn des vorhergehenden Abschnitts hatten wir festgestellt, daß der unspezifizierte Terminus ›Denken‹, der in [B 3.1] und [B 3.2] auftritt, nur die Funktion einer Variablen hat, die durch unbestimmt viele speziellere Termini zu ersetzen ist, und wir haben bei unserer weiteren Untersuchung gesehen, wie umfangreich das Gebiet ist, aus dem wir – angesichts seiner noch ausstehenden angemessenen begrifflichen Differenzierung – vorerst nur ›intuitiv‹ einige uns besonders interessierende Beispiele herausgreifen können. Der Terminus ›Sprache‹ scheint uns vor weniger große Probleme zu stellen. Zwar hat auch er (inzwischen) einen relativ weit verzweigten Gebrauch erhalten, der es möglich macht, von der ›Bienensprache‹, ›Computersprachen‹, der ›Sprache der Hände‹ oder den ›Sprachen der Kunst‹ zu reden, aber der metaphorische Ursprung dieser Redeweisen ist unschwer zu erkennen, und was ursprünglich als ›Sprache‹ bezeichnet wird und uns natürlich vor allem interessiert, liegt auf der Hand: menschliche Natursprachen wie Deutsch, Englisch, Chinesisch oder Kisuaheli. Gewiß gibt es interne und externe Abgrenzungsprobleme, aber der Grenzverlauf, sagen wir, zwischen deutschen und englischen Ausdrücken oder deutschen Ausdrücken untereinander ist trotz ihrer Nachbarschaft ziemlich klar, so daß uns die Auswahl einzelner exemplarischer Sprachleistungen für unsere These nicht allzu schwer fallen sollte.

So weit, so gut. Die begrifflichen Schwierigkeiten beginnen, sobald wir den eben umrissenen Variabilitätsspielraum unseres Sprachbegriffs mit dem unseres Denkbegriffs in Verbindung bringen. Setzen wir einmal eine beliebige, ›intuitiv‹ differenzierte Denkleistung und eine ebenso differenzierte Sprachleistung in die (für unsere Zwecke vereinfachte) Abhängigkeitsthese ein:

[1] Der Gedanke, daß die Erde kugelförmig ist, impliziert die Verwendung des Satzes ›The earth is globular‹.

Obgleich wir unsere Einsetzung wohlweislich nicht *völlig* beliebig vorgenommen haben, läßt sich sofort erkennen, daß es nicht sinnvoll wäre, nach der Wahrheit von [1] zu fragen. Der Satz ist nicht sinnlos, aber so offenkundig falsch, daß sich die Frage nach ihm erübrigt. Offenbar müssen die in unsere These einzusetzenden Leistungen vorher aufeinander abgestimmt werden. Kein Deutscher muß, wenn er einen ›Gedanken‹ fassen will, einen englischen Satz verwenden; allenfalls einen deutschen. Verbessern wir unsere These also so, daß dem Rechnung getragen wird:

[2] Der Gedanke, daß die Erde kugelförmig ist, impliziert die Verwendung des Satzes ›Die Erde ist kugelförmig‹.

Diese Behauptung ist plausibler als [1], aber immer noch implausibel genug, um uns zu zeigen, daß die ›Abstimmung‹ noch nicht in der richtigen Weise erfolgte. Offenbar sind wir über das Ziel hinausgeschossen, denn wenn [2] *an die Stelle* von [1] tritt, ist die Verwendung des englischen Satzes beim Gedanken an die Kugelgestalt unseres Planeten *unzulässig*, und wollen wir das tatsächlich behaupten? Vielleicht, wenn wir einen extremen sprachrelativistischen Standpunkt vertreten. Aber wenn These [2] in einem ausschließenden Sinne wahr ist, können die folgenden Thesen offenbar nicht mehr wahr sein:

[3] Der Gedanke, daß die Erde kugelförmig ist, impliziert die Verwendung des Satzes ›Die Erde ist kugelig‹.

[4] Der Gedanke, daß die Erde kugelig ist, impliziert die Verwendung des Satzes ›Die Erde ist kugelförmig‹,

ungeachtet der Tatsache, daß die Ausdrücke ›kugelförmig‹ und ›kugelig‹ (offenbar) synonym sind und der Gedanke sich durch sie (offenbar) gar nicht verändert. Der Fehler liegt auf der Hand: Sätze wie [1]-[4] sind im Consequens *zu* spezifiziert, um die Möglichkeit zuzulassen, daß eine Denkleistung zwar an keinen bestimmten, wohl aber an die Verwendung irgendeines sprachlichen Ausdrucks gebunden ist. Um eine angemessene ›Abstimmung‹ zu erreichen, müssen wir unterschiedlich starke Versionen unserer These in Rechnung stellen.

Die stärkste denkbare Version, die das Denken jeweils an die Verwendung eines *bestimmten Ausdrucks* unter Ausschluß aller übrigen bindet, scheidet aus, da sie nicht mehr im Einklang mit dem wohl kaum zu bestreitenden (vgl. S. 37, Anm. 22) Faktum der

Arbitrarität des sprachlichen Zeichens stünde. Die Bindung an Ausdrücke einer *bestimmten Sprache*, im Normalfall die in der frühen Kindheit erlernte ›Muttersprache‹,[142] kommt aber in Betracht, denn dies ist die These, die wir in ihren weitestgehenden Äußerungen schon bei Herder und Humboldt fanden und die später vor allem durch Benjamin Lee Whorf und die deutsche ›Sprachinhaltsforschung‹ bekannt geworden ist (vgl. dazu Kap. VIII). Eine schwächere, gleichfalls in der Literatur vertretene[143] Variante hiervon behauptet die Abhängigkeit nicht von den Einzelsprachen, sondern nur von *bestimmten Sprachgruppen*, die durch die strukturellen Gemeinsamkeiten ihrer Mitglieder definiert sind. Doch läßt sich auch diese Beschränkung zugunsten einer noch schwächeren Variante preisgeben, die undifferenziert die *Gesamtheit der Einzelsprachen* betrifft: das (menschliche) Denken kann zwar die Grenzen der eigenen ›Muttersprache‹ bzw. Sprachgruppe überschreiten, aber nur dadurch, daß es in eine andere vorliegende Sprache überwechselt.[144] Geht man noch einen Schritt weiter, so kommt man zu einer Sprachabhängigkeitsthese von der Art, wie sie sich etwa bei Noam Chomsky und Kuno

142 Auf diesen Fall können wir uns als den für unsere Frage elementarsten beschränken. Bindungen an bestimmte Regionen *innerhalb* der gewöhnlichen ›Muttersprachen‹ (Dialekte, soziale ›Gruppensprachen‹, Idiolekte) dürften ihnen gegenüber ›parasitär‹ sein und verändern in jedem Falle die sprachtheoretische Situation grundsätzlich. Fälle von (echtem) frühkindlichem Bi- oder Multilingualismus sind kritischer, auch wenn sie faktisch zweifellos selten sind. Sie liefern ein Argument *gegen* die Abhängigkeit von bestimmten Sprachen und könnten uns dazu veranlassen, mit einer weiter abgeschwächten These als zulässiger stärkster einzusetzen. Da ihre Beweiskraft aber im Blick auf die (weit überwiegende) Mehrzahl der unilingualen Fälle sicher nicht durchschlagend ist und verschiedene vorliegende Abhängigkeitsargumente diese Stufe betreffen, bleibt ihre Berücksichtigung notwendig.

143 Sie ist z. B. enthalten in Whorfs Zusammenfassung der meisten indoeuropäischen Sprachen zum »Standard Average European« (»SAE«) und dessen Kontrastierung mit außerindoeuropäischen Sprachen, verbunden mit der Behauptung, die Einführung einer SAE-Sprache wie Englisch als universelle Weltsprache müsse zum unwiederbringlichen (!) Verlust der in den außerindoeuropäischen Sprachen enthaltenen Sprach- und Denkformen führen (B.L. Whorf: *Sprache, Denken, Wirklichkeit* [orig. Cambridge/Mass. 1956], Reinbek 1963, 45). Durch die Behauptung der Unwiederbringlichkeit unterscheidet sich Whorfs Behauptung von den gleich noch zu erwähnenden Thesen von Chomsky und Lorenz.

144 Diese Version müßte z. B. zugrundegelegt werden, wenn man die oben erwähnte Erklärung Humboldts (S. 71 f., Anm. 60, S. 82), durch das Erlernen von Fremdsprachen könne das eigene Begriffsnetz ergänzt werden, mit einer prinzipiellen Sprachabhängigkeitsthese in Einklang bringen will.

Lorenz findet.[145] Ihr zufolge besteht eine Bindung des Denkens weder an eine bestimmte Sprache oder Sprachgruppe noch an die Gesamtheit der vorliegenden Einzelsprachen, wohl aber an das *menschliche Sprachvermögen,* das in den vorliegenden Sprachen lediglich einen speziellen, historisch ausgezeichneten Niederschlag gefunden hat. Diese Version also würde es zulassen, daß das Denken eigene Wege geht, nur wären es durchweg ›sprachlich gebahnte‹ Wege, d. h. der denkende Mensch müßte, *wenn* er konstruktiv wird, *sprach*konstruktiv werden und sich grundsätzlich in den durch sein Sprachvermögen gesetzten Grenzen bewegen. Die genaue Grenzziehung ist natürlich nicht unproblematisch[146] und kann uns gegebenenfalls dazu veranlassen, gleich noch

145 Vgl. Chomsky 1965, a.a.O. [S. 44, Anm. 28], Kap. 1; Chomsky 1975, a.a.O. Kap. I; K. Lorenz / J. Mittelstraß: *Die Hintergehbarkeit der Sprache,* in: Kant-St. 58 (1967), 204; K. Lorenz: *Elemente der Sprachkritik,* Frankfurt 1970, 105. 161. Auch Humboldts Rekurs auf die »allgemeine Sprachkraft« ließe sich dieser Version der Sprachabhängigkeitsthese zuordnen.

146 Wie schon für Humboldt herausgestellt (S. 54. 56) darf das ›Sprachvermögen‹ keine bloße Rückprojektion auf der Grundlage faktischer Sprachentwicklungen sein. Das wäre dadurch am überzeugendsten sichergestellt, daß man es prinzipiell, wenn auch vielleicht nicht methodisch, *unabhängig* von seiner Aktualisierung in vorliegenden Sprachen bestimmt. Ansprüche dieser Art sind von Lorenz erhoben worden (1970, a.a.O., 16. 20. 152 f. 160. 165 u. ö.). Aber obgleich die behauptete ›Unhintergehbarkeit‹ für die primär ins Auge gefaßten Phänomene der Prädikation und des logischen Schließens eine gewisse ›intuitive‹ Plausibilität besitzt (vgl. jedoch unten S. 220 ff.), ist, bedingt z. T. durch die fatale Vermischung von Begründungsfragen und Fragen der ›Lehrbarkeit‹ und ›Verständlichkeit‹, weder für sie noch für die übrigen von Lorenz ›rational (re-)konstruierten‹ Teile der Sprache bewiesen worden, daß sie notwenige oder gar hinreichende Bedingungen jedes ›vernünftigen‹, ›wissenschaftlichen‹ u. ä. oder gar jedes ›sinnvollen‹ (a.a.O., 13. 149. 154) Redens überhaupt darstellen. Apriorische Aussagen sind problematisch.

Aussichtsreicher erscheint die Bestimmung in *Abhängigkeit* von einem umfassenden empirischen Sprachvergleich, wie er von Chomsky zur Eingrenzung der angeborenen sprachlichen Fähigkeiten verlangt wurde. Das bloße Faktum der Universalität bestimmter Merkmale ist natürlich noch kein Beweis für ihre Angeborenheit, denn die Gleichförmigkeit könnte ja *kontingent* oder die Folge *externer* Umstände sein, etwa gemeinsamer Entwicklungs- und Lernbedingungen bei weitgehend unspezifizierten Fähigkeiten (vgl. auch S. 44 f., Anm. 28). Ein solcher Schluß ist von Chomsky auch nirgends vollzogen worden (vgl. seine Replik auf entsprechende Vorhaltungen von H. Hiż und H. Putnam in: Hook, ed., 1969, a.a.O., [S. 122, Anm. 119], 78. 85). Wohl aber *bindet* er Angeborenheit an Universalität. Die Gefahr ist, daß das Sprachvermögen dadurch unangemessen eingeengt wird. Der entscheidende Grund für die Annahme angeborener Fähigkeiten ist, abgesehen von den internen *Voraussetzungen* jeden Daten-Erfassens, vor allem die bestehende Daten-*Unterbestimmtheit* (vgl. Anm. 28 und S. 457 ff.), und es läßt sich nicht ausschließen,

den nächsten Schritt anzuschließen und, statt der Verwendung einer ›spezifisch menschlichen Sprache‹, nur die eines *beliebigen Zeichensystems* zu verlangen. Und wenn wir im Hinblick auf eine mögliche Abhängigkeit schon bei einzelnen Leistungen auch den Aspekt des ›systematischen‹ Zeichengebrauchs fallenlassen, kommen wir zu der schwächsten (sinnvollen) Form unserer These, sc. der Forderung nach der Verwendung von *Zeichen überhaupt.*

Welche dieser Versionen sollen wir unserer Untersuchung zugrundelegen? Größeres Aufsehen erregen ohne Zweifel die stärkeren, aber beweisstrategisch wäre es wenig sinnvoll, mit ihnen anzufangen. Generell ist es günstiger, mit der schwächeren These zu beginnen und das weitere Vorgehen vom Ergebnis ihrer Überprüfung abhängig zu machen. Sollte sich etwa zeigen, daß eine bestimmte Art des Denkens unabhängig von der Verwendung von Zeichen ist, braucht man nach ihrer Abhängigkeit von den Zeichen einer bestimmten Sprache oder Sprachgruppe nicht mehr zu fragen. Zeigt sich dagegen eine (unspezifische) Zeichenabhängigkeit, läßt sich sinnvoll die Frage anschließen, ob diese Bindung auf eine besondere Art der Zeichenverwendung beschränkt ist. Für den Beginn mit einer schwachen These spricht im Rahmen unserer Fragestellung zudem ein starker interner Grund. Wenn wir die anthropologische These [A] sinnvoll an die von uns untersuchte Sprachabhängigkeitsthese [B] anschließen wollen, dürfen wir diese nicht von vorneherein auf menschliche ›Träger‹ beschränken (S. 95 f., vgl. S. 93 f.). Würden wir einen spezifisch menschlichen Sprachbegriff zugrundelegen, wäre jede Intelligenzleistung, die sich bei Tieren oder Maschinen nachweisen läßt, per definitionem

ja, ist sogar äußerst wahrscheinlich, daß diese auch nichtuniverselle Teile der Sprache betrifft. Aber auch wenn wir den angeborenen Bereich entsprechend ausdehnten, wäre er für einen adäquaten Begriff des ›Sprachvermögens‹ nicht weit genug. Der empirische Sprachvergleich bleibt induktiv: weder *ist* er für die Vielfalt der gegenwärtigen Sprachen abgeschlossen noch *kann* er dies mit Bezug auf (etwaige) wiedererloschene frühere oder noch ausstehende künftige Sprachentwicklungen jemals werden. Diese empirische Offenheit ist für die Annahme eines ›Vermögens‹ selbst nicht kritisch (vgl. auch Chomskys Replik auf die Einwände von J. Cohen und R. Schwartz in: Chomsky 1975, a.a.O. [Anm. 28], 220 ff. 245 f.). Sie gefährdet aber die Signifikanz der betroffenen Version der Sprachabhängigkeitsthese. Schon der Vergleich von *bestehenden* Sprachen setzt einen spezifizierten *Begriff* der ›Sprache‹ voraus, von dem, wenn apriorische Bestimmungen ausscheiden, schwer zu sehen ist, welche Stellung er zwischen einer dezisionistischen Abgrenzung durch die jeweils gewählten Beispiele und einer Ausweitung auf menschliche oder außermenschliche Zeichensysteme überhaupt einnehmen kann.

sprachfrei, obwohl es doch (z. B.) keineswegs evident erscheint, daß die (nehmen wir an: in unserem weiten Sinne ›intelligente‹) Fähigkeit eines Bienenvolkes zur wechselseitigen, situationsunabhängigen Information über entdeckte Futterplätze *ohne* die Fähigkeit zur Verwendung von ›Tänzen‹ oder äquivalenten Verhaltensweisen als ›Zeichen‹ bestehen könnte. Und noch weniger kann die Tatsache, daß ein Taubstummer statt der gewöhnlichen Sprache seiner Umgebung eine besondere ›Zeichensprache‹ verwendet, die sich mit keiner der vorliegenden Natursprachen deckt und sich vielleicht auch nicht auf ein von ihnen abgeleitetes ›Sprachvermögen‹ zurückführen läßt, ein Beweis für die Sprachunabhängigkeit seiner intelligenten Leistungen sein. Alle Versionen, die den Sprachbegriff direkt oder indirekt auf den Menschen beschränken, kommen einstweilen, bis zur Einbeziehung der von uns ›strategisch‹ ans Ende verlegten anthropologischen Fragestellung, nicht in Betracht.

Unsere Liste beschränkt sich damit auf zwei: die behauptete Bindung an Zeichensysteme oder an Zeichenverwendung überhaupt. ›Systematischer‹ Zeichengebrauch in dem Sinne, daß eine *Vielzahl* einzeln oder in Kombination verwendbarer Ausdrücke zur Verfügung steht, ist sicher keine Vorbedingung bestehender Abhängigkeit und gegenüber der Verwendung von *wenigen* oder *einzelnen* Zeichen sachlich (und wohl auch historisch) der weniger elementare Fall. Auch hier wäre es sinnvoller, zunächst den Einzelfall zu betrachten und erst danach zu fragen, ob das betroffene Denken lediglich an die Verwendung des einen oder an die mehrerer ›systematisch‹ zusammenhängender Zeichen gebunden ist.[147] Allenfalls könnte man eine ›Systematik‹ der Art für erforderlich halten, daß das einzelne Zeichen *regelhaft* an die Verwendung in einer bestimmten Bedeutung gebunden ist, so daß von ›Zeichenverwendung‹ nur mit Bezug auf eine Vielzahl von *Anwendungsfällen* die Rede sein kann. Aber selbst diese geringe Beschränkung erscheint noch zu stark. Muß man nicht irgendwann mit der Verwendung des Zeichens, dessen Sinn später

147 Wenn es z. B. gesichert wäre, daß die (numerische) Identifizierung von Raum- oder Zeitstellen an die Verwendung von Zeichen gebunden ist, könnte man im Hinblick darauf, daß eine *einzelne* Stelle (oder Region) sich offenbar nur aus der Kontrastierung mit mindestens einer *anderen* ergeben kann, plausibel (mit Tugendhat 1976, a.a.O. [Anm. 80], 479 ff.) für die Bindung solcher Identifikationsleistungen an ein ›System‹ von Zeichen argumentieren.

beibehalten wurde, *begonnen* haben und *muß* man an einem ursprünglichen Sinn oder der Zeichenverwendung überhaupt festhalten? Offenbar ist auch hier die Einzelverwendung der elementarere Fall, auf dem die weniger elementaren aufbauen[148] und der unserer Frage sinnvollerweise zuerst zugrundegelegt wird. Die Sprachabhängigkeitsthese läßt sich demnach, unter vereinfachender Zusammenziehung der in [B 3.1] und [B 3.2] explizierten Differenzen und unter Berücksichtigung unserer seither getroffenen Festsetzungen, in folgende Form bringen:

[B 4] Für alle materiellen Gegenstände x gilt: wenn es in der Gesamtheit der Sekundärereignisse eines gibt, das x zum ›Träger‹ hat und zum Ereignistyp ›Denken‹ (der Art ›D_1‹, ›D_2‹, . . . ›D_n‹) gehört, muß es auch mindestens ein gleichzeitiges oder kausal mit ihm verbundenes früheres, aktuelles oder dispositionelles Sekundärereignis geben, das zum Ereignistyp ›Zeichenverwenden‹ gehört und ebenfalls x zum ›Träger‹ hat.

148 Einer der Vorzüge des semantischen Ansatzes von Grice (1957, a.a.O. [S. 33, Anm. 17]) besteht darin, daß er die Rekonstruktion des konventionell etablierten, systematischen Zeichengebrauchs, wie er in den entwickelten Sprachen vorliegt, auf der Grundlage einzelner Zeichenverwendungen möglich macht – ein Projekt, das als solches zwar (angesichts etwa des Humboldtschen »Energeia«-Satzes, vgl. S. 50, Anm. 33) kaum als ein sprachtheoretisches Novum gelten kann, das aber im Kontext einer ganz auf das Sprach*system* eingestellen Schulmeinung, die die Probleme der Sprach*verwendung* entweder ausklammerte oder (in gleicher Verkennung ihrer theoretischen Bedeutung) in eine dritte – ›pragmatische‹ – Komponente *neben* Semantik und Syntax verschob, immer noch ›revolutionär‹ genug war, um von Kritikern jenes Ansatzes nicht verstanden zu werden (P. Ziff, in: Analysis 28, 1967, 1-8; Chomsky 1975, a.a.O., 86. 95; vgl. auch Strawson, in: Phil. Rev. 73, 1964, 439-460; Searle, a.a.O. [Anm. 118], 43 ff.). Freilich waren Grices eigene Ausführungen (in: Found. Lang. 4, 1968, 225-242) weniger dazu angetan, das Projekt einer Erklärung des Sprachsystems mit Hilfe seiner Prinzipien plausibel erscheinen zu lassen. Aber Schiffer (1972, a.a.O. [Anm. 22]) und Bennett (1976, a.a.O. [Anm. 22]) haben inzwischen, gestützt auf D. Lewis' (*Konventionen* [orig. Cambridge/Mass. 1969], Berlin 1975) Theorie der Entstehung von Konventionen, diese Lücke zumindest insoweit geschlossen, daß an der prinzipiellen theoretischen Durchführbarkeit dieses – ›intuitiv‹ in jedem Falle plausiblen – Vorhabens kaum mehr zu zweifeln sein dürfte. Eine Rückbesinnung auf die ›pragmatischen‹ Grundlagen der Sprache innerhalb der strukturellen Linguistik indiziert H. Schnelle: *Syntax und Semantik – Wo stehen wir heute?*, in: Ling. Ber. 63 (1979), 4 ff.

2. Notwendigkeit einer internen begrifflichen Differenzierung

Die Probleme, vor die uns die Suche nach einem angemessenen Sprachbegriff stellt, sind damit allerdings nicht zu Ende. Im Gegenteil. In der genannten schwachen Form sieht unser obiger Beispielsatz etwa so aus:

[5] Der Gedanke, daß die Erde kugelförmig ist, impliziert die Verwendung eines (beliebigen) Zeichens.

Hier ist das Consequens allgemein genug gefaßt, um den Gedanken nicht nur mit deutschen Ausdrücken in Verbindung zu bringen. Aber nützt uns das etwas, wenn wir ihn im Antecedens weiterhin mit dem deutschen Ausdruck beschreiben? Wenn wir ihn als den Gedanken *des Satzes* ›Die Erde ist kugelförmig‹, identifizieren, können wir *diesen* Gedanken dann noch in anderen Sprachen und Zeichenverwendungen wiedererkennen? Ja, *impliziert* eine solche Identifikation nicht bereits die Sprachabhängigkeit der betroffenen Leistung, läßt eine sinnvolle Frage nach ihr also gar nicht mehr zu? Nun, beide Einwände sind nicht wirklich gefährlich, zwingen uns aber zu weiterer Explikation und begrifflicher Differenzierung. Schon bei Humboldt waren wir ja mit der Möglichkeit konfrontiert worden (S. 71 f.), daß das Denken nur von der Sprache her zu bestimmen ist, und hatten sehen können, warum dies keine Vorentscheidung für die Zusammenhangsfrage bedeutet: der *methodische* Ausgang vom sprachlichen Denken beinhaltet nicht, daß die Denkleistung selbst nicht *begrifflich* abgetrennt und auf ihre Sprachabhängigkeit hin untersucht werden kann. Und nach der Begriffsbestimmung im Ausgang von *einer* Sprache ist es, wenn der extreme Sprachrelativismus nicht schon vorausgesetzt werden soll, auch nicht mehr ausgeschlossen, daß sich die gleiche Leistung in *anderen* Sprachen wiederfindet. Unsere These muß nur, um dieser doppelten Möglichkeit formal Rechnung zu tragen, weiter spezifiziert werden.

Betrachten wir zunächst das Consequens. Wir verwenden dort Prädikate wie ›Zeichen‹ und ›Satz‹, bzw. (in denkbaren differenzierteren Versionen) ›Wort‹, ›Subjekt‹ und ›Prädikat‹, die sich nicht nur auf die als Zeichen fungierenden sprachlichen Ausdrükke, sondern auf einer ›formalen‹ Ebene auch auf die mit ihnen faktisch verbundenen Denkleistungen beziehen.[149] Setzen wir eine solche Leistung nun ins Antecedens ein und verwenden im Consequens den auf sie ›übergreifenden‹ Sprachbegriff, wird der Gesamtsatz partiell tautologisch und verdeckt insoweit den eigentlichen Gegenstand unserer Frage. Vollständige Tautologie droht zudem in Sätzen wie [2], die auf beiden Seiten den gleichen Ausdruck verwenden. Doch zeigt dieses Beispiel bereits, wie unerwünschte Tautologien zu eliminieren sind. Nichttautologisch ist der Satz offenbar dann, wenn (mit Bezug auf den zweimal auftretenden Teilsatz) im Antecedens von den als Zeichen fungierenden Ausdrücken, im Consequens von den in ihnen ›ausgedrückten‹ Gedanken *abstrahiert* wird. Die Anführungszeichen in [2] bringen das teilweise schon zum Ausdruck. Unmißverständlich aber ist unsere Formulierung erst, wenn der ›übergreifende‹ Terminus ›Satz‹ eliminiert wird:

[6] Der Gedanke, daß die Erde kugelförmig ist, impliziert die *zeichenhafte Verwendung des Satzausdrucks* ›Die Erde ist kugelförmig‹.

Entsprechendes gilt für die übrigen Beispiele, einschließlich der von uns zugrundegelegten schwachen Version [5], die nun folgende Form hat:

[7] Der Gedanke, daß die Erde kugelförmig ist, impliziert die *zeichenhafte Verwendung* eines (beliebigen) *Ausdrucks.*

Voraussetzung für die zweimalige Abstraktion ist allerdings die interne Differenzierung des Sprachbegriffs, und erst hier beginnen die eigentlichen Probleme. Kritisch ist vor allem das Antecedens. Denn *was heißt es*, vom Satzausdruck ›Die Erde ist kugelförmig‹ zu ›abstrahieren‹ und *was ist* der ›Gedanke‹, den wir zurückbehal-

149 Genauer gesagt: Prädikate wie diese werden *sowohl* im rein ausdrucksbezogenen als auch im genannten erweiterten Sinne verwendet und gerade die Mehrdeutigkeit macht ihre Präzisierung erforderlich. Zudem ergibt sich die paradoxe Situation, daß Prädikate wie ›Subjekt‹ und ›Prädikat‹, die umgangssprachlich normalerweise erweiterten Sinn haben, in der linguistischen Fachsprache (seit dem Strukturalismus) zu rein ausdrucksbezogenen Termini werden, während ausgerechnet das Prädikat ›Zeichen‹, das in der Umgangssprache den klarsten Bezug auf den bloßen Ausdruck erkennen läßt, einen erweiterten Sinn erhält und obendrein mit einer ungerechtfertigten ›Unabtrennbarkeitsthese‹ verbunden wird. Dieser nicht differenzierte Zeichenbegriff, dessen einzige Legitimation seine Notwendigkeit für das strukturalistische ›Konsubstanzialitätsprinzip‹ ist und der auch darum suspekt erscheint (S. 57 f., Anm. 43), ist es vor allem, den wir durch unsere gegenwärtigen Überlegungen ausschalten müssen.

ten und in anderen Sprachen (möglicherweise) wiedererkennen? So selbstverständlich die Abstraktion auf den ersten Blick auch erscheint, so schwierig erweist sich bei näherem Zusehen die theoretische Explikation der in ihr enthaltenen Schritte. Diese Situation legt es nahe, nach Alternativen zur Identifikation des Denkens im Ausgang von der Sprache, zu dem wir bislang ja nicht gezwungen wurden (vgl. S. 94 f.), Ausschau zu halten. Natürlich müssen wir, da wir es mit formulierten Thesen zu tun haben, ins Antecedens ebenso wie ins Consequens durchweg sprachliche Ausdrücke einsetzen. Aber ebenso klar ist, daß die Verwendung sprachlicher Beschreibungen nicht die Sprachlichkeit des Beschriebenen impliziert. (Andernfalls müßte auch das, was Fußballspieler treten, etwas Sprachliches sein, da für die Pünktchen in ›x tritt ...‹ zweifellos Ausdrücke wie ›den Ball‹, ›das Leder‹ oder ›das Schienbein des Gegners‹ eintreten.) Die Probleme ergeben sich deshalb, weil unsere Beispielsätze im Antecedens offenbar *keine* Beschreibungen der betroffenen Leistung enthalten, sondern einfache Sätze, die ihre ›Gedanken‹ für denjenigen, der sie versteht, in einer undurchsichtigen und theoretisch schwer aufzuhellenden Weise ›mit sich führen‹. Sollte es uns gelingen, echte Beschreibungen an ihre Stelle zu setzen, könnten wir uns, wie es scheint, des problematischen Abstraktionsverfahrens entledigen.

In Frage kommen dabei natürlich nur solche Leistungen, die, mögen sie direkt oder indirekt an die Sprache gebunden sein, begrifflich zumindest nicht *als* sprachliche identifiziert werden. Das ist bei einfachen intelligenten Verhaltensweisen, wie sie im Alltag und in spezifizierter Form auch in nichtsprachlichen Intelligenztests verlangt werden, sicher vielfach gegeben. Bei höheren Denkarten aber geraten wir mit der sprachfreien Beschreibung sehr bald an eine Grenze. Was unsere Musterbeispiele ›Behauptung‹, ›numerische‹ und ›qualitative Identifikation‹ angeht, so ist in der Literatur zwar öfter der Anspruch auf adäquate Erfassung durch sprachfreie Tests erhoben worden und wir werden solche Versuche später zu prüfen haben. Skepsis dürfte aber am Platz sein, und schon jetzt läßt sich allgemein sagen, daß man, wenn man auf den methodischen Ausgang von der Sprache verzichtet, in der Gefahr steht, durch die verfügbaren nichtsprachlichen Identifikationsmöglichkeiten auf vergleichsweise simple und uninteressante Leistungen festgelegt zu werden. Das würde die Reichweite unserer Frage unerwünscht einengen. Doch sehen wir davon vorläufig ab. Oder besser noch: nehmen wir an, es gelänge uns, hinreichende nichtsprachliche Kriterien auch für komplexere Arten des Denkens zu finden und ins Antecedens unserer These einzusetzen. Ließe sich damit tatsächlich die problematische interne Differenzierung des Sprachbegriffs, wie wir gehofft hatten, vermeiden?

Kaum, wie die Anwendung auf ein konkretes Beispiel verdeutlicht. Nehmen wir als das nichtsprachlich zu beschreibende Denken eine ›Problemlösung‹ (S. 112 f., Anm. 105) wie das Zusammensetzen eines Puzzles und verbinden es in unserer These mit einem bestimmten Sprachausdruck:

[8] Das Zusammensetzen der vorliegenden 2000 Pappteile zu einem Bilde des Ayatollah Khomeini impliziert die zeichenhafte Verwendung des Satzausdrucks ›Die Erde ist kugelförmig‹.

Es ist natürlich nicht a priori ausgeschlossen, daß ein verdeckter psychologischer Zusammenhang zwischen beiden Leistungen besteht, aber empirisch ist diese These absurd. *Wenn* das Puzzle-Zusammensetzen die Verwendung von Sätzen erfordert, dann solchen, die den Gedankengang bei der Lösung wiedergeben (›dies Teil hat eine wellenförmige Einkerbung; ich brauche eines, das eine entsprechende Ausbuchtung hat; das gibt es nicht; also muß ich versuchen, die Ausbuchtung durch Kombination von Teilen herzustellen‹ usw.). Sinnvoll, d. h. empirisch aussichtsreich, ist die These nur, wenn die Sprachleistung im Consequens der ins Antecedens eintretenden nichtsprachlichen Denkleistung *entspricht,* was voraussetzt, daß beide ihrem ›gedanklichen Gehalt‹ nach miteinander verglichen werden. Das aber ist nur möglich, wenn die Sprachleistung begrifflich differenziert und das in ihr (faktisch) enthaltene Denken ›herausgefiltert‹ wird. D. h. wir enden genau dort, wohin uns das Humboldtsche Abstraktionsverfahren geführt hatte, mit dem alleinigen Unterschied, daß wir zur Differenzierung des Antecedens nicht mehr gezwungen sind, weil wir dort (unterstelltermaßen) schon über eine vom Ausdruck getrennte Denkleistung verfügen.

3. Erster Differenzierungsschritt: Abtrennung des bloßen Ausdrucks

Um die interne Differenzierung des Sprachbegriffs kommen wir also nicht herum und müssen uns positiv um ihre Durchführung bemühen. (Historisch gesehen: wir brauchen ein sachliches Äquivalent zur Humboldtschen ›Sprachkonstitution‹.) Der erste Schritt dazu scheint relativ unproblematisch: wir trennen von der komplexen Sprachleistung jeweils den bloßen Ausdruck ab. *Daß* dies möglich ist, zeigt die ›introspektive‹ Tatsache, daß man, um klangliche oder rhythmische Besonderheiten zu erfassen, von der gewöhnlichen, inhaltsbezogenen Lektüre eines Gedichtes oder anderen gestalteten Textes willentlich auf ein ›Lesen‹ der bloßen Lautgestalt ›umschalten‹ kann, bei dem die Schriftzeichen wie Noten fungieren, und bei der Konfrontation mit einer völlig unverstandenen Fremdsprache wird die Abtrennbarkeit des Ausdrucks noch deutlicher. Die Probleme beginnen mit der Frage danach, *was* hier genau geschieht. Abgetrenntes und nach der Trennung Verbleibendes müssen spezifiziert werden, wobei sich zumindest im zweiten Falle Probleme ergeben.

Was *abgetrennt* wird, läßt sich abstrakt leicht sagen, sc. AUSDRÜCKE, wobei man sich freilich im klaren darüber sein muß, daß damit nicht nur die (hypostasierte) gliederungslose Laut- oder Schrift-›Substanz‹ des linguistischen Strukturalismus gemeint sein kann, sondern zugleich die phonologische, morphologische und syntaktische Struktur.[150] Ausdrücke sind, ontologisch gesehen, raumzeitliche Gegenstände: in ihrer lautlichen Form Primär- bzw. (wenn man den Sprecher hinzunimmt) Sekundärereignisse, in ihrer schriftlichen zweidimensionale (vgl. S. 97, Anm. 80) materielle Gegenstände. *Relevant* für ihre Funktion als Zeichen ist aber

150 Daß die ausdrucksseitige Gliederung von der ›inhaltlichen‹ keineswegs unabhängig, sondern entscheidend von ihr beeinflußt ist und, *soweit* dies tatsächlich vorliegt (vgl. S. 57f., Anm. 43), entsprechende semantische Strukturen indiziert, ändert an ihrem *Ausdrucks*charakter nichts: die formal gleiche Struktur – einschließlich aller syntaktischen Formations- und Transformationsregeln – *könnte* jedenfalls auch, wie wir gleich noch an einigen Beispielen sehen werden, völlig bedeutungslos vorliegen. Aber selbst wenn wir das strukturalistische ›Konsubstanzialitätsprinzip‹ akzeptieren würden, bliebe der hier interessierende Punkt davon unberührt. Zurück (nach der Abtrennung des bloßen Ausdrucks) bliebe der ›Inhalt‹ *mit gleicher Struktur,* nicht eine beiden ›ungeformten Substanzen‹ gegenüberstehende ›Struktur an sich‹!

bekanntlich nicht ihre numerische, sondern nur ihre qualitative Identität.[151] *Mehr* als die qualitative Identifizierung der fraglichen Laut- oder Schriftmuster *muß* man den Sprechern nicht unterstellen.[152] Das ist nicht unerheblich, denn man kann sich leicht klar machen, daß die Leistungen, die erforderlich sind, um einen Ausdruck, den man als Zeichen verwenden will, zuallererst zu identifizieren, nicht an die Sprache gebunden sein können. Wären sie zeichenabhängig, müßte ja wieder ein anderer Ausdruck als identifiziert vorausgesetzt werden und so fort (theoretisch) ad infinitum. Allenfalls könnte man argumentieren, daß komplexere (etwa: syntaktisch zu spezifizierende) Ausdrücke nur in Abhängigkeit von der zeichenhaften Verwendung einfacherer Ausdrücke zu identifizieren sind, und auf diese Weise Anspruch auf eine gestufte Folge der Zeichenabhängigkeit oder -unabhängigkeit erheben. Ob sie im einzelnen zu begründen ist, mag dahingestellt bleiben. Feststeht jedenfalls, daß die unterste Stufe zeichenunabhängig sein muß und daß intelligente Leistungen in einem weiten Sinne sich auch für sie nicht ausschließen lassen. Ausdrucksidentifizierende Leistungen und, da sie in ihnen enthalten sind, Zeichenverwendung und Sprache im allgemeinen fallen zumindest partiell *in* den Bereich unseres umfassenden Denkbegriffs, und für alle *elementaren* von ihnen – gleichgültig wie sie spezifiziert werden – können wir die Sprachunabhängigkeit als gesichert ansehen.

Kritisch jedoch ist die Eingrenzung dessen was *übrigbleibt*. Ja, fraglich ist schon, ob wir nach Abzug sämtlicher Ausdrücke *überhaupt* etwas übrig behalten? Wenn wir vom ›introspektiven Umschalten‹ und vom Bezug auf unverstandene Fremdsprachen ausgehen, scheint diese letztere Alternative absurd. Gleichwohl zeigt gerade die neuere Sprachtheorie eine ausgeprägte Tendenz in diese Richtung und eine *denkbare*, wenn auch verdächtig einfache, Lösung für unser Differenzierungsproblem bleibt sie in jedem Fall. Ein Umstand, der sachlich zu ihren Gunsten zu sprechen

151 Dies ist der sachliche Kern der linguistischen Rede vom ›Typen‹- bzw. ›Klassen‹-Charakter der sprachlichen Ausdrücke, die nur insofern irreführt, als ihr die traditionelle, aber gleichwohl irrige Auffassung von der Priorität des Besonderen gegenüber dem Allgemeinen zugrundeliegt.

152 Natürlich schließt das nicht aus, daß die als Zeichen verwendeten Ausdrücke *auch* numerisch identifiziert werden (vgl. unten S. 425). Wichtig ist nur, daß die numerische Identifizierung in der Ausdrucksverwendung nicht *impliziert* ist.

scheint, ist die Möglichkeit *logischer Formalisierung*. Umgangssprachliche oder mathematische Sätze und Ableitungen werden in eine neutrale logische Notation überführt und dort syntaktisch durch Formations- und Transformationsregeln beschrieben. Diese Beschreibung spezifiziert den ›logischen Kern‹ der formalisierten Ausdrücke, die durch sie, was diesen ›Kern‹ angeht, grundsätzlich auf Regeln des gleichen Typs reduziert werden. In logischer Hinsicht unterscheiden sich umgangssprachliche Sätze und Ableitungen von ihren Formalisierungen nur durch die größere Komplexität ihrer grammatischen Strukturen. (Man denke etwa an die zahllosen grammatischen Ausdrucksmöglichkeiten für asymmetrische Relationen und deren Umkehrungen in den indoeuropäischen Sprachen!) Wahrheit und Falschheit, ohne die von einer *logischen* Formalisierung schwerlich die Rede sein könnte, erhalten entsprechend einen rein ausdrucksbezogenen Sinn, sc. den von ›*darf bzw. darf nicht geäußert oder geschrieben werden*‹, so daß, wäre dies (auf der Satz- und Beweisebene) eine hinreichende Spezifikation unseres normalen Sprechens und Schreibens, nach Abtrennung aller bloßen Ausdrücke und deren Struktur tatsächlich nichts mehr übrig bliebe.

Nun, man kann leicht sehen, daß die *syntaktisch* ›formale‹ Wiedergabe *nicht* hinreicht und daß der genuine Sinn von Wahrheit und Falschheit nicht getroffen ist. Jedes ›logische‹ System dieser Art läßt sich formal in, sagen wir, einem Glasperlenspiel à la Hermann Hesse rekonstruieren, dessen nichtlogischer Charakter außer Zweifel steht, weil seine Regeln zwar (möglicherweise) unter dem Gesichtspunkt des Schönen oder des Guten, kaum aber dem des Wahren aufgestellt sind.[153] Der Fehler ist klar: wir haben bei der syntaktischen Formalisierung das Kind mit dem Bade ausgeschüttet und nur abstrakte Strukturelemente zurückbehalten, während der Satz- und Beweischarakter zusammen mit Wahrheit und Falschheit über Bord gegangen sind. Retten wir also, was zu retten ist, und versuchen wir, die semantische Dimension und den Wahrheitsgesichtspunkt wieder ins Spiel zu bringen, indem wir, dem (inzwischen) ›klassischen‹ Vorgehen in

153 Die Details bleiben dem Leser überlassen, der im übrigen feststellen wird, daß sich dem *reinen* Glasperlenspieler noch weit größere und intellektuell anspruchsvollere Bereiche eröffnen als der bescheidene Teilbereich, der der konventionellen formalen Logik entspricht.

der formalen Logik folgend, unseren ›uninterpretierten‹ Kalkül mit Hilfe des Tarskischen Schemas:

X ist wahr ≡p

›interpretieren‹.[154] Da an der Stelle von ›X‹ ›*uninterpretierte*‹ Sätze eintreten, das Prädikat ›wahr‹[155] also auf *bloße* Ausdrücke angewandt wird, scheint der reduktive Charakter gewahrt. Fraglich bleibt, ob die Absurditäten des Glasperlenspiels als Modell unserer Sprache damit vermieden werden.

Zwar impliziert die Anwendung auf den bloßen Ausdruck im gegenwärtigen Kontext die reduktive Verwendung des Wahrheitsprädikats – im Sinne von ›darf geäußert werden‹ – nicht, aber nur deshalb, weil es *ganz* unspezifiziert bleibt bzw. ›intuitiv‹ schon als verstanden *vorausgesetzt* wird. Daß der genuine Sinn von Wahrheit und Falschheit auch hier verfehlt wird, zeigt sich, sobald man die ›Intuitionen‹ fallen läßt und mit der Anwendung auf bloße, uninterpretierte Ausdrücke ernst macht. Dann nämlich müssen für die in Anführungszeichen stehenden Zeichen des Tarski-Satzes:

154 Vgl. A. Tarski: *Der Wahrheitsbegriff in den formalisierten Sprachen,* in: Stud. phil. 1 (1935), 261-405; ders.: *The Semantic Conception of Truth,* in: Phil. and Phen. Res. 4 (1944), 341-375; W. Stegmüller: *Das Wahrheitsproblem und die Idee der Semantik,* Wien 1957. – Für unsere Zwecke genügt die Orientierung am einfachsten Fall einer Sprache der ersten Stufe mit endlich vielen Sätzen, bei der wir nach Tarski davon ausgehen können, daß eine vollständige Definition des Prädikats ›wahr‹ durch die Konjunktion aller nach dem zitierten Schema gebildeten Sätze erreicht wird.

Zur Explikation des gewöhnlichen oder »in theoretischer Hinsicht wichtigsten« Sinnes von ›wahr‹ (vgl. Stegmüller, a.a.O., 220 f.) ist die ›semantische Definition‹ Tarskis kaum geeignet, da sie, wenngleich in keinen *formalen Zirkel,* wie Tarski mit Recht gegen entsprechende Einwände geltend gemacht hat, so doch mit ihrer Voraussetzung wahrheitsfähiger Aussagen im Definiens und des durch seinen Wahrheitswerteverlauf definierten Junktors ›≡‹ ersichtlich in einen *Erklärungsregreß* führt, den keine Verteidigung (vgl. Stegmüller, a.a.O., 241 f.) aus der Welt schafft. Die Bedeutung der Tarskischen Definition liegt – abgesehen von den speziellen Problemen, für die sie ursprünglich geschaffen war – auch nicht eigentlich in ihrem Beitrag zur *Klärung* des Wahrheitsbegriffs, sondern in ihrem Hinweis auf dessen mögliche *Anwendung* in einem semantischen Kontext, wie sie vor allem von D. Davidson propagiert wurde (vgl. bes. *Truth and Meaning,* in: Synth. 17, 1967, 304-323). Auf die internen Schwierigkeiten seines und des ›wahrheitssemantischen‹ Ansatzes im allgemeinen werden wir unten zurückkommen (S. 432 ff., 447 f.).

155 Der prädikative Charakter des Ausdrucks ›wahr‹ ist von der ›performativen‹ Wahrheitstheorie Strawsons bekanntlich bestritten worden. Aber selbst wenn seine (aus mehreren Gründen anfechtbare) Behauptung zuträfe, würde sich in der uns interessierenden Hinsicht nichts ändern: zu fragen wäre jetzt lediglich nach dem Sinn einer ›performativen Zustimmung‹ zu bloßen *Äußerungen.*

›p ∧ q‹ ist wahr. ≡ .›p‹ ist wahr ∧ ›q‹ ist wahr

prinzipiell alle Arten raumzeitlicher Gegenstände eintreten können, also auch Glasperlen oder Gebrauchsgegenstände, wie etwa:

Dieses Gebilde aus einem Tisch und zwei Stühlen ist wahr genau dann, wenn der eine Stuhl wahr ist und der andere Stuhl wahr ist.

Eine solche ›Behauptung‹ aber ist offenkundig absurd, und zwar nicht deshalb, weil Tische und Stühle die Funktion von Junktoren und Satzvariablen nicht übernehmen *könnten*, sondern weil wir ihnen gegenüber faktisch nicht das *tun*, was wir bei den Ausdrükken ›p‹, ›q‹ und ›∧‹ zu tun gewohnt sind, sc. sie als Zeichen für wahrheitsfähige Aussagen bzw. eine bestimmte Wahrheitsfunktion zu interpretieren. Ohne versteckte Anleihen bei unserem Vorverständnis ist das Zusprechen des Wahrheitsprädikats zu einem bloßen Ausdruck sinnlos. Und vom Hinzufügen der semantischen Dimension durch diese Prädikation könnte, auch wenn sie als solche sinnvoll wäre, in keinem Falle die Rede sein, da das als wahr oder falsch Qualifizierte dadurch ja nicht bestimmt wird.[156]

156 Das zeigt z. B. (vgl. auch S. 432 ff., 447 f. unten) die von der sogen. ›Redundanztheorie‹ der Wahrheit zugrundegelegte Tarski-Formel:
›p‹ ist wahr≡p,
die fraglos – unabhängig von der Akzeptabilität dieser Theorie selbst – logisch wahr ist, dies aber nur sein kann, wenn beide Instantiierungen des Graphems ›p‹ rechts und links des Äquivalenzzeichens gleiche Bedeutung haben. Das wäre sichergestellt, wenn man, wie P.T. Geach (*Mental Acts*, London 1957, ch. 21) und W.V. Quine (*Philosophie der Logik* [orig. Englewood Cliffs 1970], Stuttgart 1973, 21) es getan haben, die Hinzufügung von ›ist wahr‹ zu einem angeführten Satzausdruck als eine logische Operation versteht, die den Sinn hat, die vorausgegangene Operation der Anführungszeichen rückgängig zu machen, so daß sich die Wahrheit der Redundanzformel – erwünschtermaßen – als die triviale Wahrheit der Formel:
p≡p
erweist. Beim Verständnis der ersten Operation scheiden sich freilich die Geister. Wenn man (mit Quine) den Anführungszeichen den in der formalen Logik üblichen Sinn gibt, sc. den der Verwandlung des eingeschlossenen *interpretierten* in einen *bloßen* Ausdruck, kann der erforderte *spezielle* semantische Inhalt des Satzes links des Äquivalenzzeichens (Quine spricht von dessen »Kontakt mit der Welt«, a.a.O., 11. 12. 35) nicht mehr durch die Bedeutung von ›p‹, sondern nur noch durch die von ›ist wahr‹ garantiert werden, die das jedoch, da sie *alle* Aussagesätze in gleicher Weise betrifft, allein nicht leisten kann. Wenn das Verständnis des Ausdrucks nicht (wie von Geach unterstellt) trotz der Anführungszeichen erhalten bleibt, kann die Gegenoperation nicht greifen: Glasperlen und Möbelstücke werden durch die Hinzufügung von ›ist wahr‹ natürlich in gar nichts ›zurücktransformiert‹!

Die philosophische Tradition ebenso wie die Umgangssprache umgehen beide Probleme, indem sie als ›Träger‹ von Wahrheit und Falschheit nicht den Satzausdruck, sondern die mit ihm zum Ausdruck gebrachte *Proposition* (Anm. 114) betrachten.[157] Das führt in die allseits bekannten ontologischen Schwierigkeiten, und ohne das dezidierte Interesse an ihrer Vermeidung wären die reduktionistischen Vorstellungen niemals entstanden.[158] Nun scheint sich allerdings eine sehr einfache Möglichkeit zu eröffnen, die Absurditäten der Reduktion zu vermeiden, *ohne* die These vom bloßen Ausdruck als ›Träger‹ des Wahrheitsprädikats preisgeben zu müssen: sc. man gibt ihm den unspezifizierten Sinn von

157 *Umgangssprachlich* sind Sätze wie ›Was er behauptet, ist wahr‹, ›Die Aussagen beider Zeugen sind falsch‹, ›Die Presseerklärung enthielt keine konkreten Angaben, aber worauf der Minister anspielen wollte, ist nur zu wahr‹ oder (als Demonstration der Irrelevanz nicht nur bestimmter sprachlicher Formulierungen, sondern auch der bestimmter Einzelsprachen) ›Was Jamani prophezeite und was die gesamte westliche Welt nicht glauben wollte, hat sich als wahr erwiesen‹. Sätze dagegen wie ›Seine Äußerung ist falsch‹ oder ›Die Magnetspuren auf dem Tonband, die Nixons Sekretärin gelöscht hat, waren wahr‹ dürften zumindest ungebräuchlich sein, und die Erklärung ›Die dritte Zeile des Manuskriptes ist falsch‹ bezieht sich gewöhnlich auf einen Tippfehler, nicht auf die Wahrheit der dort vertretenen These!

Die *philosophische* Auffassung von der Proposition als Wahrheitsträger reicht auf jeden Fall bis zur Stoa, möglicherweise auch bis zu Aristoteles zurück (vgl. De Int. 16 a 9 ff. 23 a 33 ff.; Met. 1027 b 25 ff.) und findet sich – was im Blick auf die dort überwiegend gegenteilige Ansicht hervorgehoben zu werden verdient – auch bei bedeutenden sprachanalytischen Philosophen, wie etwa Frege, Russell, Ayer, Pap und Chisholm.

158 Daß ontologische Vorbehalte im Vordergrund stehen, zeigt sich noch deutlicher als auf der Ebene des gesamten Aussagesatzes auf der seiner internen prädikativen Gliederung. Ontologisch suspekt erscheint demjenigen, der die Irreduzibilität von Qualitäten im Hinblick auf die elementaren Identifikationsbedingungen partikulärer Gegenstände (S. 97, Anm. 80) nicht anerkennt und den qualitativen Charakter der als Zeichen fungierenden Ausdrücke (S. 149 f.) außer acht läßt, nur die Annahme von im prädikativen Satzteil ›zum Ausdruck gebrachten‹ *Eigenschaften*, nicht die von partikulären raumzeitlichen *Gegenständen*, die der Subjektteil des Satzes ›bezeichnet‹. So kommt es zu dem kuriosen Verständnis prädikativer Sätze als syntaktisch-semantischer Zwitterwesen: dem vom Subjektausdruck angesprochenen *Gegenstand* wird statt der Eigenschaft der bloße Prädikat*ausdruck* zugesprochen (sic!, vgl. z. B. Searle 1969, a.a.O. [Anm. 118], Kap. 5, bes. 5.6-7 im Kontrast zu 5.1), also der vor uns liegenden Rose nicht die ihr zukommende gelbe *Farbe*, sondern das ihr vom Sprecher beigelegte *Lautmuster* ›gelb‹! Eine ausdrucksseitige Reduktion speziell des prädikativen Satzteils scheint im Mittelalter im radikalen Frühnominalismus (Roscelin, Garland) angelegt gewesen zu sein; doch erkannte schon Abälard die Unhaltbarkeit dieses Reduktionismus, und selbst bei Ockham ging die nominalistische Sparsamkeit bekanntlich nicht so weit, Prädikate zu bloßen Ausdrücken zu machen.

›darf bzw. darf nicht geäußert oder geschrieben werden‹, spezifiziert aber die *Bedingungen*, unter denen das möglich sein soll. Was den sprachlichen Ausdruck danach von Glasperlenketten und Möbel-Arrangements unterscheidet, ist gleichsam die spezielle ›Pointe‹, die seine Äußerung hat. ›Pointierte Äußerungen‹ in einem allgemeineren Sinne liegen ja auch in zahlreichen Mehrpersonenspielen vor, die in der Regel einfacher zu analysieren sind und sich dadurch als Musterbeispiele für jenes Sprachverständnis empfehlen. So wie die einzelnen Züge des Schachspiels – um das zum Topos gewordene Beispiel herauszugreifen – auf das Erreichen der Mattposition im Rahmen der gültigen Regeln bezogen sind, so ist die dialogische (oder auch monologische) Äußerung eines Aussagesatzes auf den nach ähnlichen festgelegten ›Zug‹-Regeln zu erringenden ›Sieg‹ über die sie ›bestreitende‹ Äußerung eines realen oder fiktiven Partners bezogen. Ist dies Modell akzeptabel?

Wenn der Wahrheitsgesichtspunkt nicht wieder über das ›intuitive‹ Vorverständnis eingebracht werden soll, darf das ›Setzen‹ und das ›Bestreiten‹ der ›Züge‹ keinen inhaltlich spezifizierten Sinn haben. Als solches aber läßt es sich auch in nichtlogischen Spielen syntaktisch reproduzieren. Einen Erlanger Rechtfertigungsdialog um einen wahrheitsfunktionalen komplexen Satz z. B. können wir mühelos als Duett für zwei Klaviere aussetzen, das im ursprünglichsten Sinne des Wortes ›konzertant‹ ist, aber mit Wahrheit wenig zu tun hat.[159] Entweder also, scheint es, können wir ›Züge‹

159 Vgl. P. Lorenzen: *Methodisches Denken*, Frankfurt 1968, 37 ff. 65 ff.; W. Kamlah / P. Lorenzen: *Logische Propädeutik*, Mannheim 1967, 196 ff.; K. Lorenz: *Dialogspiele als semantische Grundlage von Logikkalkülen*, in: Arch. f. math. Logik u. Grundlgforschg. 11 (1968), 32-55. 73-100. – Für die Reproduktion der dort entwickelten logischen Dialogspiele benötigen wir lediglich musikalische Gegenstükke (Tonfolgen, Akkorde) zu den im Dialog auftretenden Einheiten und entsprechende Kompositionsprinzipien. Die dialogische ›Aufschlüsselung‹ eines wahrheitsfunktionalen Satzes etwa hat musikalisch die Form eines Variationensatzes, in dem das Thema systematisch ›zerfetzt‹ wird. Details bleiben auch hier dem Leser überlassen.

Die Erlanger Dialoge dienen natürlich nur als (›klassische‹) Beispiele für die dialogische Logik, nicht für die reduktionistische Sprachauffassung selbst, auch wenn einige Äußerungen in diese Richtung gehen. Lorenz z. B. erklärt, daß »Zeichen- oder Lautfolgen« (a.a.O., 35) bzw. »sprachliche Äußerungen« (37) »Aussagen heißen, wenn um sie ein Dialog geführt werden kann«, daß »es der Dialog, nämlich ein lehr- und lernbarer Handlungszusammenhang ist, der eine Aussage sinnvoll macht« (36) und daß »die schematischen Regeln der Dialogführung [. . .] praktische Handlungsanweisungen [sind] und [. . .] als solche ebenso zur Syntax wie zur Semantik der

und ›Gegenzüge‹ doch nicht als Operationen mit bloßen Ausdrükken auffassen oder wir geben zu, daß sie nicht mehr begründet als ›Spiel um Wahrheit und Falschheit‹ zu qualifizieren sind. Nun, noch fehlt eine Beschreibung der Situation, in der die Entscheidung über die ›Äußerbarkeit‹ oder ›Nichtäußerbarkeit‹ eines Ausdrucks fällt, und es wäre denkbar, daß die vorausgegangenen Operationen durch sie in der gewünschten Weise spezifiziert werden. Angenommen einmal, es gelänge uns, komplexe Aussagesätze durchweg als Wahrheitsfunktionen elementarer Sätze zu analysieren. Dann könnten wir sie nach unspezifizierten Äußerungsregeln ›herunterspielen‹ und den Wahrheitsgesichtspunkt auf der Ebene der elementaren Einheiten ins Spiel bringen: durch deren (vorausgesetzte) Wahrheit oder Falschheit werden auch die komplexeren Ketten als wahr oder falsch erwiesen und der um sie zu führende Dialog erhält (ex post) den Sinn eines ›Streits um die Wahrheit‹.[160]

Damit aber ist das Problem zunächst nur verschoben. Wir müssen den Wahrheitswert unserer Elementarsätze *kennen* und vor allem Klarheit darüber haben, warum Ausdrücke, die das Muster ›F⁀x‹ oder einfach ›p‹ erfüllen, *überhaupt* etwas mit Wahrheit zu tun haben. Wenn wir die traditionelle Antwort, daß sie als Zeichen für wahrheitsfähige Propositionen fungieren, ausschließen wollen, müssen wir unseren Wahrheitserklärungen auch auf der elementaren Ebene einen ausdrucksbezogenen Sinn geben, ohne dafür jedoch auf die (ex hypothesi nicht mehr verfügbare) weitere Reduktion auf kleinere wahrheitsfähige Einheiten rekurrieren zu können. Läßt sich das durchführen? Für die unanalysierten Elementarsätze können wir sagen, daß Ausdrücke des Typs ›p‹ genau dann geäußert oder geschrieben werden dürfen, wenn ein bestimmter ›*Tatbestand*‹ (o. ä.) vorliegt, bei elementaren empirischen Sätzen etwa ein Primär- und Sekundärereignis. Diese Erklärung ist aber wenig befriedigend, da nichtempirische ›Tatbestände‹ ontologisch *ebenso* problematisch sein dürften wie Propositionen und auch die empirischen, wie wir festgestellt hatten (S. 96 ff.), nur *als* Instantiierungen sinnlicher Qualitäten durch

Aussagen [gehören]« (a.a.O.). Doch ist auch hier – vor allem im Blick auf zurückhaltendere Äußerungen Lorenz' über den Wahrheitsbegriff (a.a.O., 33. 36) – die reduktionistische Interpretation nicht zwingend.

160 Unter *Voraussetzung* dieses Sinnes lassen sich durch die unspezifizierten Ausdrucks-Spielregeln Junktoren semantisch hinreichend bestimmen.

Raum-Zeit-Stellen bzw. materielle Gegenstände identifiziert werden können. Als elementare Analyseeinheiten kommen offenbar nur strukturierte Ketten des Typs ›F⌒x‹ in Betracht. An unserer ausdrucksbezogenen Rede von Wahrheit und Falschheit können wir auch bei ihnen festhalten. Wir können sagen, daß Ausdrücke dieses Typs genau dann geäußert oder geschrieben werden dürfen, wenn der durch den ›x‹-Ausdruck identifizierte Gegenstand (sagen wir: eine Raum-Zeit-Stelle) die mit dem ›F‹-Ausdruck angesprochene (sinnliche) Qualität tatsächlich instantiiert. Wenn Regeln dieser Art etabliert sind, hat jede regelkonforme ›F⌒x‹-Äußerung in raumzeitlicher Abwesenheit automatisch den Sinn einer ›Garantieerklärung‹ dafür, *daß* die betreffende Instantiierung vorliegt, und einen ›F⌒x‹-Ausdruck als möglichen ›Träger‹ von Wahrheit und Falschheit zu verstehen heißt, ihn *als* eingeordnet in jenen Regelzusammenhang zu begreifen.[161]

Daß diese Erklärungen eine hinreichende Explikation des Wahrheitsbegriffs und des Verstehens von Aussagesätzen liefern, kann man bezweifeln.[162] Dennoch ist klar, daß der reduktionistische Rahmen mit ihnen bereits gesprengt ist. Bei einem Spiel, das nicht bei der vorausgesetzten ›Äußerbarkeit‹ oder ›Nichtäußerbarkeit‹ kleinster Einheiten halt macht, bleibt nach der Abtrennung der Ausdrücke und der ausdrucksinternen ›Zugfolgen‹ etwas übrig, das für die Sprache ›konstitutiv‹ (im Sinne Humboldts) ist und den zentralen Inhalt dessen bildet, was gewöhnlich als *›die Bedeutung‹* des Ausdrucks bezeichnet wird. Sie ist es, die uns für unsere Frage vor allem interessiert. Doch zeigt schon ein flüchtiger Blick auf die erwogene Erklärung der ›F⌒x‹-Ausdrücke (vgl. auch unten S. 163), daß wir gut daran tun, die undifferenzierte, vergegenständlichende Rede von ›der Bedeutung‹ fallenzulassen und durch eine weniger irreführende neutralere Redeform zu ersetzen. Wir haben das in unseren obigen Beispielsätzen [6] - [8] auch stillschweigend schon

161 Die Idee eines solchen Sprachverständnisses ist bei Wittgenstein angelegt und vielfältig weiterentwickelt worden (vgl. z. B. W. Sellars: *Some Reflections on Language Games,* in: Phil. of Science 21, 1954, 204-228; Lewis 1969, a.a.O. [Anm. 148], ch. IV). In eine Form, die ihre Anwendung auf unsere reale – prädikative – Sprache plausibel erscheinen läßt, hat sie jedoch erst das Buch von Tugendhat (1976, a.a.O. [Anm. 80]) gebracht, das die Analyse erstmals konsequent auf die interne Satzstruktur ausdehnt und den Zusammenhang zwischen sprachlichen Äußerungen und nicht-äußerungshaften ›Bedingungen‹ grundsätzlich von der Bindung an bloße ›Konditionalregeln‹ befreit.

162 Vgl. dazu die Diskussion in Kap. XI Abschn. 7 (S. 432 ff.).

getan, indem wir, in Abwandlung der von Ryle und Wittgenstein propagierten Rede, von einer ›zeichenhaften Verwendung‹ des Ausdrucks gesprochen haben, wobei wir uns freilich (mit Rücksicht auf unsere früheren Feststellungen) von den behavioristischen Konnotationen des Wortes ›Verwendung‹ bei den genannten Autoren und in der Umgangssprache befreien müssen. Mit dieser Prämisse ist unsere Rede *offen* für eine mentale oder aufs ›Dritte Reich‹ bezogene ebenso wie für eine gegenständliche Bedeutungstheorie, *bindet* uns aber an keine von ihnen und gestattet grundsätzlich auch andere Antworten. Formal wird das durch die Tatsache sichergestellt, daß die ›Bedeutung‹ in ihr als unanalysierte, phänomenal unspezifizierte Eigenschaft partikulärer Äußerungen (eines bestimmten Musters) erscheint, nicht mehr bzw. nicht mehr notwendig als bestimmte mit ihnen relierte Entität.[163] Alle semantischen Besonderheiten werden entsprechend als qualitative Spezifizierungen jener Eigenschaften dargestellt. Wenn wir demnach das Resultat unseres ersten Differenzierungsschritts auf einer allgemeinsten Ebene beschreiben sollen, können wir von dem nach Abtrennung aller bloßen Ausdrücke Verbleibenden als deren ›*zeichenhafter Verwendung in der und der Weise*‹ reden.[164]

163 Ein formales Verfahren zur Transformation der relationalen, vergegenständlichenden Rede vom ›Bedeuten‹ der Ausdrücke in eine einstellig prädikative hat W. Sellars entwickelt (*Abstract Entities*, in: Rev. of Metaph. 16, 1963, 627-670; *Science and Metaphysics*, London 1968, 80 ff.). Parallel zu den traditionellen logischen Anführungszeichen, die den bloßen Ausdruck hervorheben, führt er ›Punkt-Anführungszeichen‹ ein, die den eingeschlossenen Ausdruck – gleichgültig welcher Kategorie – in ein Prädikat verwandeln, das seine ›Funktionsweise‹ spezifiziert. Umgangssprachliche Sätze wie:

›Red‹ bedeutet: rot

›The earth is globular‹ bedeutet: Die Erde ist kugelförmig

erhalten danach die formalen Fassungen:

›Red‹-Äußerungen sind *rot* [sc. haben im Englischen die ›Funktion‹, die ›Rot‹-Äußerungen im Deutschen haben]

›The-earth-is-globular‹-Äußerungen sind *Die Erde ist kugelförmig*.

Wir können uns der Sellarsschen Punkt-Anführungszeichen als einfachem Mittel zur Darstellung unseres ersten Differenzierungsschrittes bedienen. Was er genau beinhaltet und wie das gebildete Prädikat intern weiter analysiert wird, ist dadurch natürlich nicht festgelegt. So bleibt es prinzipiell denkbar, daß die ›Funktion‹ eines Aussagesatzes genau darin besteht, eine im ›dritten Reich‹ anzusiedelnde Proposition zu ›bezeichnen‹.

164 Inhaltlich spezififiert ist die Rede nur insofern, als sie uns dazu verpflichtet, nach der ›Bedeutung‹ von Ausdrücken nicht (oder doch nicht primär) auf der Ebene

4. Zweiter Differenzierungsschritt: Trennung von ›spezifisch Zeichenhaftem‹ und ›gedanklichem Gehalt‹

Die Wendung ›wird zeichenhaft in der und der Weise verwendet‹ ist bislang ein *unanalysiertes* Prädikat. Dabei kann es nicht bleiben. Denn der Begriff der ›Zeichenverwendung‹ impliziert *etwas*, das als Zeichen verwendet wird, sc. einen Ausdruck, womit dasjenige, was wir nach dem ersten Differenzierungsschritt übrig behalten, immer noch etwas wesentlich *Sprachliches* ist, nicht das gesuchte – faktisch, aber möglicherweise nicht notwendig in der Sprache enthaltene – *Denken*. (Historisch: wir haben die Humboldtsche ›Sprachkonstitution‹ bislang nur teilweise nachvollzogen.) Wir können mit der erreichten Abgrenzung zwar verschiedene sprachliche Leistungen untereinander, nicht aber sprachliche mit entsprechenden nichtsprachlichen Leistungen vergleichen, und nach dem Zusammenhang zwischen Denken und Zeichenverwendung, wie er in der zugrundegelegten schwachen Version der Sprachabhängigkeitsthese vertreten wird, können wir überhaupt noch nicht fragen. Ein zweiter Differenzierungsschritt ist erfordert, der das *›spezifisch Zeichenhafte‹* der ›zeichenhaften Verwendung‹ des Ausdrucks von seinem *›gedanklichen Gehalt‹* bzw., wie wir für das Gesamtsystem einer Sprache sagen wollen, von dem in ihr enthaltenen *›Begriffsschema‹* trennt.[165] Erst das ›spezifisch Zeichenhafte‹ (einschließlich des mit ihm gegebenen Ausdrucksbe-

eines schon etablierten Sprach- oder Zeichensystems zu fragen, sondern auf der des ›verstehenden Umgangs‹ von Sprechern und Hörern mit ihnen. Doch diese Spezifizierung ist aus den genannten Gründen (S. 144, Anm. 148) gerechtfertigt.

165 ›Begriffsschema‹ ist als Übersetzung des in der sprachanalytischen Literatur gebräuchlichen englischen Ausdrucks ›conceptual scheme‹ zu verstehen, der sich nicht nur auf die ›Begriffsstruktur‹ einer Sprache im engeren Sinne, sc. das System ihrer generellen Termini und ihrer logischen Ausdrücke bezieht. Das ›Begriffsschema‹ ist der gesamtsprachliche Sonderfall des ›Gedanklichen Gehalts‹ im allgemeinen, von dem ohne Rücksicht auf den besonderen Typus von Ausdrücken, ihre Selbständigkeit oder systematische Organisation die Rede sein soll. Für das ›spezifisch Zeichenhafte‹ können wir an der Rede vom ›Zeichenhaften Verwenden‹ festhalten, wenn wir voraussetzen, daß es zwar keine Zeichenverwendung ohne Ausdrücke, wohl aber eine Verwendung von Ausdrücken (sc. qualitativ differenzierten Primär- oder Sekundärereignissen, S. 149 f.) ohne ihre Funktion als Zeichen geben kann. Wenn wir die *Einheit* von zeichenhaftem Verwenden und Ausdruck bezeichnen wollen, d. h. die *Gesamtheit* dessen, was dem ›gedanklichen Gehalt‹ gegenübersteht, können wir von der sprachlichen ›Bezeichnung‹ oder (für einzelne Ausdrükke) einfach vom ›Zeichen‹ reden.

zugs) ist das ›spezifisch Sprachliche‹, dessen Bedeutung für unser Denken zur Diskussion steht und dessen Einsetzung ins Consequens unserer These Sinn macht. Vollständig expliziert im Rahmen des zweistufigen Differenzierungsverfahrens hat unser Beispielsatz [7] also die Form:

[9] Der *gedankliche Gehalt* des (deutschen) Satzes ›Die Erde ist kugelförmig‹ impliziert die *zeichenhafte Verwendung* eines (beliebigen) Ausdrucks.

Soweit die Unterscheidung, die wir für unsere Frage *brauchen*. Schwieriger ist es, sie praktisch *durchzuführen*, denn wenn schon die undifferenzierte Bestimmung dessen, was über den bloßen Ausdruck hinausgeht, schwierig ist, so ist es die differenzierte natürlich erst recht. Wäre daher unser Interesse am Problem von Sprache und Denken der einzige Grund für die zweite Differenzierung, so könnten deren Probleme leicht auf den Ansatz als solchen zurückfallen und ihn, gegebenenfalls, als ein hoffnungsloses Vorhaben diskreditieren. Nun, wenn Herder und Humboldt recht damit haben, daß die Zusammenhangsfrage einem vertieften Verständnis des Phänomens ›Sprache‹ dient, dann sind es (letztlich) nicht externe, sondern interne Gründe, die uns zur Differenzierung zwingen. Aber es scheint geraten, diese interne Notwendigkeit, unabhängig von unserer speziellen Fragestellung, durch allgemeinere sprachtheoretische Überlegungen sicherzustellen, damit der Eindruck rein ›provinzieller‹ Probleme verschwindet.

Wenn eine Trennung zwischen ›spezifisch Zeichenhaftem‹ und ›gedanklichem Gehalt‹ unmöglich wäre, könnte es keinerlei Überschneidungen zwischen sprachlichen und nichtsprachlichen Leistungen geben. Das ist auch unabhängig von der etwaigen Sprachfreiheit des Denkens wenig plausibel. Zum Verständnis des Wortes ›rot‹ gehört ja ohne Zweifel die Fähigkeit, rote Gegenstände optisch von andersfarbigen zu unterscheiden oder manuell auszusortieren. *Daraus* jedoch auf die ›unauflösliche Sprachlichkeit‹ solcher Leistungen schließen zu wollen, wäre verfehlt. Mehr noch, die akustische Differenzierungsfähigkeit, die zum Verständnis eines linguistischen Phonem-Zeichens wie ›/o/‹ gehört, *kann* ja, da sie in den betroffenen Sprachen offenbar zu den elementaren ausdrucksidentifizierenden Leistungen gehört, prinzipiell nicht sprachabhängig sein (S. 150). Natürlich muß man nicht annehmen, daß das Verstehen solcher Ausdrücke sich in der qualitativen

Differenzierung *erschöpft* (vgl. unten S. 305 ff.). Aber das ändert im gegenwärtigen Zusammenhang nichts. Ganz im Gegenteil: daß die sprachfreien Leistungen nur einen Teil des ›semantischen Inhalts‹ bilden, zeigt, daß die Differenzierung des Sprachbegriffs mit der Abtrennung des bloßen Ausdrucks und des ›spezifisch Zeichenhaften‹ nicht einmal an ihr Ende gekommen ist, sondern sich innerhalb des ›gedanklichen Gehalts‹ weiter fortsetzt. Und selbst wenn sichergestellt wäre, daß alle *weiteren* Intelligenzleistungen untrennbar ›ins Zeichenverwenden verschlungen‹ sind, würde die Tatsache, daß die *erwähnten* es jedenfalls nicht sein können, hinreichen, um unseren zweiten Differenzierungsschritt sprachtheoretisch zwingend zu machen.

Das zeigt sich auch von der Seite der ›sprachlichen Bezeichnung‹ her. Der Begriff des ›zeichenhaften Verwendens‹ impliziert, ebenso wie den Bezug auf einen beliebigen Ausdruck, auch das Hinzutreten irgendeiner ›Bedeutung‹, aber er legt nicht fest welche. Wenn wir nach unserem ersten (unkontroversen) Differenzierungsschritt von der ›zeichenhaften Verwendung in der und der Weise‹ reden, was meinen wir mit ›in der und der‹? Offenbar soviel wie ›in der Weise F‹, ›in der Weise G‹ usw., wobei ›F‹ und ›G‹, die den Ausdruck semantisch *spezifizieren*, variabel gedacht sind, die *allgemeine* semantische Angabe ›wird zeichenhaft in der Weise . . . verwendet‹ dagegen nicht. Daß die Zahl der ›Bedeutungen‹ größer ist als die Zahl der Arten, in denen ein Ausdruck als Zeichen fungieren kann, ist auch ›intuitiv‹ plausibel. Die deutschen Adjektive ›rot‹ und ›gelb‹ z. B. sind ohne Zweifel *bedeutungs*verschieden; dennoch ist ziemlich klar, daß sie sich *semiotisch* nicht unterscheiden, und ob die Gemeinsamkeiten an der Grenze der Wortarten oder anderer grammatischer Kategorien enden, ist zumindest zweifelhaft. Bei den ›tiefergelegenen‹ logischen Kategorien (generellen und singulären Termini, Junktoren usw.) dürfte die Zuordnung unterschiedlicher Zeichenfunktionen plausibel sein, aber selbst hier läßt es sich vor einer genaueren Untersuchung nicht mit Sicherheit sagen.[166] Eine Rückführung aller bedeutungs-

166 Würde sich, wenn es sicher wäre, grundsätzlich etwas ändern? Kaum. Man hätte dann zwar die formale Möglichkeit dazu (über die Plausibilität mag der Leser entscheiden), den ›kategorialen‹ *Bedeutungsaspekt* mit der Zeichenfunktion zu verschlingen, nicht aber die *Gesamtbedeutung* der einzelnen Ausdrücke, für die die behauptete Diskrepanz zwischen semiotischer und semantischer Differenzierung nach wie vor gültig bleibt.

haltigen Ausdrücke auf eine Zeichenfunktion scheidet dagegen aus. Denn ebenso wie es eindeutige Beispiele für bedeutungsverschiedene, aber semiotisch ununterscheidbare Zeichen gibt, so gibt es umgekehrt eindeutige Beispiele für semiotisch verschiedene Zeichen mit gleichem ›gedanklichem Gehalt‹.[167] Doch wo immer die Grenzen gezogen werden: das unbestreitbare Faktum fehlender Eins-zu-Eins-Korrelation zwischen beiden Seiten genügt, um die Notwendigkeit der begrifflichen Trennung von ›spezifisch Zeichenhaftem‹ und ›gedanklichem Gehalt‹ zu beweisen.

Ihre Schwierigkeiten sind damit natürlich noch nicht beseitigt. Wir können lediglich sicher sein, daß wir mit ihnen nicht nur durch unsere spezielle Frage konfrontiert werden. Doch das allein verbessert die Aussichten auf eine befriedigende Antwort nicht. Denn jene allgemeineren sprachtheoretischen Fragen, die von ihr prinzipiell unabhängig sind, könnten sich ja *zugleich* als unbeantwortbar erweisen. (Das Verstehen der Sprache *könnte* auch für uns jenes factum mysticum bleiben, als das es dem Kater Murr erscheint.) Daß es sich nicht so verhält, müßte die Durchführung zeigen, die wir in der benötigten Spezifität im Rahmen dieser Arbeit nicht leisten können. Auch für den Terminus ›Sprache‹ ergibt sich somit eine klare Begrenzung unseres Beitrags zur Klärung des Problems von Sprache und Denken – a fortiori, wie sich hinzufügen ließe, denn wenn der Sprachbegriff in der geforderten Weise differenziert wäre, wäre der Denkbegriff, zumindest in seinen für unsere Frage entscheidenden Teilen, ebenfalls differenziert. Einen bedeutenden Schritt in Richtung auf dieses Ziel können wir aber noch tun. Zweifelhaft scheint die Zerlegung in ›spezifisch Zeichenhaftes‹ und ›gedanklichen Gehalt‹ weit weniger wegen ihrer noch ausstehenden konkreten Durch-

167 Ein relevanter Fall sind Abkürzungen und Kodierungen. Flaggensignale etwa, mit denen ein Renn-Betreuer dem Fahrer während des Rennens Informationen durchgibt, können den Sinn von Aussagesätzen haben: der Rennfahrer, nehmen wir an, gerät durch sie in denselben dispositionellen oder aktuellen (etwa: neurophysiologischen) Zustand des ›Verstehens‹ wie durch die Satzäußerung. Die Bedeutungen der Signale wurden mit Hilfe der Sätze festgelegt. Wenn wie später (was allerdings zweifelhaft ist, vgl. unten S. 321 ff.) deren ›gedanklichen Gehalt‹ – z. B. das Ausscheiden eines bestimmten Fahrers – *direkt* bezeichnen, ist die Situation semiotisch einfacher als bei den Sätzen, die sich aus unterschiedlichen logischen Kategorien konstituieren. Bleibt die Bezeichnung dagegen *indirekt*, ist sie komplexer, da zur Zeichenfunktion des Satzausdrucks die der Flagge, die zu ihm hinführt, hinzutritt.

führung als wegen der unterstellten Durchführungsform, die sie, wie es scheint, mit anderen sprachtheoretischen Einsichten in Konflikt bringt.

Wer von der traditionellen linguistischen oder philosophischen Bedeutungstheorie herkommt, stellt sich die Sache so vor, daß ein konkreter Gegenstand, sc. der Ausdruck, zu einem abstrakten, seiner ›Bedeutung‹, in eine ›Bezeichnungsrelation‹ (o. ä.) tritt, die sich – soweit dies semiotisch tatsächlich gerechtfertigt ist – intern in mehrere spezielle Arten differenziert. Diese Vorstellung liegt nicht nur historisch nahe, sie ist auch sachlich insofern attraktiv, als sie die geforderte Dreiteilung aufweist und zugleich einen formalen Grund dafür liefert (sc. die doppelte ›Ungesättigtheit‹ der semantischen Relation), warum die Zeichenverwendung *irgendeinen* Ausdruck und *irgendeine* ›Bedeutung‹ notwendig impliziert. Das kann den Skeptiker zu dem Schluß bringen, mit der Widerlegung des relationalen Zeichenverständnisses sei auch die Möglichkeit der gewünschten Differenzierung des Sprachbegriffs hinreichend widerlegt. Wäre dem so, so gerieten wir mit unserem Vorhaben fraglos in eine mißliche Lage. Denn obgleich die Idee der ›Bezeichnungsrelation‹ sicher nicht so absurd ist, wie ihre Kritiker manchmal behaupten, ist sie als *allgemeine* Erklärung doch mit so schwerwiegenden Problemen behaftet, daß wir gut daran tun, uns nicht theoretisch an sie zu binden.[168]

168 Kein Einwand ist zweifellos der Gedanke (G. Ryle: *Meaning and Necessity*, in: Philos. 29, 1949, 70; Alston 1964, a.a.O. [S. 36, Anm. 21], 21 f.), die bloße Ersetzung der Frage nach ›der Bedeutung‹ durch eine ›pragmatisch‹ fundierte Semantik (Anm. 148) schließe das relationale Verständnis aus; denn mit ihr wird zwar die einfache Gleichsetzung der ›Bedeutung‹ mit einer semantischen Entität unmöglich, weil diese Sprecher und Hörer unberücksichtigt läßt, aber es könnte natürlich sein, daß deren ›verstehender Umgang‹ mit Ausdrücken in der Bezugnahme auf von ihnen ›bezeichnete‹ Entitäten besteht. Ebenso an der Sache vorbei geht der Vorwurf, der gegenstandstheoretische Ansatz sei zirkulär, da zur Beschreibung der semantischen Entitäten die gleichen Ausdrücke verwendet werden, die durch sie semantisch bestimmt werden sollen, wie etwa ›die Eigenschaft *Rot*‹ oder ›die Aussage, daß *die Erde kugelförmig ist*‹ (vgl. Searle 1969, a.a.O. [Anm. 118], ch. 5. 5; Tugendhat 1976, a.a.O. [Anm. 80], 158. 170 f.). Der Vorwurf verkennt den theoretischen Status solcher Beschreibungen, deren Erklärungskraft natürlich nicht dort zu suchen ist, wo das Explikatum dem Explikandum entspricht, sondern dort, wo es abweicht, und deren Sinn im gegenwärtigen Falle eben genau darin liegt, die betroffenen Ausdrücke *als gegenstandstheoretisch zu erklärende* hinzustellen, während sich die verbleibende Zirkularität auf den Zirkel *jedes* semantischen Ansatzes, der Ausdrücke durch andere Ausdrücke erklärt, reduziert. Und zu argumentieren, es *könne* kein Gegenstandsbe-

Das erscheint auch im Hinblick auf den unserer Frage zugrundegelegten allgemeinen Denkbegriff unausweichlich. Mit der relationalen Zeichentheorie müßten wir für die (faktisch) sprachliche oder zeichenhafte Denkleistung eines beliebigen Sprechers oder Hörers etwa folgendes sagen:

[S 1] x produziert/rezipiert eine Äußerung des Typs A_i ›*in Kenntnis*‹ [vgl. S. 121 f.] dessen, daß Ausdrücke dieses Typs in einer ›*Bezeichnungsrelation*‹ zur ›*Bedeutung*‹ b stehen, auf die x zugleich bezogen ist.

D. h. wir hätten durchweg *objektbezogenes Denken* anzusetzen, das in den meisten Fällen zwar auch gegeben sein dürfte (vgl. S. 122 f.), den relevanten Beispielbereich aber ganz sicher nicht erschöpft. Wenn wir die Frage formal für alle Denkarten offenhalten wollen, müssen wir unseren Sprach- oder Zeichenbegriff so differenzieren, daß der Benutzer *notwendig* nur auf einen Gegenstand, sc. den Ausdruck, bezogen ist, während das ›zeichenhafte Verwenden‹ und der ›gedankliche Gehalt‹ den formalen Status von

zug vorliegen, weil die zu erklärenden Ausdrücke, anders als die von ihnen abgeleiteten Abstrakta, gewöhnlich keine referentiell fungierenden singulären Termini sind, heißt dem Gegner eine naive Verallgemeinerung *dieser* Form des Gegenstandsbezugs unterstellen, die sich kein ernsthafter Anwalt semantischer Entitäten zu eigen macht (vgl. auch Tugendhat 1976, a.a.O., 158. 170).

Die eigentlichen Probleme liegen nicht hier, sondern bei der konkreten Durchführung. Die weitere Spezifikation der ›*Bezeichnungsrelation*‹ ist unklar. Konkret wird sie allenfalls in der (assoziationistischen) Explikation als Kausalbeziehung. Doch dann ergeben sich ähnliche Schwierigkeiten, wie wir sie für die Herdersche ›Merkmaltheorie‹ (S. 31 ff.) konstatieren mußten, sc. wie die betroffene von anderen Kausalbeziehungen zu unterscheiden ist und wie die Bezeichnungsrichtung verläuft, und vor allem wären wir mit ihr durchweg auf raumzeitliche Ereignisse als Relata festgelegt, die offensichtlich nicht zur Verfügung stehen. *Physische Gegenstände* können die ›Bedeutungen‹ selbst von solchen Ausdrücken nicht sein, die tatsächlich physische Referenten haben, nicht nur wegen der hinzutretenden intensionalen Bedeutungsaspekte, sondern auch deshalb, weil das gegenstandsbezogene Verstehen nicht von der Realität oder gar der Präsenz der gemeinten Gegenstände abhängig sein kann. *Vorstellungen* aber, die die Lücke traditionell ausfüllen sollen, sind in vielen Fällen ebenfalls unauffindbar. In Frage kommen lediglich Gegenstände des ›*dritten Reichs*‹, dessen phänomenaler Status zweifelhaft ist (S. 135 ff.). Immerhin bleibt diese Möglichkeit ebenso wie die Möglichkeit einer weiteren Reduktion auf *theoretische Entitäten* offen, und wie sehr deren eigene Schwierigkeiten sprachtheoretisch ins Gewicht fallen, hängt natürlich an der Verfügbarkeit plausibler, hinreichender Erklärungsalternativen, die bislang ebenfalls fehlen.

Prinzipielle Bedenken bestehen freilich noch immer. So nehmen manche Theoretiker Anstoß an der Inanspruchnahme *abstrakter Gegenstände* als solcher. Doch daß wir darum gänzlich herumkommen, scheint allgemein und speziell im Hinblick auf

Eigenschaften eines der beiden oder beider gemeinsam haben. Wenn die Denkleistung dabei als eigenes (Sekundär-)Ereignis mit dem Benutzer als ›Träger‹ aufgefaßt wird, ist das ohne weiteres zu bewerkstelligen. Wir sagen:

[S 2] x produziert/rezipiert eine Äußerung des Typs A_i, x erbringt eine Denkleistung des Typs D_i und x leistet beides ›*in Kenntnis*‹ einer zwischen ihnen bestehenden ›*zeichenhaften Beziehung*‹.[169]

Bei geeigneter Analyse der Zeichenbeziehung kann zugleich die Implikation irgendeines Ausdrucks und irgendeiner ›Bedeutung‹ verständlich gemacht werden. Und die geforderte Dreiteilung ist manifest: der ›gedankliche Gehalt‹ ist vom ›spezifisch Zeichenhaften‹ begrifflich geschieden, läßt sich als eigene Leistung ins

den ›abstrakten‹ (qualitativen) Charakter der sprachlichen Ausdrücke (S. 149 f.) mehr als zweifelhaft, und an der ontologischen Respektabilität theoretischer Entitäten dürfte wohl auch der extremste Reduktionist nicht zweifeln. Kritisch ist nur die Frage der prinzipiellen Erklärbarkeit der *internen Satzstruktur*, speziell der *prädikativen:* ein bloßes Agglomerat ›bezeichneter‹ Gegenstände kann der im Satz zum Ausdruck gebrachte ›Gedanke‹ nicht sein; verknüpft man aber die einzelnen Teile semantisch durch eine Relation der ›Instantiierung‹ (o. ä.), so scheint ein Regreß unausweichlich, da die prädikative Struktur in der Relation wiederkehrt. Aber auch hier ist zunächst der theoretische Status der Erklärung in Rechnung zu stellen. Auf jeden Fall könnte man auf die erreichte quantitative Reduktion auf *ein* nicht gegenstandstheoretisch erklärbares (zweistelliges) Prädikat abheben, und darüber hinaus bleibt offen, ob wir die relationale Redeweise unserer *erklärenden* theoretischen Sprache auf dieselbe Art explizieren müssen wie die der *erklärten.* Daß es sich bei der ›Instantiierung‹ (o. ä.) nicht um eine Relation im gewöhnlichen Sinne handeln kann, zeigt unsere eigene Rede hiervon bei der Einführung der verschiedenen Kategorien von raumzeitlichen Gegenständen: materielle Gegenstände, die mit Hilfe der von ihnen instantiierten Qualität allererst konstituiert wurden, können schwerlich mit ihr in gewöhnlicher Weise reliert sein, und wenn man die Wechselabhängigkeit von Raum-Zeit-Stellen und (›konfigurierten‹) sinnlichen Qualitäten berücksichtigt, gilt das gleiche auch auf der Stufe der Primärereignisse. Im übrigen stellt sich auch hier die Frage vorhandener Alternativen. Die Rede vom ›Zusprechen‹, ›Zutreffen‹ oder ›Charakterisieren‹ des Prädikats jedenfalls führt in die gleichen ontologischen Schwierigkeiten und ist zusätzlich durch ihre sprachtheoretische Zweideutigkeit belastet, die kuriose ›Zwitter‹-Interpretationen (im Sinne von Anm. 158) zumindest nicht grundsätzlich ausschließt.

169 Die Zeichenfunktion bleibt also zweistellig relational, hat aber nicht mehr den traditionellen Sinn des ›Bezeichnens‹ (›Stehens für . . .‹ o. ä.).eines Ausdrucks gegenüber einer ›Bedeutung‹, sondern den eines Zusammenhangs zwischen zwei Leistungen, der entsprechend zu explizieren ist. Die ›Bedeutung‹ als Gegenstand ist verschwunden, *kann* aber, sollte das wünschenswert sein, durch die Einsetzung einer geeigneten objektbezogenen Denkleistung mühelos wieder ins Spiel gebracht werden.

Antecedens der Abhängigkeitsthese einsetzen und prinzipiell auch als nicht an die faktisch mit ihm verkoppelten sprachlichen oder sonstigen Ausdrücke gebunden erweisen.[170]

Diese Offenheit für die mögliche Widerlegung der These war die entscheidende Forderung, die an eine Bestimmung des Denkens im Ausgang von der Sprache zu stellen war (vgl. S. 71 f.). Ihre Erfüllung durch [S 2] könnte nun freilich leicht als Gefährdung der Offenheit für die entgegengesetzte Antwort verstanden werden. Denn wenn das Denken ein eigenständiges Teilereignis (S. 104, Anm. 92) innerhalb des komplexen Ereignisses des ›verständigen Sprechens‹ darstellt, ist es damit nicht automatisch als *nicht notwendig* an diesen Kontext gebunden qualifiziert? Nun, wir werden in Kapitel VI (S. 176 ff.) feststellen können, daß diese Befürchtung unbegründet ist. Aber wir sind auf diese Verteidigung vorläufig gar nicht angewiesen. Die begriffliche Dreiteilung ist auch dann sicherzustellen, wenn der ›gedankliche Gehalt‹ nicht als Teilereignis, sondern als bloße qualitative Spezifizierung der Ausdrucksverwendung erscheint. Wir könnten z. B. sagen:

[S 3] x produziert/rezipiert eine Äußerung des Typs A_i, die x zugleich *›zeichenhaft‹* und *›in der (intelligenten) Weise D_i‹* verwendet.

Doch vermag eine solche Formulierung nur die Implikation einer (beliebigen) Ausdrucksverwendung zu explizieren, nicht die eines (beliebigen) ›gedanklichen Gehalts‹. Dazu müssen wir beide in ihr erwähnten Weisen des Umgangs mit Ausdrücken nicht nur konjunktiv nebeneinanderstellen, sondern begrifflich miteinander verklammern, etwa in der Form:

[S 4] x produziert/rezipiert eine Äußerung des Typs A_i, die x zugleich *›in der (intelligenten) Weise D_i als Zeichen‹* verwendet.

170 In der neueren Semantik bietet vor allem der Ansatz von Grice ein Beispiel für eine (zumindest) dreiteilige Differenzierung des Sprachbegriffs mit dem ›gedanklichen Gehalt‹ als eigenständiger Leistung: diese besteht in dem ›Glauben, daß p‹ (bzw. dem bloßen ›Fassen‹ der Proposition p, vgl. S. 116, Anm. 114), den der Sprecher mit seiner Satzäußerung beim Hörer hervorzurufen oder zu ›aktivieren‹ beabsichtigt, während die ›zeichenhafte Beziehung‹ durch den (revidierten) Griceschen Intentionen-Apparat plus der speziellen, vom Ähnlichkeitsprinzip ausgehenden konventionellen Beziehung zwischen Satzausdruck und Proposition (vgl. S. 37, Anm. 22) expliziert wird. Die prinzipielle Sprachunabhängikeit des ›gedanklichen Gehalts‹ wird bei Bennett (1976, a.a.O. [Anm. 22], vgl. bes. § 8-9) sogar zur erklärten Prämisse des rekonstruierten Sprachaufbaus.

Umformuliert als Kennzeichnung für das beschriebene Sekundärereignis entspricht [S 4] formal Kennzeichnungen wie ›das Himmelblau dieses Vorhangs‹ oder ›der Lautenklang des Cembalos‹, wobei ›Vorhang‹ bzw. ›Cembalo‹ die Position der Ausdrücke einnehmen, ›Blau‹ bzw. ›Klang‹ die des ›zeichenhaften Verwendens‹ und ›Himmel-‹ bzw. ›Lauten-‹ die Stelle, die bei Sprachereignissen dem ›gedanklichen Gehalt‹ zukommt. Beide gewünschten Implikationen lassen sich nun ohne Mühe herausbringen. So wenig wie man von ›Bläue‹ oder von ›Klang‹ reden kann, ohne daß *etwas* blau ist oder klingt, so wenig kann man vom ›Zeichenverwenden‹ ohne verwendeten Ausdruck reden. Und so wenig es blaue Erscheinungen unabhängig von speziellen Blau-Nuancen und Klänge frei von besonderen Klangfarben gibt, so wenig, scheint es, gibt es auch Zeichenverwendungen ohne bestimmten ›gedanklichen Gehalt‹. Was uns beim zweiten Vergleich zögern läßt, ist die Tatsache, daß bei Farben und Klängen der Umkehrschluß von der Art auf die Gattung gleichfalls möglich ist, was bei Sprachleistungen natürlich nicht erlaubt sein darf, wenn die Möglichkeit einer Widerlegung der Abhängigkeitsthese nicht aufs Spiel gesetzt werden soll. So wie [S 2] eine Vorentscheidung zugunsten der Unabhängigkeit zu enthalten scheint, so scheint [S 4] die Sprachabhängigkeit des Denkens zu implizieren. Wir werden auch diesen Verdacht später zurückweisen können. Aber selbst wenn er zuträfe, hätte das keine negativen Auswirkungen für unsere Frage. Die begriffliche Dreiteilung bleibt ja, sofern nur *überhaupt* zwischen Gattung (›zeichenhaftem Verwenden‹) und Art (›D_i‹) unterschieden wird, erhalten und läßt die Zusammenhangsfrage weiterhin sinnvoll erscheinen. Sie müßte nur früher angesetzt werden, denn eine Vorentscheidung fiele dann offenbar schon bei der Frage, ob der dem ›spezifisch Zeichenhaften‹ ›intuitiv‹ gegenübergestellte ›gedankliche Gehalt‹ theoretisch in Form von [S 2] oder [S 4] zu explizieren ist. Unser zweiter Differenzierungsschritt fiele zwar (partiell) mit der Beantwortung unserer Frage *zusammen, unmöglich* aber, wie es nach der Kritik an der gegenständlichen Bedeutungstheorie zunächst den Anschein hatte, wäre er immer noch nicht.

Kapitel VI

Der gesuchte Zusammenhang

1. ›Analytische‹ Notwendigkeit

Angenommen, die dreifache Differenzierung des Sprachbegriffs wäre gegeben und eine spezielle Denkart ins Antecedens der Abhängigkeitsthese eingesetzt. Wir erhielten damit Sätze wie [9] (S. 160). Wie ließen sie sich entscheiden? Wenn die Termini hinreichend spezifiziert sind, reduziert sich die Frage auf die behauptete ›Implikation‹. In welchem Sinne aber kann der Verfechter der These behaupten, daß eine bestimmte Denkart die zeichenhafte Verwendung von Ausdrücken ›impliziert‹? Feststeht, daß *mehr* behauptet sein muß als ein entsprechendes faktisches Zusammentreffen. Denn wenn das Denken im Ausgang von der Sprache bestimmt wird, ist ein solches ja schon mit dem Ansatz gegeben, und auch seine sprachfreie Identifikation könnte uns nicht der Verpflichtung zu einer Verstärkung der Bindung entheben. Beschränken wir uns nämlich auf die Suche nach faktisch sprachfreien Leistungen, wird unsere Frage uninteressant, weil das Denken normal entwickelter, erwachsener Menschen nun einmal *faktisch* weitgehend mit ihrer Sprache koextensiv ist. Ohne dieses Zusammentreffen wäre die These vom Menschen als ›Sprachwesen‹ ebenso aussichtslos wie sie ohne weitergehende Ansprüche trivial wäre. Diese Einsicht lag auch den diskutierten historischen Positionen zugrunde. Nur weil er mehr beanspruchte als die faktische Sprachlichkeit des (spezifisch) menschlichen Denkens, ergab sich für Herder ein sachlicher Gegensatz zur traditionellen Konventionshypothese, und nur mit der gleichen Voraussetzung machten Humboldts Abhängigkeitsbehauptungen innerhalb seiner auf vorliegende (›konstituierte‹) Sprachen bezogenen Frage Sinn. Gesucht ist eine *notwendige* Bindung, wobei freilich spezifiziert werden muß, welcher Sinn von ›Notwendigkeit‹ hier gemeint ist.[171]

171 Von ›Notwendigkeit‹ wird dabei zunächst in einem unspezifizierten Sinne geredet, der die spezielleren Arten umgreift: sc. Notwendigkeit in der Bedeutung von ›*Alternativen sind nicht gegeben*‹ (vgl. auch Aristoteles: Met. 1015 a 33 ff.). Spezifizieren läßt er sich durch die *Art* der erwogenen Alternativen, die stillschweigend oder ausdrücklich vorausgesetzten *Bedingungen*, sowie durch das spezielle *Abhängigkeits-*

›*Logische Notwendigkeit*‹ nach dem Muster von Sätzen, in denen nur logische Ausdrücke ›wesentlich‹ auftreten, d. h. deren Wahrheitswert nicht von den Termini abhängt,[172] scheidet aus, denn es soll sich ja gerade um einen Zusammenhang zwischen Termini handeln. ›*Analytische Notwendigkeit*‹ jedoch, wie sie Sätzen zukommt, deren Wahrheitswert durch gegebene ›Definitionen‹ oder (was wir im Folgenden vorziehen werden) ›Bedeutungspostulate‹ bestimmt wird,[173] scheint ebenfalls nicht in Frage zu

verhältnis, in denen das als ›notwendig‹ Qualifizierte zu ihnen steht. Logische, moralische oder physikalische Formen unserer Rede von ›Notwendigkeit‹ bzw. vom ›Müssen‹ lassen sich damit jedenfalls leicht (wie man an Sätzen wie ›p⊃(pvq) ist notwendigerweise wahr‹, ›Du mußt dich entschuldigen‹, ›Die Blume muß gegossen werden‹ oder ›So mußte es kommen‹ erproben kann) auf einen gemeinsamen Nenner bringen und als systematisch miteinander verbunden erweisen.

172 Vgl. W.V. Quine: *Truth by Convention* [orig. in: Phil. Ess. for A.N. Whitehead, ed. O. Lee, New York 1936], repr. in: (ders.:) The Ways of Paradox, New York 1966, 73 f.; *Zwei Dogmen des Empirismus* [orig. in: Phil. Rev. 60, 1951], repr. in: (ders.:) Von einem logischen Standpunkt [orig. Cambridge/Mass. 1953], dt. Frankfurt 1979, 29.

173 Unter ›DEFINITIONEN‹ werden hier ›metasprachliche‹ Sätze (der Form ›. . .=def. ---‹) über die Substituierbarkeit zweier Termini verstanden, bei denen das ›salvo quo‹ und die Kontexte der Substitution unspezifiziert bleiben, während der Ausdruck ›BEDEUTUNGSPOSTULAT‹ im Anschluß an R. Carnap (*Meaning Postulates,* in: Phil. Stud. 3, 1952, 65-73) ›objektsprachliche‹, universell quantifizierte Sätze mit ›wesentlich‹ auftretenden Termini bezeichnet, die innerhalb eines Sprachsystems axiomatische Gültigkeit haben. Der Vorzug der Bedeutungspostulate gegenüber den Definitionen besteht darin, daß sie – im Falle einer von ihnen statuierten *symmetrischen* Beziehung zwischen den Termini (Äquivalenz) – keinen Zweifel über das ›salvo quo‹ und die Kontexte ihrer Substituierbarkeit lassen, sc. Wahrheit bzw. extensionale Kontexte, und daß sie es zugleich möglich machen, *asymmetrische* (implikative) terminologische Beziehungen, wie wir sie für unsere Frage benötigen, zu formulieren. Der Ausdruck ›Bedeutungspostulat‹ scheint mir vor allem deshalb geeignet, weil er den *stipulativen* Charakter dieser Sätze und ihrer Ableitungen verdeutlicht und anzeigt, daß sie zwar mit der *Bedeutung* der fraglichen Termini unmittelbar zusammenhängen, daß aber nicht etwa die vorausgesetzte ›Bedeutungsgleichheit‹ der Termini sie begründet, sondern daß umgekehrt ihre Festsetzung deren Bedeutung (in der betreffenden Hinsicht) fixiert. Die sachlichen Gründe hierfür werden im folgenden deutlich werden.

Die Explikation des Begriffs der ›ANALYTIZITÄT‹ (und damit – als deren kontradiktorischen Gegenteils – auch der ›Synthetizität‹) als ›Wahrheit auf Grund von vorausgesetzten Bedeutungspostulaten‹ scheint mir dem heutigen philosophischen Sprachgebrauch, soweit dieser keine bloße Variante zur Rede von ›logischer Wahrheit‹ überhaupt bildet, ebenso zu entsprechen wie seinem historischen Ursprung bei Kant, wenn wir von einigen traditionellen Konnotationen, vor allem der Einbettung in die Vorstellungspsychologie des 18. Jahrhunderts, absehen. Bezugspunkt ist hier natürlich Kants Rede vom »Enthaltensein« des Prädikats im Subjekt (u. ä., vgl. KrV A 6 f., Prol. § 2, Refl. 3043 u. ö.), nicht die vom »Satz des

kommen. Denn wenn die Zeichenverwendung schon zur Bedeutung des Terminus ›Denken‹ im Antecedens unserer These gehört, brauchen wir nach deren Wahrheit nicht mehr zu fragen. Da ein notwendiger terminologischer Zusammenhang außerhalb des Bereichs der Analytizität aber schwer verständlich zu machen ist,[174] scheinen wir in ein fatales Dilemma zu kommen: entweder müssen wir uns auf eine faktische These beschränken, die den Sinn unserer Frage nicht trifft, oder sie derart stark machen, daß eine sinnvolle Frage gar nicht mehr möglich ist. Hat unser Vorhaben sich schließlich doch als undurchführbar erwiesen oder muß zumindest seine bisherige Entwicklung grundlegend revidiert werden?

Nun, so ausweglos, wie es zunächst den Anschein hat, ist das analytische Horn des Dilemmas nicht. Eine mögliche Antwort wäre, daß unsere Frage zwar analytisch entschieden wird, daß die Entscheidung aber so wenig selbstevident ist wie (sagen wir) die Beweisbarkeit eines komplexen mathematischen Satzes und daß unsere Aufgabe eben darin besteht, konkrete Abhängigkeitsbehauptungen auf gegebene Postulate zurückzuführen. Dieser Ausweg allerdings führt nicht allzu weit, denn der Vergleich mit mathematischen oder logischen Ableitungen hinkt in mehrerer Hinsicht. Daß unsere Umgangssprache oder die gegenwärtige philosophische, psychologische oder linguistische Fachsprache, in der wir unsere These formulieren, ihrem Modell entspricht, kann man mit Grund bezweifeln. Ja, nach den Feststellungen in den

Widerspruchs« als hinreichendem »Prinzip aller analytischen Urteile«, die sich im übrigen (wie an den zentralen Stellen KrV B 190 f. und Prol. § 2 leicht nachzuprüfen) sachlich völlig dem ersten Kriterium *unterordnet* und nicht als *Alternative* zu ihm verstanden werden kann.

174 Naheliegende und historisch ausgezeichnete Kandidaten für nichtkontingente synthetische Zusammenhänge sind, wenn wir die etwaige Synthetizität der Mathematik aus dem Spiel lassen, vor allem Naturgesetze und allgemeinere Prinzipien der empirischen Erkenntnis, denen ›synthetisch-apriorische‹ Wahrheit zugeschrieben wird. Ob wir durch die Gegebenheiten in den empirischen Wissenschaften oder durch allgemeine erkenntnistheoretische Überlegungen dazu gezwungen werden, Notwendigkeit in diesen Fällen zu unterstellen, und ob ein synthetisches Apriori sich philosophisch begründen läßt, ist zweifelhaft und in der Literatur seit langem umstritten. Für unsere Annahme einer bestehenden Bindung von (terminologischer) Notwendigkeit an Analytizität würde aber auch eine positive Entscheidung keine Gefahr bedeuten, da uns die weitere Aufklärung der Bedeutungspostulate in die Lage versetzen wird, auch die traditionell als ›synthetisch‹ eingestuften Naturgesetze und allgemeinen Erkenntnisprinzipien formal zu den ›analytischen‹ Sätzen zu zählen.

vorhergehenden Kapiteln wäre es einigermaßen seltsam anzunehmen, daß ausgerechnet in einem so klärungsbedürftigen Teilbereich unserer Sprache wie dem der Rede von ›Sprache‹ und ›Denken‹ ein festgefügtes System von Bedeutungspostulaten vorliegt. Und selbst wenn es so wäre, was würde es nützen? Sind Philosophen unfehlbar? Oder Linguisten und Psychologen? Waren es unsere Vorfahren, die über Generationen hinweg und von den unterschiedlichsten Interessen geleitet das derzeitige ›System‹ unserer Umgangssprache entwickelt haben? Wenn wir nicht wieder auf den schon von Herder verworfenen göttlichen Sprachursprung oder ein säkulares Pendant zu ihm (den Ursprung aus ›der Vernunft‹, ›dem Sprachgeist‹, ›der Logik der kulturellen Entwicklung‹ o. ä.) zurückkommen wollen, müssen wir unsere Sprache als menschengeformt und menschlich verformbar ansehen, und das gilt dann natürlich nicht nur für Fachleute und Vorfahren, sondern auch und zuallererst für uns selbst. Ob wir nun ein bestimmtes Postulatensystem vorfinden oder nicht, als Theoretiker, die eine Sachproblematik verfolgen, können wir uns die entscheidenden terminologischen Abgrenzungen nicht einfach durch vermeintliche oder reale Autoritäten vorgeben lassen.

Diese Sachlage weist auf den eigentlichen Ausweg aus dem Dilemma. Könnten wir die zu prüfenden Thesen nur auf dem Hintergrund eines schon *etablierten* Postulatensystems als analytisch notwendige Sätze verstehen, wäre uns dieses Horn des Dilemmas verschlossen. Aber auf eine solche Voraussetzung sind wir nicht angewiesen. Was wir benötigen, ist eine Ableitung von geeigneten Postulaten *überhaupt*, wobei die Prämissen *mit* den zu begründenden Konklusionen zur Diskussion stehen können. Der Verfechter der Abhängigkeitsthese *behauptet*, daß ein entsprechendes Bedeutungspostulat rechtens besteht bzw. in Kraft gesetzt werden sollte, während der Gegner dies bestreitet. Der Anschein der Unmöglichkeit einer sinnvollen analytischen Fassung der Frage konnte nur deshalb entstehen, weil die Begründungsbedürftigkeit und die konkreten Begründungsmöglichkeiten für analytische Sätze nicht in Rechnung gestellt wurden.[175] Die zugrundezulegenden Postulate sind *Stipulationen*, die Menschen gemacht

175 ›Begründung‹ wird hier natürlich im unspezifizierten (umgangssprachlichen) Sinne verwendet, nicht im spezifizierten von ›logischer Ableitung‹, der auf Postulate nicht anwendbar ist.

haben und widerrufen können. Wenn sie eine Gefahr für unsere Frage darstellen, dann weit weniger die einer autoritativen Vorentscheidung als die einer willkürlichen oder interessebedingten Entscheidung ad hoc. Aber auch das ist kein ernstes Problem. *Freie* Stipulationen sind die Bedeutungspostulate nur bei neueingeführten oder völlig neudefinierten Termini. Sobald ein (wie immer vages) umgangssprachliches oder wissenschaftliches Vorverständnis vorausgesetzt wird, ist ein Standard gegeben, der sie (wie vage auch immer) als akkurate ›*Bedeutungsanalysen*‹ oder als präzisierende ›*Explikationen*‹ erweist.[176] Auf die Termini unserer These trifft das zweifellos zu.

Mehr noch. Die Termini haben empirische Anwendung. Sie erschließen einen bestimmten Phänomenbereich und sind darum nicht nur im Hinblick auf ein bestehendes Vorverständnis zu explizieren, sondern auch im Hinblick auf die betroffenen *Phänomene*. Wie die Einführung der Termini selbst so ist auch die Festsetzung terminologischer Zusammenhänge unmittelbarer Ausdruck der Form, in der ein bestimmter Bereich begrifflich erschlossen wird. Dabei besteht ein beträchtlicher Spielraum für unterschiedliche Erkenntnisinteressen und Weisen des methodischen Zugangs, zugleich aber eine fundamentale Abhängigkeit von den phänomenalen Gegebenheiten. Bedeutungspostulate und abgeleitete analytische Sätze sind also, wenn es sich um empirische Termini handelt, *nicht*, wie es zunächst erschien und in der Tradition häufig für Sätze dieses Typs unterstellt wurde, ›frei von empirischen Rücksichten‹. (Genauer gesagt: sie sind es *nur* in den seltenen Fällen echter Neueinführungen und Umdefinitionen.) Der Grund für ihre Einführung kann das Interesse sein, ›kategoriale‹ Abgrenzungen zu treffen, wie sie für die Unterscheidung von ›Gattungen‹ und ihnen untergeordneten, wechselseitig einander ausschließenden ›Arten‹ erfordert sind. Dafür gibt es keine

176 Vgl. hierzu C.G. Hempel: *Fundamentals of Concept Formation in Empirical Science* (= Int. Enc. of Unif. Science, vol. II, 7), Chicago 1952, 8 ff. – Hempel bringt die freie Stipulation und nur sie mit dem traditionellen Begriff der ›Nominaldefinition‹ in Verbindung, während er ›Explikation‹ und ›Bedeutungsanalyse‹ zusammen mit der (von ihm spezifizierten) ›empirischen Analyse‹ in die Nachfolge der sog. ›Realdefinitionen‹ stellt. Andere Zuordnungen wären denkbar (vgl. R. Abelson in: Enc. of Phil. [Anm. 18], vol. II, 314 ff.; H.M. Nobis und G. Gabriel in: Hist. Wörterb. d. Phil. [Anm. 106], 251 ff.). Doch brauchen uns die genaueren historischen Zusammenhänge hier nicht zu interessieren.

formalen Gründe,[177] und die speziellen Unterscheidungen innerhalb eines Bereichs bestimmen sich ohnedies aus den empirischen Gegebenheiten. Entsprechend sind sie unter dem Einfluß neuer Beobachtungen und verfeinerter qualitativer Differenzierungen zu verändern. Sie können sich aber auch auf die verfügbare oder erweiterte Kenntnis empirischer Zusammenhänge gründen. Ein zunächst unbeachtet gebliebenes Merkmal kann später definitorisch für die Erscheinungen eines bestimmten Typs werden (die kristalline Struktur z. B. für einen bestimmten Stein) oder ein früher definitorisches kann entfallen (wie das Merkmal ›Fisch‹ für das Säugetier ›Wal‹), und natürlich lassen sich auch Festsetzungen treffen, die es ausschließen, von Phänomenen einer bestimmten Art unabhängig von charakteristischen Ursachen zu sprechen (›Donner‹ als Folge von Blitzen, nicht von Überschallflugzeugen, Sprengungen oder Theatermaschinen; ›Pest‹ als Wirkung speziell des 1894 entdeckten Pestbakteriums; usw.).

Begriffliche Umlagerungen dieser Art sind für die Umgangssprache und für die Wissenschaften charakteristisch. Auch wenn sie historisch nicht eindeutig abzugrenzen sind und die faktischen

177 Wenn wir vom ›Inhalt‹ der Termini abstrahieren, können wir leicht eine prädikative, empirisch interpretierbare Sprache entwerfen, in der alle Termini frei kombinierbar sind, d. h. in der keinerlei Restriktionen bezüglich der im Rahmen der gültigen Formations- und Transformationsregeln zu gebenden ›Zustandsbeschreibungen‹ (vgl. R. Carnap: *Bedeutung und Notwendigkeit* [orig. Chicago 1947], dt. Wien 1972, § 2) bestehen. Bedeutungspostulate haben den Sinn, solche Restriktionen zu setzen, womit bereits angezeigt ist, daß die Gründe für ihre Einführung ›inhaltlich‹ sein müssen (in einem weiten Sinne, der auch das ›ökonomische‹ Interesse an sprachlichen Abkürzungen einschließt).

Man könnte allenfalls an eine formale Beschränkung der Art denken, daß jedes Prädikat mindestens ein weiteres Prädikat ausschließen, d. h. ›kategorial‹ gegen es abgegrenzt sein muß, wenn es seine Klassifikationsfunktion nicht verlieren soll. Tatsächlich ist eine Klassenbildung, die den Gegenstandsbereich nicht unterteilt, also in wenigstens *zwei* verschiedene Klassen zerlegt, ohne Pointe. Aber dazu genügt ein einziges Prädikat und das Negationszeichen. Wir können uns eine Sprache denken, die einen Haufen gegebener Bausteine nur in ›rote‹ und ›nicht rote‹, ›Würfel‹ und ›Nicht-Würfel‹, sowie ›Ziegel‹ und ›Nicht-Ziegel‹ unterteilt, wobei klar ist, daß alle logisch zulässigen Kombinationen auftreten können. Diese Kombinierbarkeit hängt auch nicht daran, daß Prädikate gewählt wurden, die verschiedenen, kombinierbaren ›Gattungen‹ unterzuordnen sind (›Farbe‹, ›Form‹, ›Material‹). Sie kann zwischen Arten derselben Gattung ebenfalls auftreten, z. B. wenn sich die Prädikate ›rot‹ und ›gelb‹ im Bereich von Orange überschneiden, ohne daß dies an der Unterteilung des Gegenstandsbereichs durch jedes der beiden etwas ändert. Und *verpflichtet* zur Unterscheidung von ›Arten‹ und ›Gattungen‹ sind wir ohnedies nicht.

terminologischen Zusammenhänge vielfach vage bleiben, läßt sich die Sprachentwicklung theoretisch als Folge von Sprachzuständen beschreiben, in denen jeweils bestimmte Sätze als ›Postulate‹ fixiert sind, diesen Status aber nicht losgelöst von empirischen Rücksichten haben und in einem späteren Sprachzustand oder einem gleichzeitigen alternativen Sprachsystem faktisch verlieren können, wobei (mit Rücksicht auf die erwähnte Irreduzibilität elementarer qualitativer Identifikationskriterien, S. 97, Anm. 80) lediglich eine gewisse begriffliche Kontinuität beim Sprachwandel bzw. beim Sprachvergleich gegeben sein muß, die die Identität des betroffenen Phänomenbereichs sichert. Die Grenze zwischen den analytisch notwendigen und den faktischen Sätzen bleibt scharf, erweist sich aber prinzipiell als verschiebbar und demonstriert ebendamit die Relativität der unterstellten Notwendigkeit: die Gründe dafür, daß ein analytischer Satz ›alternativenlos‹ (Anm. 171) wahr ist, sind genauso stark wie die Gründe für die Einführung der ihn fundierenden Postulate.[178]

178 Diese Relativität wird hier *nur* für Bedeutungspostulate mit empirischen bzw. empirisch bezogenen theoretischen Termini behauptet, *nicht* für solche mit rein theoretischen Termini oder für logisch wahre Sätze und Prinzipien im allgemeinen (Satz des Widerspruchs usw.). Auch ist nicht ausgeschlossen, daß einige Postulate faktisch niemals revidiert werden, ja, daß es erkenntnistheoretische Gründe gibt, die ihre Revision prinzipiell ausschließen. Die traditionellen ›synthetisch-apriorischen‹ Sätze (wie der Grundsatz der durchgängigen Kausalität) lassen sich also, *wenn* sie begründbar sein sollten, ohne weiteres als analytische Sätze in unser modifiziertes Schema aufnehmen – mit der alleinigen Einschränkung, daß der *Sinn,* in dem sie als ›notwendig‹ (alternativenlos) gelten können, kein formaler, die logische Notwendigkeit oder andere Notwendigkeiten einschließender ist, sondern ein inhaltlich spezifizierter, der sich aus den *Gründen* bestimmt, die für die behauptete Irreversibilität der betreffenden Postulate gegeben werden.

Die Einsicht in die Revisionsbedürftigkeit der traditionellen Kriterien und die Relativität des ›Analytischen‹ ist vor allem mit dem Namen von W.V. Quine verbunden (vgl. den zweiten in Anm. 172 zitierten Aufsatz und zahlreiche neuere Publikationen). Quine hat seine Erkenntnis in der Form eines Angriffs auf ein traditionelles ›Dogma‹ vorgetragen, der mitunter den Eindruck erweckt, als entbehre die Unterscheidung jeder sachlichen Grundlage und könne darum ersatzlos gestrichen werden. Das wäre wenig plausibel und wird auch von Quine so nicht behauptet. Der Hinweis freilich, daß die von Quine kritisierten Kriterien, speziell das Kriterium vorausgesetzter Bedeutungsgleichheit, und der damit verbundene Absolutheitsanspruch die Unterscheidung nicht treffen, die die Verfechter des ›Dogmas‹ im Auge haben (Grice und Strawson in: Phil. Rev. 65, 1956, 141-148), bedeutet so lange keine echte Verteidigung, als die unterstellten ›eigentlichen‹ Kriterien unaufgeklärt bleiben. Es ist möglich, dies in einer Weise nachzuholen, die Quines Einwänden Rechnung trägt (vgl. etwa den S. 117, Anm. 115 zitierten Aufsatz von Putnam). Um eine Relativierung der Unterscheidung kommt man dann aber nicht mehr herum.

Damit ist nicht nur das Dilemma gelöst, sondern zugleich der Weg zur Beantwortung unserer Frage formal vorgezeichnet. Zwei Schritte lassen sich unterscheiden. Der erste besteht in der Reflexion auf den bestehenden umgangssprachlichen oder wissenschaftlichen Sprachgebrauch, nicht um uns von ihm die *Antworten* vorgeben zu lassen, wohl aber, um den relevanten *Phänomenbereich* zu umgrenzen und einen *Startpunkt* – einen ersten, mehr oder weniger vagen Sprachzustand S_1 – für die sich anschließenden begrifflichen Präzisierungen – seine Überführung in nachfolgende Zustände $S_2, S_3, \ldots S_n$ – zu gewinnen. Diese selbst müssen in einem zweiten, entscheidenden Schritt durchgeführt werden, in dem wir über den Sprachgebrauch sachlich hinausgehen. Wenn sichergestellt ist, welche Phänomene in Frage stehen, wie sie (bislang) begrifflich erschlossen werden und welche (tatsächlich aufzuweisenden) terminologischen Zusammenhänge dabei vorausgesetzt sind, stellt sich die Frage nach deren sachlichem Recht: Sind die getroffenen Unterscheidungen phänomenal und im Hinblick auf unsere Fragestellung *angemessen*? Welche theoretischen oder empirischen *Gründe* können uns zum Festhalten, Preisgeben oder Neueinführen bestimmter Zusammenhänge veranlassen? Mit der Beantwortung dieser Fragen gewinnen wir Aufschluß darüber, ob und in welchem Sinne wir konkrete Denkleistungen, mögen sie *faktisch* sprachlich sein oder nicht, als *notwendig* mit der Verwen-

Im übrigen sind die Erkenntnisse Quines philosophiegeschichtlich kein völliges Novum. Sie mußten wiedergewonnen werden als Ausweg aus einer Sackgasse, in die erst der – bezeichnenderweise *nicht* von analytischen Sätzen mit empirischen Termini ausgehende – Versuch geführt hatte, die Kantische Unterscheidung von vermeintlich ›verunreinigenden Psychologismen‹ zu befreien (vgl. z. B. Freges ›verräterische‹ *Gegenüberstellung* von »Inhalt des Urtheils« und »Berechtigung zur Urtheilsfällung« in den *»Grundlagen der Arithmetik«*, Breslau 1884, § 3). Die Relativität des Analytischen und seine prinzipielle Offenheit gegenüber der Empirie hatte Kant selbst in aller Klarheit gesehen. Dies zeigt nicht nur die grundlegende These von der »Voraussetzung« der Synthesis für die Analysis (KrV B 130, vgl. A 77 f. = B 103), die natürlich – was hätte sie sonst auch im zentralen Stück des Beweisgangs für das synthetische Apriori zu suchen – die *gleiche* Unterscheidung betrifft wie die zwischen synthetischen und analytischen Sätzen. Deutlicher noch wird es in der mit der Urteilstheorie systematisch zusammenhängenden Begriffs- und Definitionstheorie Kants, die auch in KrV und in Prol. vorausgesetzt, explizit formuliert aber nur in den nachgeschriebenen Logikvorlesungen und den (in die Jäschesche Logik teilweise eingegangenen) Reflexionen zu finden ist, speziell in der in ihren Leibnitianischen Ursprüngen unschwer zu erkennenden Lehre von der »Aggregation koordinierter Merkmale« und der bei empirischen Begriffen niemals abzuschließenden »Exposition« der Erfahrung.

dung von Ausdrücken als Zeichen verbunden ansehen können. Unsere Untersuchungen in den vorhergehenden Abschnitten standen teilweise schon in diesem Kontext. Die ›intuitive‹ Differenzierung der Termini und die Auswahl uns speziell interessierender Beispiele blieben im Rahmen des Sprachgebrauchs, während diejenigen Überlegungen darüber hinausgingen, die im (partiellen) *Gegenzug* gegen gewisse Tendenzen des Sprachgebrauchs eine zu enge oder unangemessen bzw. ›unökonomisch‹ weite Begrenzung des Phänomenbereichs ausschließen oder Bedingungen seiner Erschließung spezifizieren sollten, die der Sinn unserer Frage vorgibt. Was fehlt, ist – abgesehen von der im ganzen fehlenden konkreten Durchführung – vor allem eine Spezifizierung der *Gründe,* die bei der Einführung eines Bedeutungspostulats für die (spezifizierten) Termini ›Denken‹ und ›zeichenhaftes Verwenden‹ im Hinblick auf die zu prüfende These befriedigen.

2. ›Funktionale‹ Zusammenhänge

Auch das ist weitgehend eine Durchführungsfrage, die, hier ebenso wie bei der Differenzierung der Termini, über die Zielsetzung dieses Hauptteils und der gesamten Arbeit hinausgeht. Aber sie ließe sich schon auf der formalen Ebene weiter eingrenzen, falls der Gedanke fortgeführt werden kann, der sich am Ende des letzten Kapitels andeutete (S. 166). Sollte es sich nämlich bewahrheiten, daß eine Differenzierung des Sprachbegriffs, in der der ›gedankliche Gehalt‹ nicht als eigenes Teilereignis erscheint, unsere These im Sinne der Abhängigkeit vorentscheidet, müßte sich aus der Begründung dieser Annahme der bzw. ein exemplarischer Sinn der gesuchten Notwendigkeit für uns ergeben. Prüfen wir daher ihr sachliches Recht.

Bei genauerem Zusehen können wir feststellen, daß sich die Annahme vorzüglich auf Analogien stützt, die zeigen sollen, [a] daß Sprachleistungen nach diesem Schema zu differenzieren sind und daß [b] ihr ›gedanklicher Gehalt‹ sich dadurch als notwendig sprachlich erweist. Ein Messer etwa kann zwar als materielles Objekt von seiner Funktion als Schneidewerkzeug getrennt werden, aber die Schneidefunktion bedarf, so scheint es, durchweg eines Objektes, das sie erfüllt. Eine Schachfigur existiert auch unabhängig von ihrer Verwendung im Spiel, dieses aber hat keine Existenz unabhängig von den Figuren. Ebenso sind ein Fußball und seine Bewegungen selbständige raumzeitliche Gegenstände, ›Tore‹ im Sinne des Spieles aber fallen nicht, ohne daß ein Ball die bezeichnete Linie überschreitet. Und während man das Ereignis des ›Laufens‹ nicht unbedingt als ›schnell‹ oder ›langsam‹ qualifizieren muß[179], kann von Ereignissen bloßer ›Schnelligkeit‹ oder ›Langsamkeit‹ keine Rede sein. Das ›Denken‹, das mit der Ausdrucksverwendung einhergeht, entspricht der Funktion des Messers, des Balles oder der Schachfigur, oder der speziellen Art des Laufens, und erweist sich dadurch als ebenso unabtrennbar wie sie.

Sprachliche Analogien kommen hinzu. So hat G. Ryle das Verb ›denken‹ als *»adverbiales Verb«* analysiert, das Verben wie ›aufpassen‹, ›durchhecheln‹ oder ›hetzen‹ (im intransitiven, unpolitischen Sinne) entspricht und wie diese keine eigenständigen Leistungen beschreibt, sondern andere sekundär qualifiziert.[180] Beim sprachlichen Denken ist die primäre Leistung natürlich die in ihrer Eigenständigkeit unbestreitbare Ausdrucksverwendung (S. 149), so daß auch von daher seine notwendige Sprachlichkeit indiziert wird.[181] Läßt sich der Sinn dieser Notwendigkeit im Rückgang auf fundierende Sachgesichtspunkte spezifizieren?

Kaum, denn der Analogieschluß hält der genaueren Prüfung nicht stand. Zweifelhaft sind die Vergleiche ebenso wie die

179 Auch dieses Zugeständnis ist zweifelhaft, wenn die Gattung des ›Laufens‹ *vollständig* in spezielle Arten zerlegt wird (vgl. schon S. 167). Da diese Zerlegung aber nicht zwingend ist, mag es hier als gegeben gelten.

180 Vgl. G. Ryle: *Thinking and Reflecting* [orig. in: The Human Agent, Roy. Inst. Phil. Lect. I, 1966-67], repr. in: (ders.:) Coll. Pap. II [Anm. 109], 466 ff.; ders.: *The Thinking of Thoughts. What is ›Le Penseur‹ Doing?* [orig. in: Univ. Saskatch. Lect. 18, 1968], repr. in: Coll. Pap. II, 465 ff.; sowie den S. 114, Anm. 109 zitierten Aufsatz von 1970. Ryle denkt vor allem an die sekundäre Qualifikation aktueller Verhaltensleistungen, kennt aber auch einen Typus des Denkens (»reflecting«), in dem kein aktuelles Verhalten vorliegt, wie beim Durchdenken eines Schachproblems oder beim Vorbereiten einer Rede. Die ›Adverbialität‹ soll hier durch den intentionalen Bezug auf späteres Verhalten sichergestellt werden.

181 Die Einschränkung auf das faktisch sprachliche Denken ist wesentlich, auch im Hinblick auf Ryle, der mehrfach deutlich gemacht hat, daß er ein Denken unabhängig von sprachlichen oder sonstigen Symbolen anerkennt. Es handelt sich also nur um eine Anwendung seiner ›adverbialen‹ Analyse auf einen (wenngleich in mehreren Hinsichten ausgezeichneten) *Sonderfall* und um den Aufweis der Konsequenzen, die sich ergeben, *wenn* man ihn in der Ryleschen Weise analysiert.

Signifikanz der Analoga selbst. Ob und in welcher Weise ›denken‹ als ›adverbiales Verb‹ zu analysieren ist, bleibt (ganz abgesehen davon, daß nicht alle relevanten Ausdrücke zu diesem Wortstamm gehören) fraglich,[182] und wenn es zuträfe, wäre es nur ein umgangssprachliches Faktum, das uns die Sachentscheidung nicht abnimmt. Andere Gründe müssen hinzukommen. Die verbleibenden Analogien könnten sie liefern. Aber auch sie erweisen sich als nicht zweifelsfrei. Analogien haben *heuristischen* Wert, sachlichen nur, wenn die angesprochenen Merkmale sich *tatsächlich* im zu erläuternden Analogat aufweisen lassen, und das ist hier zumindest nicht selbstevident. Mehr noch, die Beispiele selbst können die fehlende Differenzierung in mehrere Teilereignisse und das interne Abhängigkeitsverhältnis nicht unter Beweis stellen. Wenn wir das ›Messer‹ (im allgemeinsten Verständnis) als einen Gegenstand definieren, der bei geeigneter, unmittelbarer Anwendung auf einen anderen Gegenstand diesen (relativ) glatt durchtrennt, können wir seine Funktion sehr wohl von ihm ablösen: das entscheidende

182 Daß die gesamte umgangssprachliche Rede über ›inneres‹ Denken ›adverbial‹ zu verstehen ist und sich dadurch als bloße Qualifikation von Verhaltensleistungen erweist, ist aus sachlichen Gründen ebenso wie im Blick auf den Sprachgebrauch zu bezweifeln (vgl. dazu auch F.N. Sibley: *Ryle and Thinking*, in: Ryle, edd. O.P. Wood / G. Pitcher, London 1970, 86 ff.). Wollte man etwa Ryles Erklärung (1966-67, a.a.O., 478 f.), daß das stille Lösen einer Schachaufgabe der zukünftigen Spielsituation gegenüber parasitär ist, tatsächlich auf die ›adverbiale‹ Interpretation des Ausdrucks ›durchdenken eines Schachproblems‹ (o. ä.) gründen, käme man bald zu barem Unsinn, denn man dürfte dann nicht einfach sagen, daß die Schachaufgabe um eines zukünftigen Spieles willen ›durchdacht‹ wird (und auch das dürfte meist schon zuviel sein), sondern müßte von einem ›Schachspielen auf problemlösende Weise‹ reden – ungeachtet der Tatsache, daß ein Spiel weder gleichzeitig stattfindet noch (möglicherweise) jemals stattfinden wird! Wie bei der Wittgensteinschen Analyse des Satzes ›Ich habe Schmerzen‹ (S. 126 f., Anm. 125), hat auch hier das *Interesse* Ryles an einer behavioristischen Reduktion des Mentalen seinen *sprachanalytischen* Scharfblick getrübt.

Zudem würde auch die gesicherte ›Adverbialität‹ des gesamten sprachlichen Denkens nicht *per se* Rückschlüsse in der von uns erwogenen Weise gestatten. ›Adverbiale Verben‹ sind mehr oder weniger spezifiziert im Hinblick auf die von ihnen qualifizierten ›Träger‹-Ereignisse. Wenn man vom ›Durchhecheln‹ eines Themas spricht, ist vorausgesetzt, daß es sich um einen mündlichen Vortrag oder um eine schriftliche Abhandlung handelt, und noch eindeutiger ist die primäre Leistung bei der auf einen Musiker bezogenen ›adverbialen‹ Erklärung, er ›treibe‹. ›Hetzen‹ und ›Bummeln‹ aber kann man beim Ausführen der verschiedensten Tätigkeiten. Notwendige Sprachlichkeit wäre also erst dann gegeben, wenn die ›adverbiale‹ Rede vom ›Denken‹ *nur* auf die zeichenhafte Verwendung von Ausdrücken zu beziehen ist, doch genau dies steht ja mit der Sprachabhängigkeitsthese zur Diskussion.

Merkmal, die glatte Durchtrennung, *ist* ja ein separates Ereignis, das sich auch *ohne* erkennbare Ursache identifizieren läßt und das, *wenn* es sie hat, nicht nur von der Verwendung gewöhnlicher ›messerförmiger‹ Gegenstände, sondern auch von der materieller Objekte (in direkter Einwirkung) überhaupt unabhängig ist, wie die Durchtrennung mit Hilfe von Schneidbrennern oder Laserstrahlen beweist. Auch von der Schachfigur und der Räumlichkeit ihrer Züge können wir in einer mathematischen Darstellung dieses Spieles mühelos absehen. Ebenso vom Ball des Fußballspiels, dessen Weg zum Tor lediglich durch eine (wenn auch bedeutend) größere Anzahl möglicher Positionen und Operationen zu beschreiben ist. Der Vergleich mit Gebrauchsgegenständen und Spielobjekten lehrt also eher das Gegenteil dessen, was er uns eigentlich lehren sollte.

Derjenige mit dem adverbial qualifizierten Laufen (oder mit spezifizierten Eigenschaften wie ›Himmelblau‹ oder ›Lautenklang‹, S. 167) ist mit Bezug auf das Fehlen mehrerer Teilereignisse eindeutig. Zweifelhaft bleibt die behauptete Abhängigkeit. ›Schnell‹ kann natürlich nicht nur das Laufen sein, sondern ebensogut das Schwimmen, Fahren, Lesen, Wachsen, Fließen oder Verbrennen. Ryle und Kenny (vgl. S. 105, Anm. 93) haben eine Beschränkung zumindest auf ›Leistungen‹ im (definierten) engeren Sinne erkennen wollen, aber wir haben bereits gesehen, daß eine solche Restriktion nicht besteht, wenn wir uns konsequent an den Gesichtspunkt der überdurchschnittlich kurzen Ausführungsdauer halten. Auch die Erweiterung auf Prozesse im allgemeinen – also einschließlich solcher ohne festgelegten Endzustand – reicht hier nicht aus, denn gemessen am Durchschnitt können natürlich auch Zustände mehr oder weniger kurz andauern.[183] Eine Bindung besteht offenbar nur an Ereignisse überhaupt. Aber wenn sie so weit gelockert wird, fehlt der Analogie die Pointe, denn ein

183 Die Rede von ›schnell‹ oder ›langsam‹ ist hier zwar (abgesehen vielleicht von einer Verbindung wie ›schnellebig‹) nicht gebräuchlich, aber das zeigt eben nur die Vielschichtigkeit unserer Umgangssprache, deren Gebrauchsregeln gleichzeitig unter *mehreren* Gesichtspunkten stehen, die wir als Theoretiker tunlichst zu differenzieren haben. Die Analyse der Ausdruckspaare ›schnell‹/›langsam‹, ›kurz‹/›lang‹ und ihres weiteren Umfeldes mit Hilfe der Unterscheidung von Zuständen und Prozessen mit bzw. ohne festgelegte Teilzustände sowie des Kriteriums der relativen Ausführungsdauer liefert vielmehr ein Beispiel dafür, wie der Rekurs auf die von ihr in einer vorläufigen Weise erschlossenen Phänomene zur Präzisierung der Umgangssprache beiträgt.

›Denken‹, das sekundäre Qualifikation *beliebiger* Ereignisse sein kann, ist *dadurch* nicht mehr als sprachabhängig zu erweisen. Ob eine *darüber hinausgehende* Restriktion auf Ereignisse eingeführt werden sollte, die ein ›zeichenhaftes Verwenden von Ausdrücken‹ darstellen, kann durch die bloße Differenzierungsform nicht entschieden werden. Auch der Vergleich mit dem schnellen Laufen (o. ä.) würde daher, selbst wenn sein sachliches Recht außer Zweifel stünde, nicht zum gewünschten Ziel führen. Zudem trifft ihn eine formale Doppeldeutigkeit aller (komplexeren) Differenzierungen ohne verschiedene Teilereignisse. Das gesuchte Abhängigkeitsverhältnis kommt ja nur dann heraus, wenn das ›Denken‹ das (primäre) Ereignis der Ausdrucksverwendung nicht sekundär, sondern nur teritär qualifiziert, sc. auf dem Weg über das ›zeichenhafte Verwenden‹. Doch zu dieser Anordnung zwingt uns nichts. Der intelligente Umgang mit Ausdrücken *muß* nicht ›zeichenhaft‹ sein, wie das Einsortieren von Drucktypen in einen Setzkasten zeigt. Prinzipiell ließe sich das Verhältnis also auch umkehren und, statt vom ›Zeichenverwenden auf denkende Weise‹, von einem ›Denken auf zeichenverwendende Weise‹ reden. Diese Entscheidung müßte auch dann noch getroffen werden, wenn die Restriktion auf die Zeichenverwendung als solche feststünde. Die bloße Tatsache, daß das faktisch sprachliche Denken kein separates Ereignis ist, kann seine notwendige Sprachlichkeit nicht begründen.

Das negative Ergebnis auf seiten der Abhängigkeit läßt vermuten, daß auch auf der Seite der Unabhängigkeit kein direkter Zusammenhang mit der Form unserer Differenzierung des Sprachbegriffs besteht. Für die Eingrenzung des betroffenen Sinns von Notwendigkeit wäre diese Sachlage nur von Vorteil. Denn die Gründe, die den Ereignischarakter des sprachlichen Denkens *nicht* als hinreichend für seine Sprachunabhängigkeit erscheinen lassen, implizieren ja schon, zumindest für diese Differenzierungsform, ein gewisses *positives* Verständnis der Abhängigkeit. Versuchen wir, es im Ausgang von einer Zerlegung in mehrere Teilereignisse zu explizieren.

Analogien aus anderen Bereichen liegen auch hier nahe. Ereignisse, die stets gleichzeitig oder in ›unmittelbarer raumzeitlicher Nachbarschaft‹ zueinander auftreten, können zu ›komplexen Ereignissen‹ (S. 104, Anm. 92) zusammengefaßt werden, für deren Vorliegen dasjenige ihrer Teilereignisse ›analytisch notwendig‹ ist.

Die Gründe für die Zusammenfassung sind unterschiedlich. *Sprachökonomische* oder *taxonomische* Interessen können im Vordergrund stehen, wie bei der Definition der ›Blaumeise‹ als ›Meise mit blauer Kappe und gelber Unterseite‹, des ›Dreisprungs‹ als ›Abfolge zweier Schrittsprünge und eines Schlußsprungs‹ oder des ›Dreiklangs‹ als ›gleichzeitiges Erklingen dreier Töne mit festgelegten Terz- oder Quartintervallen‹. Hier wird (wenn wir die mögliche willentliche Herbeiführung in den letzteren Fällen aus dem Spiel lassen) für die Ereignisse selbst nicht mehr vorausgesetzt als ihr reguläres faktisches Zusammentreffen, und es ist klar, daß Begründungen dieser Art kein adäquates Modell für unsere Frage liefern. Relevant sind nur solche Fälle, in denen ein nicht ausschließlich von den Interessen des Theoretikers diktierter notwendiger Zusammenhang der Ereignisse unterstellt wird. Das klassische Beispiel dafür ist die *Kausalität,* jedenfalls in den stärkeren Fassungen dieses Begriffes.[184] Ob wir zu einer solchen Fassung gezwungen sind, steht dahin. Aber wir können es an dieser Stelle unbesehen voraussetzen, denn auch eine als notwendig verstandene Kausalität könnte als solche die hier geforderte Abhängigkeit nicht begründen.

Ursächlichkeit allein ist noch kein Beweis für kausale *Indispensibilität.* Das zeigt nicht nur die Möglichkeit der kausalen Überdetermination, sondern auch die Tatsache, daß eine im Einzelfall indispensible Ursache unter veränderten Umständen dispensibel sein kann, wie wir oben am Beispiel des Messers gesehen haben. Auf der ›molaren‹ Ebene ist das besonders deutlich, aber es läßt sich grundsätzlich auch nicht für die elementarste Kausalanalyse ausschließen. Die Ersetzbarkeit von *bestimmten* Ausdrücken oder Formen der Zeichenverwendung ist mit einer kausal verstandenen Abhängigkeitsthese zu vereinbaren. Aber die ›zeichenhafte Verwendung von Ausdrücken‹ *überhaupt* muß indispensibel sein, wenn die Sprachfreiheit der betroffenen Denkleistung tatsächlich ausgeschlossen sein soll. Und selbst wenn diese Indispensibilität gesichert wäre, könnte noch nicht von einer Abhängigkeit im

184 D. h. solche, die sich nicht nur auf das (Humesche) Kriterium der Regularität des Zusammenhangs stützen oder es allenfalls durch Kriterien wie ›zeitliche Priorität der Ursache‹ oder ›Operationalisierbarkeit‹, sc. Möglichkeit zum aktiven experimentellen Hervorrufen der Wirkung durch Herbeiführung der Ursache, ergänzen. Für den Kausalbegriff insgesamt gelten im übrigen weiterhin die in Anm. 90 (S. 102) formulierten Annahmen.

Sinne unserer These geredet werden. Kausal *hinreichend* für die Denkleistung ist die Zeichenverwendung nicht, und das darf sie ja auch nicht sein, wenn sie der Vielzahl bedeutungsverschiedener, aber semiotisch ununterschiedener Ausdrücke (S. 161 f.) und dem Auftreten weiterer kausal indispensibler Faktoren (Gesundheit, Motivation usw.) Rechnung tragen soll. Darin unterscheidet sich die kausale Verbindung von Sprache und Denken nicht grundsätzlich von anderen Kausalitäten, deren Bestehen ebenfalls von der Erfüllung zahlreicher weiterer, ausdrücklich oder unausdrücklich vorausgesetzter Kausalbedingungen abhängt. Diese Pluralität der Ursachen aber gestattet die unterschiedlichsten kausalen Focussierungen, die für unsere Frage nicht gleichgewichtig nebeneinander stehen bleiben dürfen. (Die Verbindung von Denken und Zeichenverwendung muß eine engere sein als die zwischen Denken und Hirndurchblutung.) Um zwischen *›wesentlichen‹* und ›nicht wesentlichen‹ Bedingungen unterscheiden zu können, brauchen wir Zusatzkriterien, die uns die Kausalität nicht liefert.

Bei der Suche nach Gründen, die uns zur Annahme essentieller und indispensibler Ursachen berechtigen, bieten sich zwei Paradigmen an: Zusammenhänge mit *›Gesetzes‹*-Charakter (Kompression und Zunahme des Innendrucks, Kreuzung homozygoter Rassen und Uniformität der F1-Generation, Erhöhung der Güteranzahl und Verringerung des Grenznutzens, soziale Integration und Selbstmordrate) und *›funktionale‹* Zusammenhänge wie diejenigen zwischen Herzschlag und Blutzirkulation, Ventilation und Motorkühlung, Landwirtschaft und Nahrungsmittelversorgung, Aufgebot und Anmeldbarkeit von Rechtsansprüchen, ›Reizen‹ beim Skat und Spielpartnerermittlung oder Leitmotiv und Personencharakteristik in der Oper. Beide Fälle beinhalten nicht nur die gesuchte Spezifikation der Kausalbeziehung, sondern führen zugleich in einer für unsere (an sie ja nicht generell gebundene) Frage überaus wünschenswerten Weise über die Kausalität hinaus. Unsere Beispiele zeigen, daß neben ›natürlichen‹ (vgl. S. 31 ff.) auch ›konventionelle‹ Zusammenhänge zur Diskussion stehen, oder allgemein solche, bei denen Wünsche und Meinungen menschlicher Agenten im Spiel sind. Und die Gesetze zumindest[185] weiten

185 Funktionale Zusammenhänge sind in der fraglichen Hinsicht weniger eindeutig. Man könnte allenfalls an Erklärungen denken wie die, daß die Kanneluren griechischer Säulen eine ›Strukturierungsfunktion‹ für sie erfüllen oder daß der Firnis

die Analyse auch formal auf Beispiele aus, in denen es nicht mehr um die Verbindung verschiedener Ereignisse geht, sondern nur noch um die von verschiedenen Eigenschaften desselben ›Trägers‹. Ob der Zusammenhang zwischen Denken und Zeichenverwendung sich tatsächlich gesetzlich verstehen läßt, können wir offen lassen. ›Intuitiv‹ jedenfalls liegt der Rekurs auf funktionale Zusammenhänge näher. Denn wenn wir fragen, welche Erkenntnisse uns von der Unentbehrlichkeit der Verwendung von Zeichen für (z. B.) die Begriffsbildung oder das Aussagenmachen überzeugen könnten, dürfte die ›intuitiv‹ befriedigendste Antwort lauten: die Einsicht, daß Zeichen eine wesentliche, nicht zu ersetzende ›Funktion‹ für sie erfüllen.

Die Rede von der ›Funktion‹ freilich ist mehrdeutig und nicht in jeder Beziehung für uns interessant. Nicht nur der logische oder mathematische Sinn scheidet aus. Auch Funktionszusammenhänge, die intentionale Zweckhaftigkeit implizieren, sind für uns nur begrenzt von Interesse, denn die Wahl eines ›funktional‹ adäquaten Mittels setzt die *Kenntnis* des Zwecks, dem es dient, voraus, was bei den meisten Denkleistungen aber bereits ein Beweis ihrer grundsätzlichen Unabhängigkeit von den Zeichen wäre.[186] Der *allgemeine* Funktionsbegriff, der in der neueren Literatur diskutiert wurde,[187] ist von solchen Beschränkungen frei: ›Funktionalität‹ im Sinne eines (entscheidenden) Beitrags zur Aufrechterhaltung eines bestimmten Zustands in einem ›System‹, wobei es *offen* bleibt, ob dieser (in einem weiten Sinne) als ›gut‹ für es oder als (intentional oder nicht-intentional) ›von ihm verfolgt‹ qualifiziert wird. Dieser Begriff kommt für unser Problem in Betracht, aber wohl nur, wenn wir die anthropologische These [A] (S. 91) hinzunehmen und die Zeichenverwendung als Beitrag zur Aufrechterhaltung des für den Menschen charakteristischen Zustands

bei Ölbildern funktional notwendig für deren Farbglanz ist. Aber auch hier ist eine Zerlegung in mehrere Teilereignisse theoretisch denkbar.

186 Der semantische Ansatz von Grice, der sich nach diesem Schema verstehen läßt, impliziert ja zumindest in der entwickelten Form von Bennett (S. 166, Anm. 170) auch die Sprachunabhängigkeit des betroffenen Denkens.

187 Vgl. C.G. Hempel: *The Logic of Functional Analysis* [orig. in: Symp. on Soc. Theory, New York 1959], repr. in: (ders.:) Aspects of Scientific Explanation, New York 1965, 297-330; E. Nagel: *The Structure of Science*, New York 1961, ch. 12 und p. 520 ff.; A. Woodfield: *Teleology*, Cambridge 1976, pt. III; sowie, als deutschsprachige Darstellung speziell des Ansatzes von Hempel, W. Stegmüller: *Wissenschaftliche Erklärung und Begründung*, Berlin 1969, S. 555 ff.

des ›Denkens‹ ansehen. Das wäre mehr, als wir für die uns interessierende Abhängigkeitsthese [B] benötigen. Um ihr allein gerecht zu werden, muß der Funktionsbegriff von seiner Bindung an ein ›System‹ gelöst werden. Die biologischen oder sozialwissenschaftlichen Musterbeispiele sind dann schon auf der ›subsystemischen‹ Ebene (auf der die oben zitierten auch formuliert wurden) relevant, und hinzukommen ›Werkzeug‹-Funktionen natürlicher Phänomene und Artefakte, bei denen ein übergeordnetes ›System‹ nicht ohne weiteres oder überhaupt nicht zu erkennen ist (Rauch des Lagerfeuers als Mückenschutz, Messer als Mittel zum Schneiden).

Bei der Anwendung auf den Zusammenhang zwischen Zeichenverwendung und Denken ergeben sich aber noch immer Schwierigkeiten. Zunächst scheint die Einbeziehung der ›Werkzeuge‹ ein instrumentelles Sprachverständnis zu ermöglichen, wie es von Herder und Humboldt mit der Abhängigkeitsthese gerade verworfen wurde. Doch läßt sich diese Schwierigkeit relativ leicht beheben, denn verworfen wurde ja nur die Idee, daß die Zeichen als Instrumente für *andere* (kommunikative) Leistungen fungieren, nicht als Instrumente des Denkens *selbst*. Kritisch dagegen ist die Tatsache, daß die Merkmale, die die Kausalität als nicht hinreichend für unsere Zwecke erscheinen ließen, offenbar auch auf die Funktionalität zutreffen. Zwar scheint die ›*Wesentlichkeit*‹ des ›Beitrags‹ oder des ›Mittels‹ zum Begriff der ›Funktion‹ zu gehören, aber die Frage angemessener Unterscheidungskriterien verschiebt sich damit natürlich nur auf die Frage der Applikabilität dieses Terminus.[188] Und das Kriterium der ›*Indispensibilität*‹ gilt auch für die Rede von ›funktionalen‹ Zusammenhängen nicht, wie wir oben am Beispiel des Messers sehen konnten und wie es auch in der Diskussion um die biologischen und sozialwissenschaftlichen Musterbeispiele immer wieder herausgestellt worden ist. Formale Bedingungen einer Verschärfung zu indispensiblen Funktionen lassen sich angeben. Einmal könnten die Randbedingungen des Zusammenhangs soweit spezifiziert werden, daß funktionale

188 ›Unwesentliche‹ Faktoren (wie Gesundheit und Motivation) lassen sich möglicherweise durch ihre mangelnde Spezifität für die gesuchte Leistung ausschließen. Doch auch die Zeichenverwendung ist ja, *wenn* sie es ist, sicher nicht *nur* für das Denken selbst ›wesentlich‹, sondern auch für verschiedene andere Leistungen (vorab die Kommunikation), so daß man die Abgrenzung notgedrungen auf wenig befriedigende Quantitätsüberlegungen stützen müßte.

Alternativen ausscheiden. So wie Zündkerzen zwar für Ottomotoren üblicher Bauart, nicht aber für Verbrennungsmotoren im allgemeinen funktional notwendig sind, so, ließe sich etwa im Sinne der Herderschen ›Anregungsthese‹ argumentieren, ist auch die Zeichenverwendung, wenngleich nicht für das Denken im allgemeinen, so doch unter den speziellen Bedingungen, unter denen der Mensch dazu gelangt, funktional unentbehrlich. Dazu aber müßten Kriterien für diese Spezifizierung gefunden werden, die interessebedingte Restriktionen ad hoc ausschließen. (Unter den ›Randbedingungen‹ einer improvisierten Reparatur auf Reisen kann auch ein Ast, Bindfaden oder Draht ›funktional unentbehrlich‹ sein, ohne daß dies etwas über entsprechende Abhängigkeiten aussagt.) Ob das in einer allgemeinen, verbindlichen Weise gelingt, ist nicht abzusehen. Auf der anderen Seite ließe sich die Beschreibungsebene für die Zusammenhänge anheben und argumentieren, daß funktionale Alternativen um so unwahrscheinlicher sind, je allgemeiner der formulierte Zusammenhang ist.[189] Doch ist auch hier mit der Möglichkeit willkürlicher Abgrenzungen zu rechnen und nicht abzusehen, ob dieses Verfahren in unseren Fällen überhaupt durchführbar ist.

Eine weitere Spezifizierung jenes funktionalen Zusammenhangs, der im Hinblick auf unsere Frage befriedigt, läßt sich in allgemeingültiger Weise offenbar nicht mehr geben. Sie bleibt der Durchführung im Einzelfall vorbehalten. Doch läßt sich am Beispiel eines unserer Musterfälle des Denkens verdeutlichen, wie das konkret geschehen könnte. Nehmen wir einmal an, das manuelle Sortieren von Gegenständen (oder eine analoge mentale Operation gegenüber partikulären Vorstellungen) wäre ein hinreichendes Kriterium für ›begriffliches‹ Denken.[190] Es bildete damit ein

189 Das ›Gesetzmäßigkeits‹-Kriterium könnte hier zum Kriterium der ›Funktionalität‹ hinzutreten: funktionale Alternativen scheiden aus, wenn der Zusammenhang sich auf Gesetzmäßigkeiten zurückführen läßt, vor allem solche mit einem ›hohen‹ theoretischen Status. Die minutiöse Kausalanalyse dient einer solchen Rückführung. So erfüllt eine molare Reiz-Reaktions-Verbindung als solche das Kriterium der Indispensibilität nicht, wohl aber (möglicherweise) dann, wenn die Verbindung neurophysiologisch aufgeschlüsselt und als Anwendungsfall allgemeiner physiologisch-chemischer Gesetzmäßigkeiten erwiesen wird, verbunden mit einer entsprechend allgemeinen Beschreibung des Reiz-Ereignisses.

190 Vgl. oben S. 115. Daß das Sortierverhalten, das in psychologischen Untersuchungen zur Begriffsbildung *das* zentrale Kriterium bildet (vgl. unten S. 305 ff.), dazu in Wahrheit nicht hinreichen kann, haben wir oben bereits gesehen (S. 131), so daß eine definitive Entscheidung der entsprechenden Abhängigkeitsthese durch die folgenden

selbständiges Ereignis, das prinzipiell ohne manifeste Zeichenverwendung auftreten kann und dies in vielen Fällen offensichtlich auch tut. Die Gegner der Sprachabhängigkeit sehen dies als Bestätigung an. Die Verfechter müssen Anspruch auf verdeckte Zeichenverwendung oder indirekte Abhängigkeiten erheben, wobei grundsätzliche Überlegungen den meist undurchführbaren und allein auch nicht hinreichenden empirischen Nachweis ersetzen sollen. Eine legt sich besonders nahe und hat historisch zu einer vielfältig vertretenen Theorie geführt, die man als ›Nominalistische Theorie der Begriffsbildung‹ bezeichnen kann. Bei der klassifizierenden Auswahl partikulärer Gegenstände stellt sich die Frage nach den Kriterien, an denen sich der Betreffende orientiert, wenn er *unterschiedliche* Phänomene als ›Beispiele‹ *eines* ›Begriffes‹ betrachtet. Der Nominalist kann antworten: Was sie (in den Augen des Klassifizierenden) ›begrifflich zusammenhält‹, ist nichts anderes als die Tatsache, daß derselbe Sprachausdruck auf sie angewandt wird. Ohne ihn bliebe es bei einem ungeordneten Haufen von Einzeldingen. Die zentrale Funktion, die das Zeichen für ihre Ordnung erfüllt, läßt es, auch wenn keine aktuelle Zeichenverwendung nachweisbar sein sollte, als notwendig für das ›begriffliche‹ Denken erscheinen.[191]

Eine Schwäche dieses Gedankengangs liegt im Fehlen eines Beweises für funktionale Indispensibilität. Aber nehmen wir an,

Überlegungen nicht möglich ist. Ihr Sinn liegt ausschließlich in der Exemplifikation des gesuchten Zusammenhangs.

191 »Wir würden uns ohne Zeichen [...] schwerlich zum begrifflichen Denken erheben. Indem wir nämlich verschiedenen, aber ähnlichen Dingen dasselbe Zeichen geben, bezeichnen wir eigentlich nicht mehr das einzelne Ding, sondern das ihnen Gemeinsame, den Begriff. Und diesen gewinnen wir erst dadurch, daß wir ihn bezeichnen; denn da er an sich unanschaulich ist, bedarf er eines anschaulichen Vertreters, um uns erscheinen zu können. So erschließt uns das Sinnliche die Welt des Unsinnlichen.« (G. Frege: *Über die wissenschaftliche Berechtigung einer Begriffsschrift* [orig. in: Z. f. Phil. u. phil. Krit. 81, 1882], repr. in: Frege, ed. Patzig, 1966, a.a.O. [Anm. 114], 92.) Daß er sich auch bei einem des Nominalismus so unverdächtigen Philosophen wie Frege findet, zeigt, wie naheliegend dieser Gedanke ist. Auch außerhalb des philosophischen Bereichs ist er immer wieder vertreten worden (vgl. etwa die entsprechenden Passagen bei Rensch 1973 [vgl. S. 306, Anm. 333], 242 und die zwei Jahrhunderte früheren Äußerungen von P. J. G. Cabanis, zit. bei Kretzmann 1967, a.a.O. [S. 34, Anm. 18], 388). Daß er für die oben erwähnten (S. 154, Anm. 158) radikalen nominalistischen Positionen charakteristisch ist, liegt auf der Hand. Für eine experimentelle Beobachtung, die den Einfluß der Ausdrucks-Zuordnung auf qualitative Diskriminationsleistungen zu bestätigen scheint (Lehmann 1889), vgl. unten S. 239.

dieser Beweis ließe sich anschließen, oder einfacher noch, gehen wir davon aus, daß die ›zeichenhafte Verwendung‹ des Ausdrucks (deren Indispensibilität allein strittig sein kann) einfach durch seine ›assoziative Zuordnung‹ (o. ä.) zu anderen raumzeitlichen Phänomenen expliziert wird.[192] Unter dieser Voraussetzung ist der Zusammenhang, auf den Anspruch erhoben wird, für unsere Frage offensichtlich befriedigend. Herders ›Merkmaltheorie‹ scheiterte, weil sie, wenn sie ›Begriff‹ und ›Wort‹ nicht überhaupt kollabieren ließ, nicht verständlich zu machen wußte, daß die Zeichenverwendung eine Funktion für das Erkennen von Phänomenen durch ›Merkmale‹ hat. Beide Schwächen sind hier beseitigt. Zeichenverwendung und Denkleistung sind begrifflich klar voneinander geschieden und in einen Zusammenhang gestellt, der weder zu schwach ist (wie ein faktisches Zusammentreffen) noch zu stark (wie rein logische Zusammenhänge), um die Sprachabhängigkeitsthese *sinnvoll* erscheinen zu lassen. Daß ein Beweis für sie gleichwohl noch nicht erbracht wird, liegt an der mangelnden Rücksicht auf Umstände, die dem *Bestehen* des behaupteten Funktionszusammenhangs im Wege stehen. Auch wenn wir von dem Problem einer Unterscheidung intensional verschiedener, aber extensional gleicher Klassifikationsgesichtspunkte und anderen mit dem Kriterium des bloßen Sortierverhaltens verbundenen Intentionalitätsproblemen absehen und die *Wahl* zwischen mehreren »projektiblen Prädikaten« grundsätzlich offenhalten,[193] müssen wir ihre *Verfügbarkeit*, die eine Wahl überhaupt möglich macht, unabhängig von faktischen Ausdruckszuordnungen zu den Objekten selbst voraussetzen, wenn wir sinnvoll von ›Projektionen‹ reden wollen. *Regelgeleitetes* Klassifikationsverhalten setzt nun einmal die Orientierung an qualitativen *Kriterien* voraus (vgl. Anm. 131). Vor allem aber müssen die Ausdrücke, die den ›Zusammenhalt‹ der klassifizierten Objekte gewährleisten sollen, zunächst *selbst* qualitativ identifiziert werden, also in einer entsprechenden Klasse vereinigt sein (S. 149 f.). Die nominalistische

192 Bei den hier diskutierten Klassifikationsleistungen ist eine solche Explikation zumindest denkbar. Als allgemeine Erklärung der Zeichenverwendung ist sie ganz sicher nicht geeignet (vgl. Anm. 168), so daß, *wenn* ein umfassender Begriff des ›zeichenhaften Verwendens‹ vorausgesetzt wird, mit erheblichen Schwierigkeiten für den geforderten Indispensibilitätsnachweis zu rechnen ist.

193 N. Goodman: *Tatsache, Fiktion, Voraussage* [orig. Cambridge/Mass. 1955], Frankfurt 1975, 97 ff.

Theorie der Begriffsbildung erweist sich sachlich als unhaltbar. Sie exemplifiziert nur die Richtung, in die wir bei dem Versuch einer Spezifizierung des ›funktionalen‹ Zusammenhangs zwischen Sprache und Denken zu gehen haben.

3. Strategie für die Beantwortung der Zusammenhangsfrage

Das Scheitern eines bestimmten Beweisversuchs ändert (unter normalen Umständen) am Sinn der zu beweisenden These nichts. Aber nicht immer liegt eine sinnvolle Spezifizierung des gesuchten Zusammenhangs so nahe wie im gerade erörterten Beispiel. Ja, in der überwiegenden Zahl der Fälle dürfte nicht einmal darüber Klarheit bestehen, wo und wie wir mit der Suche nach ihr beginnen sollen. Natürlich hängt das mit der unzureichenden Spezifität der zugrundegelegten Denk- und Sprachbegriffe zusammen. Aber müssen wir unsere Frage deshalb bis zur definitiven Klärung aller begrifflichen Fragen verschieben? In dieser Situation ist es angebracht, eine offenkundige ›strategische‹ Asymmetrie zu berücksichtigen, durch die Befürworter und Gegner der Abhängigkeitsthese voneinander geschieden sind. Der Nachweis des faktischen *Zusammentreffens* von Sprache und Denken genügt (aus den obengenannten Gründen) als Beweis ihrer Abhängigkeit voneinander nicht, aber das nachgewiesene faktisch *sprachfreie* Denken erweist sich a fortiori als unabhängig. Für den Gegner der Abhängigkeit genügt also prinzipiell schon ein Argument auf der faktischen Ebene. Führte es zum Erfolg, kann er sich mit der problematischen Spezifizierung des betreffenden Sinns von ›Notwendigkeit‹ vollständig dispensieren. Sein Problem ist der Ausschluß eines verdeckten Spracheinflusses und die Ausweitung seines Argumentes auf jene (uns speziell interessierenden) Formen des Denkens, die der normalsinnige erwachsene Mensch faktisch sprachlich erbringt. Quantitativ wird sein Erfolg dadurch wesentlich eingeschränkt. Aber es bleiben genügend Fälle, in denen diese Schwierigkeiten methodisch und vor allem begrifflich von weit geringerem Gewicht sind als die, in die der Versuch einer Verstärkung des faktischen Zusammenhangs zu einem notwendigen führen würde.

Damit legt sich die folgende Strategie für die Beantwortung unserer Frage nahe. Der Gegner der Abhängigkeit beginnt mit der Präsentation von Fällen, in denen Denkleistungen faktisch sprachunabhängig erbracht werden. Führt seine Untersuchung (wie für verschiedene einfachere Intelligenzleistungen und alle elementaren ausdrucksidentifizierenden Leistungen zu erwarten) zum Erfolg, ist die Frage schon jetzt in seinem Sinne entschieden. Scheitert er (wie für die meisten Fälle des sprachlichen Denkens anzunehmen), ist der Verfechter der These am Zug, der nun Gründe dafür geben muß, warum *mehr* vorliegt als ein bloß faktisches Zusammentreffen. In der Auseinandersetzung mit ihm ist auch der Gegner zur Explikation des Sinnes von ›Notwendigkeit‹, den er mit der These verbindet, gezwungen. Erst auf der Grundlage eines spezifizierten, von beiden Parteien anerkannten Sinnes kann eine definitive Entscheidung fallen.

Teil C
Die Beweiskraft konkreter Lösungsversuche

Der Sinn der traditionellen Problemstellung ist nun so weit geklärt, daß eine sachgerechte Beurteilung von Argumenten möglich wird, die unabhängig von ihr und aus teilweise völlig verschiedener Perspektive für oder gegen die Sprachabhängigkeit des Denkens ins Feld geführt wurden bzw. geführt werden könnten. Wir werden sehen, daß keines eine definitive Entscheidung erlaubt und die Gründe dafür mit Hilfe der gewonnenen Sachgesichtspunkte explizieren können. Dabei legt unsere kritische Zielsetzung eine Umkehrung der zuletzt skizzierten Beweisstrategie nahe. Wir beginnen mit den ›strategisch‹ weniger günstigen Abhängigkeitsargumenten und prüfen deren Anspruch auf einen überfaktischen Zusammenhang. Nach ihrem (weitgehenden) Scheitern gehen wir eine Stufe zurück auf die weniger anspruchsvolle faktische Ebene, auf der der Gegner der Abhängigkeit argumentiert. Und zuletzt, nachdem auch dort keine definitiven Entscheidungen zu gewinnen waren, wird ein weiteres Abhängigkeitsargument zu prüfen sein, das einen Ausweg aus der erreichten ›Pattsituation‹ zwischen beiden Parteien verspricht. Sein Scheitern führt auf die zentralen Schwierigkeiten, die oben bestehen blieben, zurück und markiert zugleich die Grenze dessen, was wir auf dieser Basis für eine Lösung des Problems von Sprache und Denken erreichen können.

Kapitel VII

Sprachabhängigkeitsbeweise auf der Grundlage vorausgesetzter analytischer Zusammenhänge

In der Literatur findet sich wiederholt und vor allem bei den Autoren, die der Abhängigkeitsthese skeptisch gegenüberstehen, die Erklärung, daß die Zusammenhangsfrage sinnlos wird, wenn ihre zentralen Termini, ›Sprache‹ und ›Denken‹, in einer logischen Beziehung zueinander stehen.[194] Darin liegt eine wesentliche Erkenntnis, doch in der dargebotenen Form ist diese Behauptung sicher nicht haltbar. Der Zusammenhang *muß* ja vielmehr, wie wir festgestellt hatten, logisch verstanden werden, um für unsere Zwecke stark genug zu sein, wenngleich nicht *›formal‹* logisch sondern *›analytisch‹*. Allerdings sind auch solche Zusammenhänge begründungsbedürftig, und es ist klar, daß unsere Frage auf der Begründungsebene gestellt werden muß, nicht nur auf der einer Rückführung auf gegebene analytische Sätze. Für die umgangssprachliche und die gegenwärtige wissenschaftliche Rede von ›Sprache‹ und ›Denken‹ sind fixierte analytische Zusammenhänge ohnehin kaum zu erwarten. Auch die Verfechter der Abhängigkeit haben (m. W.) niemals *ausdrücklich* versucht, ihre These mit ihrem Bestehen zu begründen. Dennoch – und hier liegt der positive Kern jener Behauptung der Gegner – gibt es genügend Beispiele für Argumente, deren Beweiskraft von *implizit* vorausgesetzten analytischen Sätzen abhängt, die ihrerseits nicht begründet werden. Ob die Autoren sie tatsächlich nicht für begründungsbedürftig hielten oder sie nur nicht als solche erkannten, ist oft nicht mit Sicherheit zu entscheiden. Jedenfalls können die Analytizität und die Begründungslosigkeit der zentralen Prämissen, die sie zur bloßen ›Petitio‹ machen, durch die nichtanalytischen Teile des Argumentes verdeckt werden. Um uns von vorneherein dagegen zu wappnen und zugleich unsere Feststellung, daß die bloße Rückführung auf analytische Sätze *keine* befriedigende Antwort

194 Vgl. z. B. H.G. Furth: *Denkprozesse ohne Sprache* [orig. New York 1966], Düsseldorf 1972, bes. Kap. 1 und S. 46. 156; G.A. Miller: *Sprache und Denken*, in: Kommunikation, ed. O.W. Haseloff, Berlin 1969, 75.

auf unsere Frage ergibt, in der Anwendung zu erhärten, scheint es angebracht, den ›Petitio‹-Charakter einiger relevanter Fälle aus der Literatur zu verdeutlichen, ehe wir uns den (eigentlichen) Argumenten auf der Begründungsebene selbst zuwenden. Drei signifikante Beispiele sollen genügen.

1. In einem Symposionbeitrag von 1954 hat G. Révész die These von der Sprachabhängigkeit des Denkens dadurch verständlich zu machen gesucht, daß zwischen »wort-« und »sprachlosem« Denken getrennt wird.[195] »Wortloses« Denken ist Denken unabhängig von lautlichen oder schriftlichen Formulierungen. Daß es so etwas gibt, hält Révész für unbestreitbar; »wortloses« Denken gehe der sprachlichen Formulierung z. B. gewöhnlich voraus. Ein völlig »sprachloses« Denken aber kann es nicht geben. Auch das »wortlose« Denken müsse der »latenten Sprachfunktion« (S. 39) unterworfen sein, wenn es sein Ziel, Gedanken »kundzugeben« (44) und zu »fixieren« (40) erreichen will. Dieses Sprachverständnis unterscheidet sich von der instrumentellen Auffassung, die Herder verworfen hatte, durch die These von der notwendigen ›Einstellung‹ des Denkens auf die ›Versprachlichung‹. Ob sie zu Recht besteht, mag dahingestellt bleiben. Aber auch wenn sie vorausgesetzt wird, kann man immer noch sinnvoll behaupten, das Denken erfolge zwar durchwegs *im Blick* auf die spätere ›Kundgabe‹ oder ›Fixierung‹, aber das, *was* ›fixiert‹ oder ›kundgetan‹ werden soll, sei von der Zeichenverwendung prinzipiell unabhängig. Dieser Idee, die in seiner Terminologie auf ein »wortloses«, prinzipiell formulierbares, aber gleichwohl *nicht* durch die »latente Sprachfunktion« bestimmtes Denken hinausläuft, begegnet Révész mit der rhetorischen Frage: »Wie sollte man sich [. . .] einen unformulierten Gedanken ohne logische Struktur vorstellen« (41)?

Das entscheidende Argument für die Abhängigkeit der betroffenen Denkart beruht offensichtlich auf der Voraussetzung, daß man von ›logischer Struktur‹ ohne Sprache nicht reden (sie »sich nicht vorstellen«) könne. Révész erscheint dieser Zusammenhang evident. Jeder Gegner aber wird sich durch das von ihm benutzte analytische Argument überrumpelt fühlen, denn er würde natürlich, wenn er die Zeichengebundenheit jedes ›logisch strukturierten‹ Denkens bestreitet, auch abstreiten, daß man diese ›intuitiv‹ und vielleicht sogar im *methodischen* Ausgang von seiner sprachlichen Form identifizierte Leistung *begrifflich* nur in analytischer Bindung an die Verwendung von Zeichen explizieren kann. Ja, Révész selbst hatte am Anfang seines Papiers (S. 8) einen Begriff des ›Logischen‹ verwendet, der dem spezifisch Sprachlichen ausdrücklich entgegengestellt war. Entscheiden ließe sich die Streitfrage erst in einer beide Parteien in gleicher Weise verpflichtenden, phänomenal adäquaten Explikation des

195 G. Révész: *Denken und Sprechen,* in: Acta Psych. 10 (1954), 3-50.

Begriffs des ›logischen Denkens‹. Nur weil die eigentlichen Begründungsprobleme übersprungen wurden, konnte der Schein einer Begründung durch ›selbstevidente‹ analytische Prämissen entstehen.

2. Ähnlich unbefriedigend verläuft die Argumentation des Beitrags von J. Jørgensen zum gleichen Symposion.[196] Jørgensen versteht unter ›Denken‹ (im engeren Sinne) zunächst nichtroutiniertes Planen von Handlungen (S. 125 ff.) und definiert entsprechend den Ausdruck ›Begriff‹ (»notion« bzw. »concept«) als »organized senso-motoric system of sense impressions, ideas, feelings, and tendencies of acting – all connected with a symbolizing attitude« (132). Den Gebrauch von Symbolen bestimmt er als Umgang mit Phänomenen »which ›refer to‹ or represent something different from themselves« (127 ff.). Unter der Voraussetzung, daß jeder Symbolgebrauch ›sprachlich‹ genannt werden kann, folgert er daraus die Sprachabhängigkeit jedes ›planenden‹ und ›begrifflichen‹ Denkens.

Auch dieser Beweis besitzt für den Gegner kaum Überzeugungskraft. Beim ›begrifflichen‹ Denken setzt Jørgensen das, was zu beweisen ist, sc. die Bindung an den Gebrauch von Zeichen (»Symbolen«), offensichtlich schon in der Prämisse voraus. Im Falle des ›planenden‹ Denkens bedient er sich *entweder* eines so weit gefaßten Symbol- oder Sprachbegriffs, daß seine Schlußfolgerung nichtssagend bzw. (bei engerer Fassung des dort auftretenden Begriffes) zum Resultat eines Fehlschlusses durch Äquivokation wird. *Oder* er macht, wenn der Begriff in der Prämisse enger gefaßt wird, erneut eine Behauptung, die der Gegner mit Recht als ›Petitio‹ zurückweisen wird, denn die Tatsache, daß eine Handlung nichtroutiniert nicht zu planen ist, ohne sie ›in Gedanken‹ zu antizipieren, beweist als solche natürlich nicht, daß dies nur mit Zeichen geschehen kann.

3. Differenzierter und darum in seinem ›Petitio‹-Charakter weniger leicht zu durchschauen als die Beweise Révész' sowohl wie Jørgensens ist der Gedankengang, mit dem J.R. Searle[197] zu zeigen versucht, daß die referentielle Bezugnahme auf einen Gegenstand als spezifisch sprachliche Handlung zu verstehen ist. Die gelungene Referenz, so erklärt er (S. 129 f.), hänge an zwei Voraussetzungen: es muß [1a] mindestens ein und [1b] nicht mehr als ein Objekt geben, auf das sich die Äußerung des Sprechers bezieht, und der Hörer muß [2] in der Lage sein, dies Objekt auf Grund der Äußerung zu identifizieren. [1a] kann relativ leicht erfüllt werden, sc. durch die bloße Existenz von Gegenständen des Typs, der in der zur Referenz verwendeten Kennzeichnung angesprochen wurde. [1b] aber bietet größere Probleme. Traditionell beruft man sich hier auf die auf

196 J. Jørgensen: *Some Remarks Concerning Thinking and Talking*, in: Acta Psych. 10 (1954), 127-135 [repr. in: Dan. Yearb. of Philos. 6, 1969].

197 Searle 1969, a.a.O. [S. 121, Anm. 118], Kap. 4 – Searles Überlegungen stehen im Einklang mit seiner früher erwähnten (S. 154, Anm. 158) nominalistischen Auffassung der Prädikate, unterscheiden sich von dieser aber durch die versuchte Begründung der unterstellten Sprachabhängigkeit.

ein einzelnes Objekt gerichtete ›Intention‹ des Referierenden, und wenn dies die endgültige Lösung wäre, würde sie die behauptete Sprachbindung schwerlich begründen können. Searle hält den Rekurs auf die ›Intention‹ jedoch für »nichtssagend« und schlägt seinerseits vor, [1b] durch die zweite Voraussetzung zu explizieren. Nachdem er argumentiert hat, daß eine referentielle Bezugnahme von anderen Menschen nur dann richtig verstanden werden kann, wenn der Referierende eine »identifizierende Beschreibung« verwendet (134 f.), versucht er zu zeigen, daß auch dieser selbst solcher Beschreibung bedarf. »Denn was heißt das, einen einzelnen Gegenstand unter Ausschluß aller anderen *meinen* oder *intendieren*? Einige Tatsachen verleiten zu der Annahme, es handele sich dabei um einen psychischen Vorgang – aber kann ich einen einzelnen Gegenstand unabhängig von irgendeiner Beschreibung, die ich von ihm geben könnte, oder irgendeiner anderen Form der Identifikation intendieren? Und wenn das möglich wäre, wieso ist meine Intention eine gerade auf *den* und nicht auf irgendeinen anderen Gegenstand gerichtete? Es ist offensichtlich, daß die Reflexion darauf, was es heißt, auf einen einzelnen Gegenstand hinzuweisen, uns auf den Begriff der Identifikation durch Beschreibung zurückführt.« (136)

In dieser Argumentation kommen nun aber mindestens vier, im Blick auf die uns interessierenden Fragen streng voneinander zu trennende Behauptungen zusammen: [a] die ›intentionale‹ Bezugnahme auf ein Objekt setzt seine Idenfikation als ein von anderen Objekten dieses Typs unterschiedenes Einzelnes voraus; [b] identifiziert werden kann es nur mit Hilfe von qualitativen (›deskriptiven‹) Identifikationskriterien, d. h. es gibt keine *rein* demonstrative Identifizierung; [c] die Identifizierung eines Objekts ist nicht möglich ohne die Verwendung sprachlicher Ausdrücke (Kennzeichnungen) und [d] niemand kann ein Objekt für sich selbst identifizieren, wenn er es nicht auch für andere kann. Behauptung [a] steht in vollem Einklang mit der traditionellen ›intentionalen‹ Lösung und auch Behauptung [b], die Searle im Zusammenhang seiner Erörterungen von Voraussetzung [2] plausibel gemacht hatte (135), läßt sich mit dieser Position leicht vereinbaren. Die Differenzen liegen bei [c] und [d]. Aber diese Behauptungen sind nun alles andere als selbstverständlich. Daß die Erfüllung von Voraussetzung [1b], wie Searle im Blick auf [d] behauptet (136), identisch ist mit der Erfüllung von Voraussetzung [2], ist unbewiesen und für den Gegner zunächst auch völlig unverständlich, denn warum sollte es nicht genügen, daß *ich* mir, orientiert z. B. am Kriterium der unterschiedlichen Raumposition, darüber im klaren bin, auf welches von zwei qualitativ identischen, aber numerisch verschiedenen Objekten ich mich beziehe? Und die für die Sprachabhängigkeitsthese entscheidende Behauptung [c] ist eine offenkundige ›Petitio‹. In der zitierten Passage findet sich auch kein direkter Hinweis auf [c], doch es ist klar, daß eine solche Behauptung vorausgesetzt sein muß, wenn die Referenz sich als spezifisch sprachliche

Handlung erweisen soll, und Searle selbst gibt wenig später (137) einen Hinweis auf diese Zusammenhänge, wenn er das »Prinzip der Identifikation« als Spezialfall seines am Anfang des Buches (35) statuierten »Prinzips der Ausdrückbarkeit« bezeichnet, das besagt, daß alles, was ›gemeint‹ werden kann, sprachlich formulierbar sein muß. Wenn dieses Prinzip aber bereits als Prämisse eines Sprachabhängigkeitsbeweises auftritt, sind die Begründungsprobleme übersprungen.

Beispiele wie die erörterten zeigen, daß die Rückführung auf einen begründungslos vorausgesetzten analytischen Zusammenhang zwischen Sprache und Denken die Ebene, auf der eine echte Antwort auf unsere Frage möglich wird, nicht erreicht. Das gilt natürlich nicht nur für die von uns kritisierten Befürworter, sondern auch für die Gegner der These, wenngleich signifikante Beispiele für sie weniger leicht zu finden sind. Die entscheidende Schwäche liegt bei beiden in der *Begründungslosigkeit* ihres Vorgehens, nicht in ihrem Rekurs auf analytische Prämissen selbst. Die gegebene Ableitung kann korrekt, ja, für die jeweiligen Konklusionen zwingend sein und für den Fall, daß die Prämissen begründet sind, auch als Argument Bedeutung erlangen. Die kritisierten Beweisversuche müssen also nicht völlig verworfen werden. Mehr noch: die in ihnen enthaltene ›petitio‹ kann ja nur deshalb zeitweilig unbemerkt bleiben, weil sie im Kontext von Überlegungen steht, deren sachliche Relevanz für unsere Frage ins Auge fällt. Worauf es ankommt, ist nur, daß strikt zwischen beiden Beweiskomponenten geschieden und nur die nicht- bzw. ›vor‹analytischen Prämissen als Argument für die eine oder die andere Seite verstanden werden. In den folgenden Kapiteln werden wir diesen ersten notwendigen Schritt einer kritischen Auseinandersetzung mit konkreten Lösungsversuchen pauschal als geleistet ansehen, doch ist bei vorliegenden Argumentationsgängen stets mit einer nicht begründeten analytischen Komponente zu rechnen.

Kapitel VIII

Sprachabhängigkeitsbeweise im Rückgang auf vorliegende Sprachverschiedenheiten

1. Drei unterschiedliche Teilthesen

Das nächstliegende und in der Literatur wohl auch am meisten vertretene Argument für die Abhängigkeit stützt sich auf die Verschiedenheiten der vorliegenden menschlichen Natursprachen. Jeder, der aus einer Fremdsprache in die eigene übersetzt oder umgekehrt, weiß bzw. wird durch seine Umgebung nachdrücklich darauf aufmerksam gemacht, daß die wörtlichste Übersetzung oft nicht die angemessenste ist (›Wolle des Blutbades unter den Mitkämpfern eingedenk sein, oh Cäsar!‹) und daß manche Ausdrücke sich offenbar gar nicht angemessen übersetzen lassen (altgriech. ›καλοκαγα θία‹, lat. ›virtus‹, frz. ›esprit‹, engl. ›in terms of‹, dt. ›Gemütlichkeit‹, russ. ›poŝlostj‹ oder die russ. Diminutivformen, usw.). Man muß umschreiben, längere Erklärungen hinzufügen, ausdrücklich angeben, welcher Ausdruck durch welchen wiedergegeben wird, oder den Sinn des Originals zwangsläufig durch die Übersetzung verändern (»traduttore traditore«). Die wahrgenommenen Unterschiede werden, wenn sie gehäuft auftreten, verallgemeinert. Sie wecken den Gedanken an so etwas wie einen in jeder Sprache enthaltenen, ihr eigentümlichen ›Geist‹, der den Denk- und Erfahrungsweisen und der Kultur eines bestimmten Volkes entspricht, von jedem in ihm aufwachsenden Kind übernommen wird, sein späteres Wahrnehmen, Denken und Handeln beeinflußt und dabei ebenso eine Beschränkung wie einen ›Ermöglichungsgrund‹ für bestimmte ›geistige‹ Leistungen darstellt (›nur im Französischen kann man geistreich sein‹, ›nur auf Griechisch oder Deutsch kann man wahrhaft philosophieren‹).

Das Bewußtsein der unübertragbaren Eigenheiten der Sprachen und die entsprechenden Klagen von Autoren und Übersetzern sind so alt wie die Übersetzung selbst. Verallgemeinerte Rückschlüsse im Sinne des ›Sprachgeistes‹ und dessen prägender Kraft für den Menschen sind in der hier skizzierten Form aber wohl erstmals von Humboldt gezogen worden. Seine Gedanken, wenngleich weniger in ihrer sprachphilosophischen als in ihren praktisch-pädagogischen Implikationen, waren fraglos ein entscheidender Grund für die mit den Bildungsidealen des 19. und des beginnenden 20. Jahrhunderts untrennbar verbundene Überzeugung davon, daß nur das Erlernen der Originalsprachen zum Verständnis einer Kultur oder doch wenigstens ihrer schriftlichen Dokumente führt, und für das entsprechende intensivierte Bemühen um die Verbesserung und umfassende praktische Anwendung der philologischen Methoden. Die spätere Wiederaufnahme auch der sprachphilosophischen Ideen Humboldts war durch diese Tradition vorbereitet. Die ausdrückliche Anknüpfung an ihn bei E. Cassirer, L. Weisgerber und der deutschen ›Sprachinhaltsforschung‹ war darum kaum überraschend. Erstaunlicher war es, daß nahezu gleichzeitig und weitgehend unabhängig vom deutschen Traditionszusammenhang[198] E. Sapir, B.L. Whorf und andere amerikanische ›Ethnolinguisten‹ durch ihre Untersuchungen an Indianersprachen zu ganz ähnlichen Überlegungen geführt wurden wie ein gutes Jahrhundert vor ihnen Humboldt durch seine Untersuchungen am Baskischen, Mexikanischen und an südostasiatischen Sprachen. Vor allem Whorfs spektakuläre und ihrem ›philosophischen‹ Anspruch nach weit über die vorsichtigeren Äußerungen Humboldts hinausgehende Thesen über die sprachliche ›Relativität‹ haben stimulierend auf die Forschung gewirkt, so daß sich die bedeutendsten neueren Diskussionsbeiträge fast ausschließlich auf die amerikanische ›Sapir-Whorf-Hypothese‹ beziehen und die deutsche Tradition unberücksichtigt lassen.[199]

Auf der allgemeinen Ebene von ›Sprachgeist‹, ›Denken‹, ›Erfahrung‹, ›Weltbild‹ oder ›Kultur‹ kann eine so begründete Abhängigkeitsbehauptung allerdings kaum überzeugen. Abgesehen von ihrer notorischen Vagheit sind die gegenteiligen Evidenzen zu offenkundig. Völker mit ähnlicher Kultur sprechen unterschiedliche Sprachen, Völker mit ähnlichen Sprachen entwickeln verschiedene Kulturen. Völlig verschiedene Denker können die gleiche

198 Sapir hat die deutsche sprachphilosophische Tradition zwar gekannt (vgl. etwa den S. 31, Anm. 13 zitierten Aufsatz über Herder), in seinen eigenen Ausführungen aber nicht weiter auf sie Bezug genommen und seinen Schüler Whorf offenbar auch nicht eigens auf seine historischen Vorgänger aufmerksam gemacht.

199 Eine Zusammenstellung und partielle Diskussion neuerer Arbeiten bietet H. Gipper: *Gibt es ein sprachliches Relativitätsprinzip? Untersuchungen zur Sapir-Whorf-Hypothese*, Frankfurt 1972, Kap. 3 (S. 77 ff.). Gipper ist m. W. der einzige deutsche Linguist, der die These vom ›Weltbild der Sprache‹ und die Sprachabhängigkeit des Denkens in einer an Weisgerber und die deutsche Sprachinhaltsforschung anknüpfenden, freilich abgeschwächten, Form vertritt; vgl. außer der zitierten Arbeit vor allem ders.: *Bausteine zur Sprachinhaltsforschung. Neuere Sprachbetrachtung im Austausch mit Geistes- und Naturwissenschaft*, Düsseldorf ²1969, und ders.: *Denken ohne Sprache?*, Düsseldorf 1971.

Sprache sprechen, während geistesverwandte Denker sprachlich verschieden sind. Und eine Behauptung wie die, daß man nur im Griechischen oder Deutschen wahrhaft philosophieren könne, ist mit Blick auf die Philosophiegeschichte, namentlich auf die jüngste, kaum mehr als ein schlechter Witz. *Wenn* sich die Abhängigkeitsthese durch faktische Sprachdifferenzen begründen läßt, dann nur in der Beschränkung auf *einzelne*, klar definierte Denk- und Erfahrungsbereiche. Die deutsche Sprachinhaltsforschung ebenso wie die amerikanische Ethnolinguistik haben sich um eine solche Spezifizierung bemüht und die letztere zumindest hat ihre weitergehenden Ansprüche auch mehr in der Form einer Hypothese als in der einer Behauptung vorgetragen. Der Vergleich zwischen verschiedenen Sprachen hat erhebliche Differenzen in der begrifflichen ›Erschließung‹ vergleichbarer Natur- und Kulturphänomene ergeben (Farbskala, Haustiere und wilde Tiere, Pflanzen, Schnee und Eis, Bergformen, Mondphasen, gesellschaftliche Anredeformen, Verwandtschaftsbezeichnungen u. a.).[200] Whorf ist darüber hinaus mit Behauptungen über tiefgreifende strukturelle Differenzen zwischen den indoeuropäischen Sprachen und einigen nordamerikanischen Indianersprachen hervorgetreten (unterschiedliches Zeitsystem, fehlende Unterscheidung von ›sortalen‹ und ›nichtsortalen‹ Prädikaten, fehlende Subjekt-Prädikat-Struktur, u. a.).[201]

Eine Bewertung der auf solche Evidenzen gegründeten Abhängigkeitsbehauptungen wird dadurch erschwert, daß in ihnen mindestens drei verschiedene Thesen zusammenkommmen, die in der Literatur meist nicht hinreichend auseinandergehalten werden, für eine definitive Klärung der Streitfragen aber strikt voneinander zu trennen sind:

200 Einen Überblick über entsprechende Untersuchungen bieten H. Basilius: *Neo-Humboldtian Ethnolinguistics*, in: Word 8 (1952), 95-105; R.W. Brown: *Words and Things*, New York 1958, 233 ff.; J.A. Fishman: *A Systematization of the Whorfian Hypothesis*, in: Behav. Science 5 (1960), 326 ff.; H. Hörmann: *Psychologie der Sprache*, Heidelberg 1967, 330 ff.

201 Vgl. Whorf 1956, a.a.O. [S. 140, Anm. 143], S. 15 f. 68 f. 80. 83 f. 89. 92 f. 94 ff. 100. 105 f. 118 f. zum Zeitsystem, S. 82 zu den ›sortalen‹ Prädikaten und S. 14. 42 f. 67 zur Subjekt-Prädikat-Struktur. Für andere strukturelle Differenzen vgl. S. 68 f. 87. 115. 132. 136, sowie Brown 1958, a.a.O., 244. 254, Fishman 1960, a.a.O., 332 und P. Henle: *Sprache, Denken und Kultur*, in: Sprache, Denken, Kultur, ed. P. Henle, [orig. Ann Arbor 1958], dt. Frankfurt 1969, 21 ff.

[I] die RELATIVITÄTSTHESE, die besagt, daß die verglichenen Sprachen unterschiedliche ›Begriffsschemata‹ (im Sinne von S. 159, Anm. 165) enthalten, denen jeweils eine verschiedene Weise des Denkens und des Erfahrens entspricht;[202]

[II] die KOGNITIVE ABHÄNGIGKEITSTHESE, nach der das mit einer bestimmten Sprache übernommene Begriffsschema Erfahrung und Denken des einzelnen Menschen prägt; und

[III] die SPRACHABHÄNGIGKEITSTHESE, die das Begriffsschema als notwendig sprachlich erweist.

Nur These [III] ist für unsere Frage unmittelbar relevant. Sie kann insofern relativ weit gefaßt werden, als die Verbindung mit [II] es ermöglicht, sie nicht nur auf *aktuelle* Sprachleistungen, sondern auch auf gleichzeitige oder vorausgegangene sprachliche *Fähigkeiten* (S. 106 f.) zu beziehen.[203] Andererseits zeigt der Ansatz bei menschlichen *Einzelsprachen*, nicht bei Zeichensystemen oder der Zeichenverwendung im allgemeinen, daß hier eine relativ starke Version unserer These anvisiert wird (vgl. S. 139 f.). These [I] ist dafür lediglich eine Minimalbedingung. Da die Verfechter der Abhängigkeit aber auf sie, wie wir sehen werden, das Schwergewicht ihrer Argumente gelegt haben, scheint es sinnvoll, uns zunächst auf die Relativitätsthese zu konzentrieren und die anderen vorerst zurückzustellen. Auch so zeigen sich alsbald entscheidende Schwächen in der Begründung.

202 Diese These ist von philosophischer Seite oft in den traditionellen Gegensatz von ›Idealismus‹ und ›Realismus‹ gestellt und als ausdrücklich ›idealistische‹ oder zumindest als ›anti-realistische‹ Position charakterisiert worden; vgl. etwa die programmatische Erklärung bei E. Cassirer: *Philosophie der symbolischen Formen* Teil I, Berlin 1923, S. IX, sowie A. Schaff: *Sprache und Erkenntnis* [orig. Warschau 1964], dt. Reinbek 1974, 65 ff. und E.K. Specht: *Die Sapir-Whorf-Hypothese und der Streit zwischen Realismus und Idealismus,* in: Akt. Int. Kongr. Phil. Wien 1968, Bd. III, Wien 1969, 402-408. Die Relevanz der These für den traditionellen Gegensatz liegt auf der Hand. Um die folgende Diskussion jedoch nicht mit den speziellen Problemen dieses Begriffspaares zu belasten, werde ich mich an die allgemeinere und neutralere Formulierung von Whorf (sprachliche ›Relativität‹) halten.

203 In der Literatur sind schwächere Thesen dieser Art (m. W.) nirgends ausdrücklich vertreten worden. Sie werden durch Untersuchungen, in denen ein Einfluß sprachlicher Differenzierungen auf nichtsprachliche Diskriminationsleistungen nachgewiesen werden soll (vgl. unten Anm. 214 und 245), zwar recht nahegelegt, aber die Frage der aktuellen Sprachbeteiligung an den nichtsprachlichen Leistungen bleibt offen. Im Folgenden wird die Sprachabhängigkeitsthese darum nur in der starken Form der behaupteten Bindung an aktuelle Leistungen zugrundegelegt.

2. Unzureichende Evidenzen für begriffliche Relativität auf der lexikalischen und grammatischen Ebene

Wenn wir auf spekulative Verallgemeinerungen im Sinne des ›Sprachgeistes‹ (o. ä.) verzichten, bleibt uns das unbestreitbare Faktum von Übersetzungsschwierigkeiten in Teilbereichen. Daß eine Übersetzung *schwierig* ist, ist noch kein Beweis für ihre *Unmöglichkeit*, zumal wenn wir uns auf alltägliche kommunikative Zwecke beschränken. Man *darf* oft nicht wörtlich übersetzen, aber man *braucht* es häufig auch nicht. Man *muß* manchmal zu Umschreibungen oder Zusatzerklärungen greifen, aber die Tatsache, daß man es *kann*, zeigt ja zugleich, wie bestehende Schwierigkeiten zu überwinden sind. Offenkundig ist jedenfalls, daß unsere alltäglichen Übersetzungen in der weit überwiegenden Mehrzahl der Fälle gelingen, d. h. für den jeweils verfolgten kommunikativen Zweck hinreichen, und daß die Klagen vor allem von Dichtern und deren Übersetzern kommen und sich in erster Linie auf die ästhetischen Qualitäten des Textes beziehen. Zweifellos sind nicht alle Probleme darauf zu reduzieren. Aber bevor man von den bestehenden Übersetzungsschwierigkeiten auf tieferliegende begriffliche Differenzen schließt, sollte man andere Einflußfaktoren ausschließen und eine generelle, in der Regel deutlich zugunsten des ersteren ausfallende Abwägung zwischen dem in der Übersetzung Möglichen und nicht Möglichen vornehmen. Die entscheidende Frage ist dann nicht mehr, ob eine in allem angemessene Übersetzung *möglich* ist, sondern ob bzw. in welchem Umfang die zu beobachtenden Differenzen *bloße* Ausdrucksdifferenzen sind, und wenn nicht, *worin* die Besonderheiten bestehen.

Niemand verwundert es, wenn ein Ausdruck der eigenen Sprache in der Fremdsprache durch einen anderen Ausdruck wiedergegeben wird (›rot‹/›red‹, ›und‹/›and‹) oder der gleiche Ausdruck in beiden Sprachen nicht das gleiche bedeutet (dt./russ. ›ja‹). Nicht weniger selbstverständlich ist die Bedeutungsverschiedenheit gleicher (›Stift‹, ›da‹) und die Bedeutungsgleichheit verschiedener Ausdrücke auch in der eigenen Sprache (›obwohl‹/›obschon‹/›obgleich‹/›obzwar‹). Homonymie und Synonymie sind *möglich*. Und es ist nicht nur die Synonymie, die zu einer im Bedeutungsbereich nicht widergespiegelten Ausdrucksvervielfältigung führt, sondern auch feste Redewendungen und grammatische Konstruktionen, die mehrere Wörter bzw. Morpheme enthalten (›um ... willen‹, grammatische Kongruenz). Für den Sprachvergleich folgt daraus, daß die bloße Tatsache, daß mehreren Ausdrücken der eigenen Sprache in der Fremdsprache nur ein Ausdruck entspricht oder einem eigenen Ausdruck mehrere fremde, keinerlei Rückschlüsse auf Bedeutungsdifferenzen gestattet. Niemand verwundert es, wenn die deutschen Ausdrücke ›obwohl‹, ›obschon‹ usw. im Englischen nur durch ›(al-)though‹ wiedergegeben werden, der Ausdruck ›da‹ dagegen manchmal mit ›there‹, manchmal mit ›then‹, manchmal mit ›because‹ oder ›as‹, oder wenn unser einfaches ›nicht‹ im Französischen als ein Wortpaar (›ne. . .pas‹) erscheint. Diese Tatsachen sind eine linguistische Binsenweisheit (oder sollten es jedenfalls sein) und bedürften als solche kaum der Erwähnung, würden sie nicht auf ein allgemeines Problem verweisen, das zwar kaum in den eben erwähnten einfachen Fällen, wohl aber in weniger einfachen Bedeutung erlangen kann: die obigen Beispiele zeigen grundsätzlich, daß sich nicht alle Bedeutungsdifferenzen in Ausdrucksdifferenzen manifestieren und nicht alle Ausdrucksdifferenzen Bedeutungsdifferenzen anzeigen und daß die Anzahl der Ausdrücke beidemal keine Rolle spielt.[204]

Nicht alle Beispiele sind so eindeutig wie die erwähnten. Die Synonymität von ›obwohl‹ und ›obgleich‹ liegt, wenn stilistische Differenzen ausscheiden, auf der Hand, aber wie steht es mit der von ›obgleich‹ und ›wenngleich‹? Können wir sagen, daß ›zwischen‹ nur *eine* Bedeutung hat, oder sollten wir lieber sagen, der Sinn, der eine Beziehung zwischen Personen oder Sachen betrifft (›zwischen ihnen bestanden seit langem Rivalitäten‹), sei eine

204 Diese, der traditionellen Grammatik ebenso wie dem natürlichen Sprachverständnis selbstverständliche Auffassung ist nur durch den Strukturalismus in Frage gestellt worden. Sein ›Konsubstanzialitätsprinzip‹ (S. 57, Anm. 43) läßt echte Homonyme und Synonyme – zumindest auf der Ebene der ›ersten Sprachgliederung‹, bei radikaleren Strukturalisten auch auf der ›zweiten‹ – ebensowenig zu wie Bedeutungskomponenten, die überhaupt keinen eigenen Ausdruck gefunden haben, wobei die offenkundigen Spannungen mit der Sprachwirklichkeit durch mehr oder weniger phantasievolle Hilfskonstruktionen zu entschärfen versucht wurden (›Nullmorpheme‹, extensiver theoretischer Gebrauch von ›Varianten‹, u. a.). Wir brauchen uns an diese Auffassung nicht zu binden. Die theoretische Eliminierbarkeit von Synonymen und Homonymen wäre ohnehin nur dann einigermaßen wahrscheinlich, wenn man die Substituierbarkeit zweier Ausdrücke in *allen* Kontexten als Kriterium ihrer Bedeutungsgleichheit betrachtete und das *›salvo quo‹* der Substitution völlig unspezifiziert ließe. Die Beweislast für die semantische Relevanz und methodische Zirkelfreiheit dieses Vorgehens liegt auf seiten seiner Verfechter.

zweite Bedeutung neben dem räumlichen oder zeitlichen, und was sagen wir hinsichtlich dieser selbst? In der eigenen Sprache läßt sich die definitive Entscheidung über solche Fragen der Feinheit des Sprachempfindens oder der theoretischen ›Ökonomie‹ professioneller Linguisten anheimgeben. Beim Vergleich mehrerer Sprachen untereinander sind die Probleme dringender. L. Hjelmslev etwa hat die strukturalistische Unterscheidung zwischen ›Inhaltsform‹ und ›Inhaltssubstanz‹ durch das folgende, die (angeblich) unterschiedliche ›Formung‹ des ›Sinn‹-Bereichs ›Baum/Holz/Wald‹ explizierende, Diagramm veranschaulicht:[205]

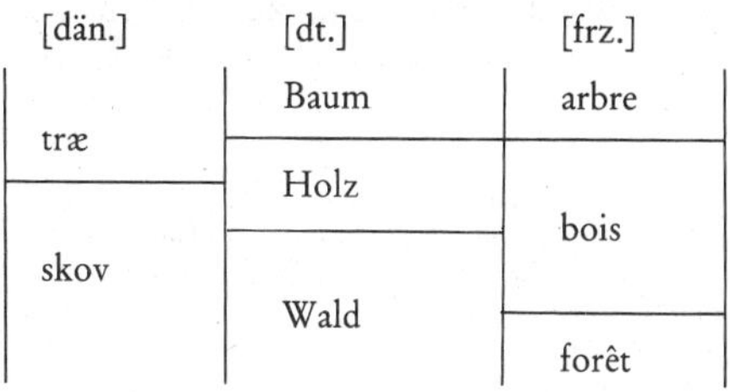

Wenn man von einer einheitlichen Bedeutung jedes der acht miteinander verglichenen Wörter ausgeht, sind die ›begrifflichen‹ Differenzen tatsächlich bemerkenswert, und man könnte von daher glauben, daß das Hjelmslevsche Beispiel einen Beleg für die Relativitätsthese bietet. Aber stimmt die Voraussetzung? Sollen wir wirklich annehmen, daß der Däne, der dasselbe Wort zur Bezeichnung von ›Baum‹ und ›Holz‹ verwendet, oder der Franzose, der ›Holz‹ und ›Wald‹ (im Sinne von ›Gehölz‹) mit dem gleichen Ausdruck belegt, die relevanten begrifflichen Unterscheidungen *nicht* vornimmt? Viel wahrscheinlicher ist es und jedes Lexikon geht auch von dieser Annahme aus, daß die Ausdrücke homonym bzw. partiell synonym verwendet werden und daß ein angemessenes Diagramm etwa so aussieht:

træ$_1$	– Baum	– arbre
træ$_2$/skov$_1$	– Holz	– bois$_1$
skov$_2$	– Gehölz/Wald$_1$	– bois$_2$
skov$_3$	– Wald$_2$	– forêt.

205 L. Hjelmslev: *Prolegomena zu einer Sprachtheorie* [orig. Kopenhagen 1943], dt. Stuttgart 1974, 57.

Die begriffliche Relativität ist unter diesen Umständen verschwunden.[206]

Wenn das aber bei indoeuropäischen Sprachen möglich ist, warum soll es nicht auch bei den nordamerikanischen Indianersprachen und anderen möglich sein, die von den Verfechtern der Sprachabhängigkeit speziell herangezogen wurden? Warum soll der Hopi, der alles ›Fliegende‹ mit dem gleichen Ausdruck bezeichnet und dabei Insekten, Flugzeuge und Piloten einschließt,[207] die betreffenden Differenzen nicht ebensogut erfassen können wie wir, die wir sehr wohl zwischen einem papierenen ›Flieger‹ und einem ›Flieger‹ aus Fleisch und Blut zu unterscheiden wissen? Gewiß, es mag sein, daß er gewisse begriffliche Unter-

206 Noch deutlicher ist das beim Vergleich (etwa) der deutschen Präpositionen ›zwischen‹ und ›unter‹ mit ihren englischen und französischen Äquivalenten, wo man bei einem dem Hjelmslevschen entsprechenden Vorgehen zu folgenden ›Form‹-Unterschieden gelangen könnte:

<table>
<tr><td rowspan="4">zwischen</td><td rowspan="2">entre</td><td>between</td></tr>
<tr><td>amidst</td></tr>
<tr><td rowspan="2">parmi</td><td rowspan="2">among</td></tr>
<tr><td rowspan="3">unter</td></tr>
<tr><td>sous</td><td rowspan="2">under, below</td></tr>
<tr><td>au-dessous de</td></tr>
</table>

während die reale Situation, weitaus komplexer, eher so wiederzugeben wäre:

zwischen$_1$ [zeitl.]	– entre$_1$, de . . . a	– between$_1$
zwischen$_2$ [räuml.]	– entre$_2$	– between$_2$
zwischen$_3$ [Beziehg.]	– entre$_3$	– between$_3$
zwischen$_4$, inmitten	– parmi$_1$, entre$_4$, au milieu de$_1$, dans$_i$	– amidst, in the midst of
zwischen$_5$, unter$_1$	– parmi$_2$, entre$_5$, au milieu de$_2$	– among
unter$_2$ [räuml.]	– sous$_1$	– under$_1$, below$_1$, beneath
unter$_3$ [Führg.]	– sous$_2$	– under$_2$
unter$_4$ [Rang]	– au-dessous de$_1$	– below$_2$
unter$_5$ [Grenze]	– au-dessous de$_2$	– under$_3$, . . . less . . .

Was herauskäme, wenn noch weiter differenzierte Präpositionen (etwa die altgriech. Universalpräpositionen ›επί‹, ›κατά‹, ›πρόσ‹) in der genannten Weise behandelt würden, kann man sich ausmalen.

207 Whorf 1956, a.a.O., 15.

scheidungen nicht trifft. Aber das würde sich *erst* (etwa) in seinem konkreten Klassifikationsverhalten zeigen, nicht in der bloßen Tatsache, daß er den gleichen Ausdruck verwendet.

Die Sachlage kompliziert sich, wenn wir vom lexikalischen Bereich, zumal demjenigen, der sich auf weitverbreitete Gegenstände des Alltags bezieht, für die alle heutigen Sprachen Ausdrucksmittel enthalten dürften, auf den grammatischen übergehen oder auf Redewendungen, die für einzelne Sprachen charakteristisch sind.[208] Feststeht, daß auch hier *bloße* Ausdrucksdifferenzen auftreten können, die in begrifflicher Hinsicht irrelevant sind. Vor allem innerhalb einer Einzelsprache sind solche Fälle mühelos zu erkennen. Jeder Deutsche weiß, daß er, wenn er stilistische Überlegungen ausscheidet, für ›hinsichtlich‹ mit dem Genitiv auch ›in Hinsicht auf‹ mit dem Akkusativ sagen kann, ohne den Sinn seiner Aussage dadurch zu verändern, und ebenso frei (im Blick auf den Aussagesinn) ist er, den ›hochsprachlich‹ vorgeschriebenen flektierten Genitiv durch den umgangssprachlich inzwischen eingebürgerten ›genitivischen Dativ‹ mit ›von‹ zu ersetzen (›Klaus ist Peters Bruder‹/›Peter ist der Bruder von Klaus‹). Aber es gibt auch zwischensprachliche Fälle, die in dieser Beziehung eindeutig sind. Ob ich auf Altgriechisch (vollständig flektierend) sage ›Πέτϱοσ έβέβλεται ‹oder auf Englisch (mit den Hilfsverben ›haben‹ und ›sein‹) ›Peter had been seen‹ oder auf Deutsch (mit den Hilfsverben ›sein‹ und ›werden‹) ›Peter war gesehen worden‹, dürfte am Sinn meiner Aussage kaum etwas ändern, ebensowenig, wenn ich ›Noli me tangere‹, ›Don't touch me‹ und ›Rühr mich nicht an‹ oder ›Isne domum?‹, ›Du gehst nach Hause?‹ (das ›Hause‹ *un*betont), ›Gehst du nach Hause?‹ und ›Do you go home?‹ miteinander vertausche. Wenn ich in mehreren Ländern einen Einheimischen nach dem vorgeschriebenen Porto für eine Postkarte nach San Marino frage, und in Deutschland die Antwort erhalte ›Ich weiß (es) nicht‹, in Frankreich ›Je ne sais pas‹, in Oxford-England ›I do not know‹, in Downtown Manhattan ›Don't know‹, in Dänemark ›Jeg véd det ikke‹, in Finnland ›En tieda‹, in Grönland ›Naluvara‹ und im Vatikan ›Nescio‹, dürfte ich trotz der beträchtlichen grammatischen Unterschiede stets dassel-

208 Wie erinnerlich (S. 79, Anm. 67) waren es schon bei Humboldt grammatische Merkmale, die ihn – trotz gegenteiliger Äußerungen an anderer Stelle – bei seinen Beispielen für die ›innere Sprachform‹ zu unbegründeten Annahmen über ihre semantische Relevanz verleiten konnten.

be gehört haben. Und ob ich, die Vergeßlichkeit eines inzwischen gesellschaftlich hochstehenden Freundes beklagend, lateinisch erkläre ›Recordari promissionis suae non poterat‹ (Deponens mit Passivendung) oder englisch ›He couldn't remember his promise‹ (intransitives Verb aktiv) oder gar deutsch ›Er konnte sich nicht an sein Versprechen erinnern‹ (transitives Verb mit getrennt auftretendem Reflexivpronomen und hinzutretender Präposition ›an‹), ändert – unter normalen Umständen – am Sinn dieser meiner Erklärung nichts, auch wenn gewisse Autoren geglaubt haben, die Verständlichkeit ihrer Texte ließe durch das Heranrücken des umgangssprachlich nach vorn gezogenen ›sich‹ ans Verb sich vergrößern.

Freilich, man könnte Zweifel an dieser semantischen Indifferenz gegenüber den sichtbaren grammatischen Differenzen anmelden. Hjelmslev z. B., dem ich einige der zitierten Übersetzungen für ›Ich weiß nicht‹ verdanke, nimmt die hier auftretenden Unterschiede erneut als Beleg *für* die unterschiedliche ›Formung‹ desselben ›Sinn‹-Bereichs in verschiedenen Sprachen.[209] Nun, mir erscheint diese Deutung noch unplausibler als die für die Termini ›Baum‹/›Holz‹/›Wald‹. Das Schema, das für das Musterbeispiel der unterschiedlichen begrifflichen Differenzierung des Farbspektrums angemessen sein mag, läßt sich nicht einfach auf andere Beispiele übertragen. (Was sollten denn auch jene hypostasierte »amorphe Gedankenmasse« und die ihr angeblich gegenüberstehende unterschiedlichen ›Formungen‹ im gegenwärtigen Falle sein?) Gleichwohl verweist Hjelmslevs Auffassung auf Probleme, die, wenn auch nicht hier und wohl auch nicht in den übrigen oben erwähnten Beispielen, so doch in anderen, weniger eindeutigen Fällen Gewicht haben können.

3. Unzureichende etymologische Evidenzen

Betrachten wir etwa den englischen sächsischen Genitiv im Vergleich mit der ›of‹-Konstruktion. Die Schulregel besagt, daß er nur bei Personen, die ›of‹-Konstruktion nur bei Sachen verwendet wird. Diese semantische Restriktion würde zwar die durch den Genitiv angezeigte Beziehung selbst nicht tangieren, wohl aber

209 Vgl. Hjelmslev 1943, a.a.O., 54 f.

eine zusätzliche Bedeutungskomponente ins Spiel bringen, die in der Mehrzahl der Fälle redundant ist (das betroffene Nomen enthält in der Regel Angaben über Person oder Sache), prinzipiell jedoch auch distinktiv sein könnte. *Daß* eine Restriktion im Gebrauch beider Genitiv-Konstruktionen vorliegt, steht außer Frage. Aber ist sie *so* angemessen erfaßt und wird sie, wenn sie es wäre, im gegenwärtigen Sprachgebrauch semantisch *realisiert*? Daß die ›of‹-Konstruktion auch bei Personen auftritt (›He is the son of my friend‹) läßt sich vielleicht als bloße Ausdruckserleichterung oder rein klanglich erklären, aber dazu müßte die *vorgängige* Gültigkeit der semantischen Regel gesichert sein und das ist im Blick darauf, daß der sächsische Genitiv auch bei zahlreichen ›Sachen‹ zu finden ist, keineswegs selbstverständlich (›England's Social Security‹, ›London's Big Ben‹, ›the ship's last journey‹, ›winter's arrival‹, ›the moon's rising‹, ›world's finest whiskey‹). Ist die schulmäßige Restriktion auf Personen falsch? Oder sollen wir sagen, daß die in Frage stehenden ›Sachwörter‹ eben *wegen* des sächsischen Genitivs von Engländern und Amerikanern als Personen behandelt werden – eine möglicherweise bedeutende Differenz zu unserem kontinentalen ›Weltverständnis‹? Das würde die Regelgültigkeit aber bereits voraussetzen, d. h. wenn sie sich in der genannten Form halten läßt, müssen noch andere Gründe beigebracht werden. Solche Gründe finden wir, wenn wir bemerken, daß die fraglichen ›Sachwörter‹ auch in anderen Fällen nicht ›sachlich‹ behandelt werden (›the moon‹ und ›the ship‹ werden durch ›she‹, nicht durch ›it‹ aufgenommen), und die Erklärung dafür liefert uns wohl am ehesten der Rekurs auf den Ursprung dieser Besonderheiten (der Mond galt als weibliche Gottheit und Schiffe waren in einer ehemaligen Seefahrernation ›emotional besetzt‹).

Der Gedanke, daß sich vorhandene semantische Differenzen im Rückgang auf die erkennbare oder rekonstruierbare Grundbedeutung der Ausdrücke aufweisen lassen, ist im Zusammenhang mit Versuchen, die Sprachabhängigkeitsthese durch beobachtete Unterschiede zwischen verschiedenen Sprachen zu begründen, wiederholt aufgetaucht, aber die internen Schwierigkeiten eines solchen Vorgehens sind leicht erkennbar. Was *ursprünglich* bedeutsam war, muß es *jetzt* nicht mehr sein. Oder denkt ein amerikanischer Astronaut, der den Mond, anders als deutsche Lyriker, als eine ›Sie‹ apostrophiert, noch an den längst vergangenen mythischen Ursprung, oder der durchschnittliche Deutsche, den seine Sprache zu noch viel unverständlicheren Genus-Einteilungen zwingt (›das Mädchen‹, ›die Zigarre‹, ›der Busen‹, ›der/die/das Joghurt‹)? Hier droht das, was Max Black in seiner zur Zeit wohl noch immer scharfsinnigsten Kritik an der These von der ›sprachlichen Relativität‹ »the linguist's fallacy« genannt hat,[210] sc. das naive Eintragen von Unterscheidungen, die der Sprach*theoretiker* bei der Beschreibung oder Erklärung des komplexen Phänomens ›Sprache‹ vornimmt, in das Bewußtsein (oder das ›tieferliegende‹ Unterbewußtsein) des *Sprechers selbst*. Diese Gefahr liegt überall dort nahe, wo Ausdrücke auftreten, die auch noch außerhalb des betreffenden Kontextes eine eigene Bedeutung haben, und sie ist darum besonders groß bei stehenden Redewendungen, zusammengesetzten Wörtern und Wörtern mit Grund- und Nebenbedeutung, bei denen die Loslösung von der Grundbedeutung, anders als bei den Genera, oft noch historisch greifbar, auch in der Gegenwart noch nicht vollständig abgeschlossen ist und bei bestimmten Ausdrücken direkt mitverfolgt werden kann.

Die Entwicklung von Nebenbedeutungen ist, wenn wir einmal von ›poetischen‹ Metaphern im weiteren Sinne absehen, immer dann zu erwarten, wenn neue Erfahrungen mit Hilfe bereitliegender sprachlicher Mittel erfaßt werden sollen, sowie bei Übersetzungen, bei denen ein direktes Äquivalent für die zu übersetzenden Ausdrücke fehlt. Es *kann* dabei vorkommen, daß das ›Neue‹ gewaltsam ins Schema des schon Vorhandenen gepreßt und verbogen wird oder daß die vorhandenen Ausdrücke, umgekehrt, ihre Bedeutung mit der Anwendung auf ›Neues‹ verändern. Für das Deutsche läßt sich das letztere fraglos an zahlreichen Ausdrükken nachweisen, deren Bedeutung durch Luthers Übersetzung bestimmter griechischer oder hebräischer Ausdrücke geprägt wurde, und etwas Ähnliches ist gegenwärtig bei Übersetzungen aus dem Englischen zu beobachten, wo vorhandene deutsche Ausdrücke zur Wiedergabe anders verwendeter Ausdrücke dienen (wie in der philosophischen Rede von ›Evidenz‹ oder ›Referent‹).

210 M. Black: *Linguistic Relativity: The Views of Benjamin Lee Whorf*, in: Phil. Rev. 68 (1959), 230. 232. – Ähnliche Kritik wurde auch von anderer Seite mehrfach geäußert, vgl. Gipper ²1969, a.a.O., 351 f.; Ch.E. Osgood: *Language Universals in Psycholinguistics*, in: Universals in Language, ed. J. Greenberg, Cambridge/Mass. 1963, 317 f. und Miller 1969, a.a.O. [Anm. 194], 75.

Auch zahllose Bedeutungserweiterungen oder -verengungen gehören hierher. Beispiele für das erste liefern ›voreilige‹, an besonders auffälligen Merkmalen orientierte terminologische Zuordnungen, die sich später als unangemessen erweisen (›Walfisch‹). Es kann aber *ebensogut* sein, daß durch die Anwendung auf etwas ›Neues‹ eine zweite Bedeutung aufgebaut wird, d. h. daß ein zunächst monosemantischer Ausdruck homonym wird. Faktisch dürften diese Fälle sogar überwiegen. Eine anfänglich spürbar schwächere Nebenbedeutung (vgl. ›Schere‹ im Finanz- und Wirtschaftsdeutsch) kann später gleichstark oder stärker als die Grundbedeutung werden (›klar‹, ›verwaschen‹, ›Nadel‹, ›Platte‹, frz. ›chauffeur‹, ›foyer‹, dt. ›nivellieren‹ u.v.a.) und in vielen Fällen läßt sich die ursprüngliche ›Hauptbedeutung‹ neben der inzwischen allein realisierten ursprünglichen ›Nebenbedeutung‹ kaum noch erkennen (dt. ›Chauffeur‹, ›Niveau‹, ›Dia‹, ›oberflächlich‹, ›bohrend‹).[211] Entsprechendes gilt für zahllose zusammengesetzte Wörter (›Nil*pferd*‹, ›See*rose*‹, ›Aschen*becher*‹, ›Käse*glocke*‹, usw.), die, würden sie noch in ihren Teilbedeutungen realisiert, offenbar unangemessene Kategorisierungen enthielten, sowie für verschiedene feste Redewendungen, deren ursprüngliche Bedeutungen gleichfalls semantisch irrelevant sind (›in *Ruhe* lassen‹, ›Wie *geht's*?‹/›Comment *allez-vous*?‹/›How do you *do*?‹/›How *are* you?‹, ›What do you want to *be*?‹/›Was willst du *werden*?‹).

Wenn man hier von den sprachtheoretisch erkennbaren oder rekonstruierbaren ›Grundbedeutungen‹ auf entsprechende semantische Differenzen schließen wollte, käme man bald zu barem Unsinn. Kein Deutscher dürfte so ›muttersprachlich verbildet‹ sein, daß er das ›Nilpferd‹ für eine am oder im Nil lebende Pferderasse hielte oder den ›Seehund‹ für eine maritime Variante des heimischen fleischfressenden Vierbeiners. Und daß der Engländer, der nach dem ›Sein‹ oder ›Tun‹ seines Gegenübers fragt, oder der Franzose, der sich nach seinem ›Gehen‹ erkundigt, etwas entscheidend anderes meinen als der Deutsche, der nach den ›auf ihn zukommenden Sachen‹ zu fragen scheint, dürfte wohl

211 Auf ein Beispiel aus dem Chinesischen, das den definitiven Verlust der Grundbedeutung besonders eindringlich demonstriert, hat Ch.F. Hockett aufmerksam gemacht (*Chinese Versus English: An Exploration of the Whorfian Theses*, in: Language in Culture, ed. H. Hoijer, Chicago 1954, 111 f.): das Wort für ›(Eisenbahn-)Zug‹, ›hwoché‹, das ursprünglich ›Feuer-Wagen‹ bedeutete, tritt später in der Zusammensetzung ›dyànli-hwoché‹, ›Elektro-Zug‹ auf.

niemand im Ernst behaupten. Genau dieses seltsame ›etymologisierende‹ Verfahren aber verwendet Whorf, wenn er die zahlreichen räumlichen Metaphern in den indoeuropäischen Sprachen (›lang‹, ›groß‹, ›hoch‹, ›Niveau‹, ›Faden‹ des Gedankens, usw.) und ihre Verwendung von Kardinal- statt (wie nach seiner Auffassung im Hopi) Ordinalzahlen für die Zeitmessung als Beweis für eine durchgängige Tendenz zur ›Verräumlichung‹ von offenbar Nichträumlichem auffaßt.[212] Dieser Kurzschluß ist ein offenkundiger ›Fehler des Linguisten‹, der sich, ohne Rücksicht auf das im Sprachverständnis tatsächlich Realisierte, durch äußere sprachliche Unterschiede zu semantischen Rückschlüssen verleiten läßt. Gewiß, solche Unterschiede können heuristischen Wert haben und den ersten Anstoß zu diesbezüglichen Untersuchungen geben. Aber ob mehr dahintersteckt oder nicht und welche tatsächliche Relevanz zu erkennende Grundbedeutungen haben, läßt sich auf der Basis von Ausdrucksdifferenzen und etymologischen Rekonstruktionen allein nicht entscheiden.[213]

Im grammatischen Bereich ist die Gefahr des ›Eintragens‹ geringer, weil dort der etymologische Ursprung oft nicht mehr greifbar ist und die beständige, vom besonderen Inhalt weitgehend unabhängige Verwendung zwangsläufig zu einer Abschleifung oder formelhaften Erstarrung ursprünglich bedeutungshaltiger Teile geführt hat. Daß die durchgängige Genus-Einteilung der deutschen Substantive semantisch weitgehend irrelevant ist, wurde bereits erwähnt; ebenso die verschiedenen Frage- und Imperativkonstruktionen (etwa) des Englischen, Deutschen oder Lateini-

212 Vgl. Whorf 1956, a.a.O., 86 f. Eine detaillierte Kritik an Whorfs Vorgehen ebenso wie an seinen inhaltlichen (kontrastierenden) Behauptungen über die Zeitmessung im Hopi findet sich bei Gipper 1972, a.a.O., 216-222.

213 Das gilt in besonderem Maße für die Philosophie, wo der Hang zum Etymologisieren notorisch ist. Schon Platons »*Kratylos*« enthält Beispiele, die zumindest heute seltsam anmuten. Heideggers Versuch zu einer etymologischen Deutung des Wahrheitsbegriffs ist bekannt. In Kant-Seminaren taucht an der Stelle KrV A 104 f., angeregt durch das im Text auftretende »dawider«, gern der Gedanke auf, daß der Sinn des Kantischen Gegenstandsbegriffs sich erst in der Bedeutung als ›das Gegen-ständige‹ voll erschließe. Und ebenso denkbar wäre es, daß ein englisch- oder französischsprechender Philosoph durch etymologische Reflexionen dahin geführt wird, dem Seinsbegriff einen elementaren räumlichen Sinn zu geben (*›il y a‹*, *›there is‹*), oder ein englischer Philosoph dazu, ›Personen‹ auf materielle Gegenstände zu reduzieren (*›nobody‹*, *›anybody‹*). Keiner dieser Versuche muß *a priori* verworfen werden. Aber es sollte klar sein, daß sie im besten Falle heuristischen, niemals sachlichen Wert besitzen.

schen. Eine erstarrte Wendung wie engl. ›for the sake of‹ weist darüber hinaus ein grammatisch als, wie es scheint, separates Substantiv markiertes Wort auf, dessen ursprüngliche Bedeutung jedoch (›Gerichtssache‹, ›Anklage‹, ›Grund‹), anders als etwa beim dt. ›um . . . willen‹ oder den engl. oder lat. Umschreibungen bei Frage und Imperativ, vom gewöhnlichen englischen Sprecher auch bei forcierter ›etymologischer Reflexion‹ nicht mehr zum Bewußtsein gebracht, sondern nur noch in mittelenglischen Wörterbüchern nachgeschlagen werden kann. Gleichwohl behauptet Whorf, der selbst den Vergleich mit den semantisch irrelevanten indoeuropäischen Genera zieht, die durchgängige Einteilung der Navaho-Verben in solche für ›runde‹ und solche für ›lange‹ Gegenstände enthalte eine ›verdeckte‹ (»mehr empfunden[e] als verstandesmäßig begriffen[e]«) Einteilung der ›Gegenstandswelt‹, die sich von unserer signifikant unterscheidet.[214] Auch hier werden offenkundig linguistische Unterscheidungen vorschnell dem realen Verständnis des Sprechers unterschoben. Würde ein Navaho-Linguist mit der gleichen Einstellung an die deutsche Genus-Einteilung herangehen, er würde zu wahrhaft monströsen Vorstellungen über das ›Weltbild‹ dieses Volkes gelangen!

214 Whorf 1956, a.a.O., 115. 136. Die tatsächliche Einteilung im Navaho ist im übrigen noch weit komplizierter, wie das einschlägige Zitat aus Kluckhohn und Leightons Navaho-Buch bei Henle 1958, a.a.O., 21 zeigt. J. B. Carroll und J. B. Casagrande (*The Function of Language Classifications in Behavior*, in: Readings in Social Psychology, edd. E.E. Maccoby et al., New York 1958, 18-31) haben versucht, die semantische Relevanz des Navaho-Verbsystems durch eine vergleichende Untersuchung des jeweiligen nichtsprachlichen Klassifikationsverhaltens bei englischsprachigen Weißen, dominant Englisch und dominant Navaho sprechenden Navaho-Indianern nachzuweisen, ein Unternehmen, das seine Anregung zwar den sprachinternen, ›etymologisierenden‹ Reflexionen Whorfs verdankt, sachlich aber entscheidend darüber hinausführt und im Falle seines Gelingens sehr viel eher geeignet wäre, die These von einer entsprechenden Differenz im ›Begriffsschema‹ beider Sprachen verständlich zu machen (vgl. auch S. 239). Die im ganzen positiven Befunde Carrolls und Casagrandes beruhen jedoch auf einer schwerwiegenden methodischen Vereinfachung beim Testaufbau und seiner Auswertung und enthalten selbst Hinweise darauf, daß man bei konsequenter Ausschaltung anderer relevanter Einflußfaktoren wahrscheinlich zu negativen Ergebnissen käme (vgl. Fishman 1960, a.a.O., 334 f.; Gipper 1972, a.a.O., 141).

4. Unzureichende Evidenzen für ›formal semantische‹ Unterschiede

Ich nehme an, daß die bisher erörterten Beispiele wenig Widerstand gegen den Schluß aufkommen lassen, daß die Relativitätsthese so nicht zu begründen ist. Ihre Aufgabe war es auch weniger, vorhandene Widerstände *hiergegen* abzubauen, als an Hand von relativ einfachen und unumstrittenen Fällen das *Prinzip* zu verdeutlichen, aus dem sich kritische Konsequenzen auch für die weniger leicht zu entscheidenden, sachlich weitaus gewichtigeren begrifflichen Unterschiede ergeben, auf die die Verfechter der These Anspruch erhoben. Der entscheidende Punkt ist, daß rein ausdrucksseitige Differenzen auf *allen* sprachlichen Ebenen, der syntaktischen also ebenso wie der morphologischen, lexikalischen und phonologischen, keine ›begrifflichen‹ Rückschlüsse gestatten und daß jedes entsprechende Argument darum zunächst daraufhin untersucht werden muß, ob es bzw. wo es über solche Evidenzen hinausführt. Im grammatischen Bereich ist zwar, wie gesagt, die Gefahr des ›Eintragens‹ kleiner. Gerade wegen der hier weithin obligatorischen Anwendung ist aber die genaue Bestimmung ihrer semantischen Relevanz von besonderer Dringlichkeit. Sollte es sich (bei weiterer, nicht auf die grammatischen Aspekte beschränkter Untersuchung) herausstellen, daß die von Whorf zitierte Einteilung der Navaho-Verben für den Sinn jedes mit ihrer Hilfe gebildeten Satzes entscheidend ist, oder träfe entsprechendes auf unsere Genus-Einteilung zu, so wäre das für die Relativitätsthese fraglos von größerer Bedeutung als vergleichbare Evidenzen auf der lexikalischen Ebene, weil eben *jede* sprachliche Äußerung dadurch geformt wird. Die Idee einer sprachlichen ›Kanalisierung‹ des Denkens bekäme hier erstmals greifbare Konturen.[215] Die faktisch ohnehin irrelevante Genus-Einteilung ist dabei natürlich relativ uninteressant. Sie würde seltsame (mythische) *Vorstellungen* über die Gegenstände zutage fördern, aber sie würde den *Zugang* zu ihnen vermutlich nicht tangieren. Ihre Brisanz hat die Relativitätsthese dadurch erhalten, daß sie entscheidende Differenzen gerade an dieser letzteren, fundamentaleren Stelle behauptete.

Wer in einer indoeuropäischen Sprache eine vollständige Äuße-

215 Vgl. auch Henle 1958, a.a.O., 20 und Brown 1958, a.a.O., 254.

rung macht, muß in der Regel einen ›Satz‹ äußern, der (nach der herkömmlichen Auffassung) ein grammatisches ›Subjekt‹ und ›Prädikat‹ enthält oder doch jedenfalls (nach verschiedenen neueren Auffassungen) einen prädikativen Satzteil mit mindestens einer offenen Stelle, die durch einen nichtprädikativen Satzteil ausgefüllt wird. Die prädikative logische Grundstruktur, sc. die mehr oder weniger komplexe Bezugnahme auf einen Gegenstand (beliebiger ontologischer Stufe) plus gleichzeitiges Zusprechen mehr oder weniger komplexer Eigenschaften, ist unausweichlich. Das ›Prädikat‹ oder der prädikative Satzteil wird durch eine ›Verbalphrase‹ gebildet (in der Regel: flektierte Verbform oder Hilfsverb plus Adjektiv oder Partizip), die, je nach Sprache und Verb, mehr oder weniger detaillierte Angaben enthält über die Beziehung des bzw. der ›Subjekt‹-Gegenstände zum Sprecher (›Person‹), ihr Geschlecht und ihre Anzahl, über die Art ihres ›Trägerschaftsverhältnisses‹ (›aktiv‹, ›passiv‹, ›medial‹), über ›Modus‹ und ›Tempus‹ der Rede (bezogen auf Zeitpunkt und Zeitverhältnis des ausgesagten Zusammenhangs), sowie über verschiedene andere Aspekte (›Aktionsarten‹ z. B.). Darüber hinaus bestehen semantisch bedeutsame Restriktionen für die Bildung des ›Subjekts‹ (Wahl zwischen Eigennamen, Substantiven und Pronomina; Wahl zwischen ›sortalen‹ und ›nichtsortalen‹ Substantiven, vgl. S. 97, Anm. 80; Verpflichtung zur Angabe von Genus und Numerus; mögliche Einführung von ›Subjektsätzen‹; usw.), sowie für die Erweiterung des einfachen prädikativen Satzschemas zu mehr oder weniger komplexen Sätzen oder Satzgefügen (fakultativ oder obligatorisch hinzutretende ›Objekte‹, ›Attribute‹, ›Adverbien‹, ›adverbiale Bestimmungen‹, ›Appositionen‹, neben- und untergeordnete Sätze mit diversen internen Bezugsmöglichkeiten, usw.). Soweit ihre semantische Relevanz gesichert ist, können wir die genannten Merkmale – wenngleich ohne Anspruch auf scharfe Abgrenzung gegenüber dem ›rein Inhaltlichen‹[216], – unter dem Terminus ›*formale semantische Merkmale*‹ zusammenfassen.

216 Die Grenzen sind zwangsläufig fließend, da die ›Kanalisierung‹ überall dort, wo überhaupt Wahlfreiheit besteht, eingeschränkt ist und neben dem ›formalen‹ auch verschiedene ›inhaltliche‹ (die jeweiligen Ausdrucksinteressen betreffende) Gesichtspunkte an der gewählten Formulierung beteiligt sind. So überschneiden sich etwa die ›formal semantischen‹ Möglichkeiten zur Bildung des ›Subjekts‹ mit verschiedenen ›inhaltlichen‹ Gesichtspunkten bei der Bezugnahme auf den oder die betroffenen Gegenstände, vide: ›die Venus‹, ›der Abendstern‹, ›der Planet, der uns noch immer zahlreiche Rätsel aufgibt‹, ›Wer uns noch immer . . ., ist . . .‹ usw.

Differenzen, die hier auftreten, und vor allem solche, die wie die Subjekt-Prädikat-Struktur nahezu jede konkrete Äußerung angehen, können, würde man meinen, nicht ohne Auswirkungen auf das (sprachliche) Denken und die (sprachlich vermittelte) Erfahrung bleiben, und es ist leicht vorstellbar und durch Vergleiche an faktisch vorliegenden menschlichen Natursprachen auch partiell empirisch nachzuweisen, *daß* sich die formalen semantischen Merkmale einzelner Sprachen wesentlich unterscheiden. Schon die indoeuropäischen Sprachen untereinander sind bekanntlich – zumal, wenn wir verschiedene sprachgeschichtliche Stufen berücksichtigen – alles andere als homogen. Wo eine altgriechische oder lateinische Verbform noch eine Fülle von Einzelangaben enthält, ist die entsprechende neuenglische Form weitgehend unspezifiziert, und während das Neuhochdeutsche noch immer ein relativ differenziertes wenn auch gegenüber dem Altgriechischen (etwa) beträchtlich ärmeres Temporal- und Modalsystem aufweist, differenzieren das Russische und andere slawische Sprachen hier weit weniger stark, während sie umgekehrt zwischen verschiedenen ›Aspekten‹ unterscheiden, die das deutsche Verbum nicht wiederzugeben vermag. Ebenso offenkundig sind Unterschiede, welche die interne Satzerweiterung und Konstruktion von komplexeren Satzgefügen betreffen (Differenzen im Kasussystem, unterschiedliche Konjunktional- und Präpositionalsysteme, verschiedene Möglichkeiten zur attributiven Erweiterung usw.). Sollte es darum verwundern, wenn der Vergleich mit außereuropäischen Sprachen noch weit größere Differenzen zutage bringt?

Während es einerseits, im Bezug auf theoretisch denkbare Einteilungen und Beziehungen, möglich wäre, noch weit differenziertere Tempussysteme einzuführen als das differenzierteste indoeuropäische,[217] finden sich auf der anderen Seite Sprachen,

217 Einen interessanten Systematisierungsversuch, durch den sich zwei in der traditionellen (indoeuropäischen) Grammatik nicht realisierte Tempora definieren lassen, hat H. Reichenbach im Rekurs auf die möglichen Zeitbezüge zwischen drei relevanten Zeitpunkten – »point of speech«, »point of event«, »point of reference« – unternommen (*Elements of Symbolic Logic,* London 1947, § 51). Theoretisch wäre es denkbar, die Anzahl der Punkte zu vergrößern, so daß sich auf der nächst-›höheren‹ Vergangenheitsstufe z. B. auch noch der temporale Nebensatz in ›Peter hatte Monique schließlich doch noch getroffen, nachdem er sie zuvor verfehlt hatte‹ ohne Verlust in einen einfachen Hauptsatz integrieren ließe. Eine weitere systematische Differenzierungsmöglichkeit bestünde darin, zunächst (etwa) beim Präsens zwischen

deren Verben geringere Tempusdifferenzierungen als die am wenigsten differenzierten indoeuropäischen oder gar keine Tempusangaben aufweisen.[218] Einige Sprachen haben statt oder neben einem Tempussystem ein spezielles System von Aktionsarten,[219] andere wieder verlangen statt oder neben konkreten Zeitangaben die Spezifikation des Gültigkeitsanspruchs der Aussage oder genauere Angaben darüber, ob und in welcher Hinsicht der Handelnde frei oder nicht frei ist,[220] und es ließen sich mühelos weitere obligatorische Distinktionen hinzufügen. Es wäre denkbar, ein dem Temporalsystem analoges Lokalsystem einzuführen, in dem z. B. das ›Dort‹ des Ereignisses in Beziehung zum ›Hier‹ des Sprechers gesetzt wird, oder ein beiden übergeordnetes System, das alle Satzinhalte in raum- und zeitlose (logische, mathematische, ontologisch höherstufige), raumzeitlich-ewiggültige (generelle, naturgesetzliche) und raumzeitlich datierte einteilt. Das Modalsystem könnte weiter ausgebaut werden oder ganz fehlen, ähnlich das Numerussystem, das in bestimmten Sprachen bekanntlich auch faktisch fehlt, in anderen – über die in den meisten indoeuropäischen Sprachen vorhandene Singular/Plural-Distinktion hinausgehend – durch Trial, Quadral oder Paucal erweitert ist. Die Einteilung in ›sortale‹ und ›nicht sortale‹ Substantive kann fehlen, was Whorf vom Hopi berichtet hat.[221] Ja, es gibt Sprachen, denen sogar die für alle indoeuropäischen Sprachen charakteristische grammatische Unterscheidung in ›Subjekt‹ und ›Prädikat‹ fehlt (Chinesisch, Nootka, Shawnee, u. a.), und Whorf hat in seiner Deutung dieses Befundes nahegelegt, wenn auch in dieser Form nicht ausdrücklich behauptet, daß das ein Fehlen der Prädikationsstruktur selbst beinhaltet.[222]

einer punktuellen, mit dem Äußerungsereignis zusammenfallenden und einer mehr oder weniger weit darüber hinaus erstreckten Gegenwart zu unterscheiden und eine entsprechende Distinktion dann auch bei allen vergangenen und zukünftigen Bezugspunkten vorzunehmen. Auch eine genauere Spezifizierung des Abstandes zwischen verschiedenen Zeitpunkten wäre denkbar (unmittelbare Vergangenheit/Erinnerungsvergangenheit/historische Vergangenheit/prähistorische Vergangenheit, usw.).

218 Vgl. Cassirer 1923, a.a.O., 180 f.; Whorf 1956, a.a.O., 16. 85 f.

219 Vgl. Cassirer 1923, a.a.O., 181 f.; Whorf 1956, a.a.O., 68 f. 105 f.; Henle 1958, a.a.O., 36.

220 Vgl. Whorf 1956, a.a.O., 16. 85 f. 132; Henle 1958, a.a.O., 21 f. 29.

221 Whorf 1956, a.a.O., 82.

222 Vgl. Whorf 1956, a.a.O., 14. 42 ff.

Würde sich dieser letzte Gedanke bewahrheiten, so wäre die These von einer grundsätzlichen, mit den verschiedenen Sprachen gegebenen ›Relativität‹ des menschlichen Denkens und Erfahrens ohne Zweifel berechtigt, und auch die zuvor genannten ›formalen‹ Unterschiede dürften, wenn ihre semantische Relevanz feststünde, groß genug sein, um ähnliche Schlüsse zuzulassen. Aber wie steht es mit der Voraussetzung? Die Frage nach der semantischen Relevanz erkennbarer ausdrucksseitiger Differenzen, deren kritische Konsequenzen für die Relativitätsthese wir schon kennengelernt haben, führt auch an dieser Stelle bald in erhebliche Zweifel. Wir haben in der Kritik am naiven Etymologisieren gesehen, daß Ausdrücke, die ursprünglich bedeutsam waren und in bestimmten Kontexten vielleicht noch immer ähnlich bedeutsam sind, ihre Bedeutung in anderen Kontexten verloren oder verändert haben, und wir haben bereits ein signifikantes Beispiel aus dem ›formalen‹ Bereich dafür zitiert, sc. die Genus-Einteilung. Es ist nicht schwer, entsprechendes auch für andere, sachlich gewichtigere formale Merkmale nachzuweisen.

Wenn wir im Präsens sprechen, meinen wir keineswegs immer, daß der Satzinhalt in der Gegenwart zu datieren ist. Die angeführten Beispiele einer möglichen Verfeinerung unserer formalen Mittel, sc. Zeitlosigkeit und zeitliche Allgemeingültigkeit, werden umgangssprachlich stillschweigend durch das Präsens abgedeckt, obwohl sie der Zeit nach hier ebensowenig eingeordnet werden können wie an einer anderen Stelle. D. h. das ›Präsens‹ wird *hier* nicht mehr in seiner ursprünglichen semantischen Funktion realisiert. Und das ist bei weitem kein Einzelfall. Es gibt ein ›imperativisches Präsens‹ (›Der Soldat wäscht sich!‹), ein ›futurisches Präsens‹ (›Dann scheint die Sonn' ohn' Unterlaß‹) und den Präsenswechsel in der Erzählung, der als Steigerungsmittel dient und von niemandem als ein Zeitsprung mißverstanden wird. Umgekehrt wird das erzählende Imperfekt nicht ausschließlich als Bezugnahme auf eine datierbar vergangene Zeit verstanden, sondern als Ausdruck literarischer Fiktion.[223] Der deutsche Kon-

223 Was für die Tempora selbst gilt, gilt ebenso für die (noch) mit ihnen verbundenen Aktionsarten und Aspekte. In Sätzen wie ›Ich habe meine Arbeit beendet‹ und ›Ich beendete meine Arbeit‹ ist der Unterschied zwischen Perfekt und Imperfekt (offenbar) noch relevant, nicht mehr dagegen in Sätzen wie ›Gerade sah ich ihn noch‹ und ›Ich habe ihn gerade noch gesehen‹. Die englische Verlaufsform, die in vielen Fällen distinktiv ist, verliert ihre ursprüngliche Bedeutung in anderen (vgl. ›I

junktiv, der im absoluten Gebrauch noch als Potentialis oder Irrealis fungiert (›Es wäre eine Schande gewesen, *wenn* ...‹), verliert diese distinktive Funktion in der indirekten Rede (›Er sagte, es wäre eine Schande gewesen, *daß* ...‹). Der ›Plural‹ fungiert unter bestimmten Umständen als ›Total‹ (›Bären sind Winterschläfer‹), und zwar auch dann, wenn das Universum anerkanntermaßen nur einen oder gar keinen Gegenstand der betreffenden Art enthält (›Bewohnte Planeten haben eine Atmosphäre‹, ›Einhörner gibt es nicht‹). Noch auffälliger ist es, daß auch der Singular diese Funktion übernehmen kann (›Der Bär ist ein Winterschläfer‹). Besonders klar tritt das bei Wörtern wie ›niemand‹, ›nichts‹, ›keiner‹, ›keines‹, ›jeder‹, ›jedes‹ und ›alles‹ (im Gegensatz zu ›alle‹) hervor, die ihrer grammatischen Form nach jeweils das Aussehen eines Referenzausdrucks für einen partikulären Gegenstand haben, aber natürlich von niemandem so verstanden werden.[224]

Sie sind nicht nur ein Beispiel für mögliche semantische Irrelevanz des Numerus,[225] sondern zugleich – und das ist hier wohl das bedeutendste Faktum – für das mögliche Auftreten von ›Pseudo-Subjekten‹, die nicht mehr ihre gewöhnliche Aufgabe, sc. den Gegenstand einer Prädikation zu identifizieren, erfüllen. Daß Ausdrücke wie ›nichts‹ und ›niemand‹ nicht wie gewöhnliche Subjekte fungieren, ist eine logische Binsenweisheit und durch Lichtenbergs ›Beweis‹ für die Vorzüglichkeit einer Hammelkeule gegenüber dem Himmel eindringlich genug demonstriert worden. Ähnliches gilt aber auch für bestimmte Verwendungen von ›etwas‹ (›Drüben ist etwas los‹) und vor allem von ›es‹, das weder in einem Satz wie ›Es geht mir gut‹ oder ›Es friert mich‹, noch in Sätzen wie ›Es friert‹, ›Es regnet‹, ›Es blitzt‹ und ›Es klingelt‹, noch gar in

want a book‹, ›The book is wanting‹). Eine Beobachtung, die darauf hindeutet, daß auch der slavische Aspekt der einmaligen oder wiederholten Handlung im Sprachgebrauch nicht mehr realisiert wird, berichtet L. Zgusta: *Zum Einfluß der Sprache auf das Denken; eine negative Beobachtung zu diesem Problem,* in: Z. f. Phon. Sprwiss. u. Komm.forschg. 20 (1967), 369-370.

224 Auf das grammatische Mißverständnis von Sätzen wie ›Niemand hat mich geblendet‹ oder ›Nobody was faster on the draw‹ kann man allenfalls unter Zyklopen oder im Wilden Westen Hollywoods rechnen.

225 Weitere Beispiele aus dem lexikalischen Bereich bieten natürlich die pluralia und singularia tanta in verschiedenen indoeuropäischen Sprachen und die seltsame Inkongruenz zwischem dem Plural eines neutralen Subjekts und dem Singular des zugehörigen Verbs im Altgriechischen.

Sätzen der Form ›Es gibt F's/ein F‹ die Funktion hat, den ›Träger‹ der Prädikation zu bestimmen. Oder sollte sich etwa ein deutscher Philosoph, ähnlich wie jene zuvor apostrophierten englischen oder französischen, durch Sprachreflexionen dazu verleiten lassen, den primären Sinn von Sein darin zu sehen, daß eine unbestimmbare metaphysische Wesenheit ›Es‹ uns die als existent zu bestimmenden Gegenstände ›aushändigt‹? Aus der durchgängigen grammatischen Subjekt-Prädikat-Struktur der indoeuropäischen Sprachen abzuleiten, daß deren Sprecher durchgängig zum Prädizieren oder gar zum Hineinlegen »fiktive[r] Täterwesen in die Natur« gezwungen werden,[226] wäre also mit Blick auf die eben erörterten Beispiele wieder ein offenkundiger ›Fehler des Linguisten‹.

Umgekehrt stellt sich nun aber die Frage, ob der Gedanke des (auch im logischen Sinne) nichtprädikativen Charakters einiger anderer Sprachen nicht gerade dadurch Bestätigung auch aus dem indoeuropäischen Bereich erhält. Wenn das grammatische Subjekt seine referentielle Funktion verliert, können Zweifel aufkommen, ob wir es überhaupt noch mit prädikativen Sätzen zu tun haben. Nun, in Sätzen wie ›Es geht mir gut‹ oder ›Es friert mich‹, sind diese Zweifel ganz sicher unbegründet, denn hier gibt es offenbar einen eindeutigen Prädikations-›Träger‹, sc. die durch ein Pronomen im Dativ bzw. Akkusativ angesprochene Person des Sprechers, die sich durch Umformulieren mühelos auch grammatisch in die Subjektposition bringen läßt (›Ich friere‹, ›Ich bin wohlauf‹). Diese Beobachtung hat exemplarische Bedeutung. Sie zeigt, daß das grammatische Subjekt nicht mit dem logischen Subjekt zusammenfallen muß und daß wir mit anderen Ausdrucksmöglichkeiten hierfür zu rechnen haben – ein Ergebnis, das möglicherweise auch den (logisch) prädikativen Charakter von Sprachen ohne grammatische Subjekt-Prädikat-Struktur retten könnte. Allerdings bleibt die Tatsache, daß wir in den genannten Fällen immer noch eigene Ausdrücke haben, die die referentielle Funktion versehen und grammatisch eindeutig als solche gekennzeichnet sind, sc. die Pronomina ›mir‹ und ›mich‹, und diese Bedingung ist in den fraglichen nichtindoeuropäischen Sprachen ebenso wie in den übrigen oben zitierten Beispielen aus dem Deutschen

226 Whorf 1956, a.a.O., 43 f. Die ohnehin inakzeptable Auffassung Whorfs wird durch die implizierte Beschränkung des Subjekts auf die Identifikation von ›Tätern‹ noch befremdlicher.

offenbar nicht erfüllt: im Chinesischen gibt es keine grammatische Einteilung in referentielle und prädikative Ausdrücke[227] und in Sätzen wie ›Es friert‹ oder ›Es gibt Menschen‹, ist ein zweiter Referenzausdruck neben dem ›Pseudo-Subjekt‹ nicht zu erkennen. Die entscheidende Frage ist darum, ob die Prädikation, *wenn* sie ausgedrückt wird, wie in den indoeuropäischen Sprachen an die Entgegensetzung zweier Ausdrucksklassen gebunden ist und ob es *überhaupt* notwendig ist, eine ausdrucksseitige Unterscheidung zu treffen?

Betrachten wir zunächst den einfacheren Fall, in dem, wie etwa in chinesischen Sätzen, zwei grammatisch nicht weiter spezifizierte Termini nebeneinanderstehen, die eine Qualität ausdrücken, sc. ›$F^\frown G$‹. Eine solche Ausdruckskette *kann* nichtprädikativ als eine bloße Aufzählung von Qualitäten verstanden werden (›Quader, Stein‹) oder als einfache ›attributive‹ Zusammensetzung (›quaderförmiger Stein‹, ›steinerner Quader‹). Sie ließe sich so u. U. auch bei zeichenverwendenden Wesen finden, die nur zur qualitativen Differenzierung, nicht zur numerischen in der Lage sind. Sie kann aber *auch* – von hierzu befähigten Wesen – so aufgefaßt werden, daß der eine Terminus dem anderen übergeordnet und mit diesem prädikativ verknüpft ist. Diese Verknüpfung unterscheidet sich von der ›attributiven‹ Zusammensetzung dadurch, daß sie von der Bezugnahme auf einen oder mehrere partikuläre Gegenstände abhängt, die wenigstens eine der beiden betroffenen Qualitäten instantiieren. Die bloße Aneinanderreihung der Termini läßt dabei freilich das Unterordnungsverhältnis selbst wie auch die Art der ›Partikularisierung‹ unbestimmt: die Eigenschaft F kann G's und die Eigenschaft G F's zugesprochen werden und es ist offen, ob dabei alle G's oder F's gemeint sind oder nur mindestens oder genau eins, zwei oder mehrere, die in bestimmter oder unbestimm-

227 Vgl. Tsu-Lin Mei: *Subject and Predicate. A Grammatical Preliminary*, in: Phil. Rev. 70 (1961), 153-175. Mei demonstriert am Beispiel des Chinesischen die Unzulänglichkeit einer grammatischen Subjekt-Prädikat-Unterscheidung, die von den indoeuropäischen Sprachen ausgeht, für andere (im logischen Sinne) prädikative Sprachen. Seine Auffassung, daß ein der jeweiligen einzelsprachlichen Situation angepaßtes grammatisches Kriterium erforderlich ist, um eine Sprache als prädikativ zu erweisen (a.a.O., 174), kann ich allerdings nicht teilen. Das von ihm zurückgewiesene (›logische‹) Kriterium der »funktionalen Äquivalenz« der Ausdrücke, das mir das einzig sinnvolle, da einzig semantische, Kriterium zu sein scheint, liegt implizit auch seinem eigenen Vorgehen zugrunde, da er die gelungene Übersetzung der grammatisch miteinander zu vergleichenden Sprachen voraussetzt.

ter Bezugnahme aus einem (welchem?) Universum herausgegriffen werden, ja sogar, ob es sich überhaupt um eine Bezugnahme auf instantiierende Gegenstände jener Qualitäten handelt oder um die Bezugnahme auf eine abstrakte, auf einer höheren ontologischen Stufe vergegenständlichte Eigenschaft F oder G.[228]

Diese Unbestimmtheit birgt die Gefahr von Mißverständnissen und verlangt nach weiterer Spezifizierung. Aber wir können leicht sehen, daß das nicht unbedingt durch die Unterscheidung zweier Ausdrucksklassen geschehen muß. Die Angabe über das Unterordnungsverhältnis kann, wie im Chinesischen, in der gewählten Reihenfolge enthalten sein oder in der gesonderten Indizierung eines der beiden Termini, und die Weise der ›Partikularisierung‹ könnte durch eine entsprechend differenzierte Indizierung des Gesamtsatzes ausgedrückt werden.[229] Von einer durchgängigen

228 Die Spezifizierung der Prädikations-›Träger‹ liefert die (neben der früher erwähnten intensionalen Differenzierung der Prädikate und dem Zeichenverständnis, vgl. S. 131) bedeutendsten Beispiele sprachlicher Intentionalitätsprobleme, die in der einschlägigen Literatur auch wiederholt erwähnt worden sind. So ist bekannt, daß der Schluß von einem ›intentional‹ modalisierten *Allsatz* ›in sensu composito‹ (z. B. ›a glaubt, daß alle x F sind‹) auf den betreffenden Satz ›in sensu diviso‹ (›Von allen x glaubt a, daß sie F sind‹) logisch nicht zulässig sind, ebenso der umgekehrte Schluß, weil das zugrundeliegende ›intentionale‹ Universum vom realen abweichen kann (a könnte es ebenso unter- wie überschätzen). Und ein ›intentional‹ modalisierter *Existenzsatz* ›in sensu composito‹ läßt den Schluß auf den entsprechenden Satz ›in sensu diviso‹ nicht allein, wie vor allem herausgestellt wurde, deshalb nicht zu, weil er auf abweichenden Existenzvoraussetzungen beruhen könnte, sondern auch deshalb, weil er statt der im zweiten Falle vorausgesetzten ›bestimmten‹ Bezugnahme auf den Objektbereich nur eine ›unbestimmte‹ enthalten kann: man kann zwar rechtens davon überzeugt sein, *daß* es einen und nur einen Gouverneur der Fidschi-Inseln gibt, aber gleichwohl nicht wissen, *wer* diesen Posten ausfüllt, und darum seine Überzeugung nicht *von* einer bestimmten Person haben. Die Eigenständigkeit des Aspektes der ›unbestimmten‹ oder ›bestimmten‹ Bezugnahme ist in der Literatur nicht durchweg gesehen worden. Quine z. B. hatte ursprünglich angenommen (*Quantifiers and Propositional Attitudes* [orig. in: J. of Phil. 53, 1956], repr. in: Quine 1966, a.a.O. [S. 169, Anm. 172], 188), daß der genannte Schluß *allein* wegen der fehlenden Existenzvoraussetzung scheitert, und ihn darum im Falle ihrer Voraussetzung zulassen wollen, eine Behauptung, die schon damals im Widerspruch zu gewissen anderen Erklärungen über den Unterschied beider Sätze stand (a.a.O., 183. 184. 185) und von Quine auf entsprechende Einwände hin später auch fallengelassen wurde (vgl. *Words and Objections*, edd. D. Davidson / J. Hintikka, Dordrecht 1969, 337 f. 341 f.).

229 Im Deutschen und anderen indoeuropäischen Sprachen versehen Artikel und Demonstrativpronomina diese Indizierungsfunktion, doch erfolgt ihre Anwendung auf die als generelle Termini fungierenden Wortklassen bekanntlich nicht gleichmäßig und – innerhalb jeder – nicht konsequent, und sie beschränken sich auch nicht auf die

Einteilung in Subjekt- oder Prädikatsausdrücke ist dabei nicht die Rede, denn jeder Terminus könnte, grundsätzlich, die eine wie die andere Funktion erfüllen. Zudem ist es nicht notwendig, daß die ausdrucksseitige Spezifizierung lückenlos ist, denn es gibt kontextuelle und spezielle (von den jeweils eintretenden Termini abhängige) semantische Restriktionen, und ein gewisser individueller Interpretationsspielraum könnte auf jeden Fall offenbleiben, ohne daß das zu wesentlichen Verständnisschwierigkeiten führt.[230]

Und selbst wenn (wie offenbar im Chinesischen) die ausdrückliche oder kontextuelle Spezifizierung nicht ausreicht, um alle

Angabe des Unterordnungsverhältnisses: sie decken zugleich einen Teil der vorhandenen Ausdrucksmittel für die Art der ›Partikularisierung‹ und sind z. T. mit weiteren Aspekten verbunden.

230 So dürfte es in der Regel keinen Unterschied machen, ob ein partikulärer prädikativer Satz mit zwei ›sortalen‹ Termini (im obigen *weiten* Sinne, S. 97, Anm. 80) in der einen oder anderen Richtung gelesen wird, sc. ›Dieser Stein ist ein Quader‹ oder ›Dieser Quader ist ein Stein‹, und wo die Differenz relevant wird, läßt sie sich durch den Kontext bestimmen. Beim Zusammentreffen eines ›sortalen‹ und eines ›nicht sortalen‹ Terminus dürfte der erste wegen des in ihm enthaltenen Merkmals der räumlichen Konfiguriertheit stillschweigend zum Subjekt gemacht werden, obwohl grundsätzlich auch (unter stillschweigender Ergänzung des Konfigurationsaspektes) die umgekehrte Interpretation denkbar wäre. Treffen zwei Termini ohne Konfigurationsaspekt zusammen (›Milch‹, ›Weiß‹), dürften gewohnheitsmäßige oder interessenbedingte Gewichtungen in Kraft treten (etwa: Stoff geht vor Farbe). Und so weiter.

Ähnliches gilt für die ›Partikularisierung‹, wenngleich unterschiedliche Interpretationen hier in der Regel stärker ins Gewicht fallen und das Interesse an einer Spezifizierung vergrößern. Auch im Deutschen gibt es zahlreiche offene Stellen, die durch den situativen oder semantischen Kontext ergänzt werden müssen oder der individuellen Auffassung anheimgestellt bleiben. Welche genaue Quantifikation wir durch ›einige‹, ›mehrere‹, ›wenige‹, ›viele‹, ›eine Reihe von‹ usw. ausdrücken, hängt wesentlich von den hinzutretenden Termini und dem jeweiligen Redekontext ab, wobei die Bestimmungen oft nicht weit genug gehen, um nicht noch eine Vielzahl von Interpretationen offenzulassen. Bei der Verwendung von ›alle‹, ›jeder‹ usw. ist die ›Partikularisationsart‹ zwar als solche bestimmt, aber meist bleibt unausgedrückt, welches spezielle Universum wir dabei im Auge haben (eine Unbestimmtheit, die natürlich auch für anders quantifizierte generelle Sätze gilt). Und bei partikulären Sätzen hängt die genaue Bestimmung des oder der Referenten häufig vom Kontext ab. Weitere Beispiele für Unbestimmtheit liefern die schon erwähnte Funktion des Singulars als Total und Wendungen wie ›Peters Freund‹ oder ›Mann ist Mann‹, wo trotz des fehlenden Artikels in der Regel bestimmte ›Partikularisierungen‹ unterstellt werden (›*der* Freund Peters‹, statt ›*mindestens ein*‹ oder ›*irgendein* Freund Peters‹ und, je nach Kontext, ›*irgendein* Mann‹ bzw. ›*jeder* Mann‹ statt ›*der*‹ oder ›*dieser* Mann‹). Ja, selbst die Entscheidung darüber, ob eine Bezugnahme auf instantiierende Gegenstände oder auf eine abstrakte Eigenschaft vorliegt kann u. U. offenbleiben (vgl. ›Ich liebe Blau‹).

erwähnten Unterschiede kenntlich zu machen, was ändert sich dadurch? Setzen wir Wesen voraus, die zu ihrer Differenzierung grundsätzlich in der Lage sind (wie zumindest ein mit dem Chinesischen konfrontierter Indoeuropäer, möglicherweise aber auch ein Chinese selbst), bleibt nur das Faktum der Mehrdeutigkeit und die aus ihm resultierenden Verständigungsprobleme, das differenzierte Verständnis selbst wäre vorhanden. Wir hätten es lediglich – wie in den früheren lexikalischen Beispielen – mit einer mehr oder weniger weit reichenden ›Homonymie‹ zu tun, die im Bereich der formalen semantischen Merkmale zwar gewichtiger, grundsätzlich aber auch nur ein spezielles Beispiel für die ›linguistische Binsenweisheit‹ ist, daß sich nicht alle Bedeutungsdifferenzen in Ausdrucksdifferenzen manifestieren müssen. Ob es so ist oder ob mit der ausdrucksseitigen Undifferenziertheit tatsächlich ein Verlust an begrifflicher Unterscheidung einhergeht, müßte natürlich auch hier geprüft werden. Bei den Quantifikationsarten und der Abgrenzung zwischen quantifizierten Allsätzen und partikulären Sätzen über abstrakte Eigenschaften dürften hier eher Zweifel aufkommen als bei der Subordination, der Beziehung auf instantiierende Gegenstände und der prädikativen Verknüpfung selbst.[231] Entscheidend ist jedoch, daß das bloße Vorhandensein oder Fehlen eigener Ausdrücke und schon gar nicht ausschließlich solcher, die (wie die grammatische Subjekt-Prädikat-Struktur) ein charakteristisches Merkmal der indoeuropäischen Sprachen sind, keine Aussage darüber zuläßt.

Nun könnte man freilich sagen, daß man es, solange *zwei* in (ausdrücklicher oder zu unterstellender) Subordination stehende Termini auftreten, immer noch mit je einem Ausdruck in referentieller und prädikativer Funktion zu tun hat, und daraus schließen, daß *diese* ausdrucksseitige Differenzierung für jeden (logisch)

231 Die logisch prädikative Struktur des Chinesischen selbst dürfte z. B. zweifelsfrei sein. Doch übersetzt Mei (1961, a.a.O., 161) die Sätze, in denen ein auch an zweiter (›prädikativer‹) Stelle zu gebrauchender Terminus an der ersten (›referentiellen‹) auftritt, so, daß sowohl eine Interpretation als genereller Satz wie auch als Satz über eine abstrakte Entität in Frage kommen, sc. ›Tsungming buhau‹ mit ›Cleverness is no good‹ (abstrakte Entität, eventuell genereller Satz) bzw. ›Chouyan buhau‹ mit ›Smoking ist no good‹ (genereller Satz über Raucher, notfalls abstrakte Entität). Wie weit man die Unterscheidung tatsächlich für das Chinesische unterstellen kann, weiß ich nicht. Prinzipiell jedenfalls könnten die unterschiedlichen Übersetzungen sowohl als Zeichen ausdrucksseitiger Ambiguität interpretiert werden wie auch als Zeichen des Schwankens infolge fehlender Differenzierung.

prädikativen Satz konstitutiv ist. Das wäre fatal für unsere zweite, bislang unberücksichtigte deutsche Beispielgruppe, bei der wir, wenn wir das ›Pseudo-Subjekt‹ abziehen, nicht mehr als einen Terminus übrigbehalten.

Nun, wir sind hier in der glücklichen Lage, nicht auf außerindoeuropäische Sprachen Bezug nehmen zu müssen, in die wir eigene Unterscheidungen möglicherweise nur hineinlegen, sondern mit unserer eigenen Sprache, über die wir als kompetente Sprecher (sollte man denken) einigermaßen verläßliche Aussagen machen können. Wir wissen, daß nach (inzwischen) ›klassischer‹ logischer Auffassung ein Satz wie ›Es gibt Menschen‹, als genereller, quantifizierbarer Satz mit der Quantifikation ›mindestens ein‹ und einem zugleich im Quantor enthaltenen Existenzanspruch zu analysieren ist, d. h. als prädikativer Satz, in dem der Terminus als Prädikat fungiert und der (in der logischen Formalisierung explizierte) ›referentielle Apparat‹ – mit der Funktion: Bereitstellung eines Gegenstandsuniversums, aus dem die ›Träger‹ der Prädikation in unbestimmter Bezugnahme herausgegriffen werden – stillschweigend ergänzt wird. Ob damit auch schon der *elementare* Sinn von Sätzen der Form ›Es gibt Fs‹ oder ›Es gibt ein F‹ erfaßt wird, erscheint fraglich, zumindest solange ein Universum von Gegenständen vorausgesetzt wird, die ihrerseits als existierende identifiziert werden.[232] Doch das heißt nicht, daß eine elementare Analyse die fraglichen Sätze *nicht* als prädikativ erwiese; die prädikative Auffassung liegt auch hier zunächst näher.[233]

232 Vgl. dazu Tugendhat 1975, a.a.O. [S. 97, Anm. 80], sowie Tugendhat 1976, a.a.O., 464 ff.

233 Theoretische Möglichkeiten dazu sind gegeben. Man könnte ein Universum von Gegenständen zugrunde legen, die in einem anderen, nicht durch ›Es-gibt‹-Sätze auszudrückenden Sinn ›existieren‹ (Brentanos ›intentionale Inexistenz‹). Oder man könnte ein Universum numerisch identischer Raum-Zeit-Stellen annehmen, die nicht qualitativ identifiziert und nicht als ›existent‹ angesprochen werden, und die eigentlichen Existenzsätze zu einstellig prädikativen Aussagen über Raum-Zeit-Stellen oder zweistellig prädikativen über das Vorkommen eines durch räumliche Instantiierung numerisch identifizierten Gegenstandes des Typs F an einer Zeitstelle machen (vgl. Tugendhat 1976, a.a.O., 468). Erst wenn man noch weiter zurückgeht und mit Rücksicht auf die erwähnte Wechselabhängigkeit zwischen Raum-Zeit-Stellen und instantiierten Qualitäten (S. 97, Anm. 80) jede Voraussetzung eines Universums nicht qualitativ identifizierter Gegenstände ablehnt, entstehen Probleme, die zur Preisgabe der Prädikationsstruktur auf einer elemantaren Ebene zwingen könnten.

Die Entscheidung darüber können wir offen lassen; auf der Ausdrucksebene fällt sie zumindest nicht. *Daß* Sätze mit ›Pseudo-Subjekten‹ und nur einem wirklichen Terminus jedenfalls prädikativ interpretiert werden *können*, zeigen Sätze wie ›Es friert‹, ›Es blitzt‹ und ›Es regnet‹, bei denen die ebengenannten Probleme nicht auftreten: die ›Träger‹, die stillschweigend aus dem Kontext ergänzt werden, sind Raum-Zeit-Stellen bzw. Raum-Zeit-Gebiete, gelegentlich wohl auch Zeitstellen oder Zeitgebiete allein. Auch jene ausdrucksseitige Minimalforderung für die prädikativen Sätze besteht also nicht zu Recht. Zumindest der referentielle Ausdruck kann wegfallen. Und wenn wir uns erst einmal von der idealisierenden Bindung an grammatisch ›korrekte‹, vollständige Sätze frei machen und reale umgangssprachliche Äußerungen betrachten, finden wir zahllose Halbsätze, Ausrufe oder Abkürzungen, die mit Sicherheit prädikativ sind, bei denen das Subjekt aber nicht ausgedrückt, sondern semantisch oder kontextuell ergänzt wird: ›Gut‹, ›Geht in Ordnung‹, ›Macht nichts‹, ›Einmal geradeaus‹, ›Eine echte Schreibhilfe!‹, ›Ankomme Freitag den dreizehnten‹, ›Annahme verweigert‹, ›Durchgang verboten‹, ›Frei für Forstbetrieb‹ und viele andere.

Die Prädikation ist das bedeutendste Beispiel, aber natürlich nicht das einzige. Andere ließen sich leicht hinzufügen.[234] Sie alle

234 Grammatisch undifferenzierte Tempusunterschiede z. B. werden in zahlreichen Sprachen aus dem Kontext erraten, was sich bereits in den oben erwähnten Mehrfach-Funktionen der deutschen Tempora andeutet, vor allem aber an Sprachen mit weniger differenziertem Tempussystem – wie dem Russischen oder Chinesischen – oder bei einzelnen, entsprechend undifferenzierten Verben – wie engl. ›put‹ – zu beobachten ist. Auch Whorfs auf das Faktum des fehlenden verbalen Tempussystems gegründete Behauptungen über das gänzliche Fehlen bzw. die prinzipielle Andersartigkeit des Zeit-Ausdrucks im Hopi sind mehrfach durch spätere Untersuchungen widerlegt worden (vgl. Gipper ²1969, a.a.O., 344 f. und Gipper 1972, a.a.O., 212 ff.). Mehrdeutige, durch Kasusunterschiede nicht differenzierte Präpositionen werden vom Sinnzusammenhang her disambiguiert, wie die Entscheidung darüber, wann ›unter‹ mit ›sous‹, wann mit ›au-dessous de‹ oder wann ›zwischen‹ mit ›amidst‹, wann mit ›among‹ zu übersetzen ist, zeigt. Konjunktionen können im Deutschen und anderen Sprachen ausfallen, während die sonst durch sie ausgedrückte Beziehung zwischen den beiden Sätzen stillschweigend ergänzt wird: ›Der Mörder muß über den Balkon gekommen sein. Die Tür blieb geschlossen.‹; ›Ich komme sofort. Ich ziehe mir nur noch einen Mantel an.‹, ›Angestrengt lauschend – das unregelmäßige Klopfen dauerte an – tastete er sich in dem finsteren Schacht weiter.‹ Oder es gibt den Fall, daß die genauen Beziehungen grammatisch nicht eindeutig festgelegter Pronomina sich aus dem Gesamtsinn ergeben, ein semantischer Disambiguierungsprozeß, der uns so selbstverständlich ist, daß wir die Mehrdeutigkeit mitunter erst beim Vergleich mit

zeigen, daß das Fehlen eines formalen Merkmals in einer Sprache noch kein Beweis dafür ist, daß die ›begriffliche‹ Differenzierung fehlt. Aber auch wenn wir sichergestellt hätten, daß sie tatsächlich nicht vorliegt, kann ihr Fehlen im formal semantischen Bereich zunächst nur heißen, daß sie nicht *notwendig* in jede oder annähernd jede Äußerung eingeht, nicht jedoch, daß die Sprache zu ihrem Ausdruck *unfähig* ist. Was in der einen Sprache obligatorisch ist und einen entsprechenden Ausdruck gefunden hat, kann in der anderen Sprache fakultativ sein und dem lexikalischen Bereich angehören. Die Numeruseinteilung etwa, die in den indoeuropäischen Sprachen, meist in der Form einer einfachen Singular/Plural-Unterscheidung, obligatorisch ist (wenngleich, wie erwähnt, nicht durchweg in dieser Form semantisch distinktiv), könnte in anderen Sprachen ganz durch fakultativ zu ergänzende Zahlwörter und quantifizierende Ausdrücke (›alle‹, ›wenige‹, ›ein paar‹, ›eine beträchtliche Anzahl‹ usw.) ersetzt sein. Oder das obligatorische und gleichfalls nicht durchweg semantisch relevante indoeuropäische Tempussystem könnte fehlen und die Zeitangabe, so wie das *im* Indoeuropäischen bei den Ortsangaben der Fall ist, ausschließlich fakultativ durch Adverbien, adverbiale Bestimmungen und entsprechende lexikalische Qualifikationen erfolgen (vgl. ›Zeitgenosse‹, ›designierter Minister‹, ›Ladenhüter‹, engl. ›outrun‹ u. a.). Wenn dies ebenso differenziert geschieht, wird man die fehlende ›Formalität‹ und die nicht obligatorische Anwendung kaum als Beweis für ›begriffliche‹ Differenzen betrachten können. Der Unterschied könnte sich allenfalls darin zeigen, daß die formalen Merkmale – soweit sie semantisch relevant sind – zur gewaltsamen Einordnung nicht hierher gehöriger Phänomene in ein bestimmtes Schema führen (eine Gefahr, die jedoch in der Praxis meist durch semantische Irrelevanz ausgeschaltet sein dürfte[235]) oder daß ein obligatorisches Schema

Sprachen, die eine ausdrückliche grammatische Unterscheidung haben, bemerken (vgl. dazu Whorfs Bemerkung über den Obviativ in den Algonquin-Sprachen, 1956, a.a.O., 68, der zur Unterscheidung von zwei ›dritten Personen‹ führt und damit zur ausdrücklichen Differenzierung von Sätzen wie: ›Wilhelm Tell rief seinen$_3$ Sohn und befahl ihm$_4$ ihm$_3$ seinen$_3$ Pfeil und Bogen zu bringen, die er$_4$ ihm$_3$ dann brachte.‹).

235 Auch ein in dieser Hinsicht relativ günstiges Beispiel wie ›Die See hat starke Wellen‹ o. ä. (sc. Plural, obwohl es sich offenbar nicht um *numerisch* identifizierbare Gegenstände, sondern um eine *qualitativ* zu identifizierende Eigenschaft der Wasseroberfläche handelt) dürfte plausibler durch semantische Irrelevanz als durch falsche Kategorisierung erklärt werden. Daß die Tempora nicht zu einer falschen

die zusätzliche Einführung und fakultative Anwendung nicht von ihm erfaßter semantischer Distinktionen prinzipiell ausschließt (was in der Praxis ebenfalls äußerst selten sein dürfte[236]). Solange sich dies nicht in größerem Umfang nachweisen läßt, ist die Annahme einer fundamentalen ›Kanalisierung‹ des Denkens und der Erfahrung durch die formalen semantischen Merkmale nicht gerechtfertigt.

5. Irrelevanz vorhandener Unterschiede für die Relativitätsthese

Die Möglichkeit, das, was in einigen Sprachen grammatisch geboten ist, in anderen fakultativ durch lexikalische Mittel auszudrücken, zeigt, wie weit das Gebiet ›begrifflich‹ irrelevanter bloßer Ausdrucksdifferenzen reicht. Ein Verfechter der Relativitätsthese würde vielleicht bestreiten, daß (etwa) eine Zeitangabe, die adverbial erfolgt, sich nicht grundlegend von derjenigen mit Hilfe von Flexionsendungen unterscheidet. Doch sehe ich nicht recht, worin, wenn wir uns strikt auf den zur Debatte stehenden *temporalen* Aspekt beschränken, der begriffliche Unterschied noch bestehen sollte. Aber wir brauchen darüber hier nicht zu entscheiden, denn es gibt Beispiele, in denen unterschiedliche

›Verzeitlichung‹ von offenbar Nichtzeitlichem führen (z. B. zur ›Vergegenwärtigung‹ ›ewiger‹ Wahrheiten), liegt auf der Hand. Selbst ein so tiefgreifendes formales Merkmal wie die indoeuropäische (grammatische) Subjekt-Prädikat-Struktur hat sich ja in bestimmten Fällen als nicht semantisch relevant erwiesen.

236 Man könnte vielleicht denken, daß das Vorhandensein der logischen Prädikationsstruktur andere Satzstrukturen grundsätzlich ausschließt und umgekehrt. Aber das scheint mir zumindest insoweit, als konkrete Alternativen zu prädikativen Sätzen faktisch vorliegen bzw. prinzipiell (für mich) denkbar sind, nicht gerechtfertigt. Eine ›*Signalsprache*‹ jedenfalls, die wie ein einfacher menschlicher Flaggen-Kode (vgl. aber auch S. 162, Anm. 167) oder ein Warnruf bei Vögeln nur auf der Zuordnung von Ausdrucksmustern zu Typen von Wahrnehmungs- oder Handlungssituationen beruht oder die nur nichtprädikativ identifizierte partikuläre Gegenstände benennt (wie immer das möglich sein mag), würde lediglich eine verkürzte Variante bzw. eine Vorstufe einer prädikativen Sprache sein, die durchaus neben ihr existieren könnte: wir können auf rote und blaue Lichtreize einfach mit ›rot‹ und ›blau‹ reagieren, aber wir können auch sagen ›dort ist ein blauer Blitz‹ oder ›das Kärtchen ist rot‹, und wir könnten, falls die nichtprädikativen Identifikationsbedingungen erfüllt sind, eine Raumstelle ebenso einfach mit ›a‹ benennen wie wir von ihr sagen können, sie zeige blaues Blitzen usw.

Ausdrucksmittel trotz *vorhandener* begrifflicher Differenzen *keine* Rückschlüsse im Sinne der Relativitätsthese zulassen. Wenn ein Volk unseren zur Sonne gelegenen Nachbarplaneten stets als ›Morgenstern‹ anspricht, ein anderes stets als ›Abendstern‹, oder wenn Bären in einer Sprache zu ›Honigschleckern‹, in einer anderen dagegen zu ›Menschentötern‹ gemacht werden, kann man – die semantische Relevanz der zusammengesetzten Teile vorausgesetzt – von einem signifikant voneinander verschiedenen Zugang zu den betreffenden Phänomenen reden. Aber wenn beide Völker, sagen wir, eine bestimmte Pflanzenart in der gleichen Weise begrifflich gegen andere Arten abgegrenzt und einen eigenen Terminus für sie eingeführt haben, das eine Volk jedoch zusätzlich über einen besonderen Terminus für ihre Früchte verfügt, während das andere lediglich von ›der Frucht von sowieso‹ spricht, wird man die begrifflichen Differenzen kaum als Beweis für verschiedene Zugangsweisen betrachten können.[237] Ähnliches gilt für andere empirische Phänomenbereiche, ja offenbar auch für nichtempirische oder rein logische Unterscheidungen. Es ist denkbar, daß eine Sprache eigene Ausdrücke für alle 16 Wahrheitsfunktionen (zusätzlich zu ›-‹) besitzt oder zusätzlich zum Existenzquantor den Allquantor und einen Genau-Eines-Quantor eingeführt hat, während eine andere Sprache hier mit ›-‹ und ›∧‹ (oder gar ›|‹ oder ›↓‹ allein) bzw. ›-‹ und ›(∃x)‹ auskommt, ohne durch diese Ausdrucks-Reduzierung irgend etwas an logischer Ausdruckskraft einzubüßen.[238]

237 Die selbständigen französischen Ausdrücke ›faine‹ und ›nacre‹ z. B. haben im Deutschen und Englischen Äquivalente, die deutlich die ursprüngliche begriffliche Anknüpfung an den (zuvor identifizierten) natürlichen Träger erkennen lassen, sc. ›Buchecker‹/›beech-nut‹ bzw. ›Perlmutter‹/›mother of pearl‹, aber es ist – auch abgesehen von der inzwischen kaum noch vorhandenen semantischen Relevanz der Teilbedeutungen, namentlich bei ›Perlmutter‹ – klar, daß in allen drei Sprachen jeweils das gleiche gemeint ist. Noch deutlicher ist das bei den englischen Verben ›to can‹ (trans.) und ›to bottle‹, die jeweils einen bestimmten Fertigungsprozeß in der Nahrungs- und Genußmittelindustrie bezeichnen, der auch deutschen und französischen Konserven- und Getränkeherstellern nicht ganz unbekannt sein dürfte, obwohl diesen, statt eines einfachen Ausdrucks, nur Umschreibungen zur Verfügung stehen.

238 Daß wir es hier, sagen wir: bei ›p|q‹ und ›-(pq)‹ oder bei ›(x)‹ und ›-(∃x)-‹, überhaupt mit Differenzen zu tun haben, die ›tiefer‹ reichen als die zwischen (sagen wir) ›obwohl‹ und ›obgleich‹, zeigt die Substitutionsunmöglichkeit in bestimmten intensionalen Kontexten, wenngleich nicht denen der alethischen oder deontischen Modalitäten. Doch bezieht sich die relevante ›intentionale Rücksicht‹ (S. 132,

Deutlicher noch als bei diesen zumindest partiell auf bloße Ausdrucksdifferenzen zu reduzierenden Beispielen ist die Irrelevanz begrifflicher Unterschiede für die Relativitätsthese in Fällen, wo es sich nicht allein um die Einführung spezieller Ausdrücke für etwas handelt, was schon bekannt und durch Umschreibungen auch schon ausdrückbar ist, sondern um die interne Differenzierung eines in toto gleich abgegrenzten Phänomenbereichs oder um die Beschreibung unbekannter Phänomene. Wie erwähnt (S. 201) ist die unterschiedliche begriffliche ›Erschließung‹ von Natur- und Kulturphänomenen eines der Musterbeispiele in den auf Sprachverschiedenheiten gestützten Abhängigkeitsbeweisen. Doch was besagt es, wenn wir (z. B.) feststellen können, daß argentinische Gauchos mehr als zweihundert Pferdearten, brasilianische Indianer zahllose Palmenarten und Eskimos ebenso zahlreiche Arten von Schnee unterscheiden, während der durchschnittliche Deutsche undifferenziert von ›Pferden‹, ›Palmen‹ und ›Schnee‹ spricht? Fraglos, ihre begrifflichen Unterscheidungsmöglichkeiten sind – entsprechend ihren natürlichen Lebensbedingungen – *reicher*, aber daß sie einen wesentlich anderen *Zugang* zu den betreffenden Phänomenen besitzen, wird man deshalb allein nicht sagen können. Auch innerhalb einer Sprachgemeinschaft können Subgruppen differenzierte Begriffssysteme entwickeln, die der gewöhnliche Sprecher nicht beherrscht. Ein studierter Botaniker wird ebensoviele oder noch mehr Palmenarten unterscheiden können wie ein Indianer und in den deutschsprachigen Alpenländern finden wir zwar kein ebenso reichhaltiges Schnee-Vokabular wie in Grönland oder Lappland, aber doch ein bedeutend

Anm. 132) offenbar nur auf das vorhandene Zeichenverständnis, so daß wir in qualifizierter Form noch immer von bloßen Ausdrucksdifferenzen sprechen können. Die Frage scheint angebracht, ob sich nicht alle (scheinbar) begrifflichen Differenzen, die nicht für die Relativitätsthese bedeutsam sind, letztlich auf bloße Ausdrucksdifferenzen reduzieren lassen. Bei logischen Ausdrücken und definitorisch innerhalb einer Sprache eingeführten Termini dürfte diese Frage ohne weiteres zu bejahen sein. Schwieriger ist es bei zwischensprachlichen Synonymien und bei Umschreibungen, die mit den sie ersetzenden Ausdrücken nicht einfach synonym sind. (›Buchecker‹ *bedeutet* nicht einfach ›Frucht der Buche‹.) Hier wird man am ehesten Beispiele für begriffliche Differenzen finden, die für die Relativitätsthese irrelevant sind, doch wäre auf jeden Fall eine scharfe Abgrenzung gegenüber den relevanten Beschreibungsdifferenzen (wie ›der Abendstern‹/›der Morgenstern‹) und den ebenfalls relevanten Differenzen zwischen L-äquivalenten Sätzen (wie ›2×2=4‹ und ›37 185 × 694=25 806 390‹) zu ziehen.

differenzierteres als in Norddeutschland. Aus diesen und ähnlichen Beobachtungen aber verschiedene Arten der ›Welterschließung‹ ableiten zu wollen, wäre seltsam. Wir haben es ja nur mit einer weiteren Unterteilung desselben Phänomenbereichs zu tun,[239] die mit undifferenzierten Beschreibungen nicht nur vereinbar ist, sondern auch nachträglich mühelos ihnen hinzugefügt werden kann, wie es faktisch ja auch geschieht, wenn (nehmen wir an) ein Biologiestudent sich auf Palmen zu spezialisieren beginnt. Diese Möglichkeit ist auch dann gegeben, wenn der Bereich nicht nur intern differenziert, sondern auf neue Phänomene ausgedehnt wird. Daß ein innerafrikanischer Stamm Ausdrücke für Tier- und Pflanzenarten besitzt, die es in Mitteleuropa nicht gibt, überrascht nicht, ist aber ebensowenig ein Beweis für die ›Relativität‹ unseres Naturverständnisses, denn die afrikanischen Ausdrücke können nach der Begegnung mit den von ihnen bezeichneten Phänomenen natürlich leicht als Fremdwörter in die europäischen Sprachen eingeführt oder dort durch lateinische oder eigene Kunstausdrükke wiedergegeben werden.

Hinzu kommt, daß die genaue Abgrenzung zwischen Fällen, in denen die eigene Erfahrung bzw. begriffliche Differenzierung fehlt, und Fällen des bloßen Fehlens spezieller Ausdrücke (bei vorhandener Erfahrung und Differenzierung und verfügbaren sprachlichen Umschreibungen) oft schwer zu treffen ist. Eine Hausfrau, die einen passenden Gardinenstoff sucht, kann sehr wohl zwischen Farbnuancen unterscheiden, für die zwar ein Färber oder Kunstmaler, nicht aber sie selbst einen eigenen Ausdruck kennt. Ein verbreitetes Firmenzeichen kann uns als geometrisches Muster bekannt sein, ohne daß ein spezieller geometrischer Ausdruck für es existiert. Und es ist zumindest sehr wahrscheinlich, daß auch einem Eingeborenenstamm, der keine Geometrie entwickelt hat und kein sprachliches Äquivalent für das

239 Bei Sprachen, in denen (wie von den brasilianischen Indianern und den Lappländern berichtet) kein übergeordneter Terminus – ›Palme‹, ›Schnee‹ usw. – für die reicher als (etwa) im Deutschen differenzierten Arten vorhanden ist, könnte die Identität des Phänomenbereichs fraglich erscheinen und darum gilt diese Feststellung hier nur bedingt. Doch müßte zunächst geklärt werden, ob mit dem Fehlen des übergeordneten Terminus tatsächlich abweichende Einordnungen verbunden sind, etwa die Zusammenfassung von Palmenarten und Arten von Gummibäumen oder von einer Art nassem Schnee und kaltem Wasser. Und auch dann blieben vermutlich feinere Unterteilungen innerhalb des gemeinsamen Bereichs übrig.

Wort ›Spiegelsymmetrie‹ besitzt, die Ähnlichkeit zwischen rechten und linken Händen und zwischen realen, am Ufer wachsenden und imaginären, im Wasser gespiegelten Bäumen nicht ganz entgangen sind. Fälle dieser Art sind es vor allem, in denen der selbständig oder auf fremdes Verlangen hin unternommene Versuch einer sprachlichen Beschreibung zu der früher erwähnten Anknüpfung an bekannte, charakteristische ›Träger‹ führt. Die betreffende Eigenschaft wird umschrieben mit Wendungen der Form ›das F, das durch G's/durch a instantiiert wird‹ oder ›G- / a-artig‹, wie in ›kohlrabenschwarz‹, ›türkis‹, ›oval‹, ›tropfenförmig‹, ›Himmelblau‹, ›Tizianrot‹, ›Fujijama-artig‹, ›Mao-Look‹, ›Benjaminbrille‹ oder ›Bismarckhering‹. Ähnlich verfahren wir, wenn wir (beim spielerischen Sammeln von Muscheln oder Steinen am Meer z. B.) neue Gegenstandsarten oder Eigenschaften an unbekannten Gegenständen entdecken. Wir orientieren uns an einem Musterexemplar und teilen neuauftretende Gegenstände danach ein, ob sie dem Muster ›ähnlich sehen‹, die ›gleiche Form‹ oder die ›gleiche Zeichnung‹ aufweisen usw. Die Grenzen zwischen bereitliegenden sprachlichen Umschreibungen, Anknüpfungen an bekannte ›Träger‹, selbständigen Umschreibungen mit Hilfe von ›ähnlich‹ u. ä. sind fließend und lassen alle Behauptungen über eine angeblich mit den beobachteten Differenzen verbundene ›relative Welterschließung‹ noch problematischer erscheinen, als sie es ohnedies sind.

6. Fehlende Begründung für die beiden Abhängigkeitsthesen

Die vorstehenden Untersuchungen sollten gezeigt haben, wie schwierig es ist, auch nur das Vorliegen signifikanter ›begrifflicher‹ Unterschiede für die Natursprachen sicherzustellen. Wenn wir von bloßen Ausdrucksdifferenzen und insignifikanten Begriffsdifferenzen vollständig absehen, bleiben als zweifelsfreie Belege für die Relativitätsthese nur die bekannten Abweichungen bei den Farbwörtern sowie einige streng analoge Fälle, bei denen ein prinzipiell allen Menschen zugängliches Wahrnehmungskontinuum so aufgeteilt wird, daß sich nicht nur verschiedene interne Differenzierungen, sondern echte begriffliche Überlappungen zwischen den einzelnen Sprachen ergeben.[240] Nur in diesem vergleichsweise marginalen Bereich und unter gleichzeitiger Anerkennung eines nicht relativen Bezugspunkts ist die Behauptung von den in den verschiedenen Sprachen enthaltenen, unterschiedlichen Arten der ›Welterschließung‹ plausibel, und von signifikanten Unterschieden im ›Denken‹ kann bislang überhaupt nicht gesprochen werden. Die Aussichten auf einen stichhaltigen Beweis für die Sprachabhängigkeit sind also schon bei der ersten, nur eine Minimalvoraussetzung für sie bildenden Teilthese äußerst gering. Und entscheidend sind ohnehin erst die zweite und dritte. Auch wenn die Relativität der Begriffsschemata pauschal vorausgesetzt werden könnte, würde dies Faktum allein nichts darüber aussagen,

240 Außer dem Beispiel der Farb-Gliederung lassen sich unterschiedliche geometrische Formen, unterschiedliche Einteilungen im akustischen Bereich, manifestiert in verschiedenen Tonsystemen (byzantinische, arabische, indische und indonesische Tonskalen im Vergleich mit unserer diatonischen Reihe) sowie in den phonologischen Unterschieden verschiedener Sprachen, und verschiedene Maßsysteme für Länge, Fläche, Volumen, Gewicht, Druck usw. als relevante Beispiele anführen. (Vgl. zum letzteren etwa die einheitlich nach dem Dezimalsystem aufgebaute metrische Reihe und das mit ständig wechselnden Unterteilungen aufgebaute System der angelsächsischen Längenmaße.) Der ›Kontinuum-Charakter‹ des zu erschließenden Phänomenbereichs, der den bisher zitierten Beispielen gemeinsam ist, vergrößert den Variationsspielraum, ist aber keine Bedingung für hierher gehörige Fälle. Entscheidend ist die begriffliche Überlagerung in der Bezugnahme auf einen identischen Phänomenbereich. Es ist also durchaus denkbar, daß signifikante Differenzen etwa bei der Zerlegung des sichtbaren Sternenhimmels (der kein Kontinuum darstellt, sondern ein, wenn auch recht umfangreiches räumliches Aggregat von Gegenständen) in einzelne Sternbilder auftreten – vorausgesetzt, es besteht grundsätzlich Einigkeit über den zu zerlegenden Phänomenbereich, d. h. über die am Himmel erscheinenden einzelnen Sterne.

Die Sicherstellung der Identität des Bezugspunktes für unterschiedliche Strukturierungen ist notwendig. Ein Volk, das bestimmte Sterne nicht sieht oder das für bestimmte Bereiche des Farb- oder Tonspektrums blind ist, wird zwangsläufig zu anderen Sternbildern bzw. Farben und Tönen kommen, ohne daß dies im Sinne der Relativitätsthese signifikant wäre. Wir hätten es hier vielmehr erneut mit einem Beispiel für feinere (interne) Differenzierungen oder mögliche Erweiterungen des Phänomenbereichs zu tun, die für unsere Zwecke nicht hinreichen. Die Identität des Bereichs muß vorausgesetzt werden, um unterschiedliche Zugangsweisen zu ihm sinnvoll miteinander vergleichen zu können. Ein Volk, das in einer *anderen* ›Welt‹ lebt, kann ebendarum *kein* anderes ›Weltbild‹ haben, weil man in diesem Falle überhaupt nicht mehr von verschiedenen ›Bildern‹ reden kann. Identität eines ›relativ zu erschließenden‹ Phänomenbereichs aber impliziert Identität der betreffenden elementaren qualitativen bzw. numerischen Identifikationskriterien (vgl. S. 97, Anm. 80). Das heißt jedoch, daß *generelle* Relativitätsbehauptungen (vgl. W.V. Quine: *Ontologische Relativität und andere Schriften* [orig. New York 1969], dt.

ob Menschen, die mit einem solchen Schema aufgewachsen sind, durch es in ihrem Denken und Erfahren wesentlich eingeschränkt werden, und erst recht nichts darüber, ob das Begriffsschema notwendig sprachlich ist. Wie lassen sich diese zentralen Stücke des versuchten Sprachabhängigkeitsbeweises begründen, ja, inwieweit sind seine Verfechter überhaupt über einen Versuch zur Begründung der Relativitätsthese hinausgelangt?

Eine *totale*, auf Einzelsprachen bezogene Abhängigkeitsbehauptung, die der stärksten der S. 202 unterschiedenen Versionen entspricht und die Gesamtheit der individuellen Denk- und Wahrnehmungsleistungen der Sprecher erfassen soll, ist m. W., abgesehen vielleicht von gelegentlichen und wohl auch eher theoretischen Überspitzungen in der Frühphase der deutschen Sprachinhaltsforschung,[241] niemals ernsthaft vertreten worden und es wäre auch schwer zu sehen, wie sich eine solche Behauptung rechtfertigen ließe. Aussagen über eine ›formale Kanalisierung‹ bei

Stuttgart 1975, bes. S. 69 ff.) in jedem Falle unhaltbar sind. Von den Verfechtern der zwischensprachlichen Relativitätsthese sind diese Zusammenhänge meist nicht beachtet worden. Einige Autoren haben sie anerkannt (vgl. Gipper 1972, a.a.O., 80. 82), andere haben den Sinn der These gerade in der vorausgesetzten grundsätzlichen Unvergleichlichkeit der Begriffsschemata sehen wollen und daraus entweder den Vorwurf verkappter Selbstwidersprüchlichkeit abgeleitet oder die positive Konsequenz gezogen, daß das für die Relativitätsthese charakteristische Verfahren des Sprachvergleichs und der versuchten wechselseitigen Übersetzung ersetzt werden muß durch das ›verstehende Eindringen‹ in das prinzipiell unvergleichliche Andere (vgl. dazu F.G. Lounsbury: *Language and Culture*, in: Hook [ed.] 1969, a.a.O. [S. 122, Anm. 119], 9 ff. und die Replik von S. Ruddick: *Extreme Relativism*, a.a.O., 41-47). Der letzte Vorschlag würde allerdings, abgesehen von seiner notorischen Vagheit und seinem seltsamen Widerspruch zur partiell zumindest bewährten Praxis des Sprachvergleichs und der Übersetzung, jede spezifizierte Aussage über vorhandene oder nicht vorhandene Gemeinsamkeiten unmöglich machen, denn das Maß hierfür wäre allenfalls das Gefühl der ›Schwierigkeit des Verstehens‹.

241 Vgl. etwa die überspitzte Erklärung Weisgerbers, daß der einzelne »seine intellektuelle Weltanschauung nicht aufgrund selbständiger Verarbeitung eigenen Erlebens [gewinnt], sondern im Banne der in den Begriffen der Sprache niedergelegten Erfahrungen seiner sprachlichen Vorfahren«, und seine noch extremere, an die S. 42 zitierte extreme Äußerung Herders über die totale sprachbedingte Bewegungsunfähigkeit des Denkens erinnernde Feststellung, »tatsächlich denkt [. . .] nach der Spracherlernung nicht mehr der Mensch, sondern die Muttersprache denkt für ihn.« (L. Weisgerber: *Das Problem der inneren Sprachform und seine Bedeutung für die deutsche Sprache*, [orig. in: Germ. Rom. Mon.schr. 14, 1926], repr. in: ders.: Zur Grundlegung der ganzheitlichen Sprachauffassung, Düsseldorf 1964, 45 bzw. ders.: *Die Zusammenhänge zwischen Muttersprache, Denken und Handeln* [orig. in: Zs. f. dt. Bildg. 6, 1930], repr. in: Weisgerber 1964, a.a.O., 201)

individueller Bewegungsfreiheit innerhalb der gesetzten Grenzen finden sich häufiger,[242] aber auch sie sind insgesamt in der Minderzahl und selten so prononciert, eine mögliche Befreiung von den ›formalen Fesseln‹, etwa durch Übertritt in eine andere Sprache, grundsätzlich auszuschließen. Dieser Ausschluß würde die Verfechter der Abhängigkeit auch in Widerspruch mit sich selbst bringen, da sie die Andersartigkeit der verglichenen Fremdsprachen ja auch in ihren ›formalen‹ Aspekten *erfaßt* zu haben beanspruchen und sie obendrein in der eigenen Sprache *beschreiben,* was ohne eine zumindest vorübergehende Befreiung von den Strukturen der eigenen Sprache nicht denkbar ist.[243] Gewöhnlich beschränkt sich die Abhängigkeitsbehauptung, wenn wir rhetorische Überspitzungen außer acht lassen, auf einen *relativen* Einfluß der Muttersprache, der andere Denk- und Erfahrungsweisen als die in ihr enthaltenen zwar nicht grundsätzlich ausschließt, ihre Ausbildung aber solange, als sie die einzige oder die dominierende Sprache ist, verhindert oder entscheidend beeinträchtigt.[244]

Ein solcher Einfluß des eigenen, einmal erlernten Begriffsschemas ist in den Fällen echter begrifflicher Differenzen empirisch

242 Z. B. bei Whorf 1956, a.a.O., 12. 21. 52. 58. 98 und H. Gipper: *Muttersprachliches und wissenschaftliches Weltbild,* in: Sprachforum 2 (1956-57), 6.

243 Henle 1958, a.a.O., 31 f.; Fishman 1960, a.a.O., 335; Osgood 1963, a.a.O., 317 f; Gipper 1972, a.a.O., 79 f. Whorf erklärt an einer Stelle (1956, a.a.O., 103), die Besonderheiten der fremden Sprache ließen sich »eigentlich« nur in ihr selbst ausdrücken; doch setzt auch diese Erklärung das *Erfassen* des Andersartigen natürlich schon voraus, und eine unangemessene Wiedergabe beruht, um überhaupt *Wiedergabe* des Originals sein zu können, noch immer auf zumindest partiellen Gemeinsamkeiten.

244 Die Aussagen über den bestehenden relativen Spracheinfluß schwanken. Vielfach wird nur, unter Voraussetzung vorhandener Ausdrucksmittel, auf die erschwerten bzw. erleichterten Ausdrucksmöglichkeiten in den verschiedenen Sprachen abgehoben (vgl. Hockett 1954, a.a.O., 122 f.; Henle 1958, a.a.O., 31; Brown 1958, a.a.O., 235 ff.; Fishman 1960, a.a.O., 327; u. a.). Dann wieder heißt es, die jeweilige (Mutter-)Sprache sei dafür verantwortlich, daß bestimmte nichtsprachliche Erscheinungen bemerkt, andere außer acht gelassen werden (Whorf 1956, a.a.O., 20; Henle (1958, a.a.O., 18; Fishman 1960, a.a.O., 327; Schaff 1964, a.a.O., 84 [Zitat von Kluckhohn / Leighton]; Gipper ²1969, a.a.O., 442 f.; u. a.). Oder es wird erklärt, der Einfluß zeige sich erst bei der Reflexion von Sprachtheoretikern oder Philosophen auf ihre eigene Sprache im vollen Umfang (Gipper 1972, a.a.O., 121). Als Gründe für das blinde Vertrauen auf bzw. Verharren im Schema der eigenen Sprache werden Gewöhnung, Lernunwilligkeit, mangelnde Lernfähigkeit oder quantitative Unmöglichkeit eines selbständigen Nachprüfens vorliegender begrifflicher Gliederungen angeführt (vgl. Weisgerber 1926, a.a.O., 45; 1930, a.a.O., 201; Schaff 1964, a.a.O., 85 [Zitate von Kluckhohn / Leighton und Hoijer]; Gipper 1972, a.a.O., 81; u. a.)

relativ gut bestätigt. Jeder Kontinentaleuropäer, der einmal in England oder in den USA gelebt hat, weiß, daß es Mühe macht, sich auf die dortigen Maßsysteme einzustellen, und das nachträgliche fehlerfreie Erlernen eines fremden (sprachlichen) Phonem- oder (musikalischen) Tonsystems ist nahezu unmöglich. Spezielle experimentelle Untersuchungen haben darüber hinaus einen gewissen Einfluß der muttersprachlichen Kategorien auf die Differenzierung von Farben und einiger anderer alltäglicher Wahrnehmungsphänomene erkennen lassen.[245] Keines der Beispiele zeigt jedoch so etwas wie eine definitive ›Prägung‹ durch das zuerst erlernte Schema. Der nachgewiesene Einfluß verschiedener Sprachen auf die Farbdifferenzierung betrifft nur die ›Verfügbarkeit‹ einzelner Farbtöne, meßbar in der Spontaneität der Reaktion und der Wahl-Häufigkeit beim freien Klassifizieren, der intersubjektiven Übereinstimmung usw., nicht ihre wahrnehmungsmäßige Differenzierung, was auch befremdlich gewesen wäre, da einmal erlernte Farbwörter ja offensichtlich (vgl. auch S. 231 f.) nicht daran hindern, Nuancen zu unterscheiden, die von ihnen nicht erfaßt werden. Bei der akustischen Differenzierung ist der Einfluß erlernter Schemata deutlicher. (Man versuche einmal, eine Tonleiter in Drittel- oder auch nur in Vierteltonschritten zu singen!) Aber auch hier ist ein Um- und Dazulernen prinzipiell möglich und die bestehenden Lerngrenzen sind vornehmlich praktisch: ein bilingual aufgewachsenes Kind lernt mühelos zwei Phonemsysteme, weil seine allgemeine Lernfähigkeit größer ist, ein Erwachsener, bei dem sie nachgelassen hat, lernt ein zweites nicht mehr.

Hinzu kommt, daß wir uns zu dem, was wir praktisch oder auch (mangels entsprechend differenzierter Sinnesorgane) grundsätzlich nicht erlernen können, einen vermittelten, theoretischen Zugang verschaffen können. Wahrnehmungsmäßig ununterscheidbare Farbnuancen und Tonhöhen lassen sich physikalisch durch Instrumente mit wahrnehmungsmäßig differenzierbaren Skalen messen. Damit steht uns eine weitere wichtige Ausbruchsmöglichkeit aus den Grenzen erlernter Schemata offen: wir brauchen uns das Begriffsschema eines anderen Volkes nicht unbedingt in der gleichen Weise wie dieses selbst anzueignen, um

245 E.H. Lenneberg: *Cognition in Ethnolinguistics*, in: Lang. 29 (1953), 463-471; R.W. Brown / E.H. Lenneberg: *A Study in Language and Cognition*, in: J. Abn. Soc. Psych. 49 (1954), 454-462; E.H. Lenneberg: *A Probabilistic Approach to Language Learning*, in: Behav. Science 2 (1957), 1-12; Carroll / Casagrande 1958, a.a.O.

uns seiner charakteristischen Denk- und Erfahrensweisen zu versichern. Diese Möglichkeit läßt auch den praktischen Einfluß des einmal Erlernten klein erscheinen, und es ist darum nicht verwunderlich, wenn sich auch bei den neueren Verfechtern der Abhängigkeitsthese Äußerungen von der Art finden, wie wir sie früher bei Humboldt gefunden hatten (S. 72, Anm. 60, S. 82), sc. daß die einzelnen Sprachen einander ergänzen und das Erlernen fremder darum gegebenenfalls einen Gewinn an ›Objektivität‹, zumindest aber eine Befreiung vom speziellen Blickwinkel der eigenen mit sich bringt.[246] Solche Aussagen sind mit der relativen Abhängigkeitsbehauptung natürlich vereinbar. Aber sie setzen die Akzente in einer Weise, welche die prinzipielle Unabhängigkeit von der einmal erlernten Sprache in den Vordergrund stellt und den praktischen Charakter des bestehenden Einflusses betont. Die starke, auf die Einzelsprachen bezogene Version der These haben wir jedenfalls längst verlassen. Sprachabhängigkeit ließe sich nur noch in Form einer Bindung an die Gesamtheit der vorliegenden Sprachen oder das menschliche Sprachvermögen überhaupt vertreten, worauf gelegentliche Äußerungen auch in der Literatur hindeuten.[247]

Ob sie sich freilich halten läßt, hängt an der dritten Teilthese, die sich speziell auf die Sprache bezieht. Auch die totale Abhängigkeit von einem bestimmten Begriffsschema würde über die *Sprachlichkeit* dieser Bindung allein nichts aussagen, da sie sich ja auf Erfahrung und Denken *als solche* beziehen könnte. Daß dieses Schema *faktisch* zusammen mit der jeweiligen Muttersprache erworben wurde, ist ein Indiz, aber noch kein Beweis für Sprachabhängigkeit, denn es müßte ja erst gezeigt werden, daß sein Erwerb (für den Menschen zumindest, vgl. S. 91, Anm. 76) ohne Sprache bzw. Zeichenverwendung im allgemeinen *unmöglich* ist. Entsprechendes wäre für das nachträgliche Erlernen neuer Arten des Erfahrens und Denkens nachzuweisen. Gezeigt werden müßte also z. B. nicht nur, daß das Farb-Schema einer bestimmten Sprache die Farbwahrnehmung ihrer Sprecher wesentlich beeinflußt, sondern auch, daß diese die fraglichen qualitativen Differenzierungen nur in Verbindung mit Farbwörtern erlernen oder

246 Vgl. Whorf 1956, a.a.O., 12; Gipper 1956-57, a.a.O., 10; Gipper ²1969, a.a.O., 42 f. 50.

247 Vgl. Whorfs schon früher (S. 140, Anm. 143) zitierte Äußerung über den drohenden unwiederbringlichen Verlust von außerindoeuropäischen Denkweisen.

selbständig ausbilden konnten und daß Ähnliches auch für das Erlernen neuer Farbunterschiede gilt. Die *allgemeine* Abhängigkeit vom Erlernten ist nicht unser Problem. Suchen wir jedoch in der einschlägigen Literatur nach Argumenten, die die spezifische Sprachlichkeit der als ›relativ‹ und als ›kognitiv prägend‹ hingestellten Denk- und Erfahrungsweisen begründen sollen, sehen wir uns getäuscht. Wo Herder und Humboldt noch einen, wenn auch sachlich gescheiterten und intern nicht konsequent durchgeführten, Begründungs*versuch* unternommen hatten, klafft bei ihren bewußt oder unbewußt an sie anknüpfenden jüngeren Nachfolgern eine theoretische *Lücke*.

Das Verfahren der deutschen Sprachinhaltsforscher ebenso wie der amerikanischen Ethnolinguisten ist in der Regel *sprachintern:* ›Denken‹, ›Erfahrung‹, ›Weltansicht‹ oder ›Kultur‹ eines Volkes werden nicht oder doch nicht primär aus dem mit dem sprachlichen verbundenen nichtsprachlichen Verhalten (o. ä.) seiner Angehörigen bestimmt, sondern aus der betroffenen Sprache selbst. Dagegen ist wiederholt der Vorwurf der Zirkularität bzw. Tautologie erhoben worden, verbunden mit der Forderung nach einer sprachunabhängigen Definition der auf ihren Zusammenhang mit der Sprache hin zu untersuchenden Phänomene.[248] Doch in dieser Form ist der Einwand nicht durchschlagend. Die Vertreter der Abhängigkeit könnten zunächst erwidern, ihr Vorgehen sei methodisch unausweichlich, da die Bedeutungen, die für das Denken, die Erfahrung usw. einer bestimmten Sprache konstitutiv sind, nicht unabhängig von ihr (›onomasiologisch‹) aufweisbar sind, sondern nur (›semasiologisch‹) *als* ihre charakteristischen ›Sprachinhalte.‹[249] Wir selbst hatten ja mehrfach hervorgehoben, daß der methodische Ausgang von der Sprache die begriffliche Differenzierung ›konstitutiver‹ Komponenten und die anschließende Frage nach der Notwendigkeit ihres Zusammentretens nicht ausschließt. Problematisch ist erst die Tatsache, daß diese letzteren Schritte (anders als etwa bei Humboldt, bei dem wir zum ersten Mal auf dies methodische Vorgehen gestoßen waren) nicht mehr durchgeführt, ja, durch die nicht weiter analysierten Begriffe des ›Sprachinhalts‹, ›sprachlichen Weltbildes‹ usw. systematisch verbaut werden. Dieses begrifflich undifferenzierte Vorgehen, das zudem interne Widersprüche heraufbeschwört, da es,

248 Brown 1958, a.a.O., 262; Carroll / Casagrande 1958, a.a.O., 21; Black 1959, a.a.O., 236; ders.: *Some Troubles with Whorfianism,* in: Hook (ed.) 1969, a.a.O., 31; Fishman 1960, a.a.O., 324. 329. 333; Osgood 1963, a.a.O., 318; Miller 1969, a.a.O., 75.

249 Vgl. L. Weisgerber: *Die Bedeutungslehre – ein Irrweg der Sprachwissenschaft?* [orig. in: Germ. Rom. Mon.schr. 15, 1927], repr. in: Weisgerber 1964, a.a.O., 92 f.; Gipper ²1969, a.a.O., 34-36.

konsequent auf die Einzelsprachen bezogen, zu der mit der Relativitätsthese unvereinbaren Behauptung über die ›Unvergleichlichkeit‹ der Begriffsschemata führt (Anm. 240 u. 243), ist der eigentliche Grund für den zirkulären Charakter der betreffenden Abhängigkeitsbeweise.

Der entscheidende sachliche Vorzug der in Anm. 245 bzw. 214 zitierten Untersuchungen gegenüber dem sprachinternen Verfahren liegt in der konsequenten *begrifflichen* Differenzierung, wobei wir es offenlassen können, wie weit die *methodische* Trennung von sprachlichen und nichtsprachlichen Leistungen, die bei den untersuchten einfachen Phänomenen (Farbdifferenzierung usw.) plausibel ist, sich auch bei weniger einfachen durchhalten ließe. Auch sie reichen jedoch methodisch nicht hin, um beobachtete Zusammenhänge als spezifisch sprachliche auszuweisen, da sie nicht auf der Stufe des elementaren Spracherwerbs ansetzen und die spätere Abhängigkeit vom Begriffsschema einer Sprache ja nur eine kontingente Folge der faktischen Sprachlichkeit des Lernprozesses im ganzen sein könnte (vgl. auch unten S. 250 ff.). Zudem fehlt eine Differenzierung der These im Blick auf aktuelle Leistungen und sprachliche Fähigkeiten (Anm. 203). Die (m. W.) einzige in der Literatur zitierte Arbeit, die die Sprachabhängigkeitsthese direkt tangiert und positive Ergebnisse berichtet, ist bezeichnenderweise nicht im Gefolge der deutschen Sprachinhaltsforschung oder der amerikanischen Ethnolinguistik entstanden, sondern schon wesentlich früher.[250] Ihr zufolge wächst das Diskriminationsvermögen für Farben (im Experiment: neun verschiedene Grautöne) durch die Zuordnung von Ausdrücken (Ziffern), ein Befund, der tatsächlich auf einen signifikanten Einfluß der Zeichenverwendung hindeutet und unter Ausschaltung ›provinzieller‹ und möglicherweise verfälschender Faktoren (die verwendeten Ausdrücke sind lange antrainierte, qualitativ gut differenzierte Merkmale, während die Farbtöne einem Bereich angehören, der normalerweise undifferenziert bleibt) in größerem Rahmen wiederholt werden müßte. Immerhin spricht ein neuerer Befund von Lantz und Lenneberg[251] eher gegen einen entscheidenden Anteil der Sprache: Taubstumme, die die gewöhnlichen Farbwörter später erlernt haben und sich mit ihnen gut über Farbtöne verständigen können, halten wahrnehmungsmäßig – meßbar durch nichtsprachliche Diskriminationstests – an einem (offenbar) früher entwickelten abweichenden Kategorisierungssystem fest. Daß auch ein positives Ergebnis keine Rückschlüsse auf die Gesamtheit der qualitativen Differenzierungsfähigkeiten zuläßt, versteht sich nach unserer Kritik an der ›nominalistischen Theorie der Begriffsbildung‹ (S. 186 f., vgl. auch S. 305 ff.) von selbst.

250 A. Lehmann: *Über Wiedererkennen*, in: Phil. Stud. 5 (1889), 96-156, zit. bei Fishman 1960, a.a.O., 329.

251 Referiert in E.H. Lenneberg: *Biologische Grundlagen der Sprache* [orig. New York 1967], dt. Frankfurt 1972, 440-442.

Die für unsere Frage entscheidende Teilthese wird also, sofern sie als solche überhaupt realisiert wurde, von den Verfechtern der Sprachabhängigkeit argumentativ gar nicht erreicht. Sie, die es vor allem zu begründen gälte, wird als gegeben vorausgesetzt und die weiteren Untersuchungen darauf beschränkt, die begrifflichen Differenzen der Einzelsprachen, allenfalls noch ihre prägende Kraft für die in sie hineingewachsenen menschlichen Individuen zu demonstrieren, wobei wir gesehen haben, daß sich das letztere (ähnlich wie schon bei Herder und Humboldt) der Sache nach auf einen relativen Spracheinfluß beschränkt und auch das erste nur in der Einschränkung auf einen kleinen, vergleichsweise marginalen Bereich als gelungen gelten kann. Es ist wahrscheinlich, daß die Zahl der gesicherten begrifflichen Differenzen zwischen den Einzelsprachen durch semantische Untersuchungen, die alle bloßen Ausdrucksdifferenzen und insignifikanten begrifflichen Unterschiede systematisch eliminieren, wesentlich zu vergrößern ist.[252] Daß dabei mehr nachweisbar ist als eine relative Abhängigkeit vom einmal Erlernten, ist weit weniger wahrscheinlich, aber es mag immerhin sein, daß auch hier in bestimmten Bereichen stärkere Aussagen gemacht werden können. Solange diese Erweiterungen aber ohne Rücksicht auf die entscheidende dritte Teilthese erfolgen, kann von Sprachabhängigkeit nicht die Rede sein. Die vorliegenden Versuche zur Begründung der Abhängigkeitsthese im Rückgang auf die Verschiedenheiten der menschlichen Natursprachen jedenfalls, die diese Dimension nicht erreichen, müssen als definitiv gescheitert gelten.

252 Das wäre z. B. bei den Zeitangaben denkbar, wo man begriffliche Überlappungen durch das Reichenbachsche oder ein noch differenzierteres Zeiten-System (vgl. Anm. 217) aufweisen könnte.

Kapitel IX

Sprachabhängigkeitsbeweise im Rückgang auf Sprachdefekte

1. Theoretische Schwierigkeiten

Bedeutender als die (bislang gesicherten) Erkenntnisse über den Einfluß der vorliegenden menschlichen Einzelsprachen sind Beobachtungen an Wesen, die *keine* Sprache besitzen oder deren Sprache entscheidend *beeinträchtigt* ist. Der Rückgang auf sie liegt vor allem für den Verfechter der Unabhängigkeit nahe, der damit die weitgehende faktische Koextensivität von Sprache und Denken unterlaufen kann (S. 188). Sollte sich nämlich zeigen, daß die bestehenden Sprachdefekte *nicht* mit entsprechenden Defekten auch des Denkens verbunden sind, wäre *dessen* Unabhängigkeit offenbar sicher. Signifikante *Mit*beeinträchtigung andererseits würde zwar diese Möglichkeit noch nicht grundsätzlich ausschließen, wohl aber eine direkte Bestätigung für die Abhängigkeitsthese sein. Beiden Seiten kann der Rekurs auf Defekte nützen und sie beide haben sich ihrer auch wiederholt als Argumente bedient. Uns sollen zunächst nur die Abhängigkeitsbeweise interessieren, deren strategisch weniger günstige Ausgangslage die kritischen Punkte klarer hervortreten läßt. Ihre Kenntnis wird unsere spätere Auseinandersetzung auch mit den umgekehrten Beweisversuchen (S. 373 ff.) erheblich vereinfachen.

Drei Probleme stehen dem unmittelbaren Schluß von der Mitbeeinträchtigung des Denkens durch Sprachdefekte auf Sprachabhängigkeit im Wege. Einmal muß sichergestellt werden, daß *mehr* vorliegt als ein gemeinsames Auftreten beider Defekte. Dieses allein beweist ja weder, *daß* eine Abhängigkeit zwischen ihnen besteht, noch, wenn es so wäre, daß diese Abhängigkeit auf seiten des *Denkens* liegt. Bei einem normalsinnigen Kind, dessen Denken sich faktisch koextensiv mit der Sprache entwickelt, würde niemand allein auf Grund dieser Tatsache Abhängigkeit unterstellen, da natürlich auch zahllose andere Entwicklungsvorgänge gleichzeitig erfolgen. Wenn die gemeinsame Entwicklung aber ausbleibt oder wenn zwei bereits entwickelte Fähigkeiten zusammen wieder verschwinden, ist die Situation nicht grundlegend verändert. Die Notwendigkeit einer Überführung des beobachteten faktischen in einen notwendigen Zusammenhang besteht bei defekten nicht weniger als bei intakten Leistungen.

Trifft dieses erste Problem nur den auf sie gestützten Versuch zur Begründung der Abhängigkeitsthese, treffen das zweite und dritte jeweils den Rekurs auf Defekte überhaupt. Ist es, wenn sich bestimmte Fehl- oder Minderleistungen zeigen, tatsächlich sicher, daß Sprache und Denken selbst und im jeweils entsprechenden Umfang tangiert sind? Liegt kein Denkdefekt vor, wird die Abhängigkeit entweder ausgeschlossen (falls der Sprachdefekt sicher ist) oder (im anderen Falle) weder bestätigt noch widerlegt. Fehlt aber der Sprachdefekt, unterscheidet sich die Beweislage nicht mehr grundsätzlich von der bei gewöhnlichen, sprachbesitzenden Wesen und benachteiligt eher noch den Verfechter der These, denn ein gleichzeitig auftretender (echter) Denkdefekt beweist zwar nicht, daß nicht *auch* jeder (echte) Sprachdefekt zu einem entsprechenden Denkdefekt führt, wohl aber, daß auch *andere* Ursachen hierfür in Frage kommen, und das ist zumindest ein starkes Indiz für einen bloß faktischen Zusammenhang bei grundsätzlicher Unabhängigkeit der betroffenen Leistungen.

Die ›Echtheit‹ der Sprach- oder Denkdefekte hat eine (mehr) praktische und eine (mehr) theoretische Seite.[253] Die praktische bildet den zweiten Problemkomplex. Angenommen, wir wären uns darüber, *was* ›Sprache‹ und ›Denken‹ sind und *welche* Evidenzen über ihr Vorliegen oder Nichtvorliegen entscheiden, grundsätzlich im klaren: wie können wir unsere Kriterien in den konkreten Fällen zur Anwendung bringen? Die Schwierigkeiten betreffen die aktuellen Leistungen ebenso wie die Fähigkeiten. Die Tatsache, daß eine beobachtbare Denkleistung nicht gleichzeitig mit einer beobachteten Sprachleistung auftritt, beweist nicht, daß diese nicht dennoch als aktuelle, gleichzeitige oder kausal mit ihr verbundene frühere Leistung (S. 101 f.) vorliegt, und Entsprechendes gilt auch für die Defekte. Eine Denkleistung, die zusammen mit einem zu beobachtenden Sprachdefekt *nicht* auftritt, könnte –

253 Die Unterscheidung fällt weitgehend mit der zwischen ›begrifflichen‹ und ›methodischen‹ Problemen zusammen, jedoch nicht vollständig, da einige der im Normalfall ›bloß‹ methodischen Probleme bei den Sprachdefekten grundsätzliche Bedeutung erlangen und darum eher der ›theoretischen‹ als der ›praktischen‹ Seite zuzurechnen sind.

kausal unabhängig von ihm – vorher oder nachher auftreten, und eine *›äußerlich‹* (im Verhalten) nicht zu beobachtende Denkleistung könnte gleichwohl ›innerlich‹ (physisch oder mental) vorliegen, gleichzeitig oder ebenfalls in gewissem zeitlichem Abstand. Und selbst wenn aktuelle Leistungen generell auszuschließen wären, müßte geprüft werden, ob und in welchem Umfang die ihnen zugrundeliegenden *Fähigkeiten* tangiert sind (vgl. S. 106 f.). Bei sprachlich und intelligenzmäßig minderbegabten Wesen (Tieren, Maschinen) und bei Defekten, die während der ontogenetischen Entwicklung von sprach- und denkfähigen Wesen (Menschen) auftreten, wäre nach der realen Beeinträchtigung ihrer Anlagen zu fragen, und bei Defekten, die erst nach Abschluß der ontogenetischen Entwicklung auftreten, stellt sich die Frage, wie weit deren Ergebnisse durch die Defekte wieder ausgelöscht worden sind. Sollten die angeborenen oder entwickelten Fähigkeiten nicht tangiert sein, hieße das, daß die Defekte *nur* ihre Aktualisierung betreffen, nicht die Funktionen von Sprache und Denken selbst, über deren Mitbeeinträchtigung auf der faktischen Ebene nichts mehr ausgesagt werden kann.

Zwar kann es immer noch sein, daß das Denken auch seiner Funktion oder möglichen Aktualisierung nach notwendig an die Sprache gebunden ist und daß im konkreten Falle die Unfähigkeit zum (aktuellen) Sprechen für die Unfähigkeit zur Aktualisierung des Denkens verantwortlich ist. Es kann aber auch sein, daß ein *spezifischer* Aktualisierungsdefekt beim Denken vorliegt oder – wahrscheinlicher – ein *allgemeiner* Defekt, der sich auf die in sich voneinander unabhängigen Sprach- und Denkfähigkeiten auswirkt, und natürlich wäre es auch denkbar, daß ein bestehender Aktualisierungseinfluß nicht von der Sprache, sondern umgekehrt gerade vom Denken ausgeht. Eine Ratte etwa, die das Aufleuchten der Lampe in einer Skinner-Box als Signal für die bestehende Futterspendemöglichkeit versteht, hat damit (nehmen wir an) ihre Fähigkeit zum ›zeichenhaften Verwenden‹ raumzeitlicher Gegenstände unter Beweis gestellt; wenn sie das gleiche anschließend für ein komplexeres graphisches Muster oder ein vorgesprochenes Wort *nicht* mehr erlernt, wird man vernünftigerweise schließen, daß der auftretende Aktualisierungsdefekt nicht von der ›Zeichenverwendung‹ als solcher, sondern der Unfähigkeit zur qualitativen Differenzierung der vorgegebenen ›Ausdrücke‹ abhängt. Und ein entwicklungsgestörtes Kind, das zwar die qualitative Differenzierung sprachlicher Ausdrücke beherrscht und verschiedene Farbtöne zusammen mit den ihm gleichzeitig gegebenen Farbprädikaten erlernt, beim Erlernen von geometrischen Formunterschieden zusammen mit Formprädikaten dagegen versagt, dürfte weniger die grundsätzliche ›Sprachlichkeit‹ des ›begrifflichen Denkens‹ unter Beweis stellen als die Tatsache, daß die an sich vorhandene Sprachfähigkeit infolge eines spezifischen Defektes des ›begrifflichen Denkens‹ nicht zur Anwendung gelangen kann.

Das dritte und fraglos bedeutendste Problem aber liegt bei der theoretischen Möglichkeit, ›echte‹ Defekte von Sprache und Denken sicherzustellen. Auch als Faktum ist der bestehende, durchgängige Zusammenhang zwischen beiden Defekten für das Beweisziel nur signifikant, wenn es zumindest *möglich* ist, das Vorhandensein der betroffenen Denkleistungen auch gesondert von der ex hypothesi fehlenden oder beeinträchtigten Sprache nachzuweisen. Darauf ist in der einschlägigen Literatur wiederholt verwiesen worden.[254] Die Erfüllung der Forderung führt jedoch in erhebliche begriffliche und methodische Schwierigkeiten. Die begrifflichen sind nach dem Früheren evident; sie übertragen sich direkt von den nichtdefekten auf die defekten Leistungen. Die methodischen Schwierigkeiten hängen in allgemeiner Weise mit ihnen zusammen, weil alle methodischen Überlegungen begriffliche voraussetzen und weil Begriffsklärungen zu einem guten Teil in der Klärung des methodischen Zugangs zu den betroffenen Phänomenen bestehen (vgl. Kap. VI Abschn. 1), aber sie gehen darüber noch in einer spezifischen Weise hinaus. Wir wissen, daß man begrifflich zwischen dem ›Denken‹ und dem ›spezifisch Sprachlichen‹ unterscheiden kann, auch wenn man methodisch vom zunächst undifferenzierten Gesamtphänomen ›Sprache‹ ausgeht, und es ist klar, daß dieser methodische Ansatz im Falle von Sprachdefekten ausscheidet. Mehr noch, *wenn* es Denkleistungen gibt, die notwendig an die Sprache gebunden sind, ist es methodisch *unmöglich*, sie unabhängig von ihr zu erfassen, auch wenn die begriffliche Differenzierung gegeben ist. Alles hängt somit an der begrifflichen und methodischen Möglichkeit zur Identifika-

254 Vgl. z. B. K. Goldstein: *Language and Language Disturbances*, New York 1948, 106; *Disorders of Language*, edd. A.V.S. de Reuck / M. O'Connor, London 1964, 274 [Disk.-Beitrag von E. Bay]; Furth 1966, a.a.O. [S. 194, Anm. 194], 27 f. 89. 156.

tion von nichtsprachlichem Denken. Und eben damit gerät man in ein Dilemma: orientiert man sich an den gewöhnlichen nichtverbalen Intelligenztests, gerät man (wie schon erwähnt, S. 147) in die Gefahr, sich mit relativ simplen und uninteressanten Denkleistungen zufrieden zu geben, die mit denen der menschlichen Sprache nicht vergleichbar sind; geht man jedoch von den sprachlichen Leistungen aus, droht ein methodischer oder begrifflicher Zirkel. Wir werden zu prüfen haben, wie weit die vorliegenden Untersuchungen zum Denken von Sprachdefekten diesem Dilemma entgangen sind.

2. Relevante empirische Phänomene

Welche konkreten Erscheinungen fehlender oder beeinträchtigter Sprache kommen als Grundlage möglicher Abhängigkeitsbeweise in Betracht? Zunächst alle nichtmenschlichen Lebewesen, speziell *höhere Tiere.*[255] Daß sie *keine* Sprache besitzen und – abgesehen von einfachen Ausdrucksnachahmungen – auch keine menschliche Sprache erlernen können, galt, ebenso wie ihre Unfähigkeit zu höheren Intelligenzleistungen, von alters her als gesichert. Erst in jüngerer Zeit hat sich das Bild gewandelt. Wachsende Erkenntnisse über natürliche oder experimentell induzierbare (aber gleichwohl spontane) tierische Intelligenzleistungen, die man früher dem Menschen vorbehielt, haben auch für die Sprache die unterstellte scharfe Abgrenzung zwischen Mensch und Tier zweifelhaft werden lassen. Ethologische Untersuchungen vor allem an Primaten und Vögeln haben deutlich gemacht, daß der natürliche Zeichengebrauch der Tiere offenbar weit über starre Warn- und Informationssysteme hinausreicht, und die erstaunlichen Lernresultate, die namentlich David Premack und Allen und Beatrice Gardner mit Schimpansen erzielten, haben die Fähigkeit zur Beherrschung auch von bedeutenden Teilen der menschlichen Sprache unter Beweis gestellt. Wie weit die Gemeinsamkeiten

255 Niedere Tiere und Maschinen (vgl. S. 96) können wir ausscheiden: niedere Tiere, weil sie zu gleichrangigen Intelligenzleistungen kaum in der Lage sind, Maschinen, weil sie – unabhängig vom Komplexitätsgrad der von ihnen erbrachten Leistungen – Kunstprodukte von Menschen sind, die (im Normalfall) die Sprache beherrschen.

reichen, müßte genauer geprüft werden, und über die Grenzen der tierischen Lernfähigkeit ist ein verläßliches Urteil bislang kaum möglich. Aber wie immer die Resultate aussehen, ihre Bedeutung für unsere Frage bleibt gering. Sollten wir feststellen, daß Tiere bestimmte Denkleistungen, wenn überhaupt, dann nur in Verbindung mit ihnen zugehörigen Sprachleistungen entwickeln, ist das zwar eine zusätzliche induktive Bestätigung unserer (nehmen wir an) entsprechenden Beobachtungen beim Menschen, aber ganz sicher kein Beweis für bestehende Abhängigkeit. Müssen wir aber – was für die uns interessierenden Fälle eher zu erwarten ist – immer noch konstatieren, daß sie zusammen *mit* der Sprache bestimmte Arten des Denkens *nicht* beherrschen, beweist das ebensowenig, denn warum sollten Lebewesen mit einem *generell* niedrigeren Intelligenzgrad nicht zugleich *beide* (nach gegenteiliger Annahme) prinzipiell voneinander unabhängigen Fähigkeiten fehlen? Wesentlich weiter bringt der Rekurs auf die Tiere den Verfechter der Abhängigkeitsthese nicht.

Ein zweites Beobachtungsfeld bieten Sprachdefekte bei Menschen, die *sprachfrei* oder gänzlich *ohne Kontakt* mit anderen Menschen aufgewachsen sind (Kaspar-Hauser-Situationen, ›Wolfskinder‹ u. ä.). Sie sind, verglichen mit sprachunfähigen Tieren, insofern interessanter, als die Möglichkeit generell verminderter Intelligenz entfällt: der Verfechter der These nimmt an, daß diese Menschen der Anlage nach sprach- und denkfähig sind, und schließt aus der Tatsache faktisch fehlender Sprachentwicklung und entsprechend verminderter Denkfähigkeit auf die Sprachabhängigkeit der betroffenen Denkleistungen.[256] Aber ein derartiger Schluß geht weit über die faktischen Evidenzen hinaus. Einmal ist die empirische Basis äußerst schmal; nur wenige einigermaßen zuverlässige Berichte über den Sprach- und Denkzustand der betroffenen Individuen sind vorhanden und gezielte experimentelle Untersuchungen scheiden natürlich aus. Die Annahme der ursprünglich vorhandenen Anlagen ist zwar plausibel, aber prinzipiell unüberprüfbar in den vorliegenden Fällen und durch die geringe Zahl auch statistisch nicht sicherzustellen.[257] Unsicherheit

256 Als Beweis für die Sprachabhängigkeit des Denkens werden derartige Fälle z. B. von Révész zitiert (1954, a.a.O. [S. 195, Anm. 195], 26 f.). Skeptisch über die Möglichkeit eines derartigen Rückschlusses äußern sich Miller (1969, a.a.O. [S. 194, Anm. 194], 78) und Brown (1958, a.a.O. [S. 201, Anm. 200], 186 ff.), die zugleich einen Überblick über die wichtigsten dokumentierten Fälle bieten.

besteht zudem über privaten, in der Isolation entwickelten Zeichengebrauch und eventuelle verdeckte Denkleistungen. Und selbst wenn man das ausschließen und die normale Veranlagung uneingeschränkt voraussetzen könnte, würde der zu beobachtende faktische Zusammenhang von Defekten des Denkens und Sprechens wenig besagen: er beweist nur (einmal mehr, freilich in spektakulärer Weise) die *soziale* Bedingtheit *aller* höheren Intelligenzleistungen der Menschen, nicht aber ihre wechselseitige Abhängigkeit untereinander, und selbst wenn, dann nicht notwendig in einem Sinne, der die Sprache zum Bedingenden und das Denken zum Bedingten macht.

Bedeutung kommt nur den Entwicklungsdefekten normal veranlagter *und* in normaler sozialer Umgebung aufgewachsener Menschen zu, sowie Defekten, die Folgen von Krankheiten oder Verletzungen sind, vor allem also Fälle von *Taubstummheit* oder angeborener bzw. später aufgetreterer *Aphasie*. Diese Fälle haben auch in der vorliegenden Literatur die bei weitem größte Rolle gespielt und ihre methodischen Vorzüge gegenüber den beiden bisher erörterten Typen von Sprachdefekten sind in der Tat beträchtlich: der Einwand des niedrigen Intelligenzgrades entfällt ebenso wie der Einwand genereller Sozialisationsdefekte, die Anzahl der vorliegenden Fälle ermöglicht systematische empirische Untersuchungen und statistische Auswertungen, und die Defekte sind zudem nach Art und Umfang der von ihnen betroffenen Leistungen vielfältig, so daß differenzierte Aussagen möglich werden. Das Argument für die Abhängigkeitsthese ist, daß sich genau in dem Maße, in dem die Sprache von Defekten betroffen ist, auch Defekte des Denkens zeigen, und daß der Grund dafür nur die bestehende Abhängigkeit sein kann.[258] Ist das durch die empirischen Befunde zu rechtfertigen?

Zunächst ist festzustellen, daß das beanspruchte Faktum durch-

257 Einige ›wild‹ aufgewachsene Individuen erwiesen sich später als rehabilitationsfähig, und wenn das im *vollen* Umfang geschieht, ist es natürlich ein positiver Beweis *für* die vorhandenen Anlagen; doch unterscheidet sich unter diesen Umständen die Situation des Defekten ja nicht mehr grundlegend von der eines normalen Kindes.

258 Für eine auf (angebliche) entsprechende Denkdefekte bei Taubstummen bezogene Sprachabhängigkeitsbehauptung vgl. z. B. Révész 1954, a.a.O., 26 f. und Schaff 1964, a.a.O. [S. 202, Anm. 202], 104 ff.; für ähnliche Behauptungen über die Aphasie vgl. E. Cassirer: *Philosophie der symbolischen Formen* Bd. III, Berlin 1929, 255 ff. und Schaff 1964, a.a.O., 114 ff.

gängiger Mitbeeinträchtigung des Denkens im Falle von Sprachdefekten schon auf der Ebene aktueller (beobachtbarer) Leistungen keineswegs sicher ist. Zahlreiche Untersuchungen zeigen, daß die betroffenen Menschen trotz ihres Sprachdefektes zu (nichtsprachlichen) Denkleistungen in der Lage sind und in (nichtsprachlichen) Intelligenztests relativ gut abschneiden. Das gilt vor allem für die Taubstummen, die sich, nach Abzug ihrer *spezifischen* sprachlichen Minderleistungen und eines gewissen Altersrückstands, als den Normalsinnigen nahezu ebenbürtig erwiesen haben.[259] Sie sind de facto auch weit häufiger von den Gegnern als von den Befürwortern der Sprachabhängigkeitsthese zitiert worden, und ein Beweis *für* die Abhängigkeit könnte sich nach den vorliegenden Evidenzen allenfalls auf bestimmte Einzelleistungen beziehen. Die Denkdefekte bei angeborener oder erworbener Aphasie sind in der Regel größer, wenngleich es auch hier neben schweren Fällen, in denen die Mitbeeinträchtigung offenkundig ist, zahlreiche Beispiele für gute oder nur geringfügig unter dem Standard liegende (nichtverbale) Denkleistungen gibt.[260] Ein ver-

259 Vgl. dazu H.R. Myklebust: *The Psychology of Deafness*, New York ²1964, ch. V; H.G. Furth: *Research with the Deaf: Implications for Language and Cognition*, in: Psych. Bull. 62 (1964), 145-164; Furth 1966, a.a.O., passim; McC. Vernon: *Relationship of Language to the Thinking Process*, in: Arch. Gen. Psychiatry 16 (1967), 325-332; C.P. Stalder: *Die sprachlich-geistige Situation des schwerhörigen Kindes*, Bern 1968, Teil 2; H.G. Furth: *Linguistic Deficiency and Thinking: Research with Deaf Subjects 1964-1969*, in:Psych. Bull. 76 (1971), 58-72; H.K. Garten: *Untersuchungen zur Psychologie der Gehörlosen*, Neuburgweier 1973, Teil B, sowie die unten (S. 306, Anm. 331) zitierten Arbeiten zur ›Begriffsbildung‹ bei Taubstummen. Als gleich gut oder als nur geringfügig schlechter zeigten sich Taubstumme in nahezu allen standardisierten Handlungs-Intelligenztests (Pintner, Pintner-Paterson, Goodenough, Grace Arthur, Chicago Nonverbal, Wechsler, Snijders, Hiskey, u. a.) und bei den meisten der als Teil von IQ-Tests oder gesondert geprüften Einzelleistungen. Ein Entwicklungsrückstand ergab sich bei einigen Untersuchungen mit den zitierten Tests und generell für Tests mit den Progressive Matrices (Raven), wobei der Leistungsvorsprung der normalsinnigen Kinder von den erwachsenen Taubstummen eingeholt, teilweise sogar überholt wurde. Bloße Entwicklungsrückstände ließen sich auch bei bestimmten Einzelleistungen beobachten (geometrisches Puzzles, Bildergeschichten ordnen, ›Konservierung‹ von Masse und Gewicht u. a.), doch ist die genaue Bedeutung dieser Befunde für die uns interessierende Frage unklar, weil Taubstumme, die einen geeigneten Unterricht erhalten, nicht *nur* ihren Rückstand im Denken aufholen, sondern zumindest zum Teil auch den in der Sprache.

260 Über neuere Forschungsergebnisse dazu orientieren die Arbeiten: T. Alajouanine / E. Lhermitte: *Nonverbal Communication in Aphasia*, in: de Reuck / O'Connor (edd.) 1964, a.a.O., bes. p. 174-176; O. Zangwill: *Intelligence in Aphasia*, in: de Reuck / O'Connor (edd.) 1964, a.a.O., 261-274; ders.: *Intellectual Status in Aphasia*,

suchter Sprachabhängigkeitsbeweis hätte sich also noch immer erheblich einzuschränken. Die Frage, ob oder wie weit Intelligenzdefekte zum Symptomenkomplex der Aphasie gehören, ist seit der Entwicklung der klassischen Aphasielehre vor nunmehr über hundert Jahren umstritten.[261] Die spezifisch klinischen Aspekte brauchen uns dabei nicht zu interessieren. Der Hauptgrund für die anhaltende Diskussion liegt auch nicht hier, sondern in der Uneinheitlichkeit der empirischen Befunde und vor allem in den durchgängigen begrifflichen Unklarheiten auf der Symptom-Ebene, sc. der zu beobachtenden Sprach- und Denkleistungen, für die die Geschichte der Aphasieforschung eindringliche Beispiele liefert. Diese letzteren Schwierigkeiten betreffen natürlich auch die in den Ergebnissen eindeutigeren Untersuchungen an Taubstummen und sind fraglos der gewichtigste Einwand gegen auf sie gestützte Beweisversuche. Doch bevor wir uns ihnen direkt zuwenden, soll auch von den beiden ersten in Abschnitt 1 unterschiedenen Problemkomplexen her gezeigt werden, warum

in: Handbook of Clinical Neurology, edd. P.J. Vincken / G.W. Bruyn, vol. IV, Amsterdam 1969, 105-111; B. Orgass / W. Hartje / M. Kerschensteiner / K. Poeck: *Aphasie und nichtsprachliche Intelligenz*, in: Der Nervenarzt 43 (1972), 623-627; E. Bay: *Der gegenwärtige Stand der Aphasieforschung*, in: Der Nervenarzt 44 (1973), bes. S. 60-62 und vor allem der Sammelband *»Intelligence and Aphasia«*, edd. Y. Lebrun / K. Hoops, Amsterdam 1974, der eine Zusammenfassung von Vorträgen, Papieren und Diskussionsbeiträgen einer speziell diesem Thema gewidmeten Konferenz (Brüssel Dez. 1973) bietet. Als Gesamt-Intelligenztests in der Aphasieforschung wurden vor allem Wechsler (Handlungsteil) und Raven sowie eigens zusammengestellte Testbatterien verwendet. Der Leistungsdurchschnitt erwies sich (trotz meßbar niedriger sprachlicher Leistung) als relativ hoch, wobei in Einzelfällen sogar IQ-Werte erreicht wurden, die weit über dem Standard lagen (112-119 bei Wechsler, 75% bei Raven). Die Einzelleistungen (Subtests und sonstige) waren unterschiedlich, die Befunde verschiedener Autoren nicht selten widersprüchlich. Nur bei sehr wenigen (geometrische Puzzles, Sortiertests) kann eine durchgängige, signifikante Beeinträchtigung der Aphasiker gegenüber Gesunden oder nichtaphasischen Hirnverletzten bislang als gesichert gelten.

261 Einen allgemeinen historischen Überblick über die Diskussion in der Aphasieforschung bieten W.R. Brain: *Speech Disorders. Aphasia, Apraxia, and Agnosia*, London ²1965, chs. 4-5 und H. Schuell / J.J. Jenkins / E. Jiménez-Pabón: *Aphasia in Adults. Diagnosis, Prognosis, and Treatment*, New York 1964, part I. Einen historischen Überblick speziell unter dem Gesichtspunkt der Frage nach den beteiligten Denk- und Erfahrungsdefekten gibt (für die bis dahin erschienene Literatur) Cassirer 1929, a.a.O., 244-255; ein kurzer historischer Abriß findet sich auch bei Zangwill 1964, a.a.O., 261-265. Äußerungen aus der Literatur, die die Unterschiedlichkeit der vertretenen Positionen veranschaulichen, sind von Lebrun und Hoops (edd. 1974, a.a.O., 13-18) zusammengestellt worden.

Aphasie und Taubstummheit, zumindest soweit sie derzeit erforscht sind, keine befriedigende Antwort auf die uns interessierenden Fragen zu geben vermögen.

3. Unmöglichkeit einer Begründung auf der Stufe des faktischen Zusammentreffens defekter Sprach- und Denkleistungen

Nehmen wir einmal an, wir verfügten über Verhaltenskriterien, nach denen wir ›Sprachleistungen‹ im erwähnten (S. 145 f.) ›übergreifenden‹ (Ausdruck, ›Bedeutung‹ und ›zeichenhaftes Verwenden‹ einschließenden) Sinn identifizieren können, und beschränken wir uns der Einfachheit halber auf solche Denkleistungen, die – unabhängig von der Frage ihrer ›Gleichrangigkeit‹ mit den sprachlichen – nichtsprachlich, auf Verhaltensbasis zu identifizieren und unter den bei Defekten gegebenen Testbedingungen experimentell kontrollierbar sind. Nehmen wir ferner an, es sei empirisch gesichert, daß immer dann, wenn eine bestimmte derartige Sprachleistung nicht oder nicht mehr erbracht wird oder in signifikanter Weise beeinträchtigt ist, auch eine bestimmte nichtsprachliche Denkleistung ausbleibt oder entsprechend beeinträchtigt ist. Was besagt das für die uns interessierende These? Wenn wir den gewonnenen Allsatz (›Wenn kein Ereignis S_i, dann kein Ereignis D_j‹) nach dem Modus Ponens umformen, erhalten wir einen Satz, der in der Beschränkung auf den Bereich der untersuchten Personen der Sprachabhängigkeitsthese selbst entspricht und für die auf alle materiellen Gegenstände erweiterte These eine direkte induktive Bestätigung darstellt. Seine Gültigkeit ist aber nur faktisch, und daß er für eine Abhängigkeitsbehauptung wesentlich verstärkt werden müßte, zeigt sich konkret in der Vielzahl alternativer Erklärungsmöglichkeiten.

Konzentrieren wir uns zunächst auf angeborene oder früh erworbene Defekte, die sich in der Ontogenese zeigen.[262] Wie

262 Ähnliche Überlegungen, wie sie hier für die Ontogenese durchgeführt werden, ließen sich auch für die schrittweise Wiedergewinnung von Sprache und Denken nach einem temporären Anfall von Aphasie (etwa als Folge eines Schlaganfalls) anstellen. Da die Situation dort aber durch den auch während des Anfalls latent noch vorhandenen Besitz von Sprach- und Denkfähigkeiten zusätzlich kompliziert wird, soll sie hier unberücksichtigt bleiben.

erwähnt (S. 243 f.) können diese ebenso bei den Anlagen wie bei den Aktualisierungsbedingungen liegen. Wer im Falle eines gemeinsamen Entwicklungsdefektes auf Sprachabhängigkeit schließt, setzt in der Regel voraus, daß die mangelhafte Entwicklung des Denkens kein primärer, die Denk-Anlagen oder ihre spezifischen Aktualisierungsbedingungen betreffender, sondern ein sekundärer Defekt ist, der bedingt ist entweder durch einen speziell die Sprache betreffenden Aktualisierungsdefekt (z. B. Taubheit) oder durch einen zentralen Defekt der Sprachanlagen (angeborene schwere Aphasie). Diese Voraussetzung ist nicht selbstverständlich, aber wir wollen sie vorläufig, um den Fall für den Vertreter der Abhängigkeit besonders günstig zu machen, einmal hinnehmen. Auch dann nämlich ist der Schluß nicht gerechtfertigt. Das Beispiel isoliert aufwachsender Menschen zeigt, daß die Entwicklung der Intelligenz wie der Sprache abhängig ist vom sozialen Lernen. Das menschliche Lernen oberhalb einer gewissen Stufe erfolgt aber – faktisch – weitgehend mit Hilfe der Sprache. Da Taubstumme und Aphasiker hier beeinträchtigt sind, ist es kein Wunder, wenn auch ihre Intelligenzentwicklung gestört ist, da sie in einer sprachlich bestimmten Lernsituation weniger Lernmöglichkeiten haben. Trotz ihres Aufwachsens in einer normalen sozialen Umgebung ist ihre soziale Situation *in* ihr *nicht* normal. Der Einfluß der Sprache ist hier nur indirekt und tangiert das Denken als solches nicht: eine andere Art der sozialen Deprivation (Isolierung z. B.) führt ebenfalls zu Entwicklungsdefekten und eine nichtsprachliche, den (nichtsprachlichen) Lernbedingungen nach aber verbesserte soziale Situation muß nicht die gleichen Defekte hervorrufen.[263]

Um den Schluß auf die Sprachbedingtheit zu rechtfertigen, könnte man freilich auf jene schwächere Form der These zurückgreifen, die wir zuerst bei Herder gefunden hatten (S. 42 ff., vgl. S. 107): Abhängigkeit besteht, weil das menschliche Denken – gleichgültig, ob es als solches sprachlich ist oder nicht – sich nur

263 Daß die tatsächlich festzustellenden Denkdefekte bzw. Altersrückstände bei Taubstummen durch ihre infolge des Sprachdefektes beeinträchtigte soziale Lern- und Erfahrungssituation bedingt sind, ist das Ergebnis von Furth (1966, a.a.O., 162 ff.). Auf die Notwendigkeit einer strikten Trennung zwischen der durch Taubheit bedingten reduzierten individuellen Erfahrung – sprachlich wie nichtsprachlich – und einem *neben* der Taubheit auftretenden Defekt in der geistigen Entwicklung des Taubstummen hatte schon Myklebust hingewiesen ([2]1964, a.a.O., 60 f.).

innerhalb einer Sprachgemeinschaft entfalten kann. Daß die Frage der funktionalen Abhängigkeit des Denkens (der Anlage oder der Aktualisierung nach) auf Grund eines gemeinsamen faktischen Entwicklungsdefektes nicht definitiv zu beantworten ist, könnte man dann zugeben, *ohne* die These von einer über faktische Korrelationen hinausgehenden Verbindung von Sprache und Denken preisgeben zu müssen. Aber ob das gewünschte Ziel dadurch erreicht wird, ist fraglich. Die jetzige These ist schwächer, und es ist wichtig zu sehen um wieviel. Wenn der Spracheinfluß *nur* die Entwicklung des Denkens betrifft, ist es grundsätzlich mit ihr vereinbar, daß nach deren Abschluß alle aktuellen Denkleistungen sprachfrei verlaufen, ja, daß der ganze Sprachbesitz (etwa auf Grund einer fokalen Hirnschädigung) wieder verlorengeht, *ohne* daß nennenswerte Defekte im Denken auftreten. Aber das ist es natürlich nicht, was der Vertreter der Abhängigkeit bei seinem Rekurs auf den Entwicklungseinfluß der Sprache im Auge hatte. Ihm ging es, wie wir bei Herder sehen konnten, darum, das ›Hineinwachsen‹ in ein gesellschaftlich vorgegebenes ›sprachliches Denken‹ – bei grundsätzlicher Anerkennung entsprechender nichtsprachlicher Denkmöglichkeiten – als für den Menschen notwendig zu erweisen, eine Behauptung, die ohne den Nachweis zumindest faktischer Sprachlichkeit auch seiner späteren Denkleistungen nicht zu begründen ist. Dieser Nachweis könnte zwar prinzipiell noch im Rahmen einer schwächeren Abhängigkeitsthese erbracht werden, indem gezeigt wird, daß eine faktisch sprachfreie aktuelle Denkleistung parasitär ist gegenüber der noch vorhandenen Sprachfähigkeit. Aber dazu genügt der Verweis auf das Faktum gemeinsamer Entwicklungsdefekte natürlich nicht.

Zudem ist die Behauptung der sozial bedingten, notwendigen Sprachlichkeit der Entwicklung des Denkens nicht sicher. Daß die Entwicklung *faktisch* sozial und sprachlich verläuft, steht außer Frage. Aber wäre es nicht zumindest denkbar, menschliche Anlagen losgelöst hiervon zu entwickeln, durch direkte Beeinflussung des Gehirns z. B.? Und vor allem: was garantiert die Sprachlichkeit des sozialen Lernens? Es gibt offenbar Lernvorgänge *vor* Beginn des Spracherwerbs und die *ersten* Schritte beim Spracherlernen können natürlich auch noch nicht sprachlich sein. Die These müßte auf solche Leistungen beschränkt werden, die *tatsächlich* sprachlich vermittelt werden, wobei jeweils gezeigt werden müßte, daß *andere* Lernmöglichkeiten ausscheiden. Das letztere hat man im Umgang mit Taubstummen und Menschen mit angeborener Aphasie jahrhundertelang vorausgesetzt – mit dem Ergebnis, daß sie schlicht als Demente behandelt wurden. Und auch nach der Einrichtung von Spezialschulen hat sich die Rehabilitation vornehmlich auf die Sprache konzentriert. Nichtverbale Unterrichtsmethoden, die der besonderen Situation der Sprachbehinderten angemessen sind und die natürlich allein verläßlichen Daten über das Ausmaß der Mitbeeinträchtigung durch den Sprachdefekt geben würden, sind bislang nur ansatzweise entwickelt worden.[264] Wir brauchen natürlich nicht anzunehmen, daß alle unter normalen Umständen sprachlich vermittelten Denkleistungen auch sprachfrei zu unterrichten sind, aber es sollte klar sein, daß wir solange, als wir nicht sicher sein können, unsere nichtverbalen Lernbedingungen optimiert zu haben, auch

264 Vgl. die hiergegen gerichtete Kritik von Furth 1966, a.a.O., 219 ff. Umgekehrt ist nicht sicher, ob die verwendeten verbalen Rehabilitationsmethoden optimal sind (Lenneberg 1967, a.a.O. [S. 239, Anm. 251], 390 ff.), so daß auch im Sprachbereich Unklarheit über das Ausmaß des Defektes besteht. Der Vertreter der Abhängigkeit könnte das doppelte Lerndefizit extensiv im Sinne seiner These auslegen und die Vermutung äußern, daß zu beobachtende Diskrepanzen zwischen relativ schlechten sprachlichen und vergleichsweise guten nichtsprachlichen Leistungen, wie sie – im Gegensatz zu seiner eigenen Überzeugung – zumindest für Taubstumme in weiten Bereichen nachgewiesen wurden, bei optimaler Förderung beider Fähigkeiten verschwinden würden. Zu entscheiden ist diese Vermutung derzeit freilich ebensowenig wie die entsprechende Unterstellung des Gegners, daß eine Optimierung der nichtsprachlichen Lernbedingungen die Diskrepanzen zugunsten des sprachfreien Denkens vergrößern würde. In jedem Falle steht zu erwarten, daß sich die Situation der »Taubstummen« durch die Entwicklung einer Sprachlernmethode, die vom spezifischen Defekt dieser Menschen, dem Gehörverlust, unabhängig ist und in einem vergleichbar frühen Alter angewandt werden kann, automatisch derjenigen von Normalsinnigen angleicht und daß charakteristische Differenzen in der Entwicklung ihrer sprachlichen und nichtsprachlichen Intelligenzleistungen nur solange auftreten werden, als eine solche Methode fehlt. *Diese* Art eines erreichten Gleichstandes könnte also keine zusätzlichen (über die faktische, weitgehende Koextensivität bei Normalsinnigen hinausgehenden) Evidenzen für die Sprachabhängigkeit liefern. Darüber hinaus bleibt das Faktum, daß *trotz* der auf die Sprache konzentrierten Rehabilitationsbemühungen ein Ungleichgewicht zu *Lasten* der Sprache besteht und daß verbesserte Lernbedingungen im Sprachlichen allenfalls eine empirische Bestätigung für die Annahme liefern würden, daß die Sprachanlagen bei (rein) Taubstummen nicht tangiert sind – eine Annahme, die der Gegner der Abhängigkeit ohnehin nicht zu bestreiten bräuchte, weil für ihn (auf der Ebene der beobachtbaren Leistungen, vgl. dann unten S. 374 f.) der Nachweis eines sprachlichen Aktualisierungsdefektes bei gleichzeitiger faktischer Aktualisierung von nichtsprachlichen Denkleistungen genügen würde.

die schwache Sprachabhängigkeitsthese Herders nicht definitiv zu begründen vermögen.

Nehmen wir aber nunmehr an, daß hier keine Probleme bestehen, daß die faktische Sprachlichkeit der mit Hilfe der Sprache erlernten Denkleistungen auch für die späteren Anwendungsfälle feststeht (sc. daß später eingetretene Sprachdefekte stets mit entsprechenden Denkdefekten einhergehen) und daß für bestimmte Leistungen nichtsprachliche Lernmöglichkeiten nicht gegeben sind. Die schwächere, auf die Entwicklung des Denkens bezogene Sprachabhängigkeitsthese kann dann als gesichert gelten. Wir können voraussagen, daß ein Defekt, der die Sprachentwicklung verhindert, auch die Nichtausbildung der betroffenen Denkleistungen zur Folge hat, und diese These durch die Untersuchung von Taubstummen und Aphasikern empirisch bestätigen. Können wir aber auch in einfacher Umkehrung *aus* dem Auftreten eines gemeinsamen Entwicklungsdefektes *auf* die Gültigkeit jener These schließen, d. h. können wir sie, wie ihre Verfechter nahelegen, ohne weitere Untersuchung der realen Zusammenhänge *nur* mit diesem Faktum begründen? Offenbar nicht, denn es gibt, wenn die zunächst ungeprüft übernommene Voraussetzung eines sekundären Aktualisierungsdefektes beim Denken entfällt, mehrere alternative Erklärungen. Ein spezieller Defekt der Denkanlagen könnte vorliegen oder ein allgemeiner Aktualisierungsdefekt (Autismus z. B.), der sich in beiden Bereichen auswirkt, und *wenn* eine Abhängigkeit zwischen beiden Defekten besteht, warum sollte allein die Sprache und nicht das Denken primär betroffen sein können? Das bloße Faktum, daß beide Fähigkeiten sich nicht bzw. nicht normal entwickeln, läßt eine Entscheidung darüber nicht zu.

Die letzteren Schwierigkeiten sind allgemein und nicht (wie die Optimierung der Lernbedingungen) an die spezielle Situation der Entwicklung (oder der Wiedergewinnung) von Sprache und Denken gebunden. Sie treffen ebenso den Versuch, eine faktische Mitbeeinträchtigung des Denkens bei später, nach Abschluß oder weitgehender Entfaltung der Anlagen eingetretenen Sprachdefekten zur Grundlage eines Sprachabhängigkeitsbeweises zu machen. Neuere vergleichende Untersuchungen an Aphasikern, nicht aphasischen Hirnverletzten und Gesunden haben z. B. ergeben, daß Minderleistungen beim freien Zeichnen von alltäglichen Gegenständen bzw. Vervollständigen von entsprechenden halbfertigen Vorlagen, die nicht durch graphische Ungeschicklichkeit zu erklären sind, sondern (offenbar) eine ›begriffliche‹ Ursache haben wie etwa: Wahl einer falschen Farbe, Zerstreuung der Teile, Wahl falscher Teile, Verkehrung der räumlichen Anordnung usw.), nur dann auftreten bzw. nur dann besonders stark sind, wenn zugleich Aphasie – in entsprechender Stärke – vorliegt.[265] Bay, der wie vor ihm Jackson und Goldstein die ›eigentliche Aphasie‹ als eine zentrale Schädigung des »begrifflichen« bzw. »propositionalen« Denkens auffaßt (vgl. unten S. 280, Anm. 295), sieht darin einen Beweis für seine These: der ›begriffliche‹ Defekt tritt auf, *weil* ein entsprechender Sprachdefekt vorliegt.[266] Doch läßt sich nach den bisherigen Überlegungen unschwer erkennen, daß eine solche Aussage durch die Beobachtungen nicht gedeckt wird.

Einmal sind die empirischen Evidenzen nicht eindeutig. Es gibt Beobachtungen an nichtaphasischen Hirnverletzten (einer Vergleichsgruppe, die Bay bezeichnenderweise nicht herangezogen hatte), durch die die ausschließliche Bindung jener Defekte an das Auftreten von Aphasie in Frage gestellt wird,[267] und auch der gesicherte Zusammenhang würde in dieser Form ja nicht mehr bestätigen als eine entsprechende Behauptung über die Denkabhängigkeit der Sprache! Daß auch der umgekehrte Zusammenhang besteht, ist nach den vorliegenden Evidenzen noch weniger

265 Vgl. E. Bay: *Zum Verständnis der aphasischen Störung,* in: Der Nervenarzt 34 (1963), 300; ders.: *Principles of Classification and their Influence on our Concepts of Aphasia,* in: de Reuck / O'Connor (edd.) 1964, a.a.O., 122-139, bes. p. 137 f., wo auch vier ältere Arbeiten mit ähnlichen Befunden zitiert werden; E. De Renzi / H. Spinnler: *Impaired Performance on Color Tasks in Patients with Hemispheric Damage,* in: Cortex 3 (1967), 194 ff.; E. De Renzi / P. Faglioni / G. Scotti / H. Spinnler: *Impairment in Association Color to Form, Concomitant with Aphasia,* in: Brain 95 (1972), 293-304; Orgass et al. 1972, a.a.O., Subtest ›Bilderergänzen‹ im Wechsler-Test; H. van Dongen: *Impairment of Drawing and Intelligence in Aphasic Patients,* ref. in: Lebrun / Hoops (edd.) 1974, a.a.O., 59-63; F. van Harskamp: *Some Considerations Concerning the Utility of Intelligence Tests in Aphasic Patients,* ref. in: Lebrun / Hoops 1974, a.a.O., 40-45. Ähnlich signifikante Minderleistungen von Aphasikern beim Modellieren von Gegenständen hat Bay in verschiedenen Aufsätzen berichtet.

266 Vgl. etwa Bay 1973, a.a.O., 61 f., sowie Bays Vortrag *»Intelligence and Aphasia«* und einen Diskussionsbeitrag in Lebrun / Hoops (edd.) 1974, a.a.O., 51-54 bzw. 49.

267 Vgl. Zangwill 1969, a.a.O., 106; Lebrun / Hoops (edd.) 1974, a.a.O., 65 [Disk.-Beitr. von Zangwill, Whitaker, Messerli und Leischner].

selbstverständlich.[268] Aber selbst wenn wir voraussetzen, daß jeder beobachtete Fall von (›eigentlicher‹) Aphasie tatsächlich auch mit einem entsprechenden Defekt im ›begrifflichen‹ Denken einhergeht, können wir nicht einfach auf Sprachabhängigkeit schließen, weil hier – wie schon im Falle gemeinsamer Entwicklungsdefekte – verschiedene Erklärungsmöglichkeiten bestehen. Es könnte sich um zwei voneinander prinzipiell unabhängige Defekte handeln, was bei einem faktischen hirnlokalisatorischen Zusammentreffen beider Funktionen oder bei größeren Läsionen in der dominierenden Hemisphäre leicht zu erklären wäre.[269] Es könnte ein sich in beiden Bereichen auswirkender selbständiger Defekt vorliegen und es ist grundsätzlich auch nicht auszuschließen, daß der Sprachdefekt seinerseits erst eine Folge des eingetretenen Denkdefektes ist.[270] Die bloße Tatsache, daß sich beim Auftreten von

268 De Renzi et al. (1972, a.a.O.) fanden bei 12 von 21 schweren Aphasiefällen des Wernicke-Typs (die Bay als spezielle Ausformung ›eigentlicher‹ Aphasie betrachten würde) keine Defekte und van Harskamp (1974, a.a.O.) konnte über keinen Fall eines Zeichendefektes ohne gleichzeitige Aphasie, wohl aber über Fälle von schwerer Aphasie bei nur leichten oder fehlenden Zeichendefekten berichten. Daß Bay diese Arbeiten trotz ihrer der Sprachabhängigkeitsthese direkt *entgegenstehenden* Befunde *für* sie in Anspruch nimmt, weist auf eine Verwechslung der These mit ihrer Umkehrung.

269 Bay selbst (1973, a.a.O., 62) glaubt diese (von Vignolo faktisch vorgeschlagene) Erklärung wegen der »konstanten Korrelation zwischen dem sprachlichen und dem nichtsprachlichen Versagen der Aphasiker« ausschließen zu können, eine Behauptung, die ohne weitere anatomische oder neurologische Untermauerung (die Bay nicht gibt) allerdings kaum zu überzeugen vermag. Die statt dessen gegebene Zusatzbegründung, daß die Annahme zweier getrennter Defekte nicht mit dem »engen inneren Zusammenhang zwischen den Worten der Sprache und den Begriffen« vereinbar wäre, zeigt vielmehr, daß Bays eigentliche Gründe für die behauptete Sprachabhängigkeit an anderer Stelle liegen (vgl. unten S. 283 ff.).

270 Daß das faktische Zusammentreffen beider Defekte keine Rückschlüsse auf ein bestehendes Abhängigkeitsverhältnis gestattet, ist (u. a.) schon von Goldstein und Gelb in ihrer Untersuchung über die ›Farbennamenamnesie‹ klar erkannt worden: »[. . .] mit der Feststellung, es bestehe zwischen Sprache und normalem Sortieren bzw. der Möglichkeit, sich kategorial zu verhalten, ein Zusammenhang, [wäre] noch wenig geholfen: Wir wüßten ja damit noch nichts über die Natur dieses Zusammenhangs. Die Tatsachen der Pathologie lehren uns nur, daß Namenamnesie und das Fehlen des kategorialen Verhaltens miteinander einhergehen, nichts aber darüber, was davon primär und was sekundär ist, und ob überhaupt ein solches Abhängigkeitsverhältnis der einen Störung von allen anderen besteht. Wenn man sich nur an die Tatsachen hält, liegt keine Nötigung vor, die Namenamnesie für die Grundstörung zu halten.« (K. Goldstein / A. Gelb: *Über Farbennamenamnesie* [orig. in: Psych. Forschg. 6, 1924], repr. in: K. Goldstein: Selected Papers/Ausgewählte Schriften, Den Haag 1971, 91 f.)

Aphasie stets auch bestimmte Minderleistungen im (nichtsprachlichen) Denken beobachten lassen, bedeutet allenfalls eine weitere induktive Bestätigung des (nehmen wir an) bei Gesunden und nichtaphasischen Hirnverletzten schon gesicherten faktischen Zusammenhangs zwischen Sprache und Denken. Ob er darüber hinaus notwendig ist, wie die Sprachabhängigkeitsthese behauptet, ist damit nicht gesagt.

4. Unmöglichkeit einer Verstärkung des Zusammenhangs durch den Rekurs auf anatomische und neurologische Ursachen

a) Mangelnde Rückführbarkeit von Symptomen auf Ursachen

Hinsichtlich des Problems eines nur ›oberflächlichen‹, faktischen Zusammentreffens unterscheidet sich also auch der Rekurs auf die Sprach- und Denkdefekte von Taubstummen und Aphasikern nicht grundsätzlich von den zuvor diskutierten Versuchen zu einer empirischen Begründung der Sprachabhängigkeitsthese, und man könnte von daher fragen, welchen zusätzlichen Gewinn die Verfechter der These sich überhaupt von ihm versprechen konnten? Auf der Stufe des beobachtbaren Leistungszusammenhanges allein ist das tatsächlich schwer zu sehen. Größeres Gewicht erhält das Argument nur durch die stillschweigend mit ihm verbundene (und vor allem bei später eingetretenen Defekten naheliegende) Auffassung der zu beobachtenden Minderleistungen als *Symptome* und die Gleichsetzung der ›Defekte‹ mit deren *Ursachen.* Während die psychologischen Phänomene als solche nichts miteinander zu tun haben müssen (wir setzen noch immer getrennte Verhaltenskriterien für ›Sprache‹ und ›Denken‹ voraus!), liegen die anatomischen oder neurologischen Ursachen dicht beeinander und in vielen Fällen ist es nur *eine* sichtbare Ursache (eine Gehirnembolie, eine Schußverletzung, ein Tumor, usw.), die *mehrere* sichtbare Wirkungen hervorruft. Die Identität der Ursachen scheint einen funktionalen Zusammenhang zwischen beiden Leistungen anzuzeigen und die Möglichkeit eines nur ›oberflächlichen‹ faktischen Zusammentreffens der Defekte auszuschließen.[271]

271 Nur so ist im übrigen auch das Interesse an einem Vergleich der Aphasiker mit den nichtaphasischen Hirnverletzten (zusätzlich zu dem mit den Gesunden) ver-

Daß der Rekurs auf die anatomischen oder neurologischen Ursachen der beobachteten Minderleistungen zu einer ›tieferen‹ Erklärung für ihr gemeinsames Auftreten führen kann, liegt auf der Hand. Die Frage ist, ob sie erreicht wird bzw. ob sie stark genug ist, um die Sprachunhängigkeitsthese zu begründen. Das Problem des bloß faktischen Zusammenhangs stellt sich natürlich auch hier. Zwei gleichzeitig auftretende Ursachen haben als solche nicht mehr miteinander zu tun als die durch sie hervorgerufenen Wirkungen. Auch ihre anatomische oder neurologische Nachbarschaft (benachbarte Hirnregionen, Verbindung durch sichtbare Nervenbahnen) ändert daran zunächst noch nichts. Erst durch den Nachweis eines Kausalzusammenhangs zwischen ihnen wird eine Verbindung hergestellt. Aber die bloße Feststellung, daß die Ursache des beobachteten Denkdefektes ihrerseits Wirkung der Ursache des beobachteten Sprachdefektes ist, dürfte schwerlich genügen. Es könnte sich ja um eine ›äußerliche‹ mechanische oder elektrische Einwirkung auf einen benachbarten oder entfernter gelegenen Bereich handeln, der in seiner Funktion völlig selbständig ist. (Der Kurzschluß in einer Lampe kann ein laufendes Radio zum Verstummen bringen, ohne daß beide Geräte in ihrer Funktion aufeinander angewiesen sind.) Die Läsion eines Hirnteils kann einen anderen von der notwendigen Blutzufuhr abschneiden (Unterbrechung der Stromzufuhr für den FM- durch einen Defekt im Gleichrichterteil eines Radios) oder es kann ein für zwei grundsätzlich voneinander verschiedene neurophysiologische Vorgänge erforderlicher Teil defekt sein (Ausfall einer Röhre, die zwei Funktionen erfüllt).

Nur wenn gezeigt wäre, daß der Teil, der für eine bestimmte Denkleistung verantwortlich ist, seiner *Funktion* nach abhängt vom Funktionieren des für die Sprache verantwortlichen Teils (vgl. S. 182 ff.), oder wenn tatsächlich – wie oben vorausgesetzt – sichergestellt wäre, daß die beobachtbaren Minderleistungen im Denken und Sprechen durchweg *dieselbe*, die Funktionsweise

ständlich. Auf der Symptomebene würde diese Gruppe ja wegen des fehlenden Sprachdefektes keine zusätzlichen, relevanten Beobachtungen liefern können: auftretende Denkdefekte widerlegen allenfalls eine entsprechende Denkabhängigkeit der Sprache, für die Sprachabhängigkeitsthese selbst sind sie irrelevant. Interessant ist sie, weil sie beim Auftreten eines auch bei den Aphasikern nachgewiesenen Denkdefektes die stillschweigende Annahme der Ursachen-Identität widerlegt und die auf sie gestützte Sprachabhängigkeitsthese erschüttert.

einschließende anatomische Ursache haben, wäre ihr gleichzeitiges Auftreten anatomisch bzw. neurologisch *notwendig*. Ob diese Notwendigkeit für die Sprachabhängigkeitsthese genügen würde, d. h. ob der gesetzmäßige Zusammenhang zwischen einer Ursache und jeweils zwei Symptomen oder der (Funktionsabhängigkeit involvierende) gesetzmäßige Zusammenhang zwischen zwei Ursachen gemeinsam mit deren jeweiligem gesetzmäßigen Zusammenhang mit einem bestimmten Symptom ein hinreichender Grund für die Einführung eines entsprechenden ›Bedeutungspostulats‹ (S. 171 ff.) auf der Symptom-Ebene wäre, mag hier dahingestellt bleiben. Auf jeden Fall müßten der bzw. die anatomischen oder neurologischen Zustände zunächst spezifiziert und für sie gezeigt werden, *daß* sie ursächlich mit den beobachteten Minderleistungen zusammenhängen und daß sie jeweils die *einzige* (relevante) Ursache für sie sind. Und schon diese Voraussetzungen führen in unüberwindliche Schwierigkeiten.

Die Tatsache, daß es dieselbe sichtbare Ursache ist, die zu Defekten im Sprechen und Denken führt, ist bei relativ großen (Schußwunde, Tumor) oder relativ große Gebiete tangierenden Hirnläsionen (Thrombose, Embolie) ziemlich nichtssagend. (Ein Schuß auf ein laufendes Fernsehgerät, der Bild und Ton auslöscht, beweist nicht, daß beide Erscheinungen dieselbe elektronische Grundlage haben.) Man muß auf jeden Fall einzelne Teile innerhalb des Gehirns differenzieren. Die Suche nach der genauen Lokalisation der Ursachen von bestimmten aphasischen Symptomen bzw. Symptomenkomplexen ist vor allem für die ältere Aphasieforschung bestimmend gewesen, doch hat sich inzwischen gezeigt, daß eine genaue Zuordnung von Krankheitsbildern und fokalen Läsionen nicht möglich ist.[272] Es gibt Aphasiefälle, in denen keine fokalen Läsionen erkennbar sind (angeborene Aphasien, Alzheimersche Krankheit) oder in denen das gleiche Krankheitsbild jeweils durch verschiedene fokale Läsionen hervorgerufen wird. Der gleiche fokale Defekt kann in verschiedenen Fällen verschiedene oder auch gar keine aphasischen Symptome hervorrufen. Und es ist (m. W.) generell bislang keine enger begrenzte Hirnstelle – einschließlich Brocas Region – als absolut notwendig für den Besitz von Sprache erwiesen worden. Aber auch wenn wir

272 Vgl. Goldstein 1948, a.a.O., 47 f. sowie die instruktiven Karten bei Brain ²1965, a.a.O., 86 f. und Lenneberg 1967, a.a.O., 77.

über eindeutige Zuordnungen von Hirnteilen und Krankheitsbildern verfügen würden, wären wir unserem Ziel noch nicht wesentlich näher. Wir wüßten dann zwar, an welcher *Stelle* die Ursache für einen bestimmten Defekt zu suchen ist, aber in einer spezifizierten, ihre *Funktionsweise* einschließenden Weise könnten wir sie noch nicht identifizieren, und das erst würde für unsere Frage genügen. (Die Erkenntnis, daß die Entfernung eines bestimmten elektronischen Bauteils in einem Radio zu einer bestimmten Tonstörung führt, sagt über die Gründe der Störung relativ wenig aus.) Das hirnanatomische Vorgehen reicht hier prinzipiell nicht mehr aus. *Signifikante* Ursachen für Minderleistungen im Sprechen und Denken lassen sich allenfalls auf neurophysiologischer Basis bestimmen, d. h. durch den Nachweis *spezifischer* physiologischer Zustände oder Prozesse im Gehirn – eine Aufgabe, die derzeit unlösbar ist und in absehbarer Zeit wohl auch kaum zu lösen sein dürfte.[273]

Spätestens hier also stößt der Versuch zur Rückführung der Symptome auf ihre Ursachen an eine absolute Grenze und es kommen noch andere Probleme hinzu. Das Fehlen einer hinreichend differenzierten neurophysiologischen Beschreibung betrifft nicht nur die Identifikation der als Ursachen in Frage kommenden *Ereignisse,* sondern zudem den Nachweis ihrer kausalen *Verbindung* mit den Symptomen. Die bloße Tatsache, daß eine sprachliche Minderleistung stets zusammen mit einer bestimmten, neurophysiologisch identifizierbaren Störung im Gehirn auftritt, beweist das als solche nicht. Daß eine kausale Abhängigkeit besteht, müßte selbst erst neurophysiologisch begründet werden, sc. durch den Nachweis einer entsprechenden ›Steuerung‹ der ausführenden Muskulatur durch die Gehirnvorgänge, wobei zugleich weitere, kausal auf die beobachtbaren Leistungen einwirkende neurophysiologische Vorgänge spezifiziert und entweder als ›unwesentlich‹ ausgegrenzt oder als ›wesentlich‹ mit hinzugezogen werden müssen. Erst dann ließe sich sagen, daß das fragliche

273 Für eine differenzierte neurophysiologische Beschreibung von Ursachen beobachtbarer Minderleistungen genügt auch der Rekurs auf Defekte allein sicher nicht. Vielmehr muß zunächst geklärt werden, welche Gehirnvorgänge sich im Falle nichtdefekten Sprechens oder Denkens abspielen, ehe man sagen kann, welche von ihnen zusammen mit bestimmten Sprach- oder Denkleistungen ausfallen. Hirnuntersuchungen an Gesunden sind aber aus begreiflichen Gründen enge Grenzen gesetzt.

Ereignis nicht nur *eine* mitbeteiligte Ursache neben anderen ist, sondern – eventuell zusammen mit anderen – *die* schlechthin zentrale, deren Identität bzw. funktionaler Zusammenhang mit der Ursache des korrelierten Defekts (möglicherweise) die Abhängigkeitsbehauptung rechtfertigt.

Hinzu kommen schließlich auch die begrifflichen und methodischen Probleme auf der Symptomebene. Nach neurophysiologischen Korrelaten bzw. Ursachen von auftretenden Sprach- und Denkdefekten kann natürlich nur dann sinnvoll gesucht werden, wenn man sich über deren begriffliche und methodische Unterscheidung im klaren ist. Zwei Leistungen, die man schon auf der Verhaltensebene nicht zu differenzieren vermag – sei es infolge verkappter Analytizität (Kap. VII), sei es, weil die betreffenden Intentionalitätsprobleme dort nicht zu lösen sind (S. 131 f., Anm. 132) – wird man durch noch so sorgfältige hirnanatomische oder neurophysiologische Untersuchungen nicht ›wiederentdekken‹ können. Obwohl auf diese für jede sinnvolle Erforschung des Phänomens der Aphasie grundlegenden Zusammenhänge wiederholt verwiesen wurde,[274] sind die Unklarheiten an dieser Stelle immer noch das bedeutendste Hindernis auf dem Weg zu befriedigenden Resultaten. Daß eine allgemein anerkannte Unterscheidung von Aphasietypen bislang fehlt, ist dabei weniger entscheidend als die Tatsache, daß alle vorliegenden Unterscheidungen nicht durchweg auf der Symptomebene ansetzen, sondern auch andere klinisch relevante Gesichtspunkte mit einbeziehen,[275] und daß sie auf dieser Ebene Kriterien verwenden, die (siehe unten) weder zur Differenzierung der spezifischen Sprach- und Denkleistungen noch zur jeweiligen Unterscheidung einzelner Leistungen hinreichen. Solange hier aber noch größere Probleme bestehen, ist auch der Wert der durchgeführten Ursachen-Rückführungen zweifelhaft.

274 Vgl. B. Erdmann: *Die psychologischen Grundlagen der Beziehungen zwischen Sprechen und Denken*, in: Arch. f. syst. Phil. 2 (1895), 377; Goldstein 1948 a.a.O., 149; Miller / Galanter / Pribram 1960, a.a.O. [S. 120, Anm. 120], 208.

275 Wie ein Blick auf neuere Klassifikationsversuche zeigt (vgl. etwa die Übersicht bei Brain ²1965, a.a.O., ch. 5, sowie Bay 1973, a.a.O., 60), gilt Goldsteins (1948, a.a.O., 150) auf eine frühere Situation der medizinischen Aphasieforschung bezogene Bemerkung über deren »inhomogene Nomenklatur« noch immer.

b) Fehlende Eliminierbarkeit peripherer Defekte

Die genaue Bestimmung des ›spezifisch Sprachlichen‹ und des ›spezifisch Denkerischen‹ ist nicht nur eine Aufgabe der gegenseitigen Abgrenzung, sondern, wie wir gesehen haben, auch der internen begrifflichen Differenzierung. Bei den Defekten erhält dieser Punkt besondere Bedeutung. Konkrete Sprach- und Denkleistungen sind komplexe Ereignisse, welche sich – zumal mit Rücksicht auf ihre neurologischen Grundlagen – aus einer Vielzahl von Teilereignissen konstituieren, die nicht durchweg für sie spezifisch sind, die Gesamtleistung aber im Falle eines Defektes überproportional in Mitleidenschaft ziehen. So wie ein Kofferradio, das keine Skalenbeleuchtung und keine Abstimmungsanzeige besitzt, durch einen einfachen Kabelbruch in der Lautsprecherzuleitung total verstummen kann, ohne äußere Anzeichen seines intakten Empfangs- und Verstärkerteils zu geben, so kann eine einfache Lähmung der Sprechmuskulatur oder der Hände einen Menschen total verstummen oder als unfähig zu manuellen Intelligenzleistungen (einer Puzzle-Aufgabe z. B.) erscheinen lassen, auch wenn die Fähigkeiten dazu gar nicht betroffen sind. Es ist klar und in der Literatur vielfach gefordert worden, daß *›periphere‹* Defekte dieser Art auszuschließen sind, wenn man ein klares Bild über die tatsächlichen Sprach- oder Denkdefekte gewinnen will. *Was* peripher ist, bestimmt das *spezifisch* ›Sprachliche‹ oder ›Denkerische‹, woraus hervorgeht, daß für eine genaue Bestimmung weitaus mehr ausgegrenzt werden muß als vergleichsweise ›äußerliche‹ organische Schäden.[276] Da diese aber besonders klare

276 Unter Voraussetzung einer hinreichend klaren Trennung zwischen ›gegebenen Daten‹ und ›intelligenter Verarbeitung‹ (S. 90 und 117) könnte man Defekte, die speziell die Wahrnehmungsleistungen betreffen, aber unverhältnismäßig starke Auswirkungen auf die auf sie bezogenen Denkleistungen haben, als periphere Defekte ausgrenzen; ebenso alle Defekte der nicht spezifisch sprachlichen, aber für Sprachleistungen vorauszusetzenden elementaren Leistungen der Ausdrucksidentifikation (S. 149 f.). Die nichtoptimierten Lern- bzw. Rehabilitationsbedingungen (S. 253 f.) liefern ein weiteres Beispiel. Und eindeutig peripher sind natürlich auch eine Reihe von allgemeinen psychischen Beeinträchtigungen, die mit schweren Aphasien einhergehen: fehlende Motivation, gesteigerte Emotionalität, Abkapselung und Autismus, rasche Ermüdung, mangelndes Durchhaltevermögen, Konzentrationsstörungen, Euphorie oder Überängstlichkeit, Depressionen als Folge des Bewußtseins der eigenen Minderleistungen usw. (vgl. hierzu Goldstein 1948, a.a.O., 8 ff.; Bay 1964, a.a.O., 134 f.; ders.: *Neue Wege der Aphasieforschung*, in: Med. Klin. 60, 1965, 372 f.; Lennberg 1967, a.a.O., 179. 231 f.).

Beispiele liefern und alle wesentlichen Probleme sich schon an ihnen erläutern lassen, können wir uns hier durchaus auf sie beschränken.

Ihre Auswirkungen auf Sprache und Denken unterscheiden sich je nach Anzahl und Art der tangierten Organe und dem Zeitpunkt des ontogenetischen Auftretens. Beschränken wir uns der Einfachheit halber auf sprachliche Leistungen und betrachten wir zunächst die Folgen einzelner (totaler[277]) Organ-Ausfälle. Sie sind bei Defekten, die *nach* Abschluß der Sprachentwicklung auftreten, nicht allzu gravierend. Taubheit allein tangiert unter diesen Umständen (von sekundären psychischen Auswirkungen sehen wir ab) die sprachlichen Fähigkeiten nicht; der Taube kann lesen, sprechen und schreiben. Ebenso später Erblindete, die sogar ihre spezifische Beeinträchtigung bei der Sprachrezeption durch das Erlernen der taktilen Blindenschrift überwinden. Expressive Sprachstörungen durch isolierten Organ-Ausfall (Anarthrie der Sprechmuskulatur, Ataxie der Hände) fallen äußerlich mehr ins Gewicht, namentlich die Unfähigkeit zur Bewegung der Sprechmuskulatur. Aber auch hier ist die Sprache selbst nicht tangiert, es gibt Ersatzmöglichkeiten des Ausdrucks und der Nachweis, daß der Erkrankte nach wie vor sprach- und denkfähig ist, kann über sie leicht geführt werden.[278] Anders steht es bei angeborenen Defekten oder Defekten, die vor der Sprachentwicklung eintreten. Angeborene Blindheit ist zwar (bekanntlich) kein Sprachhindernis und entsprechendes dürfte auch, träte sie isoliert auf, für angeborene Ataxie gelten. Angeborene Anarthrie aber muß größere Auswirkungen haben, da die in der natürlichen Lernfolge primäre gesprochene Sprache durch die fehlende Korrekturmöglichkeit für den ›Lehrer‹ tangiert ist. Immerhin, es ist nicht theoretisch ausgeschlossen, daß eine Sprache rein beobachtend erlernt wird, und es gibt sogar Fälle, in denen der Lernerfolg demonstriert

277 Partielle Beeinträchtigungen würden das Bild komplizieren und sollen darum unberücksichtigt bleiben. Sie hätten ohnehin nur die Konsequenz, den Nachweis zentraler Sprach- und Denkdefekte noch schwieriger zu machen, als er, wie sich zeigen wird, auch mit der Voraussetzung eines totalen Ausfalls ist.

278 Die in der Aphasie-Literatur seit Pierre Marie wiederholt diskutierte und vielfach negativ beantwortete Frage, ob es *reine* Anarthrie (oder Ataxie) als reale klinische Erscheinung gibt, braucht uns nicht zu interessieren. Auch wenn es sie nicht gibt, muß der betreffende periphere Defekt und sein Anteil am Gesamtbild streng von den Auswirkungen aller übrigen unterschieden werden.

wurde.[279] Angeborene (reine) Taubheit schließlich führt zur Taubstummheit, zum völligen Ausbleiben der Sprachentwicklung also, welches bekanntlich (zumindest bei den gegebenen verbalen Rehabilitationsmethoden, vgl. Anm. 264) auch durch forciertes Training nur partiell zu überwinden ist. Hier haben wir es also mit einem ersten eindeutigen Fall einer unverhältnismäßig starken Sprachstörung durch periphere Defekte zu tun. Die Situation ist allerdings noch insofern methodisch günstig, als sich die Feststellung, *daß* ein Sprachdefekt vorliegt oder *daß* bzw. in welchem Umfang eine Rehabilitation eingetreten ist, ohne Probleme auf Grund der erbrachten Leistungen treffen läßt – vorausgesetzt, unsere Annahme *reiner* Taubheit ist richtig und andere Defekte (peripher oder zentral) liegen nicht gleichzeitig vor.

Die methodischen Schwierigkeiten beginnen, sobald wir gleichzeitige periphere Defekte mehrerer Organe ins Auge fassen. Schädigungen, die nur jeweils ein rezeptives und expressives Organ betreffen, sind noch vergleichsweise unproblematisch. Es ist zumindest theoretisch denkbar, wenn auch praktisch mit erheblichen Komplikationen verbunden, noch vorhandene bzw. entwickelte Sprachfähigkeiten an Hand der erbrachten Leistungen nachzuweisen. Die Probleme gehen nicht *grundsätzlich* über die einzelner Organ-Defekte hinaus. Der gleichzeitige Ausfall beider für die natürlichen Sprachen entscheidenden rezeptiven Organe – Gehör und Gesicht – muß demgegenüber, wenn er vor der Sprachentwicklung auftritt, zu ihrem totalen Ausbleiben und zum Versagen der vorliegenden Rehabilitationsmethoden führen. Daß die expressiven Fähigkeiten (mutmaßlich) intakt sind und so einen sicheren Rückschluß auf den fehlenden Sprachbesitz zu gestatten scheinen, mag für die praktische Beurteilung genügen; theoretisch besteht das Problem, daß die fehlenden Rezeptionsmöglichkeiten hier, anders als etwa im Falle von reiner angeborener Anarthrie, eine methodisch gesicherte Überprüfung dieses Tatbestands nicht gestatten.

279 Über ein einschlägiges Beispiel von angeborener Anarthrie berichtet Lenneberg (1967, a.a.O., 373-377). Kriterien waren vor allem korrekte Reaktionen auf sprachlich – ohne weitere Hilfsmittel – gegebene Fragen und Befehle. Hinzu kam die (zumindest partiell vorhandene) Fähigkeit, lesen zu lernen. Die absolute Sprechunfähigkeit blieb dabei – im Gegensatz zu Fällen von erworbener motorischer Aphasie, in denen die Verwendung der Schriftsprache zur temporären ›Deblockierung‹ der Sprechunfähigkeit führen kann (E. Weigl: *The Phenomenon of Temporary Deblokking in Aphasia*, in: Zs. f. Phon. Spr. u. Komm. 14, 1961, 337-364) – erhalten.

Bedeutsam ist das natürlich weniger für die Fähigkeit zur Hervorbringung syntaktisch und phonologisch korrekter Äußerungen als für die Fähigkeit zum korrekten Verständnis. Im Falle einer nach Abschluß der Sprachentwicklung eingetretenen Taubblindheit z. B. muß der mündliche Sprachausdruck nicht beeinträchtigt sein (der schriftliche ist durch die Erblindung tangiert), und man kann zunächst vernünftigerweise annehmen, daß den hervorgebrachten Äußerungen auch das volle Verständnis zugrundeliegt. Aber wie will man das angesichts fehlender Rückfragemöglichkeiten und sonstiger relevanter Kontakte mit dem Betroffenen sicher entscheiden? (Wie weit etwa sind die von Helen Keller ›verfaßten‹ Texte wirklich *von ihr*?) Es wäre denkbar, sofern der Tastsinn unbeeinträchtigt ist, ertastbare Buchstaben zu verwenden oder eine spezielle Tastschrift. Bei *erworbener* Taubblindheit mag das genügen. Bei *angeborener* Taubblindheit aber ergibt sich die Möglichkeit eines privaten taktilen Zeichensystems, das dem Beobachter unbekannt bleibt. (Wäre es etwa nicht denkbar, daß der Betroffene für sich prädikative Aussagen über den Besitz taktiler Eigenschaften macht, sc. Aussagen der Form ›dies ist F‹, und private taktile Wahrnehmungsmuster ›zeichenhaft‹ mit ihnen verbindet?)

Die weitaus größte Bedeutung kommt aber dem gleichzeitigen Ausfall der expressiven Sprechorgane zu: Anarthrie verbunden mit Schreibunfähigkeit. Tritt dies Syndrom nach Abschluß der Sprachentwicklung auf, so ist, wenn keine anderen Defekte hinzukommen, anzunehmen, daß die Sprachfähigkeit selbst und das rezeptive Verständnis trotz des vollständigen Ausbleibens spontaner oder reaktiver Sprachleistungen nicht beeinträchtigt sind. Aber der positive Nachweis ist schwierig. Man kann prüfen, ob Aufforderungen richtig befolgt werden, muß sich dann freilich an von der Lähmung nicht betroffene Leistungen halten (wenn sie die Hände tangiert, entfallen so die bedeutendsten) und von allen motivationalen Faktoren abstrahieren (die eigene Stellungnahme *zur* Sprachäußerung, die für das Verständnis von Imperativen konstitutiv ist, kann der Patient ja nicht mehr zum Ausdruck bringen). Zudem bleiben Aussagesätze unberücksichtigt. Ihnen kann man durch Fragen näherkommen, auf die der Patient mit Kopfnicken oder Kopfschütteln – falls das intakt ist – antworten kann. Aber abgesehen davon, daß auch hier motivationale Faktoren im Spiel sind, bleibt die Schwierigkeit, daß dieses ›formale‹, einzelne Aussageinhalte nicht erfassende Prüfungsverfahren *nur* bei später eingetretenen Defekten anwendbar ist (bei angeborenen bleibt unklar, ob der Aussageinhalt überhaupt erlernt wurde), daß Aussagen, die dem Patienten neu oder doch nicht von ihm verifiziert sind, nach wie vor unüberprüfbar bleiben (was nützt uns ein Kopfnicken oder Kopfschütteln auf die Frage ›Gibt es Leben auf anderen Sternen?‹) und daß man auch bei bekannten und verifizierten Aussagen weniger sein *Verständnis* als sein verfügbares *Wissen* erfaßt.

Ja, an der Möglichkeit eines intakten Sprachverständnisses ändert sich auch nichts, wenn die Lähmung positive Reaktionen auf Fragen und Aufforderungen vollständig ausschließt (wie bei der Blockierung der Acetylcholin-Transmission durch Curare). Denkbar wäre sogar, daß rezeptive *und* expressive Leistungen durch periphere Defekte verhindert werden, *ohne* daß dies den Sprachbesitz und den aktuellen Gebrauch der Sprache ›im Innern‹ beeinträchtigt. Beobachtete Minderleistungen, bis hin zum völligen Ausfall, lassen als solche den Schluß auf spezifische Denk- oder Sprachdefekte – aktuell oder der Fähigkeit nach – nicht zu.[280] Im Gegenteil, *wenn* tatsächlich nur periphere Defekte vorliegen, dürfte bei *abgeschlossener* und normal verlaufener Sprachentwicklung die Annahme noch vorhandener, intakter Sprachfähigkeiten und ihrer möglichen ›internen‹ Aktualisierung, weitaus plausibler sein als das Gegenteil. Bei *angeborenen* peripheren Defekten wird man, solange positive Evidenzen fehlen, eher der umgekehrten

280 Wenn es nach unseren obigen Überlegungen (S. 125 ff.) noch eines zusätzlichen Argumentes gegen einen radikalen logischen Behaviorismus bedürfte, so wäre es hier gegeben. Der logische Behaviorist könnte sich in den genannten Fällen nicht mit der Feststellung begnügen, daß der Sprachbesitz *unausgewiesen* ist, sondern müßte ihn definitiv *bestreiten*, da die allein in Rechnung gestellten Verhaltensleistungen ja ex hypothesi nicht mehr auftreten können. Aber Unausgewiesenheit ist nicht Unausweisbarkeit und methodische Unausweisbarkeit nicht Unmöglichkeit der begrifflichen Unterscheidung. Auf die Möglichkeit eines entsprechenden ›introspektiven‹ Nachweises (durch den Patienten selbst oder durch ›telepathische Fremdintrospektion‹ eines Außenstehenden, S. 129, Anm. 129), an deren Bestreitung dem logischen Behavioristen vor allem liegt, brauchen wir dabei gar nicht zu rekurrieren. Es genügt die (hypothetische) Annahme der vollzogenen kausalen Rückführung von beobachtbaren Sprachleistungen auf ihre komplexen anatomischen bzw. neurophysiologischen Grundlagen und der *dort* vollzogenen Differenzierung zwischen peripheren und nichtperipheren Defekten. Der Nachweis eines verdeckten Sprachgebrauchs wäre dann sehr wohl denkbar und das derzeitige Fehlen konkreter methodischer Voraussetzungen ändert am Sinne dieser Annahme nichts.

Auffassung zuneigen. Die *Möglichkeit* eines Spracherwerbs kann man angesichts der erwähnten positiven Befunde bei Fällen von angeborener Anarthrie aber auch hier nicht grundsätzlich ausschließen.

Fälle extremer peripherer Beeinträchtigung, bei denen *keine* Evidenzen über den nicht tangierten Bereich vorliegen, sind natürlich, sofern sie (zumindest in *rein* peripherer Form) überhaupt auftreten, nicht die Regel. In praxi dürften sie sich am ehesten bei Schlaganfallpatienten im akuten Krankheitsstadium zeigen, in dem Zustände der sprachlichen Kommunikationsfähigkeit mit aphasischen Zuständen abwechseln, und jeder, der einmal am Krankenbett eines solchen Patienten gesessen hat, wird wissen, wie schwer es ist, genau zu bestimmen, wieviel er von dem, was man sagt, versteht und wie weit seinen artikulatorisch defekten und z. T. völlig unverständlichen Äußerungen eine klare Kommunikationsintention zugrundeliegt. In den meisten Fällen aber sind Anzeigen hierüber gegeben. Patienten mit überwiegend ›motorischen‹ Sprachdefekten zeigen durch korrekte nichtsprachliche und fragmentarische sprachliche Reaktionen, daß ihr Verständnis (offenbar) nicht entscheidend beeinträchtigt ist; Patienten mit offensichtlichen Verständnisschwierigkeiten, semantischen oder syntaktischen Defekten – ›sensorische‹, ›amnestische‹ oder ›semantische‹ Aphasien, ›Jargon-Aphasie‹, usw. – beweisen durch intakte sprachliche Artikulationsleistungen, daß (offenbar) kein peripherer Defekt vorliegt.

Sprachdefekte, die *nicht* auf periphere Organ-Schädigungen zurückgehen, lassen sich, wenn diese *ganz* fehlen, relativ leicht auf Grund der zu beobachtenden Leistungen als solche erkennen; etwa bei einem Patienten mit ›semantischer‹ Aphasie, der flüssig artikulieren und auf sprachliche Äußerungen korrekt reagieren kann, der aber konstant semantisch benachbarte Wörter miteinander verwechselt. Problematisch sind die Fälle, in denen der Anteil der (vorhandenen) peripheren Defekte an der Gesamtleistung in Abgrenzung gegen möglicherweise mitbeteiligte, tieferliegende Sprach- und Denkschädigungen bestimmt werden muß. Dazu müßte man wissen, [a] *wann überhaupt* eine periphere Schädigung vorliegt, [b] wann eine *bloß* periphere Schädigung vorliegt, d. h. wann man sicher sein kann, daß alle *anderen* Voraussetzungen für eine korrekte Leistung gegeben sind, und [c] wann, wenn das letztere nicht zutrifft, *welche* tieferliegenden

Defekte gegeben sind, vorab natürlich solche, die das spezifisch ›Sprachliche‹ oder ›Denkerische‹ betreffen. Auf der Ebene des beobachtbaren Verhaltens ist das wegen der überproportionalen Auswirkung peripherer Defekte nicht möglich. ›Fremdintrospektive‹ Nachweismethoden dürfen wir ausscheiden. So bleibt nur der anatomische oder neurologische Nachweis im physischen ›Inneren‹, der in die oben erwähnten Probleme führt.

Organische Schäden an den äußeren Sinnesorganen und der Muskulatur, sowie an den von ihnen zum Gehirn führenden Nervenbahnen, lassen sich feststellen; soweit also ist eine partielle Antwort auf Frage [a] zu erreichen. Im Bereich des Gehirns jedoch sind wir derzeit auf mehr oder weniger vage Vermutungen angewiesen. Wie etwa soll ein zerebraler Gehörschaden der das Sprachverständnis beeinträchtigt, sicher von anderen, für die Sprache selbst wesentlicheren ›sensorischen‹ Defekten unterschieden werden? Anatomische Befunde helfen hier allenfalls bei Läsionen weiter, die an der unmittelbaren Eintrittsstelle der vom Ohr kommenden Nervenstränge liegen, und auch das nur unter zahlreichen Vorbehalten. Man müßte die Rezeption und Integration akustischer Signale im Gesamthirn neurophysiologisch verfolgen und (etwa) eine ›rein perzeptive‹ von einer ›phonetischen‹, ›phonologischen‹ und ›syntaktischen‹ Verarbeitungsstufe unterscheiden können, eine Forderung, die weit außerhalb des in absehbarer Zeit Realisierbaren liegt. Erst recht gilt das für unsere Antwort auf [b] und [c]. Auch wenn ein peripherer, nur die perzeptiven Aspekte betreffender Gehörschaden anatomisch oder neurologisch nachweisbar wäre, würde das einen gleichzeitigen tieferliegenden Defekt natürlich nicht ausschließen. Ein beträchtlicher Teil der ›Taubstummen‹ ist bekanntlich nicht *rein* taub, sondern zeigt zusätzliche, über die Ertaubung hinausgehende Defekte (was bei Krankheiten wie Meningitis – der wohl häufigsten Ursache für erworbene Taubheit – auch zu erwarten ist, da hier nicht nur das Ohr, sondern auch das Gehirn selbst in Mitleidenschaft gezogen werden kann). Ermittelt werden diese Defekte jedoch durch Minderleistungen, die über diejenigen von (offenbar) *nur* Ertaubten hinausgehen, und dieses Verfahren führt uns natürlich nicht weiter, weil es per definitionem tieferliegende Defekte, die durch die überproportionalen Auswirkungen der peripheren verdeckt werden, nicht erfaßt. Um entscheiden zu können, ob bzw. welche nicht peripheren Voraussetzungen des normalen Sprechens und Denkens tangiert sind, müssen wir sie zunächst neurologisch spezifizieren, womit wir vor den gleichen, der Zahl und der Komplexität nach nur noch um ein vielfaches gesteigerten Problemen stehen wie bei der neurologischen Identifikation von (nicht organisch bedingten) peripheren Defekten und zusätzlich noch mit den erwähnten, vor jeder neurologischen Rückführung zu lösenden begrifflichen und methodischen Differenzierungsproblemen konfrontiert werden.

5. Verfehlen des Fragesinns infolge unzureichender Differenzierung des Sprachbegriffs

Fassen wir die bisherigen Ergebnisse zusammen. Der Versuch, die Sprachabhängigkeitsthese mit Hilfe der vorliegenden Beobachtungen über angeborene oder erworbene Sprachdefekte zu begründen, scheitert in mehreren Hinsichten. Schon die Behauptung der durchgängigen Mitbeeinträchtigung des Denkens ist nicht sicher und muß vor allem für die Taubstummen, teilweise aber auch die Aphasiker, qualitativ und quantitativ erheblich eingeschränkt werden. Die verbleibenden positiven Evidenzen werden in ihrer Bedeutung weiter beschränkt durch den unaufgeklärten Anteil von peripheren Defekten bzw. sekundären Lerndefiziten und nicht opitmalen Rehabilitationsmethoden. Und natürlich könnte auch die gesicherte Tatsache gemeinsamer Denk- und Sprachdefekte als solche kein Beweis für ein Abhängigkeitsverhältnis sein. Erst der Rekurs auf die ihnen zugrundeliegenden anatomischen oder neurologischen Ursachen könnte die These plausibel machen. Doch unser Wissen hierüber ist nicht spezifiziert genug, um den erforderten Nachweis zu führen. Einstweilen (und auf unabsehbare Zeit hinaus) bleibt dieser Weg zur Verstärkung des faktischen Zusammenhangs zwischen Sprache und Denken verschlossen.

Man könnte denken, daß unsere Frage damit im wesentlichen zu einer Frage des Fortschritts in der Medizin geworden ist. Aber das wäre ein Irrtum. So komplex die zu lösenden hirnphysiologischen Probleme auch sein mögen, bei der Entscheidung über die Abhängigkeitsthese sind sie noch immer die kleinere Schwierigkeit. *Relevant* sind die physiologischen Zustände und Prozesse nur *als* Ursachen von beobachtbaren Symptomen, d. h. von Defekten im Sprechen und Denken, die unabhängig von ihnen identifizierbar sein müssen. Die begrifflichen Voraussetzungen hierfür, namentlich die interne Differenzierung des ›übergreifenden‹ Sprachbegriffs, sind jedoch bislang nicht gegeben. Dieses entscheidende Hindernis auf dem Weg zu gesicherten Rückschlüssen auf bestehende Abhängigkeiten ist von der Aphasie- und Taubstummenforschung bis in die jüngste Zeit hinein nicht in seiner vollen Bedeutung erkannt worden. Nur so erklärt es sich, daß die Verfechter der Abhängigkeit die Beobachtungen an Menschen mit Sprachdefekten – trotz gegenteiliger Evidenzen auf der Verhaltensebene und der offenkundigen Unmöglichkeit einer eindeutigen Entscheidung auf der Ebene der anatomischen oder neurologischen Ursachen – als Bestätigung aufgefaßt haben: die nachgewiesenen nichtsprachlichen Intelligenzleistungen wurden stillschweigend als ›nicht gleichrangig‹ mit den sprachlichen angesehen und die Sprachdefekte infolge des undifferenzierten Sprachbegriffs pauschal als gleichzeitige Defekte auch des Denkens behandelt. Beides ist kurzschlüssig, wobei das letztere fraglos das größere Gewicht besitzt, weil es den *Sinn* der Zusammenhangsfrage betrifft, während das erste nur ihre konkrete *Beantwortung* beeinträchtigt und mit Blick auf die vorliegenden Untersuchungen sicher auch partiell zu rechtfertigen ist.

a) Unzureichende ausdrucksseitige Differenzierungen

Für das Verfehlen des Fragesinns auf der Symptomebene bietet vor allem die medizinische Aphasieforschung eindringliche Beispiele.[281] Die klinischen Gegebenheiten haben hier eine vorzügliche, wo nicht ausschließliche Orientierung an den beobachtbaren Laut- oder Schriftäußerungen der Patienten nahegelegt und zugleich eine stillschweigende Gleichsetzung von ›Sprache‹ und (faktischem) Sprachverhalten. Schon auf der *Ausdrucksseite* muß

281 Wir können uns auf die Aphasieforschung als den markanteren Fall konzentrieren. Prinzipiell gelten ähnliche Überlegungen auch für die vorliegenden Untersuchungen an Taubstummen, doch fallen sie hier zunächst weniger ins Gewicht, da die Probleme in der Regel nur die verzögerte bzw. unvollständige Entwicklung der Sprache betreffen, die nach den gleichen linguistischen Kriterien zu beurteilen ist wie diejenige von normalsinnigen Kindern. Die Notwendigkeit einer begrifflichen Differenzierung ergibt sich so erst bei weiterer sprachtheoretischer Reflexion, während sie bei den in sich verschiedenartigen und von der gewöhnlichen Sprache erheblich abweichenden aphasischen Sprachdefekten unmittelbar gefordert ist.

das zu Verkürzungen führen. Eine direkte Folge der Beschränkung auf das Beobachtbare waren Probleme bei der Ausgrenzung peripherer Faktoren. Die Notwendigkeit, ›anarthrische‹ Störungen von der eigentlichen ›aphasischen‹ Störung zu unterscheiden, kann heute zwar ebenso wie die Ausgrenzung nichtspezifischer Defekte als allgemein anerkannt gelten,[282] doch mußte sie von Marie erst *gegen* die ›klassische‹ (nicht differenzierende) Aphasielehre durchgesetzt werden und war auch in seiner Darstellung zunächst durch die Annahme einer ›reinen‹ klinischen Erscheinungsform beider Defekte unnötig (vgl. Anm. 278) verunklart.[283] Die sprachtheoretische Bedeutung der Ausgrenzung peripherer Faktoren liegt, wenn wir von den – der ›klassischen‹ Aphasielehre natürlich noch nicht zu Gebote stehenden – strukturalistischen Grundunterscheidungen ausgehen, vor allem darin, daß sie die Einführung eines vom Begriff der ›Verwendung‹ durch einzelne Sprecher (›parole‹ bzw. ›performance‹) prinzipiell unterschiedenen Begriffs des ›Sprachsystems‹ (›langue‹, ›competence‹), das allen Sprechern gemein ist, ermöglicht und damit einen ersten Schritt in Richtung auf das ›spezifisch Sprachliche‹ darstellt. In der Aphasieforschung haben jedoch bis in die jüngste Zeit hinein – unabhängig von der erfolgten Anerkennung des peripheren Charakters bestimmter Defekte – weder diese noch die weiteren, das ›System‹ intern differenzierenden Unterscheidungen der strukturellen Linguistik eine größere Rolle gespielt.

282 Mit Ausnahmen allerdings: noch 1969 mußte Bay in seiner Antwort auf Einwände, die gegen seine diesbezügliche Kritik an der traditionellen Aphasielehre erhoben wurden, die Bedeutung der Unterscheidung hervorheben; vgl. E. Bay: *Aphasielehre und Neuropsychologie der Sprache*, in: Der Nervenarzt 40 (1969), 53-61, die darauf bezogenen »Bemerkungen« von W. Steinbrecher (a.a.O., 537-539) und Bays »Schlußbemerkungen« (a.a.O., 585-587).

283 Die drei grundlegenden Aufsätze Maries wurden 1906 in der »Semaine Médicale« (Nr. 28, 241-247. 493-500. 565-571) veröffentlicht und lösten eine berühmt gewordene Kontroverse aus, die zwei Jahre später zu einem eigenen, dieser Frage gewidmeten Symposion führten (veröff. in der »Rev. Neurol.« 16, 1908, 611 ff. 974 ff.). Maries Kritik richtete sich gegen die herrschende (›klassische‹) Auffassung; sie war, soweit sie die konsequente Ausgrenzung von ›peripheren‹ Artikulationsdefekten betraf, nicht originär. Schon John Hughlings Jackson (*On Affections of Speech from Disease of the Brain* [orig. in: Brain 1, 1879/2, 1880], repr. in: Brain 38, 1915, 112 f.) hatte klar zwischen der bedeutungshaltigen »Rede«, der »Artikulation« und der »Stimme« unterschieden und darauf hingewiesen, daß jede von ihnen gesondert durch eine Erkrankung betroffen sein könne. Sein zentraler »Rede-Defekt« (vgl. noch unten S. 275 ff.) ist in ausdrücklicher Abstraktion von Defekten der »Artikulation« und der »Stimme« eingeführt.

Bei der Abgrenzung verschiedener Aphasietypen auf der Symptomebene orientierte man sich, gestützt allenfalls auf bestimmte Unterscheidungen der traditionellen Grammatik, an den im Vergleich mit Gesunden auffälligsten Erscheinungen. Neben einer Globaleinteilung in expressive (›motorische‹) und rezeptive (›sensorische‹) Sprachstörungen finden sich zahlreiche Einzelkategorien, die sich auf Phänomene beziehen wie: offenkundige grammatische Fehler und Verkürzungen (›Agrammatismus‹, ›Telegrammstil‹); ›Echolalien‹; Wahl falscher Wörter, Wort-Verstümmelungen und spontaner Gebrauch von Nonsense-Wörtern (›Paraphasien‹, ›Jargon-Aphasien‹); fehlendes Verständnis für einzelne Wörter (›Worttaubheit‹, ›Wortblindheit‹); Schwierigkeiten bei der Wortfindung oder völlige Unfähigkeit dazu (›amnestische Aphasie‹, ›nominale Aphasie‹) und andere. Natürlich können solche Unterscheidungen klinisch signifikant sein, und auch in theoretischer Hinsicht sind sie nicht völlig nutzlos. Aber es fehlt ein sprachtheoretisches Klassifikationsprinzip und die Tatsache, daß die so gewonnenen Einteilungen immer noch den gebräuchlichen begrifflichen Rahmen bilden und eine angemessene Typologie (trotz neuerer in diese Richtung gehender Bemühungen) noch nicht in Sicht ist, ist ein Indiz für das unzureichende Verständnis für einen differenzierten Sprachbegriff.[284]

284 Die Einsicht in die Bedeutung sprachtheoretischer Vorklärungen für eine angemessene Klassifizierung aphasischer Symptome ist in der Aphasieforschung erst in neuerer Zeit gewachsen. Noch 1948 konnte Goldstein, den der Vorwurf eines ausschließlich medizinischen Zugangs zum Aphasieproblem sicher am allerwenigsten trifft, im Vorwort zu seinem Buch schreiben: »we shall have to consider problems of psychology, *even* of linguistics« (1948, a.a.O., p. ix, Hervorhebung von mir), und mit dieser ›verräterischen‹ Erklärung zu erkennen geben, daß auch für ihn die sprachtheoretischen Fragen nur eine untergeordnete Rolle spielen – eine Tatsache, die der weitere Verlauf des Buchs dann auch voll bestätigt.

Der Anstoß zur Einbeziehung sprachwissenschaftlicher Fragestellungen ist (m. W.) auch nicht aus den Reihen der Aphasieforschung selbst, sondern aus der Linguistik gekommen. Pionierarbeit in dieser Hinsicht hat R. Jakobson geleistet, zunächst mit seiner, freilich auf eine spezielle Fragestellung (den stufenweisen Auf- oder Abbau des Sprachsystems) beschränkten und nur den phonematischen bzw. phonologischen Bereich berücksichtigenden Abhandlung *»Kindersprache, Aphasie und allgemeine Lautgesetze«* [orig. Uppsala 1944], repr. Frankfurt 1962, später in mehreren Arbeiten, die sich direkt um eine linguistisch begründete Typologie von Aphasieformen bemühen (vgl. vor allem *Towards a Linguistic Typology of Aphasic Impairments,* in: de Reuck / O'Connor 1964, a.a.O., 21-42), doch handelt es sich dabei weniger um einen systematischen Neubeginn als um linguistisch fundierte Rekonstruktionen vorhandener Unterscheidungen, für die nur wenige Strukturmerkmale benutzt

b) Fehlende Spezifität einer behaupteten semantischen ›Grundfunktion‹

Bedeutender als im Bereich der sprachlichen Ausdrücke (wo das Hauptproblem nur in der Anwendung größtenteils schon bereitliegender linguistischer Unterscheidungen besteht, ergänzt lediglich durch neueinzuführende Begriffe für Phänomene, die im normalen Sprachgebrauch nicht auftauchen, z. B. ›Jargon‹) sind seine Auswirkungen im Bereich der *Semantik*. Hier liegt der entscheidende Grund für die anhaltende und im ganzen ergebnislos gebliebene Kontroverse um das Problem von ›Intelligenz und Aphasie‹ und hier können die Schwierigkeiten auch nicht durch Rückgriff auf bereitliegende begriffliche Mittel in anderen Disziplinen gelöst werden. Die stillschweigende Gleichsetzung von ›Sprache‹ und zu beobachtenden Laut- oder Schriftäußerungen hat in der Aphasieforschung zeitweilig zum vollständigen Übergehen des semantischen Bereichs geführt und seine angemessene Einschätzung nachhaltig erschwert. In seiner Kritik an F.C. Finkelnburg, der eine Rückführung aller aphasischen Erscheinungen auf eine zentrale semantische Störung (»Asymbolie«) erwogen hatte,[285] erklärt Wernicke – einer der Begründer der ›klassischen‹ Aphasielehre – kategorisch: »Das Erlernen der Sprache besteht in Nachahmung des Gehörten, die Sprache ist nicht identisch mit

werden und die – was mehr ins Gewicht fällt – auch keineswegs *konsequent* linguistisch sind (vgl. hierzu E. Green: *Psycholinguistic Approaches to Aphasia*, in: Ling. 53, 1969, 42 ff.). Andere Versuche zu einer zumindest partiell auf sprachwissenschaftliche Unterscheidungen gegründeten Einteilung finden sich u. a. bei Brain (1965, a.a.O., ch. 6) und A. Luria: *Factors and Forms of Aphasia*, in: de Reuck / O'Connor 1964, a.a.O., 143-161 (weitere Literatur bei Bay 1973, a.a.O., 59). Bislang fehlt es jedoch an detaillierten sprachwissenschaftlichen Analysen von Texten, auf die eine befriedigende Typologie gestützt werden könnte. Für zwei neuere Arbeiten, die hier weiterführen, vgl. E. Weigl / M. Bierwisch: *Neuropsychology and Linguistics: Topics of Common Research*, in: Found. of Lang. 6 (1970), 1-18 und Th. Stockert / C. Heeschen: *Eine linguistische Methode zur Untersuchung von Aphasien*, in: Der Nervenarzt 42 (1971), 305-311.

285 Finkelnburgs Vortrag vor der Niederrhein. Ges. d. Ärzte in Bonn wurde in der »Berlin. Klin. Wochenschr.« (Bd. 7, 1870, 449-450, 460-461) in Referatform ohne Titel veröffentlicht. Die »Asymbolie« soll nicht nur die Fähigkeit zum rezeptiven oder produktiven Gebrauch von sprachlichen, sondern auch zum Gebrauch von nichtsprachlichen konventionellen Zeichen (Noten, Rangabzeichen, Gesten usw.), ja sogar tierische Formen der Zeichenverwendung betreffen und sich ausschließlich auf den ›zeichenhaften‹, sinnlichen Ausdruck der betroffenen psychischen »Begriffe«, nicht aber auf diese selbst erstrecken.

einer gewissen Höhe der geistigen Entwickelung; Denken und Sprechen sind zwei von einander ganz unabhängige Processe, die sich sogar gegenseitig hemmen können. [...] Etwas schlimmeres könnte der Lehre von der Aphasie gar nicht begegnen, als dass man die dabei vorkommenden Störungen der Intelligenz – wie sie gelegentlich auch bei jeder anderen Heerderkrankung des Gehirns zu beobachten sind, – als wesentlich zum Krankheitsbild gehörig auffasste.«[286] Diese Extremposition, die nicht nur pauschal (und völlig unbegründet) von der Sprachunabhängigkeit des Denkens ausgeht, sondern die Sprache total auf die Ausdrucksseite reduziert, hat natürlich auch innerhalb der Aphasieforschung lebhaften Widerspruch erfahren und ist in dieser Form (m. W.) nicht mehr vertreten worden. Gleichwohl hat sie die weitere Auseinandersetzung nachhaltig belastet.

Wernickes Darstellung ist eine vereinseitigende und pauschalisierende Reaktion auf eine entsprechend vereinseitigte Darstellung schon bei Finkelnburg, und die angemessene Antwort auf sie hätte die Differenzierung des Sprachbegriffs sein müssen. Alle Aspekte des komplexen Phänomens ›Sprache‹ können in Kombination oder je einzeln von Krankheiten oder Verletzungen betroffen werden. Denkbar wäre z. B. eine Störung der Ausdrucksidentifikation (›Amnesie‹ für bestimmte Wörter, syntaktischer oder morphologischer ›Agrammatismus‹), die das ›Begriffsschema‹ und die Zeichenverwendung selbst nicht tangiert. Ebenso könnte eine Beeinträchtigung des Begriffsschemas auftreten, bei der Zeichenverwendung und Ausdrucksidentifikation nicht berührt sind. Oder die Ausdrucksseite und das Begriffsschema bleiben intakt, während die Zeichenverwendung gestört ist (eigentliche ›Asymbolie‹). Wernicke reduziert die aphasischen Störungen stillschweigend auf den ersten Fall, ohne die beiden anderen und die für die Abhängigkeitsthese weit interessanteren Kombinationen in Rechnung zu stellen. Diese Beschränkung wird später fallengelassen. Aber erhalten bleibt die Idee der Rückführung aller aphasischen Störungen auf einen zentralen Defekt, den die Verfechter der Abhängigkeit als untrennbar verbunden mit einer zentralen Störung des Denkens ansehen. Von einer *allgemeinen* Demenz neben der Sprachbeeinträchtigung konnte mit Rücksicht auf die

286 C. Wernicke: *Der aphasische Symptomencomplex* [orig. Breslau 1874], repr.: Berlin 1974, 33 u. 35

bekannten Tatsachen natürlich niemals die Rede sein, wohl aber von einem *speziellen* Defekt, der (im Interesse der Rückführung) nur kein beliebiger *Teil* der Gesamtheit sprachlicher Denkleistungen sein durfte, sondern den Status einer ihnen allen gemeinsamen *›intellektuellen Grundfunktion‹* haben mußte. Diese Idee hat die Versuche zur Begründung der Abhängigkeitsthese im Rahmen der Aphasieforschung bestimmt und ihnen mit ihrer inhärenten Pauschalisierung den angemessenen Zugang zu den Problemen verstellt.

Zunächst ergibt sich die Schwierigkeit, die gewünschte ›Grundfunktion‹ inhaltlich zu spezifizieren. Marie ging über die Rede von einer »speziellen Sprachintelligenz« erst gar nicht hinaus und ließ das Problem damit von vorneherein ungelöst.[287] Jackson allerdings hatte – erheblich früher und unbeeinflußt durch eine etablierte ›klassische‹ Lehre – eine spezifizierte Erklärung gegeben. Er unterschied zwischen einem niedriger einzustufenden »emotionalen« (»automatischen«) Sprachgebrauch und einem höher einzustufenen »intellektuellen« (»willentlichen«) und bestimmte den letzteren, dessen Verlust allein für den zentralen »Rededefekt« entscheidend sein sollte, als sprachlich vermitteltes, prädikatives Aussagenmachen.[288] Die Idee der ›Grundfunktion‹ erhielt so einen

287 Vgl. dazu Cassirer 1929, a.a.O., 254.

288 »Speaking is not simply the *utterance* of words. The utterance of any number of words would not constitute speech. Speaking is ›propositionizing‹. To this meaning the term must be rigidly kept.« »A proposition – e. g., gold is yellow – consists of two names, each of which, by conventional contrivances of position, &c. (called grammatical structure in well-developed languages), modifies the meaning of the other. [. . .] When we apprehend a proposition, *a relation between two things is given* to us – is for the moment, indeed, forced upon us by the conventional tricks which put the two names in the respective relations of subject and predicate.« (J.H. Jackson: *On the Nature of the Duality of the Brain*, [orig. in: Med. Press and Circ. 1, 1874], repr. in: Brain 38, 1915, 82, bzw. ders.: *Notes on the Physiology and Pathology of the Nervous System* [orig. in: Med. Times and Gaz. 2, 1868], repr. in: Brain 38, 1915, 66 f.; vgl. auch Jackson 1879/1880, a.a.O., 113 f.)

Jacksons Aufsätze sind (m. W.) noch immer die sprachtheoretisch bedeutendsten Arbeiten zum Aphasieproblem, bedeutender jedenfalls als die zwar ausdrucksseitig differenzierteren, aber weitgehend unsemantischen linguistischen Arbeiten, die in Anm. 284 zitiert wurden, und bedeutender auch als die semantisch ausgerichteten, an Jackson anknüpfenden, aber sprachtheoretisch weniger prägnanten Arbeiten Bays (vgl. Anm. 295). Fast zwanzig Jahre vor Freges berühmtem Diktum in den *»Grundlagen«* vertritt Jackson bereits die ›modern‹ anmutende Auffassung vom Satz als kleinster Redeeinheit, innerhalb derer einzelne Wörter allein Bedeutung haben: »Of course, we do not either speak or think in words or signs only, but in words or

konkreten Sinn, erwies sich freilich zugleich als schlecht zu bestätigende theoretische Hypothese, da die methodische Möglichkeit zur Unterscheidung zwischen einem nur ›emotionalen‹ und einem ›intellektuellen‹ Sprachgebrauch fehlt und die Vielzahl der (offenbar) ›nichtemotionalen‹ Defekte kaum auf den Nenner einer Störung des ›Aussagemachens‹ zu bringen ist.

Die Probleme, in die die (›nichtklassische‹) Aphasieforschung

signs referring to one another in a particular manner [. . .] Indeed, words in sentences lose their individual meaning – if single words can be strictly said to have any meaning – and the whole sentence becomes a unit, not a word-heap.« »Single words are meaningless, and so is any unrelated succession of words. The unit of speech is a proposition.« (J.H. Jackson: *Notes on the Physiology and Pathology of Language* [orig. in: Med. Times and Gaz. 1, 1866], repr. in: Brain 38, 1915, 56 bzw. Jackson 1879/80, a.a.O., 113, vgl. 182). Auch Jackson ist darin nicht ganz originär, denn der Gedanke selbst war schon bei Humboldt (vgl. S. 58) und anderen Autoren seiner Zeit (Destutt de Tracy, Bentham, vgl. Kretzmann 1967, a.a.O. [S. 34, Anm. 18], 390 f.) angelegt. Jackson ist pointierter in der Ablehnung der Bedeutung von Einzelwörtern und seiner unzweideutig semantischen Auffassung des ›Satzes‹ als prädikativ strukturierter ›Proposition‹. Was andererseits auch bei ihm gegenüber der späteren Auffassung Freges fehlt, ist klar: die Einsicht in den grundsätzlichen Funktionsunterschied zwischen dem referentiellen und dem prädikativen Satzteil – Jackson spricht undifferenziert von »Namen« für »Gegenstände« – und die ausdrückliche Bestimmung von Wahrheit und Falschheit als dem für die Bedeutung des Gesamtsatzes ebenso wie die seiner Teile konstitutiven Gesichtspunkt.

Auch in einer anderen Hinsicht hat Jackson sprachtheoretisch scharf gesehen. Er begeht nicht den auf den grammatischen Bereich bezogenen ›Fehler des Linguisten‹ (S. 210), das prädikative ›Aussagenmachen‹ mit einer bestimmten grammatischen Struktur von Sätzen zu vermischen, denn er rechnet sowohl mit Einwortsätzen, die die semantische Funktion einer ›Proposition‹ haben, wie auch mit grammatisch vollständigen prädikativen Sätzen, denen bloß eine »emotionale« Bedeutung zukommt (vgl. Jackson 1879/1880, a.a.O., 113 f. 163. 182).

Bedenklich allerdings ist die Verbindung des ›propositionalen‹ mit dem ›willentlichen‹ Sprachgebrauch und deren gemeinsame Abgrenzung gegen den ›automatischen‹ oder ›emotionalen‹, denn hier werden zwei grundverschiedene Gesichtspunkte zusammengebracht: ein qualitatives Identifikationskriterium für einen bestimmten intelligenten Leistungstyp und ein allgemeines Einteilungskriterium für die Ausführung von Leistungen überhaupt, intelligenten wie nichtintelligenten. Das muß zu Verwirrungen führen. Jackson geht von der Beobachtung aus, daß Aphasiker häufig eine bestimmte Leistung, die sie im Alltag mühelos ausführen, bei ausdrücklicher Aufforderung dazu nicht mehr erbringen können. Das weist auf eine Blockierung des willentlichen Handelns, die sich (wie Jackson selbst hervorhebt 1879/1880, a.a.O., 168) natürlich auch auf nichtsprachliche Handlungen auswirken muß. Die vergleichsweise guten Leistungen im alltäglichen Leben glaubt Jackson durch ihren ›automatisierten‹ (d. h. nicht willentlichen) Charakter erklären zu müssen. Solche Automatismen zeigen sich bei den Aphasikern auch im Gebrauch von Nonsense-Wörtern und stereotypen Redewendungen, die ihren gesamten semantischen Wert und speziell den ›propositionalen‹ eingebüßt haben, und über diese Brücke erhält der Gesichtspunkt

dadurch geriet, zeigen sich in der Arbeit von Head,[289] der zwar an die Bestimmungen Jacksons anknüpft und wie dieser das ›emotionale‹, ›automatische‹ Sprechen *(I,515 ff.)* dem bedeutungsvollen Sprachgebrauch mit ›propositionalem Wert‹ gegenüberstellt, Jacksons Begriff der ›Proposition‹ aber in einem viel unspezifizierteren Sinne verwendet *(I, 207. 209. 212)*, ja, ihn als zu »umstritten« und zu wenig allgemein zurückweist *(I, 209)* und durch den weiten Begriff der »symbolischen Formulierung und des symbolischen Ausdrucks« ersetzt (vgl. *I, 210 f. 217*). Entscheidend ist jetzt nur mehr die Intervention von Symbolen überhaupt, und die Defekte bei einzelnen Leistungen sind um so größer, je mehr »symbolische Aktivität« für sie erfordert ist. Von Finkelnburgs vagem Begriff der »Asymbolie« unterscheidet sich Heads Darstellung durch ihre vergleichsweise detaillierten Angaben über Leistungen, die den Symbolgebrauch – in signifikantem Umfang – involvieren.[290] Doch fehlt es infolge des rein »empirischen« Vorgehens *(I, 217)* an einem klaren Auswahlkriterium, so daß die ›Grundfunktion‹ letztlich unbestimmt bleibt.

Diese Unbestimmtheit kennzeichnet auch die Erklärungen aller

der ›willentlichen‹ bzw. ›automatischen‹ Ausführung dann unversehens die Funktion eines selbständigen Kriteriums für die ›Propositionalität‹ einer Äußerung (vgl. Jackson 1879/80, a.a.O., 114. 163 und ders.: *On the Anatomical and Physiological Localization of Movements in the Brain,* [orig. in: The Lancet 1, 1873], repr. in: Brain 38, 1915, 77 f. An solchen Stellen sieht es so aus, als sei die ›*Willentlichkeit*‹ einer Äußerung für ihren Status als ›Aussage‹ ebenso wichtig oder noch wichtiger als die Tatsache, daß sie *Bedeutung* hat und ›*propositional*‹, d. h. prädikativ, strukturiert ist, während es in Wahrheit natürlich ebenso denkbar ist, daß eine semantisch vollgültige prädikative Aussage ›emotional‹ oder ›automatisch‹ gemacht wird, wie umgekehrt, daß eine sinnlose Äußerung oder sonstige Handlung *nicht* ›emotional‹ oder ›automatisch‹ verläuft.

289 H. Head: *Aphasia and Kindred Disorders of Speech,* Cambridge 1926, 2 Bde.

290 Als solche, die Intervention von Symbolen erfordernde bzw. durch ihre Verwendung signifikant erleichterte Leistungen nennt Head u. a.: die Nachahmung spiegelverkehrt wahrgenommener Gesten (vgl. *I,204. 208 f. 212. 518. 523*); das Erfassen von räumlichen, zeitlichen und anderen Relationen *(214 ff. 518 f. 527 ff.)*; die Wiedergabe eines Textes in einer anderen Schriftart *(213. 519)*; problemlösendes Denken, das nicht auf Versuch und Irrtum beruht *(534)*; das Erfassen von Ähnlichkeiten *(524 f.)*; das gleichzeitige Erfassen zweier oder mehrerer Gegenstände bzw. Aussagen *(205 f. 211. 518. 524)*; die Bildung einer zusammenhängenden Gedankenkette statt unverbundener Bilder *(521 f. 525. 529)*; Abstraktion und systematische Analyse einer Situation *(213. 525 ff.)* sowie Generalisationsleistungen *(528 f.)*.

späteren Verfechter dieser Idee. Goldstein – der in dieser Beziehung führende Forscher in Deutschland – hatte die Grundstörung zunächst als Störung des »kategorialen Verhaltens« bezeichnet, die sich in charakteristischen Minderleistungen beim Sortieren von Gegenständen zeigt.[291] Aber schon diese Angaben sagen wenig aus über die angenommene ›Grundfunktion‹, da natürlich nicht *alle* Klassifikationsleistungen tangiert sind und schwer zu sehen ist, wie sie sich weiter spezifizieren ließen, ohne dadurch ihre empirische Allgemeingültigkeit zu gefährden.[292] Ohnehin fällt es

291 Vgl. Goldstein / Gelb 1924, a.a.O., 86. 114.

292 Die Minderleistungen der Aphasiker in Sortiertests sind – im Vergleich mit Normalen ebenso wie mit nichtaphasischen Hirnverletzten – empirisch gut bestätigt (vgl. auch Anm. 260), doch ist nicht ohne weiteres zu erkennen, was ihnen zugrundeliegt. Goldstein und Gelb hatten hervorgehoben (1924, a.a.O., 59. 66 f. 77 f. 96 u. a.), daß die Farbwahrnehmung und die Farbdiskrimination als solche nicht beeinträchtigt sind, ein Befund, der durch neuere Untersuchungen bestätigt wurde (De Renzi / Faglioni / Scotti / Spinnler 1972, a.a.O.). D. h. die qualitativen Abgrenzungen sind erhalten und können grundsätzlich auch als Klassifikationskriterien verwendet werden. (Auch der von De Renzi et al. verwendete Farnsworth-Munsell-Farbdiskriminationstest besteht schließlich im Sortieren von farbigen Plättchen!) Nun hatten Goldstein und Gelb freilich ihre Behauptungen über die Störung des »kategorialen Verhaltens« nicht mit der *völligen* Unfähigkeit der Patienten zum Sortieren nach Farben begründet, sondern mit ihrer Unfähigkeit zum Sortieren nach einer *»abstrakten Farbkategorie«*, unterschieden von »konkreten« Farbnuancen (a.a.O., 68 f. 79. 82 f. u. ö.). Doch wo liegen die Grenzen? Die Behauptung, Farben wie Rot und Blau oder andere alltägliche Qualitäten seien ›abstrakter‹ als ihre jeweiligen internen Differenzierungen oder gar als die qualitativen Abgrenzungen einfacher ›Sortale‹ (S. 97, Anm. 80), ist in der Aphasieforschung mehrfach vertreten worden (z. B. Head 1926, a.a.O., I,213. 526; E. De Renzi / L.A. Vignolo: *The Token Test: A Sensitive Test to Detect Receptive Disturbances in Aphasics*, in: Brain 85, 1962, 666), ist aber nur ein Ausdruck der naiven traditionellen Vorstellung von der Priorität des Besonderen gegenüber dem Allgemeinen, die für uns nicht verpflichtend ist. Auch die in Kap. VIII (S. 201, Anm. 200) erwähnten Sprachvergleiche scheinen eher die umgekehrte Auffassung zu bestätigen, daß die feinere qualitative Differenzierung die komplexere Leistung ist. Goldsteins und Gelbs Beobachtungen sind darum eher ein Beweis dafür, daß *kein* ›begrifflicher‹ Defekt vorliegt. Und selbst wenn ihre Annahme zuträfe, wäre der Schluß auf eine zentrale Störung des »kategorialen Verhaltens« nicht gerechtfertigt: gestört wäre die *Abstraktions*fähigkeit, nicht die Fähigkeit zum *Klassifizieren!*

Es ist darum sehr wahrscheinlich, daß andere Faktoren als eine allgemeine Störung des Klassifikationsverhaltens für die beobachteten Minderleistungen beim Sortieren verantwortlich sind. Ein relevanter Gesichtspunkt scheint die *Art* der zugrundegelegten qualitativen Kriterien zu sein. Neuere Untersuchungen an Aphasikern (De Renzi / Vignolo 1962, a.a.O., 676; I. Voinescu / N. Gheorghita: *Thinking by Aphasics*, ref. in: Lebrun / Hoops [edd.] 1974, a.a.O., 76-80) haben den auch für Taubstumme ermittelten (vgl. Furth 1971, a.a.O., 67) Befund erbracht, daß die

schwer, eine Störung des »kategorialen Verhaltens« in allen aphasischen Krankheitsbildern wiederzuerkennen. Vor allem deshalb hat Goldstein später nur mehr von einer Störung der »abstrakten Einstellung« sprechen wollen, die eine größere Anzahl konkreter Erscheinungen unter sich faßt.[293] Doch nun sind die Bestimmungen so blaß, daß, je nach den vorliegenden empirischen Befunden und der persönlichen theoretischen Interessenlage, nahezu alles und jedes als Folge der fehlenden oder vorhandenen ›Grundstörung‹ aufgefaßt werden kann und es kaum zu verwundern ist, wenn Befürworter und Gegner der Goldsteinschen Thesen weitgehend aneinander vorbeireden.[294]

Bay, der an Goldstein anknüpft, bedient sich darum auch nicht seines vagen Begriffs der »abstrakten Einstellung«, sondern spricht (rückgreifend auf die Rede vom »kategorialen Verhalten«) von einem zentralen »begrifflichen« Defekt, der sich im Klassifika-

Klassifikationsleistungen gerade bei den Farben wesentlich weniger beeinträchtigt sind als bei geometrischen Formen, und es wäre gut denkbar, daß eine entsprechende Graduierung auch bei anderen Qualitäten besteht. Ein weiterer relevanter Gesichtspunkt, der nicht die ›kategorialen‹ Fähigkeiten als solche betrifft, ist in Goldsteins und Gelbs Bericht über den »Patienten B.« (1924, a.a.O., 118 f.) zu erkennen, auch wenn der Befund von ihnen nicht in dieser Weise gedeutet wird: Aphasiker sind offenbar weniger als Gesunde dazu in der Lage, von einem einmal gewählten Klassifikationsgesichtspunkt weisungsgemäß zu einem andern überzugehen, was gleichfalls durch neuere Untersuchungen bestätigt wurde (N. Gheorghita: *The Mobility of the Thinking Process in Aphasics.* ref. in: Lebrun / Hoops [edd.] 1974, a.a.O., 80-82). Diese Unbeweglichkeit findet sich bei den Taubstummen nicht (vgl. Kates et al. 1961 [S. 306, Anm. 331]; Furth 1966, a.a.O., 171 f.; Weigl / Metze 1968, a.a.O.; Furth 1971, a.a.O., 60. 63; Garten 1973, a.a.O., 74), so daß man es hier möglicherweise mit einem eigenständigen, spezifischen Merkmal der Aphasie zu tun hat – möglicherweise aber auch nur mit einer speziellen Auswirkung der schon in Anm. 288 erwähnten Beeinträchtigung des willentlichen, instruktionsgemäßen Handelns.

293 Vgl. Goldstein 1948, a.a.O., 5 ff.; ders.: *Bemerkungen zum Problem »Sprechen und Denken« auf Grund hirnpathologischer Erfahrungen* [orig. in: Acta Psych. 10, 1954], repr. in: Goldstein 1971, a.a.O., 448 ff. Als Kennzeichen der ›abstrakten Einstellung‹ nennt Goldstein (1948, a.a.O., 6) die Fähigkeit zu bewußten Willensakten; zu freiwilligem Wechseln von einem Aspekt der Situation zu einem anderen; zum gleichzeitigen Im-Gedächtnis-Behalten verschiedener Aspekte; zur Unterscheidung von Teilen und Ganzem; zur Abstraktion von gemeinsamen Eigenschaften; zum Planen in die Zukunft und zum Durchspielen bloßer Möglichkeiten; sowie zur Abhebung des ›Ichs‹ gegenüber der Außenwelt, d. h. der jeweils zu bewältigenden Situation.

294 Vgl. etwa die Diskussion zum Vortrag von Bay auf der Brüsseler Konferenz (Lebrun / Hoops, edd., 1974, a.a.O., 55 f.). Kritische Anmerkungen zu Goldsteins blasser Charakterisierung der »abstrakten Einstellung« sind bei Brown (1958, a.a.O., 291) zu finden.

tionsverhalten manifestiert, oder (noch weiter zurückgreifend auf die Bestimmungen Jacksons) von einer Störung der Fähigkeit zu sprachlichen, auf »Begriffe« gestützten »Aussagen«.[295] Damit wird die Entwicklung der Grundfunktionsthese in Richtung auf immer unbestimmtere Formulierungen partiell rückgängig gemacht. Aber auch Bays (im Vergleich mit Jackson ohnehin weniger prägnanten) Bestimmungen lassen entscheidende Punkte unaufgeklärt, und in dem Maße, in dem sie konkrete Angaben enthalten, stellt sich, wie wir noch sehen werden (vgl. S. 285 f.), gleich wieder die Frage der Allgemeingültigkeit.

c) Unbegründete Abhängigkeitsbehauptungen

Die mangelnde Spezifität der behaupteten ›Grundfunktion‹ läßt erwarten, daß auch die mit ihr verbundene Abhängigkeitsbehauptung keine hinreichende Begründung erfährt, und diese Erwartung wird alsbald bestätigt. Maries »spezielle Sprachintelligenz« überspringt auch hier die entscheidenden Fragen. Jackson, der weiter differenziert und neben einem Bereich des propositionalen und nichtpropositionalen sprachlichen Denkens auch einen – wenngleich kleinen – Bereich des nicht sprachlichen Denkens annimmt, gibt für die unterstellte Sprachabhängigkeit im ersteren Falle keine Begründung.[296] Ähnlich Head, der ebenfalls mit einem über die

295 Vgl. Bay 1963, a.a.O., 298 f. 302 f.; 1964, a.a.O., 136-138; 1969, a.a.O., 57 f. Bay übernimmt der Sache nach Jacksons Unterscheidung von emotionalem und intellektuellem Sprachgebrauch (1963, 297; 1969, 55. 56 f.) und rechnet wie dieser mit der ›Aussage‹-Funktion einzelner Wörter. Das »Benennen« von Gegenständen, d. h. genauer: das Zusprechen eines *allgemeinen* Terminus zu vorliegenden Gegenständen, ist in seiner Darstellung ein »Bericht, der über die Natur des gezeigten Objektes informiert« (1963, 297). Es hat den Sinn von ›Dies ist ein . . .‹ (1969, 57) und selbst das Nachsprechen eines Wortes enthält für Bay eine versteckte Aussage, sc. ›Mir ist das Wort . . . vorgesprochen worden‹ (a.a.O.). Doch fehlt, wie schon das letzte Beispiel zeigt, die eindeutige Orientierung an der nicht syntaktisch verstandenen Prädikationsstruktur – von Jacksons ›moderner‹ Auffassung über die Bedeutung von Teilausdrücken ganz zu schweigen – und damit eine genauere Bestimmung des Verhältnisses von ›Begriff‹ und ›Aussage‹: eine sprachtheoretische Unklarheit, die sich dann vor allem bei Bays Versuchen zum sprachunabhängigen Nachweis von ›Aussage‹-Defekten bei Aphasikern bemerkbar macht (vgl. noch unten S. 299 ff.)

296 Auf der Stufe der »Propositionen« erscheint Jackson die Einheit von Sprache und Denken offenbar evident, und zwar sowohl beim ›äußeren‹ wie auch beim

Sprache hinausgehenden Bereich des Denkens rechnet (vgl. etwa *I,517*), die »symbolischen« Leistungen aber stillschweigend als sprachabhängig hinstellt und dies allenfalls mit dem Hinweis auf ihre (faktisch) gemeinsame Entwicklung begründet *(I,515)*. Die deutschen Autoren werfen die Frage der Abhängigkeit zumindest auf, detailliertere Begründungsversuche aber werden auch hier nicht unternommen. Wie erwähnt (Anm. 270) lehnen Goldstein und Gelb den Rückschluß vom faktischen Zusammentreffen zweier Defekte auf ein zwischen ihnen bestehendes Abhängigkeitsverhältnis ab und betrachten die »Namenamnesie« *nicht* als »Ursache« des gestörten Sortierverhaltens. Mit der Rückführung auf eine ›Grundstörung‹ aber soll jene Stufe erreicht sein, auf der sich die Identität von Zeichenverwendung und »kategorialem Verhalten« behaupten läßt, und diese Behauptung hat Goldstein später auf seinen weniger spezifizierten Begriff der »abstrakten Einstellung« übertragen.[297] Der ausdrückliche Hinweis auf den Zeichencharakter der Ausdrücke zeigt, daß Goldstein sich über die Notwendigkeit der begrifflichen Differenzierung des (faktisch) *in* den komplexen Sprachleistungen enthaltenen Denkens grundsätzlich im klaren war. Thematisiert aber hat er diesen Zusammenhang nicht, und die wenigen Bemerkungen, die sich auf das Verhältnis von Denkleistung und Zeichenverwendung beziehen, zeigen, daß

›inneren‹ Sprechen und Denken (vgl. 1874, a.a.O., 82 f.). Doch fällt für ihn der Bereich des Denkens im ›Inneren‹ nicht einfach mit dem der propositionalen »Rede« (»speech« im prägnanten Sinne, unterschieden vom unbestimmten »verbalizing«, vgl. 1873, a.a.O., 78; 1879/1880, a.a.O., 151) zusammen, denn er hält es zugleich für erwiesen, daß es »noch eine Menge hinter der Rede« gibt, über das auch der »redeunfähige Mensch« noch verfügt, etwa das einfache Wahrnehmen oder Wiedererkennen von Gegenständen (vgl. 1874, 82 Anm. 1. 83; 1879/1880, 123). Allerdings spielen auch jenseits des propositionalen Denkens sprachliche Ausdrücke noch eine bedeutende Rolle (1874, 83; 1879/1880, 123). Und zudem rechnet Jackson im Falle des rezeptiven, nach seiner Auffassung nicht »willentlich«, sondern »automatisch« ablaufenden Sprachverständnisses damit, daß die vorgesprochenen Wörter »propositional« aufgefaßt werden (1874, 84), so daß sich das »nicht wortlose« Denken hier sogar als »nicht sprachloses« im prägnanten Sinne erweist. Der Bereich des wirklich sprachfreien Denkens ist also für Jackson äußerst klein und eine Begründung für die sonst unterstellte Sprachabhängigkeit wird von ihm nicht gegeben.

297 Goldstein / Gelb 1924, a.a.O., 92 f.; Goldstein 1954, a.a.O., 452. Die Behauptung der Einheit von Sprache und Denken steht an der späteren Stelle allerdings auch bei Goldstein (wie schon bei Jackson und Head) in unvermitteltem Gegensatz zu der gleichzeitigen Annahme eines nichtsprachlichen, der Sprache vorausgehenden bzw. von ihr partiell begleiteten und zunehmend von ihr geprägten Denkverlaufs (vgl. Goldstein 1948, a.a.O., 113 ff.; 1954, 454 f. 463 f.).

er das hier bestehende theoretische Problem offenbar nicht im Blick hatte.[298]

E. Cassirer, der Goldsteins und Gelbs Untersuchungen als Bestätigung seiner These von der funktionalen Einheit von sprachlicher und begrifflicher »Welterschließung« betrachtet und auf den Goldstein sich wiederum in seinen späteren Schriften beruft, geht in seiner Diskussion der Goldsteinschen Gleichursprünglichkeitsthese unter der Hand noch einen Schritt weiter und *gibt* ein eigenes Argument für den Zusammenhang: sc. die Notwendigkeit, den verschiedenen »Sichtweisen«, die die »Wahrnehmungs-« oder »Anschauungswelt« strukturieren, durch ihre »Fixierung im Sprachlaut« »Beständigkeit und Dauer« zu verleihen.[299] Inwieweit dies der Auffassung Goldsteins entspricht, mag dahingestellt bleiben. Tatsache ist jedenfalls, daß sich das prinzipiell gleiche Argument in zugespitzter Form später bei Bay, seinem wohl konsequentesten neueren Nachfolger, wiederfindet. Die Zuspitzung ist bemerkenswert und im Interesse der Abhängigkeitsthese notwendig. Denn Cassirer hatte die Gewinnung der »Sichtweise« ihrer »Fixierung im Laut« grundsätzlich *vorausgehen* lassen und eben damit – ungewollt – die zentrale Denkleistung als *nicht* notwendig sprachlich erwiesen (vgl. S. 349 ff.). Erst die über die bloße ›Fixierungsnotwendigkeit‹ hinausgehende Behauptung Bays, daß man von einer sprachfreien »realen Existenz« der »Begriffe« mit Rücksicht auf ihre ›ungreifbare‹ Allgemeinheit

298 So erklärt er (1954, a.a.O., 448) mit Bezug auf die Rolle der Sprache beim »abstrakten« Verhalten lapidar, sie gehöre »wesentlich« zu ihm dazu, und erläutert den engen Zusammenhang zwischen »Namengeben« und »abstrakter Einstellung« wenig später (448 f.) mit dem Hinweis auf die – an sich selbstverständliche und nur durch die traditionelle, undifferenzierte Rede von »Namen« verdeckte – Tatsache, daß ein Wort wie ›Tisch‹ (oder irgendein Farbwort) nicht als singulärer, sondern als genereller Terminus fungiert, der einem vorliegenden partikulären Gegenstand klassifizierend *zugesprochen* wird und ihn nicht als Individuum *benennt*, mit einem Argument also, das die Zusammenhangsfrage gar nicht berührt. Und in der Arbeit mit Gelb findet sich (an der zitierten Stelle 1924, a.a.O., 93) die in dieser Beziehung noch ›verräterischere‹ Begründung für die Annahme des einheitlichen ›Grundverhaltens‹, daß erst durch sie »auch die Sprache den Charakter einer äußerlichen Begleiterscheinung intellektueller Vorgänge« verliere, woraus hervorgeht, daß Goldstein stillschweigend einen Sprachbegriff unterstellt, der die positive Beantwortung der Zusammenhangsfrage bereits voraussetzt.

299 Cassirer 1929, a.a.O., 270.

nicht reden könne,[300] macht die Sprachabhängigkeitsthese verständlich. Konsequent durchgeführt aber und sachlich bereinigt, d. h. befreit von der ›vergegenständlichenden‹ Redeweise und der seltsamen Begründung der ›Ungreifbarkeit‹ durch die ›Allgemeinheit‹, liefe das auf nichts anderes als die früher erwähnte ›nominalistische Theorie der Begriffsbildung‹ hinaus (S. 186 ff.), deren Anspruch auf Notwendigkeit des Zusammenhangs zwischen Sprache und Denken zwar in sich nachvollziehbar, sachlich aber nicht einlösbar ist. Die mit der Idee der ›Grundfunktion‹ verbundene Abhängigkeitsbehauptung wird auch bei Bay nicht plausibler.

d) Unangemessene Bestimmungen des ›spezifisch Sprachlichen‹

Die verhängnisvollste Auswirkung dieser Idee aber besteht in der unangemessenen Eingrenzung des ›spezifisch Sprachlichen‹ und der daraus resultierenden Unklarheit über den Sprachbegriff. Mit der Vielfalt der Krankheitsbilder läßt sie sich nur vereinbaren, wenn eine Vielzahl beteiligter Phänomene ausgegrenzt wird: Krankheitsbilder, die, weil die ›Grundfunktion‹ nicht tangiert ist, *keine* Beispiele echter Aphasie darstellen, und Erscheinungen, die durch periphere Defekte *neben* der Grundstörung ausgelöst werden.[301] Handelt es sich hier nur um organische oder periphere psychische Störungen, ist an diesem Verfahren natürlich nichts auszusetzen. Kritisch wird es bei (faktisch) sprachlichen *Denk*leistungen, die von der ›Grundfunktion‹ *unterschieden* sind, und solche sind *notwendig* anzunehmen, wenn diese eine (in welcher Weise auch immer) *spezifizierbare* Leistung sein soll. Während die ›Grundfunktion‹ selbst begründungslos als sprachabhängig hinge-

300 »Der ›Begriff Baum‹ ist weder kugelig noch spitz, hat weder Blätter noch Nadeln; er ist aber auch nicht kahl, hat weder Äste noch Wurzeln, weder Zeit noch Ort, so daß schließlich nur noch ein vages, gestalt-, farb- und zeitloses Schemen als ›Begriff‹ übrigbleibt. Das einzig Reale, das diesen *Begriff* überhaupt erst *greifbar* macht, ist das *Wort* Baum, mit dem ihn unsere Sprache bezeichnet und durch das er erst manipulierbar wird. Ohne die Worte der Sprache hätten die Begriffe keine Existenz, so wie die Worte ohne Begriffe keinen Sinn hätten.« (Bay 1963, a.a.O., 298 f., fast wörtlich wiederholt 1969, a.a.O., 58 und 1973, a.a.O., 62.)

301 Versuche zur Rückführung komplexer Krankheitsbilder auf die unterstellte ›Grundstörung‹ durch schrittweise Ausgrenzung peripherer Faktoren finden sich, zumindest in Ansätzen, bei allen genannten Autoren; am konsequentesten verfolgt ist sie (m. W.) in der zitierten Arbeit von Bay aus dem Jahre 1964.

stellt wird, werden andere Leistungen nicht einmal mehr als faktisch sprachliche anerkannt oder doch als nicht ›wesentlich‹ sprachlich ausgeschlossen. Wäre die ›Grundfunktion‹ klar definiert, ließen sich inadäquate Restriktionen relativ leicht als solche erkennen und im geforderten Umfang erweitern. (Die intellektuellen Leistungen der Sprache *beschränken* sich zwar nicht, wie Jackson nahegelegt hat, auf die prädikativen Aussagen, aber zweifellos *liegt* hierin eine zentrale Leistung der menschlichen Sprache, die berücksichtigt werden muß.) Weil eine solche Definition aber fehlt, entsteht bei Befürwortern und Gegnern eine tiefgreifende sprachtheoretische Unsicherheit: jeder kann das als ›spezifisch sprachlich‹ oder als ›peripher‹ auffassen, was ihm auf Grund der verfügbaren Evidenzen und eigenen theoretischen Vorurteile geraten erscheint.

Jacksons (von Head und Bay übernommene) Ausgrenzung des ›emotionalen‹ bzw. ›automatischen‹ Sprechens etwa betrifft, wie erwähnt, nicht nur sinnlose Wortfolgen und Ausrufe, sondern auch sinnvolle – wenngleich nicht ›propositional‹ fungierende – Äußerungen, und zwar bis hin zu grammatisch vollständigen Sätzen. Damit wird ein semantischer Bereich der Sprache ausgeschlossen, dessen ›bloß peripherer‹ Charakter keineswegs evident ist und dessen Grenzen völlig im Dunkeln bleiben. Denn wann *kann* man, angesichts der notorischen Ungeklärtheit von Begriffen wie ›Aussage‹ oder ›Proposition‹, mit Sicherheit sagen, daß eine syntaktisch korrekte Sprachäußerung eines Patienten ›propositional‹ ist oder nicht? Ganz abgesehen davon, daß die Gegenüberstellung von ›propositionalem‹ und ›emotionalem‹ Sprachgebrauch selbst sachlich unangemessen ist (Anm. 288), fehlen für eine Entscheidung hierüber offensichtlich die notwendigen begrifflichen Voraussetzungen.

An der Behauptung der Mitbeeinträchtigung des in der Sprache enthaltenen Denkens im Falle von Aphasie ändert das zunächst wenig. Ihre Vertreter müßten sich nur grundsätzlich für eine Verschiebung der ›Intellektualitätsgrenze‹ nach unten, bzw. für die nachträgliche Miteinbeziehung auch der nichtpropositonalen Sprachleistungen offenhalten – wenngleich um den Preis eines Verzichts auf die Idee der ›Grundfunktion‹. Die Gegner aber können das von den Befürwortern an der *unteren* Grenze prinzipiell anerkannte Absehen von einem bestimmten Bereich der sprachlichen Denkleistungen mit dem gleichen Recht an der *oberen* Grenze empfehlen und die These dadurch entscheidend schwächen. Warum, wenn das ›spezifisch Sprachliche‹ im Aussagenmachen besteht, sollten höhere Denkleistungen, die sich dieser Fähigkeit nur bedienen (logisches Schließen, Argumentieren, Erfassen von inhaltlich komplexeren Sachverhalten u. a.), mit hinzugerechnet werden? Wenn ein Patient, wie vielfältig zu beobachten, Störungen nur bei diesen höheren sprachlichen Leistungen zeigt, während sein alltäglicher kommunikativer Sprachgebrauch völlig intakt ist, handelt es sich offenbar (so das Argument des Gegners der Mitbeeinträchtigung) nicht um Aphasie im eigentlichen Sinne. Folglich muß man bei allen Untersuchungen, die auf den Nachweis des faktischen Zusammentreffens von Sprach- und Denkdefekten abzielen, diesen (›höheren‹) Intelligenzfaktor abziehen.[302] Nun, es ist klar, daß das als Einwand gegen die Mitbeeinträchtigungsthese kurzschlüssig wäre, denn warum sollten die ›höheren‹ Leistungsminderungen nicht ebenfalls aphatisch sein können? Aber es ist ein Kurzschluß, der durch die gleichfalls kurzschlüssige Reduktion auf die ›Grundfunktion‹ von den Befürwortern der These selbst heraufbeschworen wurde.

Noch deutlicher wird die Unangemessenheit dieser Reduktion im Blick auf die vorliegende Sprachenvielfalt. Wenn es so etwas wie eine sprachliche ›Grundfunktion‹ gibt, deren Defekt für die auftretenden Erscheinungen von (eigentlicher) Aphasie verantwortlich ist, muß sie in allen Einzelsprachen enthalten sein. Darum können nur solche Minderleistungen aphasisch sein, die speziell die ›sprachlichen Universalien‹ betreffen. Der Verfechter der Abhängigkeitsthese, der sich an Sprachdefekten orientiert, muß seinen Anspruch demnach – gerade umgekehrt zu den Positionen von Kap. VIII – auf die allen Sprachen *gemeinsamen* Leistungen beschränken. Wohin das führt, zeigt sich bei Bay , der (im Sinne der Grundfunktionsthese konsequent) erklärt, für die eigentliche Aphasie müsse man außer von peripheren organischen oder psychischen Defekten auch von der jeweiligen Sprachstruktur abstrahieren und den ›Agrammatismus‹ der indoeuropäischen Sprachen folglich als ›provinzielle‹ Erscheinung betrachten, die im

302 So O. Zangwill in Lebrun / Hoops (edd.) 1974, a.a.O., 45 f., unter Berufung auf eigene klinische Beobachtungen und entsprechende frühere Befunde in der Literatur.

Chinesischen z. B. nicht wiederzufinden sei.[303] Freilich hatten wir selbst argumentiert (S. 221 ff.), daß das Fehlen einer grammatischen Subjekt-Prädikat-Struktur im Chinesischen keinen Beweis für dessen logisch nichtprädikativen Charakter darstellt, und es wäre gut denkbar, daß die von Bay ins Auge gefaßte sprachliche ›Grundfunktion‹ des prädikativen Aussagemachens (vgl. jedoch Anm. 295) tatsächlich universell ist. Entscheidend ist Bays Begründung. Denn er macht die Ausgrenzung des ›Agrammatismus‹ und ähnlicher einzelsprachlicher Strukturmerkmale nicht von ihrer semantischen Relevanz oder Irrelevanz abhängig, sondern begründet sie ausschließlich mit ihrer ›Provinzialität‹. Damit müssen auch echte semantische Eigenheiten auf der Strecke bleiben, einschließlich (sollten sie aufweisbar sein) fundamentaler Differenzen in der logischen Struktur. Daß diese aber nicht zum Bereich des ›spezifisch Sprachlichen‹ gehören sollten, ist schwer zu sehen.

Von der Ausklammerung ›provinzieller‹ Merkmale und von Leistungen an der oberen oder unteren Grenze des alltäglichen Sprachgebrauchs ist es dann nur noch ein kleiner Schritt bis zur Ausklammerung auch von zentralen alltäglichen Leistungen selbst. Goldstein liefert dafür ein Beispiel, wenn er sich (wie erwähnt, S. 281) im Bereich der ›Grundfunktion‹ zwar über die in den komplexen Sprachleistungen faktisch enthaltenen Denkleistungen völlig im klaren ist, dies aber offensichtlich nicht auch in anderen Bereichen unterstellt und dabei mitunter so weit geht, das gesamte Bedeutungserfassen zu den »*nicht*-sprachlichen geistigen Leistungen« zu rechnen.[304] Die Beschränkung des ›spezifisch Sprachlichen‹ auf die ›Grundfunktion‹ führt also – im Extremfall und in dieser Form sicher unbeabsichtigt – zur Beschränkung des Sprachbegriffs auf den Bereich der ›Bezeichnung‹ (S. 159, Anm. 165), wo nicht zur völligen Reduktion auf die Ausdrucksseite, und zur stillschweigenden, begründungslosen Beantwortung der Zusammenhangsfrage im Sinne der Unabhängigkeit.

Gilt dies schon (im Extremfall) für die Vertreter der Abhängigkeit, so gilt es natürlich erst recht für die Gegner, denen daran gelegen ist, möglichst viele der mit den Sprachdefekten gemeinsam auftretenden Denkdefekte als nicht ›spezifisch sprachlich‹ zu

303 Vgl. Bay 1965, a.a.O., 372 f.
304 Vgl. Goldstein 1948, ch. IX, p. 292 ff., bes. p. 298.

erweisen und auszuklammern. Fälle von ›Agnosie‹ oder ›Apraxie‹, speziell ›konstruktiver Apraxie‹ müssen ihnen zufolge eliminiert werden, wenn man das Ausmaß der signifikanten faktischen Mitbeeinträchtigung des Denkens im Falle von Aphasie bestimmen will.[305] ›Agnosie‹ aber und ›Apraxie‹ sind nach ›klassischer‹ Auffassung keine peripheren Defekte, die nur die Sinnesorgane (beim Erkennen von Gegenständen) oder die ausführende Muskulatur (bei praktischen Leistungen) betreffen oder durch allgemeine psychische Störungen bedingt sind, sondern tiefer liegende Defekte, die auch bzw. in reiner Form nur dann auftreten, wenn die peripheren Beeinträchtigungen ausscheiden.[306] Wie sind sie dann noch von den im Sinne der These signifikanten Denkleistungen zu unterscheiden? Tatsächlich finden wir unter den Tests für ›konstruktive Apraxie‹ (um den in der Aphasieforschung bedeutendsten Fall herauszugreifen) fast ausnahmslos Leistungen, die auch in nichtsprachlichen Intelligenztests verlangt werden: Zusammensetzen von geometrischen oder gegenständlichen Mustern, freies Zeichnen, dreidimensionale Konstruktionen, ›räumliche Analyse‹ von überlappenden geometrischen Figuren und andere.[307] Diese Leistungen bei der Frage nach dem Zusammenhang zwischen ›Intelligenz und Aphasie‹ auszuschließen, hieße die Fragestellung willkürlich einengen. Vielmehr müssen sie selbst als Teile des intelligenten Verhaltens auf ihre mögliche Abhängigkeit von der Sprache hin untersucht werden, und erst der gesicherte Nachweis, daß Fälle von ›Aphasie‹ ohne ›Apraxie‹ vorkommen (worauf manche Beobachtungen tatsächlich hindeuten, vgl. Anm. 268), kann nachträglich zum Ausschluß führen. Der Grund dafür ist dann aber allein die ausdrückliche negative

305 So die Forderung zahlreicher Teilnehmer auf der Brüsseler Konferenz, vgl. Lebrun / Hoops (edd.) 1974, a.a.O., 43 f. [Vortrag van Harskamp], 46 [Vortrag Zangwill], 48 [Diskussionsbeitrag Voinescu], 66 [Vortrag Messerli / Tissot]. Den Ausschluß der ›konstruktiven Apraxie‹ hatte Zangwill schon in seinem Artikel von 1969 (a.a.O., 108) nachdrücklich gefordert.

306 Vgl. dazu die Definition in den einschlägigen Artikeln im »Handbook of Clinical Neurology« (vol. IV, 1969, a.a.O.), sc. I.A.M. Frederiks: *The Agnosias* (p. 13), I. de Ajuriaguerra / R. Tissot: *The Apraxias* (p. 48) und E.K. Warrington: *Constructional Apraxia* (p. 67).

307 Vgl. die Test-Übersicht bei Warrington (1969, a.a.O., 69 ff.). Auf die Gemeinsamkeiten der Tests für ›konstruktive Apraxie‹ mit drei nichtsprachlichen Intelligenztests (Kohs, Raven, Wechsler) haben De Ajuriaguerra und Tissot ausdrücklich hingewiesen (1969, a.a.O., 52).

Beantwortung der Frage, nicht ihre implizite *Zurückweisung* im Blick auf den nicht ›spezifisch sprachlichen‹ Charakter der Leistungen.[308]

Ein weiteres markantes Beispiel für eine unangemessene Eingrenzung auf das ›spezifisch Sprachliche‹ und die aus ihr resultierende Unklarheit über den Sprachbegriff liefert der »Token-Test« von De Renzi und Vignolo (1962, a.a.O.), der speziell zur Erfassung aphatischer Verständnisschwierigkeiten – in Abhebung gegen andere intelligente Minderleistungen – entwickelt und in der Literatur wiederholt zur Bestimmung der Schwere einer (›sensorischen‹) Aphasie verwendet wurde. Die Grundidee dieses Tests ist einleuchtend: die Aufgaben werden so gestellt, daß sie in ›sprachlicher‹ Hinsicht relativ kompliziert, in ›intellektueller‹ dagegen relativ einfach sind, so daß hier vorliegende Defekte bei der Gesamtleistung nicht ins Gewicht fallen. Aber wie steht es mit ihrer Durchführung? Die Aufgaben bestehen in der aufforderungsgemäßen Ausführung von einfachen Operationen mit gegebenen »Tokens«, sc. Plättchen von verschiedener Farbe, Größe und Form. An der Einfachheit der geforderten Leistungen (Berühren, Auswählen, Umgruppieren u. a.) kann kein Zweifel sein,[309] wohl aber an der Schwierigkeit der sprachlichen Aufforderungen.

308 Auch auf der Brüsseler Konferenz wurde (von Poeck, vgl. Lebrun / Hoops, edd., 1974, a.a.O., 49) ein Hinweis auf den Intelligenzcharakter der von der ›konstruktiven Apraxie‹ betroffenen Leistungen gegeben, dem Zangwill, der zuvor unter Berufung auf Beobachtungen über ein faktisch getrenntes Auftreten am entschiedensten für den Ausschluß plädiert hatte, zugestimmt hat. Man könnte daraus den Schluß ziehen, daß auch für ihn nur die empirisch ermittelte Unabhängigkeit und nicht der nicht ›spezifisch sprachliche‹ Charakter der ›apraktischen‹ Minderleistungen den entscheidenen Grund darstellt. Aber Zangwill beruft sich hier ebenso wie in seinem früheren Artikel (vgl. Anm. 305) auf Fälle, in denen das Auftreten von *›Apraxie‹ ohne ›Aphasie‹* konstatiert wurde, und damit auf Beispiele, die die faktische Unabhängigkeit der betroffenen Leistungen von der Sprache gar nicht beweisen *können* – eine Verwechslung von ebender Art, wie wir sie oben mit umgekehrten Vorzeichen bereits bei Bay gefunden hatten (vgl. S. 256, Anm. 268). In beiden Fällen dürfte der Rückgang von den psychologischen Symptomen auf die physiologischen oder anatomischen Ursachen und die stillschweigende Annahme unabhängiger Pathologien (auf Grund der im *einen*, aber jeweils gegenläufigen, Sinne ermittelten faktischen Symptom-Unabhängigkeit) eine entscheidende Rolle gespielt haben. Doch ist die Kurzschlüssigkeit dieses Vorgehens oben (S. 257 ff.) dargelegt worden.

309 Das gilt allerdings nur, wenn wir von der schon von Jackson hervorgehobenen (Anm. 288) charakteristischen Beeinträchtigung des ›willentlichen‹ Handelns bei Aphasikern absehen. Stellen wir sie in Rechnung, was wir auf jeden Fall beim Vergleich der aphasischen Patienten mit anderen Patientengruppen und Normalen tun müssen, so kann sich das Bild entscheidend verändern. Die für Normale und andere Gruppen simplen Intelligenzleistungen des Token-Tests könnten sich wegen des in ihnen enthaltenen ›Willens‹-Aspektes für die Aphasiker als (vergleichsweise)

De Renzi und Vignolo meinen, eine ›spezifisch sprachliche‹ Komplikation bestehe in der fehlenden informativen Redundanz, die im gewöhnlichen Sprachgebrauch verbal und situativ vorhanden ist (a.a.O., 667-669), und reduzieren darum die Instruktionen auf das notwendige Minimum, doch dürfte dies weit eher ein Maß für die Aufmerksamkeit und die Konzentrationsfähigkeit eines Patienten im allgemeinen sein als für seine spezielle Fähigkeit zum Verständnis der Sprache, denn die in der Aufforderung imperativisch angesprochene ›Proposition‹, die es über die gehörten Lautäußerungen zu erfassen gilt, ist ja – mit oder ohne Redundanz – stets die gleiche.[310] Ebenso irreführend ist die Annahme, daß die Verwendung von »abstrakteren« Wörtern bei der Bezugnahme auf die »Tokens« (sc. ›Kreis‹, ›Rotes‹, ›Großes‹ etc., im Gegensatz zu ›Bleistift‹, ›Kamm‹ usw.) eine Schwierigkeit ist, die »ganz auf der sprachlichen Ebene liegt und nicht auf der intellektuellen« (666, vgl. 671. 675 f.). Denn, abgesehen von der an sich schon sehr fragwürdigen Graduierung nach der ›Abstraktheit‹ (vgl. Anm. 292), ist natürlich nicht einzusehen, warum der Unterschied, *wenn* er vorliegt, nur die Sprache und nicht ebensogut auch das Denken betreffen soll.

Und wie steht es schließlich mit jenen Komplikationen, durch die die Testanforderungen intern (im letzten Teil des Tests) angehoben werden sollen, um noch feinere, bis dahin unbemerkt gebliebene Verständnisdefekte zu erfassen? De Renzi und Vignolo verwenden hier erstmals statt einfacher Imperative (›Pick up the small white rectangle‹) komplexere Sätze mit Präpositionen, Konjunktionen und Adverbien (›Put the red circle *on* the green rectangle‹, ›Touch the rectangles, *slowly, and* the circles, *quickly*‹, ›Pick up the blue circle *or* the red rectangle‹, ›*Except for* the green one, touch the circles‹, usw.). Aber man kann leicht sehen, besonders klar bei den logischen Ausdrücken, daß es sich hier nicht um ›spezifisch sprachliche‹ (in einem die ›intellektuelle‹ Ebene ausklammernden Sinne) handelt. Die Autoren reden auch selbst nicht *nur* von der »viel größeren sprachlichen Feinheit«, die die Aufforderungen dadurch erhalten, sondern *zugleich* von der »radikalen Veränderung der Bedeutung der Handlung« selbst

kompliziert erweisen, und wenn man darüber hinaus von der Annahme Jacksons ausgeht, daß für das rezeptive Sprachverständnis keine ›willentlichen‹ Leistungen erfordert sind (Anm. 296), könnte es sich herausstellen, daß der von De Renzi und Vignolo beanspruchte Leistungsabstand zwischen dem sprachlichen und dem nichtsprachlichen Teil der Aufgabe gar nicht gegeben ist.

310 Freilich mag hier die seltsame, aber gleichwohl verbreitete Vorstellung eine Rolle gespielt haben, daß die ›Information‹ im informationstheoretischen Sinne – eine statistische Größe – irgend etwas mit der Bedeutung von Sätzen oder mit ihrer zeichenhaften Verwendung zu tun habe. Aber daß das ein Irrtum ist, kann man sich leicht klar machen, wenn man einen (statistisch) ›hochinformativen‹, weil ungebräuchlichen Satz, wie ›Die Kombattanten retirierten auf Velozipeden‹ mit seinem gebräuchlichen und darum weniger ›informativen‹, aber bedeutungsgleichen Äquivalent vergleicht.

(672). Im Rahmen des Tests jedoch ist dieses ›Zugleich‹ weit mehr als eine bloße Hinzufügung. Es tangiert, konsequent durchgeführt, seinen Sinn, da nun (spätestens) jede Abgrenzung zwischen dem ›Sprachlichen‹ und dem ›Intellektuellen‹ hinfällig wird. Die stillschweigende Unterstellung, daß es sich um ›spezifisch sprachliche‹ Leistungen handelt, ist völlig unbegründet.

Der eigentliche methodische Irrtum aber liegt noch tiefer. Solange das ›spezifisch Sprachliche‹ nur durch komplexe Leistungen bestimmt wird, die nicht (zumindest) nach Ausdruck, ›zeichenhaftem Verwenden‹ und ›gedanklichem Gehalt‹ differenziert wurden, *kann* es zu keiner sinnvollen Abhebung gegenüber anderen intelligenten Leistungen dienen. Daß De Renzi und Vignolo (und die Forscher, die ihren Test übernahmen) diesen entscheidenden Punkt übersehen konnten, liegt an der in der Aphasieforschung immer noch weithin bestehenden Unklarheit über die Komplexität des Phänomens ›Sprache‹ und in *in* der Sprache enthaltenen Denkleistungen – eine Nachwirkung jenes pauschalisierenden und vereinseitigenden Vorgehens, das, wie wir sahen, die Diskussion um das Verhältnis von Aphasie und Intelligenz von ihrem Beginn an belastet hat.

6. Fehlende Möglichkeiten zum Nachweis ›gleichrangiger‹ nichtsprachlicher Intelligenzleistungen

Die unzureichende Differenzierung des Sprachbegriffs, die bei den Vertretern der Abhängigkeit zum unbegründeten Einschluß, bei den Gegner zum unbegründeten Ausschluß von Denkleistungen führt, welche zwar faktisch, aber (möglicherweise) nicht notwendig mit alltäglichen Sprachleistungen verbunden sind, hat ein Verfehlen des Sinns der Zusammenhangsfrage zur Folge. Seine Überwindung ist vor allem ein *begriffliches* Problem. Aber daß es, wie wir am Beispiel der Aphasieforschung sahen, bei der Untersuchung von Sprachdefekten so lange übersehen werden konnte, hat zugleich *methodische* Gründe. Wie anders als über beobachtbare Sprachleistungen, die bei Defekten nun einmal nicht gegeben sind, kann man denn Aufschluß über das Fehlen oder Vorhandensein der im Normalfall faktisch mit ihnen verbundenen Denkfähigkeiten gewinnen? Offenbar nur durch entsprechende nichtsprachliche Leistungen, was beim gegenwärtigen Stand der Forschung, in dem neurophysiologische Nachweismethoden fehlen, nur heißen kann: Verhaltensleistungen, wie sie auch in gebräuchlichen nichtsprachlichen Intelligenztests gefordert sind. Hier jedoch stellt sich die Frage der ›Gleichrangigkeit‹. Der Gegner der

Abhängigkeit, der sich auf nachgewiesene nichtsprachliche Intelligenzleistungen bei Sprachdefekten beruft, unterstellt, daß Leistungen erfaßt werden, die auch in der Sprache enthalten sind, und auch der Befürworter muß mit Überschneidungen rechnen, wenn der Nachweis intelligenter Minderleistungen von Aphasikern oder Taubstummen seine These bestätigen soll. (Daß Denkleistungen, die faktisch *nicht* mit der Sprache verbunden sind und sich darum prinzipiell schon als sprach*un*abhängig erwiesen haben, im Falle von Sprachdefekten mitbeeinträchtigt sind, kann schwerlich als Argument *für* die Abhängigkeit dienen!) Die entscheidende Frage ist daher, wie sichergestellt werden kann, daß signifikante Gemeinsamkeiten vorhanden sind und wie weit sie im einzelnen reichen.

a) Unmöglichkeit eines Gleichrangigkeitsnachweises durch statistische Korrelation

Ausgehend von den gebräuchlichen psychologischen Intelligenztests könnte es zunächst scheinen, als sei eine sehr einfache Möglichkeit hierzu mit der dort zugrundegelegten statistischen Korrelation von sprachlichen und nichtsprachlichen Leistungen gegeben. Testbatterien, die (wie der Wechsler-Test) einen verbalen und einen nichtverbalen Teil haben, wurden an einer statistisch signifikanten Anzahl von normalen (sprachbesitzenden) Menschen standardisiert, wobei für die Bewertung der einzelnen Leistungen zugleich auf eine signifikant hohe Korrelation zwischen den Teilen geachtet wurde. Man kann demnach von der Voraussetzung ausgehen, daß die gemessenen Leistungen einer Person im Normalfall im verbalen und nichtverbalen Teil etwa gleich hoch sind, und entsprechendes gilt für den Fall einer signifikanten Korrelation des zweiteiligen Gesamttests zu einem rein nichtverbalen Test (wie Raven oder Chicago Nonverbal). Sollte es sich nun zeigen, daß Menschen mit Sprachdefekten im nichtverbalen Teil einer zweiteiligen Batterie oder in einem korrelierten nichtverbalen Test durchschnittlich gut oder unterdurchschnittlich schlecht abschneiden, könnte dies als Beweis für ihre vorhandene oder nichtvorhandene Fähigkeit zu den im verbalen Teil geforderten sprachlichen Denkleistungen verstanden werden.

Nun, bei näherer Überprüfung zeigen sich unüberwindliche

Schwierigkeiten. Was bei normalen (sprachbesitzenden) Menschen gesichert sein mag, muß nicht ohne weiteres für die defekten gelten. Nicht alle gebräuchlichen ›nichtverbalen‹ Tests sind absolut sprachfrei,[311] und auf jeden Fall stellt sich die Frage, wie sichergestellt werden kann, daß die zwangsläufig nichtsprachlichen Instruktionen von den Defekten ebensogut verstanden werden wie die sprachlichen von den Normalen.[312] Beides sind praktische Probleme, die die vorliegenden Tests betreffen, prinzipiell aber zu überwinden sein dürften und uns hier darum nicht weiter interessieren sollen.[313]

Schwerer wiegen zwei andere Probleme, die das Testverfahren als solches berühren. Intelligenztests liefern Durchschnittswerte, in denen die Einzelergebnisse nivelliert sind, und zwar sowohl im Blick auf die untersuchten Personen und Personengruppen wie auch im Blick auf die geforderten Einzelleistungen. Im Normalfall können Verzerrungen statistisch ausgeschlossen werden, sc. durch ein hinreichend großes ›Sample‹ bei der Standardisierung bzw. der späteren Anwendung. Bei der Übertragung auf Personengruppen, für die die Tests nicht standardisiert wurden, aber entstehen Probleme, die sich so nicht beseitigen lassen. Bei einer finnischen

311 So ergab eine Untersuchung taubstummer Schulkinder mit dem »Chicago Test of Primary Mental Abilities« (Treacy 1952, ref. bei Myklebust ²1964, a.a.O., 68 f.) signifikante Minderleistungen im Subtest »Reasoning«, ein Resultat, das Myklebust, der zuvor selbst auf die Möglichkeit einer verdeckten Sprachlichkeit ›nichtsprachlicher‹ Intelligenztests hingewiesen hatte (a.a.O., 62), seltsam findet (69) und durch die hier geforderten ›abstrakten Fähigkeiten‹, die mutmaßlich Symbolgebrauch implizieren, zu erklären sucht. Geht man jedoch auf den Test zurück (beschrieben bei F.S. Freeman: *Theory and Practice of Psychological Testing*, New York 1951, 220 f.), so zeigt sich, daß die »Reasoning«-Aufgabe im Erkennen von Gesetzmäßigkeiten in *Buchstaben*reihen besteht, einer zwar nicht spezifisch sprachlichen, aber den Umgang mit sprachlichen Zeichen erfordernden Leistung also, und kann nun die berichteten Minderleistungen leicht durch das hier bestehende Trainingsdefizit der taubstummen Kinder erklären. *Daß* ein solches Defizit besteht und sich auf entsprechende Testleistungen auswirken kann, hat Furth (1966, a.a.O., Kap. 8 Exp. 5) durch eine vergleichende Untersuchung mit einem »Zahlen-Symbol-Test«, wie er im Wechsler-Handlungsteil – sic! – verlangt wird, und einer wirklich sprachfreien Variante nachgewiesen.

312 Vgl. Furth 1966, a.a.O., 90 f.; Lenneberg 1967, a.a.O., 437.

313 Das Problem des Instruktionen-Verständnisses z. B. hat Furth (1966, a.a.O., 91 f.) durch die Verwendung eines zweiteiligen Testverfahrens gelöst: im ersten Teil wird die Aufgabe an einem einfachen Beispiel so lange demonstriert, bis die Versuchsperson sie selbst richtig ausführen kann; im zweiten, dem eigentlichen Test-Teil, muß die betreffende Leistung selbständig auf neue, komplexere Beispiele ›übertragen‹ werden.

Untersuchung an taubstummen und normalsinnigen Jugendlichen[314] ergaben sich z. B. in zwei nichtverbalen Subtests (geometrische Figuren nach einem Muster zusammensetzen, Vervollständigen eines Quadrats durch ein auszuwählendes passendes Teil) signifikante Minderleistungen der Taubstummen gegenüber den Normalsinnigen, was von einem Vertreter der Abhängigkeitsthese leicht als (partielle) Bestätigung aufgefaßt werden könnte. Bei der geschlechtsspezifischen Aufschlüsselung zeigt sich jedoch, daß die schlechteren Leistungen der Taubstummen nur durch die weit unterdurchschnittlichen Leistungen der taubstummen Mädchen bedingt waren, während sich bei den Jungen keine signifikanten Differenzen feststellen ließen – im Gegenteil, beim zweiten Subtest waren die Taubstummen hier sogar überlegen! Dieses Teilergebnis genügt jedoch schon, um mit Sicherheit sagen zu können, daß die Taubstummheit als solche keine entscheidende Rolle spielt. *Jede* Subgruppe, die nicht so klein gewählt ist, daß sie als bloße Ausnahme ausgeschieden werden kann, würde bei gleichem Ergebnis einen entsprechenden Rückschluß gestatten. Prinzipiell müßten wir also erst einmal alle denkbaren Gruppierungen durchspielen, bevor wir gesicherte Aussagen über auftretende Differenzen machen können.

Weit wichtiger aber noch als die Aufschlüsselung nach Personen und Personengruppen ist die Differenzierung der einzelnen Leistungen, denn es könnte ja sein, daß einige von ihnen sprachabhängig, andere sprachunabhängig sind und daß das Gesamtergebnis entsprechend verzerrt ist. Ein Hinweis darauf (wenn auch kein definitiver Beweis, da noch andere Faktoren im Spiel sein können) sind statistisch signifikante Leistungsdifferenzen bei den verschiedenen Subtests, die zeigen, daß Korrelationen, die bei Normalen bestehen, im Falle von Sprachdefekten nicht mehr bestehen müssen. Solche Differenzen sind bei Taubstummen ebenso wie bei Aphasikern vielfach nachgewiesen. Ja, bei den Taubstummen sind es bekanntlich (Anm. 259), vom Leistungsrückstand bei den Progressive Matrices abgesehen, *nur* die Einzelleistungen, in denen sich signifikante Abweichungen von den Normalen ergeben, was (bei gleichen Gesamtleistungen) interne Differenzen voraussetzt. Ob oder welche von ihnen sich möglicherweise als sprachabhängig erweisen lassen, ist im gegenwärti-

314 Juurma 1963, referiert bei Garten 1973, a.a.O., 93 ff. 147 f.

gen Zusammenhang weniger interessant als die Tatsache der Leistungsdifferenzen als solcher, denn wenn die normalen Korrelationen schon bei den nichtsprachlichen Tests untereinander nicht mehr bestehen, ist das natürlich erst recht für das Verhältnis von sprachlichen und nichtsprachlichen Leistungen zu erwarten. Die Grundüberlegung, welche die Annahme der Leistungsgleichheit der nichtsprachlichen mit den sprachlichen Denkleistungen sichern sollte, hat sich als hinfällig erwiesen.

Die bedeutendste Schwierigkeit aber ist unabhängig vom Faktum der unzureichenden Korrelation. Auch wenn es keinerlei Anzeichen dafür gäbe, daß für Menschen mit Sprachdefekten andere Leistungszusammenhänge gelten als für Normale, kann man auf Grund der bestehenden Korrelationen allein nicht sagen, daß jeweils die gleichen Leistungen erbracht werden. Es handelt sich auch im günstigsten Falle nur um faktische *Äquivalenzen* zwischen den zugeschriebenen psychologischen Eigenschaften, nicht um deren qualitative *Identität,* wie sie für Leistungsgleichheit erforderlich wäre. Es könnte sich um ein zufälliges (etwa: durch äußerliche Zusammenhänge zwischen den neurologischen oder anatomischen Ursachen bedingtes) Zusammentreffen der einzelnen Leistungen handeln, ja, die Verwendung von Testbatterien erfolgt gerade in dem Bemühen, ein möglichst breites Spektrum der Intelligenz zu erfassen. Überschneidungen zwischen verbalen und nichtverbalen Teilleistungen in gebräuchlichen Intelligenztests müssen anders bewiesen werden als durch faktische Korrelationen. Nur ein ›begrifflicher‹ Nachweis ist dazu geeignet, d. h. die aus der Spezifikation aller an einer komplexen sprachlichen bzw. nichtsprachlichen Leistung beteiligten Einzelleistungen zu gewinnende Erkenntnis, daß einige von ihnen qualitativ identisch sind. In welche Schwierigkeiten das auf der sprachlichen Seite führt, ist durch unsere früheren Untersuchungen deutlich geworden, und das Fehlen einer umfassenden Differenzierung des Denkbegriffs (S. 109 ff.) läßt vermuten, daß auch auf der nichtsprachlichen unüberwindliche Schwierigkeiten bestehen.

b) Unklarheit über bestehende begriffliche Überschneidungen

Die gebräuchlichen nichtsprachlichen Intelligenztests verlangen durchweg *›problemlösendes‹ Denken,* bei dem ein ›Ziel‹ von einem bestimmten Ausgangszustand her zu erreichen ist. Damit bestehen für sie zunächst die früher (S. 112, Anm. 105) erwähnten begrifflichen Schwierigkeiten.[315] Zudem ist die grundsätzliche Bindung an eine Auffinde-Leistung, sc. das ›Finden des Weges zum Ziel‹, beim Vergleich mit den sprachlichen Leistungen hinderlich, da diese – abgesehen vom Spracherlernen – weniger in der Gewinnung als in der Verfügbarkeit und korrekten Anwendung der betreffenden Fähigkeiten bestehen und als solche – nach Abschluß der Sprachentwicklung – ja auch primär von Defekten tangiert werden.[316] Aber auch wenn wir von diesen allgemeinen Problemen absehen und die geforderten Leistungen unabhängig von ihrer Einbettung in das ›Problemlösen‹ betrachten,[317] sind wir von ihrem genauen Verständnis noch weit entfernt, da unklar bleibt, *welche* Leistungen an den einzelnen Aufgaben beteiligt sind und *wie weit* sie sich mit den sprachlichen decken. Angesichts der nicht zureichenden Differenzierung des Sprachbegriffs ist es kaum zu verwundern, daß auch diese Probleme von den Autoren, die die Zusammenhangsfrage im Rückgang auf Sprachdefekte zu beantworten suchten, weitgehend unberücksichtigt geblieben sind. Immerhin, es gibt Fälle, in denen ein expliziter Anspruch auf Gleichrangigkeit der geforderten nichtsprachlichen mit bestimmten sprachlichen Leistungen erhoben wurde, und hier sind die Gründe zu prüfen. Doch zeigt sich bei näherem Zusehen bald, daß auch sie in der entscheidenden Hinsicht nicht zureichen:

315 In der Literatur ist vor allem der Punkt hervorgehoben worden, daß die Testaufgaben gewöhnlich nicht spezifiziert genug sind, um nur die gewünschte intelligente Lösungsmethode zu gestatten (Goldstein 1948, a.a.O., 110 f.; Myklebust ²1964, a.a.O., 62. 67; Furth 1966, a.a.O., 89), und daß auch mit zufälligen oder rein ›mechanischen‹ Lösungen zu rechnen ist (Goldstein, a.a.O.; Furth, a.a.O., 89. 91). Die Orientierung an den vorliegenden Intelligenztests führt also zugleich auf die früher (S. 117) zurückgestellte Frage der Abgrenzung ›intelligenter‹ Leistungen nach außen.

316 Vgl. Zangwill 1969, a.a.O., 107. – Sowohl bei den Aphasikern (Zangwill, a.a.O., 108) wie auch bei den Taubstummen (Furth 1966, a.a.O., 158 ff.) ist die Lernfähigkeit besonders betroffen, und es ist klar, daß das für sie verwendete und in nahezu alle Intelligenztests eingegangene Maß, sc. die Lern*geschwindigkeit*, über die Fähigkeit zur *Meisterung* der betreffenden Aufgaben nichts aussagt und darum als peripherer Faktor ausgeklammert werden sollte (Furth, a.a.O., 91).

317 Die Komplikationen durch die ›Problemlöse‹-Situation lassen sich prinzipiell, zum guten Teil sicher auch praktisch, überwinden. Furth z. B. verwendet sein zweiteiliges Testverfahren (Anm. 313) auch mit der Absicht, den ›Auffinde‹-Faktor bei den geforderten Aufgaben auszuschalten (vgl. Furth, 1966, a.a.O., 91 f. 138).

1. Wiederholt ist kritisch bemerkt worden, daß die traditionellen nichtsprachlichen Intelligenztests, mit denen Taubstumme untersucht wurden, nur vergleichsweise einfache perzeptuelle und motorische Leistungen erfassen, nicht dagegen ›abstraktes‹, ›logisches‹ oder ›begriffliches‹ Denken, wie es der Sprache zugrundeliegt.[318] Daraus ergibt sich von selbst die Suche nach angemesseneren Testmethoden, und Furth erhebt für seine Untersuchung den Anspruch, solche gefunden zu haben. Sein »Bildersortieren« nach Gesichtspunkten der »Ähnlichkeit« etwa – drei aus einer Gruppe von sieben Bildern müssen als zusammengehörig nach Funktion, Material, Form usw. herausgesucht werden – soll ein nichtsprachliches Pendant zum Subtest ›Gemeinsamkeiten finden‹ der Wechsler-Verbalteils darstellen (zwei gegebene Hauptwörter müssen unter ein übergeordnetes Wort gebracht werden) und das Sortieren von Bildern nach der Teil-Ganzes-Beziehung – Heraussuchen von zwei entsprechenden Bildern aus einer Gruppe von fünf – soll ein Beweis für den Besitz von »Begriffen« sein.[319] Aber um welche Art des ›begrifflichen‹ Denkens handelt es sich? Handelt es sich (wie in den ›klassischen‹ Begriffsbildungsexperimenten, vgl. unten S. 305 ff.) um die Fähigkeit, einen Begriff auf Grund von ›Belohnungen‹ und ›Bestrafungen‹ oder einigen Beispielklassifikationen zu *finden,* d. h. ein gemeinsames Merkmal – Teil-Ganzes-Beziehung oder Funktion, Material usw. – aus Beispielen zu ›abstrahieren‹? Oder handelt es sich um die Verfügbarkeit und korrekte Anwendung eines *erworbenen* Begriffssystems? Beim Wechsler-Subtest scheint das zweite im Vordergrund zu stehen, bei Furth dagegen das erste, aber eine genaue Leistungsbestimmung ist weder im einen noch im anderen Falle möglich, da (offenbar) jeweils beide Aspekte im Spiel sind.

Und auch wenn hier Eindeutigkeit bestünde, blieben entscheidende Fragen offen. Wer im Wechsler-Subtest mit einem bestimmten übergeordneten Wort reagiert, gibt – vorausgesetzt dessen Bedeutung liegt fest und das korrekte Verständnis auf seiten des Betroffenen ist gesichert – eindeutig zu erkennen, welches Klassifikationsprinzip er zugrundelegt. Aber die bloße Tatsache, daß zwei oder drei (in den Augen des Versuchsleiters) unter einem bestimmten Gesichtspunkt zusammengehörige Bilder herausgesucht werden, sagt darüber nichts, ja nicht einmal darüber, ob seinem beobachtbaren Sortierverhalten überhaupt ein ›Prinzip‹ (als Regelstandard, S. 120 f.) zugrunde liegt. Das hier bestehende Intentionalitätsproblem

318 Vgl. Furth 1966, a.a.O., 90 und Garten 1973, a.a.O., 21-23. Garten bezieht ihre Kritik nur auf einen Teil der traditionellen Tests, sogenannte »performance-tests« im Unterschied zu »nonverbal tests«. Aber es fehlen genauere Angaben, welche damit gemeint sind und warum sie – und sie allein – ausscheiden.

319 Vgl. Furth 1966, a.a.O., 92. 102 f. bzw. 108 f. 111. Beide Tests sollen nach Furth das erfassen, was herkömmlich ›abstraktes‹ Denken genannt wurde, und die Teil-Ganzes-Beziehung soll nur *ein* markantes Beispiel für den durch *alle* verwendeten Tests demonstrierten Besitz »begrifflicher Prinzipien« sein (vgl. a.a.O., 88).

(S. 132, Anm. 132) ist nicht gelöst. Zudem bleibt zu bezweifeln, daß Klassifikationsleistungen den ›gedanklichen Gehalt‹ der betreffenden sprachlichen Ausdrücke wirklich erschöpfen können (vgl. unten S. 307). Von einer Gleichrangigkeit der geforderten nichtsprachlichen mit bestimmten sprachlichen Leistungen kann also vorläufig nicht die Rede sein.

2. Nicht anders steht es bei Tests mit sog. »Progressive Matrices« (Raven und Varianten). Hier liegt die Aufgabe darin, die offene Stelle in einem rein geometrisch oder zudem durch Farben, Helligkeitsstufen oder andere Qualitäten strukturierten, zweidimensionalen Muster durch Einsetzung eines passenden, auszuwählenden Stücks zu ergänzen. Mit der fortschreitenden Komplexität der Muster zumindest wird offenkundig, daß *mehr* verlangt wird als einfache perzeptuelle oder motorische Leistungen. Aber *was?* Zangwill, der den Raven-Test bei Aphasikern angewandt hat, unterstellt »formal reasoning of a kind ordinarily mediated by language«.[320] Doch wie ist das zu begründen? Offenbar sind auch hier mehrere ›höhere‹ Denkleistungen zugleich im Spiel, und es ist unklar, was alles oder was primär durch den Test geprüft wird.[321]

Man könnte den Test als (perzeptuell erleichterte) Variante eines Begriffsbildungsexperimentes mit konjunktiven Begriffen verstehen, wenn man das zweidimensionale Muster als zweidimensionales Koordinatensystem auffaßt, in das die relevanten Merkmalkombinationen (sagen wir: 3 Formen in der Horizontalen, 3 Größen in der Vertikalen) bis auf eine vollständig eingetragen sind.[322] Aber das trifft den Test nur zum Teil. Einige Muster lassen sich nicht in ein lineares Koordinatensystem bringen.[323] Von einer Variation nach zwei ›Dimensionen‹ kann auch dort, wo eine lineare Ordnung vorliegt, oft nicht gesprochen werden, weil kein umgreifender Gesichtspunkt (wie ›Form‹ oder ›Größe‹) erkennbar ist. Und auf jeden Fall stehen mehrere Lösungsmethoden offen: man *kann* die Muster-Ergänzung als Eintrag in ein Koordinatensystem vornehmen, man kann aber *auch* – ähnlich der gängigen Analyse von Zahlen- und Buchstabenreihen – die Gesetzmäßigkeiten an Hand der jeweils ersten horizontalen und vertikalen Reihe ermitteln und das fehlende Stück dann direkt ›ableiten‹ oder sogar (worauf Inhelder und Piaget hinweisen) sich

320 Zangwill 1964, a.a.O., 270.

321 Vgl. Furth 1966, a.a.O., 90; Warrington 1969, a.a.O., 77.

322 B. Inhelder / J. Piaget: *Die Entwicklung der elementaren logischen Strukturen* [orig. Neuchâtel ²1967], dt. Düsseldorf 1973, Bd. II, Kap. VI (S. 9 ff.).

323 Das gilt z. B. – abgesehen von den 12 Aufgaben der A-Reihe, bei denen eine begriffliche Gliederung noch nicht vorliegt – für die Aufgabe D_7 des Raven-Tests (abgebildet bei R. Meili: *Lehrbuch der psychologischen Diagnostik*, Bern ⁴1961, 80), bei der nur die Horizontale linear nach der Form variiert (X-Form, Quadrat und Kreis), während die ebenfalls nach der Form variierende Vertikale (drei Kreuz-Arten) die Anordnung der Merkmale von Reihe zu Reihe systematisch verändert.

allein von der perzeptuellen Symmetrie leiten lassen. Ob ›schlußfolgerndes Denken‹ vorliegt und in welcher Art, ist durch die korrekte Einsetzung selbst nicht bestimmbar.

Und wie steht es mit dem Bezug zur Sprache? Man kann so vorgehen, und manche Menschen können es vielleicht überhaupt nicht anders, daß man die zur Lösung führenden Denkschritte sprachlich ausformuliert, und hat dann eine einheitliche Interpretationsmöglichkeit – freilich unter Verzicht auf die Möglichkeit, von einem nichtsprachlichen Test zu reden. Aber gewöhnlich – und das allein macht die Rede von der Nichtsprachlichkeit auch bei sprachbesitzenden Wesen möglich – verfährt man anders. Man erfaßt die Gesetzmäßigkeiten ›mit einem Blick‹ und verwendet allenfalls einzelne Termini zur Bezeichnung des relevanten Gesichtspunkts (›Quadrat‹, ›spiegelverkehrt‹, ›linke Hälfte der vorigen Figur‹ usw.). Unter diesen Umständen ist der Vergleich mit dem sprachlichen Denken alles andere als eindeutig, denn man kann (ohne weitere Evidenzen) natürlich nicht einfach unterstellen, daß der nichtsprachliche Denkvorgang in verdeckter Form ebenso abläuft wie der sprachliche Lösungsprozeß (vgl. unten S. 312 f. und S. 345 ff.).

3. Für eine vergleichende Untersuchung an normalsinnigen, taubstummen, aphasischen, sprechenden und nicht sprechenden psychotischen und allgemein geistesschwachen Kindern haben N. O'Connor und B. Hermelin eine Batterie von vier nichtsprachlichen Subtests entwickelt, die als »Analoga« zu bestimmten sprachlichen Leistungen gedacht sind und dazu dienen, Aufschluß über bestehende oder nicht bestehende Bindungen an die Sprache zu geben.[324] Die serielle Anordnung von Quadraten unterschiedlicher Größe bzw. (in einer erschwerten Fassung) von Karten mit Linien unterschiedlicher Winkelabweichung von der Vertikalen soll die Fähigkeit zur Auffassung sequentiell geordneter Ketten, wie sie die Sprache verlangt, demonstrieren; die ›operational‹ konditionierte Verbindung eines oder zweier Schulterschläge mit je einer charakteristischen Quadrat-Größe bzw. Winkelabweichung, die eine ›Belohnung‹ indizieren, die Fähigkeit zur »Kodierung«, d. h. zur ›Übersetzung‹ von Sinnesreizen einer Art in die einer anderen mit gleicher Bedeutung; die korrekte, selbständige Wahl einer Quadrat-Größe bzw. Winkelabweichung, die zuvor als Muster flüchtig gezeigt wurde, das »unmittelbare Gedächtnis«, das bei der Auffassung von Laut- oder Schriftketten erfordert ist; und die korrekte Wahl der einer gegebenen Vorlage entsprechenden Quadrat-Größe die Fähigkeit zur gezielten Suche nach einem Reiz (einem später auftretenden Wort in einer Kette), auf den ein Schlüsselreiz (ein früher auftretendes Wort) hinweist.

Nun, die internen Schwierigkeiten dieses Versuchs zur ›Analogisierung‹

324 N. O'Connor / B. Hermelin: *Visual Analogies of Verbal Operations*, Lang. and Speech 8 (1965), 197-207.

sprachlicher und nichtsprachlicher Leistungen sind offenkundig. Die nach dem Muster der ›operationalen‹ Konditionierung verstandene ›Kodierung‹ mag als eine (wenngleich für den gewöhnlichen Sprachgebrauch ganz sicher nicht zentrale) Art der Zeichenverwendung hingehen. Aber was die serielle Anordnung nach der Größe oder der Winkelabweichung mit der syntaktischen Ordnung von Laut- oder Schriftketten zu tun hat oder die Wahl einer bestimmten Quadrat-Größe nach einem Muster mit phonologischen, syntaktischen oder gar mit semantischen Vorausweisungen innerhalb eines Textes, bleibt unerfindlich. Und daß gerade das auf die Größeneinschätzung oder die Differenzierung von Winkelabweichungen bezogene ›unmittelbare Gedächtnis‹ für die beim Sprachverständnis erforderten kurzzeitigen Gedächtnisleistungen charakteristisch ist, kann man mit Grund bezweifeln. Ganz abgesehen davon, daß – abgesehen von den semantischen Vorausweisungen – alle drei Subtests auch bei bestehender ›Analogie‹ nicht das ›spezifisch Sprachliche‹, sc. die Zeichenverwendung, oder die Bedeutung betreffen, sondern relativ periphere ausdrucksseitige oder völlig unabhängige Intelligenzfaktoren wie das Gedächtnis!

Zudem fallen O'Connor und Hermelin bei der Auswertung ihrer empirischen Untersuchungen unter der Hand auf das Schema der faktischen Korrelation zurück. Nachdem sich gezeigt hat, daß nur im dritten und vierten Subtest (›unmittelbares Gedächtnis‹ und Suche nach einem angezeigten Reiz) signifikante Leistungsdifferenzen zwischen den sprachdefekten und sprachbesitzenden Versuchspersonen auftreten – und auch dies nur beim Vergleich der sprechenden und der nicht sprechenden psychotischen Kinder, nicht etwa beim Vergleich von normalsinnigen und taubstummen oder aphasischen, die durchweg gute Leistungen zeigten und trotz ihres in den Voruntersuchungen nachgewiesenen Sprachdefektes von den Autoren am Ende (205 f.) ziemlich willkürlich als sprachlich relativ gut eliminiert werden – wird die Behauptung der »guten Korrelation« (sic!) der geforderten nichtsprachlichen mit den sprachlichen Leistungen auf diese letzteren Aufgaben beschränkt und die ersten nachträglich ausgeschlossen (a.a.O., 206): ein Vorgehen, das unsere Zweifel an den zuvor gegebenen ›Analogie‹-Behauptungen unmittelbar bestätigt und darauf hindeutet, daß die Autoren sie selbst nur als ›Arbeitshypothesen‹ gemeint hatten. Daß unter diesen Umständen von einer empirischen Bestätigung oder Widerlegung der Abhängigkeitsthese nicht mehr die Rede sein kann, liegt auf der Hand. Die in Frage kommenden nichtsprachlichen Leistungen sind *ex definitione* an das gemeinsame Auftreten mit der Sprache gebunden.

4. Besondere Beachtung verdienen schließlich die schon erwähnten Versuche Bays zum sprachunabhängigen Nachweis von ›Aussage‹-Defekten bei Aphasikern. Von den bisherigen Beispielen unterschieden sie sich vor allem darin, daß nicht nur einzelne, mehr oder weniger ›zentral‹ an den komplexen sprachlichen Leistungen *beteiligte* Denkleistungen erfaßt werden sollen, sondern die (faktisch) mit sprachlichen Äußerungen eines

bestimmten, semantisch zu definierenden Typs erbrachten Denkleistungen *insgesamt,* abzüglich nur der ausdrucksidentifizierenden Leistungen und der Zeichenverwendung. Allein dadurch gewinnen sie an Bedeutung, wobei noch hinzukommt, daß es sich gerade um jene zentrale Funktion der Sprache handelt, auf die wir selbst mehrfach gestoßen waren, *ohne* sie hinreichend explizieren zu können und deren Unaufgeklärtheit wir schon als Einwand *gegen* Jacksons – von Bay übernommene – Ausgrenzung des ›nichtpropositionalen‹ Sprachgebrauchs angeführt hatten (S. 284). War diese Kritik verfrüht? Bay geht davon aus, daß mit dem Modellieren und freien Zeichnen von Gegenständen und mit dem Vervollständigen entsprechender halb fertiger Vorlagen ›Aussagen‹ über die abzubildenden bzw. abgebildeten Gegenstände gemacht werden und daß auch beim Entdecken von »Absurditäten« in Bildern (Haus mit verkehrtem Dach, Baum auf dem Kopf stehend, usw.) ›Aussagen‹ involviert sind.[325] Wenn wir uns an die früher erwähnte (S. 226) und auch von Jackson und Bay ausdrücklich angesprochene (Anm. 288 und 295) Möglichkeit erinnern, Aussagen auch in sprachlich verkürzter Form zu machen, ist diese Auffassung weniger abwegig, als sie demjenigen, der von grammatisch vollständigen Subjekt-Prädikat-Sätzen in den indoeuropäischen Sprachen ausgeht, zunächst erscheinen muß.[326] So wie man einem hochgehaltenen oder mit einer Zeigegebärde identifizierten Gegenstand einen generellen Terminus zusprechen kann, ohne die prädikative Struktur aufzuheben, so kann man auch (ließe sich im Sinne Bays argumentieren, vgl. 1974, a.a.O., 53) das Ausmalen einer vorgezeichneten Banane mit gelber Farbe als nichtsprachliches Prädizieren der Eigenschaft Gelb interpretieren.

Aber nicht alle von Bay herangezogenen Leistungen sind ein so günstiges Beispiel und auch dieses erweist sich bei näherem Zusehen nicht als durchschlagend. Daß jemand, der über die Prädikation im logischen Sinne verfügt und Gelb als Eigenschaft von Bananen auffaßt, *sein* Ausmalen eines Bananen-Umrisses als Prädikation interpretieren *kann,* dürfte wohl außer Frage stehen. (Der Verfechter der Abhängigkeit könnte verdecktes ›inneres‹ Sprechen unterstellen oder gleichzeitige oder frühere sprachliche Fähigkeiten, S. 106 f.) Aber daß ein *anderer,* der dieses Verhalten zeigt, *tatsächlich* eine Prädikation vollzieht, kann man auf Grund dieses Faktums allein nicht sagen. Einmal ist unklar, in welcher Weise die Qualitäten ›partikularisiert‹ werden (vgl. S. 221 ff). Bay formuliert seine angenommene

325 Vgl. außer den schon in Anm. 265 zitierten Stellen Bay 1965, a.a.O., 373 f.; 1969, a.a.O., 57 ff.; 1974, a.a.O., 53, sowie Bays Diskussionsbeitrag zum Vortrag von Zangwill in Reuck / O'Connor (edd.) 1964, a.a.O., 274-276.

326 Bays Kriterien unterscheiden sich wesentlich von den primitiven nichtsprachlichen Analogien zum sprachlichen Aussagenmachen, die in der Literatur teilweise zu finden sind. B. Rensch (*Neuere Probleme der Abstammungslehre,* Stuttgart ²1954, 372 f.) wollte »averbale Urteile« sogar schon in einfachen Reiz-Konditionierungen enthalten sehen und demzufolge bereits Insekten und Cephalopoden zuschreiben!

Prädikation als Allsatz: ›Bananen sind gelb.‹ Aber könnte es sich nicht ebensogut um einen partikulären, auf *diesen* vorliegenden Umriß bezogenen, oder um einen irgendwie anders quantifizierten Satz handeln? Ist es so selbstverständlich, daß nur die eingetragene Farbe und nicht auch die schon vorhandene Form als logisches Prädikat fungiert, d. h. muß das Ausmalen unbedingt eine *Prädikation* und kann es nicht, prinzipiell, auch ein Ergänzen des *Subjekts* sein? (Man denke an eine weitere graphische Ausgestaltung eines bloßen Bananen-Umrisses zu einer detaillierten Bananen-Zeichnung!) Zudem, woher weiß der Betrachter, daß die Versuchsperson das, was *er* als Bananenumriß sieht, ebenso auffaßt und nicht etwa als einen ähnlich geformten Luftballon, den sie sich gelb denkt? Wie steht es in dieser Beziehung auch nur mit der scheinbar nicht variationsfähigen Farbe Gelb, wenn wir mit Farbenblindheit, verschobenen oder anders gegliederten Spektren rechnen (S. 233 f.)? Auch hier stoßen wir auf ein Intentionalitätsproblem, das in Bays Test nicht gelöst ist.

Und selbst wenn wir voraussetzen, daß bei den Eigenschaften und ihrer ›Partikularisierung‹ keine Diskrepanzen bestehen: wann können wir sicher sein, daß überhaupt eine Prädikation vorliegt, und wann nicht? Das einzige relevante Kriterium im Rahmen des Tests ist die vorhandene oder fehlende Ausmalung mit der gesuchten Farbe. Aber wenn ein Patient überhaupt nichts tut oder – mit oder ohne Farbstifte – etwas ganz anderes als ein Ausmalen, sagt das wohl (mindestens) ebensoviel über fehlende Motivation oder falsches Verständnis aus wie über seine Unfähigkeit zu prädikativen Aussagen. Und wenn er beim Ausmalen die falsche Farbe verwendet, mag das zwar ein Indiz für seine falsche Vorstellung von der Wirklichkeit sein, kaum aber ein Beweis für grundsätzliche Unfähigkeit zum Aussagenmachen oder auch nur für deren fehlende Aktualisierung, d. h. die Beobachtungen ermöglichen keine Unterscheidung zwischen einer *falschen* und einer *Nicht*prädikation.[327] Und wann liegt (auch unter Voraussetzung des prädikativen Charakters) eine falsche Prädikation vor? Wenn ein Patient die Banane nicht gelb, sondern grün malt, weil er eine unreife Frucht im Auge hat, kann *er* eine richtige Prädikation vollbringen, während der *Arzt* eine falsche notiert, und wenn er sie violett malt, d. h. eine unnatürliche Farbe benutzt, muß auch dies keine falsche (oder gar eine Nichtprädikation) darstellen, weil er, statt einer natürlichen, einer Frucht seiner eigenen Phantasie diese Eigenschaft zusprechen könnte. Freilich, es *kann* sich auch anders verhalten. Nicht jeder Aphasiker, der eine falsche

327 Wie erwähnt (S. 255, S. 280, Anm. 295) definiert Bay seinen Begriff der ›Aussage‹ nicht ausdrücklich durch die (logische) Subjekt-Prädikat-Struktur und spricht nicht nur von einem »Aussage-«, sondern zugleich von einem »begrifflichen« Defekt, den er nicht eindeutig von ihm unterscheidet. So ist es denkbar, daß Bay das Problem einer Abgrenzung zwischen falschen und fehlenden Prädikationen gar nicht im Blick hat, sondern undifferenziert davon ausgeht, daß die Wahl einer falschen Farbe *zugleich* einen »begrifflichen« und einen »Aussage«-Defekt indiziert.

Farbe wählt, tut dies aus überschäumender Phantasie, und Franz Marc wollte mit seinem *»Turm der blauen Pferde«* vermutlich weder über reale noch über imaginäre Tiere eine prädikative Aussage machen. Entscheidend ist, daß der Test hier keine eindeutigen Evidenzen liefert. Das Problem der Intentionalität, das sich zunächst bei der Identifikation der Qualitäten und ihrer ›Partikularisierung‹ ergab, betrifft auch die prädikative Struktur der zu beobachtenden Leistung als solche.

Vollends unbestimmt aber werden die möglichen Beobachtungen, wenn wir uns nicht nur an das vergleichsweise günstige Beispiel des Koloriertests halten, sondern auch die weit weniger günstigen übrigen Aufgaben Bays mit einbeziehen. Beim Kolorieren sind zwei Qualitäten bzw. ein partikulärer Gegenstand und eine Qualität erkennbar, die prädikativ aufeinander bezogen sein können, aber beim Abzeichnen oder Modellieren eines Gegenstandes fehlt eine derartige Unterscheidung. Wollte man Zeichnung oder Modell als Prädikat des abgebildeten Gegenstandes auffassen oder umgekehrt diesen als Prädikat der bildlichen Darstellung, so müßte man zuvor eine bestimmte Eigenschaft ›abstrahieren‹, die dann dem in einer anderen (oder auch in der gleichen) Weise qualitativ identifizierten Gegenstand prädiziert werden könnte. Andernfalls würde es sich um ein nichtprädikatives, mehr oder weniger komplexes ›qualitatives Angleichen‹ handeln, wie es in einfacher Form etwa beim Mischen oder Auswählen eines Farbtons nach einem Muster vorliegt, und solange keine direkten Anzeichen für eine ›Eigenschaften-Abstraktion‹ vorliegen, liegt diese einfachere Deutung des Zeichnens und Modellierens näher. Ein auftretender Nachbildungsfehler wäre dann (andere Interpretationsmöglichkeiten einmal ausgeschaltet) weder ein Anzeichen für eine falsche Aussage, noch ein Zeichen falscher ›begrifflicher‹ Vorstellungen von der Wirklichkeit, sondern ein einfacher Ausdruck mangelnder qualitativer Differenzierung! Bei genauerer Analyse des Abbildungsvorgangs lassen sich allerdings einzelne Phasen erkennen, in denen man eher als bei der undifferenzierten Betrachtung der Gesamtleistung an eine mögliche ›Abstraktion‹ und eine mit ihr verbundene Prädikation denken könnte; etwa wenn zunächst der Umriß einer Banane zu Papier gebracht wird (wobei dieser schon prädikativ auf den gegebenen Gegenstand bezogen sein könnte) und anschließend eine Kolorierung mit gelber Farbe erfolgt. Im günstigsten Falle – wenn wir von der zumindest vorausgehenden ›zeichenhaften‹ Beziehung der Nachbildung auf das Original absehen – wird also die Situation des Koloriertests erreicht und mit ihm die zuvor erwähnten Probleme.

Beim Entdecken von ›Absurditäten‹ in Bildern schließlich kommen alle genannten Probleme zusammen. Es kann sich, wenn man (z. B.) ein Haus mit verkehrtem Dach als ›absurd‹ erkennt und als solches zurückweist, um eine ›wahrnehmungsmäßige Inkongruenz‹ handeln, um das Bewußtsein von oder auch nur eine unbewußte Reaktion auf eine qualitative Abweichung des vorliegenden von einem gewohnten, infolge gleichzeitig vorhandener anderer Gemeinsamkeiten zum Vergleich herangezogenen Muster. Es kann sich um das prädikative Bewußtsein des (nach der Auffassung des Versuchsleiters) vorliegenden ›Trägerschafts‹-Verhältnisses handeln, aber um eine nur wahrnehmungsmäßig begründete Zurückweisung. Es kann aber auch eine auf die Gesamtheit aller realen Häuser, oder einiger, oder auf ein konkretes abgebildetes Haus oder gar das Bild selbst bezogene, verneinende Aussage vorliegen. Und in allen Fällen sind natürlich auch Diskrepanzen bezüglich der Qualitäten denkbar. Ohne weitere Rücksicht auf die ›Einstellung‹ (S. 132, Anm. 132) des Betroffenen sagt auch dieser Test nichts über das Vorliegen oder Nichtvorliegen von Aussagen – von welcher Art auch – aus. Bays nichtsprachliche Analogien erfüllen die ihnen zugeschriebene Aufgabe nicht, und es ist nicht zu sehen, wie sie sich hier entscheidend verbessern ließen. Natürlich beweist das nicht, daß das gesamte Vorhaben damit gescheitert und nur eine (bei den Defekten prinzipiell unanwendbare) Identifikation von Aussage-Leistungen im methodischen Ausgang von sprachlichen Aussagen denkbar ist. Aber es zeigt, daß die dort bestehenden Schwierigkeiten beim Ausgang von ›analogen‹ nichtsprachlichen Leistungen zumindest nicht kleiner sind.

Die vorliegenden Versuche, die Beobachtungen an Sprachdefekten zum Beweis für die Sprachabhängigkeit des Denkens heranzuziehen, sind demnach durchweg zum Scheitern verurteilt. Es fehlt nicht nur, soweit methodisch annehmbare, d. h. auf nichtsprachliche Denkleistungen gestützte Beobachtungen vorliegen, an einschlägigen empirischen Evidenzen (zahlreiche Beobachtungen sprechen dagegen) und an Versuchen, die faktisch nachgewiesenen Zusammenhänge im Sinne eines notwendigen Zusammenhangs zu verstärken, es fehlt auch und vor allem an den begrifflichen und methodischen Voraussetzungen für sie. An eine Entscheidung der Sprachabhängigkeitsthese durch Beobachtungen an Defekten ist auf absehbare Zeit hinaus nicht zu denken.

Kapitel X

Sprachunabhängigkeitsbeweise auf der Stufe des faktisch getrennten Auftretens

1. Unangemessene begriffliche Verallgemeinerungen

Sprachdefekte können (wie am Beginn von Kap. IX. erwähnt) nicht nur für den Befürworter, sondern auch für den Gegner der Abhängigkeit von Interesse sein. Ja, der Rekurs auf sie liegt ihm sogar insofern näher, als die erste der oben unterschiedenen theoretischen Schwierigkeiten entfällt: die gesicherte Unabhängigkeit muß nicht über die faktische Ebene hinaus verstärkt werden. Dieser strategische Vorteil des Gegners freilich ist generell (S. 188 f.). Er besteht auch bei nicht defekten, aktuell oder potentiell sprechenden Wesen, die von den speziellen Problemen bei den defekten – allgemeine Intelligenzminderung, reduzierte Lern- und Erfahrungsbedingungen, Unklarheit über Ausmaß und ›Zentralität‹ des Defekts u. a. – nicht betroffen sind. Darum erscheint es ratsam, Beweisversuche zunächst auf sie allein zu gründen und die Defekte erst dann mit einzubeziehen, wenn die Beweislage es erfordert.

Unverändert bleibt allerdings die Lage im Blick auf die zweite und dritte theoretische Schwierigkeit. Auch der Verfechter der Unabhängigkeit wird mit der Frage der ›Echtheit‹ der unterstellten Leistungen bzw. Mängel konfrontiert. Seine Beweisinteressen können dazu verleiten, Denkleistungen im mentalen oder physischen ›Inneren‹, die durch periphere Defekte verdeckt werden oder aus anderen Gründen nicht im Verhalten manifestiert sind, vorauszusetzen, auch wenn sie sich methodisch nicht sicher nachweisen lassen, und den Bereich des sprachfreien Denkens damit ungerechtfertigt zu erweitern. Kritischer noch ist der Ausschluß verdeckter Sprachleistungen, die die Unabhängigkeit auch in den beobachtbaren Fällen gefährden. Und natürlich besteht auch für ihn das Problem der begrifflichen Differenzierung. Unklarheit über das ›spezifisch Zeichenhafte‹ kann dazu führen, daß auf Sprachfreiheit geschlossen wird, wo es sich – etwa bei Tieren – lediglich um das Fehlen bekannter menschlicher

Formen der Zeichenverwendung handelt. Mangelnde Differenzierung des Denkbegriffs, wie sie für Umgangssprache und Wissenschaften zu konstatieren war (S. 109 ff.), birgt die Gefahr der verkappten Subsumtion einfacher unter höhere Intelligenzleistungen und der entsprechenden Überbewertung ihrer Sprachunabhängigkeit. Vor allem hierfür finden sich eindringliche, aber nicht immer leicht zu durchschauende Beispiele. Bevor wir uns den methodischen ›Echtheitsproblemen‹ zuwenden, scheint es angebracht, die begrifflichen Kurzschlüsse zweier Beweisversuche für uns speziell interessierende Arten des Denkens zu explizieren.[328]

a) Scheinbeweise für die Sprachunabhängigkeit des ›begrifflichen‹ Denkens (psychologische Begriffsbildungsexperimente)

Unter *›Begriffsbildung‹* wird in der Psychologie traditionell die Gewinnung der Fähigkeit, Gegenstände nach einem bestimmten Gesichtspunkt zu klassifizieren, verstanden. Karten mit Bildern, Holzklötzchen oder ausgesuchte Gegenstände des Alltags werden einer Versuchsperson vorgelegt und sind von ihr zu sortieren, wobei einfache sinnliche Qualitäten (Farbtöne, Raumfiguren), abstraktere geometrische Eigenschaften (z. B. Symmetrie) oder verschiedene, vor allem konjunktive und disjunktive Kombinationen von solchen im Spiel sind. Welcher Gesichtspunkt gemeint ist, ergibt sich aus Beispielklassifikationen des Versuchsleiters, ›Belohnungen‹ und ›Bestrafungen‹ für bestimmtes Verhalten oder aus zugeordneten Kunstwörtern. Wenn die Versuchsperson nach Abschluß der Lernzeit eine signifikante Anzahl richtiger Klassifikationen erbringt, hat sie den gesuchten Begriff gebildet. Experimente dieser Art sind in ungezählten Variationen durchgeführt worden und ihre Ergebnisse legen vielfach die Ansicht nahe, daß jene Leistungen nicht an die Sprache gebunden sind.[329] Qualitäten

328 Ihre Schwierigkeiten liegen primär, aber nicht ausschließlich auf der begrifflichen Ebene. Einige der zurückgestellten methodischen Probleme treffen, wie leicht zu sehen ist, auch auf sie zu, wie auch umgekehrt die im Folgenden explizierten Schwierigkeiten nicht vor den späteren Beispielen haltmachen. An der Verschiedenheit der Gesichtspunkte ändern solche Überschneidungen nichts.

329 Von den Experimenten, bei denen Kunstwörter als Schlüssel fungieren, ist dabei natürlich abzusehen, da hier gleichzeitiges Erlernen von Begriff *und* Ausdruck vorliegen könnte.

wurden verwendet, für die es in den von den Versuchspersonen beherrschten Sprachen keinen eigenen Ausdruck gibt.[330] Die Experimente wurden mit Taubstummen und Aphasikern,[331] Kindern vor oder während des fraglichen Spracherlernens[332] und mit verschiedensten Tieren[333] gemacht – jeweils mit positivem Ergebnis. So liegt der Schluß nahe, daß das ›begriffliche‹ Denken sprachunabhängig ist und daß die sprachlichen Ausdrücke, die bei normalsinnigen, erwachsenen Menschen faktisch mit den ›Begriffen‹ verbunden sind (›rot‹, ›Apfel‹, ›roter Apfel‹ etc.), sekundäre Funktionen erfüllen.

Doch was heißt hier ›Begriff‹? Das beobachtbare *Sortierverhalten* kann es kaum sein, ebensowenig dessen *Ergebnis* (die sortierten Haufen von Äpfeln, Birnen usw.). Als ›Begriff‹ läßt sich nur der *Gesichtspunkt* bezeichnen, nach dem das Sortieren erfolgt, der durch das Verhalten selbst aber nicht eindeutig spezifiziert wird (S. 131), so daß schon die Annahme der korrekten Begriffsbildung prinzipiell zweifelhaft bleibt. Aber auch wenn wir das Intentionalitätsproblem aus dem Spiel lassen und das Sortierverhalten als hinreichendes Kriterium für den Besitz bestimmter (entsprechender) Gesichtspunkte ansehen, ist der pauschale Schluß auf die Sprachunabhängigkeit ›des begrifflichen Denkens‹ nicht gerechtfertigt. Die Begriffsbildungsexperimente legen sinnliche Merkmale und einfache Klassendurchschnitte aus ihnen zugrunde; zahlreiche andere bleiben unberücksichtigt: ›funktional‹ definierte Begriffe (z. B. von Werkzeugen), Relationen, nichtanschauliche Begriffe usw.[334] Sie konnten den Untersuchenden zwar nicht völlig

330 Vgl. z. B. E. Heidbreder: *The Attainment of Concepts* [orig. in: J. of Gen. Psych. 35 (1946)/J. of Psych. 24 (1947) ff.], repr. part. in: Graumann (ed.) 1965, a.a.O. [S. 111, A. 102], 410-427.

331 Vgl. schon S. 278 f. und 296 f., sowie speziell: S. L. Kates / W.W. Kades / I. Michael / T.M. Walsh: *Categorizing and Related Verbalization in Deaf and Hearing Adolescent,* J. Ed. Psych. 52 (1961), 188-194; S.L. Kates / L. Yudin / R.K. Tiffany: *Concept Attainment by Deaf and Hearing Adolescents,* J. Ed. Psych. 53 (1962), 119-126; Furth 1966, a.a.O. [S. 194, Anm. 194], Exp. 1-3. 9-10; E. Weigl / E. Metze: *Experimentelle Untersuchungen zum Problem des nicht sprachgebundenen begrifflichen Denkens,* Schweiz. Zs. f. Psych. 27 (1968), 1-7.

332 D. Usnadze: *Die Begriffsbildung im vorschulpflichtigen Alter,* Z. f. angew. Psych. 34 (1930), 138-212; Wygotski 1934, a.a.O. [S. 101, A. 86], Kap. 5.

333 Vgl. B. Rensch: *Gedächtnis, Begriffsbildung und Planhandlung bei Tieren,* Berlin/Hamburg 1973, Kap. 3.

334 Vgl. J. Fodor: *Some Reflections on L.S. Vygotsky's Thought and Language,* Cognition 1 (1972), 83-96.

entgehen, namentlich dort, wo sie die Versuchspersonen weniger auf bestimmte Leistungen hin trainieren als in ihrem spontanen Klassifikationsverhalten beobachten wollten.[335] Aber sie wurden von ihnen weder eingehender untersucht (vor allem wohl, weil entsprechende experimentelle Methoden fehlen) noch wurden sie in den Gesamtzusammenhang des ›begrifflichen Denkens‹ eingeordnet und die systematischen Konsequenzen daraus gezogen. Untersucht wurde eine bestimmte *Art* des ›begrifflichen Denkens‹, und was für sie gilt, kann nicht einfach auf den Gesamtbereich übertragen werden.

Vor allem aber ist es nicht zulässig, jene einfachen Klassifikationsgesichtspunkte mit der Bedeutung der betreffenden sprachlichen Ausdrücke gleichzusetzen. Die Bedeutung des Wortes ›rot‹ geht nicht auf in der Fähigkeit seines Benutzers, rote Gegenstände von anders gefärbten qualitativ zu differenzieren, auch wenn das offenbar für sein Verständnis *wesentlich* ist und für *dieses* Wort die spezifische Bedeutungskomponente bildet, denn erfordert ist zumindest auch seine Einordnung in die Kategorie der Adjektive und das Verständnis von deren (formal) semantischer Funktion. In verschärftem Maße gilt das für das Wort ›Apfel‹, das als ›sortales Prädikat‹ fungiert und die numerische Identifikation der von ihm angesprochenen Gegenstände erfordert, was durch die bloße (qualitative) Einordnung in das ›Apfel-Schema‹ noch nicht geleistet wird. Die Sprachunabhängigkeit des in der Umgangssprache faktisch mit Ausdrücken wie ›rot‹ und ›Apfel‹ verbundenen Denkens können die psychologischen Begriffsbildungsexperimente also nicht beweisen. Der Schein eines Beweises entsteht nur durch die undifferenzierte Rede vom ›Begriff‹.

b) Scheinbeweise für die Sprachunabhängigkeit der Gegenstandsidentifikation (›Objektkonstanz‹-Experimente)

Jean Piaget hat bekanntlich die Auffassung vertreten, daß sich die menschliche Intelligenz zunächst unabhängig von der Sprache entwickelt, bevor beide sich zunehmend einander angleichen.[336]

335 So etwa Wygotski 1934, a.a.O. und R.R. Olver / J.R. Hornsby: *On Equivalence* [orig. in: J.S. Brunner / R.R. Olver / P. M. Greenfield (edd.): Studies in Cognitive Growth, New York 1966], dt. Stuttgart 1971, 97-116.

336 Eine kurze Zusammenfassung der Ansichten Piagets zum Verhältnis von Sprache und Denken bieten J. Piaget: *Le Langage et la Pensée du Point de Vue*

Das Kind kann bestimmte Ausdrücke sprachlich korrekt, d. h. kommunikativ hinreichend, verwenden, ehe es die intelligenten Leistungen beherrscht, die der Erwachsene mit ihnen verbindet, und es kann umgekehrt Leistungen erbringen, für die es noch keine sprachlichen Ausdrücke hat. Ein Beispiel für das letztere ist die Entwicklung des *Gegenstandsbegriffs*. Auf Grund von detaillierten empirischen Beobachtungen kommt Piaget zu der Ansicht, daß der Begriff eines über verschiedene Raumpositionen hin »permanenten« Objekts noch innerhalb der (von ihm unterschiedenen) »sensomotorischen« Entwicklungsphase gewonnen wird, d. h. bis zum Alter von etwa 18 Monaten.[337] Ähnliche Untersuchungen sind zum Teil schon vor Piaget, vor allem aber in seiner Nachfolge mehrfach durchgeführt worden, nicht nur bei Kleinkindern, sondern (u. a.) auch bei Primaten. Innerhalb der Entwicklungspsychologie ist es vor allem T.G.R. Bower gewesen, der den Ansatz methodisch verändert und in wichtigen Punkten präzisiert hat, mit dem Ergebnis, daß die Entwicklung des Gegenstandsbegriffs noch früher angesetzt, in bestimmten Aspekten sogar als von Geburt an verfügbar angesehen wird, während sie sich in anderen Hinsichten durch gezieltes Training beschleunigen läßt.[338] Bei Piaget wie bei Bower ist der kognitive Entwicklungsprozeß beendet, noch ehe das Kind über entsprechende Ausdrucksmöglichkeiten verfügt, so daß man leicht zu dem Schluß kommen kann, die Identifikation materieller Gegenstände in Raum und Zeit sei prinzipiell nicht an die Sprache gebunden.

Wie sehen die Experimente aus? Die für Piaget und Bower entscheidenden Evidenzen sind die Reaktionen des Kindes beim Verschwinden bzw. Wiederauffinden eines Gegenstandes. Zeigt es durch Reaktionen der ›Verblüffung‹, durch antizipierendes Hinsehen und ähnliches, daß es den Gegenstand an einem bestimmten Ort erwartet, sucht es nach ihm an der Stelle, an der er verschwand, oder setzt es die Suche ›folgerichtig‹ an anderen Stellen fort, wenn es ihn dort nicht mehr findet, so kann davon ausgegangen werden,

Génétique, Acta Psych. 10 (1954), 51-60 und H. Sinclair-deZwart: *Developmental Psycholinguistics*, in: D. Elkind / J. Flavell (edd.): Studies in Cognitive Development. Essays in Honor of Jean Piaget, London 1969, 315-336.

337 J. Piaget: *Der Aufbau der Wirklichkeit beim Kinde* [orig. Neuchâtel 1937], dt. Stuttgart 1975, Kap. 1.

338 T.G.R. Bower: *The Object in the World of the Infant*, Scient. Amer. 225 (1971), 30-38; ders.: *Development in Infancy*, San Francisco 1974.

daß es den Gegenstandsbegriff besitzt. Fehlen entsprechende Reaktionen oder treten sie nur gelegentlich auf bzw. nur unter bestimmten Umständen, ist daraus abzuleiten, daß es ihn nicht oder allenfalls in einer rudimentären Vorform besitzt.[339]

Die entscheidende Frage ist natürlich, ob derartige Beobachtungen das zu beweisen vermögen, was sie beweisen sollen. Zunächst gibt es auch hier allgemeine Intentionalitätsprobleme, die gelöst werden müssen. Ist es – zumal, wenn wir die Untersuchungsmethoden prinzipiell offenhalten für Tiere und Menschen fremder Kulturkreise – wirklich gesichert, daß ein bestimmter Gesichtsausdruck (o. ä.) nur als ›Verblüffungsreaktion‹ interpretiert werden kann? Wann können wir sagen, daß ein bestimmtes Verhalten ein ›Suchen‹ ist, d. h. ein Verhalten mit der Absicht, ein bestimmtes Objekt zu erreichen? Können wir ein Verhalten *in* Raum und Zeit ohne weiteres als raumzeitliches *Lokalisieren* deuten (S. 130, Anm. 130)? Und können Versuche, in denen das Kind das Objekt lediglich mit den Augen verfolgt und nicht auch nach ihm greift, Aufschluß darüber geben, ob es die Vorstellung von einem dreidimensionalen, mit ihm im gleichen Raum befindlichen Gegenstand hat oder nur eine zweidimensionale räumliche Konfiguration vor sich sieht? Bowers ingeniöse Versuche zur Entwicklung des räumlichen Sehens legen die Annahme nahe, daß die Dreidimensionalität des Sehens und die Koordination der visuellen und taktilen Fähigkeiten des Kindes angeboren sind, was die Bedenken gegen rein visuelle Tests entkräften würde. Aber selbst wenn die Fakten in dieser Beziehung eindeutig wären (was in der Literatur zumindest nicht unumstritten ist), blieben genug Probleme, die den Schluß auf raumzeitliche Identifikationsleistungen unsicher machen.

Wie kann sichergestellt werden, daß die von Piaget und Bower getesteten Kinder nicht nur den Begriff der qualitativen Gleichheit, sondern den der numerischen Identität besitzen, ohne den von einem Gegenstandsbezug nicht die Rede sein kann? Die bloße Tatsache der Erwartung oder der Suche im Falle von Abwesenheit

339 Piaget und Bower kommen an dieser Stelle, ihrem unterschiedlichen methodischen Ansatz entsprechend, zu verschiedenen Ergebnissen. Piaget, der sich ausschließlich am Kriterium des Suchens orientiert, sieht den vollen Objektbegriff erst dann erreicht, wenn das Kind das komplexe, ›folgerichtige‹ Suchverhalten aufweist. Bower orientiert sich vornehmlich an der Objekt-Erwartung und kann so den entscheidenden Schritt vorverlegen.

kann das nicht beweisen. Das verdeckte Objekt könnte gegen ein qualitativ gleiches ausgetauscht werden, ohne daß der geringste Zweifel an seiner Identität entsteht. Wenn wir sicher sein wollen, daß sich Erwartung und Suche auf den numerisch identifizierten Gegenstand richten, müssen wir Grund haben zu der Vermutung, daß ihm von den Versuchspersonen raumzeitliche Kontinuität zugeschrieben und seine Identität von ihr abhängig gemacht wird. Wie ist das experimentell nachzuweisen?

Ein Indiz ist die Fähigkeit, einen Gegenstand mit den Augen oder den Händen zu verfolgen. Aber ein hinreichendes Kriterium ist das nicht. Einmal bleibt fraglich, ob das Verfolgen tatsächlich auf das *im* Raum bewegte und *verschiedene* räumliche Positionen durchlaufende Objekt bezogen ist. Bowers Untersuchungen haben vielmehr gezeigt, daß Kinder unter 16 Wochen ruhende nicht mit bewegten Gegenständen identifizieren, sondern Bewegtheit als eigenes qualitatives Identifikationskriterium verwenden, zudem als eines, das größeres Gewicht hat als qualitative Merkmale, die die Bewegung überdauern. Ihnen wird man kaum die numerische Identifikation eines verfolgten Gegenstands zuschreiben können. Doch selbst wenn wir sie unterstellen, ergeben sich Schwierigkeiten. Qualitative Doppelgänger lassen sich auch bei bewegten Objekten einführen: das Objekt tritt von der einen Seite her hinter einen Schirm und im entsprechenden zeitlichen Abstand kommt auf der anderen – vom Kind korrekt antizipiert – ein numerisch verschiedenes, qualitativ ununterscheidbares Objekt heraus. Ob der Gegenstand kontinuierlich verfolgt wird, könnte sich allenfalls an der Reaktion auf Lücken und Sprünge zeigen. So kann man (wie es Bower in anderem Zusammenhang getan hat) das neue Objekt sofort nach dem Verschwinden des ersten erscheinen lassen, zeitlich also verkürzt, und erwartete Überraschungseffekte prüfen. Aber auch das liefert nicht das Gewünschte. Weder beweist das Ausbleiben des Effektes, daß kein kontinuierliches Verfolgen vorliegt (z. B. könnte das Kind nur den Raum rechts und links des Schirmes als ›Raum‹ ansehen), noch kann sein Auftreten die numerische Unterscheidung beider Objekte belegen, denn die Überraschung könnte sich (z. B.) nicht auf die räumliche Diskontinuität, sondern auf die erhöhte Geschwindigkeit des Objektes hinter dem Schirm beziehen.

Eindeutig würde die Lage erst, wenn gezeigt wäre, daß zwei qualitativ ununterscheidbare Gegenstände, die gemeinsam innerhalb des Gesichts- oder Tastfeldes der Versuchsperson auftreten, als verschiedene Instantiierungen eines Typs differenziert werden. Bower hat einen Schritt in diese Richtung getan, indem er die Reaktionen von Kindern auf die Verdoppelung eines ihnen im Singular schon vertrauten Gegenstandes (sc. das Bild der Mutter) untersuchte und ›Verblüffung‹ als Zeichen räumlicher Singularitätserwartungen interpretierte. Näher noch dürfte der Schluß auf numerische Differenzierung liegen, wenn ein Hund sichtbar zwischen zwei räumlich auseinanderliegenden Zielen der gleichen Art hin und hergerissen wird oder ein Schimpanse seinen Blick ›nachdenklich‹ zwischen zwei Gegenständen wandern läßt, und noch deutlicher scheint die Zurückweisung eines *offen* substituierten Doppelgängers durch ein Kind. *Rein* qualitative Differenzierung scheidet hier sicher aus, und die Annahme zumindest einer elementaren Form der numerischen Identifizierung im Raum dürfte plausibel sein, auch wenn die allgemeinen Intentionalitätsprobleme natürlich weiter bestehen und ein definitiver Sprachunabhängigkeitsnachweis sicher noch nicht erbracht ist. Wesentlich ist jedoch, daß es erst diese letzteren Evidenzen sind, nicht die klassischen ›Objektkonstanz‹-Experimente, die uns zur Rede vom Umgang mit *Gegenständen* berechtigen können, und daß ein allgemeines Unabhängigkeitsargument, das sich auf jene Experimente gründet, ihrem nicht hinreichend differenzierten Objektbegriff erliegt.

2. Unmöglichkeit eines ›introspektiv‹ begründeten Ausschlusses aktueller beteiligter Sprachleistungen

Lassen wir die begrifflichen Fragen aber nunmehr aus dem Spiel. Nehmen wir an, wir verfügten über differenzierte nichtsprachliche Intelligenztests, deren ›Gleichrangigkeit‹ und genaue Bedeutung gesichert ist, und hätten geeignete Evidenzen vorliegen. Nehmen wir ferner an, der Begriff der ›Zeichenverwendung‹ sei so weit geklärt, daß Sprachleistungen auf der Verhaltensebene zweifelsfrei auszuschließen sind. Auch unter dieser Voraussetzung könnten wir Sprachfreiheit nur unterstellen, wenn im ›Inneren‹ des Betroffenen keine entsprechenden Leistungen auftreten. Welche methodischen Möglichkeiten haben wir, das unter Beweis zu stellen? Da wir (aus den bekannten Gründen) auf physiologische oder ›fremdintrospektive‹ Nachweismethoden verzichten müssen, bleibt nur der ›introspektive‹ Ausschluß des eigenen ›stillen Sprechens‹. *Daß* es Erscheinungen dieser Art gibt, steht (für den phänomenal Unvoreingenommenen) außer Frage. Fraglich bleibt, ob die ›Introspektion‹ *differenziert* genug ist, um zwischen ›stillem Sprechen‹ und nichtsprachlichem ›innerem Denken‹ eindeutig unterscheiden zu können.

Relativ einfach ist das, wenn es nur darauf ankommt zu zeigen, *ob* sprachliche Leistungen vorliegen oder nicht, nicht auf die Spezifizierung ihrer Art und Beteiligung an den nichtsprachlichen. Aber schon hier gibt es Unterschiede. Wenn der *gesamte* Auffindungsprozeß einer nur durch Ausgangs- und Endzustand definierten ›Problemlösung‹ (vgl. S. 112 f.) sprachlich ist, wird der Betreffende dies mit Sicherheit feststellen können, und vergleichsweise günstig sind auch die Fälle, in denen *keinerlei* ›stilles Sprechen‹ erfolgt. Aber wann genau liegt das vor? Gewöhnlich drängt sich das ›stille Sprechen‹ unmerklich in unsere ›Reflexion‹ auf die eigenen Leistungen ein und für das normale Problemlösen dürfte auch kaum die *durchgängige* (›innere‹) Sprachlichkeit oder Sprachfreiheit charakteristisch sein, sondern ihr ständiger, nicht eindeutig gegeneinander abzugrenzender *Wechsel.* Wer ein Schachproblem löst, tut das sicher nicht in der Weise beständigen ›stillen Sprechens‹: er ›sieht‹ die Zusammenhänge des Ausgangszustands, ›stellt sich‹ veränderte Positionen ›vor‹, geht von diesen aus weiter vor oder zurück und verschafft sich dadurch ein zunehmend differenzierteres ›Bild‹ von den Zugmöglichkeiten, die schließlich die Lösung ergeben. Gleichwohl drängt sich die Sprache mit ein. Man sagt, voll ausformuliert oder in fragmentarischer Andeutung: ›Wenn der Läufer dort [auf d 3] steht, bleibt ihm [dem schwarzen König] nur noch der Zug hierhin [auf d 2], der durch den [weißen] König gedeckt ist‹ oder ›Nein, diese Diagonale [c 1-h 6] muß gedeckt bleiben; ich kann nur mit dem Bauern angreifen‹ oder faßt eine ermittelte Zug-Kombination, die noch nicht zum Matt führt, aber es möglicherweise vorbereitet, vorläufig in Worten zusammen. Der Übergang von den nichtsprachlichen zu den sprachlichen Phasen und umgekehrt geschieht unmerklich. Sucht man sich aber (›reflektierend‹) auf ihn zu konzentrieren, wird man feststellen, daß man nun entweder permanent spricht oder daß der gesamte nichtsprachliche Denkvorgang blockiert ist, denn die thematische ›Reflexion‹ auf das, was man (sprachlich oder nichtsprachlich) tut, erfolgt bei normalentwickelten Menschen nun einmal faktisch mit Hilfe der Sprache.

Ein überzeugter Introspektionist würde vielleicht bestreiten, daß die Sprachlichkeit der bewußten Eigenbeobachtung unausweichlich ist und dem versierten Beobachter ›neutrale Reflexionsmöglichkeiten‹ zugestehen. Akzeptieren wir das als Möglichkeit. Spätestens wenn er anderen über seine ›introspektiven‹ Erfahrungen berichten oder sich ihrer selbst *als* Tatbestände versichern will, muß auch er zu sprachlichen Formulierungen greifen. Wie läßt sich dann noch mit Sicherheit von Sprachunabhängigkeit reden? Was etwa sollen wir sagen, wenn ein Vertreter der Würzburger Schule uns seinen (angeblich) sprachlosen Problemlösungsprozeß als eine logische Folge von Sätzen schildert oder gar wenn ein Taubstummer (rückblickend) sagt, er habe mehrere Jahre vor Beginn seines Spracherwerbs schon die Frage nach der Entstehung der Welt gestellt?[340] »Bist du sicher«, möchte man ihm mit Wittgenstein antworten,[341] »daß dies die richtige Übersetzung deiner wortlosen Gedanken in Worte ist? [. . .] Und warum reckt diese Frage – die doch sonst gar nicht zu existieren scheint – hier ihren Kopf hervor? Will ich sagen, es täusche den Schreiber sein Gedächtnis? – Ich weiß nicht einmal, ob ich *das* sagen würde. Diese Erinnerungen sind ein *seltsames* Gedächtnisphänomen – und ich weiß nicht, welche Schlüsse auf die Vergangenheit des Erzählers man aus ihnen ziehen kann! Die Worte, mit denen ich meine Erinnerung ausdrücke, *sind* meine Erinnerungsreaktion.« Nun, in der vorliegenden Form ist dieser Einwand sicher nicht durchschlagend. Aber er weist in die richtige Richtung und die zentralen Probleme werden erkennbar, wenn wir ihn von verschiedenen falschen Assoziationen befreien.

340 Einen entsprechenden Bericht des Taubstummenlehrers »Mr. Ballard« zitiert William James (*The Principles of Psychology*, New York 1890, Vol. I, 266 ff.) als Beweis für die Möglichkeit sprachfreien Denkens. Ähnliche Evidenzen liefert der in der Aphasieforschung bekannte »Fall Lordat«, eines Arztes, der selbst eine Zeitlang aphasisch war und später über Zustände berichtete, in denen er seine Gedanken nicht sprachlich zum Ausdruck bringen konnte. Die Differenz besteht darin, daß unsere Zweifel sich bei Lordat, dessen Defekt erst nach Abschluß der Sprachentwicklung auftrat, weniger gegen die von ihm beanspruchten Denkleistungen als gegen die unterstellte Sprachfreiheit richtet, während man Ballard keinerlei Leistungen von der genannten Art zugesteht.

341 Wittgenstein 1953, a.a.O. [S. 122, A. 119], § 342 f., zweite und dritte Hervorhebung von mir; vgl. ders.: *Zettel* (ed. G.E.M. Anscombe / G.H. von Wright), Oxford 1967, § 109.

Skepsis bezüglich der Angemessenheit einer sprachlichen Wiedergabe von nichtsprachlich Erlebtem ist am Platz. Aber die Fassung des Wiedergabe-Problems als Problem der nachträglichen *»Übersetzung«* geht an der Sache vorbei, da sie auf einer stillschweigenden ›Versprachlichung‹ der zugrundegelegten nichtsprachlichen Ereignisse beruht und als solche nur eine unbegründete (und ohne ›fremdintrospektive‹ Nachweismethoden auch unbegründbare) Antithese zur These des Betroffenen darstellt. Das Verhältnis von sprachlichem Bericht und ›innerem‹ Erleben ist, wenn es sich tatsächlich um nichtsprachliche Phänomene handelt, nicht das vom Satz *einer* Sprache zu dem einer *anderen*, sondern das einer sprachlichen *Beschreibung* zum von ihr *Beschriebenen*, und die Sprachlichkeit der Beschreibung kann über die des Beschriebenen natürlich nichts beweisen. Das Argument kann nur sein, daß die gegebene Beschreibung den beschriebenen Phänomenen nicht angemessen ist. Dafür gibt es verschiedene Gründe.

Ein relevanter Aspekt ist die (auch in Wittgensteins Einwand angesprochene) *Erinnerungskorrektheit* des Betroffenen. Liegt ein größerer zeitlicher Abstand vor oder ist gar, wie beim Übergang von einem vorsprachlichen oder aphasischen Zustand zum Sprachbesitz, eine bedeutende intellektuelle Veränderung eingetreten, wird man sie kaum unterstellen können, weil die jetzige Situation die Erinnerungsspuren der früheren mehr oder weniger stark beeinflußt. Da ihr genauer Anteil unüberprüfbar bleibt, stellt dies bei Taubstummen oder Aphasikern ein entscheidendes Hindernis dar, auch wenn es (im Blick auf mögliche ›fremdintrospektive‹ und neurophysiologische Nachweismethoden) nicht prinzipiell unüberwindlich scheint und für den unmittelbar referierenden ›introspektiven‹ Psychologen ohnehin ausscheidet. Wittgenstein freilich glaubt eine grundsätzlichere Schwierigkeit zu erkennen als die einer durch zeitlichen Abstand und intellektuelle Veränderungen bedingten Selbsttäuschung. Er spricht von einem *»seltsamen«* Gedächtnisphänomen und läßt den sprachlichen Bericht ganz *an die Stelle* der mentalen Erinnerungsspuren treten. Aber damit schösse man wieder über das Ziel hinaus. Denn eine solche Konsequenz könnte sich allenfalls auf der Grundlage jenes allgemeinen Erinnerungsargumentes ergeben (S. 127f., Anm. 126), nach dem im mentalen Bereich von ›Erinnerung‹ nicht die Rede sein kann, weil es an einem »Kriterium« für deren Korrektheit fehlt, dessen Kurzschlüssigkeit wir jedoch schon herausgestellt haben.

Ein grundsätzlicher Einwand ergibt sich nur dann, wenn man den Zweifel nicht erst bei der *Beschreibung*, sondern schon bei den zur Beschreibung verwendeten *Prädikaten* ansetzt, die – so die These – trotz ihres gegenteiligen Anscheins nicht auf mentale Denkereignisse bezogen sein können, entweder weil solche Ereignisse nicht existieren oder weil Termini, die sich (auch wenn es sie gäbe) auf sie beziehen könnten, nicht intersubjektiv zu erlernen, d. h. für den Außenstehenden prinzipiell nicht zu verstehen sind. Wittgensteins Rede von der »Übersetzung« der »wortlosen Gedanken in Worte« und vor allem seine Gleichsetzung der »Erinnerungen« mit den sprachlichen »Erinnerungsreaktionen« könnten als Ausdruck dieser uns ebenfalls schon vertrauten Auffassung verstanden werden. Wir haben gesehen (S. 125 ff.), daß weder das Lernargument noch die Bestreitung der phänomenalen Eigenständigkeit des Mentalen als solchen zu überzeugen vermögen. Gleichwohl konnten wir feststellen, daß eine ›Universalisierung‹ des mentalen Bereichs, speziell die pauschale ›Mentalisierung‹ des Denkens und seiner Objekte, nicht in Frage kommen, und hier liegt nun in der Tat eine, wenn nicht *grundsätzliche*, so doch zumindest *für uns* derzeit unüberwindliche Schwierigkeit. Nicht daß es nichtsprachliche mentale Denkleistungen überhaupt oder in sprachlich beschreibbarer Weise gibt, läßt sich bezweifeln, wohl aber, daß die zu ihrer Beschreibung herangezogenen umgangssprachlichen Termini und die mit ihrer Hilfe gebildeten Aussagen tatsächlich eine entsprechende deskriptive Funktion erfüllen.

Daß man ein Schachproblem aktuell nicht unter fortwährendem ›inneren‹ Sprechen löst, steht außer Frage. Aber wenn man darüber später in logisch zusammenhängenden Sätzen berichtet (›Zuerst versuchte ich, den Läufer auf f 3 zu ziehen, um dadurch, unter Ausnutzung der Deckung von c 1 und e 1 durch den Springer, den König auf d 2 zu zwingen; ich realisierte jedoch, daß der Springer nun ungedeckt wäre und im nächsten Zug, wollte ich keinen Verlust riskieren, bewegt werden müßte, ohne daß dies, da er dadurch auf Schwarz käme, den nun ebenfalls auf Schwarz stehenden König ins Schach bringen könnte, woraus ich schloß . . .‹ usw.), *beschreibt* man ja offenbar nicht den ursprünglichen, partiell nichtsprachlichen Auffindungsprozeß, sondern *vollzieht* einen solchen neu, und zwar nunmehr ausschließlich sprachlich, wobei der Selbstbezug und das Imperfekt lediglich andeuten, daß dies als Pendant zu einem früher erlebten Vorgang gemeint ist. ›Introspektive Berichte‹ sind im Normalfall keine *Beschreibung*, sondern eine selbständige *Rekonstruktion* des Erlebnisses mit (partiell) veränderten Mitteln. Wenn man ihr diesen beschränkten Sinn gibt, enthält Wittgensteins Rede von der Identität der »Erinnerung« und der »Erinnerungsreaktion« tatsächlich einen durchschlagenden Einwand: mag der Taubstumme in seiner Jugend ›Gedanken‹ gehabt haben, wie er will, und sein Gedächtnis perfekt sein, wenn er *jetzt* von der Frage nach der Entstehung der Welt *redet*, bringt er sie (sprachlich) zum Ausdruck und beschreibt nicht sein früheres (angeblich sprachfreies) Fragen.

Daß die sprachlichen Rekonstruktionen den ursprünglichen Leistungen *entsprechen* können, muß dabei nicht in Abrede gestellt werden. Sie sind von ihnen ja ohne Zweifel beeinflußt, und mit ›gedanklichen‹ Überschneidungen zwischen sprachlichen und nichtsprachlichen Leistungen ist, wie wir wissen, zu rechnen. Der Aussage ›Ich ziehe den Läufer versuchsweise auf f 3‹ in der sprachlichen kann in der nichtsprachlichen Fassung etwa das vorstellungshafte Umgruppieren des Läufers entsprechen, was ihrer Funktion innerhalb des gesamten Auffindungsprozesses nach auf die gleiche Leistung hinauslaufen dürfte. Aber wie weit die Gemeinsamkeiten reichen und wie weit es sich in der ursprünglichen Fassung wirklich um nichtsprachliche Leistungen handelt und nicht etwa schon um sich unmerklich ›eindrängende‹ Leistungen des ›stillen Sprechens‹, bleibt offen. Sollen wir sagen, die Aussage ›Ich sehe, daß der Springer durch den Läufer gedeckt ist‹ enthalte *dieselbe* Leistung wie das (offenbar) sprachfreie ›Sehen‹ des gleichen Zusammenhangs oder die (in unserem obigen Beispielsatz) mit ›um . . . zu‹, ›da‹, ›woraus ich schloß‹ u. a. angesprochenen Leistungen des schlußfolgernden Denkens *ebendie* des betreffenden nichtsprachlichen Prozedierens? Alle begrifflichen ›Gleichrangigkeitsprobleme‹ kehren hier wieder und sind im Bereich der ›Introspektion‹ natürlich noch weniger leicht zu lösen als im Bereich des Verhaltens.

Als generelle methodische Schwierigkeit kommt schließlich hinzu, daß nicht alle aktuell an einer Leistung des Denkens beteiligten Sprachleistungen dem Betroffenen selbst bewußt sein müssen. Der Wechsel von einer nichtsprachlichen zu einer sprachlichen Phase beim Problemlösen erfolgt in der Regel nicht in Form eines bewußten *Beginnens* mit dem Sprechen, sondern in der eines ›Sich-plötzlich-beim-Sprechen-*Ertappens*‹, und wenn nun bestimmte Ausdrücke oder Phrasen unterschieden werden, stehen sie in einem ›gedanklichen‹ Kontext, dessen Nichtsprachlichkeit durch die Tatsache, daß erst jetzt sprachliche Leistungen *realisiert* werden, nicht als bewiesen gelten kann. Wenn mir beim Lösen eines Schachproblems plötzlich der Ausruf durch den Kopf schießt ›Nein, so geht es nicht‹, scheint dies ein Ausdruck meiner Erkenntnis zu sein, daß ein vorgestellter Zug und seine weiteren Konsequenzen nicht zum gewünschten Ziel führen; ich negiere mit meinem Ausruf sowohl die entsprechende theoretische Annahme (›Dieser Zug eröffnet eine Matt-Möglichkeit‹) wie auch meinen auf sie gegründeten praktischen Handlungsvorsatz (›So will ich ziehen‹). Aber ob dies zusammen damit, daß mir die korrespondierenden vorbereitenden Sätze (›Der Läufer könnte auf f 3 gezogen werden‹, ›Darf ich so ziehen?‹ usw.) *nicht* durch den Kopf gingen, bereits ein Beweis für die prinzipielle Sprachunabhängigkeit des ›Erfassens‹ von ›Propositionen‹ oder des auf sie bezogenen Fragens oder Behauptens ist, darf man bezweifeln. Der Verfechter der Abhängigkeit könnte dem jedenfalls mit der Annahme eines impliziten Bezugs des realisierten Ausrufs auf korrespondierende Sätze begegnen und deren Aktualität durch die Annahme *unbewußten* vorausgehenden Sprechens stützen. Dafür mag die Beweislast ihm zufallen. Ausschließen oder beweisen aber ließe sich diese Möglichkeit nur auf neurophysiologischer Basis oder allenfalls noch durch psychoanalytischen Rückschluß. Die ›Introspektion‹ reicht dazu nicht hin. Ein nur auf sie gegründeter Ausschluß verdeckter Sprachleistungen bleibt letztlich ungewiß.

3. Unzureichende Evidenzen für einen ›grundsätzlichen‹ Ausschluß der Sprachbeteiligung

Die Verfechter der Unabhängigkeit haben sich in der Regel nun freilich auch nicht mit dem einfachen Hinweis auf fehlende Anzeichen ›äußeren‹ oder ›inneren‹ Sprechens begnügt, sondern Erscheinungen für sich in Anspruch genommen, die (in solchen Fällen) den Ausschluß verdeckter Sprachleistungen *unabhängig* vom einzeln geführten Nachweis ihres faktischen Nichtvorliegens, aus ›*grundsätzlichen*‹ Überlegungen gestatten sollen. Solche Erscheinungen sind im alltäglichen Sprechen und Denken in Fülle vorhanden und sie sind es auch, die demjenigen, der zum ersten Mal auf das Verhältnis von Sprache und Denken zu reflektieren beginnt und mit einem positiven Vorurteil für die Sprachunabhängigkeit an die Sache herangeht, zuallererst in die Augen springen. Sich ihrer suggestiven Beweiskraft zu entziehen, ist nicht leicht. Doch zeigt die genauere Überprüfung auch bei ihnen entscheidende Schwächen: die vorliegenden Evidenzen reichen nicht aus, um die bestehenden Lücken bezüglich der *aktuellen* Beteiligung der Sprache zu schließen, und dort, wo sie es (partiell) tun, verweisen sie selbst auf die bislang noch völlig ausgeklammerte Möglichkeit einer indirekten Abhängigkeit von bestehenden sprachlichen *Fähigkeiten*.

a) *Mehrdeutigkeiten und Sprachverkürzungen*

Zwei naheliegende Argumente stehen in engem Zusammenhang mit Überlegungen, auf die wir bereits bei unserer Kritik an den auf Sprachverschiedenheiten gestützten Abhängigkeitsbeweisen gestoßen waren, und bilden gewissermaßen den Versuch, das, was wir dort *negativ* gegen den Anspruch des Abhängigkeitsbefürworters gewandt hatten, *positiv* für den Gegner zu nutzen.[342] Wir hatten dort darauf hingewiesen (S. 203 ff.), daß zwischen Bedeutungs- und Ausdrucksdifferenzen innerhalb einer Sprache keine Entsprechung bestehen muß und daß im besonderen Fälle von Synonymie oder Homonymie auftreten können. Wenn es nun aber, wie wir oben an Beispielen aus verschiedensten Sprachbereichen sahen, möglich ist, mit demselben Ausdruck Verschiedenes auszudrücken, heißt das nicht, daß das ›Auszudrückende‹ prinzipiell unabhängig vom Ausdruck ist? Wenn man den genauen Sinn eines mehrdeutigen Satzes wie ›Das Holz brennt gut‹ (aktuell oder

342 Daß dies ein *weiterer* theoretischer Schritt ist, die *Einwände gegen* den Abhängigkeitsanspruch also nicht automatisch eine *Begründung für* die Unabhängigkeit liefern, liegt am nicht definitiven Charakter der verwendeten Argumente und steht nicht im Widerspruch zu unserer Voraussetzung, daß die beiden Positionen im *kontradiktorischen* Gegensatz zueinander stehen. Eine *definitive* Widerlegung der Abhängigkeitsthese (in einer spezifizierten Form) würde natürlich zur Etablierung der Gegenposition führen.

der Fähigkeit nach) nur aus den jeweiligen Äußerungsumständen erraten kann oder wenn man in einer Sprache mit unausgeprägtem Temporalsystem (S. 216 f.) oder unzureichender ausdrucksseitiger Spezifizierung der Prädikationsstruktur (S. 217) die betreffende Differenzierung selbständig leisten muß, zeigt das nicht, könnte man argumentieren, daß das Denken prinzipiell über die Sprache hinausreicht und daß wir »sehr wohl etwas denken können, was wir mit Mitteln des syntaktischen Systems gar nicht ausdrücken können«?[343] Auf einen ›introspektiv‹ oder neurophysiologisch geführten Ausschluß des aktuellen Sprachgebrauchs sind wir hier nicht mehr angewiesen, weil es für die betroffenen Denkleistungen offenbar überhaupt keinen sprachlichen Ausdruck (in der jeweiligen Sprache) gibt.

Nun, wir können uns leicht davon überzeugen, daß diese Argumentation fehlgeht. *Prinzipiell*, läßt sich auch hier ein verdeckter, mit der ›gedanklichen‹ Differenzierung verbundener Zeichengebrauch nicht ausschließen, und woher weiß man, daß *überhaupt* eine entsprechende Differenzierung erfolgt? So wenig wie man allein aus der Tatsache, daß keine ausdrucksseitigen Differenzen vorliegen, auf das *Fehlen* einer ›begrifflichen‹ Unterscheidung schließen kann, so wenig kann man natürlich auch umgekehrt (ohne zusätzliche Evidenzen) auf ihr *Bestehen* schließen. Der Russe, der an einer Stelle, wo wir eine – ausdrückliche – Unterscheidung zwischen Plusquamperfekt und Imperfekt machen würden, keine entsprechende Unterscheidung macht, *muß* sie nicht gleichwohl ›im Kopf‹ haben; ebensowenig der Chinese, der nicht ausdrücklich zwischen einem generellen Satz und einem Satz über eine abstrakte Entität differenzieren kann (vgl. S. 224, Anm. 231).

Fraglos gibt es, wenn man die eigene Sprache betrachtet, Fälle (z. B. ›Das Holz brennt gut‹), in denen die ›begriffliche‹ Differenzierung offenkundig ist und in denen man bis zum Beweis des Gegenteils sicher auch nicht mit verdecktem Zeichengebrauch rechnen muß. Dennoch bleibt als entscheidender Einwand gegen die Annahme faktischer Sprachfreiheit, *daß* Zeichengebrauch ja noch immer vorliegt. *Mehr*deutigkeit impliziert nicht Zeichen-

343 E. Koschmieder: *Die noetischen Grundlagen der Syntax* [Vortrag 1951], repr. in: ders.: Beiträge zur allgemeinen Syntax, Heidelberg 1965, 77. Ähnlich argumentiert E. Buyssens in Lebrun / Hoops (edd.) 1974, a.a.O. [S. 249, Anm. 260], 32.

Unabhängigkeit der Bedeutung. Der gleiche Ausdruck, der unter bestimmten Umständen so fungiert, kann unter anderen Umständen anders fungieren, ohne daß die ›Funktionsweisen‹ selbst von ›fungierenden‹ Ausdrücken unabhängig sind (vgl. S. 176 f.). Wäre dem nicht so, müßte man ja – nach demselben Prinzip – auch im Falle der Synonymie auf Sprachunabhängigkeit schließen, was wohl niemand ernsthaft ins Auge faßt: daß mit den Sätzen ›Die Erde ist rund‹ und ›The earth is globular‹ normalerweise dieselbe Aussage gemacht wird, beweist nicht, daß die fragliche Proposition und der ihr gegenüber erhobene Wahrheitsanspruch sprachfrei sind!

Der Eindruck des über die Sprache hinausreichenden Denkens im Homonymie-Fall kann nur entstehen, weil die ›semantische Reichweite‹ des Ausdrucks stillschweigend auf den beiden Verwendungsweisen *gemeinsamen* Bereich beschränkt und dem Benutzer *Wahlfreiheit* bei der Interpretation mehrdeutiger Ausdrücke unterstellt wird. Beides ist kurzschlüssig. Was alles zur ›Bedeutung‹ eines Ausdrucks gehört, läßt sich ohne tieferreichende semantische Untersuchungen nicht sagen; der Verfechter der Unabhängigkeit unterstellt einfach eine für ihn günstige Antwort. Und daß der Betroffene einen Verständnisspielraum besitzt, ist weder als solches sicher, noch würde es, wenn es so wäre, sprachfreies Denken beweisen. Mehrdeutigkeiten werden auf Wort- wie auf Satzebene durch semantische Restriktionen des sprachlichen Kontexts disambiguiert – wie das dreifach verwendete ›Tor‹ in ›Ein Tor, der ein Tor nicht von einer Spielfeldbegrenzung zu unterscheiden weiß, wird selten ein Tor erzielen‹ oder der Satz ›Wir sahen ein herrliches Tor‹, im Kontext eines Berichts über eine Stadtrundfahrt oder ein Fußballspiel. Wo sie fehlen, können entsprechende Restriktionen des situativen Kontexts eintreten – wie bei vielen Äußerungen mit deiktischen Ausdrücken. Und selbst wenn – wie bei unvermittelter Äußerung von ›Das Holz brennt gut‹, wenn ein Scheit im Kamin lodert und weitere Scheite aufgestapelt daneben liegen – bestimmte Ambiguitäten bestehen bleiben, handelt es sich noch immer um Mehrdeutigkeiten *von Ausdrücken*, die entweder mit dem Sprachsystem selbst gegeben sind und von den Sprechern entsprechend genutzt werden können, oder, wenn sie auf Abweichungen vom System beruhen, als Erscheinungen gruppensprachlichen oder idiolektalen Sprachgebrauchs interpretierbar sind. In keinem Falle wird das bewiesen, was im Sinne der Unabhängigkeit zu beweisen wäre, sc. daß die fraglichen Denkleistungen faktisch *ohne* Zeichenverwendung erbracht werden.

Ähnlich steht es mit Sprachverkürzungen, auf die wir gleichfalls schon oben gestoßen waren und die dem Vertreter der Unabhängigkeit ein entsprechendes, bei genauerem Zusehen freilich ebenso unüberzeugendes Argument an die Hand geben. Zu unterscheiden sind einfache Abkürzungen (›ges. gesch.‹; ›etc.‹; ›b. w.‹; ›u.A.w.g.‹; ›GmbH‹; usw.), Verkürzungen durch Ausfall von vollständigen Wörtern und Satzteilen (Artikel, S. 223, Anm. 230; grammatisches Subjekt, S. 226; Konjunktion, S. 226 f., Anm. 234; u. a.), sowie Kürzel, die für sprachliche Ausdrücke verschiedenster Art und Länge eingeführt werden (›&‹; ›§‹; der Knoten im Taschentuch; die Flagge des Renn-Betreuers, S. 162, Anm. 167; ›p‹ in der formalen Darstellung eines umgangssprachlichen Beweises; usw.). Das Argument für die Unabhängigkeit ergibt sich aus der Voraussetzung, daß die Verkürzung des Ausdrucks eine Verkürzung des ›Inhalts‹ zur Folge hat, der vom Benutzer ›gedanklich‹, ohne Verwendung von Zeichen, ergänzt wird.[344]

Aber wie steht es mit den Prämissen? Daß der ›Inhalt‹ zugleich betroffen ist, ist nicht selbstverständlich. Häufig werden nur Teile getilgt, die semantisch redundant, d. h. mit anderen Teilen wenigstens partiell synonym sind – wie das Wort ›ich‹ in den durch die flektierte Verbform hinreichend spezifizierten ›Telegramm‹-Sätzen ›Ankomme Freitag den dreizehnten‹ oder ›Bin im Büro‹. Und grundsätzlich ist es natürlich auch hier (wie in den obigen Homonymie-Fällen) denkbar, daß die Verkürzung des Ausdrucks mit einer Erweiterung seiner ›semantischen Reichweite‹ einhergeht.[345] Das Argument beruht auf der unausgewiesenen und in

344 Vgl. Wygotski 1934, a.a.O. [S. 101, Anm. 86], Kap. 7 Abschn. IV; Koschmieder 1951, a.a.O., 75; Price 1953, a.a.O. [S. 32, Anm. 15], 305 ff.; B. L. van der Waerden: *Denken ohne Sprache,* Acta Pysch. 10 (1954), 167 f.

345 Die Zeichen ›&‹ und ›§‹ etwa wird man im alltäglichen Gebrauch wohl kaum noch als *Kürzel* der Ausdrücke ›und‹ und ›Paragraph‹ auffassen, sondern bereits als deren bedeutungsgleiche *Varianten,* und Entsprechendes dürfte auch für die einfachen Abkürzungen ›etc.‹ oder ›b.w.‹ gelten. Verkürzte Ausdrücke, die auf den Ausfall bedeutungstragender Teile zurückgehen, weisen semantisch über sich selbst hinaus und können, wenn die Verweisung eindeutig ist, ebenfalls als bedeutungsgleiche Varianten der unverkürzten Ausdrücke aufgefaßt werden. Auch wenn mehrere Ergänzungsmöglichkeiten bestehen, könnte man zunächst das Varianten-Schema verwenden und die Offenheit der verkürzten Ausdrücke einfach als Mehrdeutigkeit

bestimmten Fällen auch sichtbar verfehlten Annahme, daß zwischen den (Teil-)Ausdrücken und (Teil-)Bedeutungen der sprachlichen Vollformen Eins-zu-Eins-Korrelationen oder zumindest ein für allemal feststehende Korrelationen bestehen,[346] was seine Schlußfolgerungen im Einzelfall unsicher macht und seine Anwendung generell auf einen durch tieferreichende semantische Untersuchungen erst noch genauer zu spezifizierenden Teilbereich der Verkürzungen beschränkt.

Aber auch wenn wir uns an die eindeutigen Fälle halten oder die Abgrenzung des relevanten Bereichs hypothetisch voraussetzen, bleiben entscheidende Schwierigkeiten. *Werden* die ›inhaltlichen‹ Lücken wirklich in allen verbleibenden Fällen ergänzt, und *wenn* sie es werden, sind die Ergänzungen wirklich sprachfrei? Zweifelhaft ist das vor allem bei Kürzeln und einfachen Abkürzungen, die im normalen Gebrauch meist *nicht* vollständig dechiffriert werden, sondern als bloße, ›halbverstandene‹ ›Anweisungen‹ *auf* mögliche Dechiffrierungen fungieren – man denke an ›p‹ in der Formalisierung eines Beweises – und die, sollten sie aufgelöst werden, sich in der Regel (wenn auch mit Ausnahmen, vgl. Anm. 345) nur als Vertreter der sprachlichen *Ausdrücke* und nicht als eigene Zeichen für deren ›Inhalte‹ erweisen. Aber auch die durch Ausdrucks-Ausfall bedingten Verkürzungen sind nicht unproblematisch. Wenn ein Wort ausfällt, das in der Vollform fakultativ (d. h. nicht semantisch oder syntaktisch gefordert) war, etwa ein spezifizierendes Adjektiv oder Adverb, zeigt der Rest-Ausdruck keinerlei Anzeichen von Verkürzung und ein uneingeweihter Hörer wird hier sicher auch nichts ergänzen. Ergänzungen treten auf, *entweder*, wenn die Vollform vorausgesetzt und als ›Maßstab‹ für auftretende Kurzformen verwendet wird – womit

interpretieren. Erst mit wachsendem Spielraum stößt man an eine Grenze: der prädikative Halbsatz ›Ein schöner Gegenstand!‹ dürfte wohl kaum noch als ›vieldeutig‹ im Hinblick auf seine verschiedenen Anwendungsmöglichkeiten zu verstehen sein.

346 Gegen die feststehenden Korrelationen sprechen die möglichen ›semantischen Erweiterungen‹, gegen die durchgängige Eins-zu-Eins-Korrelation vor allem die Fälle von Homonymie und Synonymie, doch wird man auch davon unabhängig kaum mit vollständiger quantitativer Entsprechung zwischen ausdrucksidentifizierenden, spezifisch ›zeichenhaften‹ und ›gedanklichen‹ Leistungen rechnen können. Beiden Möglichkeiten haben wir formal Rechnung getragen, indem wir die Restriktion der Sprachabhängigkeitsthese auf genau ein Ereignis des Sprechens und Denkens fallen ließen (S. 103).

Sprachfreiheit generell ausgeschlossen wäre; *oder*, wenn der verkürzte Ausdruck selbst als verkürzt und ergänzungsbedürftig erscheint, d. h. semantisch oder syntaktisch über sich selbst hinausweist, wie ein ›sortales‹ Substantiv ohne Artikel oder ein prädikativer Halbsatz ohne Subjekt. Aber dieser Ausgangspunkt macht die Sprachfreiheit der Ergänzung ebenfalls fraglich, da die Verweisung ja *auch*, im *rein* syntaktischen Falle sogar ausschließlich, den Charakter einer Verweisung auf einzusetzende einzelne Ausdrücke oder auf Klassen von solchen hat und auch eine *in sich* völlig ausdrucksfreie Ergänzung noch immer *als* Ergänzung eines bestimmten Ausdrucks erfolgen würde. Wenn verschiedene gleichgewichtige Einsetzungsmöglichkeiten nebeneinander stehen, dürfte das übliche Vorgehen ohnehin so aussehen, daß die Ergänzungsbedürftigkeit zunächst nur konstatiert und der Möglichkeitsspielraum erwogen wird, während die eigentliche Ergänzung später in Form einer Auswahl des (oder eines) passenden Ausdrucks erfolgt. Und wer sagt, daß dieser zweite Schritt *überhaupt* noch getan wird, d. h. daß der Betroffene, wenn er sie realisiert, sich nicht mit der bloßen Feststellung der Ergänzungsbedürftigkeit und der ›Verweisung‹ des Ausdrucks die dann auch nur den Sinn einer ›Anweisung‹ auf mögliche Ausfüllung hätte begnügt?[347]

Nun, es gibt sicher Fälle, in denen die Ergänzung ›automatisch‹, ohne bewußte Suche nach einzusetzenden Ausdrücken und ohne bewußte Realisierung der Ergänzungsbedürftigkeit und des Verweisungscharakters des Ausdrucks, erfolgt. Das ist zumindest dann sehr wahrscheinlich, wenn der Ausdruck selbst als ›Ergänzung‹ zu einer bereits vorhandenen (Teil-)Leistung hinzutritt. Der hochgehaltene Kugelschreiber *ist* schon identifiziert, wenn der Vertreter den ›automatisch‹ auf ihn bezogenen prädikativen

347 Während es für den Aktienbesitzer z. B. klar sein mag, was sein befreundeter Makler mit dem Telegramm ›Halte Aktien. Schmidt verkauft‹ meint, ist sich der Postbeamte, der es durchgibt, darüber (zunächst) im unklaren. In der Regel wird er die Ergänzungsbedürftigkeit des Textes einfach zur Kenntnis nehmen und sich nicht weiter um eine genauere Interpretation bemühen. Hat er Zeit und Interesse, wird er verschiedene Möglichkeiten durchspielen und versuchsweise vollständige Sätze bilden, unter denen er dann den wahrscheinlichsten auswählt: ›Gut, ich halte die Aktien, aber Schmidt verkauft seine Anteile‹, ›Ich halte die Aktien, denn Schmidt verkauft alles, was er hat‹, ›Ich halte die Aktien. Die Fa. Schmidt (nach der Du auch noch gefragt hattest) ist verkauft‹, ›Um Gottes willen halte die Aktien! Schmidt verkauft seine Firma nun doch noch‹, usw.

Halbsatz ›Eine echte Schreibhilfe!‹ äußert, und Entsprechendes gilt für den situationsbezogenen Halbsatz ›Macht nichts‹, dessen Bezugspunkt, sc. der Sachverhalt oder das Ereignis (sagen wir: der soeben verschütteten Milch) bei seiner Äußerung ebenfalls feststeht.[348] Sprachfreiheit ist freilich auch dann noch nicht sichergestellt. Einmal sind die Fälle auszuschließen, in denen der sprachliche Kontext die Lücken ergänzt. Die Halbsätze ›Eine echte Schreibhilfe!‹ und ›Macht nichts‹, müssen natürlich nicht *notwendig* auf (offenbar) ausdrucksfrei identifizierte ›Träger‹ bezogen werden, sondern können sich ebensogut auf vorausgegangene Äußerungen beziehen. Zum anderen stellt sich auch dort, wo die Ergänzung rein situativ und ›automatisch‹ erfolgt, und dort überhaupt erst in pointierter Weise die Frage des Ausschlusses verdeckter Sprachleistungen. Könnten die fraglichen Ausdrücke – ›dieser Kugelschreiber‹ oder ›Die Milch ist verschüttet‹ – von Sprechern und Hörern nicht auch ›im stillen‹ verwendet werden, und wenn nicht dies, könnten sie nicht noch immer unterbewußt die dem Bewußtsein nach völlig sprachfreien Ergänzungen steuern? Gewiß, das mag angesichts fehlender positiver Anzeichen für sie die weniger plausible Annahme sein, deren Begründung darum dem Gegner zukäme. *Prinzipiell* ausschließen, wie es die vorliegenden Argumente eigentlich leisten wollen, läßt sie sich aber sicher nicht, da wir es, anders als bei den Mehrdeutigkeiten, bei den

348 Ich gehe davon aus, daß ein Ausdruck wie ›Macht nichts‹ (nach Abzug eines, je nach Äußerungsumständen, mehr oder weniger ausgeprägten, ›performativen‹ Beisinns, vgl. S. 126 f., Anm. 125) prädikativ ist und sowohl auf reale oder mögliche *Sachverhalte* wie auch auf (reale) *Ereignisse* bezogen werden kann: ›Daß der Milchbecher umgekippt ist, macht nichts‹, ›Wenn der Milchbecher umkippt, macht es nichts‹, ›Das eingetretene Umkippen des Milchbechers ist kein Unglück‹. Die ›Automatik‹ betrifft in beiden Beispielen, deutlich aber vor allem im zweiten, nur das Zusammenbringen des (offenbar) ohne Ausdrucksverwendung identifizierten ›Trägers‹ und des prädikativen Halbsatzes, nicht dagegen die Weise, in der der ›Träger‹ identifiziert wird, und das genaue Verständnis der Prädikation. Auch wenn der Bezugspunkt der Äußerung ›Macht nichts‹ in einer bestimmten Situation ›automatisch‹ erfaßt wird, bleibt sie in mehreren Hinsichten vieldeutig und kann als solche natürlich von einem reflektierten Hörer erfaßt und (in einem zweiten Schritt) entsprechend ergänzt werden: offen bleibt z. B. nicht nur, ob das Ereignis oder die Tatsache der verschütteten Milch gemeint ist, sondern auch, ob sich die Äußerung auf den *Vorgang* des Umkippens, auf den daraus resultierenden *Zustand* oder auf ein aus beiden Teilereignissen konstituiertes *komplexes Ereignis* bezieht, ob der *Urheber* des Umkippens mit im Blick ist, ob die ›Kein-Unglück‹-Erklärung als sachliche Feststellung oder als Werturteil (mit ›performativem‹ Freispruchs-Charakter) intendiert ist, usw.

Verkürzungen ja durchweg mit Leistungen zu tun haben, für die einem kompetenten Sprecher eigene Ausdrücke zur Verfügung stehen.

Und selbst wenn deren verdeckte Beteiligung grundsätzlich auszuschließen wäre oder wenn wir uns, wo es die Fakten erlauben, mit der ›strategisch‹ besseren Position begnügen, bleibt dem Gegner der Unabhängigkeit ein entscheidender Ausweg. Da es sich um *Verkürzungen* handelt, die auf der Grundlage der zugleich oder zumindest ursprünglich einmal vorhandenen Fähigkeiten zu *unverkürzten* sprachlichen Leistungen auftreten, ist mit indirekten Abhängigkeiten zu rechnen. Man könnte einwenden: zwar kann ein hochgehaltener Kugelschreiber oder der Tatbestand der soeben verschütteten Milch von einem normal entwickelten Menschen ohne aktuelle Verwendung von Ausdrücken identifiziert werden, aber daß er dazu in der Lage ist oder doch wenigstens dazu kommen konnte, materielle Gegenstände, Ereignisse oder Sachverhalte zu unterscheiden und als ›Träger‹ von Prädikationen aufzufassen, hängt unmittelbar mit seiner Fähigkeit zum Gebrauch der betreffenden Ausdrücke zusammen (vgl. S. 106 f.). Erst wenn gezeigt wäre, daß die verkürzten Ausdrücke – bei vollständiger ›gedanklicher‹ Ergänzung und ohne Erweiterung ihrer ›semantischen Reichweite‹ – *direkt*, d. h. ohne vorausgehende sprachliche Vollformen, eingeführt werden können, wäre die Sprachfreiheit wirklich sicher. Von einem solchen Nachweis ist der Vertreter der Unabhängigkeit, der die alltäglichen Sprachverkürzungen zum Beweis für seine These heranzieht, aber weit entfernt.

b) Bedeutungserfassen vor oder nach einer sprachlichen Äußerung

Nach der Kritik an den auf die Sprachverkürzungen und Mehrdeutigkeiten gestützten Unabhängigkeitsargumenten sollte es uns nicht allzu schwer fallen, auch ein weiteres Argument zurückzuweisen, das sich (dem Anspruch nach) auf Beobachtungen mit ›grundsätzlicher‹ Bedeutung für unser alltägliches Sprechen gründet und in dem einige diskutierte Gesichtspunkte wieder auftauchen. Jede Äußerung eines Satzes ist ein zeitlich erstreckter Prozeß; ebenso prozessual verläuft ihre Rezeption durch einen Hörer. *Als* Instantiierung eines bestimmten syntaktischen Musters aber läßt sie sich erst auffassen, wenn die Gesamtkette vorliegt und in ihrer Gesamtheit erfaßt wird, eine Leistung, die selbst nicht mehr prozessual, sondern nur zustandshaft zu verstehen ist.[349] Entsprechendes gilt für die in Sätzen zum Ausdruck gebrachten ›Gedanken‹. Wer die Satzäußerung eines anderen hört, weiß ja normalerweise nicht schon im vorhinein, was dieser sagen möchte. Vielmehr muß er ihr Ende abwarten und erst *danach* kann er mit dem betreffenden Ausdrucksmuster auch den mit ihm verknüpften Gedanken bestimmen. Umgekehrt muß der Sprecher sich zustandshaft auf Gedanken und Ausdrucksmuster beziehen: nicht nur *während* der Äußerung, die er an ihnen ausrichtet, sondern, so scheint es, schon *vor ihrem Beginn*, denn er wählt ja gerade die Kette bzw. faßt den Äußerungsplan, der das ausdrückt, was er zum Ausdruck bringen will.[350] Wir reden (wenn wir mit Sinn reden) nicht einfach zu einem bestimmten, gleichsam für uns selbst ›überraschenden‹ Zeitpunkt los, sondern tun dies auf Grund einer mehr oder weniger sorgfältig vorbereiteten Entscheidung, wobei wir die Vorbereitungsphase gewöhnlich bewußt (in der ›Introspektion‹) erleben. Wenn es nun aber nicht nur prinzipiell möglich, sondern im alltäglichen Sprachgebrauch offenbar not-

349 Wir beschränken uns dabei auf den Bereich des Bewußtseins. Neurophysiologisch könnte sich jener Zustand vielleicht als Prozeß erweisen, doch wäre auch dieser dann streng von den vorausgehenden bzw. nachfolgenden Prozessen der Rezeption oder Produktion der Ketten zu trennen.

350 Mit speziellem Bezug auf das ›Urteil‹ von Aussagesätzen hat P.T. Geach (1957, a.a.O. [S. 153, Anm. 156], 106) auf die Notwendigkeit einer zustandshaften Explikation des Erfassens der Gesamt-Satzbedeutung hingewiesen und zugleich drei Arten erwähnt, wie das Verhältnis zwischen diesen Zuständen und den Satzäußerungsprozessen bestimmt werden könnte: der zustandshafte Urteilsakt (z. B.) steht nur am Anfang der in sich ›automatisch‹ ablaufenden Satzäußerung; er taucht während der Äußerungsprozesse wiederholt auf und besitzt für ihn ›Steuerungsfunktion‹; der Urteilsakt dauert genausolange wie die Äußerung. Die Annahme der ›Steuerung‹ durch das Urteil entspricht der im Text angesprochenen Annahme, wobei die Beschränkung auf temporäres Auftauchen neben der Äußerung allerdings willkürlich erscheint. Eher wäre (im Sinne der dritten Alternative von Geach) an eine vollständige ›Überlagerung‹ der Satzäußerung durch das sie ›steuernde‹ Urteil zu denken. Der früher eingeführte Begriff der ›Regelgeleitetheit‹ (S. 120) macht die folgende Präzisierung aller drei (oder mehr) Fälle möglich: der Urteilszustand, der während der ganzen Äußerung vorliegen *kann* und vor ihrem Beginn vorliegen *muß*, bestimmt die Wahl des zum ›Ausdruck‹ geeigneten Satzmusters, das den qualitativen Standard bildet, den der Sprecher *entweder* (im Falle einfacher ›Regularität‹) auf Grund seiner aktuell ausgelösten dispositionellen Fähigkeiten ›automatisch‹ erfüllt *oder* um dessen Erfüllung er sich (im Falle echter ›Regelgeleitetheit‹) bei seinem Äußerungsverhalten bemüht.

wendig ist, die Gedanken der Sätze – die Aussagen, Fragen, Befehle usw. – vor oder nach den Satzäußerungen zu erfassen, muß es sich dann nicht um sprachfreie Leistungen handeln?[351]

Die Reflexion auf die Situation eines Menschen, der mehrere Sprachen beherrscht, scheint diesen Schluß zu bestätigen. Ein deutscher Teilnehmer auf einer internationalen Konferenz z. B. muß abwägen, ob er einen beabsichtigten Diskussionsbeitrag lieber auf Deutsch, wo er sich selbst besser ausdrücken kann, oder mit Rücksicht auf anderssprachige Teilnehmer lieber auf Englisch vortragen soll, was ihm größere Schwierigkeiten bereitet, insgesamt aber vielleicht noch immer die besseren Aussichten bietet verstanden zu werden. Die Entscheidung hierüber impliziert, daß er nicht nur im voraus weiß, *was* er sagen möchte, sondern auch, *wie* sich das ›inhaltlich Intendierte‹ zu seinen eigenen Ausdrucksfähigkeiten in beiden Sprachen verhält, eine Bedingung, die offenbar nur zu erfüllen ist, wenn man die Unabhängigkeit des Gedankens von der jeweiligen Formulierung voraussetzt. Ähnlich verhält es sich, wenn ein Deutscher in seinen englischen Vortrag plötzlich ein deutsches Wort einschiebt, weil ihm das englische Äquivalent nicht einfällt, oder wenn er in einem deutschen Text einen englischen Ausdruck verwendet, weil er weiß, daß ein deutscher Ausdruck für das Gemeinte nicht existiert. Und wie steht es bei einem professionellen Übersetzer, der (nehmen wir an) beide Sprachen perfekt beherrscht? Muß er nicht immer noch durch die gegebenen Formulierungen einer Sprache ›hindurchdringen‹ zu den in ihnen zum Ausdruck gebrachten, aber prinzipiell von ihnen unabhängigen ›Inhalten‹, wenn er die ›inhaltlich‹ angemessenste Formulierung finden will?[352] Auch hier scheint der Gedanke der Ausdrucksverwendung vorauszugehen oder ausdrucksfrei nachzufolgen.

Diese, von verschiedenen Seiten her auf den gleichen Tatbestand abzielenden, Überlegungen enthalten mehrere Teilgesichtspunkte,

351 Auf der Satzebene dürfte das Argument am günstigsten angesetzt sein, doch läßt es sich sinngemäß auch auf größere Einheiten mit einem Gesamtsinn beziehen. Auf die gedankliche Einheit eines Absatzes, die erst nach der Lektüre erfaßt wird, hebt z. B. Price ab (1953, a.a.O., 310 f.).

352 Vgl. E. Buyssens: *Speaking and Thinking from the Linguistic Standpoint,* Acta Psych. 10, 1954, 159; M. Critchley: *Thinking and Speaking: Verbal Symbols in Thought,* in: ders.: Aphasiology and other Aspects of Language, London 1970, 162. 172.

von denen einige sich (nach unseren früheren Untersuchungen) unmittelbar, alle übrigen nach kurzer Besinnung auf ihren realen Beweiswert als nicht zureichend ausschließen lassen. Was zunächst die in den letzten Beispielen angesprochene Beziehung zwischen verschiedenen Sprachen angeht, so würde jeder Verfechter der Abhängigkeit natürlich bestreiten, daß es so etwas wie übereinzelsprachliche ›Inhalte‹, auf die man beim Übersetzen oder beim Wechsel zwischen verschiedenen Sprachen rekurrieren könnte, gibt (vgl. S. 72, Anm. 60, S. 238), und dies mit dem Hinweis auf die bestehenden Übersetzungsprobleme begründen. Diese Begründung reicht zwar als solche, wie wir gesehen haben (S. 203) nicht aus, denn unsere Natursprachen *sind* ja zum überwiegenden Teil übersetzbar. Aber so wenig wie die bestehenden Übersetzungsprobleme einen Beweis für die Abhängigkeit der betroffenen ›Inhalte‹ darstellen, so wenig beweist die gelungene Übersetzung ihre Unabhängigkeit. Es wäre ohne weiteres denkbar und entspricht teilweise auch unserer Praxis, eine Fremdsprache durch bloße Zuordnung ihrer Ausdrücke zu den eigenen zu erlernen, und daß dies nicht in der Form von einfachen Eins-zu-Eins-Korrelationen zwischen den jeweils kleinsten bedeutungstragenden Einheiten geschehen kann (S. 203 ff.), ändert am Grundprinzip reiner *Ausdrucks*-Zuordnungen nichts.[353] Aber auch wenn wir voraussetzen, daß es gemeinsame ›Inhalte‹ zwischen verschiedenen Sprachen gibt, die dem Übersetzenden ›im Durchgang durch‹ ihre unterschiedlichen Formulierungen zugänglich werden, können wir noch nicht von ihrer Unabhängigkeit sprechen. Ausdrucks*verschiedenheit* bei bestehender

353 Das heißt nicht, daß das Erlernen und spätere Übersetzen von Fremdsprachen zu einer ›semantikfreien‹ Angelegenheit wird oder daß sich, wie in der Literatur teilweise behauptet (vgl. Quine 1953, a.a.O. [S. 169, Anm. 172], 18 f. 52 f.), die Frage nach der Bedeutungs*haltigkeit* sprachlicher Ausdrücke auf die nach ihrer Bedeutungs*gleichheit* reduzieren läßt. Die Möglichkeit, eine Fremdsprache durch bloße Ausdruckszuordnung zu erlernen, gründet im schon vorausgesetzten *Verständnis* der eigenen Ausdrücke, und die Möglichkeit, Zuordnungen mit ›Übersetzungsanspruch‹ überhaupt vorzunehmen, in dem in ›radikalen‹ (voraussetzungslosen) Lern- und Übersetzungssituationen mit Hilfe *semantischer* Kriterien zu führenden Nachweis ihrer Bedeutungsgleichheit, wobei ein Bezug auf übereinzelsprachliche ›Inhalte‹ durchaus erfordert sein kann (vgl. S. 233 f., Anm. 240). Der Punkt des vorliegenden Arguments ist nur, daß der Lernende oder Übersetzende, der die eigene Sprache beherrscht und fremde Ausdrücke zu den eigenen zuordnet, nicht ›radikal‹ lernen oder übersetzen *muß* und daß das Faktum einer gelungenen Übersetzung den *Schluß* auf gemeinsame ›Inhalte‹ nicht gestattet.

Bedeutungsgleichheit ist, wie auch umgekehrt Mehrdeutigkeit bei bestehender Ausdrucksgleichheit, nicht gleichzusetzen mit Ausdrucks*unabhängigkeit* (vgl. S. 319 f.). Nach wie vor könnten die ›Inhalte‹ (oder unsere Bezugnahme auf sie oder der ›intelligente Umgang‹ mit ihnen, S. 123) an die Verwendung von Zeichen gebunden sein, wenn auch nicht die einer bestimmten Sprache. Insofern zumindest gehen die obigen Überlegungen in die Irre.

Die Situation des Übersetzers ist für die Sprachunabhängigkeitsbehauptung allenfalls relevant durch den mit ihr verbundenen Aspekt der ›freien Wahl‹, der eine ›intellektuelle Distanz‹ des Benutzers zu den von ihm verwendeten sprachlichen Ausdrücken zu implizieren scheint und der noch deutlicher bei der Entscheidung des Zweisprachigen für eine bestimmte Sprache und bei der Situation jedes beliebigen Sprechers vor einer ›vorbereiteten‹ Äußerung zutage tritt. Daß eine ›Wahl‹ erfolgt, ist aus allgemeinen sprachtheoretischen Überlegungen heraus plausibel und entspricht zweifellos auch in vielen Fällen unserem ›introspektiven‹ Erleben der Vorbereitungsphase: der gewöhnliche Sprecher *›überlegt‹*, was er sagen soll, der Zweisprachige, welche Sprache bzw. welcher Ausdruck in welcher Sprache für seine Zwecke am besten geeignet ist, der Übersetzer, wie er den Sinn des fremdsprachlichen Textes am angemessensten in der eigenen wiedergibt. Dabei ist allerdings zu unterscheiden zwischen der Vorbereitung einer Textniederschrift oder mündlichen Rede (eines Diskussionsbeitrags etwa), die in der Regel beide von *›stillem Sprechen‹* getragen sind und uns auch nur in dieser Form ›introspektiv‹ bewußt sein dürften, und der Vorbereitung der jeweils ersten sprachlichen Formulierung überhaupt – sei es im ›stillen Sprechen‹ oder im hierdurch nicht vorbereiteten lauten Sprechen und Schreiben. Nur dieser letztere Fall kann für die Unabhängigkeitsthese Bedeutung haben und auch dies nur, wenn mindestens vier Voraussetzungen gemacht werden. Es wird (vom Vertreter der Unabhängigkeit) unterstellt, [a] *daß* eine Vorbereitung auch im Falle der ersten sprachlichen Formulierung erfolgt, [b] daß der Betreffende den semantischen Möglichkeitsspielraum, den ihm die eigene bzw. die Fremdsprache bietet, *›vor Augen‹* hat, ihm gegenüber [c] *›frei wählen‹* kann und seine Wahl [d] im konkreten Fall von einem zur Formulierung anstehenden, vorsprachlichen *›Gedanken‹* bestimmen läßt.

Alle vier Voraussetzungen sind problematisch. Kein Mensch

dürfte, wenn er zu formulieren beginnt, den *gesamten* semantischen Möglichkeitsspielraum ›vor Augen‹ haben. Deutlich ist das vor allem im Falle des zweisprachigen Diskussionsteilnehmers, der die Fremdsprache nur unzureichend beherrscht und seine Entscheidung auch nicht auf die genaue Abwägung aller seiner Sprachfähigkeiten gründet, sondern auf relativ vage Vorstellungen über sie, stille Probeübersetzungen von Teilen seines geplanten Beitrags und ähnliches. Die Situation des professionellen Übersetzers ist hier verbessert, günstigstenfalls bis zum Gleichstand seiner fremdsprachlichen mit seinen muttersprachlichen Kenntnissen. Aber auch unter dieser Voraussetzung ändert sich in der uns interessierenden Hinsicht nichts, denn selbst der versierteste Literat und wortgewaltigste Rhetor hat beim konkreten Schreiben und Sprechen nicht *alle* sprachlichen Möglichkeiten vor Augen, geschweige denn ein durchschnittlicher Sprecher. Andernfalls gäbe es weder die jedem bewußt Formulierenden wohlvertraute mühsame Suche nach treffenden Ausdrücken, noch so etwas wie unbeabsichtigte Stilmerkmale, Manierismen und dergleichen. Zudem ist es eine linguistische Binsenweisheit (vgl. S. 121 f., Anm. 119), daß das Regelsystem einer Sprache zwar von kompetenten Sprechern ›beherrscht‹ und in gewissem Sinne ›gekannt‹ wird, daß es ihnen aber nicht *als solches* bewußt ist und darum nur mühsam (und stets mehr oder weniger unvollständig) aus einer Vielzahl von Beispielen und Einzelurteilen ermittelt werden kann. Der Anspruch von [b] muß also auf jeden Fall quantitativ eingeschränkt werden, und der Gedanke eines bewußten Abwägens zwischen verschiedenen Möglichkeiten und einer (vorgängigen) ›intellektuellen Distanz‹ des Sprechers gegenüber den Äußerungen ist für die *elementare* Situation des ersten Formulierens zumindest fraglich geworden.

Nahegelegt wurde er ohnehin nur durch die stillschweigende Gleichsetzung dieser Situation mit dem oder doch jedenfalls ihre modellhafte Ausrichtung am Durchspielen verschiedener möglicher Formulierungen im ›stillen Sprechen‹. Ob und wie weit hier tatsächlich (in manchen bewußten Fällen oder nach Rückführung beider auf ihre neurophysiologischen Grundlagen) Analogien zu konstatieren sind, kann dahingestellt bleiben. Auch wenn man sie unterstellt, muß der in [c] erhobene Anspruch auf ›Wahlfreiheit‹ revidiert werden. Wer einen Satz äußert oder niederschreibt, ist auch gegenüber den ihm tatsächlich ›vor Augen‹ stehenden sprachlichen Möglichkeiten nicht völlig ›frei‹. Er muß auf kontextuelle Restriktionen – innerhalb und außerhalb seines Satzes – achten, und *wenn* sich ›formale‹ Merkmale mit semantischer Relevanz für seine Sprache nachweisen lassen (was nur durch tieferreichende Untersuchungen sicherzustellen, prinzipiell aber nicht auszuschließen ist, S. 215 ff.), kann er auch hierdurch in seiner Bewegungsfreiheit gehemmt werden. Eine quantitative Einschränkung ist auch bei [c] erforderlich.

Der entscheidende Einwand aber richtet sich gegen [a] und [d]. Ist es gesichert, daß es so etwas wie eine vorsprachliche, zur Formulierung hinführende Vorbereitungsphase vor jedem ›stillen‹ oder durch ›stilles Sprechen‹ nicht vorbereiteten lauten Sprechen gibt? Wenn sie ins Unterbewußtsein verlegt und der ›Introspektion‹ damit grundsätzlich entzogen wird, läßt diese Frage sich (angesichts fehlender anderer, speziell neurophysiologischer, Nachweismethoden) weder im einen noch im anderen Sinne beantworten, wobei die Beweislast freilich auf seiten dessen liegt, der die Vorbereitung als Faktum vertritt.[354] Für eine Entscheidung können wir uns einstweilen nur an den ›introspektiv‹ zugänglichen Bereich des Bewußtseins halten, und auch der Gedanke der unterbewußten Vorbereitung wäre zumindest plausibler, wenn es gewisse ›introspektive‹ Evidenzen gäbe, die auf sie hindeuten. Wenn wir vom vorbereitenden ›stillen Sprechen‹ konsequent absehen bzw. versuchen, dahinter zurückzugehen, bleibt so etwas wie die jeder nicht zufälligen oder ›reflexartig‹ hervorgerufenen Äußerung vorausgehende ›SPRECHINTENTION‹. Sie gehört (für den phänomenal Unvoreingenommenen) ohne Zweifel zu den Gegebenheiten unserer ›inneren Erfahrung‹ und kann demjenigen, der

354 Er könnte allenfalls argumentieren, sie sei *notwendig* anzunehmen, da die erste sprachliche Formulierung (als regelhaft geformtes Gebilde) offenbar schon ein Resultat darstellt, und der fehlende *faktische* Nachweis sei damit ohne Bedeutung. Aber auch dieser Versuch eines ›prinzipiellen‹ Unabhängigkeitsbeweises führt nicht zum Ziel. Weder ist es erforderlich, *überhaupt* eine Vorbereitungsphase zu unterstellen (etwas kann *nach* Regeln oder *durch* Regelanwendung entstehen, ohne daß dem Entstehungsprozeß noch ein anderer Vorgang vorausgeht), noch ist es, *wenn* man sie ansetzt, gerechtfertigt, ihre Sprachfreiheit daraus abzuleiten: die ›tastenden Schritte‹, die zur Bildung eines ›Satzes‹ (als kleinster Formulierungseinheit) führen, können ja selbst schon den Umgang mit Ausdrücken – wenn auch noch ›unformulierten‹ – involvieren. Um einen gesonderten Nachweis des angenommenen vorsprachlichen Denkens kommt der Verfechter der Unabhängigkeit also nicht herum.

mit einem entsprechenden Vorurteil an die Sache herangeht, leicht als Beleg für die Vorsprachlichkeit und grundsätzliche Selbständigkeit des Denkens erscheinen.[355] Von einem vorsprachlichen Denken, das zum Leitfaden der (unterstellten) Suche nach dem angemessenen sprachlichen Ausdruck werden könnte, kann jedoch nur die Rede sein, wenn die Sprechintention schon einen entsprechenden nichtsprachlichen ›Inhalt‹ hat, der das vorgibt, *was* formuliert werden soll. Wir müssen voraussetzen, daß *eben der* Gedanke, der später *in* der sprachlichen Formulierung zum Ausdruck kommt, zuvor *unabhängig* von ihr ›erfaßt‹ wurde, und wenn wir versuchen, diese Voraussetzung einzulösen, geraten wir in unüberwindliche Schwierigkeiten.

Einerseits sehen wir uns erneut den oben (Abschnitt 2) spezifizierten Problemen des ›neutralen Reflektierens‹, der Erinnerungskorrektheit und vor allem der Tatsache gegenüber, daß uns die wesentlichen begrifflichen Voraussetzungen für eine angemessene Beschreibung etwaiger nichtsprachlicher Denkleistungen fehlen und wir statt dessen auf sprachliche Rekonstruktionen angewiesen sind,[356] deren Entsprechungen zu den (etwa) vorausgehenden sprachfreien Leistungen unklar bleiben. Zum anderen bieten uns auch die vorhandenen ›introspektiven‹ Evidenzen keinen Anlaß, die Sprechintentionen als inhaltlich spezifiziert zu betrachten. Auch ein vergleichsweise günstiger Fall wie der des Entschlusses dazu, den ›Inhalt‹ einer ›introspektiv‹ schon als (offenbar) nichtsprachlich ausgewiesenen Denkleistung – das ›Sehen‹ der Zusammenhänge auf einem Schachbrett z. B. – in eine ausdrückliche

355 »And has the reader never asked himself what kind of a mental fact is his *intention of saying a thing* before he has said it? It is an entirely definite intention, distinct from all other intentions, an absolutely distinct state of consciousness, therefore; and yet how much of it consists of definite sensorial images, either of words or of things? Hardly anything! Linger, and the words and things come into the mind; the anticipatory intention, the divination is there no more. But as the words that replace it arrive, it welcomes them successively and calls them right if they agree with it, it rejects them and calls them wrong if they do not. It has therefore a nature of its own of the most positive sort, and yet what can we say about it without using words that belong to the later mental facts that replace it? The intention *to-say-so-and-so* is the only name it can receive. One may admit that a good third of our psychic life consists in these rapid premonitory perspective views of schemes of thought not yet articulate.« (James, 1890, a.a.O. [Anm. 340], vol. I, 253)

356 W. James spricht bezeichnenderweise von der »Intention, dies oder jenes zu *sagen*«!

sprachliche Form zu bringen, ist in dieser Beziehung negativ, da zwar die vorausgehende (offenbar) nichtsprachliche *Leistung*, kaum aber die unmittelbar zur ›Versprachlichung‹ hinführende Sprech-*Intention* als inhaltlich spezifiziert gelten kann.[357] Und erst recht gilt das natürlich für die im alltäglichen – ›stillen‹ oder lauten – Reden weit überwiegenden Fälle, in denen die Sprechintention, wenn überhaupt, dann allenfalls als ein kurzes ›Aufblitzen‹ (vergleichbar dem ›inneren Ruck‹, den man sich zu bestimmten Handlungen gibt) erlebt wird, dem die sprachliche Formulierung zusammen mit dem Gedanken auf dem Fuße folgt. Das, was wir sagen *wollen,* zeigt sich – auch für uns selbst, wenn wir das ›stille Sprechen‹ mit einbeziehen – gewöhnlich nur in dem, was wir faktisch *sagen.* Auch wenn es tatsächlich vorsprachliche Denkleistungen von der Art der nachfolgenden sprachlichen geben sollte: das bloße Faktum der Sprechintentionen reicht für den positiven Nachweis nicht hin.[358]

Schließlich, wie steht es mit dem Verstehen der Äußerung eines anderen und der dabei möglicherweise zu unterstellenden Loslösung des ›Inhalts‹ vom Laut? Die Einwände, die gegen die Annahme eines sprachfreien Denkzustandes des Sprechers oder Übersetzers vor dem Beginn seines lauten oder ›stillen‹ Sprechens bzw. Schreibens zu erheben waren, treffen die Situation des Verstehenden nach dem Verklingen der (lauten) Äußerung offen-

357 Vgl. dazu auch Wittgensteins kritische Anmerkung zu James: »W. James: der Gedanke sei schon am Anfang des Satzes fertig. Wie kann man das wissen? – Aber die *Absicht,* ihn auszusprechen, kann schon bestehen, ehe das erste Wort gesagt ist. Denn fragt man Einen ›weißt du, was du sagen willst?‹, so wird er es oft bejahen.« (1958, a.a.O., § 1; vgl. auch 1953, a.a.O., p. 531 f. und § 633 ff.), wobei die Begründung (»Denn . . .«) für das Vorausgehen der »Absicht« – ohne nachweisliches Vorausgehen des »Gedankens« – mir jedoch angemessen erscheint, weil die von Wittgenstein ins Auge gefaßte »Bejahung« zweifellos *auch* ›inhaltlich‹ begründet ist, sc. durch vorausgehende ›still gesprochene‹ Sätze oder Einzelwörter.

Durch terminologische Ungenauigkeiten darf man sich nicht verwirren lassen. Natürlich kann man sagen, daß eine ›Intention‹ (»Absicht«) im prägnanten Sinne nur vorliegt, wenn sie sich auf einen intendierten ›Inhalt‹ richtet (›x intendiert, daß p‹), doch steht dieser prägnante Sinn hier nicht zur Debatte. Uns geht es nur um das einschlägige, im kolloquialen Sinne als ›Sprechintention‹ bezeichnete ›introspektive‹ Erlebnis, das im prägnanten Sinne offenbar *keine* ›Intention‹ ist.

358 Auf das (möglicherweise) *hinzutretende* Faktum der notwendigen Suche nach einem angemessenen Ausdruck und des (offenbar) kriteriengeleiteten Bewertens einzelner Formulierungsvorschläge, das James ebenfalls angesprochen hatte, werde ich noch zu sprechen kommen (vgl. S. 349 ff.).

bar nicht,[359] denn für sie läßt sich die angenommene Sprachfreiheit ohne weiteres mit dem ›Erscheinen der Gedanken im Reden‹ und den erforderlichen Einschränkungen beim Bezug auf die sprachlichen Möglichkeiten und der ihnen gegenüber bestehenden ›Wahlfreiheit‹ vereinbaren. Unbestreitbar (für den phänomenal Unvoreingenommenen) ist auch die Tatsache, daß nach der Rezeption einer Äußerung ein ›introspektiv‹ erlebbarer, charakteristisch von dem des ›Nichtverstehens‹ unterschiedener Zustand des ›Verstandenhabens‹ eintreten kann, der nicht von andauerndem ›stillen‹ (oder gar lauten) Repetieren der gehörten Lautkette begleitet wird. Und vor allem wäre es hier weit eher als bei den früheren Beispielen denkbar, die zustandshafte Interpretation des ›Bedeutungs-Erfassens‹, das beim Hörer den Rezeptionsprozeß ja nicht wie beim Sprecher den Äußerungsvorgang permanent ›überlagern‹ kann (Anm. 350), als ›grundsätzliches‹, vom Nachweis entsprechender Phänomene unabhängiges Argument für die Sprachfreiheit dieser Leistung zu verwenden. Die Beweislage scheint also entscheidend verbessert zu sein. Doch bei genauerem Zusehen zeigen sich auch in ihr empfindliche Lücken.

Das ›grundsätzliche‹ Argument ist nicht zwingend. Wer einen Satz hört, beginnt mit dem ›Verstehen‹ natürlich nicht erst nach dem Verklingen des letzten Lauts, sondern schon mit dem Erklingen des ersten. Einzelne, phonetisch identifizierte Laute werden von Anfang an auf phonologische Gliederungseinheiten bezogen und diese wiederum auf Morpheme und Morphemgruppen, die als bedeutungsvoll, wenn auch ergänzungsbedürftig, aufgefaßt werden. Diese Ergänzungen läßt sich der Hörende nicht einfach passiv aus den nachfolgenden Äußerungen vorgeben, sondern antizipiert sie selbständig auf der Grundlage des schon Gehörten, läßt seine Antizipationen durch das Folgende bestätigen oder widerlegen und erlangt dabei eine zunehmende Treffsicherheit, die ihn das wirkliche Ende der Kette meist schon mit völliger Sicherheit antizipieren läßt. Das ›Vorauslaufen‹ geschieht zum Teil (offenbar) unbewußt und kann insofern (bislang) nicht als Beweismittel dienen. Zum guten Teil aber gehört es zu unserer

359 Wir sollten uns auf die mündliche Rede beschränken, da geschriebene Texte zeitlich andauern und dem Verstehenden nach dem Lesen gewöhnlich noch zur Verfügung stehen. Prinzipiell könnte natürlich auch hier eine ähnliche Situation wie beim Hören eintreten (durch unmittelbaren Text-Entzug etwa oder nachfolgendes Schließen der Augen).

›inneren Erfahrung‹ beim Reden oder läßt sich durch ›Reflexion‹ dort mühelos aufweisen, so daß an seinem Bestehen selbst nicht zu zweifeln ist. *Notwendig* ist das Nachfolgen eines Zustandes, in dem die Gesamtbedeutung erfaßt wird, also nicht, da wir auch hier mit einer fortschreitenden und gegen das Ende hin vollständigen ›Überlagerung‹ des Rezeptionsprozesses rechnen können. Ist es in den Fällen, in denen das Satz- (oder Text-)Ende wirklich noch eine Überraschung bietet oder in denen der Zustand des ›Verstandenhabens‹ eindeutig nach der Äußerung eintritt, aber nicht immerhin *faktisch* gegeben? Für einen partiellen Unabhängigkeitsbeweis würde das ja genügen, und da der ›Verständnis-Zustand‹, wenn er nicht ohnehin eintritt, durch ›Reflexion‹ offenbar jederzeit aktiv herbeigeführt werden kann (wir ›machen uns klar‹, *daß* wir verstanden haben), ließe sich immer noch der Gesamtbereich der ›verständlichen‹ Äußerungen decken.

Aber auch dieser Ausweg geht fehl. Auch wenn das Ende der Äußerung überrascht, muß kein sprachfreier Zustand nachfolgen, weil eben *mit* dieser überraschenden Wendung die (partiell bereits antizipierte und partiell modifizierte) Gesamtbedeutung erfaßt werden kann. Das Faktum des nachfolgenden Bewußtseins des ›Verstandenhabens‹ wiegt schwerer. Doch was besagt es? Daß die betreffenden Ausdrücke unbewußt ›nachwirken‹ und auch an einem (scheinbar) sprachfreien ›Verstehen‹ aktuell mit beteiligt sein können, ist, auch wenn es sich (derzeit) nicht grundsätzlich ausschließen läßt, kein gravierender Einwand, da der Vertreter der Unabhängigkeit hier mit Recht die Beweislast demjenigen zuschieben könnte, der – trotz fehlender ›introspektiver‹ oder sonstiger Anzeichen – einen verdeckten Sprachgebrauch unterstellt. Bedenklicher ist die Tatsache, daß (worauf Wittgenstein insistierte[360]) unser subjektives Bewußtsein davon, daß wir verstanden haben, *trügerisch* ist und darum kein *Kriterium* für die Richtigkeit oder auch nur für das Vorliegen irgendeines Verständnisses bietet. Ein spezifischer Einwand gegen die unterstellte Sprachfreiheit ist das zwar nicht, da *diese* Schwierigkeit natürlich auch entsteht, *wenn* gleichzeitiger Ausdrucksgebrauch vorliegt. Aber er weist uns – für das ›Verständnis-Bewußtsein‹ – auf eben jenes fundamentale Problem, an dem auch die Sprechintention als Beweisgrund versagte, sc. die Frage der inhaltlichen Bestimmtheit. Unser

360 Vgl. Wittgenstein 1953, a.a.O., § 151 ff. 179 ff. 321 ff.

Bewußtsein kann nicht nur deshalb trügen, weil wir etwas *anderes* als der Sprecher verstanden haben (dann hätten wir immerhin *etwas* verstanden), sondern auch auf Grund seiner völligen inhaltlichen *Leere*, die es als Anzeichen eines dem sprachlichen äquivalenten nichtsprachlichen Denkens untauglich macht. Daß es *kein* nachfolgendes – bewußtes oder unbewußtes – ›Erfassen‹ der Gesamtbedeutung ohne gleichzeitiges (aktuelles) Weiterverwenden der Ausdrücke gibt, ist damit nicht gesagt. Aber solange uns die begrifflichen und methodischen Möglichkeiten zu seiner Identifikation im Einzelfall fehlen, steht der Beweis für eine solche Behauptung aus.

Wäre die Unabhängigkeit sicher, wenn wir, nach angenommener Lösung der begrifflichen und methodischen Schwierigkeiten, tatsächlich vor oder nach der Äußerung bzw. Rezeption eines Satzes oder Textes inhaltlich spezifizierte (offenbar) sprachfreie Zustände des ›Bedeutungserfassens‹ nachweisen könnten? Auch wenn wir von der Möglichkeit eines unbewußten aktuellen Sprachgebrauchs mit Rücksicht auf die für den Vertreter der Unabhängigkeit günstigere Beweissituation absehen, wäre ein solcher Schluß voreilig. Zwar wäre die Notwendigkeit eines gleichzeitigen Auftretens von aktuellen Sprach- und Denkleistungen dadurch definitiv widerlegt, aber der Gegner könnte noch immer auf die bestehende zeitliche Nachbarschaft und (offenbare) kausale Verbindung zwischen dem sprachfreien Zustand und der Ausdrucksverwendung Bezug nehmen und Anspruch auf Abhängigkeit im Sinne von [B 3.2] (S. 102) erheben. Der nachfolgende Zustand des ›Verstehens‹ zumindest, der durch die Ausdrucksverwendung hervorgerufen wird, hängt ja ersichtlich mit dieser zusammen und ließe sich möglicherweise als notwendig an sie gebunden erweisen. Und wenn auch diese Version der Abhängigkeitsthese unhaltbar wäre, bliebe noch immer die mögliche Bindung an gleichzeitige oder frühere sprachliche Fähigkeiten (S. 106f.), die in den hier betrachteten ›Loslösungs‹-Fällen natürlich vorausgesetzt sind. Das sprachfreie ›Fassen‹ eines Gedankens, das *vor* oder *nach* einer sprachlichen Äußerung auftritt, könnte der entsprechenden Leistung *während* des Sprechens oder Hörens gegenüber parasitär sein. Solange diese Möglichkeit eines verdeckten Spracheinflusses aber bestehenbleibt, kann von Unabhängigkeit nicht gesprochen werden. Der Versuch, die Situation des Sprechers oder Hörers vor bzw. nach der Äußerung eines Satzes (oder Textes) als Argument für die Sprachfreiheit heranzuziehen, muß demnach als gescheitert gelten.

c) ›Gedankliches‹ Hinausgehen über gleichzeitige sprachliche Leistungen

Ein weiteres Argument für das Auftreten sprachfreier Denkleistungen beim alltäglichen Sprechen und Hören orientiert sich nicht an der Situation unmittelbar vorher und nachher, sondern an der Situation während der aktuellen Verwendung der Ausdrücke selbst. Wer einen Vortrag hält, einen Diskussionsbeitrag leistet oder auch nur in einer beliebigen Alltagssituation etwas bemerkt oder fragt, ist durch sein Sprechen, so anspruchsvoll dessen Inhalt auch sein mag, nicht vollständig ›intellektuell absorbiert‹, sondern zugleich offen für eine Reihe von anderen intelligenten Leistungen. Der Vortragende registriert mit Mißfallen, daß Herr X schon zum vierten Male zu spät kommt und Fräulein Y weiter mit ihrem Nachbarn tuschelt. Er bemerkt das befremdete Stirnrunzeln seines Kollegen und überlegt, während er weiterredet, was diesem gerade mißfallen haben und wie man auf welchen möglichen Einwand seinerseits reagieren könnte. Der Diskussionsteilnehmer verfolgt entsprechend die Wirkung seines vorgetragenen Argumentes auf den oder die Kontrahenten und eilt seiner Rede zugleich in Gedanken voraus, um den weiteren Argumentationsgang im Auge zu behalten. Und der ›zerstreute‹ Professor auf einer Abendgesellschaft, dem noch ein ungelöstes Problem nachgeht, oder der glücklich Verliebte, der sich nach einer freien Minute sehnt, um einen gerade erhaltenen Brief seiner Liebsten lesen zu können: sie beide werden sich zwar der Verpflichtung zum ›small talk‹ mit ihrer Umgebung nicht entziehen, mit ihren Gedanken aber zugleich weitab in erhabeneren Gefilden weilen. Auch beim Zuhören oder Lesen lassen sich solche ›intellektuellen Abschweifungen‹ beobachten. Wenn es aber so etwas wie ein ›gedankliches Hinausgehen‹ über gleichzeitig verwendete sprachliche Ausdrükke gibt (und von ›Erweiterung ihrer semantischen Reichweite‹ kann hier wohl kaum noch gesprochen werden), heißt das nicht, daß wir es mit Fällen des sprachfreien Denkens zu tun haben?[361] Offenbar muß es sich um ein solches handeln, denn der Bereich des

361 Vgl. Price 1953, a.a.O., 37 f.

sprachlichen Denkens ist ja allem Anschein nach durch die geäußerten oder gehörten Lautketten ›besetzt‹.

Nun, auch dieses Argument enthält mehrere Kurzschlüsse. ›Besetzt‹ ist (vielleicht) der Bereich des ›äußeren‹ Sprachgebrauchs, nicht aber der des ›stillen‹ oder des unbewußten Sprechens, durch die unsere angeblich sprachfreien Leistungen nach wie vor noch als aktuell sprachlich erwiesen werden könnten. Daß der Professor tatsächlich sprachlos an seinem Problem arbeitet, ist weit weniger wahrscheinlich, als daß er neben dem äußerlichen ›small talk‹ für sich ›im stillen‹ spricht, und wer beim Reden mit seinen Gedanken vorauseilt, um flüssig und folgerecht weiterreden zu können, wird gleichfalls (wie üblich beim Vorbereiten von Texten, siehe oben) ›im stillen‹ sprechen. Der Schluß auf die Sprachfreiheit der Abschweifungen beruht auf der Annahme, daß zwei ausdrucks- und inhaltsseitig verschiedene Äußerungen nicht zugleich von derselben Person mit Verständnis gehört oder hervorgebracht werden können. Aber einmal ist diese Annahme nicht absolut sicher; jedenfalls gibt es Berichte von Menschen, die diese Fähigkeit (offenbar) hatten, und der Bereich des Unterbewußten ist ohnehin unaufgeklärt. Zum anderen sind ihre Voraussetzungen selten erfüllt.

Wer mit seinen Gedanken abschweift, *verläßt* zeitweilig den normalen Gedankengang und kehrt anschließend wieder zu ihm *zurück*, ein Vorgang, der durch natürliche Rede- und Lesepausen und vor allem durch die Fähigkeit, verpaßte Text-Teile aus dem Kontext zu erschließen, ermöglicht wird. In diesem Falle, in dem beide einander abwechseln, ist die Gleichzeitigkeit beider Leistungen gar nicht gegeben, und daß der durchschnittliche Sprecher und Hörer Abschweifungen in der Regel *nur* in dieser zeitlich verschobenen Form beherrscht, zeigen Verständnislücken und unfreiwillige lapsus linguae im Falle zeitlicher Überdehnung. *Wenn* zwei Texte gleichzeitig verarbeitet werden, so (im Normalfall) nur deshalb, weil mindestens einer von ihnen mechanisch oder verständnislos rezipiert oder produziert wird. Der Hörende, der von seiner Abschweifung ›zurückkehrt‹ oder ›zurückgerufen‹ wird, hat (wie jeder Schüler erfährt) die letzten, mechanisch aufgenommenen Worte gewöhnlich als Lautfolge im Ohr und kann sich aus *diesem* Grunde nachträglich – aber nur sehr partiell – auch ihrer Bedeutung versichern. Und der Redende, der beim Sprechen ›vorausläuft‹, kann dies tun, *weil* der einmal gefaßte Äußerungsplan anschließend automatisch abläuft.

Und selbst wenn wir das gleichzeitige Auftreten einer sprachfreien Denkleistung neben einem vollgültigen, inhaltlich von ihr verschiedenen Sprechen und Hören grundsätzlich als gesichert betrachten könnten, bliebe die Frage der inhaltlichen Spezifikation (die uns in die bekannten begrifflichen und methodischen Probleme führt) und die Frage des Ausschlusses einer verdeckten Abhängigkeit von den gleichzeitig oder früher vorhandenen sprachlichen Fähigkeiten. Auch der vorliegende Versuch eines Unabhängigkeitsbeweises führt also nicht zum Ziel.

d) Kurze Dauer von Denkleistungen

Jedes laute oder ›stille‹ Sprechen, jedes handschriftliche oder maschinelle Schreiben hat als zeitlich erstreckter Prozeß eine gewisse Dauer. Welche, läßt sich, bezogen auf eine bestimmte Kette, empirisch ermitteln und für eine bestimmte Gruppe oder einzelne Sprecher statistisch auswerten, wobei neben dem allgemeinen Zeit-Durchschnitt und speziellen, an bestimmte Äußerungsumstände gebundenen Durchschnittswerten auch das jeweilige zeitliche Minimum überhaupt festgehalten werden kann. Auch ohne exakte wissenschaftliche Untersuchungen hat jeder von uns eine gewisse Vorstellung über die Zeitverhältnisse beim alltäglichen Sprechen und Schreiben. Auf sie können wir uns für unsere Zwecke beschränken. Was uns auch unter diesen Umständen auffallen muß, ist die Tatsache, daß manche Denkleistungen in einem Zeitraum erbracht werden, der deutlich unter dem Standard bzw. dem absoluten Minimum für die Ausführung der korrespondierenden Sprachleistungen liegt. Daß diese Leistungen in verdeckter Form neben den Denkleistungen auftreten, ist damit – unabhängig vom positiven, ›introspektiv‹ oder neurophysiologisch geführten Nachweis ihres Nichtvorliegens – äußerst unwahrscheinlich geworden: auch wenn gewisse Ausdrücke mit im Spiel sein sollten, decken sie den Bereich des vorhandenen Denkens nicht. Der Vertreter der Unabhängigkeit gewinnt ein weiteres ›grundsätzliches‹ Argument für seine These, das sich durch naheliegende Beispiele mühelos konkretisieren läßt. Fünf markante Fälle sollen genügen:

1. Ein Jäger oder ein Sportschütze, der auf bewegliche Ziele schießt, muß beim Zielen vorhalten, um den Sekundenbruchteil bis zum wirklichen Lösen des Schusses und zum Aufprall der Kugel zu überbrücken, und

dabei Fakten wie die Bewegungsrichtung des Objekts, die Driftwirkung des Windes, Eigenheiten des Gewehres und seiner Ziel-Einrichtung, persönliche Angewohnheiten beim Zielen und beim Betätigen des Abzugs u. a. einkalkulieren. Wollte er diese Fakten und die sich aus ihnen ergebenden Konsequenzen jeweils (sofern ihm ein hinreichend differenziertes Vokabular dafür überhaupt zur Verfügung steht) in Satzform beschreiben, aufeinander beziehen und aus diesen Sätzen eine sprachliche Handlungsanweisung ableiten, käme er nie zum Schuß, da sein Ziel, während er selbst noch nach Worten ringt, entweder ganz von der Bildfläche verschwunden oder an einen Punkt gelangt wäre, der seine bisherigen Berechnungen über den Haufen wirft. Ein intelligenter Schütze vertut seine Zeit nicht mit Reden.[362]

2. Ein Autofahrer nähert sich mit hoher Geschwindigkeit auf der linken Autobahnspur zwei rechts hintereinander fahrenden Wagen. Kurz bevor er die beiden erreicht hat, schert der hintere auf die Überholspur aus. Auch eine Vollbremsung würde den Zusammenstoß nicht mehr verhindern. Der Autofahrer realisiert dies, reißt, da er nach rechts wegen des zweiten Wagens nicht ausweichen kann, das Steuer nach links, nimmt es fest in die Hand und versucht, auf dem Grünstreifen neben dem anderen zum Stehen zu kommen. Unter den vorliegenden Umständen ist dies die günstigste Möglichkeit. Um sie jedoch als solche erkennen zu können, muß er mehrere gegeneinander abwägen und sich zwischen ihnen entscheiden – eine Leistung des theoretisch und praktisch schlußfolgernden Denkens, für die ihm alles in allem, sagen wir, gerade noch eine halbe Sekunde bleibt. Wollte er diese Überlegungen sprachlich anstellen, müßte er etwa das folgende zu sich sagen: ›Ich bin so und so schnell. Der andere ist so und so schnell. Der Abstand zu ihm ist so und so groß. Folglich würde ich auch mit einer Vollbremsung heftig aufprallen, was bei dieser Geschwindigkeit katastrophal wäre. Ich muß also ausweichen. Die rechte Spur ist durch den zweiten Wagen, der zwar etwas weiter voraus ist, dafür aber langsamer fährt, blockiert. Die Standspur ganz rechts ist frei, aber um sie zu erreichen, müßte ich so scharf einschlagen, daß ich den Wagen nicht unter Kontrolle halten könnte. So bleibt nur der Grünstreifen auf der linken Seite. Ich muß links einschlagen und dies wegen der Schleudergefahr nur um soviel, daß ich gefahrlos an meinem Vordermann vorbeikomme. Der Grünstreifen ist wesentlich weicher als die Betonbahn. Weicher Untergrund bremst. Da ihn die linken Räder zunächst allein berühren, wird der Wagen beim Überwechseln stark nach links an die Leitplanke gezogen, wo er zurückprallen und ins Schleudern geraten würde. Ich muß daher gegenlenken und zu diesem Zweck das Steuer fest im Griff haben.‹ Man kann leicht einsehen, daß zu derartigen Selbstgesprächen – hier ebensowenig wie in zahllosen anderen Gefahrensituationen, die ein unmittelbares, überlegtes Handeln

362 Vgl. Price 1953, a.a.O., 101 f.

verlangen[363] – keine Zeit ist. Wer sich ausschließlich auf sein sprachliches Denken verläßt, lebt, so scheint es, lebensgefährlich.

3. Der vorhaltende Schütze weiß von vorneherein, was er tun will, und der Autofahrer wird durch die Situation zum Handeln mit einem bestimmten Ziel (Vermeidung des Unfalls) gezwungen. Beide Male geht es allein um die Auffindung des geeigneten *Weges*, nicht um das *Ziel* oder den *Willen*, es zu erreichen. Es gibt Fälle, in denen auch die Entwicklung von Zielvorstellungen und Absichten, zusammen mit ihrer folgerechten Durchführung, einen Teil des situationsbezogenen ›blitzartigen‹ Denkens bildet. Ein Lausbube z. B. hockt auf dem Treppengeländer eines Mietshauses und sieht einen Mann mit Arbeitskleidung und Mütze die Treppe heraufkommen, der mit beiden Händen einen schweren, zerbrechlichen Gegenstand (eine Bodenvase, einen reparierten Fernseher o. ä.) trägt. Diesem Mann kann man, wenn er vorbeikommt, gefahrlos die Mütze ins Gesicht schieben und ihn damit in eine äußerst mißliche Lage bringen, da er die kostbare Last nicht fallenlassen, sie auch nicht ohne weiteres absetzen kann und zugleich, da er keine Hand frei hat, um die Mütze zurechtzuschieben, beim Weitergehen in der Gefahr steht zu stolpern und mitsamt seiner Last zu fallen. Gedacht, getan – für den Lausbuben ist es das Werk einer Sekunde, und wenn er seine vorausgehenden Überlegungen sprachlich anstellen wollte, hätte er den günstigsten Augenblick schon verpaßt.[364]

4. Kurze Zeitdauer unterhalb der Grenze möglicher sprachlicher Formulierung liegt auch vor, wenn mehrere Sachverhalte zugleich erfaßt werden. Leistungen dieser Art sind in den vorstehenden Beispielen bereits enthalten, doch schränkt die spezielle Interessenlage die Wahrnehmungsfähigkeit des Betroffenen auf bestimmte Bereiche ein. Die zeitliche Leistungskonzentration ist ausgeprägter, wenn Fälle betrachtet werden, in denen ein Mensch mit unbestimmter, weitgehend ›interesseloser‹ Neugier an eine Situation herangeht. Wenn in einem Roman ein neuer Schauplatz eingeführt wird, sagen wir: ein Zimmer, in das der Held ohne Absicht hineingerät, braucht der Autor dazu je nach Temperament und Bedeutung des Schauplatzes für den Fortgang der Handlung eine halbe bis mehrere Seiten, die der Leser entsprechend (nach Temperament und Leselust) in einer halben bis mehreren Minuten rezipiert. Diese Zeit entspricht bis zum gewissen Grade der Zeit, die wir benötigen, um uns in einem fremden Zimmer umzusehen, aber sie deckt sich mit ihr natürlich nicht vollständig.

363 Man denke etwa an eine plötzlich auflodernde Pfanne in der Küche oder an ein Kind, das eine Nadel in eine Steckdose gesteckt hat und nicht mehr loskommt. Rasches, folgerichtiges Handeln in Gefahrensituationen wird auch von Price (1953, a.a.O., 91. 315) mehrfach als Beispiel für nichtsprachliches Denken zitiert.

364 Auf die Kürze der Zeit als Argument für die Sprachfreiheit praktischer Überlegungen und Entschlüsse verweist auch Goldman 1970, a.a.O. [S. 119, Anm. 116], 103.

In der Lesezeit kann ein aufmerksamer Beobachter wesentlich mehr registrieren, als der Autor im Text erwähnen kann, und ein guter Leser wird sich beim Lesen – völlig im Einklang mit den Intentionen des guten Autors – natürlich auch nicht mit dem einfachen Konstatieren des ausdrücklich Erwähnten begnügen, sondern sich, zwischen den Zeilen lesend, von ihm zur selbständigen Ausgestaltung des nur in wenigen, charakteristischen Zügen angedeuteten Gesamtbildes anregen lassen. Wenn wir ein Zimmer betreten, erfassen wir ohnehin eine Reihe von Dingen *sofort:* ob es hell oder dunkel ist, woher der (hauptsächliche) Lichteinfall kommt, welche Farbe die Wände haben, ob es leer oder gefüllt mit Möbeln ist, welche dominierenden Möbelstücke vorhanden sind, ob ein bestimmter Geruch im Zimmer ist, ob das Radio läuft und so weiter. In der ausdrücklichen Form von Aussagesätzen könnte man sich das nur *allmählich*, in minutenlangem Selbstgespräch, vor Augen führen. Doch das ist hier ebenso wie in zahllosen anderen Situationen des Alltags nicht unser reales Vorgehen, so daß man mit Grund auf Sprachfreiheit schließen kann.[365]

5. Zitieren lassen sich schließlich auch Aufgaben in nichtsprachlichen Intelligenztests, die unter Zeitdruck ausgeführt werden müssen. Wer die Gesetzmäßigkeit einer komplexeren Reihe (sagen wir: NAPQSBNORTCMNSU ...) finden oder eine der schwierigeren Teilaufgaben des Raven-Tests lösen soll und dabei weiß, daß seine Gesamtzeit in die Bewertung mit eingeht, wird sich kaum darauf einlassen können, alle Schritte seines Auffindungsprozesses sprachlich zu formulieren. Faktisch jedenfalls findet er – wenn er gewandt ist, die Aufgabe richtig verstanden hat und sich durch Zeitdruck nicht nervös machen läßt – die Lösung viel schneller, als sein entsprechendes ›stilles‹ oder lautes Selbstgespräch dauern würde. Folglich kann seine Leistung nicht auf der Verwendung von Sätzen und sprachlichem Schließen beruhen.

Die Überzeugungskraft dieser und ähnlicher Argumente hängt, wie bei allen Unabhängigkeitsargumenten, an der Sicherstellung der Denkleistungen und am Ausschluß der Sprache. Beginnen wir mit dem ersten. *Daß* intelligente Leistungen in allen zitierten Fällen erbracht werden, steht außer Frage, aber es liegen nicht *nur* solche Leistungen vor, und es ist nicht immer klar, wo hier die Grenzen verlaufen. Die (offenbar) intelligente Leistung des Schützen etwa muß zunächst gegen das (offenbar) nichtintelligente Verhalten des Raubvogels abgegrenzt werden, der beim Sturzflug auf eine bewegliche Beute ›vorhält‹ und sich in der entscheidenden Hinsicht somit nicht wesentlich von ihm zu unterscheiden scheint. Im zweiten Falle wäre man wohl geneigt, von einer (im Grund-

365 Vgl. Price 1953, a.a.O., 37; Goldman 1970, a.a.O., 94 f.

prinzip angeborenen und durch Training differenzierten) Reiz-Reaktions-Verbindung bzw. von einem kontinuierlich oder gradweise geordneten Komplex von Verbindungen zwischen der wahrgenommenen, qualitativ differenzierten Bewegungsintensität bei bestimmten Objekt-Arten und der eigenen Flugbahn zu sprechen und das Nichtvorliegen einer (intelligenten) ›Vorausberechnung‹ mit dem Hinweis auf permanentes ›feedback‹ während des Anflugs zu unterstreichen. Dies letztere trifft auf den Schützen, der nach dem Abzug nichts mehr zu korrigieren hat, natürlich nicht zu, wohl aber auf den Jagdflieger, der ein feindliches Aufklärungsflugzeug aufbringen will und dessen Abschneide-Manöver nicht nach einem einfachen, graduierten Reiz-Reaktions-Schema ablaufen. Doch wo liegen die Grenzen? Kann sich nicht auch der Raubvogel auf ungewohnte Manöver seines Beutetieres einstellen? Geht der Schütze, der sein Vorhalten nach der Geschwindigkeit des Opfers differenziert, wirklich anders vor als nach einem graduierten Zuordnungsmuster von Wahrnehmungen und Bewegungen? Und ist nicht (um noch ein anderes unserer Beispiele zu zitieren) ein gut Teil dessen, was der beherzte Autofahrer tut, ebenfalls das Resultat von eingeschliffenen und durch situatives ›feedback‹ beeinflußten Reiz-Reaktions-Mustern? Ein unerfahrener Auto-Neuling wird kaum dazu in der Lage sein, Geschwindigkeitsdifferenz und Bremsweg hinreichend genau gegeneinander aufzurechnen, und schon gar nicht dazu, einen abdriftenden Wagen, ohne ins Schleudern zu kommen, durch Gegenlenken abzufangen.

Bevor unsere Beispiele Beweiswert im Sinne der Unabhängigkeitsthese gewinnen können, müssen sie differenziert und die in ihnen enthaltenen (echten) Denkleistungen inhaltlich spezifiziert werden. Zu den allgemeinen begrifflichen und methodischen Problemen kommt hier jedoch als spezielle Erschwerung hinzu, daß wir es durchweg mit ungewöhnlich komplexen Leistungen zu tun haben, die die verschiedensten Teilleistungen umfassen und theoretisch vielfältig interpretierbar sind.[366] So stellt sich schon auf der vagen, vortheoretischen Ebene, auf der die obigen Beispiele beschrieben wurden, die Frage, ob hier nicht mehr hineininterpretiert wurde, als realiter vorliegt bzw. zur Erklärung der empiri-

366 Am weitesten eingegrenzt sind noch die nichtsprachlichen Intelligenztests in Beispiel 5, auf deren eigene Komplexität und Vieldeutigkeit wir ja schon früher (S. 296 ff.) aufmerksam wurden.

schen Befunde erfordert ist. Von einem ›Vorausberechnen‹ im üblichen Sinne kann ja wohl generell – auch unter Absehung von einfachen (nichtintelligenten) Reiz-Reaktions-Mustern – weder beim Schützen noch beim Autofahrer die Rede sein, allenfalls noch von einer Art ›quasi-rechnerischem‹ Abschätzen. Im Falle des Schützen ist sogar dies zweifelhaft, da der Faktor des Trainings und der Erfahrung bei ihm eindeutig gegenüber dem der je aktuell durchgeführten Überlegung dominieren dürfte. Der routinierte Schütze ist sich der vielfältigen Einflußfaktoren auf sein Verhalten gar nicht bewußt, sondern reagiert ›instinktiv‹ bzw. trainings- und erfahrungskonform auf die wechselnden Situationen. Sein Verfahren ähnelt weniger dem eines Ingenieurs, der die Flugbahn einer Rakete berechnet, als dem eines geübten Geigenspielers, der in verschiedenen Lagen rein spielt, ohne sich den erforderlichen Wechsel der Fingerabstände jeweils bewußt zu machen oder ihn gar (was prinzipiell möglich wäre) zu berechnen. Um die Annahme so komplexer Leistungen, wie sie der Verfechter der Unabhängigkeit unterstellt, plausibel zu machen, müßte man schon auf unbewußte neurologische Steuerungsvorgänge zurückgreifen, die bislang nicht spezifizierbar sind.

Die Leistung des Autofahrers oder des Lausbuben ist schwieriger zu erklären, weil beide (wie unterstellt wird) vor einer neuen Situation stehen, an deren Meisterung trainierte Techniken und Erfahrungen nur einen begrenzten Anteil haben können. Immerhin, einen *Anteil* haben sie, können z. T. sicher auch als einfache Reiz- oder Reaktionsgeneralisationen erklärt werden, und darüber hinaus ist wohl auch, vor allem wenn die Unterschiede zwischen den Handlungsmöglichkeiten gering sind, mit einem Zufallsanteil an der endgültigen Entscheidung zu rechnen. Auch ein geübter und überlegter Autofahrer, dem prinzipiell alle Ausweichmanöver offenstehen und der bei längerer Überlegung auch mit Sicherheit auf die günstigste stieße, wählt diese unter dem Druck der Verhältnisse nur mit gewisser Wahrscheinlichkeit und auch der gerissenste Lausbub macht in der Eile manchmal einen Fehler. Gleichwohl bleiben genügend Fälle, in denen tatsächlich neue Handlungspläne entwickelt und eingefahrene Verhaltensschemata auf Grund besserer Einsicht außer kraft gesetzt werden müssen (beim Autofahrer z. B. der habituelle Tritt auf die Bremse beim Auftauchen von Hindernissen) und in denen die für die richtige Wahl entscheidenden Fakten offenbar auch zuvor erfaßt und gegeneinander abgewogen werden. Ob und wie weit das Abweichen von früheren Verhaltensmustern *mehr* ist als eine modifizierte, auf Generalisationen gestützte Reaktion unter veränderten Stimulationsbedingungen, hängt an Umfang und Art der vorausgehenden Überlegungen. Das ›Erfassen von Fakten‹ in kurzer, unter der Formulierbarkeitsgrenze liegender Zeit ist ja auch der entscheidende Punkt unseres vierten Beispiels, und wenn dies, zusammen mit dem, außer im zweiten und dritten auch durch das fünfte Beispiel nahegelegten, ›logischen Schließen‹, grundsätzlich als sprachunabhängig erwiesen würde, wäre das ohne Zweifel bemerkenswert.

Doch was wird hier ›erfaßt‹? Der Verfechter der Unabhängigkeit unterstellt ›Fakten‹ von der Art, wie sie sprachlich in Aussagesätzen zum Ausdruck kommen, die (letztlich) prädikative Struktur besitzen. Das könnte prinzipiell zutreffen, aber es läßt sich auf Grund der verfügbaren Evidenzen nicht entscheiden und es gibt auch noch andere Interpretationsmöglichkeiten. Es wäre denkbar, daß das, was wir beim Betreten eines Zimmers sofort erfassen (Helligkeit, Lichteinfall, Wandfarbe, usw.), zunächst nur qualitativ registriert wird (etwa so, wie ein werbewirksames Plakat oder Schaufenster unseren Blick anfänglich nur durch ein auffälliges optisches Muster auf sich zieht) und daß es erst anschließend, und nun möglicherweise mit ganzen Sätzen, *als* Eigenschaft eines bestimmten, lokalisierbaren Gegenstands aufgefaßt wird. Und wenn ein Autofahrer uns rückblickend über seinen Beinahe-Unfall berichtet, wird er zwar *sagen*, er habe gesehen, ›daß‹ der Bremsweg zu kurz war und ›daß‹ nur der Grünstreifen offenstand, aber woher wissen wir (und er selbst), daß und wie weit diese sprachliche Rekonstruktion dem realen Geschehen entspricht und der wahre Auslöser für sein – zugestandenermaßen besonnenes – Handeln nicht etwa nur die Wahrnehmungsmuster ›Hindernis‹, ›rasche Annäherung‹ oder ›Freiraum‹ waren? Jedenfalls ist es nicht ausgeschlossen, daß ein beträchtlicher Teil seiner Schlußfolgerungen auf diese einfache, nichtpropositionale Art des ›Fakten-Erfassens‹ zurückgeführt werden kann. Ist aber der propositionale Charakter der ›Fakten‹ fraglich, so ist es auch die auf sie bezogene Leistung des ›logischen Schließens‹, die nur dann vorliegen kann, wenn man es mit Gebilden zu tun hat, die mögliche ›Träger‹ von Wahrheit und Falschheit sind (vgl. S. 151 ff.). Man muß natürlich nicht annehmen, daß der Mensch, der ein Zimmer betritt, der gefährdete Autofahrer oder der Lausbube *keine* ›Fakten‹ von propositionalem Charakter erfassen und *keine* logischen Schlüsse ziehen. Alle drei Beispiele liegen in dieser Beziehung (anders als etwa das Beispiel des Schützen, wo man zumindest die Schlüsse mit ziemlicher Sicherheit ausschließen kann, oder das Beispiel der nichtsprachlichen Intelligenztests, wo ihr Auftreten viel wahrscheinlicher als ihr Nichtauftreten ist) in einem Mittelbereich, der nach beiden Richtungen hin interpretiert werden könnte. Entscheidend ist, daß die in ihnen enthaltenen Denkleistungen nach Art und Umfang unbestimmt bleiben und die zeitliche Leistungskonzentration damit zweifelhaft wird.

In einer logischen Rekonstruktion der Überlegungen, die unseren Autofahrer schließlich zur Wahl des Grünstreifens anstelle der rechten, blockierten Fahrspur führen, müßte man z. B. (in vereinfachter umgangssprachlicher Formulierung) sagen:

[1] Wenn möglich, fahre am Vordermann vorbei, sc. handle so, daß dein Wagen (a) am Wagen des Vordermannes (b) vorbeifährt! [positives Ergebnis der negativ ausgegangenen ›Aufrechnung‹ von Geschwindigkeitsdifferenz und Bremsweg]

[2] Für alle x und alle y: x kann an y nur entweder rechts oder links vorbeifahren.

[3-r] Wenn möglich, handle so, daß a rechts an b vorbeifährt! oder

[3-l] Wenn möglich, handle so, daß a links an b vorbeifährt! (nach [1] und [2])

[4-r] Für alle x und alle y: x kann nur dann rechts an y vorbeifahren, wenn es rechts neben y einen ebenen, spurbreiten, befahrbaren Streifen gibt.

[4-l] Für alle x und alle y: x kann nur dann links an y vorbeifahren, wenn es links neben y einen ebenen, spurbreiten, befahrbaren Streifen gibt.

[5] Für alle ebenen, spurbreiten Streifen (ESS) z: z ist nur dann befahrbar, wenn z hindernisfrei ist, d. h. wenn es auf ihm keine Erhebung oder Vertiefung von mehr als sowieso gibt.

[6-r] Es gibt einen ESS rechts von b.

[6-l] Es gibt einen ESS links von b.

[7-r] Der ESS rechts von b ist nicht hindernisfrei.

[7-l] Der ESS links von b ist hindernisfrei.

[8-r] Der ESS rechts von b ist nicht befahrbar. (nach [5], [7-r])

[8-l] Der ESS links von b ist befahrbar. (nach [5], [7-l])

(9-r] Es ist nicht möglich, daß a rechts an b vorbeifährt (nach [4-r], [8-r])

[9-l] Es ist möglich, daß a links an b vorbeifährt. (nach [4-l], [8-l])

[10] Handele so, daß a links an b vorbeifährt! (nach [3-l], [9-l])

Es ist (wenn wir vom Unterbewußten absehen) klar, daß der Autofahrer in der Gefahrensituation nicht mit Sätzen und Schlüssen dieser Art operiert. Aber es ist auch zweifelhaft, ob seine Reaktion auf ähnlich komplexen nichtsprachlichen Überlegungen beruht. Das Vorhandensein eines ESS rechts und links des Vordermannes und ihre bestehende bzw. nicht bestehende Hindernisfreiheit müssen nicht notwendig – den Sätzen [6-r] bis [7-l] entsprechend – propositional konstatiert werden, sc. in Form einer Identifikation von Gegenständen an bestimmten Raumstellen im Gesichtsfeld des Beobachters und einer auf sie bezogenen Prädikation von Eigenschaften. Sie könnten, unter Verzicht auf die räumliche Identifikationsleistung (auf die zeitliche haben wir ohnehin stillschweigend verzichtet, weil fraglich ist, ob der Betroffene *in* der Situation sich des Geschehens *als* gegenwärtig bewußt ist), wahrnehmungshaft oder in Form eines einfachen Stimuliertseins durch Reizmuster ›realisiert‹ und zum Ausgangspunkt für entsprechende ›Überlegungen‹ genommen werden. Diese könnten natürlich ohne propositionale Grundlagen auch nicht mehr die gewöhnliche, *wahrheits*deduktive Form haben, sondern müßten durch eine einfachere Form des ›*quasi*deduktiven‹ Schließens ersetzt sein. Aber das wäre theoretisch denkbar. Man müßte nicht sagen, daß die Entscheidung für den linken Streifen eine ›Schlußfolgerung‹ aus der Verpflichtung zum Rechts-oder-Links-Vorbeifahren und der ermittelten Unmöglichkeit des Rechts-Vorbeifahrens ist, sondern könnte sie als Ergebnis einer komplexen Reiz-Reaktions-Kette erklären, der eine Disposition des Autofahrers zugrundeliegt, die (umgangssprachlich vereinfacht, vgl. S. 106, Anm. 94) etwa die folgende Form haben könnte: ›Wenn Hindernis vor dir, [als zweite Präferenz nach dem Abfangen durch Bremsen] Augen rechts. Wenn rechts hindernisfrei, rechts steuern. Wenn rechts Hindernis, Augen links. Wenn links hindernisfrei, links steuern. Wenn links Hindernis, Rückkehr [›Schleife‹] zum Ausgangspunkt [anschließend Wahl der dritten Präferenz, z. B. Vollbremsung mit Auffahren].‹

Nehmen wir aber einmal an, wir hätten eine Reihe von eindeutigen Fällen, in denen die unterstellten komplexen Denkleistungen im vollen Umfange gegeben sind (bei den nichtsprachlichen Intelligenztests etwa) oder in denen das Zeit-Argument auch nach der Ausschaltung nichtintelligenter und der Beschränkung auf einfachere intelligente Leistungen prinzipiell stichhaltig bleibt. Bezüglich der ersten obengenannten Voraussetzung, der Sicherstellung des Denkens, bestünden dann keine Bedenken mehr, wohl aber bezüglich der zweiten. Können wir sicher sagen, daß an den fraglichen Denkleistungen keine Sprachleistungen beteiligt sind? Die allgemeinen Probleme des definitiven Ausschlusses eines verdeckten aktuellen Sprachgebrauchs sollen hier durch das

›grundsätzliche‹ Argument der verkürzten Zeit überwunden werden, aber es ist sehr zweifelhaft, daß das in befriedigender Weise gelingt. Die an gewöhnlichen Fällen ermittelte Durchschnittsgeschwindigkeit der Sprachleistungen ist für uns uninteressant, da in den fraglichen Fällen ja nicht nur außergewöhnlich schnell ›gedacht‹, sondern auch überdurchschnittlich schnell gesprochen werden könnte. Die Minimalwerte sind bedeutender, aber da sie selbst nur empirisch (an einer mehr oder weniger eingeschränkten Zahl von normalen Sprechern) ermittelt wurden, können sie nicht als ein *absolutes* Minimum aufgefaßt werden, das in den uns interessierenden Fällen nicht noch zu unterbieten wäre. So ist es *grundsätzlich* jedenfalls nicht auszuschließen, daß trotz der Zeitkürze *alle* in Frage stehenden Sprachleistungen in verdeckter Form vorliegen, auch wenn dies nach den verfügbaren Evidenzen wenig wahrscheinlich und auf absehbare Zeit hinaus positiv sicher nicht nachweisbar ist.

Diese einstweilige Unentscheidbarkeit läßt den Vertreter der Unabhängigkeit in der Frage des unreduzierten Sprachgebrauchs immer noch in der strategisch besseren Position. Kritisch für ihn wird es dann, wenn man die Möglichkeit in Erwägung zieht, daß die Sprachleistungen nicht in ihrer *Gesamtheit*, sondern nur in bestimmten entscheidenden *Teilen* an den (dem Anspruch nach) sprachfreien Denkleistungen beteiligt sind. In dem Maße, in dem sich die vollständigen sprachlichen Formulierungen ohne ›Inhalts‹-Verlust durch ›semantisch erweiterte‹ Kurzformen ersetzen lassen, verliert das Zeit-Argument an Überzeugungskraft,[367] und wir haben ja schon gesehen (S. 321 ff.), daß wir mit dieser Möglichkeit rechnen müssen. Wer in ein Zimmer tritt, muß, *wenn* er die unmittelbar registrierten ›Fakten‹ in propositionaler Form auffaßt (nicht etwa nur in der eines ›Anspringens‹ auf Reizmuster) und dabei ›innerlich‹ oder ›äußerlich‹ spricht, nicht unbedingt eine Folge von vollständigen prädikativen Sätzen wie ›Dies Zimmer ist hell‹ usw. äußern, sondern kann Einwortsätze mit prädikativem Sinn verwenden, die situativ eindeutig sind: ›Hell‹, ›Leer‹, usw., bezogen jeweils auf den zuvor – nichtsprachlich oder sprachlich – als ›Zimmer‹ apostrophierten Raum, der derzeit sein ganzes Wahrnehmungsfeld bildet. Und *wenn* derjenige, der eine Testaufgabe löst, der Lausbube oder der Autofahrer ihre Überlegungen in

367 Vgl. dazu auch Wittgenstein 1953, a.a.O., § 318 f.

der (unterstellten) Form eines echten logischen Schließens anstellen, können sie sich beim Sprechen ebensogut der verkürzten Satzformen bedienen und die verbindenden logischen Ausdrücke (›wenn‹, ›nur wenn‹, ›da‹, ›folglich‹ usw.) ausfallen lassen. Daß einzelne Wörter und Satzfragmente auch in den Phasen des ›schnellen Denkens‹, wie es durch unsere obigen Beispiele repräsentiert wird, auftauchen können und sich gerade in den Fällen, in denen das Vorliegen komplexerer Denkleistungen am wahrscheinlichsten ist, sc. bei den Intelligenztests, beständig mit eindrängen, dürfte auch ›introspektiv‹ relativ gut bestätigt sein. Auch wenn die Frage der ›erweiterten semantischen Reichweite‹ bzw. der Sprachlichkeit der durch Verkürzungen geforderten Ergänzungen (S. 321 ff.) sich im Detail erst durch tieferreichende Untersuchungen beantworten lassen, genügt die diesbezügliche Unsicherheit, um den definitiven Ausschluß einer aktuellen Beteiligung von Sprachleistungen an den (dem Anschein nach) sprachfreien Leistungen des ›schnellen Denkens‹, auf dem das Unabhängigkeitsargument beruht, unmöglich zu machen.

Und selbst wenn wir mit Fällen rechnen, in denen aktuelle beteiligte Sprachleistungen vollständig oder in einem für das betroffene Denken hinreichenden Umfang ausgeschlossen werden können (was theoretisch möglich und in den Fällen, in denen *keinerlei* ›stilles‹ oder lautes Sprechen bemerkt wurde, sicher auch die strategisch plausiblere Annahme ist), bleibt die Möglichkeit einer Bindung an gleichzeitige oder vorausgehende Fähigkeiten. Die Personen, die jene beeindruckenden Leistungen des ›schnellen Denkens‹ erbringen, *können* ja sprechen und *konnten* es lange vorher, so daß es gut denkbar wäre, daß hier ein Verhältnis ›parasitärer‹ Abhängigkeit besteht. Die Zeit-Argumente jedenfalls können es nicht ausschließen und reichen darum, wenn nicht an anderer, so doch zumindest an dieser Stelle für eine positive Begründung der Unabhängigkeit prinzipiell nicht mehr aus.

e) Suche nach dem angemessenen Ausdruck

Alle bisherigen Unabhängigkeitsargumente scheiterten letztlich an der Unmöglichkeit, Sprachleistungen, die den Betroffenen *grundsätzlich* zur Verfügung stehen, in *konkreten* Situationen definitiv auszuschließen. Dieses Bedenken entfällt, wenn Denkleistungen erbracht werden, für die es in der vom Ausführenden jeweils beherrschten Sprache keine geeigneten Ausdrücke gibt. Hierauf gründet sich eine Gruppe von Argumenten, die das Mehrdeutigkeitsargument von S. 318 ff. verschärfen und wie jenes einen Versuch darstellen, positiven Gebrauch von Überlegungen zu machen, die wir früher (S. 203 ff) negativ gegen Abhängigkeitsbeweise im Rückgang auf vorliegende Sprachverschiedenheiten gewandt hatten. Auch sie scheinen uns – mit Rücksicht auf die bestehenden Lücken – der Verpflichtung zum ›introspektiv‹ oder neurologisch begründeten Ausschluß des aktuellen Sprachgebrauchs zu entheben. Dabei muß nicht behauptet werden, daß die Denkleistungen oder ihre Ergebnisse prinzipiell nicht zu ›versprachlichen‹ oder (in anderen Sprachen) nicht schon faktisch ›versprachlicht‹ sind. Der entscheidende Punkt ist vielmehr, daß eine Leistung vorliegt, die der realen oder denkbaren ›Versprachlichung‹ faktisch vorausgeht oder – mit Rücksicht auf weitere ›grundsätzliche‹ Überlegungen – als notwendig vorausgehend unterstellt werden kann.

Warum kann der lebendige Geist dem Geist nicht erscheinen?
Spricht die Seele, so spricht, ach, schon die *Seele* nicht mehr.

Schillers bekanntes Distichon markiert das erste der hierher gehörigen Argumente: die wohl von allen denkerisch produktiven Menschen gemachte Erfahrung, daß sich die Sprache dem Ausdruck des Neuen ›widersetzt‹, daß sie mit Mühe ›gestaltet‹ und ›umgestaltet‹ werden muß und das ›Eigentliche‹ dennoch in ihr oft unausgedrückt bleibt. Diese Erfahrung ist immer wieder zum Beweis für sprachunabhängiges Denken herangezogen worden[368] und bildet vielleicht den bedeutendsten Grund für das Interesse an der Sprachunabhängigkeitsthese überhaupt. Ist sie als Argument überzeugend? Nun, die Probleme beginnen bereits mit dessen genauer Formulierung, denn *erfahren* wird nur das Fehlen des angemessenen Ausdrucks, die Suche nach ihm und die dabei auftretenden Schwierigkeiten, und das kann jeweils verschiedene Gründe haben.

368 Vgl. z. B. T.H. Pear: *Is Thinking Merely the Action of Language Mechanisms?* [Symp.-Beitr.], in: Brit. J. of Psych. 11, 1920-21, 73 ff.; Koschmieder 1951, a.a.O., 77; Price 1953, a.a.O., 308 f.; Révész 1954, a.a.O. [S. 195, Anm. 195], 5; Buyssens 1954, a.a.O., 157 ff. und Lebrun / Hoops (edd.) 1974, a.a.O. [S. 249, Anm. 260], 32 [Disk.-Beitr. Buyssens], sowie in bestimmter Hinsicht auch Ryle 1951, a.a.O. [S. 110, Anm. 100], 69.

Daß etwas ›Neues‹, bislang Unausgedrücktes oder Unausdrückbares ›errungen‹ wurde, ist durch die Formulierungsprobleme als solche natürlich nicht bewiesen. Es mag für den Dichter Schiller gelten, aber wohl kaum für den stammelnden Zeugen vor Gericht oder Fischers Fritz in der Schule. Vielmehr hat in der weit überwiegenden Mehrzahl der Fälle unser Suchen den Sinn, den (wie erwähnt, S. 329 f.) aktuell nur in Teilen verfügbaren Möglichkeitsspielraum der Sprache verfügbar zu machen, wobei die Probleme unmittelbar mit den verschiedenen Gründen hierfür zusammenhängen. So kann der Sprecher deshalb in Schwierigkeiten geraten, weil ihm spezielle Ausdrücke innerhalb eines ihm bislang nicht oder nur unvollständig vertrauten Sprachbereichs fehlen. Dann stellt er (einer kompetenten Person gegenüber) Fragen wie ›Gibt es im Geschäftsdeutsch einen Fachausdruck für den Vorgang, wenn ein Wechsel auf einen anderen übertragen wird?‹ oder ›Kann man im Englischen, wie im Deutschen, einen konzessiven Nebensatz durch eine Präpositionalkonstruktion im Hauptsatz ersetzen?‹. Es kann sich aber auch um Vergeßlichkeit für bestimmte Wörter und Konstruktionen handeln (›Wie hieß nochmal die öffentliche Stelle, wo der Grundbesitz registriert ist?‹, ›Wie geht das gleich: diesen Nebensatz mit »obwohl« in den Hauptsatz hineinzuziehen?‹). Die Verfügbarkeit kann auf die markantesten oder meistgebrauchten Ausdrücke innerhalb eines Bereichs beschränkt sein, während die selteneren oder im Randbereich liegenden Ausdrücke oder solche, die feinere Unterscheidungen innerhalb eines Kernbereichs angehen, zwar im Prinzip bekannt, momentan aber entfallen sind (›Ich suche ein Wort für ein helles, ins Gelbliche spielende Braun‹, ›Ich brauche eine Nebensatz-einleitende Konjunktion wie »obwohl«, aber viel schwächer‹). Die Ausdrucksschwierigkeiten können in einer allgemeinen Unbeweglichkeit beim Umschreiben von Sachverhalten, Eigenschaften oder Beziehungen bestehen, für die kein eigener Ausdruck zur Verfügung steht (›Wie könnte man das transitive »to can« im Englischen möglichst kurz und prägnant auf Deutsch wiedergeben?‹). Oder es kann sich speziell um die Unfähigkeit handeln, Ausdrücke aus verschiedenen, mehr oder weniger weit auseinanderliegenden Bereichen metaphorisch oder quasimetaphorisch zusammenzubringen, um durch den gewählten Vergleich sonst unausdrückbare Nuancen hervortreten zu lassen – eine Fähigkeit, die natürlich vor allem beim Ausdruck von (wirklich)

›Neuem‹ zum Tragen kommt und dort nicht selten zu vorschnellen ›Unausdrückbarkeitsgefühlen‹ führt, die aber auch von Bedeutung ist, wenn die gesuchten Metaphern oder Quasimetaphern nicht originär sind.

Die unterschiedlichen Weisen, in denen wir unser Suchen und nachfolgendes Finden (oder Nichtfinden) erleben, bestätigen die Verschiedenartigkeit der zur Suche treibenden Gründe. Die Fälle, in denen man sich von Anfang an oder nach kurzem Nachdenken sicher ist, daß sie erfolglos bleiben muß, weil etwas ›unausdrückbar Neues‹ errungen wurde, sind sehr selten: nicht nur, weil ›Neues‹ selten ist, sondern weil uns der fehlende Überblick über die sprachlichen Möglichkeiten auch keine sicheren Aussagen darüber erlaubt, daß die bereitliegenden Mittel zu seinem Ausdruck nicht hinreichen. Meist suchen wir in dem Bewußtsein diesbezüglicher Unklarheit, häufig begleitet von dem Gefühl, daß es ›eigentlich einen treffenden Ausdruck geben müßte‹, oder in der Gewißheit, daß es ihn, der uns schon ›auf der Zunge liegt‹, wirklich gibt. Ebenso beim Ergebnis. Es *kann* sein, daß wir tatsächlich keine geeignete Formulierung gefunden haben und darum entweder – im Gedanken an Schillers Klage oder die philosophische Einsicht, daß man nun einmal von Dingen, über die man nicht sprechen kann, schweigen muß – ganz auf den sprachlichen Ausdruck verzichten oder einen geeigneten neuen einführen, der (nach Möglichkeit) etymologisch an schon vorhandene anknüpft. Aber das ist nur *ein* mögliches Resultat unserer Suche und mit Sicherheit nicht das gewöhnliche. Auch wenn wir nicht das Gefühl erhalten, einen in allem angemessenen Ausdruck gefunden zu haben, greifen wir in der Regel auf vorliegende Formulierungen zurück, die ins ›Umfeld‹ des eigentlich Intendierten fallen, wobei offenbleibt, ob es nicht prinzipiell auch noch ›näherliegende‹ Formulierungen gäbe. Wir können auch hier mit Bezug auf das von ihnen *nicht* Erfaßte eine resignierende Haltung einnehmen und uns mit den *erfaßten* Teilen begnügen. Näher liegt aber die Modifikation der Bedeutung des fraglichen Ausdrucks durch interne Erweiterung oder Einführung einer Nebenbedeutung (S. 210ff.), zunächst im eigenen Sprachgebrauch, später – nach deren ausdrücklicher ›Unterrichtung‹ oder spontaner ›intuitiver Anpassung‹ – auch bei unseren Gesprächspartnern.[369] Und in der weit

369 Den hier bestehenden Intersubjektivitätsproblemen entspringt ein guter Teil unserer Schwierigkeiten beim Ausdruck. Die Aufgabe eines Autors ist eben auch

überwiegenden Mehrzahl der Fälle endet die Suche natürlich erfolgreich. Wir wählen einen als angemessen empfundenen Ausdruck: teils mit dem Gefühl, daß sein Erreichen eine ›gedankliche Klärung‹ bedeutet, teils ohne ein solches, doch mit dem Gefühl der ›befriedigten Überraschung‹ darüber, daß es diesen treffenden Ausdruck (z. B. eine selbst entdeckte oder uns von anderen angebotene Metapher oder Quasimetapher) gibt, teils in dem Bewußtsein, den Ausdruck gefunden zu haben, der uns schon ›auf der Zunge lag‹.

Die Voraussetzung des ›errungenen Neuen‹ gilt also für die meisten realen Ausdrucksprobleme nicht und würde, wäre das Argument auf sie angewiesen, quantitativ eine drastische Einschränkung seines Anspruchs erfordern. Aber hängt es tatsächlich am ›Neuen‹? Der Vertreter der Unabhängigkeit könnte die bisherigen Überlegungen anerkennen und gleichwohl argumentieren, daß man – unabhängig von den realen Erfolgschancen – *suchen* nur kann, wenn man schon eine Vorstellung davon hat, *was* man sucht, d. h. über hinreichende Kriterien dafür verfügt, *wann* das Gesuchte erreicht ist, und dieser Kriterienbesitz ebenso wie die auf ihn gegründeten Urteile seien Leistungen, die der Sprache durchweg vorausgehen und darum (S. 102) grundsätzlich nicht von ihr abhängen können.[370] Ob sich das Argument dadurch wirklich als

deshalb schwierig, weil die metaphorischen oder quasimetaphorischen Verbindungen, die *ihm* treffend erscheinen, im Sprachgebrauch nicht etabliert sind und von den *Lesern* und *Kritikern* möglicherweise nicht als neu und erhellend, sondern als fremd, bizarr oder völlig unverständlich empfunden werden. Manche Texte bleiben uns anfänglich oder auf Dauer verschlossen, obgleich sie grundsätzlich erschließbar sind und von anderen faktisch erschlossen werden, sei es (im Grenzfall) auch nur vom Autor selbst. Wenn auch nicht alles, was sich den Anschein von Tiefsinn gibt, sinnvoll ist, so ist dennoch nicht alles, was den Eindruck davon erweckt, tatsächlich ein ›Stilbruch‹, ›Kategorienfehler‹ oder ›Unsinn‹ in der (›intentionalen‹, S. 132, Anm. 132) ›semantischen Einstellung‹ seines Urhebers. Ob und wie weit die intersubjektive Erschließung gelingt, hängt zum Teil am Zusammenspiel von Verständlichmachen und Sich-um-Verständnis-Bemühen auf beiden Seiten, teilweise aber auch an Faktoren, die (wie die aktuelle Verfügbarkeit des betroffenen Möglichkeitsspielraums) für uns unwägbar sind und zur Annahme eines sprachlichen ›Einfühlungsvermögens‹ o. ä. verleiten, das im Prinzip rational rekonstruierbar ist. Einen Sprachunabhängigkeitsbeweis liefern die so begründeten Ausdrucksprobleme jedenfalls nicht.

370 »Now what guides our search? How is it that we know what to look for? What enables us to *reject* the various inadequate symbols which suggest themselves? And equally, what enables us to *accept* the right one when (or if) it comes into our minds? It would seem that during the period of search we must have something before our

unabhängig vom ›Neuen‹ erweisen läßt, hängt daran, ob und wie weit das verwendete Bild vom ›Suchen und Finden‹ des Ausdrucks und seine Deutung im Sinne der Unabhängigkeitsthese zutreffen. Wie also steht es hiermit?

Der nächstliegende Vergleich ist wohl der mit dem Suchen und Finden verlorener oder verlegter Gegenstände, und wenn wir davon ausgehen, springen uns sogleich zwei entscheidende Differenzen ins Auge. Dort hat man eine (mehr oder weniger genaue) Vorstellung vom Aussehen des gesuchten Objekts, während hier eine entsprechende Vorstellung fehlt bzw. mit dem Finden zusammenfällt, und während das Suchen dort eine aktive, planmäßige Tätigkeit ist bzw. sein kann, muß man sich hier weitgehend passiv verhalten und darauf warten, bis einem die angemessene Formulierung ›einfällt‹ oder von anderen präsentiert wird. Aber diese Beobachtungen liefern noch keinen entscheidenden Einwand. Die ›Passivität‹ im Falle der Ausdruckssuche gilt nur bedingt. Man kann die Hilfe anderer aktiv in Anspruch nehmen (z. B. mit einem Blick in ein Synonymenwörterbuch). Man kann ›sein Gedächtnis anstrengen‹, auf seine Sprachkenntnisse ›reflektieren‹ und dabei mehr oder weniger systematisierte heuristische Methoden verwenden. Auch im rein ›passiven‹ Falle bleibt die kriteriengemäße Beurteilung des ›Einfalls‹ oder Vorschlags eine eigene Leistung, die als solche für den Nachweis eines sprachfreien Denkens genügen könnte. Und daß man beim ›Suchen‹ nach angemessenen Ausdrücken, anders als bei der Suche verlorener oder verlegter Gegenstände, keine genaue Vorstellung von ihnen haben kann, trifft zwar zu, zeigt aber nur, daß das gewählte Such-Modell modifiziert werden muß: etwa im Sinne der Suche nach einem (unter vielen verschiedenartigen) passenden Schlüssel für ein Schloß oder der Suche nach einem brauchbar geformten

minds which is not as yet symbolized at all; a *symbolizandum* which is not yet a *symbolizatum,* something which is present to the mind, for the time being, asymbolically.« (Price 1953, a.a.O., 309) Für die kriteriengeleitete Suche vgl. auch die in Anm. 355 (S. 332) zitierte Bemerkung von James, für die Fähigkeit zur Beurteilung sprachlicher Formulierungen nach einem sprachfreien Kriterium die Bemerkung von Buyssens (1954, a.a.O., 158): »That which compares cannot be the same thing as that which is compared: we must then assume the existence of a faculty of judging our own language, of choosing between different meanings; this leads us to the inevitable conclusion that this faculty cannot be dependent on language: we think without words.«

Ast, der (beim Kampieren im Freien z. B. oder bei einer Autopanne) ein fehlendes Spezialwerkzeug ersetzen kann.

Jetzt beschränkt sich die ›Vorstellung vom Gesuchten‹ auf seine *Funktion*, während der Funktions*träger* weitgehend unbestimmt bleibt. Die Idee des Vertreters der Unabhängigkeit ist dabei, angewandt auf die Ausdruckssuche, ungefähr die: der Sprecher hat den ›Gedanken‹, den er zum Ausdruck bringen will, zuerst ›gefaßt‹; vor Augen hat er (bzw. bemüht sich darum) den relevanten semantischen Möglichkeitsspielraum der Sprache, mit dem ihm Ausdrücke und Bedeutung zugleich gegeben sind; und nun geht er – planmäßig oder ›wie sie ihm aufstoßen‹ – verschiedene mögliche Formulierungen durch und bewertet sie nach dem Kriterium der Übereinstimmung der ›Bedeutungen‹ mit dem ›Gedanken‹. Diese Idee ist uns aus unserer Diskussion des Bedeutungserfassens vor der Äußerung (S. 326 ff.) schon vertraut. Dort fiel es uns leicht, sie als Unabhängigkeitsargument zurückzuweisen, weil die Annahme eines vorausgehenden Suchens und Auswählens beim gewöhnlichen Sprechen wenig plausibel ist und als positive Evidenz nur die unspezifizierte ›Sprechintention‹ zur Verfügung steht. Jetzt ist die Sachlage komplizierter, da Suche und Wahl direkt erlebt werden und als solche das vorsprachliche Denken implizieren sollen. Gleichwohl bleiben auch hier entscheidende Lücken.

Die unspezifizierte Fähigkeit zum Verwerfen und Annehmen vorliegender Formulierungen beweist wenig. Nicht einmal *daß* sie eine intelligente Leistung enthält, ist sicher, denn es könnte sich schließlich um rein mechanische Korrelationsleistungen handeln. (Die Serie der Schlüssel ›passiert‹ und der passende ›schnappt automatisch ein‹.) Zudem hat *diese* Leistung, auch wenn ihr eigener Intelligenzcharakter sicher sein sollte, mit den *uns* interessierenden vorsprachlichen Denkleistungen wenig zu tun, da sie in allen Fällen die gleiche wäre. Erst die je unterschiedlichen ›Gedanken‹, die als Kriterien fungieren, geben der Bewertungsleistung den Sinn, den sie im Rahmen des Argumentes haben muß, und nur im Hinblick auf sie ist auch die Annahme der Vorsprachlichkeit sinnvoll, denn auf der gegenüberliegenden Seite hat der Bewertende es ja (nach jener Vorstellung) mit durchaus ›sprachlichen‹ Elementen zu tun, sc. den ›Bedeutungen‹ sprachlicher Ausdrücke. Den Teil des Argumentes, der sich auf die Bewertungsleistung speziell bezieht, können wir also streichen und uns von vornherein auf die unterstellten ›gedanklichen‹ Kriterien konzentrieren.

Ist es erwiesen, daß unser ›Suchen‹ und ›Finden‹ *überhaupt* auf der Verwendung eines ›Kriteriums‹ beruht? Ein Indiz dafür, daß es zumindest nicht immer so ist, ist die Tatsache, daß wir uns bei der Bewertung unsicher sein können. Fraglos kann dies zum Teil der bestehenden Unklarheit über die durch unsere Ausdrücke jeweils erfaßten Bedeutungsnuancen zugeschrieben werden, aber ein guter anderer Teil trifft die als Kriterien benutzten ›Gedanken‹ (wenn wir die einmal unterstellen) selbst. Genauer gesagt, wenn wir uns anfänglich darüber im unklaren sind, ob unsere Sprache einen geeigneten Ausdruck enthält oder wenn wir nur das Gefühl haben, daß es ihn ›eigentlich geben müßte‹, liegen die Zweifel selten *allein* bei der Angemessenheit der herangezogenen Ausdrücke, sondern weit häufiger *auch* bei der unseres bislang geleisteten Denkens. (Es ist nicht immer Gedanken*fülle*, was uns suchen läßt.) Und beim Finden tritt diese Doppelgesichtigkeit gleichfalls zutage. Nicht nur, daß, wie erwähnt, mit dem Finden ein Gefühl der ›gedanklichen Klärung‹ einhergehen kann. Auch wenn es nicht vorliegt, haben wir in der Regel *nur* so etwas wie ein ›Gefühl der Angemessenheit‹ an unser Vorhaben, nicht aber das im Argument unterstellte ›Bewußtsein der Übereinstimmung von Bedeutung und Gedanke‹. Hier fällt die Klärung der Formulierung mit der Klärung unserer Gedanken zusammen. Der berechtigten Schillerschen Klage steht, um bei literarischen Autoritäten zu bleiben, die nicht minder berechtigte Feststellung Kleists von der »allmählichen Verfertigung unserer Gedanken beim Reden« gegenüber.

Das was wir sagen *wollen*, erkennen wir nämlich, zumindest in einer klaren Form, erst im Zusammenhang mit dem, was wir – ›innerlich‹ oder äußerlich – faktisch *sagen:* eine Tatsache, die bei der weitgehenden faktischen Koextensivität von Sprache und Denken freilich kaum überraschen sollte und eben deswegen auch den Vertreter der Unabhängigkeit noch nicht zu beunruhigen braucht.

Daß *alle* Ausdrucksschwierigkeiten nach dem Schema der ›allmählichen Verfertigung‹ erklärt bzw. im Hinblick auf das bei *bloßen* Ausdrucksproblemen vorausgesetzte ›gedankliche‹ Kriterium ›wegerklärt‹ werden können, ist ohnehin wenig wahrscheinlich, auch wenn eine solche Verallgemeinerung bei der Vielzahl der zutreffenden Fälle naheliegt und gelegentlich nahegelegt wurde.[371] (Schiller wird durch Kleist zwar ergänzt, aber nicht widerlegt.) Es gibt Fälle, in denen wir offenbar über *mehr* verfügen als über eine vage Idee, die im Maße ihrer ›Versprachlichung‹ selbst klarere ›gedankliche‹ Formen annimmt. Wenn uns ein Wort ›auf der Zunge liegt‹, das wir als den in unserer Sprache bereitliegenden kürzesten und prägnantesten Ausdruck für unsere Zwecke suchen und das uns zur Zeit nicht einfällt,[372] wenn uns ein solcher prägnanter Ausdruck für etwas, was wir umständlicher schon beschreiben können, bislang unbekannt ist, oder wenn wir nach einer treffenden Metapher oder Quasimetapher für eine in unserer Sprache anders nicht ausdrückbare Bedeutungsnuance Ausschau halten, geht der erreichte ›Inhalt‹ über die noch zu erreichende Formulierung offensichtlich hinaus. Und wenn etwas absolut ›Neues‹ errungen wurde, das mit den vorliegenden Mitteln (auch metaphorisch) nicht ausdrückbar ist, sondern eine Bedeutungsmodifikation oder die Einführung eines neuen Ausdrucks verlangt, ist die anfängliche Diskrepanz zwischen ›Inhalt‹ und Ausdruck noch deutlicher. An unserer diesbezüglichen Erfahrung ist also, wenn man sich phänomenal für sie offenhält, kaum zu zweifeln. Die entscheidende Frage ist, von welcher Art und von welchem *Umfang* das in ihr enthaltene ›inhaltliche‹ Mehr‹ ist und ob die

371 Vgl. Wittgenstein 1953, a.a.O., § 335 mit der erklärenden Fortführung in §§ 336-338 und S. 530 f.; allerdings ist der genaue diesbezügliche Anspruch aus dem Text nicht eindeutig zu ersehen.

372 Wittgenstein, der (wie schon im Falle von ›Ich habe Schmerzen‹, S. 126 f., Anm. 125) die ›performative‹ Funktion des situativ verwendeten Satzes ›Mir liegt das Wort auf der Zunge‹ hervorhebt und, getreu seiner logisch-behavioristischen Grundtendenz, seine Bedeutung ganz darauf reduzieren möchte, legt uns nahe zu glauben, daß es auf das, was bei diesem Satz »in unserem Bewußtsein vorgeht«, »gar nicht ankommt« (vgl. 1953, a.a.O., S. 531). Aber mit dieser Verallgemeinerung *eines* Bedeutungsaspektes werden von vorneherein die ›phänomenalen Scheuklappen‹ heruntergelassen, die uns die angemessene Bewertung der verfügbaren Evidenzen verstellen. Von der polemischen Frontstellung gegen die unterstellte ›Privatheit‹ (»Das genaue Achtgeben nützt mir nichts. Es könnte doch nur entdecken, was *jetzt* in *mir* vorgeht.«) können wir ohnehin absehen (S. 129). Die entscheidenden Fragen sind nur, *ob* es charakteristische Erlebnisse des ›Auf-der-Zunge-Liegens‹ von Ausdrücken gibt (was offenkundig sein dürfte und auch von Wittgenstein nicht bestritten wird), was sie *beinhalten* und welche *Schlußfolgerungen* sich für das sprachfreie Denken aus ihnen ziehen lassen. Daß solche Rückschlüsse problematisch sind, wird sich sogleich ergeben – freilich *auf Grund* einer genaueren Überprüfung der vom Verfechter der Unabhängigkeitsthese herangezogenen ›introspektiven‹ Evidenzen, nicht durch einfache phänomenale Ausblendung.

verfügbaren Evidenzen ausreichen, um es als *sprachfrei* zu erweisen.

Was das erste angeht, so genügt als Einwand der Hinweis auf die begrifflichen und methodischen Probleme, die sich beim ›introspektiven‹ und noch stärker beim neurophysiologischen Nachweis nichtsprachlicher Denkleistungen ergeben und die bislang unlösbar sind. Auch wenn wir jetzt, anders als beim Rekurs auf die bloße ›Sprechintention‹, kaum noch von völliger ›inhaltlicher Unbestimmtheit‹ reden können, bleiben die ›Inhalte‹ selbst und der Grad ihres Hinausgehens über bzw. ihrer Entsprechung zu den von Anfang an mitbeteiligten bzw. später erreichten sprachlichen Formulierungen unklar, so daß zumindest eine spezifizierte Fassung der These, genau genommen sogar ihre Fassung als These über vorausgehende *Denk*leistungen überhaupt, unmöglich wird.

Aber sehen wir davon als einem *alle* bisherigen Unabhängigkeitsargumente in gleicher Weise betreffenden Problem ab. Nehmen wir an, wir verfügten über hinreichend spezifizierte mentale oder neurophysiologischen Kriterien und hätten eine bestimmte Anzahl von Denkleistungen, die mit korrespondierenden Sprachleistungen nicht koextensiv sind, sichergestellt. Ist damit auch ihre Sprachfreiheit sicher? Wenn wir von absolut ›Neuem‹ erst einmal absehen und nur solche ›Inhalte‹ berücksichtigen, die in den Möglichkeitsspielraum unserer Sprache fallen (gleichgültig ob sie von irgend jemandem realisiert wurden oder nicht), müssen wir feststellen, daß es auch hier, *trotz* des ex hypothesi vorliegenden sprachfreien Denkens und seiner nachfolgenden Formulierung, so etwas wie den bewußten Vergleich von ›Denkinhalt‹ und ›Sprachbedeutung‹ und die bewußte Erkenntnis ihrer bestehenden ›Übereinstimmung‹ nicht gibt: *erleben* tun wir dies offenbar *nie*.

Natürlich könnte man, um das Modell des kriteriengeleiteten Suchens und Findens zu retten, auf unterbewußte Vorgänge rekurrieren. Aber ganz davon abgesehen, daß diese vorerst nicht positiv nachweisbar sind und die Beweislast zweifellos beim Verfechter liegt, gibt es auch eine andere, näherliegende Erklärung für unsere Beobachtung. Wir können annehmen, daß solche Leistungen deshalb nicht nötig sind, weil der ›Denkinhalt‹, auch wenn er zum ersten Male als solcher erfaßt sein sollte, nichts anderes *ist* als eine mit unserer Sprache bereitgestellte ›Bedeutung‹, über die jeder Denkende, der diese Sprache beherrscht, potentiell schon verfügt. Ihre *nachträgliche* faktische Ausdrucksunabhängigkeit schließt ihre *parasitäre* Bindung an gleichzeitig oder früher vorhandene sprachliche Fähigkeiten nicht aus (S. 106 f.), und Sprachfähigkeit ist in unseren Beispielen immer gegeben. Wer etwas metaphorisch oder quasimetaphorisch Beschreibbares ›errungen‹ hat, kennt ja die zu verwendenden Teilausdrücke oder kannte sie jedenfalls früher. Wem das Wort für einen ›erfaßten Inhalt‹ ›auf der Zunge liegt‹, demonstriert gerade dadurch den engen Zusammenhang seiner ausdrucksfreien Denkleistung mit seiner Sprachfähigkeit. Und wer nach einem prägnanten Ausdruck für etwas sucht, das er weniger prägnant schon umschreiben kann, *verwendet* schließlich sprachliche Ausdrücke, die, wenn nicht die aktuelle Sprachlichkeit seiner Leistung überhaupt, so doch zumindest seine Sprachfähigkeit unter Beweis stellen. Von Sprachunabhängigkeit kann also auch unter der günstigsten (hypothetischen) Annahme ›inhaltlich‹ spezifizierbarer Denkleistungen ohne gleichzeitige Ausdrucksverwendung während der Such-Phase nicht die Rede sein.

f) Bedeutungswandel und Neueinführung sprachlicher Ausdrücke

Gewicht erhält diese Annahme allenfalls mit Bezug auf absolut ›Neues‹. Wie erwähnt (S. 349 f.) ist das Unabhängigkeitsargument auf die Annahme grundsätzlicher Unausdrückbarkeit in der betroffenen oder irgendeiner anderen Sprache nicht angewiesen, und wir haben bereits zwei Möglichkeiten erwähnt, wie das ›Neue‹ nachträglich in die Sprache eingehen könnte: Bedeutungswandel vorhandener und Einführung neuer, allenfalls etymologisch an die vorhandenen anknüpfender Ausdrücke. Beide Möglichkeiten bilden den Ansatzpunkt für zwei weitere Unabhängigkeitsargumente, die das Fehlen geeigneter Ausdrücke angehen und die nun, wo ihr größerer argumentativer Kontext geklärt ist, relativ leicht überprüft werden können. Beginnen wir mit dem zweiten.

Daß beim Bedeutungswandel (abgesehen von bloßer Sprachenmischung) ein ›Überschreiten‹ der Sprache erfolgt, daß sich der einzelne Sprecher temporär von ihr befreien und ihr das eigen ›Errungene‹ wieder ›hinzufügen‹ muß, teilweise gegen den Widerstand des bestehenden Sprachgebrauchs, hatte bekanntlich schon Humboldt behauptet und seine These damit sachlich auf relativen

Spracheinfluß eingeschränkt (vgl. S. 60 f. u. 80 f.). Der dezidierte Verfechter der Unabhängigkeit geht auch hier einen Schritt weiter und versucht, die für den Gegner negativen Evidenzen positiv für die eigene These zu nutzen. Wenn es möglich ist, daß ein Ausdruck seine Bedeutung verändert, erweitert oder vertauscht, muß es dann nicht auch möglich sein, den ›Gedanken‹ vom Ausdruck zu lösen bzw. ihn vor seiner Verbindung mit ihm ausdrucksfrei zu erfassen? Da aber der Bedeutungswandel sowohl bei längerfristiger diachronischer Sprachbetrachtung wie auch beim Blick auf sprachschöpferische Individuen unbestreitbar ist, haben wir, wie es scheint, mit der Existenz von sprachfreiem Denken zu rechnen.[373] Das ›Überschreiten‹ des traditionellen Sprachsystems und die temporäre Befreiung des Einzelnen lassen sich kaum bestreiten. Eine starke These im Sinne der Bindung der Sprecher an *einzelne* Sprachen (vgl. S. 140) würde implausible Zusatzannahmen über die ›reine Systembedingtheit‹ des diachronischen Wandels und die völlige Irrelevanz des Individuums erfordern, so daß das Unabhängigkeitsargument hier als durchschlagend gelten kann. Ob es allerdings ausreicht, auch eine weniger starke Version, speziell die Bindung an die Verwendung von Zeichen *im allgemeinen*, zu widerlegen und die Unabhängigkeit einzelner Denkleistungen zu begründen, ist zweifelhaft.

Von einem Nachweis spezifischer nichtsprachlicher Intelligenzleistungen kann natürlich auch hier (aus den bekannten Gründen) nicht die Rede sein, doch könnte man darauf notfalls verzichten und sagen, es handle sich eben um *jene* (wie immer zu spezifizierende) Leistung des Denkens, die *vor* oder *nach* der sprachfreien ›Wandlungsphase‹ faktisch *mit* dem betroffenen Ausdruck verbunden ist. Aber gibt es überhaupt eine solche Phase und ist sie, wenn als solche nicht nachweisbar, notwendig im Faktum des Sprachwandels impliziert? Wenn eine Bedeutung oder ein Bedeutungsaspekt eines Ausdrucks *verloren* geht, wie es vor allem bei längerfristiger diachronischer Betrachtung zu beobachten ist, ist der ›Wandel‹ grundsätzlich für uns uninteressant. Tritt aber ein *anderer* Ausdruck an die Stelle des ersten, wandert etwa das mhd. ›frouwe‹ im nhd. ›hinunter‹ in den Bereich des mhd. ›wîp‹, wird ›Droschke‹ durch ›Taxi‹, ›Backfisch‹ durch ›Teenager‹ verdrängt,

373 Vgl. Buyssens 1954, a.a.O., 159, und die in diese Richtung gehenden Äußerungen von Herder (S. 40, Anm. 24) und Humboldt (S. 61. 80 f.).

oder ersetzt ein national gesonnener Sprachreformator ›Computer‹ durchweg durch ›Rechner‹ oder ›Pullover‹ durch einen geeigneten deutschen Ausdruck, liegt nur ein innersprachliches Analogon zur zwischensprachlichen Übersetzung vor, von der wir bereits gesehen haben (S. 327 ff.), daß sie zum Schluß auf die Unabhängigkeit nicht berechtigt: man muß nicht erst die Bedeutung vom Ausdruck ›ablösen‹ und anschließend wieder ›hinzufügen‹, sondern kann einen Ausdruck direkt durch einen andern ersetzen bzw. – historisch wahrscheinlicher – den neuen Ausdruck zunächst neben dem alten verwenden und diesen anschließend fallen lassen (vgl. S. 210 f.). Und selbst wenn wir mit zeitweiliger ›Ablösung‹ rechnen müßten, wäre dies (wie erwähnt, S. 358 f.) nur ein Beweis für die *nachträgliche* ausdrucksfreie Verwendung, nicht für die grundsätzliche Unabhängigkeit auch von vorausgehenden oder noch vorhandenen sprachlichen Fähigkeiten.

Nur wenn der Wandel auf der Einführung einer *neuen* Bedeutung oder eines *neuen* Bedeutungsaspektes beruht, könnte die Annahme eines sprachunabhängigen ›Erfassens‹ des betreffenden ›Inhalts‹ plausibel werden, freilich auch dies nur mit der Voraussetzung, daß etwas *absolut* ›Neues‹ ›errungen‹ wurde und daß der später herangezogene sprachliche Ausdruck oder ein anderer daran noch nicht beteiligt war, d. h. daß die ›Versprachlichung‹ der betreffenden Denkleistung eindeutig *nachfolgt*. *Impliziert* im Faktum des Sprachwandels ist das ganz sicher nicht. (Der Wandel kann sich im Rahmen des schon bestehenden semantischen Möglichkeitsspielraums halten, und es wäre, selbst wenn er ihn überschritte, gut denkbar, daß dies nur in Verbindung mit zeichenhaft verwendeten Ausdrücken möglich ist.[374]) Es müßte *gezeigt* werden. Und wenn das in der gewünschten Weise gelingt, dann haben wir es offensichtlich mit einer Situation zu tun, in der das Faktum des Sprach*wandels* (im Sinne einer Veränderung der Bedeutungen vorliegender Ausdrücke) zweitrangig ist, denn der oder die Denkenden könnten ihre ›errungenen Gedanken‹ dann ebensogut durch *neue* Ausdrücke in die Sprache einführen. Soweit es nach den vorausgehenden Überlegungen überhaupt noch Beweiskraft besitzt, fällt das erste der auf das ›absolut neue‹ Denken bezogenen Unabhängigkeitsargumente mit dem zweiten zusammen, so daß wir sie jetzt gemeinsam behandeln können.

374 Vgl. dazu die entsprechende Kritik an Buyssens von Schaff 1964, a.a.O. [S. 202, Anm. 202], 132.

Was der Vertreter der Unabhängigkeit zum Beweis seiner These benötigt, sind Beispiele dafür, daß in einem ersten Schritt denkend ›Neues errungen‹ wird, was in einem zweiten Eingang in unsere Sprache findet. Einschlägige Fälle liegen nicht fern, wobei es für unsere Zwecke genügen mag, vier markante Typen hervorzuheben:

1. Der nächstliegende und quantitativ wohl auch bedeutendste sind Klassifikationen raumzeitlicher Gegenstände nach einem bislang unbekannten und (vom Klassifizierenden oder der von ihm beherrschten Sprache) bislang unbenannten sinnlichen Merkmal, das offenbar zunächst als solches erfaßt sein muß, ehe es, wenn überhaupt, einen sprachlichen Ausdruck erhält. Das gilt für alle Sinnesbereiche. Bei einem Spaziergang entdeckt der aufmerksame Beobachter Typen von Büschen und Bäumen, deren umgangssprachliche (geschweige denn wissenschaftlich-botanische) Namen er nicht kennt,[375] ebenso die zahlreicher anderer von ihm differenzierter Naturphänomene: Blattformen, Blumen, Gräser, Pilzen, Vögel, Insekten, Steinen, Gelände- oder Wolkenformen. Ähnlich geht es dem Laien beim Blick in das Ersatzteilelager einer Auto- oder Radio-Reparaturwerkstätte, beim Durchblättern eines Tapetenbuchs oder beim Betrachten der Kollektion eines größeren Glas- und Porzellanwarenfachgeschäftes. Die Bezeichnungen, die der Fachmann verwendet und die er von diesem, wenn es ihm darauf ankommt, erfragen kann, kennt er nicht, wohl aber unterscheidet er die verschiedenen Arten nach ihrer Farbe, Größe und Form. Die Versuchspersonen in herkömmlichen nichtsprachlichen Sortiertests werden sogar zur Unterscheidung von optischen Mustern gezwungen, für die auch der ›Fachmann‹ keine eigenen Namen kennt (Anm. 330). Nicht anders verhält es sich bei akustischen Merkmalen. Ein zehnjähriger Junge kann einen perlenden Mercedes-Diesel mühelos am Geräusch von einem rund laufenden Opel unterscheiden, ohne daß ihm bislang etwas über Benzin- und Dieselmotoren erzählt wurde, und wer den mehrfach verwendeten, charakteristischen neapolitanischen Sextakkord im zweiten Satz von Mozarts frühem Es-Dur-Klavierkonzert beim Orchestereinsatz nach der Kadenz wiedererkennt, braucht dazu keine formulierbaren musiktheoretischen Kenntnisse. Desgleichen können wir ein uns unbekanntes Gewürz in Speisen oder die charakteristische, unnennbare Blume eines Weines am Geschmack bzw. Duft erkennen und vorgelegte Proben nach ihnen klassifizieren. Und natürlich besteht diese Fähigkeit auch mit Bezug auf Tastqualitäten, an denen wir Gegenstände im Dunkeln erkennen. Der Vertreter der Unabhängigkeit würde in all diesen (und denkbaren ähnlichen) Fällen von der Bildung bzw. Anwendung neuer ›Begriffe‹ sprechen, die der ›Versprachlichung‹, sofern diese überhaupt noch erfolgt, deutlich vorausgehen.

375 Price (1953), a.a.O., 37. 53 f.

2. So wie wir vorliegende sinnliche Muster selbständig und (offenbar) sprachfrei *erkennen* können, so können wir sie – in den Grenzen unserer Phantasie und unserer diesbezüglichen handwerklichen Fertigkeiten – auch für uns *konstruieren*. Der Psychologe, der einen nichtsprachlichen Test sucht, bei dem früheres Training weitgehend ausgeschlossen ist, denkt sich neue, in der Natur und im alltäglichen Leben nicht vorkommende (und natürlich auch sprachlich nicht eigens benannte) Figuren aus, die er anschließend sprachlich benennen oder einfach durch zugeordnete Zahlen für sich unterscheiden kann. Pascal konstruierte eine neue geometrische Figur zunächst mit Zirkel und Lineal, ehe er sie unter dem Namen ›Limacon‹ in die Geometrie einführte.[376] Ein Designer entwirft einen neuen Stuhl oder ein neues Radiogehäuse, für deren charakteristische Formen es ebenfalls keinen eigenen Ausdruck gibt und die dann anschließend mit irgendeinem werbewirksamen, auf das Gesamtprodukt bezogenen Phantasienamen belegt werden.[377] Tizian verwendete einen nachträglich nach ihm benannten charakteristischen Rotton und die neapolitanische Musikerschule erfand (nehmen wir an) den unter ihrem Namen in die Musiktheorie eingegangenen Sextakkord. M.C. Escher schließlich kam in einer ingeniösen Lithographie selbst dem Erfindungsreichtum der Natur zu Hilfe, indem er ein (nachfolgend von ihm als solches bezeichnetes) »Krempeltierchen« entwarf, das sich auf unebenen Flächen und Treppen mit sechs Beinen fortbewegt, auf ebenen Flächen aber zum Rad zusammenrollt und so, unter Benutzung der Beine zum Abstoßen, bedeutend schneller vorankommt als die in dieser Beziehung weit weniger gut ›angepaßten‹ Wesen unserer faktischen Stammesgeschichte. Man kann die Beispiele leicht vermehren und sehen, in welche Richtungen weiterzugehen wäre. Offenbar haben wir es auch hier mit Fällen zu tun, in denen das Denken seiner (etwaigen) ›Versprachlichung‹ merklich vorausgeht.

3. Es müssen nicht ausschließlich einfache oder komplexe, zur elementaren Kategorisierung verwendete *Eigenschaften* von Gegenständen sein, die selbständig und (offenbar) sprachfrei erkannt oder konstruiert werden. Auch die Entdeckung und Herstellung von neuen *Zusammenhängen* liefert einschlägige Beispiele. Wenn ein Affe nach einigem ›Überlegen‹ entdeckt, daß zwei zusammengesteckte Hölzer einen Stab ergeben, der lang genug ist, um mit ihm eine außerhalb des Käfigs liegende Banane zu sich heranzuziehen, geschieht dies (sollte man denken) ohne jede Ausdrucksverwendung. Ebenso dürfte der Autofahrer, der bei einer erzwungenen, improvisierten Reparatur im Freien nach einem passenden Werkzeug sucht, das den ihn behindernden Benzinschlauch zur Seite biegt, und der schließlich auf einen entsprechend geformten Ast zurückgreift, dabei, wenn, dann doch wohl etwas ganz anderes halblaut oder still vor sich hinmurmeln als Sätze wie ›Ich brauche einen. . .‹ oder ›Dieser Ast gibt

376 Van der Waerden 1954, a.a.O., 165 f.
377 Vgl. Buyssens 1954, a.a.O., 160.

einen guten Benzinschlauchhalter‹, auch wenn er später den hilfreichen Ast (für alle Fälle) im Kofferraum mitführen und für sich oder einem erstaunten Mitfahrer gegenüber als seinen ›Bezinschlauchhalter‹ ansprechen kann. Ähnlich verhält es sich, wenn unter zahlreichen anderen ein bestimmter Stein als das fehlende Stück in einem Puzzle-Muster erkannt wird, oder wenn ein Schachspieler plötzlich bemerkt, daß seiner Dame von einem gegnerischen Pferd Gefahr droht. Der gleiche Schachspieler könnte solche Zusammenhänge auch in Gedanken antizipieren oder sich frei von jeder konkreten Spielsituation eine bestimmte Zugfolge ausdenken, die er anschließend als Variante einer bekannten und schon benannten Zugfolge anspricht (womit er die Bedeutung des vorliegenden Terminus ausweitet) oder die er mit einem eigenen Namen belegt. Auch derjenige, der das nichtsprachliche Äquivalent eines syntaktisch reduzierten logischen Systems beherrscht, ein musikalisches Spiel oder Glasperlenspiel z. B. (vgl. S. 151 und 155), kann, ohne permanent vor sich hinreden zu müssen, regelkonforme Zusammenhänge entdecken, die bislang unbenannt und erst nachträglich zu benennen sind, so daß, könnte davon nach der vollzogenen Reduktion überhaupt noch sinnvoll die Rede sein, die von ihm entwickelten ›Beweise‹ und ›Argumente‹ als sprachunabhängig zu gelten hätten.

4. Auch unabhängig von ihrer reduktionistischen Auffassung ist die Ausarbeitung von Argumenten, zusammen mit anderen produktiven Sprachleistungen, als Beleg für ein vorsprachliches ›denkerisches Erringen von Neuem‹ zitiert worden. So bemerkt Price im Kontext seines (S. 321, Anm. 344 erwähnten) Unabhängigkeitsargumentes im Rückgang auf Sprachverkürzungen: »when we do a new piece of thinking, as we all do on occasion, we certainly do not use full dress symbols, completely formulated sentences and paragraphs. We use them then least of all. The full dress stage, of complete verbal formulation [. . .] comes later, if it ever does come. When one is doing the real *work* of thinking, thinking out an argument for the first time or actually composing a complicated narrative, one is then farthest of all from full dress symbolization« (1953, a.a.O., 307). Und entspricht dies nicht in der Tat der Erfahrung von ›Dichtern und Denkern‹, die sich um ›Neues‹ bemühen? Muß nicht der Philosoph oder Wissenschaftler, der einem unscharfen, gebräuchlichen Ausdruck einen prägnanten Sinn geben oder einen entsprechenden Kunstausdruck für ihn einführen will, diesen Sinn *zuvor* sprachfrei ›erfaßt‹ haben? Hat nicht der Schriftsteller die Szenerie seines Romans gewöhnlich ›vor Augen‹, *bevor* er den ersten Satz zu Papier bringt? Mörikes Traumland »Orplid« z. B. und die es bevölkernden Götter und Menschen dürften zunächst imaginativ entwickelt worden sein und ihre Namen und sprachlichen Attribute später, in Form einer ›Beschreibung‹ in sich sprachfreier Vorstellungen, erhalten haben. So jedenfalls ließe sich die Idee des ›sprachunabhängig errungenen Neuen‹ auch für komplexere, formuliert vorliegende ›Denkinhalte‹ plausibel machen.

Läßt sich die Unabhängigkeitsthese dadurch begründen? Nun, offenbar haben wir Fälle vor uns, in denen, wie es gefordert war, in einem ersten Schritt ›Neues errungen‹ wird, das, wenn überhaupt, dann erst in einem zweiten sprachlichen Ausdruck findet. Einzelne Beispiele sind diskutabel. Denkbar wäre z. B., daß der klangvolle Phantasiename ›Orplid‹ der Entwicklung der Phantasievorstellungen vorausging, und auf deren spätere feinere Ausgestaltung trifft dies sicher auch faktisch zu. Gleichwohl bleiben genügend eindeutige Fälle, auf die der Beweisanspruch notfalls beschränkt werden könnte, so daß der Gegner wenig Ansatzpunkte für ernsthafte Einwände findet. Nicht bei der Schrittfolge selbst kann er sinnvollerweise ansetzen, wohl aber bei zwei fundamentalen Voraussetzungen für ihre argumentative Verwendung. *Welche* in einem zweiten Schritt zu benennenden neuen ›gedanklichen Inhalte‹ werden mit *welchen* Leistungen in einem ersten ›errungen‹ und wie weit sind die hierfür erforderten Denkleistungen wirklich *sprachfrei*? Nur wenn beide Fragen positiv (im Sinne der Unabhängigkeitsthese) beantwortet werden, führt der Beweis zum Ziel.

Die begrifflichen Schwierigkeiten der ersten springen sofort ins Auge. Wir haben gesehen (S. 305 ff.), wie irreführend die undifferenzierte Rede von der ›Begriffsbildung‹ und vom ›begrifflichen Denken‹ sein kann, und von den dort kritisierten psychologischen Experimenten unterscheidet sich unsere erste Beispielgruppe kaum. Daß den geforderten Klassifikationen *mehr* zugrundeliegt als vergleichsweise einfache qualitative Diskriminationsleistungen, ist zumindest nicht selbstverständlich. Zur akustischen Unterscheidung von Motorengeräuschen sind ja außer zehnjährigen Jungen (u. a.) auch Hunde fähig und diese sogar in einem noch höheren Ausmaß, da sie nicht nur verschiedene Auto*typen*, sondern innerhalb eines Typs einen *bestimmten* Wagen, sc. den ihres Herrn, heraushören können. Zudem sind einige der betroffenen Leistungen schon durch ihre Beteiligung an der elementaren Ausdrucksidentifikation als sprachunabhängig erwiesen (S. 150). Bevor wir nicht näher bestimmen können, welche Arten des Denkens in unseren Beispielen involviert sind, fehlt dem Beweis die erforderliche Prägnanz.

Aber lassen wir diese allgemeinen Probleme beiseite. *Daß* intelligente Leistungen enthalten sind, dürfte wohl außer Frage stehen, und auch *weniger* hochstufige unter ihnen würden die

Unabhängigkeitsthese, wenngleich in bescheidenerer Form, etablieren können, *falls* ihre Sprachfreiheit feststeht. Freilich, ist dies gegeben? Ist die Sprache tatsächlich am ersten Schritt unbeteiligt? Die entscheidende Frage lautet, ob das ›errungene Neue‹ *absolut* neu ist oder ob es sich – abgesehen vom neuen Namen – nur auf die neue *Kombination* von ›Versatzstücken‹ reduziert, die im faktischen, möglicherweise sogar notwendigen Zusammenhang mit der Sprache gewonnen wurden und die späteren Kombinationen, wo nicht aktuell, so doch ihrer Fähigkeit nach beeinflussen. Vor allem unsere vierte Beispielgruppe ist hier problematisch. Price selbst stellt sein Argument bezeichnenderweise in den Zusammenhang mit den Sprachverkürzungen, rechnet mit fragmentarischem Sprachgebrauch auch in der ersten Phase und ist somit grundsätzlich ungeschützt gegen die obigen Einwände (S. 321 ff.). Speziellere Bedenken kommen hinzu. So günstig wie das ›Orplid‹-Beispiel, bei dem nichtsprachliche Imaginationen der ›Versprachlichung‹ anscheinend vorausgehen, sind nicht alle Fälle. Neue ›Gedanken‹ von höherer Abstraktheit lassen sich, wenn wir uns nicht von der traditionellen Tendenz zur Subsumtion unter den unspezifizierten Begriff der ›Vorstellung‹ irreleiten lassen (vgl. S. 134), schwerlich auf vorsprachliche Imaginationen zurückführen. Neue oder inhaltlich präzisierte philosophische oder wissenschaftliche Termini werden entweder definitorisch eingeführt oder an Hand von Beispielen, beidemal aber unter Verwendung erklärender *anderer Ausdrücke*, und ein nicht so verfahrender Philosoph oder Wissenschaftler könnte wohl kaum auf Verständnis rechnen. Das ›Neue‹ liegt vornehmlich in der Nutzung *gegebener* semantischer Möglichkeiten, und wo es bestehende Grenzen *sprengt*, dürfte es kaum den Rahmen einer ›allmählichen Verfertigung der Gedanken beim Reden‹ verlassen.

Und wie steht es in dieser Hinsicht denn mit den günstigen Fällen selbst? Daß Mörike jenes Phantasieland in seiner *Gänze* – geographische Einzelheiten, Personen und Ereignisse eingeschlossen – imaginativ ›vor Augen hatte‹, ehe er mit der ›Beschreibung‹ begann, ist nicht nur aus Zeitgründen und im Hinblick auf das beständige ›Eindringen‹ des ›stillen Sprechens‹ (S. 312) unwahrscheinlich, sondern auch faktisch widerlegt durch die Tatsache, daß ›Orplid‹ gemeinsam von Mörike und seinem Freund Ludwig Bauer entwickelt wurde, was kaum ohne Sprache abgegangen sein kann. *Partielle* ›Imaginationen-Beschreibungen‹ werden wir unterstellen dürfen. Doch bringt uns auch dies in der entscheidenden Hinsicht nicht weiter. Denn was hier an ›Neuem‹ ›errungen‹ wurde, hält sich durchweg im Rahmen des sprachlichen Möglichkeitsspielraums: ›Orplid‹ ist eine phantasievolle Konstruktion aus ›Versatzstücken‹ der antiken und der germanischen Mythologie, angelesenen geographischen Kenntnissen und persönlichen Erfahrungen, die in unserer Sprache mühelos zu beschreiben sind. Auch nach Ausschluß der aktuellen Beteiligung sprachlicher Ausdrücke an ihrer Entwicklung wäre darum mit ihrer möglichen Abhängigkeit von vorausgegangenen oder noch vorhandenen sprachlichen Fähigkeiten zu rechnen. Sprachfreiheit ist in den Beispielen unseres vierten Typs offenbar nicht gewährleistet.

Ähnliche Einwände lassen sich aber auch gegen die übrigen Typen erheben, wenngleich nicht durchgängig und nicht überall in der gleichen Weise. Die mögliche aktuelle Beteiligung der Sprache ist dabei die kleinere Schwierigkeit. Natürlich besteht auch hier das Problem ihres *definitiven* Ausschlusses im Hinblick auf unterbewußtes oder sich ›eindrängendes‹ ›stilles‹ Sprechen. Aber einmal kann der Verfechter der Unabhängigkeit die *strategisch* bessere Position für sich beanspruchen. Daß der Köhlersche Affe ›innerlich‹ spricht, davon hätte uns sicher der Gegner zu überzeugen, und wenn es auch prinzipiell denkbar bleibt, daß der neapolitanische Sextakkord auf dem Papier erfunden oder beim ersten Hören sprachlich als ›Sextakkord der verminderten zweiten Stufe‹ bzw. als ›Mollsubdominant-Dreiklang mit der kleinen Sexte anstelle der Quinte‹ identifiziert wurde oder daß Escher sein ›Krempeltierchen‹ nach einer zuvor gegebenen sprachlichen Beschreibung entwarf, so ist dies doch unwahrscheinlich. Zum anderen hat er in vielen Fällen die Möglichkeit, eventuelle beteiligte (aktuelle) Sprachleistungen als *irrelevant* für die neuen Denkleistungen zu erweisen. Gewiß, relevante Fälle sind denkbar. *Wenn* ein Akkord theoretisch entworfen wird oder ein Graphiker nach Beschreibung arbeitet, sind Formulierungen natürlich wesentlich an der Leistung beteiligt. Ebenso *kann* unser Junge bei der akustischen Unterscheidung der Autotypen klassifizierende Ausdrücke wie ›Mercedes-Geräusch‹ oder ›Opel-Geräusch‹ verwenden, obgleich dies (wie das Beispiel des Hundes zeigt) sicher nicht notwendig ist. Auch beim Ertasten von Gegenständen könnte uns deren Name leiten, ohne daß dadurch die Möglichkeit einer Unterscheidung unbekannter Gegenstände nach Tastqualitäten tangiert wird. Und daß beim Schachspielen, Glasperlenspielen o. ä. Sprache aktuell mitbeteiligt sein kann, liegt auf der Hand. Gleichwohl gibt es genügend Fälle, in denen das ›Neue‹ über die (etwa) beteiligten Sprachleistungen offenkundig hinausgeht.

Besonders klar ist das beim klanglichen Identifizieren des neapolitanischen Sextakkordes durch einen musiktheoretisch unvorgebildeten Laien, beim Herausschmecken eines Gewürzes oder beim Wiedererkennen der Weinblume. Hier könnte man nur noch auf Ausdrücke rekurrieren wie ›*diese* harmonische Wendung‹, ›*jener* Duft‹ usw., die sich auf *alle* Düfte und Harmonien anwenden lassen und das *besondere*, sie spezifizierende Merkmal, um das es geht, nicht erfassen.[378] Ähnlich steht es beim Wiedererkennen und Anmischen eines Farbtons, beim Umgang mit neuen Testfiguren, bei der Zusammensetzung von Puzzles mit abstrakten geometrischen Mustern, der Differenzierung von Auto- und Radio-Ersatzteilen, Gläsern und Porzellangerätschaften, oder beim Entdecken neuer Erscheinungen in der Natur. Ein unbekannter Baum z. B. läßt sich als ›Laubbaum mittlerer Größe mit relativ hoch ansetzender, zwischen Herzform und Eiform liegender Krone‹ (o. ä.) ansprechen, ohne daß diese selbst schon recht umständliche Charakterisierung sein spezielles Äußeres, das ihn von ähnlichen Bäumen unterscheidet, adäquat zu erfassen vermag.[379] Andere Beispiele sind nicht ganz so eindeutig, zeigen aber noch immer eine zumindest partielle Irrelevanz der beteiligten Sprache. Ein Designer, der eine neue Gebrauchsform entwirft, kennt natürlich (wie auch der Laie im Ersatzteillager, der Puzzle-Löser usw.) die geometrischen Grundbegriffe und kann sie zur Beschreibung seiner Entwürfe heranziehen, trifft deren Besonder-

378 Weil es sich um eine Spezifikation *innerhalb* des durch den Ausdruck abgedeckten Bereichs handelt, wird man auch kaum an ›semantische Erweiterung‹ (S. 321 ff.) denken können. Wenn man (im Extremfall) einen der Art nach unbekannten aber an charakteristischen Merkmalen von anderen unterschiedenen Gegenstand als ›dieses Ding da‹ anspricht, bedient man sich dieses allgemeinsten Klassifikationsausdrucks ja gerade, *weil* man sich über die Ausdrückbarkeit der speziell zugrunde gelegten Klassifikationsprinzipien, wenn auch vielleicht nur vorübergehend, im unklaren ist.

379 Wem das Baum-Beispiel nicht eindeutig genug ist, mag es mit der differenzierenden Beschreibung von Handschriften oder menschlichen Gesichtern versuchen. Zufall ist es wohl kaum, daß man sich in der Kriminalistik nicht mit schriftlichen Steckbriefen begnügt, sondern Fotos hinzufügt oder ›Phantom-Bilder‹, die von Zeugen nach ihrem visuellen Gedächtnis zusammengestellt wurden.

heiten aber mit ihnen nur unvollkommen und wird in seiner Offenheit für grundsätzlich Neues sicher auch dadurch kaum eingeschränkt, daß am Beginn seiner Arbeit gewöhnlich die formulierte Funktionsvorgabe des Technikers oder die Forderung des Verpackungsfachmannes steht. Gleiches gilt für die geometrische Konstruktion (Pascals ›Limacon‹), welche bekannte Termini und formulierte Problemstellungen voraussetzt,[380] ohne vollständig durch sie bestimmt zu werden, sowie für die Suche des Psychologen nach einer geeigneten Test-Form oder die Suche des improvisierenden Autofahrers nach einem ›Benzinschlauchhalter‹.

Allen Beispielen, den nur eingeschränkt gültigen ebenso wie den eindeutigen, ist gemeinsam, daß die als (aktuell) sprachfrei ins Auge gefaßten Denkleistungen und deren Ergebnisse über den Ausdrucksbereich der betroffenen Sprachleistungen signifikant *hinausgehen,* und zwar nicht nur über den der konkret verwendeten Ausdrücke, sondern auch über den der zugrundegelegten Sprache überhaupt bzw. über den Teil von ihr, den der Denkende jeweils beherrscht. Das ist wesentlich, denn nur dadurch läßt sich die Möglichkeit eines ›semantisch erweiterten‹ Gebrauchs innerhalb der gegebenen sprachlichen Grenzen ausschließen und die auftretenden Sprachleistungen definitiv als irrelevant erweisen. Das ›errungene Neue‹ muß, wie gesagt, nicht nur *neu,* sondern *absolut* (bislang unformulierbar) neu sein, um als Beweis für die Unabhängigkeit dienen zu können. Bislang haben wir das, in der alleinigen Orientierung an denkbaren Ausdrucks-Beteiligungen in unseren Beispielen, unbesehen vorausgesetzt. Doch wie sicher ist diese Voraussetzung? Der definitive Ausschluß beteiligter *aktueller* Sprachleistungen führt hier offenbar auf den Ausschluß beteiligter Sprach*fähigkeiten* zurück, die der Vertreter der Unabhängigkeit ohnehin ausschließen muß, wenn er die Abhängigkeitsthese nicht nur in ihrer stärksten und unplausibelsten, sondern auch in ihren plausibleren schwächeren Versionen widerlegen will. Wie ist seine Beweislage?

Einige Beispiele erweisen sich alsbald als negativ. Zwar dürfte das Eschersche ›Krempeltierchen‹ kaum *nach* einer formulierten Vor-

380 Ohne Anerkenntnis der partiellen Gültigkeit seines Argumentes haben Schaff (1964), a.a.O., 125 ff.) und Gipper (1971, a.a.O., [S. 200, Anm. 199], 21 ff.) dies gegen van der Waerden ins Feld geführt.

gabe entworfen sein, gleichwohl beruht der Entwurf zum guten Teil auf ›Versatzstücken‹, die an natürlichen Tieren zu beobachten sind und für die Ausdrücke in der Sprache *bereitliegen.*[381] Einige Merkmale, wie die in der ›Krempel-Stellung‹ als ›Radnaben‹ herausragenden Stielaugen, sind neu. Aber auch ihre Beschreibung macht keine Mühe und Escher hat selbst eine Beschreibung gegeben. Es bleibt also denkbar, daß seine aktuellen sprachfreien Leistungen indirekt vom ›gedanklichen Gehalt‹ der von ihm beherrschten Sprache(n) abhängen. Ebenso bei den zitierten Spielen. Auch wenn die Spieler *beim* Spielen sicher nicht permanent – ›innerlich‹ oder ›äußerlich‹ – vor sich hinreden, *können* sie ihren geregelten Umgang mit Schachfiguren und Glasperlen sprachlich beschreiben, so daß indirekte Abhängigkeiten möglich sind. In anderen Fällen ist es eine Frage der Interpretation. Der musiktheoretisch Gebildete *kann* den neapolitanischen Sextakkord definieren und von dieser Fähigkeit mitbestimmt sein, wenn er ihn klanglich identifiziert oder beim (offenbar sprachfreien) Improvisieren anschlägt; nur der musiktheoretische Laie bietet ein eindeutiges Beispiel. Und beim Zusammensetzen eines Puzzles kommt es wesentlich darauf an, ob die verwendeten Muster bekannte, sprachlich bezeichnete Bilder und Formen enthalten oder neue, für die es keinen passenden Ausdruck gibt.

Immerhin, unter bestimmten Umständen scheint auch der Möglichkeitsspielraum vorhandener sprachlicher Fähigkeiten eindeutig überschritten und in den obigen Beispielen dürfte dieser Fall immer noch überwiegen. Neue räumliche Formen, wie sie für das Pascal-Beispiel, das des Designers und des konstruierenden Psychologen, die Differenzierung neuer Naturphänomene oder Gebrauchsgegenstände, sowie teilweise auch für die Puzzle-Zusammensetzung und die Suche nach einem Ersatzwerkzeug charakteristisch sind, lassen sich zwar im Prinzip *mathematisch* (mit Hilfe von zeichenhaft verwendeten Ausdrücken) beschreiben, kein durchschnittlicher Sprecher aber ist *dazu* in der Lage, und auch bei einem versierten Mathematiker ist es wohl mehr als unwahrscheinlich, daß seine Identifikation eines seltenen Astes oder extravagant gestalteten Kognakschwenkers in irgendeiner Weise von seiner Fähigkeit, ihre Formen als Kurven darzustellen,

381 Vgl. auch Descartes: Med. I,6

abhängig ist. Umgangssprachlich können die neuen Formen zwar auch (wie erwähnt) mehr oder weniger mühevoll eingegrenzt werden, was in einfachen Fällen für ihre qualitative Differenzierung genügen mag. Sie scheiden als relevante Beispiele aus. Der genauer beobachtende Botaniker oder Zoologe aber, der Graphologe oder der Physiognom werden mit ihren gewöhnlichen Formkategorien bald nicht mehr auskommen, sondern, gestützt weit weniger auf Beschreibungen als auf Zeichnungen und Fotografien, *neue* Ausdrücke für die von ihnen differenzierten Formen einführen oder von vornherein zur exakten mathematischen Darstellung übergehen – beides ersichtlich *nach* der vorausgegangenen optischen Differenzierung!

Andere Sinnesbereiche sind in dieser Beziehung noch eindeutiger. Farbnuancen z. B., zumal wenn außer dem Farbton auch Sättigungsgrad, Leuchtkraft und Glanz berücksichtigt werden, sind mit gewöhnlichen Farbwörtern nicht hinreichend zu beschreiben. (Man denke an Kleiderstoffe, ›Plakatfarben‹, reflektierende Straßenschilder, verschiedene unter dem Marktnamen ›metallic‹ zusammengefaßte Arten von Autolackierungen und ähnliches!) Daß sie sich physikalisch spezifizieren lassen, ändert an ihrer primären Sprachgebundenheit nichts. Denn einmal sind solche Spezifizierungen für die *alltägliche* Farbunterscheidung – nicht nur des physikalisch Unvorgebildeten, sondern auch des Physikers selbst – offenbar irrelevant. Zum andern betreffen sie, anders als geometrische Spezifikationen räumlicher Formen, gar nicht die fraglichen *Phänomene*, sc. die Farbqualitäten, sondern die optisch wirksamen Eigenschaften ihrer ›Träger‹ bzw. des auf sie fallenden und von ihnen abgestrahlten Lichts, die mit den wahrzunehmenden Farben nur in einem gesetzmäßigen (physikalisch, aber nicht phänomenal reduktiven) Zusammenhang stehen.

Ebenso lassen sich Töne zwar physikalisch nach Wellenlänge und Amplitude der Haupt- und Nebentöne und deren jeweiliger Obertöne differenzieren. Für ihre phänomenale Unterscheidung im Alltag aber spielt diese Möglichkeit keine Rolle und adäquate umgangssprachliche Beschreibungen für sie stehen (wie ein Versuch mit Motorengeräuschen lehren kann) offensichtlich nicht zur Verfügung. Und bei der Differenzierung von Duftnuancen, zu der ein der Sprachfähigkeit oder Wissenschaftlichkeit schwerlich verdächtiger Hund oder Bär in der Lage ist, scheint die Abhängigkeit von gewöhnlichen Duft-Wörtern oder gar einer chemischen Spezifizierung der duftenden Stoffe vollends absurd.[382]

Es gibt also offenbar Fälle, in denen das Denken, wie es gefordert wurde, zu etwas ›absolut Neuem‹ führt, das, wenn überhaupt, dann erst im Anschluß hieran ›versprachlicht‹ wird und darum nicht als sprachabhängig gelten kann. Hat der Verfechter der Unabhängigkeit demnach den Punkt erreicht, an dem (erstmals) eine definitive Entscheidung zu seinen Gunsten möglich wird? Vorsicht ist angezeigt. Das erreichte Ergebnis ist nicht *prinzipiell* neu, denn *mehr* als qualitative Differenzierungen, wie sie partiell schon durch die Ausdrucksidentifikation als sprachunabhängig erwiesen wurden, können unsere Beispiele nicht unter Beweis stellen (S. 365). Man könnte allenfalls argumentieren, daß ihre Leistungen, verglichen mit jenen früheren, in einem näher zu spezifizierenden Sinne *höherstufig* sind. Das ist alles andere als sicher, aber nehmen wir einmal an, es ließe sich zeigen. Auch dann bliebe dem Gegner ein entscheidender Einwand. Nichtelementare qualitative Differenzierungen im Ausdrucksbereich oder jenseits der Ausdrucksidentifikation überhaupt lassen sich wieder mit Hilfe der ›nominalistischen Theorie der Begriffsbildung‹ (S. 186 ff.) oder einer anderen wesentlich sprachlichen Theorie erklären. Angenommen, dies träfe auf einige ›höherstufige‹ Prädikate zu: wie könnte der Verfechter der Unabhängigkeit jetzt noch sicher sein, daß die zwar aktuell sprachfreien Leistungen unserer Beispiele nicht den vorausgegangenen oder der Fähigkeit nach noch vorhandenen sprachlichen Leistungen gegenüber ›parasitär‹ sind? Sicher wäre er nur, wenn gezeigt wäre, daß ihre Leistungen von einer prinzipiell anderen *Art* sind als diejenigen, die in der Sprache auftreten. Das ist jedoch nicht nur empirisch implausibel, sondern

382 Vgl. hierzu auch und in teilweisem Kontrast die Bemerkungen Wittgensteins in 1953, a.a.O., § 610, der gleichfalls auf die bestehenden Ausdrucksschwierigkeiten bei Tönen und Düften hinweist, selbst jedoch (der Tendenz nach, eindeutige Aussagen fehlen) eine Erklärung in dem Sinne nahelegt, daß die Einführung neuer Ausdrücke nicht nur wegen des offenbar mentalen Charakters der Ton- und Duftqualitäten *unmöglich*, sondern im Blick auf die sprachlich allein erfaßbaren und in der Umgangssprache schon hinreichend erfaßten ›äußeren‹ Aspekte *unnötig* sei. Das letztere darf man füglich bezweifeln; hier genügt (für den phänomenal Unvoreingenommenen) der Rekurs auf die umgangssprachlichen Fakten. Bezüglich des ersten, das wohl der eigentliche Grund für den sonst kaum verständlichen Ausdrückbarkeits-Optimismus gewesen sein dürfte, gilt unsere frühere Kritik an der angeblichen ›Unerlernbarkeit‹ mentaler Ausdrücke (S. 126 f.).

auch theoretisch inakzeptabel, da wir auf Denkleistungen *außerhalb* des Bereichs der Sprache festgelegt würden und die für uns interessantesten damit aus dem Blickfeld verlören. Wenn wir die Leistungen einschließen wollen, die im Normalfall faktisch *in* der Sprache enthalten sind, ist ein ›grundsätzlicher‹ Ausschluß wenigstens ihrer indirekten Abhängigkeit von den betreffenden sprachlichen *Fähigkeiten* auch in den günstigsten Fällen nicht möglich.

4. Unzureichende Evidenzen für ein sprachfreies Denken bei Sprachdefekten und Kindern im vorsprachlichen Entwicklungsstadium

Hier nun gewinnen die am Beginn dieses Kapitels zurückgestellten Beobachtungen an Defekten neue Bedeutung. Menschen die ihre Sprachfähigkeit wieder verloren haben, kommen als Gegenbeispiele für eine behauptete Bindung an *gleichzeitige*, Menschen, die keine Sprache entwickeln, Tiere oder Maschinen zudem als Gegenbeispiele für eine Bindung an *frühere* sprachliche Fähigkeiten in Betracht.[383] Denkleistungen, die von ihnen erbracht werden, müssen weder ›absolut neu‹ noch ›von grundsätzlich anderer Art‹ als die in der Sprache (faktisch) enthaltenen sein, um als sprachfrei zu gelten. Freilich bestehen nun die speziellen methodischen Schwierigkeiten, die wir in Kap. IX herausgestellt hatten, und natürlich bleiben sich die begrifflichen Probleme gleich. Versuchen wir, ihren Einfluß auf relevante empirische Evidenzen abzuschätzen und den Beweisanspruch der auf sie gestützten Unabhängigkeitsargumente in der erforderten Weise zu restringieren.

Im Bereich des *Denkens* sind die Beeinträchtigungen nicht kritisch. Daß wir bei den Defekten mit allgemeiner Intelligenzminderung, reduzierten Lern- und Erfahrungsbedingungen und ähnlichem rechnen müssen, tangiert die *vorhandenen* Evidenzen für sprachunabhängiges Denken nicht. Allenfalls wird der Verfechter unangemessen *benachteiligt* und seine empirische Basis

383 Mit Rücksicht auf die erwähnten Schwierigkeiten (S. 245 ff.) konzentrieren wir uns dabei von vorneherein auf Defekte bei Menschen, die in normaler sozialer Umgebung aufwuchsen, speziell also Fälle von Taubstummheit und angeborener oder erworbener Aphasie.

scheint kleiner, als sie in Wahrheit ist. Trotz der Erschwernis aber verfügen wir (wie berichtet, S. 248 f.) über genügend positive Befunde, um die auf sie gegründeten Unabhängigkeitsbeweise, die wiederholt unternommen wurden, prinzipiell sinnvoll erscheinen zu lassen.[384] Auch die begrifflichen Schwierigkeiten bleiben begrenzt. Gewiß, eine verläßliche Differenzierung des gesamten betroffenen Phänomenbereichs steht aus (S. 109 ff.), die ›Gleichrangigkeit‹ der verfügbaren nichtsprachlichen mit den uns speziell interessierenden sprachlichen Denkleistungen ist nicht gewährleistet (S. 290 ff.), und natürlich besteht die Gefahr falscher begrifflicher Verallgemeinerungen (S. 304 ff.). Zu weitgehende Schlußfolgerungen aber sind zu vermeiden, wenn wir uns strikt an dasjenige halten, was tatsächlich an Evidenzen vorliegt. Mögen wir über ihre genaue *Bedeutung* auch im unklaren sein: *daß* von den traditionellen nichtsprachlichen Intelligenztests, den ›klassischen‹ Begriffsbildungsexperimenten und den Untersuchungen Piagets und Bowers zur ›Objektkonstanz‹ Leistungen aus dem Bereich des ›Denkens‹ erfaßt werden, steht außer Frage und für *sie*, die später noch spezifiziert werden können, ist die Unabhängigkeitsthese schon jetzt definitiv zu begründen.

Die entscheidenden Schwierigkeiten liegen auch hier (wie bei den Nichtdefekten) beim definitiven Ausschluß der *Sprache*. Später, nach anfänglich erreichtem Sprachbesitz eingetretene Sprachdefekte, wie sie die meisten beobachteten Aphasien kennzeichnen, lassen ihn praktisch nicht zu, und zwar nicht nur deshalb, weil die Patienten gewöhnlich nicht völlig verstummen und Art und Umfang der auftretenden sprachlichen Minderleistungen nicht genau zu bestimmen sind, sondern auch deshalb, weil periphere, beim gegenwärtigen neurologischen Kenntnisstand nicht hinrei-

384 In der Taubstummen-Literatur hat dieser Versuch zur Entscheidung der Zusammenhangsfrage eindeutig dominiert (vgl. die Literatur S. 248, Anm. 259 und S. 306, Anm. 331). In der Aphasieforschung, wo die Befunde weniger klar sind, hat, soweit die Frage als solche berührt wurde, nach der begründungslosen und offenkundig simplifizierenden Trennung von Sprache und Denken in der ›klassischen‹ Aphasielehre (S. 273 ff.) für längere Zeit die entgegengesetzte Tendenz geherrscht, doch ist auch hier neuerlich eine Umkehrung zu beobachten (vgl. S. 248 f., Anm. 260 und S. 287, Anm. 305), die die vom Sprachdefekt nicht betroffenen Denkleistungen in den Vordergrund stellt, ohne damit jedoch – was bei den ungelösten methodischen Schwierigkeiten und der Uneinheitlichkeit der Befunde ja auch kaum möglich gewesen wäre – eine entschiedene Unabhängigkeitsthese zu verbinden.

chend von den zentralen abzugrenzenden Schädigungen das Gesamtbild überproportional beeinflussen und vorhandene Fähigkeiten und aktuelle Leistungen im physischen oder mentalen ›Inneren‹ total verdecken können (S. 262 ff.). Nimmt man hinzu, daß alle derartigen Fälle nur die weniger schwache These, die sich auf *gleichzeitige* Sprachfähigkeiten bezieht, in Gefahr bringen können, nicht die auf *frühere* Fähigkeiten bezogene schwächste, dürfte der generellen Dispensierung mit ihnen nichts mehr im Wege stehen.

Fälle, in denen der Sprachbesitz nicht oder nur unvollständig erreicht wird, angeborene Aphasie und Taubstummheit vor allem, kommen als Beispiele in Betracht. Freilich stellt sich auch hier die Frage, *wie weit* der Defekt im einzelnen geht und wie sicher es ist, daß *keinerlei* Sprache vorliegt. Daß *rein* Taubstumme oder von Geburt an Aphasische die allgemein menschlichen Anlagen zur Sprache besitzen (obgleich dies im Einzelfall eine Mutmaßung bleibt) und lediglich durch ihr sprachliches Lerndefizit oder äußere Umstände sprachlich behindert sein können, ist kein Einwand, denn es geht ja nur noch um Denkleistungen, die *trotz* der Behinderung auftreten. Kritisch jedoch ist die Tatsache, daß die Entwicklung der Anlagen durch den Defekt nicht *völlig* blockiert sein muß, ja, bei geeignetem Training, wenn auch verzögert und unvollständig, faktisch zum Aufbau sprachlicher oder sprachanaloger Fähigkeiten genutzt wird. Taubstumme lernen bekanntlich (nach herkömmlicher Schulungsmethode) eine Hand-Sprache, mit der sie sich untereinander und mit ihren normalsinnigen Lehrern verständigen, ein Faktum, das wiederholt als Beweis gegen die unterstellte ›Sprachlosigkeit‹ ihres Denkens angeführt wurde.[385] In dieser unspezifizierten Form ist der Einwand allerdings kaum überzeugend.[386] Mit der gewöhnlichen Sprache ist die Sprache der Taubstummen nicht zu vergleichen. Sie deckt Teilbereiche von ihr, deren genaue Grenzen unklar sind[387]

385 Vgl. z. B. Révész 1954, a.a.O., 13 f.; Berlyne 1965, a.a.O. [S. 112, Anm. 105], 150 f.; Gipper 1971, a.a.O., 23 f.

386 Vgl. dazu Furth 1966, a.a.O. [S. 194, Anm. 194], 32 f.

387 Interessant wäre vor allem die Feststellung, ob es sich hier nur um eine ›Signalsprache‹ (S. 228, Anm. 236) handelt, in der einzelne oder ›attributiv‹ aneinandergereihte (S. 221) Qualitäten in der jeweiligen Wahrnehmungssituation bezeichnet werden, oder um eine Sprache mit prädikativer Struktur. Eine syntaktische Unterscheidung von Subjekt- und Prädikatausdrücken ist auch im letzteren Falle (wie wir

und die überdies noch (durch den Nachweis entsprechender Übereinstimmungen) auf ihre Relevanz für die auftretenden nichtsprachlichen Intelligenzleistungen hin geprüft werden müssen. Immerhin genügt die Beobachtung, um die vertretenen Unabhängigkeitsbehauptungen unsicher zu machen, und diese Unsicherheit wird noch beträchtlich verstärkt durch die Tatsache, daß Taubstumme im fortgeschrittenen Schulalter bis zum gewissen Grade auch Lesen, Schreiben und (über das Lippen-Ablesen) Sprechen lernen können.[388] Der Prozentsatz der hierzu Fähigen bleibt zwar klein und zeigt immer noch ein erhebliches Lerndefizit, so daß – auch nach Abzug der Entwicklungsverzögerung – eine einfache Gleichsetzung mit den Normalsinnigen nicht gestattet ist. Dennoch steht fest, daß in dem Augenblick, in dem die Entwicklung normaler Sprachfähigkeiten beginnt, was bei optimaler Förderung und Begabung natürlich kaum später als bei Schuleintritt sein wird, schrittweise alle die Schwierigkeiten zurückkehren, die wir mit dem Rekurs auf die Sprachdefekte gerade vermeiden wollten.

Wenn man den Einfluß der Sprache mit Sicherheit ausschließen will, muß man Defekte betrachten, bei denen *keinerlei* sprachliche Fähigkeiten entwickelt wurden, was bei den heute bestehenden Förderungsmöglichkeiten, bei denen das längerfristig nur auf wirklich Demente oder sozial Deprivierte zutreffen dürfte, gleichbedeutend ist mit dem Rückgang in die Situation der Betroffenen

gesehen haben, S. 221 ff.) nicht erforderlich, und es ist jedenfalls sehr wahrscheinlich, daß auch ein Taubstummer, der einen vor ihm liegenden Gegenstand mit einer Geste anspricht, die einen durch ihn instantiierten Gegenstandstyp bezeichnet, dies im gewöhnlichen prädikativen Sinne versteht, zumindest dann, wenn er *mehrere* in seinem Gesichts- oder Tastfeld liegende Gegenstände desselben Typs differenzieren und *getrennt* mit dem Zeichen ansprechen kann (vgl. S. 310 f.). Entscheiden ließe sich diese Vermutung allerdings erst, wenn unzweideutige Kriterien für das numerische Identifizieren und das (im weiteren Sinne) sprachliche Aussagenmachen bereitlägen, ebenso wie konkrete methodische Möglichkeiten für ihren empirischen Nachweis bei Defekten.

388 Vgl. dazu Myklebust ²1964, a.a.O., [S. 248, Anm. 259], ch. IX-XI; Furth 1966, a.a.O., 34 ff. und Garten 1973, a.a.O. [ebd.], 64 ff. Noch eindeutiger als bei den Taubstummen ist der erfolgte Spracherwerb in dem von Lenneberg berichteten Fall von angeborener Anarthrie (S. 264, Anm. 279), der, peripher betrachtet, zunächst als Beispiel für ein totales angeborenes Fehlen von Sprache aufgefaßt werden könnte. Im übrigen muß auch dort, wo keinerlei Sprachleistungen zu beobachten sind, mit der Möglichkeit einer erfolgten Sprachentwicklung – durch rein beobachtendes Lernen oder selbständige Zeichenbildung – gerechnet werden (S. 265); doch liegt die Beweislast hierfür sicher auf seiten des Gegners.

vor dem Beginn des sprachlichen Unterrichts bzw. (falls die Kriterien dafür bereitliegen) auf die jeweilige Stufe ihres Spracherwerbs, auf der Leistungen der gesuchten *Art* sprachlich noch nicht erbracht werden. Tatsächlich setzen einige der zitierten Taubstummen-Untersuchungen in einem Alter an, in dem von einer beginnenden oder den fraglichen Denkleistungen korrespondierenden Sprachentwicklung nicht die Rede sein kann.[389] Dieses Verfahren des schrittweisen Mitverfolgens oder des gänzlichen Rückgangs hinter die Sprachentwicklung ist für Defekte dann freilich nicht mehr spezifisch, da es sich ebensogut bei Normalsinnigen anwenden läßt. Der einzige signifikante Unterschied (abgesehen von den veränderten Lernmethoden) ist der Entwicklungsrückstand, doch bei Defekten kann höheres Alter ja nicht einfach mit einer Verbesserung ihrer Leistungen gleichgesetzt werden, da die Verzögerung die gesuchten nichtsprachlichen Intelligenzleistungen gleichzeitig betreffen kann und in einigen Fällen (etwa dem Raven-Test, S. 248, Anm. 259) nachweislich tut. Immerhin mögen die Chancen, Leistungen, die im Normalfall (faktisch) sprachlich erbracht werden, sprachfrei zu beobachten, größer sein, so daß ein gewisser Vorzug der Sprachdefekte bestehen bleibt. Das Beweisprinzip aber ist das gleiche: Denkleistungen, die vor der Entwicklung der relevanten sprachlichen Fähigkeiten auftreten, gelten als sprachfrei, später auftretende können es sein, lassen sich aber nicht mehr mit Sicherheit nachweisen.

Wie groß sind die Aussichten, auf diesem Wege zu positiven Resultaten im Sinne der Unabhängigkeitsthese zu kommen? Offensichtlich sind sie begrenzt. Einmal sind wir mit der erreichten Eliminierung bzw. Reduzierung unserer *methodischen* Schwierigkeiten beim Ausschluß der Sprache an einen Punkt gelangt, an dem die eingangs erwähnten und später zurückgestellten *Begriffs*probleme wieder ins Spiel gebracht werden müssen. Unsere Voraussetzung (S. 311), daß der Begriff der ›Zeichenverwendung‹ hinreichend geklärt ist, um Sprachleistungen auf der

389 Ausschließlich auf taubstumme Kinder vor der beginnenden Sprachentwicklung (4-6 Jahre) bezieht sich – bei positiven Resultaten in den geforderten nichtsprachlichen Tests – die Untersuchung von Weigl und Metze (1968, a.a.O.). Zahlreiche andere Untersuchungen (vgl. etwa Myklebust ²1964, a.a.O., 76; Vernon 1967, a.a.O., 328; Furth 1971, a.a.O., 60. 63. 66 f.; Garten 1973, a.a.O., 33 ff. 74 f.) erfassen Kinder dieser Altersstufe zugleich neben älteren.

Verhaltensebene oder gar im mentalen oder physischen ›Inneren‹ sicher eliminieren zu können, war ja rein hypothetisch und, wie wir wissen, vorläufig uneinlösbar. Zur genaueren Abgrenzung zwischen sprachlichen und vorsprachlichen Entwicklungszuständen sind wir nicht in der Lage. Wann genau und in welcher Bedeutung ein taubstummes oder normalsinniges Kind einen Ausdruck der Umgangssprache, den es phonologisch-syntaktisch (offenbar) ganz oder teilweise korrekt identifiziert bzw. hervorbringt, als Zeichen verwendet, läßt sich, wie jeder leicht überprüfen kann, theoretisch nicht eindeutig sagen, auch wenn man im praktischen Umgang (›intuitiv‹) sehr wohl zwischen verständigem und verständnislosem Ausdrucksgebrauch zu unterscheiden weiß. Und jenseits des Bereichs der gewöhnlichen Sprache wird die Lage vollends unübersichtlich. Die Handbewegung eines zur lautlichen Formulierung bislang unfähigen taubstummen oder normalsinnigen Kindes kann im Prinzip die gleiche ›zeichenhafte‹ Bedeutung haben wie ein später geäußerter Einwortsatz, und schon die völlig äußerungsfreie Wahrnehmung eines sinnlichen Musters oder Gegenstands kann, wie die Herdersche ›Merkmalsprache‹ (S. 30 ff.) deutlich gemacht hat, Zeichengebrauch involvieren. Solange wir die verschiedenen Formen der sprachlichen oder außersprachlichen Zeichenverwendung nicht genauer bestimmen können, bleibt die Vorsprachlichkeit des untersuchten Entwicklungszustandes unsicher.

Mehr noch. Wesen auf einer niedrigeren ontogenetischen (wie auch phylogenetischen) Entwicklungsstufe zeigen verminderte oder fehlende Leistungen natürlich nicht nur im Sprachbereich, sondern auch im Bereich des Denkens. Vollständige Parallelität der Entwicklungen brauchen wir nicht zu unterstellen. Klar ist dennoch, daß der Rekurs in die Vorsprachlichkeit der Sprachunabhängigkeitsthese schrittweise die empirische Basis entzieht. Jenes Dilemma zwischen sprachfreiem, aber vergleichsweise simplem und uninteressantem, und komplexerem, aber nicht sprachfreiem Denken, das wir befürchten mußten, hat sich damit in doppelter Hinsicht bestätigt. Einerseits sind wir, wenn wir Denkleistungen nicht nur als *in* Sprachleistungen faktisch enthaltene identifizieren wollen, durch die verfügbaren nichtsprachlichen Intelligenztests auf einen Beispielbereich beschränkt, aus dem wir bislang Rückschlüsse jedenfalls nur auf elementare (wenn auch z. T. erstaunliche) Leistungen der qualitativen Differenzierung und der Orientierung im Raum ziehen können. Andererseits zwingt unser Interesse am definitiven Ausschluß auch von verdeckten (aktuellen oder dispositionellen) Sprachleistungen zum Ansatz in Situationen, in denen, selbst wenn die methodischen Möglichkeiten zu ihrem Nachweis bestünden, komplexere Denkleistungen faktisch nicht auftreten. *Widerlegt* ist die Unabhängigkeitsthese dadurch zwar nicht. Ihre *positive* Begründung auf der Stufe des faktisch getrennten Auftretens aber ist, abgesehen von einem kleinen und für uns relativ uninteressanten Bereich, in eine Sackgasse geraten.

Kapitel XI

Das Wittgenstein-Argument und der Zweifel am Sinn der Zusammenhangsfrage

1. Skeptische Folgerungen aus dem Scheitern der vorliegenden Abhängigkeits- und Unabhängigkeitsargumente

Wo innerhalb unserer früher skizzierten Strategie zur Beantwortung der Zusammenhangsfrage (S. 188 f.) befinden wir uns? Die einfachste Form einer Entscheidung zugunsten der Unabhängigkeit auf der *faktischen* Argumentationsebene hat sich (weitgehend) als undurchführbar erwiesen. Jetzt wäre der Verfechter der Abhängigkeit am Zug, der zeigen müßte, daß *mehr* vorliegt als ein kontingentes Zusammentreffen. Doch die vorausgegangene Diskussion versuchter Abhängigkeitsbeweise hat ja schon deutlich gemacht, daß er dazu nicht in der Lage ist, und die verfügbaren Evidenzen lassen auch keine Verstärkungsmöglichkeiten für ihn erkennen. Wir haben damit zu rechnen, daß es auf absehbare Zeit hinaus bei Argumenten der diskutierten Art bleibt. Strategisch entsteht damit eine Pattsituation, in der keiner der Kontrahenten die Gegenposition definitiv widerlegen oder die eigene positiv etablieren kann. Was ist zu tun? Der in Zugzwang geratene Anwalt der Abhängigkeit kann mit einem ›Vergleichsvorschlag‹ an den Gegner herantreten. Er gibt zu, daß er den faktischen Zusammenhang nicht verstärken kann, insistiert aber darauf, daß auch der Gegner auf die faktische Argumentationsebene beschränkt ist und empfiehlt daher, jeder solle die eigene Auffassung solange als gerechtfertigt ansehen, als sie durch das faktische Zusammentreffen oder Nichtzusammentreffen von Sprache und Denken gedeckt ist. Das erscheint fair, und mit einem ›versöhnlichen‹ Ausklang dieser Art, der beiden Beteiligten ihr subjektives Recht läßt, enden meist auch die Diskussionen zum Thema ›Sprache und Denken‹.

Doch der Friede ist trügerisch. Das Vergleichsangebot kam nur von einer Seite und die andere sollte entsprechend auf ihrer Hut sein. *Quantitativ* geriete der Anwalt der Unabhängigkeit offensichtlich in Nachteil, und verdächtig ist auch, daß der Kontrahent seine weitergehenden Ansprüche *kampflos* preisgab. Eine positive Begründung der eigenen These hat er ja eigentlich gar nicht versucht. Wenn bloße Unklarheit über den Sinn der Zusammenhangsfrage oder theoretisches Desinteresse ausscheiden, ist dieser Verzicht im Ansatz alles andere als ein Ausdruck des ›fairen‹ Sichbescheidens mit den Gegebenheiten, vielmehr der blauäugige Versuch, die Beweislastverteilung zu eigenen Gunsten zu verschieben. Sachlich beinhaltet dies einen Zweifel am Sinn der gesamten Frage. Läßt sie sich in der von uns explizierten Form überhaupt sinnvoll und aussichtsreich stellen? Dieser Gedanke war auch bei der Explikation selbst mehrfach aufgetaucht. Wir hatten ihn dort jeweils zurückweisen können, freilich nur mit abstrakten Überlegungen, denen die Hoffnung zugrundelag, daß eine Konkretisierung jederzeit möglich ist. Das hat sich inzwischen als Irrtum herausgestellt. So besteht Anlaß, die Gesamtsituation erneut zu überdenken und zu prüfen, ob durch die Diskussion der konkreten Lösungsversuche neue Gesichtspunkte ins Spiel gekommen sind, die eine Revision notwendig machen.

Von Argumenten, die scheitern, weil sie die zu beweisende These implizit schon voraussetzen (Kap. VII) oder sie argumentativ nicht erreichen (Kap. VIII), können wir dabei absehen. Die verbleibenden scheitern vor allem an Folgendem. Einmal an den *methodischen* Schwierigkeiten bei der Sicherstellung des faktischen Zusammentreffens bzw. Nichtzusammentreffens (Kap. IX und X): die weitgehende Koextensivität von Sprache und Denken läßt ihren getrennten Nachweis nicht zu. Zwar gibt es Situationen, für die das nicht gilt, sc. Sprachdefekte und Zustände der Vorsprachlichkeit, aber in ihnen sind wir auf einfache und relativ uninteressante Intelligenzleistungen eingeschränkt. Auch wenn höherstufige Leistungen jenseits der Sprachlichkeit zu erwarten wären, würde es bislang an den methodischen Möglichkeiten zu ihrem Nachweis fehlen. Adäquate nichtsprachliche Intelligenztests für die interessantesten sprachlichen Leistungen liegen nicht vor, und selbst wenn wir sie hätten, bliebe noch das Problem der verdeckten Leistungen, die mit den gegenwärtigen Mitteln nicht auszuschließen sind. Sodann ergibt sich die Schwierigkeit, einen gesichterten faktischen Zusammenhang so zu verstärken, daß eine *notwendige* Bindung der einen an die andere Seite statuiert werden kann, und zwar in einer Form, in der das Denken und nicht die

Sprache als das Bedingte erscheint (vgl. bes. Kap. IX Abschn. 3 und 4). Und vor allem natürlich waren es die *begrifflichen* Schwierigkeiten, die die Beweise scheitern ließen: nicht allein solche, die die Identifikation höherstufiger Denkleistungen und die Differenzierung des Denkbegriffs insgesamt betreffen (Kap. IX Abschn. 6, Kap. X), sondern auch und vor allem solche der internen Differenzierung des Sprachbegriffs in der für unsere Frage erforderten Weise (Kap. VIII S. 238 f., Kap. IX Abschn. 5, Kap. X).

Führen diese Probleme grundsätzlich über die zuvor in abstracto zurückgewiesenen hinaus? Schwerlich. Sie liegen durchweg im Rahmen unserer Problemstellung und bestätigen nur die formale Richtigkeit der vorausgegangenen Analyse. An ihrer *prinzipiellen* Lösbarkeit ist also weiterhin nicht zu zweifeln. Was durch die Untersuchungen in den letzten Kapiteln hinzugekommen ist, ist die Einsicht in die *speziellen* Probleme, die die Konkretion und die praktische Durchführung angehen. Doch bleiben auch sie nicht ohne Rückwirkung auf unseren Ansatz. Bei der Bestimmung des Denk- und des Sprachbegriffs und des gesuchten Zusammenhangs waren wir jeweils an Grenzen gestoßen, die wir bei der systematischen Explikation der Problemstellung Herders und Humboldts nicht überschreiten konnten. Von der Diskussion der konkreten Lösungsversuche konnte natürlich keine grundsätzliche Überwindung dieser Hindernisse erwartet werden, wohl aber exemplarische Hinweise auf die Richtung, in die wir gehen müssen. Daß auch diese Erwartung (weitgehend) enttäuscht wurde, kann zwar am *Sinn* unserer Frage nichts ändern, ihre *Erfolgsaussichten* aber werden erheblich eingeschränkt. Gewiß, zu theoretischer Resignation besteht noch kein Anlaß. Aber ist es tatsächlich sinnvoll, die Frage unter den gegenwärtigen Umständen weiterzuverfolgen? Mehr noch. Daß die Zusammenhangsfrage nicht prinzipiell unbeantwortbar ist, können wir einsehen. Doch wenn jede Vorstellung davon fehlt, wie unsere These konkret zu verifizieren oder zu falsifizieren ist, wissen wir dann überhaupt, wovon wir reden? Diese ›verifikationistische‹ Variante des Sinnlosigkeitsverdachts gibt auch den speziellen Problemen der vorhergehenden Kapitel prinzipielle Bedeutung. Wenn wir die Frage weiterhin offenhalten wollen, müssen wir zeigen, daß die bisherigen Ergebnisse *keine* derartigen Konsequenzen haben. Dafür läßt sich von zwei Seiten her argumentieren. Wir können (positiv) zeigen, daß eine Konkretion der abstrakten Problemstellung unter Vermeidung der obigen Durchführungsprobleme möglich ist. Oder wir können (negativ) Gründe dafür ins Feld führen, daß ein Festhalten auch an der vorerst nicht konkretisierbaren Frage theoretisch notwendig ist. Beide Wege sind hier relevant.

Die direktere Widerlegung ist der Nachweis der Konkretisierbarkeit. Er ist für einige der erwähnten Schwierigkeiten durchaus zu führen. Das Problem der faktischen Koextensivität und der Simplizität der faktisch sprachfreien Denkleistungen läßt sich leicht lösen, wenn wir statt der Zustände *vor* der Sprachentwicklung diese Entwicklung *selbst* zum Gegenstand unserer Untersuchung machen. Durch die genauere Analyse dessen etwa, was vor sich geht, wenn ein Kind oder Tier den Umgang mit Zeichen lernt, können wir feststellen, wie sprachliche und intelligente Fähigkeiten im allgemeinen ineinandergreifen und warum, wenn oder soweit Gründe dafür zu erkennen sind, ihre sukzessive Erweiterung nicht getrennt erfolgt. Auch das Problem der verdeckten Leistungen ist methodisch lösbar. Beim neurophysiologischen Nachweis zumindest – vom mentalen sehen wir vorläufig ab – ist klar, wovon geredet wird, wenn wir den gegenwärtigen Forschungsstand dafür verantwortlich machen, daß uns diese Entscheidungsmöglichkeit vorerst verschlossen ist. Und daß eine adäquate Zerlegung des allgemeinen Denkbegriffs in spezielle Arten des Denkens eine in sich verständliche Zielsetzung ist, dürfte wohl ebenfalls kaum zu bezweifeln sein. Der Sinnlosigkeitsverdacht kann sich nicht an den Durchführungsproblemen als solchen entzünden, sondern nur an einem bestimmten Teil. Kritisch sind offenbar drei: die Bereitstellung *nichtsprachlicher Analoga* zu den faktisch sprachlichen Denkleistungen (wie Behauptung, numerische und qualitative Identifikation), die interne *Differenzierung des Sprachbegriffs* und die auf sie gegründete Frage nach der *Notwendigkeit des Zusammenhangs.*

Daß dies die entscheidenden Punkte sind, zeigt sich auch von der zweiten Argumentationsrichtung her. Sie scheint auf eine bemerkenswerte theoretische Asymmetrie der beiden Positionen zu führen, die, wenn sie tatsächlich bestünde, die Umverteilung der Beweislast zugunsten des Abhängigkeitsvertreters rechtfertigen könnte. Wer die *Unabhängigkeitsthese* vertritt, ist auf die Frage im explizierten abstrakten Sinne und ihre spätere Konkretion angewiesen. Entweder er begründet sie durch den Nachweis faktisch sprachfreien Denkens; dann muß er dafür die begrifflichen und methodischen Voraussetzungen schaffen. Oder, falls er das nicht kann und von der faktischen Sprachlichkeit ausgehen muß, er erklärt die betroffenen Sprachleistungen für begrifflich differenzierungsbedürftig und behauptet, daß ihre internen Zusammenhänge ›nur‹ faktisch sind, was ihn zugleich zur Explikation des betroffenen Sinns von Notwendigkeit zwingt. Der Verfechter der *Abhängigkeit* geht davon aus, daß er von solchen Verpflichtungen frei ist. Tatsächlich besteht das Problem der Koextensivität und der Simplizität des sprachlichen Denkens für ihn nicht; es bestätigt ihn nur. Und bei den übrigen Schwierigkeiten scheint die Asymmetrie zwar nicht per se, wohl aber mit bestimmten Zusatzprämissen verständlich.

Wenn wir die Position der Sprachabhängigkeit mit einer prinzipiell *behavioristischen* Position verbinden, läßt sich verstehen, warum ihr Vertreter annimmt, daß auch die übrigen Methodenprobleme für ihn entfallen. Auf der Verhaltensebene scheint der Nachweis oder der definitive Ausschluß beteiligter aktueller Denk- und Sprachleistungen (Fähigkeiten werden als Dispositionen zu solchen erklärt) ohne weiteres möglich, während sich die Probleme offenbar erst aus der Rücksicht auf das mentale oder physische ›Innere‹ ergeben. Nun, der Behaviorismus (von welcher Art auch immer, S. 126, Anm. 124) ist eine reduktionistische Position, an die wir uns nicht zu binden brauchen, und eine kurze Überlegung zeigt, daß er die entscheidenden Schwierigkeiten gar nicht vermeidet. Wie wir gesehen haben, fehlen hinreichend differenzierte Intelligenztests auch auf der Verhaltensebene, und die behavioristische Identifikation von Sprachleistungen ist nur dann (relativ) unproblematisch, wenn wir uns auf die Ausdrucksseite beschränken, denn daß es offen zutage liegt, ob, und wenn ja, welche Bedeutung eine Laut- oder Schriftäußerung hat, kann nur der annehmen, der sich nie ernsthaft um ihre Bestimmung bemüht hat.

Der Behaviorismus allein kann die bessere Position des Verfechters der Abhängigkeit also nicht begründen. Hinzukommen müssen spezifische Annahmen über die Irrelevanz der verbleibenden Schwierigkeiten: diejenigen, die das Denken außerhalb des Bereichs der Sprache betreffen, werden dem Gegner allein zugewiesen und für die Sprache selbst werden entsprechend schwache Annahmen gemacht. Ist sie, so ließe sich einwenden, nicht überhaupt auf den Umgang mit bloßen Ausdrücken zu reduzieren? Wenn auch dies nicht, *muß* sie intern differenziert werden oder bildet sie vielmehr so etwas wie eine ›untrennbare Einheit‹, die uns durch die Verhaltensaspekte *im ganzen* zugänglich wird? Sollte jedoch eine Differenzierung notwendig sein, reicht, wenn wir nicht ausschließlich vom Interesse an einem Sprachunabhängigkeitsnachweis geleitet sind, nicht schon der erste der oben unterschiedenen Differenzierungsschritte, der in jedem Fall zur Sprachabhängigkeit führt (vgl. S. 159)? Wird aber erst einmal ein so schwaches Verständnis der Sprache zugrundegelegt, scheint sich die Frage nach einem überfaktischen Zusammenhang ganz zu erübrigen. Nun, *wenn* die Zusammenhangsfrage den Sinn hat, der in Teil B expliziert wurde, kann auch der Vertreter der Abhängigkeit sich nicht so einfach mit ihr dispensieren. Es ist nicht sinnvoll, von einer *Abhängigkeit* des (faktisch) sprachlichen Denkens zu reden, ohne sich grundsätzlich darüber im klaren zu sein, unter welchen Bedingungen es sich als *unabhängig* erweisen würde. Doch auf eine solche Rede kann der, der den Sinn der Frage in *Zweifel* zieht, natürlich leicht verzichten, falls es erwiesen ist, daß man hinter die ›Sprachlichkeit‹ des faktisch sprachlichen Denkens nicht zurückgehen kann. Hier liegt der Kern der vermuteten Asymmetrie zwischen den Positionen. Der Verfechter der Unabhängigkeit muß die Zusammenhangsfrage stellen, während sein Kontrahent, wie es scheint, sich grundsätzlich mit ihr dispensieren kann. Daß Herder und Humboldt sich überhaupt auf eine tiefere Begründung ihrer Überzeugung von der wesentlichen Sprachlichkeit des menschlichen Denkens und Erfahrens eingelassen haben, wäre dann ein strategischer Fehler oder ein Ausdruck ihrer Unklarheit über die eigenen sprachphilosophischen Ziele.

2. Wittgensteins sprachanalytischer Zugang zum Problem von Sprache und Denken

Die vorstehenden Überlegungen bilden den Hintergrund für ein bislang nicht berücksichtigtes Argument für die Abhängigkeit, das sich von den erörterten dadurch grundlegend unterscheidet, daß es, wo nicht entschiedener *Ausdruck* eines grundsätzlichen Zweifels, so doch seiner *Tendenz* nach ein Versuch ist, der Position der Sprachunabhängigkeit durch entsprechende Einwände die theoretischen Grundlagen zu entziehen. Das Argument ist von mehreren Seiten und mit unterschiedlichen Akzentuierungen vorgetragen worden,[390] am eindringlichsten aber und differenziertesten wohl von Wittgenstein, auf dessen Darstellung wir uns im folgenden konzentrieren wollen. In einer längeren Passage seiner *»Philosophischen Untersuchungen«*, die sich mehr oder weniger direkt mit dem Verhältnis von Sprache und Denken beschäftigt und die wir in Kap. X schon mehrfach zitiert haben, findet sich folgende Überlegung:[391]

» ›Kann man denken, ohne zu reden?‹ – Und was ist *Denken*? – Nun, denkst du nie? Kannst du dich nicht beobachten und sehen, was da vorgeht? Das sollte doch einfach sein« (PhU § 327).

»Um über die Bedeutung des Wortes ›denken‹ klar zu werden, schauen wir uns selbst beim Denken zu: Was wir da beobachten, werde das sein, was das Wort bedeutet! – Aber so wird dieser Begriff eben nicht gebraucht. (Es wäre ähnlich, wenn ich, ohne Kenntnis des Schachspiels, durch genaues Beobachten des letzten Zuges einer Schachpartie herausbringen wollte, was das Wort ›mattsetzen‹ bedeutet.)« (PhU § 316).

»Wir analysieren nicht ein Phänomen (z. B. das Denken), sondern einen Begriff (z. B. den des Denkens), und also die Anwendung eines Worts« (PhU § 383).

390 Zu nennen wären hier vor allem noch die schon früher zitierten Arbeiten Ryles (S. 114, Anm. 109, S. 177, Anm. 180) sowie die gesondert veröffentlichte Antrittsvorlesung *»Thinking and Meaning«* von A. J. Ayer (London 1947), auf die wir gelegentlich zurückkommen werden.

391 Wittgenstein 1953, a.a.O. [S. 122, Anm. 119], § 316 ff. (im Folgenden abgekürzt: ›PhU‹). – Weitere relevante, wenn auch weniger klare und inhaltsreiche Passagen finden sich in den *»Zetteln«*, 1958, a.a.O. [S. 313, Anm. 341], § 92 ff. (abgek. ›Z‹) und in der *»Philosophischen Grammatik«*, ed. R. Rhees, Frankfurt/Oxford 1969, 102 ff. (abgek. ›PhG‹).

Die Auswahl und Anordnung der Zitate, die der im Text gegebenen Reihenfolge nicht immer entspricht, stehen hier wie im folgenden durchweg in meiner Verantwortung und sind als Versuch zu verstehen, den nicht systematisierten Gedankengang Wittgensteins in eine leichter zu überschauende argumentative Form zu bringen. Bis zum gewissen Grade liegt darin natürlich schon eine Deutung, bei der die Gefahr des ›Eintragens‹ von Eigenem besteht, wenngleich diese mir an den zitierten Stellen relativ klein erschien. Anspruch auf erschöpfende Diskussion in allen Dimensionen kann ich jedenfalls nicht erheben, sondern nur darauf, den ›Strang‹, der für unsere Frage zentral ist, schrittweise und unter größtmöglicher Rücksicht auf Wittgensteins Intentionen freizulegen. Auch dieser Anspruch steht mit Rücksicht auf die bekannte Vielschichtigkeit und Vieldeutigkeit seiner Texte unter einem grundsätzlichen interpretatorischen Vorbehalt. Der Anspruch auf korrekte Entwicklung der Sachgesichtspunkte bleibt davon unberührt und sollte im Zweifelsfall das vorzügliche Beurteilungskriterium seiner (und meiner) Darstellung sein.

Was geschieht hier? Die anfänglich unspezifizierte Frage nach der Sprachabhängigkeit des Denkens wird schrittweise spezifiziert und in die nach Wittgenstein einzig angemessene Form gebracht. In einem ersten Schritt wird die allgemeine Zusammenhangsfrage überführt in die Frage nach dem in ihr angesprochenen (menschlichen) »Denken«, sc. in die Frage danach, »was Denken *ist*«, wobei auffällt, daß diese Frage *nur* auf das Denken bezogen wird und nicht *auch* – wie von der Ausgangsfrage her eigentlich zu erwarten – auf die ihm gegenübergestellte Sprache. Diese Beschränkung im Ansatz, deren Bedeutung erst später klar werden wird, wollen wir vorläufig nur konstatieren. In einem zweiten Schritt werden nun zwei verschiedene Arten, die Frage nach dem, »was Denken ist«, zu beantworten, gegeneinander abgewogen: das traditionelle ›introspektive‹ Vorgehen, das von Wittgenstein in offensichtlicher Ironie als das scheinbar Naheliegendste und Selbstverständlichste eingeführt wird (»denkst du nie?«), und der von ihm selbst vertretene sprachanalytische Ansatz bei der Verwendung des Ausdrucks ›Denken‹. Wittgensteins These ist, entsprechend der schon früher (S. 126 f.) erwähnten logisch-behavioristischen Grundtendenz seines Philosophierens, daß das ›introspektive‹ Vorgehen sich über diese Verwendung hinwegsetzt, einen sachfremden Gesichtspunkt ins Spiel bringt und damit zu einer vom Ansatz her falschen Vorstellung über das Denken kommt, nämlich der, daß es ein eigenes, ›geistiges‹ Phänomen ist, das dem Sprechen vorausgeht oder es jeweils begleitet:

»Irreführende Parallele: Der Schrei, ein Ausdruck des Schmerzes – der Satz, ein Ausdruck des Gedankens!

Als wäre es der Zweck des Satzes, Einen wissen zu lassen, wie es dem Andern zu Mute ist: Nur, sozusagen, im Denkapparat und nicht im Magen« (PhU § 317, vgl. § 304. 501).

»Ist Denken eine Art Sprechen? Man möchte sagen, es ist das, was denkendes Sprechen vom gedankenlosen Sprechen unterscheidet. – Und da scheint es eine Begleitung des Sprechens zu sein. Ein Vorgang, der vielleicht auch etwas anderes begleiten, oder selbständig ablaufen kann« (PhU § 330).

Diese Vorstellung, die von der Annahme getragen ist, daß die Sprache als etwas ›Äußerliches‹ zu den im ›Inneren‹ – unabhängig von ihr – schon vorhandenen ›Gedanken‹ hinzutritt lehnt Wittgenstein ebenso wie auch Herder und Humboldt ab, sucht seine Ablehnung jedoch, anders als jene, nicht durch den Nachweis einer notwendigen Bindung des ›Gedankens‹ ans ›Wort‹ zu begründen, sondern als Konsequenz eines richtig gewählten Zugangs zu ihm aufzudecken. Für Wittgenstein kommt es zu der verfehlten Vorstellung *wegen* des ›introspektiven‹ Vorgehens; sobald man sich von ihm freimacht und die reale Verwendung des Ausdrucks betrachtet, verschwindet sie ganz von selbst.

3. Ungerechtfertigte Vorentscheidungen und Inkonsequenzen in Wittgensteins Durchführung

Bei unserer Diskussion seiner Argumente werden wir gut daran tun, Wittgensteins allgemeine Bewertung der beiden Ansätze nach dem Gesichtspunkt des angemessenen Zugangs zum Denken zu unterscheiden von seiner speziellen Interpretation und den aus ihr gezogenen Konsequenzen. Was das erste, die Frage des Zugangs, angeht, so wird man ihm zweifellos Recht geben müssen, wenn er den sprachanalytischen Ansatz dem ›introspektiven‹ grundsätzlich für überlegen hält. Einmal ist er formal umfassender und würde, *falls* das die relevante Zugangsweise zum Denken wäre, selbst sogleich zur ›Introspektion‹ zurückführen, erlaubt aber *auch* eine andere Antwort. Auch wir hatten früher ja darauf hingewiesen (S. 133 ff.), daß es verhängnisvoll wäre, einer vorhandenen wissenschaftlichen (freilich *auch* umgangssprachlichen, S. 110 f.) Tendenz zur Konzentration auf den mentalen Bereich zu folgen. Zudem ist der methodische *Ausgang* vom Sprachgebrauch unabdingbar, da wir vor jeder weiteren Untersuchung den betroffenen Phänomenbereich vorläufig eingrenzen müssen (S. 175 f.). Seine genauere Untersuchung ist beim Denken sogar von besonderer Wichtigkeit, weil wir es hier ja mit einem ungewöhnlich vieldeutigen und vagen Ausdruck zu tun haben, eine Tatsache, auf die auch Wittgenstein ausdrücklich hingewiesen hat.[392] Dies legt ein Vorgehen in der

392 Auffälligerweise aber nicht im Kontext der zentralen Passage in den PhU, sondern in PhG 106 und vor allem an der auch wegen ihrer vergleichsweise klaren Gegenüberstellung von ›Denkbegriff‹, ›Denkphänomen‹ und Wort ›denken‹ bemerkenswerten (vgl. S. 391) Stelle der *»Zettel«:* »Woher nehmen wir den Begriff ›denken‹, den wir hier betrachten wollen? Aus der Alltagssprache. Was unsrer Aufmerksamkeit zuerst ihre Richtung gibt, ist das Wort ›denken‹. Aber der Gebrauch dieses Worts ist verworren. Und wir können es nicht anders erwarten« (Z § 113). »Es ist von diesem Wort nicht zu erwarten, daß es eine einheitliche Verwendung habe; es ist vielmehr das Gegenteil zu erwarten« (Z § 112). » ›Denken‹, ein weit verzweigter Begriff. Ein Begriff, der viele Lebensäußerungen in sich verbindet. Die Denk*phänomene* liegen weit auseinander« (Z §110).

obigen Weise nahe: Ausgang vom umgangssprachlichen Gebrauch des Ausdrucks ›Denken‹ und seines Wortfeldes; Versuch zur internen Differenzierung; Rekurs auf die mit ihm erschlossenen Phänomene und versuchte schrittweise Präzisierung und Systematisierung unter dem Gesichtspunkt der phänomenalen Angemessenheit. Wittgenstein selbst freilich folgt diesem Vorgehen nicht. Er faßt die Frage nach der Verwendung des Ausdrucks offenbar anders und tritt, näher betrachtet, in die genauere Untersuchung seiner Verwendungsvielfalt gar nicht mehr ein.

Der bedeutendste Differenzpunkt bei der Fassung der Frage ist, daß Wittgenstein, anders als wir oben, grundsätzlich zwischen ›begrifflichen‹ und ›phänomenalen‹ Fragen trennt:

»›Wenn ich mir vorstelle, er habe Schmerzen, geht es eigentlich nur ... in mir vor.‹ Ein Andrer sagt dann: ›Ich glaube, ich kann es mir auch vorstellen, *ohne* dabei ... zu denken.‹ (›Ich glaube, ich kann denken, ohne zu reden.‹) Das führt zu nichts. Die Analyse schillert zwischen einer naturwissenschaftlichen und einer grammatischen« (PhU § 392).

»Irreführende Parallele: Psychologie handelt von den Vorgängen in der psychischen Sphäre, wie Physik in der physischen« (PhU § 571).

»Wir analysieren nicht ein Phänomen (z. B. das Denken), sondern einen Begriff (z. B. den des Denkens), und also die Anwendung eines Worts« (PhU § 383).

Das Schachbeispiel in PhU § 316, das wir schon am Beginn im Zusammenhang mit der zentralen methodologischen Aussage von § 383 zitiert hatten, illustriert den hier angesprochenen Gegensatz. Wer über das ›Mattsetzen‹ Aufklärung erhalten will, indem er den letzten Zug einer Schachpartie ›besonders sorgfältig beobachtet‹, wendet ein (quasi-)›naturwissenschaftliches‹ Verfahren in einem Bereich an, in dem es offenbar keine Bedeutung hat und die eigentliche Aufgabe nur verunklart. Was ›Mattsetzen‹ im Schachspiel *»ist«*, kann man nicht durch Beobachtung der ›Phänomene‹, sondern nur durch ›begriffliche‹ (»grammatische«) Reflexion auf die bereits vorhandene Kenntnis des Spiels ›ermitteln‹, und genau das gilt auch – so die These – für unsere Kenntnis vom Denken. Die Idee dabei ist, daß der Schritt zur *Beobachtung* dem der *Bereitstellung* der sie leitenden begrifflichen Mittel nachfolgt: *wenn* ich mich (durch ›begriffliche Reflexion‹) dessen versichert habe, *was* ›Mattsetzen‹ oder ›Denken‹ ist, bin ich auch in der Lage, konkrete (beobachtete) Erscheinungen *als* relevante Beispiele für sie zu erkennen.

Diese Idee ist naheliegend und für jeden auf strikte Trennung von ›Empirie‹ und ›Apriorität‹ bedachten Philosophen anziehend. Aber wir haben bereits gesehen (Kap. VI Abschn. 1), daß sie für die empirischen Begriffe *prinzipiell* nicht gilt und auch an der *etablierten* umgangssprachlichen oder wissenschaftlichen Rede vom ›Denken‹ vorbeigeht. ›Begriffsklärungen‹ sind nun einmal von der Beobachtung der (etwa) von ihnen betroffenen ›Phänomene‹ nicht zu lösen. Auch der Vergleich mit dem Schachspiel bestätigt diesen Zusammenhang eher als ihn in Zweifel zu ziehen. Recht hat Wittgenstein natürlich damit, daß die Konzentration auf die Bewegungen des zuletzt ziehenden Spielers einer Schachpartie wenig zur Aufklärung dessen beiträgt, was ›Mattsetzen‹ ist. Aber die Feststellung, daß eine bestimmte, äußerst beschränkte Art der Beobachtung ausscheidet, beweist nicht, daß die Beobachtung keine Rolle spielt. Auch der von Wittgenstein dem Psychologen entgegengestellte Physiker würde zu seltsamen Resultaten kommen, wollte er sich, sagen wir, bei der Suche nach Stoßgesetzen ausschließlich auf die ›genaue Beobachtung‹ des Aufprallens einer Kugel auf eine andere konzentrieren! Und natürlich *können* wir auch das ›Mattsetzen‹ durch Beobachtung ›kennenlernen‹, ja, *tun* es sogar gewöhnlich: nicht durch das isolierte, aufmerksame Verfolgen eines (oder auch mehrerer) ›letzter Züge‹, wohl aber durch die Beobachtung mehrerer ganzer Partien, durch die wir Aufschluß nicht nur über den Zweck des Spiels und die erlaubten Züge bekommen, sondern auch über das, was (nach den erlaubten Zügen) eine ›Mattsituation‹ ist und entsprechend ein ›Mattsetzen‹.[393] *Wenn* der ›introspektiv‹ Ansetzende bei der Aufklärung dessen, ›was Denken ist‹, in die Irre geht, dann nicht deshalb, weil er anstelle der »Anwendung eines Worts« ein »Phänomen« »analysiert«, sondern weil er dies, ähnlich wie der von Wittgenstein angesprochene *einfältige* Schach-Beobachter, in einer *falschen Weise* tut, wofür sich *dann* fraglos auch Beispiele aus der

393 Wittgenstein würde in diesem Falle von ›Lernen‹ reden, bzw. behavioristisch und dem Anspruch nach nichtintentional (S. 132, Anm. 132) von ›Abrichten‹, und unter *diesem* Signum wohl auch als Beschreibung für unseren Zugang zum ›Mattsetzen‹ akzeptieren. Aber damit wird sachlich *alles*, worauf es hier ankommt zugestanden. Das ›Lernen‹ gründet natürlich auch in der Beobachtung, und beim ›Abrichten‹ muß ein nichtintentionales behavioristisches Pendant zum Beobachten angesetzt werden (›Stimuliertwerden durch . . .‹ z. B.), das erst recht keine Loslösung von der Empirie mit sich bringt und zudem im Hinblick auf das Schach-Beispiel äußerst unplausibel erscheint.

philosophischen und psychologischen Tradition finden lassen (vgl. S. 112 f. und 134 f.). Die *grundsätzliche* Trennung zwischen ›begrifflichen‹ und ›phänomenalen‹ Fragen jedenfalls ist durch solche Beispiele oder Vergleiche nicht zu begründen. Vielmehr steht zu erwarten, daß der von ihr getragene sprachanalytische Ansatz Wittgensteins die *spezifischen* Schwierigkeiten des kritisierten ›introspektiven‹ gar nicht erreicht und durch sein Ausblenden ›phänomenaler‹ Fragen auch bei der positiven Bestimmung des Denkens wesentliche Aspekte außer acht läßt.

Noch bedeutender aber als die Trennung als solche ist die Tatsache, daß Wittgenstein, wie der zitierte § 383 PhU und die bezeichnende Rede vom »Gebrauch des *Begriffs*« (sic!) im oben gleichfalls zitierten § 316 zeigen, »Begriff« und »Wort« stillschweigend miteinander identifiziert.[394] Diese Gleichsetzung, der eine tendenzielle Gleichsetzung auch der Termini ›Sprache‹ und ›Denken‹ selbst korrespondiert,[395] weist auf ein Überspringen unseres Problems schon bei der *Fassung* der Frage, aus deren Beantwortung sich die Verfehltheit des kritisierten Ansatzes doch erst *ergeben* müßte, und sie ist zugleich ein erstes Anzeichen dafür, daß der von Wittgenstein nicht zusammen mit dem des Denkens thematisierte Sprachbegriff unter der Hand eine für unsere Fragestellung fatale inhaltliche Bestimmung erfährt. Der Gegner kann hier (in sinngemäßer Abwandlung einer Passage aus PhU § 308) erwidern: »Eben dadurch, daß du ›Begriff‹ und ›Wort‹ miteinander identifizierst, suchst du uns auf eine bestimmte Betrachtungsweise festzulegen. Denn du hast einen bestimmten Begriff davon, was es heißt: einen ›Begriff‹ zu verwenden und (mit

394 Vgl. auch PhU § 96 f. und S. 506; anders dagegen PhU § 68. 208. 532 und S. 525, wo der ›Begriff‹ vom ›Wort‹ getrennt und als dessen ›Bedeutung‹ behandelt wird.

395 Kenntlich meist nur am selbstverständlichen Wechsel zwischen den beiden Ausdrücken (vgl. z. B. PhU § 92. 110. 437. 669), gelegentlich aber auch ausdrücklich, etwa in PhU § 96, wo es in Abwehr der Vorstellung von der »Einzigartigkeit« des im Satz »enthaltenen« Denkens heißt: »Die Begriffe: Satz, Sprache, Denken, Welt, stehen in einer Reihe hintereinander, jeder dem andern äquivalent.«, oder in PhU S. 529, wo erklärt wird, die Aussage, zwei Personen hätten an dieselbe Person gedacht, könne »MEHR [. . .] doch nicht heißen«, als daß beide »die gleichen Worte im Stillen zu sich gesagt« haben. An anderen Stellen (vgl. PhU S. 523, 529; Z § 106) wird demgegenüber nur auf einen ›sehr engen Zusammenhang‹ der an sich voneinander zu unterscheidenden Begriffe des ›Denkens‹ und ›Sprechens‹ (inklusive des ›stillen‹) abgehoben; doch bleibt die genaue Abgrenzung und ihre eventuelle Vereinbarkeit mit den anderslautenden Aussagen unaufgeklärt.

Verständnis) zu ›sprechen‹. Der entscheidende Schritt im Taschenspielerkunststück ist getan, und gerade er erschien dir oder sollte uns unschuldig erscheinen.« Diese Replik ist freilich insofern nicht ganz fair, als es der Wittgensteinschen Darstellungsweise entspricht, Prämissen und Konklusionen miteinander zu verschlingen, und die Möglichkeit besteht, daß die als methodologische Aussage auftretende Gleichsetzung von Sprache und Denken nicht als Voraussetzung der Untersuchung gemeint ist, sondern als deren Ergebnis. Immerhin aber entsteht der Verdacht, daß Wittgenstein seinen Gegner gar nicht auf der Ebene der tatsächlichen umgangssprachlichen Rede vom Denken angreift und widerlegt, sondern zu seinem Ergebnis nur kommt durch verkappte petitio principii. Und dieser Verdacht wird von einer anderen Seite her gleich noch beträchtlich verstärkt.

Zu unserer Überraschung müssen wir nämlich feststellen, daß Wittgenstein das, was er als angemessenes, anderen überlegenes Vorgehen herausstellt und kritisch gegen den ›introspektiven‹ Ansatz wendet, *selbst* gar nicht weiter verfolgt: sc. die Verwendungsweisen des Ausdrucks ›Denken‹ sprachanalytisch zu untersuchen. Zwar beginnt § 328, der auf die (oben zitierte) Formulierung der allgemeinen Zusammenhangsfrage und ihre Überführung in die spezielle Frage nach dem, ›was Denken ist‹, folgt, mit der Frage nach der *Verwendung* des Ausdrucks, aber statt nun in eine entsprechende analytische Untersuchung einzutreten, überführt Wittgenstein diese Frage gleich noch einmal in eine andere, nämlich in die nach der Möglichkeit oder Unmöglichkeit eines *Irrtums* bei einer Anwendung. Natürlich hängt diese Frage mit der Ausdrucksverwendung zusammen, aber sie betrifft ein Spezialproblem, das erst dann relevant werden kann, wenn man sich darüber, *wie* der Ausdruck verwendet wird, *wenn* er richtig (irrtumsfrei) angewandt wird, schon im klaren ist. Der Grund, warum Wittgenstein so rasch auf die speziellere Frage hinsteuert, ist ersichtlich. Er orientiert sich an einer Gegenposition, die das ›introspektive‹ Vorgehen dazu verleitet, den Denkbegriff pauschal unter dem Gesichtspunkt der ›Privatheit‹ und der ›Infallibilität‹ zu betrachten, und es ist wohl vor allem *diese* Idee, die Wittgenstein hier zu Fall bringen möchte. Der anticartesianistische Impetus mag berechtigt sein. Als Kritik an der ›Introspektion‹ aber ist er von der Sache her falsch plaziert, denn ›Privatheit‹ und ›Infallibilität‹ sind, ungeachtet ihrer engen Verbindung in einer bestimmten philosophischen Tradition, vom Gesichtspunkt der ›Mentalität‹ prinzipiell unabhängig.[396]

Und wie steht es allgemein mit der Einlösung des erhobenen sprachanalytischen Anspruchs? Während Wittgenstein in den *»Zetteln«* (§ 122) und weniger ausgeprägt auch in der *»Philosophischen Grammatik«* (p. 106) immerhin eine – wenn auch sehr kurze und unvollständige – Übersicht über die Verwendungsweisen des Wortes ›Denken‹ gegeben hat, suchen wir in den *»Philosophischen Untersuchungen«* danach vergebens. Die einzige relevante Bemerkung innerhalb der zentralen Passage (§ 316 ff.) findet sich in § 332, wo erwähnt wird, daß auch die von der traditionellen Auffassung mit dem Denken schlechthin identifizierten ›inneren Begleitvorgänge‹ »manchmal« ›Denken‹ genannt werden, und wo dieser Sinn ausdrücklich als (angeblich) irrelevant für die eigene Untersuchung ausgegrenzt wird, die sich an dem in der Umgangssprache meist durch ›Gedanke‹ bezeichneten Sinn jenes Terminus orientiert. Über den weiteren terminologischen Horizont beider Verwendungsweisen aber wird nichts gesagt und die gegebene Abgrenzung hilft uns natürlich auch nicht viel weiter, da sie voraussetzt, daß die Erklärung des zur Debatte stehenden Sinns *mit Hilfe* des Denkens im Sinne ›innerer Begleitvorgänge‹ nicht möglich ist, was ohne weitere sprachanalytische oder sonstige Rechtfertigung ja nicht mehr sein kann als eine einfache Gegenthese.

Rechtfertigungen im Rekurs auf den faktischen Sprachgebrauch jedenfalls fehlen. Es bleibt bei der allgemeinen Behauptung, daß der ›introspektive‹ Ansatz vom ›Denken‹ in einer Weise redet, die der umgangssprachlichen Rede *nicht* entspricht, und der stillschweigenden Unterstellung, daß die *eigenen* Erklärungen dieser Rede gerecht werden. *Was* hier als angemessene Rede vom ›Denken‹ gilt, können wir nur der Weise entnehmen, in der Wittgenstein *selbst* den Ausdruck verwendet. Dabei ergibt sich, daß er generell zwischen sprachlichem Denken, das lautes und ›stilles‹ Sprechen umfaßt und speziell auf vollständige Aussagesätze bezogen wird, und nichtsprachlichem, im intelligenten (speziell: im nicht ›mechanischen‹) Verhalten manifestierten Denken

396 Vgl. S. 129 ff. – Auch in der Negation zeigt sich an dieser Stelle noch die Verhaftetheit an das traditionelle Schema von ›Innen‹ und ›Außen‹, von dem wir uns im Interesse eines unvoreingenommenen Zugangs zum Denken befreien müssen.

unterscheidet und daß er einige ›introspektive‹ Erscheinungen (›Innehalten‹, ›Gedankenblitze‹ o. ä.), die in der Umgangssprache gleichfalls als ›Denken‹ bezeichnet werden, für relevant, wenn auch begrifflich sekundär hält.[397] Für die interne Differenzierung ist auch dies wenig ergiebig, und da es dahinsteht, ja, angesichts der bestehenden umgangssprachlichen *Favoritisierung* der hier (noch dazu unter willkürlicher Ausklammerung des ›stillen Sprechens‹) gerade an den Rand gedrängten mentalen Verwendung mehr als zweifelhaft ist, ob der Anspruch auf Übereinstimmung mit dem gewöhnlichen Sprachgebrauch wirklich zu Recht besteht, wird man den Wittgensteinschen Versuch zur sprachanalytischen Überwindung des ›introspektiven‹ Ansatzes und der ihm zugeschriebenen falschen Vorstellungen über das Denken generell als gescheitert betrachten müssen.[398]

397 Diese Feststellungen beziehen sich vornehmlich auf den Gebrauch der Ausdrücke ›denken‹, ›Gedanke‹ u. ä. in den PhU (gestützt auf die Konkordanz von Kaal und McKinnon, Leiden 1975), sowie auf die genannten Stellen in Z und PhG, d. h. nur auf die (weitere) Umgebung des von uns diskutierten Gedankengangs, was einen strengeren philologischen Anspruch, der hier nicht erfordert ist, natürlich ausschließt. Zudem ist generell zu berücksichtigen, daß es einen *prägnanten* Gebrauch dieser Ausdrücke bei Wittgenstein offensichtlich nicht gibt. Er bedient sich (ohne sie direkt zu thematisieren) der *verschiedensten* umgangssprachlichen Verwendungsweisen, wenngleich er dort, wo er *vom* ›Denken‹ redet (also den Ausdruck nicht nur in Wendungen wie ›denk dir . . .‹, ›denk nicht . . .‹ usw. gebraucht), gewöhnlich das ›*Meinen*‹ eines in Aussagesätzen auszudrückenden wahrheitsfähigen ›Gedankens‹ oder das ›*Denken an*‹ einen Gegenstand im Auge hat und seinerseits davon ausgeht, daß diese Leistungen *sprachlich* erfolgen.

398 Die ungenügende Rücksicht auf den faktischen Sprachgebrauch führt (wie zu erwarten) an einigen Stellen zu offenkundigen Fehlurteilen. So erklärt Wittgenstein, unsere Umgangssprache verbiete es, das Wort ›denken‹ auf andere Wesen als Menschen anzuwenden: »Man lernt es [. . .] nur vom Menschen sagen, es von ihm behaupten oder leugnen. Die Frage ›Denkt ein Fisch?‹ existiert unter seinen Sprachanwendungen nicht, *wird nicht gestellt.*« (Z § 117, vgl. § 129, PhU §§ 359-361). Aber obgleich, wie wir festgestellt haben (S. 110), die Umgangssprache menschliche ›Träger‹ bevorzugt und insofern eine entsprechende Restriktion *nahelegt, gibt* es eine grundsätzliche Bindung dieser Art nicht, weder als Faktum, noch gar als mit der Sprache zu erlernende Regel. Die sprachtheoretische Annahme, daß sie ein festes Regelsystem enthält und das Interesse am Ausschluß bestimmter Fragestellungen haben Wittgensteins sprachanalytische Akribie offensichtlich beeinträchtigt.

Deutlicher noch ist das bei seiner Behauptung, es sei »richtig zu sagen ›Ich weiß, was du denkst‹, und falsch: ›Ich weiß, was ich denke‹ «, durch welche Feststellung (angeblich) »eine ganze Wolke von Philosophie [. . .] zu einem Tröpfchen Sprachlehre« »kondensiere« (PhU S. 534). Hier nimmt die Berufung auf die Umgangssprache schon leicht groteske Formen an, denn natürlich *reden* wir (etwa beim später im Text beschriebenen Spiel des ›Gedankenerratens‹, S. 535) faktisch auch – und nicht

4. Sachlicher Kern des Wittgenstein-Argumentes

Dieser Versuch ist nun freilich – ähnlich dem schon erwähnten Versuch Wittgensteins zur analytischen Reduktion des Satzes ›Ich habe Schmerzen‹ oder Ryles ›adverbialer‹ Analyse des Wortes ›denken‹ (S. 177 f.) – mehr eine Sache der Theorie oder des eigenen theoretischen Selbstverständnisses als eine Sache der Praxis. Faktisch jedenfalls geht Wittgenstein bei der Kritik an der Gegenposition weit über seine sich selbst verbaliter auferlegten sprachanalytischen Beschränkungen hinaus. Er geht nicht nur (was die geringe Rücksicht auf ihn ja schon anzeigte) grundsätzlich hinter den vorliegenden Sprachgebrauch zurück und analysiert, ungeachtet jener Erklärung in PhU § 383, neben der »Anwendung eines Wortes« auch das von diesem angesprochene »Phänomen«, sondern er läßt sich sogar auf das ›introspektive‹ Vorgehen selbst ein und greift, wesentlich wirkungsvoller, seinen Gegner auf dessen eigenem Felde an. Demjenigen, der behauptet, das Denken (beim sinnvollen Reden) sei etwas ›Geistiges‹ vor oder neben dem Sprechen, fordert er auf, mit dieser Auffassung ernst zu machen und das beanspruchte mentale Phänomen in konkreten Fällen zu identifizieren, wobei sich – so sein Einwand – von selbst herausstellt, daß die Idee verfehlt ist:

» ›Der Zweck der Sprache ist, Gedanken auszudrücken.‹ – So ist es wohl der Zweck jedes Satzes, einen Gedanken auszudrücken. Welchen Gedanken drückt also z. B. der Satz ›Es regnet‹ aus? –« (PhU § 501).

»Sprich einen Satz und denke ihn; sprich ihn mit Verständnis! – Und nun

unverständlich – in der genannten Weise, und nur *Wittgenstein,* der doch angeblich »alles lassen will, wie es ist« (PhU § 124) und der »jeden Satz unserer Sprache«, wie er ist, für »in Ordnung« hält (PhU § 98), möchte uns hier – aus ›philosophischen‹ Rücksichten – eines Besseren belehren. Inwieweit diese Rücksichten, speziell seine Kritik an dem, was frühere Philosophen aus jener Rede ableiten zu können glaubten, für uns *sachlich* verpflichtend sind (partiell jedenfalls sind sie es sicher) und ob sie eine entsprechende *Revision* unseres Sprachgebrauchs rechtfertigen (was weit schwieriger zu begründen sein dürfte, weil man sich dabei – wie bei den selbstbezogenen Aussagen über Schmerzzustände, S. 126 f., Anm. 125 – über die bestehenden semantischen Zusammenhänge hinwegsetzen muß), steht hier nicht zur Debatte. Seltsam ist nur die Annahme, daß all dies angesichts einer vorgegebenen, sachlich ›unhinterfragbaren‹ Regel unserer Sprache gar nicht erforderlich ist. Die reale Situation ist gerade umgekehrt: wenn es (was freilich dahinsteht) an dieser Stelle zu einer sprachanalytisch begründeten ›Kondensation‹ philosophischer ›Wolken‹ kommt, dann wohl eher zu der von Wittgensteinschen als anderen.

sprich ihn nicht, und tu nur das, womit du ihn beim verständnisvollen Sprechen begleitet hast! –« (PhU § 332).

»Sprich die Zeile: ›Die Feder ist wohl stumpf. Nu, nu, sie geht.‹ Einmal denkend; dann gedankenlos; dann denk nur den Gedanken, aber ohne die Worte. – Nun, ich könnte, im Laufe einer Handlung, die Spitze meiner Feder prüfen, mein Gesicht verziehen, – dann mit einer Gebärde der Resignation weiterschreiben. – Ich könnte auch, mit irgendwelchen Messungen beschäftigt, so handeln, daß, wer mir zusieht, sagen würde, ich habe – ohne Worte – gedacht: Sind zwei Größen einer dritten gleich, so sind sie untereinander gleich« (PhU § 330; vgl. Z § 100).

»Aber was hier das Denken ausmacht, ist nicht ein Vorgang, der die Worte begleiten muß, wenn sie nicht gedankenlos ausgesprochen sein sollen« (PhU § 330; vgl. Z § 93 f. 101; PhG 106 f.).

»Wenn ich in der Sprache denke, so schweben mir nicht neben dem sprachlichen Ausdruck noch ›Bedeutungen‹ vor; sondern die Sprache selbst ist das Vehikel des Denkens« (PhU § 329).

»Denken ist kein unkörperlicher Vorgang, der dem Reden Leben und Sinn leiht, und den man vom Reden ablösen könnte, gleichsam wie der Böse den Schatten Schlehmiehls vom Boden abnimmt« (PhU § 339).

»Es gibt wichtige Begleitvorgänge des Redens, die dem gedankenlosen Reden oft fehlen und es kennzeichnen. Aber *sie* sind nicht das Denken« (PhU S. 530).

»Und hierzu muß nur bemerkt werden, daß das ›gedankenlose‹ Reden sich von einem anderen wohl auch manchmal durch das unterscheidet, was beim Reden im Redenden an Vorstellungen, Empfindungen, und anderem, vor sich geht, daß aber diese Begleitung nicht das ›Denken‹ ausmacht und ihr Fehlen noch nicht die ›Gedankenlosigkeit‹.[399]«

Wittgenstein beruft sich bei seiner Kritik an der Gegenposition also selbst auf gewisse ›introspektive‹ Evidenzen und trotz des im ganzen negativen Ergebnisses ist seine Argumentation differenziert. Nur zum Teil (wenn auch vermutlich zum größeren) geht die Kritik dahin, daß *überhaupt nichts* außer den sprachlichen Ausdrücken auftritt, was die Stelle des ›Denkens‹ einnehmen könn-

399 Wittgenstein 1956, a.a.O. [S. 122, Anm. 119], § 116. – Kritik am Gedanken der mentalen ›Begleitung‹ übt Wittgenstein nicht nur beim sprachlichen Denken, sondern auch bei verschiedenen anderen ›psychischen‹ Phänomenen wie etwa: Aufmerksamkeit, Überzeugung, Erinnerung, Wunsch, Hoffnung, Erwartung, Wille und Absicht, wobei sich die Argumentationsweise häufig entspricht. Ein Teil der Probleme, die im Folgenden im speziellen Bezug auf das erste entwickelt werden, gelten darum auch für die übrigen Phänomene, so wie umgekehrt deren genauere Untersuchung Wittgensteins Ausführungen auch zum ersten erhellen würden. Von den letzteren sollen hier nur diejenigen mitberücksichtigt werden, die Wittgenstein selbst zum Vergleich mit dem sprachlichen Denken heranzieht.

te.[400] Daneben rechnet er durchaus mit Fällen, in denen geeignete Leistungen neben dem Sprechen und Hören zu beobachten sind, und sein Einwand ist hier nur, daß sie den ›introspektionistischen‹ Erwartungen *nicht entsprechen. Entweder* sind es Verhaltensleistungen, die zugleich mit oder zwischen den sprachlichen Leistungen auftreten: Mienen und Gesten (erwähnt in PhU § 330, vgl. auch Z § 97), die den Ausdruck der Rede unterstreichen und ihr gegegenüber bloße Qualifikationen sind, oder selbständige intelligente Handlungen (wie das Meß-Verhalten in PhU § 330, vgl. Z § 100 und 102), die maßgeblichen Anteil an der Gesamtleistung haben und der sprachlichen in ›gedanklicher‹ Hinsicht partiell (etwa im angesprochenen Meß-Prinzip) äquivalent sind, Intelligenzcharakter aber als solche besitzen und der Erklärung durch mentale ›Begleitvorgänge‹ nicht bedürfen. *Oder* es handelt sich um Erscheinungen, die zwar, wie es die traditionelle Auffassung fordert, ›introspektiv‹ zu erfassen sind und den Sprachgebrauch charakteristisch begleiten können, dies jedoch (so der Einwand der beiden letzten zitierten Stellen, vgl. auch spezieller PhU § 35) nicht tun müssen und dort, wo sie es tun, für den ›Gedanken‹ selbst keine Bedeutung haben.

Dieser direkte Widerlegungsversuch wird ergänzt durch Vergleiche mit Fällen, in denen man, hielte man sich an den traditionellen Ansatz, ebenfalls etwas ›introspektiv‹ zu Erfassendes (›Geistiges‹) vor oder neben der ›äußeren Leistung zu unterstellen hätte, in denen dies aber so offenkundig verfehlt ist, daß dadurch rückwirkend auch die entsprechende Vorstellung über das Denken absurd erscheint. Die Annahme, der sprachlichen Äußerung müsse das ›innere‹ Erfassen des in ihr ausgedrückten ›Gedankens‹ *vorausgehen,* vergleicht Wittgenstein mit der Annahme, daß man beim Auswendigsingen zunächst die Melodie ›im Geiste‹ hören muß, um sie dann ›nachzusingen‹.[401] Und die Absurdität der Vorstellung

400 Diesen grundsätzlichen Einwand indizieren die signifikanten Bindestriche in PhU § 501, 332 und 330, sowie die ausdrücklichen Erklärungen in § 330 und 329. Speziell auf das fehlende Auftreten von ›Gedanken‹ *vor* der Äußerung beziehen sich die schon früher zitierten Bemerkungen Wittgensteins über James und zum Faktum der Ausdrucksschwierigkeiten (S. 333, Anm. 357 bzw. S. 357, Anm. 371). Zum Ganzen vgl. auch PhU § 598.

401 PhU § 333, vgl. Z § 2. – In PhU S. 507 wird, bezogen auf die reflexartige Versprachlichung einer Wahrnehmung, der Vergleich des ›Gedankenausdrucks‹ mit dem ›Ausdruck‹ des Schmerzes im Schreien nahegelegt, was in Verbindung mit der früher erwähnten Ablehnung mentaler Schmerzerlebnisse ebenfalls ein Argument für

von der mentalen *›Begleitung‹* soll der Vergleich des gedankenvollen oder gedankenlosen Sprechens mit dem gedankenvollen oder gedankenlosen Musizieren, dem ausdrucksvollen oder ausdruckslosen Singen und dem verständnisvollen oder verständnislosen Hören von Musik demonstrieren.[402] Die indirekte Beweisführung hat einen doppelten Sinn. Einmal hat sie die psychologische Aufgabe, den Leser aus seiner vermuteten Fixierung auf das traditionelle Schema zu lösen, indem das ›Paradigma‹ der Erklärung gewechselt wird. Daneben aber hat sie ein sachliches Gewicht, da die zugrundegelegten Vergleichsgesichtspunkte Aufschluß darüber geben, wie die Phänomene, die in der kritisierten Auffassung durch vorausgehende oder ›begleitende‹ mentale Vorgänge erklärt wurden, nach Wittgenstein positiv zu verstehen sind. Wie überzeugend ist sein Gedankengang?

Der Eindruck, den wir gewinnen, ist zwiespältig. Fraglos hat die Beweisführung etwas Zwingendes. Doch zugleich umgibt sie eine Aura der argumentativen Suggestion, die den Leser in eine bestimmte Richtung zu lenken und den historischen oder denkbaren Gegner mit nicht ganz lauteren Mitteln ins theoretische Abseits zu drängen sucht. Ein »Taschenspielerkunststück«? Oder ist der Beweis korrekt und unser Gefühl der suggestiven Beeinflussung nur ein Ausdruck der falschen Verhaftetheit an das traditionelle Schema? Nun, durchschlagend ist Wittgensteins Argument offenbar darin, daß die Idee, der in einem Satz zum Ausdruck gebrachte ›Gedanke‹ sei so etwas wie eine neben oder vor der Lautäußerung ablaufende Folge ›innerer Bilder‹, nichtvi-

die Unmöglichkeit des Vorausgehens von ›Gedanken‹ liefert. Da Wittgensteins Analyse der Schmerzäußerungen jedoch (wie erwähnt) äußerst unplausibel und seine jetzige Erklärung zudem schwer mit der oben (S. 387) zitierten aus PhU § 317 zu vereinbaren ist, soll im Folgenden nicht weiter auf sie eingegangen werden.

402 Vgl. PhU § 341. 527, S. 493 f. oder (in direktem Anschluß an die zitierte Aufforderung zur Abtrennung des ›Gedankens‹) § 332: »Sing dies Lied mit Ausdruck! Und nun sing es nicht, aber wiederhole den Ausdruck! – Und man könnte auch hier etwas wiederholen, z. B. Schwingungen des Körpers, langsameres und schnelleres Atmen, etc.« – Darüber hinaus werden Vergleiche gezogen mit dem Reden mit oder ohne Überzeugung (PhU § 333, vgl. § 578. 607, 538), mit oder ohne Anteilnahme (Z § 124, vgl. PhU S. 526), sowie mit dem absichtsvollen oder absichtslosen Handeln (PhU S. 529., vgl. § 174. 592, S. 531 f.). Da sie jedoch weit weniger eindeutig sind und vom Gegner möglicherweise ebenso wie das gedankenvolle oder gedankenlose Sprechen nach dem Schema der mentalen Begleitung erklärt werden könnten, sollen sie nur am Rande berücksichtigt werden.

sueller Vorstellungen oder ›Gefühle‹,[403] verfehlt ist. Es gibt dort, wenn wir nur ernsthaft und aufrichtig mit der ›introspektiven‹ Überprüfung beginnen, nichts für den Sinn des Satzes Unabdingbares zu beobachten: zu ›beobachten‹ (›wahrzunehmen‹, S. 134) schon gar nicht und in den meisten Fällen auch nichts quasibeobachtend ›vorzustellen‹, was mutatis mutandis für alle Sinnesbereiche gilt.[404] Und wenn der Vergleich mit dem ›gedankenvollen‹, ›ausdrucksvollen‹ oder ›verständnisvollen‹ Umgang mit Musik richtig ist, ergibt sich die Absurdität jener Idee von selbst, denn es wäre natürlich grotesk, (etwa) den Gesangsausdruck ohne Gesang wiederholen zu wollen. Was sich tatsächlich wiederholen läßt, sind ›begleitende Verhaltensweisen‹, die entweder, vergleichbar den ›introspektiven Begleitumständen‹ beim Sprechen, gänzlich irrelevant oder, vergleichbar der mit dem Sprechen verbundenen Mimik und Gestik, nur eine zusätzliche Qualifikation des ›Ausdrucks‹ sind, nicht aber dieser selbst. Das heißt: verpflichtend ist Wittgensteins Argument insofern, als es ein ›introspektives‹ Vorgehen, das auf die durchgängige Zuordnung mentaler ›Bedeutungen‹ zu den gewöhnlichen sprachlichen Ausdrücken abzielt, als inadäquaten semantischen Ansatz erweist.

403 Wittgensteins Charakterisierung der (von der Gegenposition unterstellten) ›Begleiterscheinungen‹ wechselt. Oft spricht er unspezifiziert von »Erscheinungen«, »Phänomenen«, »Erlebnissen«, »Tätigkeiten« oder (wie an den meisten zitierten Stellen) von »Begleitvorgängen« oder einfach von der »Begleitung«. Häufiger aber werden zu diesen und ähnlichen Substantiven qualifizierende Adjektive (o. ä.) hinzugefügt, die den mentalen Charakter verdeutlichen: »seelisch«, »psychisch«, »geistig«, »unkörperlich«, »innerlich«, »introspektiv-« oder »durch-Selbstbeobachtung-zu-erfahren«, »vorschwebend«, »sich-selbst-vorgeführt« usw. Fragt man nach weiterer Spezifizierung, findet sich häufig die substantivische oder verbale Rede von »Vorstellungen« bzw. vom »Sich-Vorstellen«, noch häufiger die von (»inneren«) »Bildern« und nicht selten – auch im Zusammenhang mit den (unterstellten) ›Bedeutungen‹ einzelner sprachlicher Ausdrücke und den ›Gedanken‹ vollständiger Sätze – die Rede von charakteristischen »Gefühlen« oder »Empfindungen«, mitunter auch »Stimmungen«. Diese Bezeichnungsvielfalt spiegelt bereits die begriffliche Konfusion, die Wittgenstein seinem Gegner zuschreibt, und erschwert insofern eine sachliche Auseinandersetzung. Für die folgende Diskussion, die sich auf die »Gedanken« einfacher, prädikativer Aussagesätze über raumzeitliche Phänomene konzentrieren wird (vgl. unten S. 402, Anm. 406), scheint es geraten, nur die Vorstellungen (speziell: die visuellen, die »inneren Bilder«) als die im Argument in Zweifel gezogenen mentalen »Begleitphänomene« zu behandeln und von Gefühlen, Stimmungen usw. abzusehen.

404 Wittgenstein PhU S. 487: »Wenn *ich's* tue, blinzele ich mit den Augen vor Anstrengung, indem ich versuche, mir bei jedem der beiden [zitierten] Worte die richtige Bedeutung vorzuführen.«

Das ist zunächst freilich nur eine spezielle, auf die Semantik bezogene Konsequenz der Kritik an der Universalisierung des mentalen Phänomenbereichs (S. 133 f.) und als solche so offenkundig, daß es kaum denkbar erscheint, daß der ›Introspektionist‹ Wittgensteins Feststellung nicht sogleich zugeben würde. Der Schluß allerdings, daß hier nur offene Türen eingerannt oder die historischen oder denkbaren Gegenpositionen unzulässig vereinfacht werden, wäre verfrüht. Ein historisches Recht gegenüber den Universalisierungstendenzen behält die Kritik in jedem Fall, und vor allem geht Wittgensteins Anspruch über die schlichte Feststellung offensichtlich hinaus. Sein Hinweis auf die Unmöglichkeit, sich den ›Gedanken‹ als Folge ›innerer Bilder‹ (o. ä.) vor oder neben der Satzäußerung vorzustellen, ist *exemplarisch* gemeint und soll uns zu Einsichten von grundsätzlicherer Bedeutung führen. Diese Einsichten werden im Text nicht ausdrücklich als Ergebnisse des Gedankengangs kenntlich gemacht, sondern nur ›angeregt‹ durch die verwendeten Argumente, und dieser Umstand ist es wohl auch vor allem, der den Verdacht der ›suggestiven‹ Beeinflussung weckt. Aber der Streit um die wechselseitigen ›Taschenspielereien‹ ist müßig. Feststeht, *daß* Wittgensteins Argument nur dann interessant ist, *wenn* weitergehende Ansprüche mit ihm verbunden werden,[405] und daß wir erst dann gesicherte

405 Ayer (1947, a.a.O., 21 ff.), der ebenfalls gegen die Annahme eines ›Begleitvorgangs‹ neben dem Sprechen argumentiert mit der Aufforderung, diese Idee einmal ernsthaft durchzuführen, ist in seiner Argumentation weit weniger ›anregend‹, aber ebendarum auch weniger interessant und von der Gegenposition her leichter zu kritisieren. Er greift den Gegner durchweg in einer Version an, in der »Symbole«, d. h. beliebige zeichenhaft verwendete Ausdrücke, ihre Bedeutung durch ›begleitende innere Bilder‹ erhalten, und argumentiert dagegen, [a] daß solche ›Bilder‹ (was ja auch Wittgenstein angeführt hatte) in den meisten Fällen faktisch nicht aufweisbar sind und (über Wittgensteins Argument hinausgehend, vgl. aber auch dort PhU § 139 ff. 389, S. 488) [b] daß ›innere Bilder‹ – als Vorstellungen *von* etwas, dessen Erkenntnis sie angeblich erklären – *selbst* Symbole darstellen, die, sollten sie weiterhin nach dem gleichen Schema erklärt werden, alsbald in einen Regreß führen müßten, wobei das Ergebnis (hier bezogen auf das *im* Umgang mit bedeutungsvollen ›Symbolen‹ enthaltene Denken – Ayer selbst hatte zuvor auch andere Arten des Denkens diskutiert) lautet: »of the five factors which we distinguished in the conventional analysis of thinking we have now eliminated two. We have seen that, at least in any case in which the thought is a thought *of* anything, the process of thought is not distinct from the expression of it; and we have seen that it involves neither the mind as an instrument, nor what have been described as mental acts. And since to dispense with these mental acts is also to dispense with their objects, we have to that extent eliminated yet a third factor, the object of thought« (p. 25).

Aussagen über seine Beweiskraft machen können, wenn diese Ansprüche expliziert und in einen argumentativen Zusammenhang mit den ausdrücklich herangezogenen Evidenzen gebracht werden.

Es sind vor allem zwei Behauptungen, die der Wittgensteinsche Gedankengang nahelegt und die Anstoß auf der Gegenseite erregen müssen: die These von der totalen *Irrelevanz*, nicht nur der eingeschränkten Bedeutung, des Mentalen für den ›gedanklichen Gehalt‹ sprachlicher Ausdrücke und die These von der *Sprachabhängigkeit* des sprachlichen Denkens, bei der, je nach der herangezogenen Begründung, zwei Versionen zu unterscheiden sind. In der schwächeren Version wird nur auf die Unmöglichkeit einer *faktischen Loslösung* des ›Gedankens‹ vom Wort, d. h. auf die Unmöglichkeit seiner faktisch ausdrucksfreien Verwendung abgehoben. (Wittgenstein: »Denk nur den Gedanken, aber ohne die Worte.«) In der stärkeren Version geht es dagegen um die *Idee des Hinzutretens* eines ›Gedankens‹ zum Wort als solche: um die Möglichkeit, das ›gedankenvolle Sprechen‹ als komplexes Phänomen zu verstehen, das sich aus mehreren Elementen ›konstituiert‹ und nicht ausschließlich aus der Rezeption und Hervorbringung bloßer Ausdrücke. Wenn wir voraussetzen, daß die Irrelevanz- und die Abhängigkeitsthese (in einer der beiden Versionen) zum Beweisanspruch Wittgensteins gehören, können wir seinen Gedankengang, vereinfacht und mit den erforderlichen interpretatorischen ›Caveats‹, in der folgenden Form explizieren:[406]

Aber ein solches Ergebnis ist mit den *gegebenen* Argumenten natürlich nicht zu begründen. Argument [a] rennt bei den ernsthaften Gegnern offene Türen ein. Argument [b] beruft sich auf zweifelhafte Prämissen. Denn abgesehen davon, daß nicht alle mentalen Phänomene Vorstellungen und nicht alle Vorstellungen ›Vorstellungen *von* etwas‹ sind, würde der Gegner natürlich nicht zugeben, daß ›innere Bilder‹ oder sonstige Vorstellungen, die *tatsächlich* auf etwas anderes bezogen werden, als ›Symbole‹ von der Art der zeichenhaft verwendeten sprachlichen oder sonstigen Ausdrücke fungieren. Ayers unscharfe Rede vom ›Symbol‹ verdeckt die entscheidenden Differenzen: das Verhältnis der ›Rot-Vorstellung‹ (*wenn* man einmal unterstellt, daß der Gegner diese mit dem als ›Bedeutung‹ des Ausdrucks ›rot‹ fungierenden ›Begriff Rot‹ identifizieren möchte – was er nicht muß, vgl. unten S. 419 f.) zu den als ›rot‹ zu klassifizierenden physischen Phänomenen ist, wenn man es schon mit einem innerphysischen Verhältnis vergleichen will, nicht mit dem des betreffenden sprachlichen Ausdrucks zu diesen Phänomenen vergleichbar, sondern allenfalls dem eines roten ›Musterkärtchens‹ (o. ä.) zu ihnen, das ihnen gegenüber als Klassifikationskriterium fungiert (vgl. Wittgensteins Darstellung des sprachgeleiteten Herausgreifens roter Äpfel in PhU § 1).

406 Wie bei allen derartigen Systematisierungsversuchen und im besonderen

[1] In den meisten (relevanten) Fällen sind keinerlei ›begleitende‹ Vorgänge neben denen des Rezipierens oder Hervorbringens einer Satzäußerung zu konstatieren.

[2] In der verbleibenden Minderzahl der Fälle sind ›begleitende‹ Vorgänge neben der Satzäußerung zu konstatieren.

[3] Wenn ›begleitende‹ Vorgänge neben einer Satzäußerung auftreten, handelt es sich entweder um Verhaltensleistungen oder um ›introspektiv‹ identifizierbare mentale Vorgänge.

[4] In den meisten (relevanten) Fällen, in denen ›begleitende‹ Vorgänge neben der Satzäußerung auftreten, handelt es sich um Verhaltensleistungen, die, sofern sie Intelligenzcharakter besitzen, dieses *als solche* tun und nicht ihrerseits auf ›begleitende‹ Vorgänge angewiesen sind.

[5] Diese (unter [4] erwähnten) Leistungen können sich ihrem ›gedanklichen Gehalt‹ nach mehr oder weniger weitgehend mit den von ihnen ›begleiteten‹ sprachlichen Leistungen decken und sind insofern auch

solcher von vielschichtigen und vieldeutigen Texten kann diese Explikation nicht den Anspruch darauf erheben, alle Intentionen des Autors genau getroffen zu haben. Sie dient der sachlichen Diskussion der vom Text her nahegelegten weitergehenden Ansprüche, die für unsere Frage entscheidend sind. Behauptet wird also nicht, daß Wittgenstein so *gedacht hat,* als er den zitierten Gedankengang niederschrieb, sondern daß er so *hätte denken müssen,* wenn er – wie offensichtlich beabsichtigt – mit seinen Argumenten zu Ergebnissen kommen wollte, die für die These von der Sprachabhängigkeit oder den Sinn der Zusammenhangsfrage überhaupt negativ sind.

Sinngemäße Vereinfachungen sollen die Diskussion der entscheidenden Punkte erleichtern. So begnügt sich die Explikation mit einer vereinfachten umgangssprachlichen Darstellung des Beweises, die aber deutlich genug ist, um eine etwaige Formalisierung möglich zu machen. Bei der Beschreibung der Sprachleistungen hält sie sich (unter Voraussetzung grundsätzlicher Rekonstruierbarkeit des ›Systems‹ auf dieser Basis, vgl. S. 144, Anm. 148) an den aktuellen Zeichengebrauch eines bestimmten Benutzers zu einer bestimmten Zeit und spricht darum prägnant von ›Satzäußerungen‹ anstelle von ›Satzausdrücken‹ oder ›Sätzen‹. Dem bevorzugten Denkbegriff Wittgensteins (S. 393 f.) ebenso wie unseren eigenen früheren Restriktionen (S. 115 f.) folgend konzentrieren wir uns auf Aussagesätze, speziell auf elementare prädikative Sätze über raumzeitliche Phänomene, wobei wir das oben zugrundegelegte ›intuitive‹ Vorverständnis beibehalten. Fernerhin untersuchen wir die von Wittgenstein kritisierte Gegenposition nur in der Form des behaupteten *Begleit*vorgangs, nicht in der eines beanspruchten ›introspektiven‹ Erfassens *vor* der Satzäußerung, die schon erörtert wurde (S. 325 ff.) und auch in Wittgensteins Argument die geringere Rolle spielt. Ratsam scheint es dagegen, nicht nur die Situation des ›Sprechers‹ sondern auch – deutlicher als Wittgenstein selbst – die Situation des ›Hörers‹ in Rechnung zu stellen. Sie ist nicht nur ebenso bedeutsam wie jene, sondern ihr gegenüber sogar insofern fundamentaler, als jeder Sprecher immer auch ein Verstehender ist (aber nicht umgekehrt), was an bestimmten Stellen die Klärung des Streitpunkts vereinfacht.

für deren ›gedankliche‹ Leistungen *relevant*, bilden für sie aber *kein notwendiges Kriterium*.

[6] In der verbleibenden Minderzahl der Fälle handelt es sich um ›introspektiv‹ identifizierbare mentale Vorgänge.

[7] Diese (unter [6] erwähnten) Leistungen können zwar umgangssprachlich auch als ›Denken‹ bezeichnet werden, sind aber für den ›gedanklichen Gehalt‹ der von ihnen begleiteten Sprachleistungen grundsätzlich *irrelevant*.

[8] Es gibt keinen ›introspektiv‹ identifizierbaren mentalen ›Begleitvorgang‹, der für den ›gedanklichen Gehalt‹ einer rezipierten oder hervorgebrachten Satzäußerung *relevant* wäre.
[=Irrelevanzthese]

[9] Es gibt keinen ›Begleitvorgang‹ (welcher Art auch immer), der für den ›gedanklichen Gehalt‹ einer Satzäußerung *konstitutiv* wäre; d. h. dieser ›Gehalt‹ *ist kein* ›Begleitvorgang‹.
Beim Schluß auf die Sprachabhängigkeit sind dann zwei Versionen zu unterscheiden:

[10] Nur ›Begleitvorgänge‹ können (gegebenenfalls) von den durch sie ›begleiteten‹ sprachlichen Äußerungen abgetrennt, d. h. auch ohne sie ausgeführt werden.

[11] Nur was faktisch abtrennbar ist, kann sprachunabhängig sein.

[14a] Der ›gedankliche Gehalt‹ einer Satzäußerung kann nicht sprachunabhängig sein, d. h. ist notwendig sprachlich.
[=Abhängigkeitsthese in der schwächeren erwähnten Version]

[12] Nur ›Begleitvorgänge‹ können (neben der Rezeption oder Hervorbringung bloßer Lautketten) ›konstitutive‹ Teilereignisse komplexer Sprachleistungen sein.

[13] Nur ›konstitutive‹ Teilereignisse komplexer Sprachleistungen können sprachunabhängig sein.

[14b] Der ›gedankliche Gehalt‹ einer Satzäußerung kann nicht sprachunabhängig sein, d. h. ist notwendig sprachlich.
[=Abhängigkeitsthese in der stärkeren erwähnten Version]

Für die Beurteilung dieses Beweisgangs stellen sich mehrere kritische Fragen. Ist die Gegenposition in ihrer plausibelsten Form vertreten oder gründet der Einwand noch immer in einer unzulässigen Simplifizierung? Sind bei den Feststellungen über die jeweils bestehenden oder nicht bestehenden ›Begleitereignisse‹ – Prämissen [1] bis [7] – tatsächlich alle relevanten oder doch jedenfalls alle wesentlichen Evidenzen in Rechnung gestellt? Sind die in Rechnung gestellten richtig interpretiert worden? Und wie steht es mit der Begründung der Prämissen, die zur Sprachabhängigkeitsthese führen, sc. [10] und [11] bzw. [12] und [13]?

5. Formale Unbegründetheit der Wittgensteinschen Sprachabhängigkeitsthese

Beginnen wir mit der letzten, für uns vor allem entscheidenden Frage und konzentrieren wir uns zunächst auf die für die schwächere Fassung zentrale Prämisse [11]. Wir können sofort erkennen, daß sie, gemessen an der Problemstellung Herders und Humboldts, eine Beschränkung enthält, die ohne besondere Gründe nicht akzeptiert werden kann: aus der behaupteten *faktischen* Unabtrennbarkeit des ›Gedankens‹ folgt nicht seine Sprachabhängigkeit in dem Sinn, der in unserer Frage zur Debatte steht. Ein entscheidender Einwand ergäbe sich aus ihr nur, wenn die Beweislast einseitig auf den Gegner verlagert oder (mit der Prämisse) der Sinn der Frage als solcher bezweifelt würde. Aber das erste ist solange, als wir uns *in* der beschriebenen Pattsituation befinden, schwerlich gerechtfertigt und das zweite setzt den Sinn-Zweifel schon als begründet voraus, kann ihn also nicht *durch* einen auf Prämisse [11] gestützten Beweis etablieren. In ihrer jetzigen Form ist die Prämisse offensichtlich zu stark: die faktische Unabtrennbarkeit muß durch die *›prinzipielle‹* ersetzt werden. Damit allerdings wird ein Schluß auf der Basis von [9] und [10] unmöglich. Wir müssen, zumindest für diese Version, auf einen deduktiven Beweisgang verzichten und annehmen, daß Wittgensteins Hinweis auf das Fehlen von etwas faktisch Abtrennbarem nur den Sinn einer ›exemplarischen Anregung‹ für die Erkenntnis der prinzipiellen Unabtrennbarkeit des ›Gedankens‹ hat.

Welche ›Prinzipialität‹ steht zur Debatte? Wittgensteins sprachanalytischem Ansatz würde am ehesten die Behauptung entsprechen, daß das *Begriffssystem unserer Umgangssprache* uns bei der Rede über ›Gedanken‹ an die von ›Sätzen‹ bzw. ›Satzäußerungen‹ bindet. Doch wir haben ja schon gesehen, daß gerade diese Begründungsmöglichkeit von ihm selbst gar nicht ernsthaft verfolgt wird, und verpflichtend für uns wäre sie ohnehin nicht (S. 170 f.). Jene Aufforderung an den Gegner, sich den ›Gedanken‹ losgelöst von den Lauten vorzustellen, könnte eher den Sinn haben, ihm durch das Scheitern dieses Versuchs zu verdeutlichen, daß die *begrifflichen Vorbedingungen* für den sprachfreien Nachweis sprachlicher Denkleistungen nicht gegeben sind. Das trifft weitgehend zu, aber muß es für immer so bleiben? Mehr als ein

Ausdruck persönlicher Skepsis könnte auch dieser Einwand nur sein, wenn die Beweislast sich vollständig auf den Gegner abwälzen ließe. Durchschlagend wird er erst, wenn die begrifflichen Lücken nicht als zufällig, sondern als Folge einer grundsätzlichen *begrifflichen Undifferenzierbarkeit* des betroffenen Phänomens ›Sprache‹ oder bestimmter Teile von ihm (etwa der Sätze) aufgefaßt werden. Damit kann nicht nur die Sprachabhängigkeit (in einem trivialen Sinne) begründet werden, sondern die Sinnlosigkeit der gesamten Frage; das Beweisziel wäre erreicht. Prüfen wir daher, ob und in welchem Sinne Wittgenstein die Undifferenzierbarkeitsthese seinem Beweisgang zugrundelegt und mit welchem Recht er es tun kann.

Uneingeschränkt führt sie zur Reduktion auf den bloßen Ausdruck. Wittgensteins Stellung zu den entsprechenden Tendenzen in der neueren Sprachtheorie (vgl. S. 150) wollen wir vorerst unberücksichtigt lassen. Ihre ›Kontraintuitivität‹ liegt jedenfalls auf der Hand, und wir tun gut daran, ihm bei der Diskussion seines Beweisgangs eine solche Extremposition nicht zu unterstellen. Eine Differenzierung in ›Ausdruck‹ bzw. ›Äußerung‹ und ›Bedeutung‹ – unseren ersten Differenzierungsschritt – muß auch er grundsätzlich anerkennen, wofür es im Text auch genügend Anhaltspunkte gibt.[407] Was er tatsächlich verwirft, machen die Prämissen seines Beweisgangs deutlich: ›Begleitereignisse‹ in der Position der ›Bedeutung‹. Doch auch das ist nicht spezifiziert genug. Gemeint sein kann einmal, daß Sprachleistungen nicht, wie in [12] und [13] angesprochen, in verschiedene *Teilereignisse* zu zerlegen sind, was angesichts des unbestreitbaren Ereignischarakters der Lautäußerungen nur heißen kann, daß die ›Bedeutung‹ den formalen Status einer sekundären oder tertiären Qualifikation dieser Ereignisse hat (vgl. S. 163 ff.). Zum anderen kann die Zerlegung in *›spezifisch Zeichenhaftes‹* und *›gedanklichen Gehalt‹* – unser zweiter Differenzierungsschritt – für unmöglich gehalten werden. Wittgenstein scheint den Gegner zu beiden Zerlegungsformen verpflichtet zu sehen und ihn deshalb zu kritisieren.[408]

407 Z. B. die S. 391, Anm. 394 zitierten Äußerungen, in denen ›Begriff‹ und ›Wort‹ einander *entgegengestellt* werden; doch zeigt die Tatsache ihrer zeitweiligen *Identifizierung* bereits, daß Wittgenstein zumindest nicht ohne weiteres als Gegner des extremen Reduktionismus verstanden werden kann.

408 Darauf verweist u. a. der erwähnte Vergleich des ›gedankenvollen‹ Sprechens mit dem ›gedankenvollen‹ Musizieren (S. 397 f.), der den ›Gedanken‹ als unselbstän-

Aber wir haben festgestellt, daß sie prinzipiell nichts miteinander zu tun haben. Wenn die Kritik dem Zweifel am Sinn der Zusammenhangsfrage entspringt, muß sie sich vorzüglich gegen den zweiten Differenzierungsschritt wenden, wobei der erste dann immer noch in einer Weise erfolgen könnte, in der die undifferenzierbare ›intelligente Zeichenverwendung‹ als separates Teilereignis erscheint. Denkbar wäre dagegen auch, daß sie speziell auf den Ereignischarakter gemünzt ist. Dann bliebe die Möglichkeit einer rein qualitativen Differenzierung des ›Denkens‹, die, wie wir wissen (S. 176 ff.), seine notwendige Sprachlichkeit ebensowenig unter Beweis stellen kann wie die ereignishafte Auffassung seine Sprachunabhängigkeit. Bislang ist weder das eine noch das andere widerlegt worden und der Verdacht der Unhaltbarkeit entsteht, wenn überhaupt, so nur deshalb, weil Wittgenstein seinen Gegner in der für ihn schwierigsten theoretischen Position angreift.

Und die Vereinfachungen gehen noch weiter. Auch die Erfüllung des zweiten Differenzierungsschritts durch Einführung eigener Denkereignisse wird von Wittgenstein, wie in [12] expliziert, nur in der unplausibelsten Form eines zu Lautäußerung hinzutretenden ›Begleit*vorgangs*‹ angegriffen, während weitaus bedeutendere theoretische Alternativen unberücksichtigt bleiben. Vor allem fehlt die Rücksicht auf ›sprachkonstituierende‹ *Zustände*.[409] Wir hatten im letzten Kapitel (S. 326) festgestellt, daß das Erfassen der Gesamtsatzbedeutung nicht prozessual zu verstehen ist, ungeachtet der Tatsache, daß die Satzäußerung prozessual verläuft und

dige, wenn auch begrifflich zu unterscheidende, sekundäre Qualifikation des Musikmachens bzw. Sprechens hinstellt. (Vgl. etwa PhU S. 493: »[. . .] kann man dies Gefühl von der Phrase trennen? Und doch ist es nicht die Phrase selbst; denn Einer kann sie hören ohne dies Gefühl.«) Daß Wittgenstein seinen Gegner tatsächlich, wie in [13] vorausgesetzt, zur Annahme separater Denkereignisse verpflichtet sieht, zeigt seine durchgängige Rede von der »Begleitung« und eine Stelle wie Z § 123, an der ausdrücklich von der Annahme »*zweier* Tätigkeiten« gesprochen wird.

409 Diese Beschränkung im Kontext des diskutierten Gedankengangs ist auch intern nicht recht verständlich, da Wittgenstein sonst nicht selten von (»seelischen«, »inneren« o. ä.) »Zuständen« spricht, und zwar durchaus *auch* mit Bezug auf die relevanten Phänomene des »Meinens«, »Glaubens« oder »Verstehens« (z. B. PhU § 146 ff. 180. 652. 661 f., S. 500 f.), in Z § 94 sogar mit direktem Bezug auf das »Denken«. Da er im gleichen Atemzug aber auch von »Vorgängen« sprechen kann und dabei keineswegs systematisch verfährt (ausgerechnet beim zweifelsfrei *prozessualen* »Spiel der Vorstellungen« ist in Z § 94 von *»Zuständen«* des Denkens und Nichtdenkens die Rede!), ist es sehr fraglich, ob er die beiden Ausdrücke überhaupt in einem ontologisch prägnanten Sinne verwendet.

charakteristische Prozesse dem (zustandshaften) Erfassen ihres phonologischen und syntaktischen Musters und ihrer Gesamtbedeutung vorausgehen bzw. beim Sprechen für die Erfüllung des korrekten Musters verantwortlich sind. Wenn daher von einem Teilereignis des ›Fassens eines Gedankens‹ vor, nach oder neben der Äußerung eines Satzes die Rede sein kann, so käme dafür nur ein entsprechender Zustand in Frage, nicht aber ein Prozeß und schon gar nicht ein solcher, der die Lautfolge einfach ›begleitet‹. Wittgenstein drängt seinen Gegner auch hier in eine Position, die für ihn nicht nur die sprachtheoretisch schwierigste ist, sondern die sich bei kurzem Zusehen sogleich als theoretisch unhaltbar erweist.

Besonders deutlich wird das an der Stelle PhU S. 492 (vgl. PhG 107 f.), wo Wittgenstein mit Bezug auf die These vom Verstehen als ›innerem Vorgang‹ bemerkt: »Die Bedeutung ist nicht das Erlebnis beim Hören oder Aussprechen des Wortes, und der Sinn des Satzes nicht der Komplex dieser Erlebnisse. – (Wie setzt sich der Sinn des Satzes ›Ich habe ihn noch immer nicht gesehen‹ aus den Bedeutungen seiner Wörter zusammen?) Der Satz ist aus den Wörtern zusammengesetzt, und das ist genug.« Würden wir hier seine Rede vom ›inneren *Vorgang*‹ wörtlich nehmen und auf die Rede vom Satzsinn als ›Komplex‹ der ›Bedeutungs-Erlebnisse‹ beim Aussprechen oder Hören der *einzelnen Wörter* beziehen, so geriete die Gegenseite tatsächlich, wie es die Frage in Klammern nahelegt, ins theoretische Abseits. Sie müßte dann ja behaupten, daß das Verstehen des Satzes nichts weiter ist als das folgerechte Durchlaufen der ›Bedeutungs-Erlebnisse‹, die mit den in zeitlicher Sukzession auftretenden Wörtern des Satzes verbunden sind. (Wittgenstein PhU § 449: »Man kommt nicht davon weg, daß die Benützung des Satzes darin besteht, daß man sich bei jedem Wort etwas vorstelle.«) Diese Annahme ist so implausibel und so abseitig auch im Blick auf die faktisch vertretenen Positionen, daß man kaum unterstellen kann, Wittgenstein habe nur sie bei seiner Argumentation im Auge gehabt. Jede Verbesserung aber macht die Loslösung von den Vorgängen notwendig.

Selbst wenn man die Satzbedeutung zu einer Folge von Teilbedeutungen machen wollte, würde man das Verstehen kaum mit dem bloßen *Durchlaufen* der ›Bedeutungs-Erlebnisse‹ identifizieren, sondern allenfalls mit ihrem späteren, gleichzeitigen oder vorausgehenden *Erfassen als Folge* einer bestimmten Art, also mit einem Zustand. Vor allem aber ist die Voraussetzung für den Gegner nicht zwingend. Er kann (was der von Wittgenstein angegriffenen Tradition weit eher entsprechen dürfte) annehmen, daß die zunächst in der gegebenen zeitlichen Sukzession ›erlebten Teilbedeutungen‹ im Gedächtnis gespeichert, reproduziert und danach, während sie alle zugleich präsent sind, durch einen selbständigen, auf

›herangetragene‹ Formen oder Regeln gestützten ›synthetischen Akt‹ zu einem ›Komplex‹ vereinigt werden, der mit der ursprünglichen Folge nichts mehr zu tun hat und dessen ›Erfassen‹ ebenfalls nicht mehr prozessual zu verstehen ist. Ja, er könnte mühelos auf die gesamte Idee der Zusammensetzung des Satzsinns aus Teilbedeutungen verzichten, ohne damit die Annahme eines vom Ausdruck geschiedenen ›Gedankens‹ preisgeben zu müssen. Im Einklang mit dem zitierten Satz Wittgensteins könnte er davon ausgehen, daß eine ›Zusammensetzung‹ tatsächlich nur auf der Ebene der Satzäußerung vorliegt, könnte aber zugleich erklären, daß die Äußerungs-Teile *zunächst* prozessual (sukzessiv) rezipiert werden, *danach* zustandshaft als Instantiierung eines phonologischen und syntaktischen Musters aufgefaßt, und daß *nun erst* der entscheidende Schritt zum gleichfalls zustandshaften Erfassen des in ihm ›ausgedrückten‹ Gedankens erfolgt.[410]

Die einzige Möglichkeit, zu einer Widerlegung des Gegners *ohne* Rekurs auf nichtprozessuale Denkleistungen neben der Rezeption oder Hervorbringung von Satzäußerungen zu kommen, wäre die *Ablehnung* eines ›Erfassens der Gesamtsatzbedeutung‹ als solcher. Wittgenstein scheint das in PhG 108 (oben) tatsächlich zu unterstellen, wenn er im Anschluß an die zurückgewiesene Alternative zwischen dem ›Meinen von Verschiedenem bei jedem Wort‹ und dem ›Meinen desselben‹ während der Gesamtäußerung (vgl. die S. 326, Anm. 350 erwähnten Unterscheidungen von Geach) bemerkt: »Es stört uns nun, daß der Gedanke eines Satzes in keinem Moment ganz vorhanden ist. Hier sehen wir, daß wir den Gedanken mit einem Ding vergleichen, das wir erzeugen, und das wir als Ganzes besitzen; sondern kaum entsteht ein Teil, so verschwindet ein andrer.« Doch wenn es *weder*, gleichgültig wann (mit Bezug auf die Äußerung) und in welcher Weise, so etwas wie ein ›Erfassen der Gesamtbedeutung‹ gibt, *noch* ein ›Verstehen‹ bei jedem Einzelausdruck, scheint sich der Satzgebrauch in der Rezeption und Hervorbringung *bloßer* Ausdrücke zu erschöpfen, d. h. es droht jene reduktionistische Sprachauffassung, die wir Wittgenstein eigentlich nicht unterstellen wollten.

Ob er zu ihr *gezwungen* ist, wenn er das ›Bedeutungserfassen‹ ausschließt, und ob er das tatsächlich *will*, können wir vorläufig offen lassen. Die zitierte Bemerkung zeigt jedenfalls, daß der *Grund* dafür möglicherweise gar nicht die Ablehnung unseres zweiten Differenzierungsschritts ist, auch nicht die Verwerfung von Denkereignissen neben den Äußerungen als solcher, sondern allein die Kritik an der speziellen

410 Auf die Möglichkeit, das ›Erfassen des Gedankens‹ nicht als Vorgang, sondern als Zustand zu interpretieren, geht Ayer (1947, a.a.O., 23 f.), angeregt durch eine entsprechende These von Price, ausdrücklich ein. Doch berücksichtigt er das Verhältnis von zeitlicher Sukzessivität auf der Äußerungsebene und nichtsukzessivem ›Erfassen‹ der Gesamtbedeutung nicht und beschränkt sich auf eine Kritik am Erfassen ›innerer Bilder‹, so daß auch sein Argument den Gegner nicht widerlegt.

Annahme, daß diese in der Bezugnahme auf einen als Gegenstand aufgefaßten ›Gedanken‹ (»ein Ding«) bestehen. Es gibt verschiedene Anzeichen dafür, daß Wittgenstein sich vor allem hiergegen wendet (vgl. etwa PhU § 1 ff. 40 ff. 120 und PhG 107. 108 f.), und die Bedeutung *dieses* Kritikpunkts ist schwerlich in Abrede zu stellen, auch wenn die Unhaltbarkeit der Vergegenständlichung nicht so offenkundig ist, wie es Wittgenstein offenbar unterstellt (vgl. S. 163 ff., Anm. 168). Für den Vertreter der Unabhängigkeit oder den der Abhängigkeit, der den Sinn der Zusammenhangsfrage anerkennt, ergeben sich daraus allerdings keine entscheidenden Konsequenzen, da ihnen genügend theoretische Alternativen bleiben. Wenn Wittgenstein sie an jene Vergegenständlichung des ›Gedankens‹ gebunden sieht, so vereinfacht er die Position der Gegenseite erneut in einer Weise, die seinem Beweisgang die Überzeugungskraft nimmt.

Um ihm die Schlagkraft zu geben, die seinem kritischen Anspruch genügt, müßte man überall dort, wo in der obigen Fassung von ›Vorgängen‹ die Rede ist, allgemeiner von (Sekundär-)›*Ereignissen*‹ reden und die Rede von der ›Begleitung‹ durch eine neutralere Rede, die die verschiedenen Differenzierungsformen umfaßt, ersetzen. Nach dieser Modifikation muß die Wittgensteinsche Prämisse [10] zweifellos auch vom Gegner anerkannt werden und Prämisse [12] gilt zumindest für den Fall, daß er auf eine Differenzierung in mehrere Teilereignisse festgelegt werden kann. Um so problematischer aber sind nun die vorausgehenden Prämissen [1] bis [7], wie sogleich deutlich wird, wenn wir einen speziellen, in dieser Hinsicht besonders kritischen Fall von sprachkonstitutiven Zuständen ins Auge fassen, sc. den von *Dispositionen.*

Wer das ›Gedanken-Erfassen‹ als eigene psychische Leistung auffassen will, kann das natürlich auch dispositionell tun und das (aktuelle) Verstehen eines Aussagesatzes als diejenige (temporäre) Disposition definieren, in die ein Hörer durch die Rezeption einer Satzäußerung des betroffenen Typs gerät, wobei als Kriterium des Dispositionen-Besitzes ein charakteristisches Bündel von Auslösbedingungen und Manifestationen fungiert.[411] Der Besitz einer

411 Der Einfachheit halber beschränkt diese (exemplarische) Darstellung sich auf die Situation des Hörers und sieht von der Komplikation durch die zeitliche Erstreckung der Äußerung und der Rezeption ab. Die mögliche Kontrafaktualität der Dispositionsbedingungen und -manifestationen (S. 106, Anm. 94) ist zusätzlich zu berücksichtigen. Natürlich ist die skizzierte dispositionelle Erklärung des Satzverstehens, die die ›Zeichenfunktion‹ als Kausalbeziehung zwischen Ausdruck und ›Bedeutung‹ interpretiert und durchweg (vereinfachend, vgl. S. 333 ff.) mit dem

solchen Disposition ist ein Ereignis, das sich nicht nur begrifflich von der Satzäußerung und ihrer Rezeption abtrennen läßt, sondern das – möglicherweise – auch faktisch getrennt von ihr auftritt, genau dann nämlich, wenn der ›Verstehende‹ in den dispositionellen Zustand gerät, ohne daß jene Äußerung und ihre Rezeption ihm vorausgingen. Das ›Gedanken-Erfassen‹ kann *ausschließlich* durch die Auslösebedingungen und die Manifestationen definiert sein. Es ist nicht notwendig, wie es Wittgenstein (PhU § 149) für seinen Gegner zu unterstellen scheint, den dispositionellen Zustand auf einen charakteristischen *Aktualzustand* im ›Inneren‹ des Betroffenen zurückzuführen. Aber es wäre natürlich denkbar, auch diesen Schritt noch zu tun und das ›Gedanken-Erfassen‹ nicht nur als ›intervenierende Variable‹, sondern als ›hypothetisches Konstrukt‹ mit gesonderten phänomenalen Ansprüchen (S. 132 f.) aufzufassen. Unmöglich ist eine solche Erklärung jedenfalls nicht.

6. Phänomenale Unbegründetheit der Wittgensteinschen Sprachabhängigkeitsthese, Haltlosigkeit der Irrelevanzthese

Formale Gründe, die begrifflichen Differenzierungen, die der Sinn der Zusammenhangsfrage fordert, für unmöglich zu halten, hat

Nachfolgen des ›Bedeutungserfassens‹ rechnet, nicht als positiver semantischer Vorschlag gemeint, sondern als Beispiel für eine im Wittgensteinschen Beweisgang nicht berücksichtigte und mit den dortigen Prämissen – auch in der verallgemeinerten Form – nicht zu widerlegende theoretische Alternative.

Tugendhat (1976, a.a.O. [S. 97 Anm. 80], 221 f.) hat eine dispositionelle Erklärung dieser Art grundsätzlich ausschließen wollen mit dem Hinweis darauf, daß in ihr eine unbestimmte Vielfalt von relevanten Bedingungen und Manifestationen in Rechnung zu stellen ist, über die wir offenbar nicht verfügen. Das trifft zu, aber es ist kein Einwand gegen die Form der Erklärung. Nicht alle Umstände, die (wie die motivationalen Faktoren) in eine *vollständige* Erklärung des ›Verstehens‹ eingehen, müssen für die *semantische* Theorie relevant sein. Der gesamte Verifikationsmechanismus, durch den Tugendhat anschließend die Bedeutung elementarer Aussagesätze bestimmt, könnte dem kompetenten Hörer in Form einer dispositionellen Fähigkeit zu entsprechenden Leistungen zur Verfügung stehen: er *kann* einen solchen Satz in der beschriebenen Weise wahrnehmungsmäßig verifizieren oder falsifizieren und er *wird* es tun, *wenn* er es ›will‹ und durch andere Umstände nicht gehindert wird. Voraussetzung für eine solche Erklärung ist nur, daß sich die Leistungen des Betroffenen und die externen Bedingungen *prinzipiell* in ein kausales Schema einordnen lassen, was prima facie aber (einschließlich des betroffenen ›Wollens‹) nicht auszuschließen ist.

Wittgenstein also nicht, und der gegenteilige Eindruck konnte allenfalls durch seine ungerechtfertigte Beschränkung auf eine Differenzierungsform entstehen. Diese Verteidigung bleibt allerdings abstrakt, solange es keinerlei Anlaß zu der Vermutung gibt, daß die Befunde nach der formalen Erweiterung nicht ebenso negativ ausfallen. Wären die Wittgensteinschen Prämissen [1] bis [7] durchweg korrekt bzw. phänomenal erschöpfend, bliebe der Hinweis auf denkbare Alternativen Spekulation. Daß er das nicht sein muß, hat die gerade erwähnte dispositionelle Erklärung schon zu erkennen gegeben. Unzweifelhaft aber wird das Bestehen von Alternativen erst durch die Feststellung, daß Wittgenstein auch im Blick auf die phänomenalen Gegebenheiten unzulässig vereinfacht.

a) Nachweis für den physischen Phänomenbereich und das ›dritte Reich‹

Wittgenstein konzentriert sich, der behavioristischen Grundtendenz seines gesamten Philosophierens entsprechend, auf das beobachtbare *Verhalten*. Daß es die Phänomene nicht erschöpft, sieht auch er, aber er hält es für das sprachtheoretisch einzig Relevante. Nehmen wir erst einmal an, daß das tatsächlich zutrifft. Was läßt sich dann über die begriffliche oder faktische Unabtrennbarkeit des ›Gedankens‹ sagen? Nun, ›Begleit‹-Handlungen, die mit allen ›gedankenvollen‹ Äußerungen eines bestimmten Musters verbunden sind und den in ihnen ›ausgedrückten‹ ›Gedanken‹ darstellen könnten, gibt es offenbar nicht. Prämisse [5] besteht insofern sicher zu Recht. Lösen wir sie jedoch von der falschen Restriktion auf ›Begleitvorgänge‹ und berücksichtigen insbesondere die erwähnte dispositionelle Erklärung, wird die nichtkriterielle Bedeutung des Verhaltens für den ›gedanklichen Gehalt‹ einer Äußerung mehr als zweifelhaft. Vielmehr *muß* eine behavioristische Semantik auf nichtäußerungshafte Verhaltensleistungen und Verwendungsumstände zurückgreifen, will sie die Sprache nicht vollständig auf den Lautausdruck reduzieren. *Mit* einer solchen Erklärung aber wird die Sprachabhängigkeit eher in Frage gestellt als bestätigt. Wittgensteins eigene Darstellung demonstriert das eindringlich. In den einfachen ›Sprachspielen‹, mit denen er am Beginn der PhU (§§ 1-2) seine These von der im ›Gebrauch‹ liegenden Bedeutung sprachlicher Ausdrücke erläutert, sind die bedeutungsentscheidenden Leistungen (Äpfel verschiedener Zahl und Farbe auswählen; Bausteine verschiedener Art zureichen) selbständige Teilereignisse des Gesamtprozesses, die sich nicht nur begrifflich sondern auch faktisch leicht als vom Ausdruck losgelöst vorstellen lassen. Ja, die gesamte Situation wird von Wittgenstein so beschrieben, daß eine instrumentelle Sprachauffassung (in dem von Herder und Humboldt verworfenen Sinne) naheliegt: Ausdrücke sind erforderlich, um dem Aufgeforderten in einer einfachen Form und auch aus der Distanz heraus zu erkennen zu geben, welche von mehreren möglichen Handlungen derjenige, der ihn zum Handeln auffordert, jeweils im Auge hat, nicht aber, um sie selbst auszuführen.[412] Auch die Beschränkung auf das Verhalten führt also, wenn wir die reduktionistische Auffassung ausschließen, nicht dahin, wohin sie im Sinne Wittgensteins eigentlich führen müßte.

Und warum sollten wir uns in dieser Weise beschränken? Prämisse [3] zieht nur mentale Erscheinungen außerhalb des Verhaltensbereichs in Betracht. Doch ihre Einbeziehung ist nicht die einzige Alternative zum Behaviorismus. Wenn das ›Gedanken-Erfassen‹ als relationales Bezogensein auf eine semantische Entität – den ›Gedanken‹ – verstanden wird, liegt der Rekurs auf ein ›*drittes Reich*‹ näher (vgl. S. 135 f.). Skepsis gegenüber seiner phänomenalen Eigenständigkeit ist am Platz. Endgültig ausschließen aber läßt es sich erst, wenn es durch positive Erklärungen als sprachtheoretisch entbehrlich erwiesen wurde, und daß dies, zumal innerhalb eines behavioristischen Rahmens, bereits gelungen wäre, wird man vorerst kaum sagen können. Zudem fehlt im Beweis jede Rücksicht auf das *physische* ›Innere‹ des Betroffenen, vor allem auf relevante *neurophysiologische* Ereignisse im Gehirn. Sie kommen nicht nur als zustandshafte physische Grundlage von Dispositionen und aktuellen Zuständen in Betracht, sondern auch als zugrundeliegende physische Vorgänge und könnten hier sogar die in Prämisse [1] verworfene Idee einer durchgängigen ›inneren Begleitung‹ von Satzäußerungen retten. Daß sie allein zur Erklärung des Satzverständnisses hinreichen, muß man nicht annehmen. Aber daß sie für die Abgrenzung des ›gedankenvollen‹ vom

412 Als unabtrennbar von der Satzäußerung ließe sich allenfalls die (inhaltlich unspezifizierte) Aufforderung selbst verstehen, doch sind auch hier nichtsprachliche Alternativen zu prüfen, z. B. das charakteristische Verhalten, mit dem Hunde andere Hunde oder Menschen zum Mitspielen auffordern.

›gedankenlosen‹ Hervorbringen oder Rezipieren von Satzäußerungen und für die Frage der Abtrennbarkeit des ›Gedankens‹ irrelevant sind, müßte zumindest gezeigt werden.

Wittgenstein setzt die Irrelevanz des physischen ›Inneren‹ – er erwähnt im besonderen »Kehlkopfbewegungen«, »physiologische« Vorgänge sowie Vorgänge »im Gehirn« – offensichtlich voraus, doch seine Gründe, soweit sie der Text zu erkennen gibt, gehen ebenso offenkundig an den entscheidenden Punkten vorbei. Fraglos trifft es zu, daß (z. B.) ›begleitende‹ Kehlkopfbewegungen beim ›stillen Sprechen‹ keine hinreichende Explikation für diese Erscheinung liefern, denn »das Merkwürdige ist ja eben, daß man die Rede dann in der Vorstellung *hört,* und nicht bloß, sozusagen, ihr Skelett im Kehlkopf *fühlt*« (PhU S. 532 f., vgl. § 376), und nicht weniger unangemessen wäre die Explikation der bewußten optischen Wahrnehmung einer Zeichnung *als* Instantiierung einer bestimmten Raumfigur durch eine charakteristische »Oszillation der Augäpfel« (PhU S. 524). Aber diese Einwände treffen nur den Versuch einer physikalistischen Reduktion des Mentalen und bringen Wittgenstein, wie das Beispiel der Augenbewegung schon andeutet, eher in Widerspruch mit seinen eigenen logisch-behavioristischen Neigungen als einen Anwalt der Einbeziehung des physischen ›Inneren‹ in die vermeinte Verlegenheit. Die Unmöglichkeit einer *Reduktion* phänomenal eigenständiger Ereignisse auf neurophysiologische impliziert nicht deren *Irrelevanz* für unsere Fragen, und selbst diejenigen, die die Reduktion tatsächlich für möglich halten, sc. die Verfechter der ›psycho-physischen Identitätsthese‹ (S. 128 f.), erheben keinen Anspruch auf logische *Explikation* der einen durch die andere Seite. Der Einwand gewinnt nur dadurch scheinbare Plausibilität, daß Wittgenstein auch an dieser Stelle begriffliche und empirische Fragen grundsätzlich voneinander trennt (PhU § 632, S. 514. 521) und den Gegner auf eine »apriorische« Verbindung zwischen den physiologischen Evidenzen und den zu erklärenden Phänomenen festlegen zu können glaubt (vgl. PhU § 376, auch § 158).

Daß eine Verbindung dieser Art jedoch gar nicht gemeint sein kann, deutet Wittgenstein selbst an, wenn er erklärt, der Rekurs auf das physische ›Innere‹ habe nur den Charakter einer »mechanistischen Hypothese« zur Erklärung bestimmter Verhaltensleistungen (PhU § 149. 156; PhG 104. 106). Wenn mit dem »Hypothetischen« der *rein theoretische* Status ›intervenierender Variablen‹ gemeint ist, ist die Behauptung eines »apriorischen« Zusammenhangs zwar verständlich, geht aber offenkundig an der Sache vorbei. ›Hypothetisch‹ sind die Ereignisse im physischen ›Inneren‹ allenfalls in dem Sinne, daß sie derzeit nicht differenziert genug zu *beschreiben* sind, um mit bestimmten Verhaltensleistungen kausal in Verbindung gebracht oder zumindest mit ihnen oder gleichzeitig auftretenden mentalen Ereignissen faktisch korreliert zu werden. An ihrer

Realität und am empirischen Charakter ihres Zusammenhangs mit anderen realen Phänomenen ist nicht zu zweifeln. *Faktische* Korrelationen, die ja auch Wittgenstein anerkennt (vgl. PhU § 412, S. 513. 533. 534), einschließlich der mit ihnen gegebenen wechselseitigen Rückschlußmöglichkeiten, bilden die eigentliche Grundlage für den Rekurs auf das physische ›Innere‹. Sie setzen natürlich die Identifizierung der korrelierten Ereignisse voraus. Doch das allein macht sie nicht irrelevant für die uns interessierenden Fragen. Wenn es empirisch gesichert wäre, daß das Sehen einer Zeichnung als ›Hasen-‹ oder als ›Entenbild‹ (PhU S. 504 ff.) – eine ›introspektive‹ Unterscheidung, die bei vorausgesetzter Sprachfähigkeit und Aufrichtigkeit intersubjektiv durch entsprechende verbale Reaktionen vertreten wird – bei normalsinnigen Erwachsenen durchweg mit einem differentiellen EEG-Bild (o. ä.) korreliert ist, das sich vom Korrelat der ›gedankenlosen‹ Verwendung der Wörter ›Hase‹ und ›Ente‹ signifikant unterscheidet, wäre das Auftreten jenes Bildes bei Tieren, Kleinkindern oder Sprachdefekten zweifellos ein Indiz (wenngleich kein definitiver Beweis) für das sprachunabhängige Auftreten der betreffenden Leistung, zumal wenn andere Beobachtungen (z. B. über die Diskriminationsfähigkeit des Probanden bei sukzessiver ›Verdeutlichung‹ der ursprünglich ›mehrdeutigen‹ Zeichnung) diese Vermutung bestätigen.

b) Nachweis für den mentalen Phänomenbereich

Ungerechtfertigt sind die behavioristischen Restriktionen aber auch mit Bezug auf den Phänomenbereich, den Wittgenstein als die spezifische Basis der Gegenseite betrachtet, sc. den *mentalen*. Irrelevanz- und Abhängigkeitsthese greifen hier ineinander. Wenn vorausgesetzt ist, daß mentale Erscheinungen für den ›gedanklichen Gehalt‹ von Satzäußerungen keine Bedeutung haben, ist es im Ansatz verfehlt, gerade sie zu Kronzeugen der behaupteten Abtrennbarkeit des ›Gedankens‹ zu machen. Daß er sich nicht als *›begleitende Folge innerer Bilder‹* (oder sonstiger mentaler Phänomene, Anm. 403) verstehen läßt, steht außer Frage. Doch das ist nicht die einzige oder die nächstliegende, ja, nicht einmal die von den Verfechtern der Abhängigkeit faktisch am meisten herangezogene ›introspektive‹ Evidenz. Wittgenstein selbst erwähnt, wie wir schon sehen konnten, mehrere andere Evidenzen: ›Innehalten‹, ›Gedankenblitze‹ (S. 394), ›plötzliches Verstehen‹ (S. 335), ›Sprechintention‹ (S. 333), Suche nach dem ›auf der Zunge liegenden‹ angemessenen Ausdruck (S. 357). Und auch innerhalb des diskutierten Gedankengangs ist der ›introspektive‹ Ausgangspunkt nicht die ›begleitende‹ Vorstellung (o. ä.), sondern die

Unterscheidung zwischen ›*gedankenvollem*‹ und ›*gedankenlosem Sprechen*‹.[413] Die Idee der mentalen ›Begleitvorgänge‹ ist nur eine spezielle, freilich (wie Wittgenstein unterstellt) die von der Tradition nahegelegte sprachtheoretische Reaktion auf diese als Faktum unbestreitbare ›introspektive‹ Evidenz. Prüfen wir daher zunächst, ob sie die Wittgensteinschen Thesen bestätigt.

Die Rede von der ›Gedankenlosigkeit‹ und entsprechend von der ›Gedankenerfülltheit‹ sprachlicher Äußerungen ist mehrdeutig und muß vor ihrer argumentativen Verwendung spezifiziert werden. Es kann sich um ein ›mechanisches‹ Herunterleiern alltäglicher Redefloskeln handeln, bei dem jede Aufmerksamkeit auf die eigene Tätigkeit fehlt. Es kann eine ›mechanische‹ Ausführung der Art gemeint sein, daß eine einmal erlernte Fähigkeit ›starr‹, ohne selbständige Ausgestaltung und Anpassung an veränderte Umstände, möglicherweise aber mit voller Konzentration ausgeübt wird. Oder es geht um den Gegensatz zwischen bloßen Lautäußerungen und ›bedeutungshaltigem‹ Reden. Auch wenn er faktisch oft mit den anderen beiden verbunden ist, ist dieser letztere Gesichtspunkt von ihnen prinzipiell unabhängig. Daß eine (bloße) Lautkette mit und ohne Aufmerksamkeit auf das eigene Tun hervorgebracht werden kann, liegt auf der Hand, und auch im zweiten erwähnten Sinne ist eine ›mechanische‹ *und* eine ›nicht mechanische‹ Ausführung denkbar: ein Redner, der ein (bedeutungsloses) expressionistisches Gedicht vorträgt, kann Lautstärke, Tonfall und Zäsuren auf seine Hörer und die jeweiligen akustischen Gegebenheiten abstimmen, und ein Musiker kann beim Vortrag eines Stückes Tempo, Dynamik, Tonqualität und Phrasierung in einer ›nicht mechanischen‹, nicht am Notenbild oder an eingefahrenen Vortragspraktiken ›klebenden‹ Weise variieren. Für den Zusammenhang zwischen Sprache und Denken ist *nur* der dritte Gesichtspunkt entscheidend. (Die beiden ersten betreffen Unterschiede, die *alle* intelligenten Leistungen angehen.) Auch Wittgenstein spricht ihn in seinem Gedankengang an, aber er redet meist *unbestimmt* vom ›gedankenlosen‹ oder ›gedankenvollen‹ Sprechen und dabei mischen sich unmerklich auch die anderen Gesichtspunkte ein.

413 Vgl. besonders das zweite bis vierte und das siebente und achte Zitat auf S. 395 f., sowie den auf diese Unterscheidung bezogenen Vergleich mit dem ›gedankenvollen‹ Musizieren (S. 397 f.).

Wenn er den Gegner auffordert, die (angeblich) zu den bloßen Ausdrücken nur hinzutretenden mentalen ›Gedanken‹ versuchsweise abzutrennen, bezieht er sich offenbar, im zitierten § 329 PhU sogar ausdrücklich auf die ›Bedeutung‹. Auf der Seite des Ausdrucks dagegen ist die Situation nicht eindeutig. In der zweiten, weniger spezifizierten Formulierung des Abtrennungs-Argumentes in PhU § 332 ist bezeichnenderweise nur mehr vom ›Satz‹ (im ›übergreifenden‹ Sinne, S. 145 f.) die Rede, nicht, wie von der Sache her eigentlich notwendig, vom ›Satzausdruck‹, und auch in der ersten Fassung in § 330, in der noch (im Sinne des bloßen Ausdrucks) von ›Worten‹ geredet wird, erfolgt die Abgrenzung nur durch die mehrdeutigen Adjektive ›denkend‹/›gedankenlos‹, während der eigentlich interessierende Gegensatz zwischen verständnisvollem Sprechen und bloßer Lautäußerung unerwähnt bleibt. Kritisch ist das vor allem deshalb, weil es die Tatsache verdecken kann, daß bei richtiger Differenzierung die Abtrennung auf der Ausdrucksseite offenkundig *gelingt*. Wer in der früher (S. 149) erwähnten Weise willentlich von der inhaltlichen auf eine rein ausdrucksbezogene Art des Lesens ›umschaltet‹, wird dabei feststellen, daß er die Ausdrücke *als solche* zuvor gar nicht realisiert hatte, sondern durch sie gewissermaßen ›hindurchgerutscht‹ war zu den ›Inhalten‹. Solche Erfahrungen lassen sich auch in anderen Bereichen machen, etwa wenn wir beim Blick durch ein Fernglas nach einer Phase des naiven Sehens realisieren, daß wir ›nur‹ durch ein Glas schauen und nicht unmittelbar beim Geschehen sind, oder wenn wir uns beim Autofahren plötzlich dessen bewußt werden, wie indirekt unser Einfluß auf die Richtung des Wagens und die Arbeitsweise des Motors ist.[414] Parallelen dieser Art legen ein instrumentelles Verständnis der Sprache nahe, bei dem die ›Gedanken‹ prinzipiell unabhängig sind.[415] Um es durch seine Abhängigkeits- und seine Irrelevanzthese zu widerlegen, müßte Wittgenstein zeigen, daß das, was nach der Ausdrucks-Abtrennung übrig bleibt, weder etwas Mentales ist noch – unabhängig vom phäno-

414 Wittgenstein verweist in PhU § 626 auf ein ähnliches Phänomen: das ›indirekte‹, aber als ›direkt‹ empfundene Abtasten von Gegenständen mit einem Stock. Man könnte Entsprechendes über (nahezu) alle Arten des Werkzeuggebrauchs sagen. Besonders eindringlich ist es beim Operieren mit einer künstlichen, alle Bewegungen der eigenen aufnehmenden Hand im Inneren einer radioaktiven Kammer.

415 Vgl. die S. 135 Anm. 140 zitierte Bemerkung von Church.

menalen Status – begrifflich in ›spezifisch Zeichenhaftes‹ und ›gedanklichen Gehalt‹ differenziert werden kann. Hat er das mit Bezug auf die zur Debatte stehende ›introspektive‹ Evidenz geleistet?

Ganz sicher nicht. Das einzige relevante Argument ist der Vergleich des ›gedankenvollen‹ Sprechens mit dem ›gedankenvollen‹ Musizieren und des ›Verstehens‹ einer Sprachäußerung mit dem ›verständnisvollen‹ Hören von Musik (vgl. S. 397 f.). Er ist plausibel, freilich nur dann, wenn er sich auf die zweite oder die erste der unterschiedenen Bedeutungen von ›Gedankenlosigkeit‹ und ›Gedankenerfülltheit‹ bezieht, nicht aber auf die dritte. Nur bei der ›nicht mechanischen‹ oder ›nicht starren‹ Ausführung überträgt sich die Absurdität des Versuchs zur Abtrennung des Gesangsausdrucks vom Gesang (o. ä.) auf die versuchte Abtrennung des ›Gedankens‹ von der Satzäußerung. Bei der ›Bedeutungshaltigkeit‹ stößt der Vergleich ins Leere, da es zumindest bei *rein* musikalischen ›Äußerungen‹ signifikante Analoga hierzu nicht gibt. Wenn Wittgenstein ihn unqualifiziert darauf ausdehnen möchte, erliegt er der Äquivokation seiner Rede von der ›Gedankenlosigkeit‹ und ›Gedankenerfülltheit‹.[416] Soll der Vergleich jedoch plausibel werden, muß er die Sprache an die Musik assimilieren, d. h. ganz auf den bloßen Lautausdruck *reduzieren*. Das Dilemma ist offenkundig: entweder geht Wittgensteins Einwand an der entscheidenden phänomenalen Evidenz, der ›introspektiven‹ Unterscheidung zwischen verstehendem und rein ausdrucksbezogenen Sprechen, *vorbei*, indem andere Unterscheidungen mit ihr vermischt werden, oder er geht in einer ›intuitiv‹

416 Die Äquivokation ist offenkundig an Stellen, an denen Wittgenstein die ›Bedeutung‹ und das ›Verstehen‹ in der Musik durch *innermusikalische* Beispiele erläutert, wie etwa: harmonische Umdeutung eines Akkordes (PhU § 536, vgl. S. 513), Empfinden des »Schlusses einer Kirchentonart als Schluß« (§ 535), Auffassung einer Phrase als Variation eines Themas (S. 525), Hören eines vorgetragenen Stücks als »Marsch«, »Tanz« usw. (S. 518). Daneben finden sich freilich auch Hinweise auf Interpretationen, die über das rein Musikalische *hinausreichen*, wie der Vergleich einer Phrase mit einer sprachlichen »Schlußfolgerung« oder »Parenthese« (PhU § 527, S. 493, vgl. auch § 610) und das Hören einer Melodie als Ausdruck der ›Trauer‹ oder der ›Klage‹ (S. 521), so daß man an eine mögliche Rettung der Analogie – auch im dritten Sinne – durch die Programmusik denken könnte. Aber die ›Semantik‹, sagen wir, Straußscher sinfonischer Dichtungen oder Beethovenscher ›Per-aspera-ad-astra-Sinfonien‹ müßte erst noch geschrieben werden, und *wenn* sie so etwas wie ›Gedanken‹ (im üblichen Sinne) an den Tag bringen sollte, würde *mit* ihnen natürlich auch die Absurdität der versuchten ›Gedanken‹-Abtrennung verschwinden.

bislang inakzeptablen Weise über sie interpretierend *hinaus*.[417] Ihre reale Bedeutung bleibt in beiden Fällen unaufgeklärt. Wittgensteins Argument erhärtet eher die naheliegenden instrumentellen Schlußfolgerungen als seine Behauptungen über die Unabtrennbarkeit oder die Irrelevanz des Mentalen.

Dieser Eindruck verstärkt sich, wenn wir die Diskussion auf mentale Phänomene im allgemeinen ausweiten. Fraglos sind die von Wittgenstein erwähnten Evidenzen des ›Innehaltens‹, des ›Aufblitzens‹ von Gedanken, ›plötzlichen Verstehens‹, Suchens nach einem ›auf der Zunge liegenden‹ passenden Ausdruck oder der ›Sprechintention‹ für den ›gedanklichen Gehalt‹ sprachlicher Äußerungen, wenn überhaupt, so nur *teilweise* von Bedeutung, schon allein deshalb, weil sie, ebenso wie der erörterte Wechsel vom ›gedankenvollen‹ Reden zur bloßen Lautäußerung, inhaltlich weitgehend unbestimmt sind und kaum mehr demonstrieren als das einfache ›Daß‹ der ›Gedankenerfülltheit‹. Ihre *Irrelevanz* für deren Spezifizierung folgt daraus nicht, aber ein *positiver* Nachweis hierfür ist auf der vorliegenden phänomenalen Basis kaum zu erwarten. Aussichtsreicher erscheinen die Phänomene, die Wittgenstein in der Form der ›mentalen Begleitung‹ für die spezifische Basis des Gegners hält: ›innere Bilder‹ oder Vorstellungen überhaupt. Hier nämlich gibt es bei Wittgenstein selbst Anzeichen

417 Man sollte nicht denken, daß diese Schwierigkeiten bei den übrigen Vergleichen Wittgensteins (S. 398 Anm. 402) nicht auftreten. Beim Reden mit ›*Anteilnahme*‹ oder mit ›*Überzeugung*‹, deren Unabtrennbarkeit mit dem Hinweis auf den besonderen *Tonfall* der Teilnahme oder Überzeugung bewiesen werden soll (vgl. PhU § 578, S. 501. 538 bzw. S. 526), ergeben sich ähnliche Mehrdeutigkeiten wie beim ›gedankenvollen‹ Musizieren. Der Vergleich mit der ›*Absicht*‹ beim Handeln ist komplizierter, denn die zitierten Stellen sprechen hier wenigstens vier verschiedene Aspekte an: die Willkürlichkeit einer Verhaltensleistung, die sie zur ›Handlung‹ im engeren Sinne qualifiziert; der Vorsatz, eine bestimmte Handlung auszuführen; der Wunsch danach, daß ein bestimmtes Ereignis eintritt; und das zielgerichtete Handeln in dem Bemühen, ein solches Ereignis herbeizuführen. Daß der Versuch einer Abtrennung völlig verfehlt wäre, ist zumindest in den drei letzten Fällen nicht einsichtig. Relevant wäre allein der erste im Hinblick auf die bekannte Unmöglichkeit einer Annahme eigener (abtrennbarer) ›Willensakte‹. Aber das schließt jene früher erwähnte Erklärung (S. 119 Anm. 116) mit Hilfe von nicht handlungshaften ›Wunsch‹-Ereignissen nicht aus, und selbst wenn wir sie ausschließen müßten, wären wir vom Beweisziel Wittgensteins immer noch weit entfernt. Wir müßten zunächst von den Absichts-*Erlebnissen* (Wittgenstein spricht von »Tendenzerlebnissen«) zum *Ausdruck* der Absicht übergehen und dessen ›zeichenhafte‹ Funktion in der Weise der mit ihm verglichenen Aussagesätze sicherstellen, und ob dies gelingt, und, wenn ja, ob es die Unabtrennbarkeitsthese bestätigt, ist zweifelhaft.

dafür, daß ihre Irrelevanz für das Verstehen von Sprache zumindest nicht *total* sein kann. In der längeren Auseinandersetzung mit der ›Vorstellungs-Semantik‹ am Beginn der PhU rechnet er sogar mit der Möglichkeit, Worte speziell zum Hervorrufen ›innerer Bilder‹ zu verwenden,[418] und verwirft nur die Annahme, diese Verwendung sei die gewöhnliche. Sie ist das natürlich nicht und darum kann Wittgenstein dieses mentale Zugeständnis relativ leicht machen. Aber die Tatsache, daß er nur eine solch extravagante Form des Zusammenhangs zwischen ›Vorstellung‹ und ›Bedeutung‹ im Blick hat und seine eigene Darstellung dagegen abhebt, zeigt ja bereits, daß seine Ablehnung nicht der unvoreingenommenen Einschätzung der Bedeutung des mentalen Phänomenbereichs entspringt und uns demnach, wenn wir uns nur dafür offenhalten, beträchtlicher Spielraum gegeben ist, nicht nur für den Nachweis der Relevanz sondern, gegebenenfalls, auch der Abtrennbarkeit mentaler Erscheinungen.

Ein Ansatzpunkt, uns die Relevanz des mentalen Bereichs verständlich zu machen, ist der Vergleich mit dem physischen. Daß die betroffenen physischen Qualitäten für den ›gedanklichen Gehalt‹ von Farb- und Formprädikaten unmittelbar von Bedeutung sind, auch wenn sie diesen nicht einfach bilden (vgl. S. 307), dürfte wohl kaum zu bezweifeln sein. Niemand hat diese Wörter verstanden, der nicht fähig ist, raumzeitliche Gegenstände in der einfachen Wahrnehmung, beim Sortieren, bei der Suche nach ihnen usw. qualitativ (in der betreffenden Hinsicht) zu differenzieren. Gibt man nun aber die Existenz mentaler Qualitäten und die Möglichkeit ihrer ›Versprachlichung‹ grundsätzlich zu, so ergibt sich die Relevanz des mentalen Bereichs für die Bedeutung entsprechender Prädikate von selbst. Dies Argument ist für Wittgenstein, der (irreduzible) mentale Prädikate nicht zuläßt (S. 126 f.), freilich extern und trifft auch sachlich sicher nicht *alle* hierher gehörigen Fälle. Aber man kann seine These auch intern erschüttern.

Lassen wir einmal alle *genuin* mentalen Qualitäten aus dem Spiel und beschränken wir uns auf mentale Vorstellungen *physischer* Phänomene, deren Existenz auch von Wittgenstein nicht bestritten wird. Wir können annehmen, daß sie einen ›parasitären‹ Status

418 »Das Aussprechen eines Wortes ist gleichsam ein Anschlagen einer Taste auf dem Vorstellungsklavier.« PhU § 6, vgl. § 37.

haben, d. h. daß nur derjenige eine Vorstellung dieser Art haben kann, der die betreffenden Phänomene *zunächst* auf physischer Basis identifiziert hat. *Hat* er aber einmal den Schritt zur Vorstellung getan (und der folgt bei normalsinnigen Menschen, wie die vielfältigen Phantasien und Träume bereits im frühesten Kindesalter beweisen, der physischen Identifikation auf dem Fuße), so wird auch die Vorstellungsfähigkeit Teil des mit ihr verbundenen Sprachverständnisses.[419] Wenn mir ein Freund schreibt, er habe sein Arbeitszimmer, das ich aus eigener Anschauung oder von einem Foto her kenne, gelb tapeziert, und ich mir vorstelle, wie es jetzt aussieht, wird meine Vorstellung ebenso regelhaft durch mein Verständnis des Adjektivs ›gelb‹ bestimmt wie meine Wahrnehmung oder Hantierung mit physischen Bausteinen oder Äpfeln, wenn ich (im Rahmen der ›Sprachspiele‹ von PhU § 1-2, vgl. S. 411 f.) der Aufforderung nachkomme, ›gelbe‹ aus einem gegebenen Haufen herauszusuchen. Und bei irrealen oder nur möglicherweise realen physischen Phänomenen, die aus ›Versatzstücken‹ realer oder rein phantasiehaft entworfen wurden (vgl. S. 365 ff.), liefert die Vorstellung für den darstellerisch geschickten Handwerker oder Künstler zumindest die *erste,* für den durchschnittlich Begabten sogar die *einzige* phänomenale Einlösungsmöglichkeit. Das heißt natürlich nicht, daß nun sie für das Ausdrucksverständnis erforderlich ist oder den ›gedanklichen Gehalt‹ bildet. Notwendig für das ›gedankenvolle‹ Sprechen und Hören sind *weder* das aktuelle Auftreten von Vorstellungen *noch* das von Wahrnehmungen oder Verhaltensleistungen, sondern allein die *Fähigkeit* dazu, phänomenale Ansprüche in der einen oder anderen Weise einzulösen.[420] ›Verstehen‹ ist eine Sache der

419 Auch bei Wittgenstein gibt es gelegentlich Hinweise, daß die Vorstellungsfähigkeit *mit* zum Verständnis gehört (vgl. z. B. PhU § 300. 449. 636) und daß es vor allem darauf ankommt, das Auftreten von Vorstellungen als *nicht notwendig* für den verständnisvollen Umgang mit sprachlichen Ausdrücken zu erkennen (§§ 395-397). Die Irrelevanzthese ist damit kaum zu vereinbaren.

420 Eine Theorie empirischer ›Begriffe‹, welche die Grundlagen auch für eine entsprechende Theorie des Verstehens empirischer Prädikate enthält, hat Price entworfen (1953, a.a.O. [S. 32 Anm. 15], ch. XI, bes. p. 337 ff.), wobei die Grundgedanken schon in der ›Repräsentationstheorie‹ der englischen Empiristen angelegt waren (vgl. S. 134 Anm. 137). Auch bei Wittgenstein findet sich innerhalb seiner Auseinandersetzung mit der ›Vorstellungs-Semantik‹, die sonst ebenfalls (wie erwähnt, S. 418 f.) phänomenal stark simplifiziert und auch hier nur in Parenthese redet, ein Hinweis darauf, daß das »Erwecken« von Vorstellungen durch Worte ihrem »eigentlichen Zweck förderlich«

Möglichkeiten, nicht der Wirklichkeit.[421] Nur wenn man diesen Tatbestand außer acht läßt, kommt man zu der von Wittgenstein völlig zu Recht kritisierten Idee einer durchgängigen Eins-zu-Eins-Korrelation von Ausdrücken und mentalen ›Bedeutungen‹, wobei wir nun sehen können, daß das Mentale gar nicht das Problematische ist, sondern ein anderer Punkt, der im Physischen gleichfalls zum Tragen kommt.

Die Potentialität der phänomenalen Einlösungen eröffnet zugleich eine Möglichkeit zur Begründung der Relevanz des mentalen Bereichs auch in der Beschränkung auf reale physische Phänomene. ›Verstehen‹ heißt dann (reduziert auf den hier interessierenden Aspekt) etwa soviel wie: ›Wissen, unter welchen realen physischen Bedingungen der betreffende Ausdruck richtig verwendet wird‹, wobei die Rede vom ›*Wissen*‹ sich auf die prinzipielle Unabhängigkeit des Verstehens von faktischen phänomenalen Einlösungen bezieht. Doch wie ist sie zu verstehen? Man kann ihr (ratsamerweise unter Verzicht auf die anspruchsvollere Rede vom ›Wissen‹, vgl. S. 121 f.) eine dispositionelle Erklärung von der oben (S. 409 f.) skizzierten Art geben und die Stimulation durch eine Äußerung des Typs ›gelb‹ z. B. als Hervorrufen einer temporären Disposition auffassen, die sich unter bestimmten Bedingungen *unmittelbar*, d. h. ohne die Intervention von Vorstellungen oder sonstigen mentalen Leistungen, im Heraussuchen gelber Gegenstände aus einem Haufen, in der Suche nach ihnen in einem benachbarten Zimmer usw. manifestiert. Für Maschinen, niedere Tiere und vielleicht auch für einfachste reflexhafte Verhaltensweisen von Menschen mag eine solche Erklärung genügen. Doch in der weit überwiegenden Mehrzahl der Fälle, die hier von Interesse sind,

sein kann (PhU § 6), und dieser Gedanke wird später (§ 396 f.) in einer Weise aufgegriffen, die Price nahekommt: »Es ist so wenig für das Verständnis eines Satzes wesentlich, daß man sich bei ihm etwas vorstelle, als daß man nach ihm eine Zeichnung entwerfe. Statt ›Vorstellbarkeit‹ kann man hier auch sagen: Darstellbarkeit in einem bestimmten Mittel der Darstellung. Und von einer solchen Darstellung *kann* allerdings ein sicherer Weg zur weitern Verwendung führen.«

421 Die umgangssprachliche Rede vom ›Verstehen zu. . .‹ weist darauf hin, ist aber insofern mißverständlich, als sie (ähnlich der engl. Rede vom ›knowing how‹, vgl. S. 122 Anm. 119) eine sehr einfache *dispositionelle* Explikation des Bezugs des Verstehenden auf den Möglichkeitsspielraum nahelegt, die, wie im Folgenden noch verdeutlicht wird, gerade für das Verstehen sprachlicher Ausdrücke kaum genügen kann. Jedenfalls muß die Möglichkeit, sich der bestehenden Alternativen gleichzeitig als solcher ›*bewußt*‹ zu sein, generell offengehalten werden.

treten *zwischen* die ›Stimulation‹ (wenn wir die einmal pauschal als gegeben betrachten, was sich bei Menschen und höheren Tieren natürlich auch nicht von selbst versteht) und die versuchte wahrnehmungs- oder verhaltensmäßige Einlösung der betreffenden phänomenalen Ansprüche Vorstellungen, die sie mental einlösen bzw. die physischen mental antizipieren.

Wenn ich nach der Lektüre jenes Freundesbriefes dessen neutapeziertes Zimmer selbst in Augenschein nehmen will bzw. durch seinen Brief dazu ›stimuliert‹ bin, werde ich nicht einfach, den Brief in der Busentasche und (allenfalls) seinen *graphischen* Inhalt ›im Kopf‹, den nächsten Zug besteigen, um als ›mentaler Schlafwandler‹ den Ort aufzusuchen, an dem ich, ›erwachend‹ und direkt wahrnehmend, den phänomenalen Gehalt des ›stimulierenden‹ Satzes realisieren kann, sondern ich werde mir schon beim ersten Lesen und während der Fahrt die Eindrücke ausmalen, die mich erwarten. Oder, um ein den ›Sprachspielen‹ von PhU §§ 1-2 entsprechendes Beispiel zu nehmen, wenn ich in den Ersatzteileverkauf einer Autovertretung gehe und einen neuen Auspuff verlange, wird der versierte Verkäufer, der die verschiedenen Typen kennt und sich durch meine Beschreibung, Zeichnung oder das alte Teil selbst über den hier gefragten ins Bild gesetzt hat, bei seinem Gang ins Lager nicht etwa jene Beschreibung (oder die offizielle Typenbezeichnung) halblaut vor sich hinmurmeln und dieser ›Stimulation‹ gemäß ›schlafwandelnd‹ zum richtigen Teil greifen, sondern sich an seiner Vorstellung von dessen Aussehen orientieren. Und auch ich habe meine Beschreibung nicht etwa schon bei der Betrachtung des defekten Auspufftopfs *vor*formuliert, sondern entwickle sie *in* der Situation im Rekurs auf meine, durch die Rückfragen des Verkäufers auf bestimmte Details gelenkte visuelle Vorstellung von ihm. »So und ähnlich«, nicht in der simplifizierten Weise des Behavioristen, »operiert« der normalentwickelte Sprecher und Hörer »mit Worten«. Die Relevanz des Mentalen für das ›Verstehen‹ ist also auch in den Fällen, die der behavioristischen Reduktion am weitesten entgegenkommen, unabweislich.[422]

422 Die vorausgesetzte Eindeutigkeit der qualitativen Beziehungen zwischen der mentalen Antizipation und der physischen Einlösung ist nicht kritisch. Wittgenstein stellt sie in Frage, wenn er (PhU § 139 ff.) gegen die Gleichsetzung der Bedeutung des Wortes ›Würfel‹ mit dem mentalen ›Würfel-Bild‹ argumentiert, der Bezug des ›Bildes‹

Bislang ist das jedoch nur für das einfachste unserer Musterbeispiele des Denkens gezeigt, sc. die Differenzierung sinnlicher *Qualitäten*, die für unsere Frage zudem weniger interessant ist, da sie sich partiell schon als sprachunabhängig erwiesen hat. Kritischer sind die *numerische* Identifikation und das Erfassen vollständiger – prädikativ strukturierter und ›modalisierter‹ – ›*Gedanken*‹ (vgl. S. 115 f.). Auch Qualitäten sind ja nur insofern für die Explikation des ›gedanklichen Gehalts‹ (echter) Prädikate geeignet, als sie durch partikuläre ›Träger‹ instantiierbar sind. Sollte sich nun herausstellen, daß der mentale Phänomenbereich für die numerische Identifikation und das Verständnis singulärer Termini irrelevant ist, würde sich auch die als Faktum unbestreitbare Vorstellbarkeit bei den Prädikaten, wenn nicht als irrelevant, so doch zumindest als sprachtheoretisch marginal erweisen. Mit Bezug auf das neutapezierte Zimmer könnte man z. B. argumentieren, für mein Verständnis des Prädikats ›gelb‹ und meine von ihm geleitete Vorstellung sei konstitutiv, daß ich den *Ort* der Veränderung und (in etwa) ihre *zeitliche Dauer* kenne und prinzipiell in der Lage bin, diesen Ort innerhalb der gegebenen Zeitgrenzen aufzusuchen und den Zustand auf *physischer* Basis zu überprüfen. Wie also steht es mit der mentalen Irrelevanz an dieser Stelle?

Nun, zunächst ist festzuhalten, daß die vorgestellten Erscheinungen nicht physisch *real* sein müssen, wie die Kombination realer ›Versatzstücke‹ zu irrealen ›Einhörnern‹, ›Kentauren‹ oder ›Krempeltierchen‹ beweist. Auch sie werden nicht ›rein qualitativ‹,

auf den realen Würfel sei nicht möglich ohne die Kenntnis einer geeigneten »Projektionsmethode«. Aber dieser Einwand geht fehl. Die Rede von einer dazwischentretenden ›Projektion‹ ist beim Verhältnis physischer und mentaler Erscheinungen ebenso sinnvoll (in höherstufigen Fällen) und ebenso sinnlos (in elementaren Fällen) wie sie es beim Verhältnis physischer Phänomene untereinander ist. Wenn ein spezielles Problem darin läge, einen realen Würfel mit der Vorstellung von ihm in Verbindung zu bringen, so müßte auch ein Problem darin liegen, eines von zwei kongruenten Dreiecken mit dem anderen in Beziehung zu setzen und nicht mit einem dritten, mit dem es durch eine ›Projektionsmethode‹ verbunden sein kann, oder gar darin, noch seltsamer, das abgeschnittene Stück eines rotgefärbten Papiers mit diesem und nicht – durch ›geeignete Projektionen‹ – mit einem danebenliegenden blauen Papier farblich zusammenzufassen. Die Schwierigkeit liegt nicht in der Beziehung zwischen Physischem und Mentalem, sondern in Wittgensteins Blindheit gegenüber der Irreduzibilität des Qualitativen, die wir schon früher zurückgewiesen hatten (S. 127 f. Anm. 126).

sondern raumzeitlich instantiiert vorgestellt[423] und der ›Träger‹ ist dabei normalerweise kein *bestimmter*, ja, im Falle reiner (unmythologischer) Phantasievorstellungen wie dem ›Krempeltierchen‹ nicht einmal ein *unbestimmter* (vgl. S. 222 Anm. 228) raumzeitlicher Gegenstand.[424] Auf Qualitäten, deren physische Realisierung als solche unumstritten ist, kann das ebenfalls zutreffen. Wenn mein Freund sich, an einem Roman oder einer philosophischen Arbeit schreibend, irgendwo in oder um Wien oder London verborgen hält und nur postlagernd zu erreichen ist, bin ich, weil ich den Ort nicht kenne, zur wahrnehmungsmäßigen Überprüfung nicht in der Lage, ohne daß dies an meinem Verständnis des Prädikats und seiner korrekten phänomenalen Einlösung in der Vorstellung etwas ändert. Ebensogut kann ich mir einen Tapetenwechsel in Kafkas Geburtshaus (das nicht mehr besteht) oder in einem (rein phantasiehaften) Zimmer van Goghs vorstellen, und auch mein Freund könnte mir schließlich eine Fiktion übermittelt haben, die kein reales Zimmer betrifft, sondern nur seine eigene seelische Verfassung symbolisieren soll. Zusammen mit den betroffenen Eigenschaften werden offenbar die sie instantiierenden partikulären ›Träger‹ vorgestellt.

Ihre physische Irrealität läßt die Mentalität des Bezugs besonders

423 Ob es ›rein qualitative‹ Vorstellungen überhaupt gibt, erscheint zweifelhaft. In Frage kämen allenfalls Beispiele wie das vorstellungshafte Pendant zum ›raumlosen‹ Blick in den blauen Himmel, der Vorstellung eines ›zeitlos‹ andauernden Klangs oder der eines raumzeitlich nicht lokalisierbaren Geruchs. Aber auch hier ist eine zumindest zeitliche Partikularisierung jederzeit möglich, indem der Vorstellende sich seiner *eigenen* Zeitposition bewußt wird und die Vorstellung darauf bezieht.

424 Da die Vergangenheit und die Gegenwart ausscheiden, käme allenfalls eine zukünftige Realisierung in Betracht. Aber kann man sinnvollerweise behaupten, für die Eschersche Konstruktion sei die Annahme konstitutiv, daß es ein Tier dieser Art *später* geben könnte? Was wir benötigen, ist die Vorstellung *irgendeines* Raum-Zeit-Zusammenhangs. Ob dieser mit unserem *realen* in Verbindung steht, ist nicht ausgemacht, für die raumzeitliche Vorstellungsfähigkeit jedoch völlig unerheblich. Daß sie der Fähigkeit zur Lokalisation realer Raum-Zeit-Phänomene gegenüber (vermutlich, vgl. einschränkend S. 309) ›parasitär‹ ist, ändert an ihrer späteren Eigenständigkeit nichts. Die in der neueren Literatur (Tugendhat 1976, a.a.O. [S. 97 Anm. 80], 463 f.; A. Quinton: *The Nature of Things*, London 1973, 38 f.) entwickelte These von der Unmöglichkeit eines Referenzfehlschlags bei der Bezugnahme auf Raum-Zeit-Stellen gilt nur (wie Quinton auch deutlich gemacht hat, p. 39) unter der Voraussetzung, daß ein bestimmtes Koordinatensystem gegeben und der Zusammenhang des Bezugspunkts mit der Position des Referierenden gesichert ist. Allenfalls diese letztere, sc. das jeweilige Hier und Jetzt des Referierenden, könnte dabei eine Ausnahme bilden. Doch sind auch hier, wie entsprechende Phantasien und Träume zeigen, Fehlschläge nicht grundsätzlich auszuschließen.

deutlich hervortreten, aber sie ist keine Vorbedingung für sie. Auch wenn es, wie zunächst unterstellt, das Zimmer tatsächlich an einem mir bekannten spezifizierten Ort geben sollte, kann ich mich vorstellungshaft auf es beziehen. Wenn ich beim Zwischenhalt in einer fremden Stadt umherschlendere und eine Vorstellung von ihrem Grundriß entwickle, wenn ich eine an die Tafel gezeichnete Kurve ›im Kopf‹ um die y-Achse rotieren lasse oder wenn ich mir vorstelle, welche Figur durch das korrekte Auffalten eines vor mir liegenden Faltbogens entsteht, bin ich gleichfalls auf reale Gegenstände bzw. Raumstellen bezogen. Und wenn ich mich an ein zurückliegendes Erlebnis erinnere, ist eine nichtmentale Bezugnahme auf den betreffenden Zeitpunkt nicht einmal denkbar (vgl. S. 130 Anm. 130). Die *Relevanz des Mentalen* für die numerische Identifikation ist also nicht nur nicht widerlegt, sondern durch gegenteilige Evidenzen positiv nachgewiesen. Zudem ergibt sich, wenngleich keine definitive Widerlegung, so doch ein starkes Indiz dafür, daß auch die *Sprachabhängigkeitsthese* für diese Leistung nicht haltbar ist. Zwei aufgezeichnete (oder nur vorgestellte) kongruente Dreiecke kann ich, um ihre Kongruenz sicherzustellen oder ein Parallelogramm aus ihnen zu bilden, ›in Gedanken‹ gegeneinander verschieben und sie dabei, obgleich sie qualitativ für mich undifferenzierbar sind, problemlos als numerisch verschiedene Gegenstände auffassen, ohne mir der Verwendung sprachlicher Kennzeichnungen (›das Dreieck rechts oben‹) oder Eigennamen (›Dreieck A‹) bewußt zu sein. Ja, entsprechende Leistungen können die Ausdrucksidentifikation selbst betreffen, die auf einer elementaren Stufe bekanntlich (S. 149 f.) nicht sprachabhängig sein kann. Zweifellos realisiert der Leser eines Wortes wie ›Moor‹ das zweifache Auftreten des qualitativ identischen Buchstabens ›o‹ an verschiedenen Raumstellen oder der Musiker, der ein Stück vom Blatt spielt, die einzelnen Noten einer Kette von repetierten Achteln in einem Takt. Sprach*unabhängigkeit* folgt daraus nicht, denn die Möglichkeit einer verdeckten Sprachbeteiligung oder indirekten Sprachabhängigkeit läßt sich durch ›introspektive‹ Evidenzen allein nicht ausschließen. Wittgensteins Thesen aber sind durch sie widerlegt.

Mit der numerischen Identifikation raumzeitlicher Gegenstände ist der Schritt zu prädikativ strukturierten ›*Sachverhalten*‹ (S. 116 Anm. 114) bereits getan. Das Zimmer meines Freundes stelle ich mir natürlich nicht *neben* seiner gelben Auskleidung vor sondern *als* gelb tapeziertes, und Entsprechendes gilt für die übrigen Beispiele. Zu einem vollständigen ›Gedanken‹, wie er in Aussagesätzen enthalten ist, fehlt lediglich der dem Sachverhalt gegenüber erhobene ›*Wahrheitsanspruch*‹. Auf ihn könnten Wittgensteins Thesen speziell bezogen sein, und wenn sie sich hier bewahrheiten, behält sein Beweis zumindest ein partielles Recht. Tatsächlich dürfte es auch dem findigsten ›Introspektionisten‹ schwerfallen, eine Vorstellung oder ein anderes mentales Phänomen zu entdekken, das als ›die‹ Leistung des ›Glaubens‹ (›Bezweifelns‹, ›Fragens‹, ›Wünschens‹, ›Aufforderns‹ usw.) gelten könnte. Doch phänomenale Unselbständigkeit ist nicht phänomenale Irrelevanz. Fehlende Selbständigkeit hatten wir schon für den vorstellungshaften Bezug auf Raum-Zeit-Stellen konstatiert (S. 130 f. Anm. 130), ohne daß dies seinen phänomenalen Status veränderte. Und das bestehende Spannungsverhältnis zwischen mentaler Realität und – möglicher – physischer Irrealität kommt dem ›Anspruchs‹-Charakter der Behauptung ausgesprochen entgegen. Das ist besonders deutlich im Falle räumlicher oder zeitlicher Abwesenheit des als ›wahr‹ beanspruchten Sachverhalts, doch kommen dabei noch andere Aspekte hinzu, die das Spezifische des Wahrheitsanspruchs verdecken können (vgl. S. 433 Anm. 430). So erscheint es geraten, uns vorzüglich an präsenten Sachverhalten zu orientieren. Der entscheidende Punkt aber zeigt sich auch hier.

An meinem Schreibtisch sitzend kann ich mich zunächst (durch Hinsehen) davon überzeugen, daß das äußere Sims meines Fensters – ein bestimmter präsenter Ort – leer ist. Ich schließe darauf die Augen und stelle mir (rein phantasiehaft oder im Gedanken an ein früheres Erlebnis dieser Art) vor, daß ein Eichhörnchen, für mich nicht wahrnehmbar, auf das Sims huscht und dort sitzenbleibt. Je nach dem Grad meines Vorstellungsvermögens und der Genauigkeit meiner vorausgegangenen Beobachtung kann diese vorgestellte Szene anschauliche Plastizität für mich gewinnen, die der wahrgenommenen in allen relevanten Details entspricht. Ich bin mir dessen bewußt, daß meine Vorstellung keine Wahrnehmung ist, daß meine reale Wahrnehmung zum jetzigen Zeitpunkt anders aussehen könnte, und ich weiß, was ich zu tun habe, um mich in diese Situation zu bringen, sc. die Augen öffnen.[425] Ähnlich

425 Die üblichen erkenntnistheoretischen Bedenken – sc. daß die Sonne inzwischen grünes Licht abstrahlen oder erloschen sein könnte, daß ein ›Dämon‹, eine

kann ich mir (bei geöffneten oder geschlossenen Augen) vorstellen, daß mein blauer Kugelschreiber – ein präsenter materieller Gegenstand – gelb wird oder daß mich mein bislang schmerzfreier linker Zeigefinger wenig später zu schmerzen beginnt. Der vorgestellte Sachverhalt *muß* nicht behauptet werden; er kann verneint, bezweifelt, gewünscht oder als bloße Möglichkeit in Erwägung gezogen sein (vgl. S. 116 Anm. 114). Deutlich ist jedenfalls, *daß* unsere Vorstellungen ›modalisiert‹ sein können. Die Vorstellung eines Sachverhalts trägt den Bezug zu dessen möglicher oder nicht möglicher physischer Einlösung in sich.

An der *Relevanz* des Mentalen auch für den in Aussagesätzen enthaltenen Wahrheitsanspruch ist also generell kaum zu zweifeln, und seine *Sprachabhängigkeit* wird durch die vorstehenden Evidenzen ebensowenig gestützt, denn mit der stillen (oder gar lauten) Verwendung von Ausdrücken wie ›ist wahr‹ oder ›behaupte ich‹, sind meine Vorstellungen natürlich nicht verbunden. Damit steht fest, daß Wittgensteins Thesen auch partiell nicht gerechtfertigt sind. Halten wir jedoch zugleich fest, was dadurch nicht bewiesen wird. Ganz sicher nicht (aus den im Zusammenhang mit der numerischen Identifizierung erwähnten Gründen) die prinzipielle *Sprachunabhängigkeit* des Behauptens, womit ein Hauptgrund für die Vorbehalte gegenüber der Einbeziehung von Vorstellungen bei der Erklärung des Satzverstehens entfallen dürfte.[426] Vor allem

verzeichnende Linse zwischen mich und das Fenster bringt, daß meine Brille beschlagen ist oder daß Drogeneinwirkung meine Wahrnehmung modifiziert, usw. – sind hier natürlich kein Einwand. Die Situation ist *elementar* gedacht und elementare Wahrnehmungen müssen vorausgesetzt werden, um überhaupt von ›verfälschenden‹ Einflüssen reden zu können. (Die Umstände, die zur Abweichung von der ›normalen‹ Wahrnehmung führen, müssen ja selbst wahrgenommen werden.) Und die Berücksichtigung solcher Einflüsse ist für die obige Darstellung ohnehin kein Problem. *Wenn*, sagen wir, die Beseitigung beschlagener Brillen zur Herstellung elementarer Wahrnehmungssituationen gehört, muß mein Wissen um das, was ich zu tun habe, einfach erweitert werden: Augen öffnen und Brille putzen!

426 Unter diesem Gesichtspunkt verwirft auch Wittgenstein (PhU § 540 ff.) die Möglichkeit eines reinen ›Denkens‹ von Sachverhalten, etwa des baldigen Aufhörens des Regens, wobei die gesamte Behandlung der Frage erneut eine unzulässige Vereinfachung der Gegenseite erkennen läßt. Einmal läßt er den Gegner die Unabhängigkeit jenes ›Denkens‹ von der »Institution der Sprache und ihre[r] ganze[n] Umgebung« behaupten, so daß, zusammen mit der unterstellten Sprachabhängigkeit, der Eindruck entstehen muß, als impliziere die Unabhängigkeitsthese die Trennung der Sachverhalte von ihrer Einbettung in das *Begriffsschema* unserer Umgangssprache oder in ein Begriffsschema überhaupt, was zweifellos problematisch

aber folgt aus der Relevanz der Vorstellungen nicht, daß sie *notwendig* für oder gar *identisch* mit den ›Gedanken‹ der Sätze sind. Ihre sprachtheoretische Bedeutung bleibt eingeschränkt. Darin aber unterscheiden sich Vorstellungen nicht grundsätzlich von den von Wittgenstein favoritisierten Verhaltensleistungen und wohl auch nicht von direkten Wahrnehmungen, die für empirische Aussagen zweifellos am bedeutendsten sind. Die Potentialität, die wir auf der Ebene der Prädikate bereits als Wesensmerkmal des Verstehens erkannten, läßt auch auf der Ebene vollständiger Sätze Verabsolutierungen in der einen oder anderen Richtung nicht zu.

7. ›Kontraintuitivität‹ eines reduktionistischen Auswegs

Was ergibt sich aus alledem für die Beweiskraft des Wittgenstein-Arguments und den Zweifel am Sinn der Zusammenhangsfrage? Feststeht, daß Wittgenstein nicht nur verschiedene formale Möglichkeiten zur Differenzierung des Sprachbegriffs nicht (oder doch nicht genügend) beachtet hat, sondern auch zahlreiche phänomenale Gegebenheiten, die für sie von Interesse sind. Der Beweisgang verfehlt sein Ziel, weil er ein Bild des ›gedankenvollen‹ Gebrauchs von Sprache, speziell von Aussagesätzen, gibt, das in entscheidenden Hinsichten eingeengt bzw. intern verarmt ist. In dieser Situation gibt es nur zwei Möglichkeiten. *Entweder* der Begriff der

wäre, mit dem Problem der Sprachabhägigkeit aber prinzipiell nichts zu tun hat (vgl. auch S. 202 ff.). Zum anderen läßt er die relevanten *mentalen Evidenzen* außer acht. Wittgenstein argumentiert auch hier mit der Unmöglichkeit einer mentalen Abtrennung der *Gesamt*bedeutung: »Willst du sagen, es ist seltsam, daß du dir diese Worte nicht solltest sagen können und sie [sic!] *meinen* ohne jene Umgebung?« Dabei bleibt die *begrenzte* Relevanz des Mentalen für das Verständnis der Worte verdeckt und zudem bedient sich das Argument, wie das ›verräterische‹ »sie« des Zitats zu erkennen gibt, erneut des auf den Denkbegriff *›übergreifenden‹ Sprachbegriffs,* der eine sachgerechte Beantwortung der Zusammenhangsfrage ausschließt und den Verdacht der ›petitio‹ weckt: sei es durch unbegründete Unterstellung von Sprachabhängigkeit, sei es durch grundlosen Zweifel am Sinn der gesamten Frage. Ja, Wittgenstein geht sogar noch einen Schritt weiter und unterstellt seinem Gegner (ebenso wie dem von James zitierten Taubstummen »Mr. Ballard«, vgl. S. 313 f.), daß sein ›wortloses Denken von Sachverhalten‹ sich vom gewöhnlichen sprachlichen nur durch die Verwendung *anderer Ausdrücke* unterscheidet (»eine[r] Reihe unverständlicher Worte«, § 540) und die gesamte Frage sich auf ein *Übersetzungsproblem* reduzieren läßt!

›Sprache‹ wird so weit angereichert, daß (zumindest) die oben erkennbar gewordenen Lücken geschlossen sind. Dann gibt es keinen Grund, an der Richtigkeit unserer Explikation des Problems von Sprache und Denken und der Möglichkeit einer befriedigenden Antwort auf die Zusammenhangsfrage zu zweifeln. *Oder* der Sprachbegriff wird weiter eingeschränkt bis zu einem Punkt, an dem sich die gewünschten negativen Konsequenzen formal aus ihm ergeben. Das ist erst bei der Reduktion des ›gedankenvollen‹ Sprechens und Hörens auf den Umgang mit *bloßen* Ausdrücken der Fall, die sich somit als die einzige Form erweist, in der der Wittgensteinsche Beweisanspruch aufrechtzuerhalten ist.

Tatsächlich hat sich der reduktionistische Ausweg nicht nur in der vorhergehenden Diskussion wiederholt nahegelegt, sondern es gibt auch eine ganze Reihe von unmittelbaren textlichen Anhaltspunkten dafür, daß Wittgenstein in diese Richtung tendiert.[427]

427 Außer den schon erwähnten musikalischen Vergleichen und der stillschweigenden Gleichsetzung von ›Begriff‹ und ›Wort‹ bzw. ›Sprache‹ und ›Denken‹ sind hier vor allem Stellen zu nennen wie PhU S. 492 (oben S. 407) oder, noch radikaler, PhU § 504: »Wenn man aber sagt: ›Wie soll ich wissen, was er meint, ich sehe ja nur seine Zeichen‹, so sage ich: ›Wie soll *er* wissen, was er meint, er hat ja auch nur seine Zeichen.‹ « Die Reduktionstendenz ist jedoch in der Regel verdeckt und oft nur im stillschweigenden Wechsel vom ›übergreifenden‹ (S. 139 f.) zum ausdrucksseitig reduzierten Sprachbegriff zu erkennen. Gewöhnlich verwendet Wittgenstein die in dieser Hinsicht doppeldeutigen Ausdrücke ›Sprache‹, ›Sprechen‹, ›Satz‹, ›Zeichen‹, ›Gebrauch‹, ›Grammatik‹ o. ä., die er zunächst, im Einklang mit dem gewöhnlichen Vorverständnis, im ›übergreifenden‹ Sinne versteht, später dagegen im reduzierten, ohne daß der dazwischenliegende Reduktionsschritt kenntlich gemacht worden wäre.

Ein markantes Beispiel ist PhU § 500, wo es mit Blick auf die ›inhaltliche‹ Auffassung des Gegners heißt: »Wenn gesagt wird, ein Satz sei sinnlos, so ist nicht, quasi, sein Sinn sinnlos. Sondern eine Wortverbindung wird aus der Sprache ausgeschlossen, aus dem Verkehr gezogen.« Die rhetorisch-widersprüchliche Rede von der »Sinnlosigkeit des Sinnes« scheint dem Gegner die Argumente aus der Hand zu winden, aber das Wortspiel verdeckt, näher betrachtet, nur die entscheidenden Sachfragen. Was heißt hier »Satz« oder »Wortverbindung« und was entsprechend heißt »sinnlos«? In seiner Antwort unterstellt Wittgenstein offensichtlich, daß sich die Frage auf den *Satzausdruck* bezieht, und natürlich kann sie auch diesen Sinn haben. Gefragt ist dann aber danach, *ob* ein bestimmter Ausdruck, sagen wir: ›Krozeriep ämbue triechsunderch edi valgeiselit‹, Bedeutung (»Sinn«) hat oder nicht, und wenn diese Frage verneint wird, wenn sich der Ausdruck also im elementarsten Sinne als »Sinn«-los erweist, wird er als nicht zur Sprache gehörig ausgeschieden; andernfalls wird er dazugezählt, wobei es dann in der Tat selbstwidersprüchlich wäre, ihm den anerkannten »Sinn« gleichzeitig wieder abzusprechen. Aber das tut der

Müssen wir also annehmen, daß er doch jenen extremen Reduktionismus vertritt, den wir ihm eigentlich nicht unterstellen wollten? Das wäre ›intuitiv‹ und im Hinblick auf unsere früheren Überlegungen zur Reduzierbarkeit wahrheitsfähiger sprachlicher Aussagen (S. 150 ff.) äußerst implausibel und würde uns die Dispensierung mit Wittgensteins Einwand ziemlich leicht machen. Aber es gibt, wie es scheint, auch eine weniger radikale Lösung. Die Reduktion muß nicht vollständig sein, sondern kann auf das *aktuelle Sprechen und Hören* beschränkt werden, während der weitere situative und verhaltensmäßige Kontext, mit dem es in ›regelhaftem‹ Zusammenhang steht, dafür verantwortlich ist, daß es sich nicht um bedeutungslose Lautäußerungen handelt. Eine Konzeption dieser Art wird durch die einfachen ›Sprachspiele‹ am Beginn der PhU nahegelegt und dürfte Wittgensteins Intentionen auch sonst weitgehend entsprechen. Da sie es *offen* läßt, ob der Benutzer den ›Bedeutungszusammenhang‹ realisiert und (›regelgeleitet‹, S. 120 f.) in dem Bemühen handelt, ihn zu erfüllen, hat Wittgenstein mit ihr nicht nur die Möglichkeit zum Ausschluß obskurer ›Begleit‹-Vorgänge, sondern (was oben offen blieb S. 408 f.) auch zu dem unerwünschter Zustände des ›Bedeutungserfassens‹, *ohne* zugleich die gesamte Bedeutung eliminieren zu müssen. Insofern ist die beschränkt reduktionistische Position eine ›intuitiv‹ akzeptable theoretische Alternative. Die entscheidende Frage ist, ob sie unserem tatsächlichen Sprachgebrauch angemessen ist und ob die partielle Reduktion hinreicht, um die Zusammenhangsfrage in der genannten Weise als falsch gestellt zu erweisen.

Gegner auch nicht. Seine Frage, die zu Beginn auch von Wittgenstein in dieser Form aufgegriffen wird, bezieht sich nicht auf den Satzausdruck, sondern den ›Satz‹ im ›*übergreifenden*‹ Sinne, dessen Bedeutungshaltigkeit schon vorausgesetzt ist und vorausgesetzt sein muß, um einen »Sinnlosigkeitsverdacht« im hier angesprochenen Sinne überhaupt aufkommen zu lassen. Ein Satz wie (sagen wir, mit geeigneten Metathesen unseres obigen) ›Reziproke Bäume durchschreiten die Legislative‹ ist syntaktisch und formal semantisch (S. 215) korrekt aus bedeutungshaltigen Teilen gebildet. Nur weil man die Bedeutungen der Teile und die Art ihrer semantischen Verknüpfung kennt, weiß man, daß etwas mit ihm nicht stimmt. Wenn ein solcher Satz anschließend aus dem Verkehr gezogen wird, so ist der Grund dafür fundamental verschieden von dem, der zum Ausschluß des völlig bedeutungslosen Ausdrucks führt. Wird der letztere – wie in Wittgensteins Antwort – an seine Stelle gesetzt, so heißt das entweder, daß die entscheidenden Schwierigkeiten übersprungen, eine Antwort also gar nicht gegeben wurde, oder daß der zugrundeliegende ›übergreifende‹ Begriff des ›Satzes‹ stillschweigend auf den Satzausdruck reduziert wurde.

Die zentrale Schwierigkeit jeder Sprachtheorie, die die Bedeutung durch externe Verwendungsumstände zu spezifizieren sucht, ist die *Potentialität* des Verstehens. Wie trägt sie, angewandt auf das Beispiel der elementaren Aussagesätze, der unbestreitbaren Tatsache Rechnung, daß die als ›wahr‹ behaupteten Sachverhalte weder raumzeitlich präsent noch physisch real sein müssen?[428] Bestimmte theoretische Forderungen sind damit vorgegeben. Der Begriff des ›regelhaften Zusammenhangs‹ muß so weit gefaßt werden, daß die ›Bedeutsamkeit‹ von Satzäußerungen nicht gefährdet ist, wenn sie ohne erkennbare Verbindung mit einem realen Sachverhalt auftreten oder trotz eines solchen ausbleiben. Das ist im Rahmen des skizzierten dispositionellen Erklärungsschemas (S. 409 f.) durchaus zu leisten. Um den Bezug zu Nichtpräsentem herzustellen, müssen die Äußerungen ›in Abwesenheit‹ in einen regelhaften Zusammenhang mit korrespondierenden Äußerungen ›in Gegenwart‹ gestellt und geeignete Formen der ›Präsenz-Herstellung‹ (Sichbewegen im Raum, Abwarten usw.) ins dispositionelle Repertoire eingeführt werden. Sollen die einzelnen Positionen raumzeitlich zusammenhängen, muß die Korrespondenz ›systematisch‹ sein, was auf der Äußerungsseite die Einführung eines Systems regelhaft miteinander verbundener demonstrativer und nicht demonstrativer Lokalisationsausdrücke verlangt. Für den nach unseren Annahmen (S. 96 f. Anm. 80) elementarsten Fall von Sätzen über Raum-Zeit-Stellen können wir z. B. sagen, daß eine Satzäußerung des Typs ›F⌢nachher-dort‹ (vgl. S. 157) sich dadurch als ›bedeutsam‹ bzw. ›verstanden‹ erweist, daß ihr Sprecher oder Hörer fähig (und unter bestimmten Bedingungen auch entsprechend aktiv) ist, den korrespondierenden Raum-Zeit-Punkt aufzusuchen und, sollte die angesprochene sinnliche Qualität dort tatsächlich instantiiert sein, eine Äußerung des Typs ›F⌢jetzt-hier‹ hervorzubringen bzw. als korrekt hervorgebracht zu ›bejahen‹. Und der Bezug zur Irrealität läßt sich dann einfach ins Spiel bringen, indem man die Fähigkeit (und bedingte Aktivität) des ›Widerrufens‹ oder ›Negierens‹ angesichts fehlender Instantiierung hinzufügt. Weitere Komplikationen sind notwen-

428 Vgl. Tugendhat 1976, a.a.O., 224-226. Die folgenden Überlegungen sind an Tugendhats Lösung orientiert (vgl. bes. die Zusammenfassung in Vorl. 27), der die Details einer (hier nur in den für unsere Frage relevanten Grundzügen angesprochenen) behavioristisch orientierten Sprachtheorie zu entnehmen sind, die auf Wittgensteins Ansatz aufbaut.

dig, aber der Ansatz als solcher ist klar. Ist er als Explikation unseres ›gedankenvollen‹ Redens und Hörens plausibel?

Schwerwiegende Durchführungsprobleme sind unübersehbar. Es ist nicht ausgemacht, ob und in welcher Weise die Analyse auf nichtassertorische Sätze oder auf assertorische, die sich nicht auf elementare Raum-Zeit-Prädikationen zurückführen lassen, ausgedehnt werden kann.[429] Freilich schließt das ihre Gültigkeit für den angesprochenen Beispielbereich nicht aus und liefert daher keinen durchschlagenden Einwand. Kritischer sind die internen Probleme. Wenn der behavioristische Rahmen gewahrt bleiben soll, müssen alle genannten Leistungen auf Verhaltensbasis identifiziert werden. Für die Satzäußerungen und bestimmte Formen der ›Präsenz-Herstellung‹ ist das fraglos zu leisten. Aber gibt es so etwas wie ein Verhaltensmuster, das sich *als* Leistung des ›Widerrufens‹, ›Negierens‹, ›Bejahens‹ oder ›Erhebens eines Wahrheitsanspruchs‹ verstehen ließe? Auch wenn wir uns nicht an eigenständigen Teilereignissen, sondern an sekundären Qualifikationen von Satzäußerungen orientieren, ist das alles andere als selbstverständlich.[430] Und mit welchem Recht können wir annehmen, daß

429 Das gilt, trotz der früher erwähnten Vorzugsstellung der Behauptungen und gewisser offenkundiger Bezüge zu anderen Typen, für das gesamte Konzept der ›*Wahrheitssemantik*‹ (Vgl. S. 116 Anm. 114, sowie Tugendhat 1976, a.a.O., 505 ff.). Dabei ist ihre begrenzte Bedeutung für den nichtassertorischen Bereich (die zu erwarten war) weniger kritisch als ihre mangelnde Applikabilität auf die Gesamtheit des assertorischen selbst. Für eine Vielzahl von Sätzen sind uns die Wahrheitsbedingungen unbekannt, ja, für bestimmte Satztypen ist die Annahme, daß sie notwendig entweder wahr oder falsch sind, nicht einmal sinnvoll. Diese Erkenntnis zwingt dazu, Rücksicht auf die konkreten (menschlichen) Einlösungsmöglichkeiten zu nehmen, und hat innerhalb jenes Ansatzes dazu geführt, ›Wahrheitsbedingungen‹ durch ›*Verifikationsbedingungen*‹ zu ersetzen. Doch gerade wenn man eine solche Wendung vollzieht, zeigt sich, daß unser Verständnis von Sätzen über unser Wissen um ihre Verifizierbarkeit merklich hinausgeht. Daß Sätze über ein infinites Universum wirklich *als solche* (und nicht etwa nur als verkappte ›konstruktivistische‹ Sätze) verständlich sind, mag vielleicht zweifelhaft sein. Aber das gleiche gilt schwerlich für Sätze über vergangene oder (unter bestimmten Umständen) gleichzeitige räumlich entfernte Ereignisse, die wir sehr wohl verstehen, aber definitiv, wie wir gleich noch genauer sehen werden, weder verifizieren noch falsifizieren können.

430 Die bloße Tatsache der syntaktischen Erweiterung oder Transformation des Satzausdrucks kann den semantischen Unterschied natürlich nicht ausmachen. (Ganz abgesehen davon, daß sie nicht notwendig und im Falle des Wahrheitsanspruchs nicht einmal üblich ist.) Daß sich die *Negation* nicht einfach durch den Regelzusammenhang des (syntaktisch ›negierten Satzes‹ mit der Gesamtheit der Situationen, in denen der ›nichtnegierte‹ nicht regulär geäußert werden darf, definieren läßt, liegt auf der Hand. Kopfschütteln aber oder sonstige ›natürliche‹ Gesten des Mißfallens kommen,

der Theoretiker, der das Verhalten des Sprechers als ein Verhalten ›in Raum und Zeit‹ beschreibt, das Raum-Zeit-System selbst ›rein behavioristisch‹, also unabhängig von jeder mentalen Leistung identifizieren kann (vgl. S. 130 Anm. 130)? Wäre dies nur ein Problem der Sprachtheorie, könnte man sich vielleicht mit seiner Verlagerung in die ›Metaebene‹ zufrieden geben. Doch es trifft ja auch denjenigen, der die Verwendung der Sätze auf Verhaltensbasis erlernen will, und stellt somit den rein behavioralen Charakter des Sprachgebrauchs selbst in Frage.

Aber nehmen wir einmal an, dieser wäre gesichert und das Kriterienproblem grundsätzlich gelöst. Auch dann blieben entscheidende Schwierigkeiten. Die behavioristische Erklärung funktioniert nur, wenn ein einheitliches System von Raum-Zeit-Stellen vorausgesetzt wird, deren *Realität* und durchgängige *behaviorale Zugänglichkeit* außer Zweifel steht. Beides ist problematisch. Der anvisierte Raum-Zeit-Punkt muß nicht real sein (S. 424 Anm. 424). Rein vorstellungshafte Bezugnahmen auf ein Gebiet, das keinen bestimmten Platz in unserer realen Welt hat, sind möglich und lassen sich durch das obige Schema nicht mehr erklären. Der behavioristisch ausgerichtete Sprachtheoretiker kann die phänomenale Beschränkung anerkennen oder den ›para-

auch wenn sie so etwas wie ein ›kulturelles Universale‹ wären, ebenfalls nicht in Betracht, da sie ja selbst den Status ›zeichenhaft verwendeter‹ Ausdrücke haben, deren Bedeutung durch situative oder verhaltensmäßige Verwendungsbedingungen zu explizieren ist. Welche (elementaren) Kriterien aber stehen uns dafür zur Verfügung?

Für den *Wahrheitsanspruch* scheint die Situation zunächst günstiger, da das charakteristische Verhältnis von Anspruch und Einlösung bzw. Verwerfung im Rahmen des skizzierten Erklärungsschemas als das Verhältnis von raumzeitlicher Abwesenheit (die freilich auch im Noch-nicht-identifiziert-Haben der betroffenen Stelle innerhalb eines präsenten Gebietes oder im Ausgangszustand einer ›gestuften‹ Aufhebung eines wahrnehmungsmäßigen Scheins – vgl. Tugendhat 1976, a.a.O., 492 – bestehen kann) und raumzeitlicher Präsenz bei der Äußerung zu explizieren ist. Doch das gilt *nur* für den Fall der Distanz. *In* der Einlösungssituation gibt es nur ›offenkundig korrekte‹ bzw. ›offenkundig inkorrekte‹ Äußerungen, die mit ihrer Einlösungsbedürftigkeit auch ihren Anspruchscharakter verloren haben. Allenfalls könnte man auf das Faktum abheben, daß die präsente von einer nichtpräsenten Äußerungssituation her *erreicht wurde* oder erreicht werden *könnte*. Aber an solche Zusatzbedingungen ist das Anspruchserheben selbst schwerlich gebunden, und zudem scheint die Idee, das, *worauf* Anspruch erhoben wird, sc. das ›Besetztsein‹ einer Raum-Zeit-Stelle durch eine sinnliche Qualität, und das *Erheben* des Anspruchs durch die besondere Art seiner *Einlösung* zu explizieren, bereits im Ansatz verfehlt.

sitären‹ Charakter des vorstellungshaften Raum-Zeit-Bezugs hervorheben und argumentieren, daß sein Modell (wie schon im Falle der nichtassertorischen Sätze) zwar nicht für die Gesamtheit der Sprache geeignet ist, wohl aber für einen bestimmten und, wie er mit einigem Recht behaupten könnte, vor anderen ausgezeichneten Teil. Der Geltungsbereich würde dadurch erheblich eingeschränkt, aber der Ansatz selbst bliebe erhalten. Was ihn grundsätzlich erschüttert, ist die Unerfüllbarkeit des Kriteriums der durchgängigen behavioralen Zugänglichkeit.

Bei unseren Beispielen für die ›Herstellung raumzeitlicher Präsenz‹ haben wir uns wohlweislich auf das Sichbewegen im Raum und das Abwarten beschränkt und keine größere Distanz berücksichtigt als die zwischen ›Jetzt-Hier‹ und ›Nachher-Dort‹. Auf einen nahegelegenen Ort in naher Zukunft kann man im Anschluß an eine Satzäußerung rekurrieren. Doch wie steht es bei Äußerungen, die sich auf einen irdischen Zustand im Jahre 5000 n. Chr. beziehen oder auf einen gleichzeitigen Zustand auf einem 10 000 Lichtjahre entfernten Stern? Die Relativitätstheorie enthebt uns nur eines Teils unserer diesbezüglichen Verifikationsprobleme (und auch dies nur vorübergehend, da die traditionell präsentischen Sätze als futurische zu reformulieren sind), während der größere und für unser alltägliches Reden weitaus bedeutendere Teil davon unberührt bleibt. Unsere raumzeitliche Bewegungsfähigkeit ist nun einmal erheblich eingeschränkt, ohne daß unser Verständnis entsprechend eingeschränkt wäre. Der Behaviorist wird vielleicht geltend machen, daß das Raum-Zeit-System und das System lokalisierender Ausdrücke zunächst für einen begrenzten, behavioral zugänglichen Bereich aufgebaut und anschließend extrapoliert wird. Das dürfte zutreffen. Doch was nützt uns ein solcher Hinweis, solange keinerlei Grund zu der Annahme besteht, daß sich die Extrapolation in einem behavioristischen Rahmen hält? Daß sich ein Sprecher auf einen Zeitpunkt jenseits seiner eigenen Lebenserwartung oder auf einen Ort jenseits seiner räumlichen Reichweite bezieht, ist seinem nichtsprachlichen Verhalten nicht zu entnehmen und seinem sprachlichen nur, wenn sein Verständnis bereits vorausgesetzt ist. Und selbst die gesicherte behavioristische Extrapolierbarkeit würde nicht allzuviel helfen, da uns die (reale) Vergangenheit auch in den Grenzen des eigenen Lebens unzugänglich ist. Es gibt kein präteritales Pendant zum futurischen ›Abwarten‹: eigene Erlebnisse können wir direkt nur in der Erinnerung überprüfen und die Erlebnisse anderer und alle weiter zurückliegenden Ereignisse können wir *definitiv* weder verifizieren noch falsifizieren.[431] Wäre unser Verständnis von Sätzen über Abwesendes von der prinzipiellen oder gar der realen Möglichkeit zur Überprüfung ›in Gegenwart‹ abhängig, könnten wir über Vergangenes gar nicht und über Gegenwärtiges und Zukünftiges nur innerhalb eines zeitlich und räumlich äußerst begrenzten Bereiches reden – eine absurde und völlig inakzeptable Konsequenz.

Das reduktionistische Sprachmodell ist also nicht nur durch seine begrenzte Applikabilität, sondern auch durch seine offenkundige ›Kontraintuivität‹ in den Anwendungsfällen (den einfachen ›Sprachspielen‹ vom Beginn der PhU z. B.) mehr als implausibel. Und wir können uns leicht davon überzeugen, daß die *partielle* Reduktion für das Wittgensteinsche Beweisziel nicht einmal hinreicht. *Wenn* das ›Verstehen‹ elementarer Aussagesätze sich in der angegebenen Weise vollständig durch deren ›regelhaften Zusammenhang‹ mit bestimmten verifikatorischen Verhaltensweisen explizieren läßt, ist es ja alles andere als offensichtlich, daß unser ›gedankenvolles‹ Sprechen und Hören nicht in der vom Sinn der Zusammenhangsfrage her erforderten Form begrifflich oder auch faktisch differenziert werden kann. Ob die ›Präsenz-Herstellung‹, die numerische Identifikation ›in Gegenwart‹ oder das Erheben bzw. Zurückweisen eines Wahrheitsanspruchs *tatsächlich* nicht an die Zeichenverwendung gebunden ist, steht natürlich dahin, aber die *Möglichkeit* der Sprachfreiheit wird durch kein anderes Erklärungsmodell deutlicher als durch das

431 Der skeptische Leser mag es mit Sätzen versuchen wie ›Am Jahreswechsel 1978/79 empfand John Wayne erstmals so etwas wie Angst‹ oder ›Am 21. 8. 437 n. Chr. um 12 Uhr mittags saß auf dem Gipfel der Alpspitze ein 149 Wochen alter, 83 cm langer Steinadler‹. Daß wir natürlich – der Historiker kann unbesorgt sein! – auch bei der Rede über Vergangenes Wahrheit und Falschheit nicht willkürlich zuteilen, ist kein Einwand. Denn wir beziehen uns dabei ja *entweder*, soweit derartige Verfahren vorhanden sind, auf allgemeine Kausalzusammenhänge, die sich auf eine begrenzte Anzahl beobachteter Abläufe gründen und nur induktive Rückschlüsse auf die im Einzelfall prinzipiell unüberprüfbaren früheren Ereignisse gestatten, *oder* auf andere Sätze, die bereits als historische bzw. rückverweisende Äußerungen verstanden und (nach Maßgabe der als bekannt vorausgesetzten generellen Glaubwürdigkeit ihrer Autoren) in ihrem Wahrheitsgehalt bewertet sind. Beides sind sprachtheoretisch höherstufige Fälle, die das temporale Verständnis voraussetzen und nicht elementar begründen können.

partiell reduktionistische. Selbst der gewünschte Ausschluß von Zuständen des ›Bedeutungserfassens‹, der dem aktuellen Sprachgebrauch den Charakter des Umgangs mit bloßen Lautäußerungen gibt, erweist sich bei näherem Zusehen als undurchführbar. In irgendeiner Form müssen wir dem Betroffenen ja ein ›Wissen‹ um die semantischen Regelzusammenhänge zuschreiben. Die unterstellte dispositionelle ist bereits eine denkbar einfache (realiter: zu einfache, vgl. S. 421 ff.) Erklärung; doch schon sie enthält die Einführung eines ›Verstehenszustands‹ (S. 409 f.). Nur der *extreme* Reduktionismus ist eine wirkliche theoretische Alternative. Doch daß er unsere Explikation des Problems von Sprache und Denken zweifelhaft machen sollte, fällt schwer zu glauben.

8. Tieferliegende Gründe für das Scheitern des Argumentes

Welche Version man auch zugrundelegt, Wittgensteins Argument scheitert durchweg (wenngleich mit verschiedenen Nuancierungen) aus demselben entscheidenden Grund: dem reduzierten, phänomenal und theoretisch verengten Bild von der Sprache. Diese Tatsache muß verwundern. War es nicht Wittgenstein, der die Sprache ins Zentrum seines Philosophierens stellen, ja, die Sprachanalyse zur philosophischen Methode schlechthin erheben wollte? Wie war es möglich, daß ein Autor, der seine Aufmerksamkeit so entschieden wie kaum jemand vor ihm auf das alltägliche Reden richtete und Aspekte ins Blickfeld hob, die zuvor kaum Beachtung gefunden hatten, andere Aspekte, die wenigstens ebenso wichtig und im Sprachgebrauch offenkundig sind, gänzlich verfehlte? Wir müssen annehmen, daß Gründe von größerer Tragweite dafür verantwortlich sind, und solche Gründe lassen sich finden.

Der nächstliegende, sc. daß die Verengung nur temporär und aus ›*ökonomischen*‹ Rücksichten erfolgte, scheidet aus, da theoretische Konsequenzen mit ihr verbunden sind, die bloße Ergänzungen ausschließen. Plausibler ist die *historische* Erklärung, daß die Hervorhebung der Verhaltensaspekte Folge der Abkehr vom traditionellen Mentalismus ist, bei der es nahelag, daß das Pendel in die entgegengesetzte Richtung schlug. Aber auch das reicht nicht hin. Bloße Akzentverschiebungen und Vereinseitigungen sind

›dialektische‹ Reaktionen auf vorhandene Einseitigkeiten, deren partielles sachliches Recht unbestritten bleibt. Dagegen lassen die mentale Irrelevanz- und die auf die ›prinzipielle‹ Undifferenzierbarkeit gegründete (triviale) Sprachabhängigkeitsthese ›dialektische‹ Gegenstücke nicht zu; sie vereinseitigen nicht sondern verabsolutieren. Historische Umstände mögen der Anlaß dazu gewesen sein, die entscheidenden Gründe sind *sachlich*. Den Schlüssel zu ihnen liefert uns jene Tatsache, die wir oben nur konstatieren konnten (S. 387): daß Wittgenstein bei seiner Formulierung des Problems die fundamentale ›Was-ist‹-Frage ausschließlich auf das ›Denken‹ bezieht und nicht auch auf die ›Sprache‹. Wenn wir vom Wittgensteinschen Beweisziel ausgehen, wie wir es anschließend entwickelt haben, ließe sich das am ehesten als vorweggenommene (wenn auch ein wenig kühn geratene) Folgerung aus der zugrundegelegten Undifferenzierbarkeitsthese verstehen, deren Berechtigung *mit* dem Beweis auf dem Spiel steht. Doch nachdem sich gezeigt hat, daß eine Begründung für sie nicht vorliegt und bei theoretischer und phänomenaler Unvoreingenommenheit auch nicht vorgelegt werden kann, wird man anders interpretieren müssen. Offenbar ist der Verzicht gar kein Ergebnis sprachtheoretischer Überlegungen, sondern der einfache Ausdruck dessen, daß Wittgenstein das ›gedankenvolle‹ Reden als etwas *Selbstverständliches* erscheint, das theoretischer Aufklärung eigentlich nicht bedarf. Dabei schränken seine behavioristischen Vorurteile diese Selbstverständlichkeit stillschweigend auf den Sprachausdruck und solche Bedeutungsaspekte ein, die (für ihn) ›im Verhalten offen zutage liegen‹. Das reduzierte Bild von der Sprache hängt zwar mit dem Antimentalismus zusammen, ergibt sich aber nicht aus ihm allein, sondern erst aus seiner Verbindung mit einer grundlegenden *sprachtheoretischen Naivität.*

Nur auf den ersten Blick ist das ein Widerspruch zu Wittgensteins sprachanalytischem Ansatz. Mit seiner Haltung steht er nicht nur als Analytiker nicht allein,[432] sondern es gibt zwischen

432 Eine sprachtheoretisch ähnlich unreflektierte und vereinseitigende Haltung läßt sich z. B. für P. T. Geach's (1957, a.a.O. [S. 153 Anm. 156], ch. 17 ff.) Version der ›Analogietheorie des Denkens‹ (vgl. S. 132 f.), sowie für J. Bennett's Beweis für die Sprachabhängigkeit des ›rationalen‹ Denkens nachweisen (J. Bennett: *Rationalität* [orig. London 1964], dt. Frankfurt 1967, Kap. 10). Bennett's Beweis ist inzwischen durch sein neueres Buch (vgl. S. 37 Anm. 22) überholt, wobei die Naivität zusammen mit der Sprachabhängigkeitsthese verschwindet.

beidem auch eine unmittelbare sachliche Verbindung. Wer philosophische Fragen *im Rekurs auf* die Umgangssprache beantworten will, kann *diese selbst* nicht zugleich zum Problem machen. Wenn philosophische Sätze *durch* den alltäglichen Sprachgebrauch als ›analytisch wahr‹, ›kategorial falsch‹ oder ›sinnlos‹ erwiesen werden sollen, muß dessen *eigene* Sinnhaftigkeit außer Zweifel stehen, und das ist dort, wo der Zusammenhang zwischen Ausdruck und Bedeutung (›Gedanke‹) das zentrale Thema bildet, natürlich nicht mehr gegeben. Als sprachanalytischer Philosoph, der gegenüber der Sprache *keine* reflektierte Haltung einnimmt, muß Wittgenstein mit der Sprach*theorie* in Konflikt geraten. Daß er die ›introspektive‹ Unterscheidung zwischen ›gedankenvollem‹ und ›gedankenlosem‹ Sprechen unangemessen einschätzt (S. 415 ff.), erklärt sich also nicht nur aus seiner generellen Geringschätzung mentaler Tatbestände, sondern auch und vor allem daher, daß die genauere Prüfung dieser Evidenz die theoretische Frage unabweisbar gemacht hätte. Ob der Gedanke, die Sprache zum ›unhinterfragbaren‹ philosophischen Fundament zu machen, Ursache für die sprachtheoretische Naivität ist oder ob diese jene Idee erst hervorgebracht hat, mag dahingestellt bleiben. Beide jedenfalls gehen der Sache nach Hand in Hand.

Wie problematisch das ist, zeigt sich in philosophischer Hinsicht ebenso wie in sprachtheoretischer. Da die Sprache als solche nicht oder doch nur am Rande thematisch wird, ist die ›sprachanalytische‹ Entscheidung philosophischer Fragen, entgegen ihrem eigenen Anspruch und äußeren Anschein, gerade *keine* genuin sprachliche. Das haben wir oben mehrfach feststellen können, nicht nur bei Wittgenstein selbst (S. 126 f. Anm. 125, S. 392 ff.), sondern auch bei Ryle, dem zweiten Begründer der ›Philosophie der Alltagssprache‹ (S. 177 f.). Trotz ihrer sprachanalytischen Einkleidung werden die philosophischen Sachfragen weitgehend unabhängig von sprachlichen Tatsachen und teilweise gegen sie so entschieden, wie sie schon immer entschieden wurden und natürlich auch zu entscheiden sind, sc. sachlich. Der Rekurs auf die Umgangssprache soll die zentralen Aussagen lediglich mit dem Vorzeichen der ›Selbstverständlichkeit‹ und (vermeintlichen) ›Unbezweifelbarkeit‹ versehen. In ihrem Verlangen nach ›dem‹ einen, unerschütterlichen Fundament befindet sich die ›Philosophie der Alltagssprache‹, seltsam genug, in grundsätzlicher Übereinstimmung mit der sonst so entschieden bekämpften cartesianistischen

Tradition (vgl. schon S. 393 Anm. 396). Ob es philosophisch ratsam ist, ihr gerade in diesem Punkt kritiklos zu folgen, kann man bezweifeln. Verhängnisvoll ist in jedem Falle die Verquickung unexplizierter sachlicher Vorentscheidungen und ›naiver‹ sprachlicher Ableitungen: für die Philosophie im allgemeinen, vor allem aber für die von Herder und Humboldt entworfene sprachphilosophische Frage nach dem Zusammenhang zwischen Sprache und Denken, deren *wesentlich* an die Sprache selbst gerichteten Sinn sie im Ansatz verfehlt. Der Sinnlosigkeitsverdacht konnte nur deshalb aufkommen, weil dieser Sinn nicht erfaßt wurde. Das Scheitern des Wittgenstein-Arguments bestätigt daher die Richtigkeit unserer Problementwicklung, konfrontiert uns aber zugleich verschärft mit jenen Problemen, die auch wir bislang nicht zu lösen vermochten. Die *positive* Überwindung des Sinn-Zweifels ist unmittelbar mit einer befriedigenden Antwort auf die Frage verbunden, *worin* der ›gedankliche Gehalt‹ sprachlicher Äußerungen besteht und wie er von der Gesamtleistung begrifflich so unterschieden werden kann, daß er sich *prinzipiell* auch in der faktischen Loslösung von der Sprache identifizieren und, wenn diese Loslösung unmöglich sein sollte, *sinnvoll* auf seinen notwendigen Zusammenhang mit der Verwendung sprachlicher Zeichen hin untersuchen läßt.

Systematische Konsequenzen

1. Programm für eine Lösung des Problems

Die letzte Frage markiert die Grenze, die wir im Rahmen der vorliegenden Arbeit nicht überschreiten können, eröffnet uns aber zugleich den Blick auf die nächsten notwendigen Schritte. Die kritische Auseinandersetzung mit vorliegenden bzw. naheliegenden Abhängigkeits- oder Unabhängigkeitsargumenten hat deutlich gemacht, daß wir über nichtsprachliche Intelligenztests für die Leistungen, die uns im Blick auf das sprachliche Denken vor allem interessieren, nicht verfügen. Damit erweist sich jenes Verfahren, das wir historisch bei Humboldt angelegt fanden und dem wir am Anfang unserer systematischen Explikation selbst einen formalen Vorzug zuerkannt hatten, als methodisch unumgänglich: das ›Denken‹, das auf seinen Zusammenhang mit der Sprache hin untersucht werden soll, muß im Ausgang von der Sprache bestimmt werden. Der fundamentale erste Schritt jeder weiteren Klärung ist daher die interne Differenzierung des Sprachbegriffs und die Spezifizierung der in den menschlichen Sprachen zum Tragen gekommenen Formen der Zeichenverwendung und des mit ihnen verbundenen ›gedanklichen Gehalts‹.

Auf dieser Grundlage bauen die folgenden Schritte auf. Die sprachliche Zeichenverwendung muß in den Kontext der Zeichenverwendung als solcher gestellt und, wo möglich, einem generellen Zeichenbegriff untergeordnet werden, der es erlaubt, semiotisch verschiedene, oder semiotisch gleiche, aber ausdrucks- oder bedeutungsverschiedene Formen des Zeichengebrauchs zu identifizieren. Nur dann sind die Voraussetzungen dafür gegeben, ›sprachfreie‹ Intelligenzleistungen, wie sie bei Tieren, Sprachdefekten oder Kindern im Stadium der Sprachentwicklung zu erwarten sind, tatsächlich als signifikante Fälle im Sinne der Unabhängigkeit zu erweisen. Anschließend ist das Entsprechende für das in der Sprache enthaltene Denken zu tun. Sprachliche Intelligenzleistungen müssen mit denjenigen, die uns durch andere Formen der Zeichenverwendung oder unabhängig von Zeichen zugänglich werden, in Beziehung gesetzt und auf vorhandene Überschneidungen oder Abweichungen hin untersucht werden.

Das Ziel, dem wir uns auf diesem Wege schritt- oder stufenweise (im Sinn von S. 175 f.) nähern, ist die adäquate begriffliche ›Erschließung‹ des betroffenen Phänomenbereichs und die ihr korrespondierende interne Differenzierung des Denkbegriffs. Wir müssen dieses Vorhaben nicht unbedingt schon zum *Abschluß* gebracht haben, ehe wir weitere Fragen stellen können, aber wir brauchen Grund zu der Annahme, daß wir begriffliche Vollständigkeit zumindest für einen (mehr oder weniger scharf zu umgrenzenden) *Teil* des gesamten Bereichs gewonnen haben. Unsere Restriktion auf bestimmte Musterbeispiele müssen wir spätestens hier beenden: um einen ersten Zugang zum ›Behaupten‹ zu bekommen, ist die ausschließliche Orientierung an elementaren Aussagen über raumzeitliche Phänomene ratsam; aber für die begriffliche Explikation (etwa) des ›Erhebens eines Wahrheitsanspruchs‹ wäre es fraglos verhängnisvoll, eine Erklärung zugrundezulegen, die (wie die S. 433 Anm. 430 erwogene Explikation durch raumzeitliche Abwesenheit) nur an diesem Fall orientiert ist und alle übrigen Aussageformen unberücksichtigt läßt.

Wenn die begrifflichen Fragen – partiell oder vollständig – geklärt sind, können konkrete Schritte zur Lösung des Problems unternommen werden. Zugleich besteht die Möglichkeit, die zurückgestellte anthropologische These Herders und Humboldts einzubeziehen und nach ›spezifischen Wesensmerkmalen‹ des Menschen Ausschau zu halten. Ob dies vor der Überprüfung der betreffenden Abhängigkeitsbehauptungen ratsam ist, hängt vom zugrundeliegenden Teilbereich ab und den jeweils verfügbaren Evidenzen. Für die Sprachabhängigkeitsthese selbst ist die anthropologische Frage entbehrlich. Für sie gilt von hier ab die Strategie, die wir am Ende von Kap. VI skizziert haben. Zuerst sind alle relevanten Denkleistungen auf ihre faktische Sprachfreiheit hin zu prüfen. Die Diskussion der konkreten Beweisversuche hat uns gezeigt, daß die *begrifflichen* Vorklärungen allein nicht hinreichen, um diese Prüfung sinnvoll erscheinen zu lassen. *Methodische* Vorklärungen müssen hinzukommen. Klar ist, daß wir uns nicht mit der passiven Beobachtung auftretender nichtsprachlicher Intelligenzleistungen begnügen können, sondern sie, wo immer eine Chance dazu besteht, aktiv im Experiment provozieren müssen. Beobachtungen und Experimente werden sinnvollerweise in die Sprachlernsituation verlegt, um die Möglichkeiten eines kontingenten Zusammentreffens der sich faktisch gemeinsam entwickelnden Sprach- und Denkfähigkeiten weitgehend einzuschränken (S. 383). Grundsätzlich ausschließen läßt sie sich auf jeder Entwicklungsstufe nicht, so daß wir noch immer, wenngleich in merklich verringertem Umfang, mit einer methodisch bedingten Verkürzung unseres Beweismaterials rechnen müssen. Eine ähnliche Lücke besteht auch gegenüber verdeckten Sprach- oder Denkleistungen, die mit den derzeit verfügbaren physiologischen oder psychologischen Methoden nur zum verschwindend geringen Teil zweifelsfrei nachzuweisen bzw. auszuschließen sind. Es ist wahrscheinlich, daß die *definitive* Lösung der methodischen Schwierigkeiten, die der Zusammenhangsfrage bislang im Wege stehen, abhängig ist von entsprechenden Fortschritten in der Neurophysiologie.

Erst *nachdem* die Methodenprobleme beseitigt und alle empirischen Untersuchungen negativ verlaufen sind, wird die Frage nach der Notwendigkeit des Zusammenhangs zwischen Denken und Zeichenverwendung *zwingend*. Das muß betont werden, weil man sich (etwaigen Zweifeln am Sinne des gesamten Ansatzes gegenüber) grundsätzlich darüber im klaren sein sollte, daß ein Scheitern an dieser Stelle immer noch einen weiten Bereich konkreter Beantwortungsmöglichkeiten offen läßt. Die sprachtheoretische Zielsetzung, die der Zusammenhangsfrage bei Herder und Humboldt zugrundelag und die wir positiv aufgegriffen haben, legt es uns allerdings nahe, die bestehende Verbindung zwischen den beiden Seiten auch dann genauer zu spezifizieren, wenn es erwiesen oder (unter dem Vorbehalt methodisch vorerst nicht auszuschließender Gegenevidenzen) wahrscheinlich ist, daß die betroffene Denkleistung sprachfrei erbracht wird. Denn die Frage nach der Funktion, die die Sprache für das faktisch in ihr enthaltene Denken erfüllt, ist ja auch dann hinreichend beantwortet, wenn sich herausstellt, daß sie, sagen wir, lediglich der Gedächtnissteigerung oder der intersubjektiven Verständigung dient und nicht, wie zunächst vermutet, dem Denken als solchem. Zudem könnten sich durch entsprechende Untersuchungen Gründe dafür ergeben, die Sprachabhängigkeitsthese, wenngleich nicht im behaupteten absoluten, so doch in einem schwächeren, relativen Sinne für gerechtfertigt anzusehen, wie wir ihn ebenfalls schon in den diskutierten historischen Positionen angelegt fanden. Auf den *Versuch* zur Verstärkung des Zusammenhangs zwischen Sprache und Denken sollten wir also in keinem Falle verzichten.

Wenn er gelingt, können wir abschließend prüfen, ob die zunächst nur in der schwächsten von uns unterschiedenen Version (S. 139 ff.) gesicherte Abhängigkeitsthese weiter verstärkt werden kann: von einer These über die Abhängigkeit von der Zeichenverwendung im allgemeinen zu einer These über die Abhängigkeit von einem ›Zeichensystem‹, vom potentiellen menschlichen ›Sprachvermögen‹, von dessen faktischer Realisierung in den Einzelsprachen oder gar, wie von Whorf und der deutschen Sprachinhaltsforschung behauptet, von einer Einzelsprache allein.

2. Der ›radikal semantische‹ Sinn des ersten Lösungsschrittes

Ein solches Programm zu entwerfen ist, wie durch die vorausgegangenen Untersuchungen hinreichend deutlich geworden sein dürfte, zum überwiegenden Teil ›Science Fiction‹. Ohne die Differenzierung des Sprachbegriffs kommt das gesamte Vorhaben nicht in Gang und schon sie stellt uns bekanntlich vor fundamentale, ungelöste Probleme. Wo müssen wir ansetzen, um hier weiterzukommen? Wesentlichste Voraussetzung ist der Verzicht auf sprachtheoretische Naivität. Wir müssen bereit sein, unser alltägliches Sprachverständnis *theoretisch* zu thematisieren und zu problematisieren. Das geht am leichtesten einer Fremdsprache gegenüber, die man selbst nicht beherrscht, aber es läßt sich auch für die eigene Sprache durchführen. Zwar kann man sich als kompetenter Sprecher nicht einfach in einen *vor*sprachlichen oder verständnis*losen* Zustand ›zurückkatapultieren‹, aber man kann das, *was* man weiß und zuvor in einer ex post kaum aufzuhellenden (und in den Augen des Hermeneutikers prinzipiell unaufhellbaren) Weise zu wissen bekommen hat, explizieren. Die zu gewinnenden Unterscheidungen sind uns formal durch unsere Frage vorgegeben: die Unterscheidung zwischen dem ›bloßen Ausdruck‹ und der ›Bedeutung‹ und die interne Zerlegung der letzteren in das ›spezifisch Zeichenhafte‹ und den ›gedanklichen Gehalt‹. Zumindest die erste hat auch in der etablierten Sprachtheorie ihren festen Platz, sc. im Bereich der Semantik. Die erste Teilfrage innerhalb unseres Lösungsprogramms läßt sich daher als *semantische Frage* auffassen, wobei die weitergehende Zielsetzung freilich Bedingungen stellt, die nicht alles, was traditionell unter diesem Namen auftritt, als relevant für sie erscheinen läßt.

Wie wir gesehen haben, *muß* keine Eins-zu-Eins-Korrelation (›quantitative Konsubstanzialität‹, vgl. S. 57 Anm. 43, S. 149 Anm. 150, S. 204 Anm. 204) zwischen Ausdruck und Bedeutung bestehen, d. h. eine Semantik, die unserer Frage gerecht werden soll, darf vorhandene phonologische, morphologische oder syntaktische Unterscheidungen auch dann, wenn sie nicht ›semantikfrei‹ formuliert wurden, nur heuristisch verwenden und sich sachlich nicht an sie binden. Selbst die gesicherte numerische Korrespondenz würde ja nicht garantieren, daß eine Strukturbeschreibung, die für die Ausdrücke angemessen ist, der Bedeutungsstruktur entspricht.[433] Von gewissen überkommenen Vorurteilen des linguistischen Strukturalismus und der logischen Sprachanalyse müssen wir also Abschied nehmen. Wichtiger noch als bei der Korrespondenz zwischen Ausdrücken und Bedeutungen ist das bei der Wahl der geeigneten Analyse-Ebene. Wenn wir durch sie auf Leistungen stoßen wollen, die sich in die Sprachabhängigkeitsthese (im explizierten Sinn) einsetzen lassen, muß die semantische Analyse auf der ›pragmatischen‹ Ebene des *Gebrauchs* durch Sprecher und Hörer ansetzen, nicht bzw. nicht ausschließlich auf der des abstrakten ›Sprachsystems‹. Wir können (im Einklang mit dem semantischen Ansatz von Grice, vgl. S. 144 Anm. 148) davon ausgehen, daß das ›System‹ auf dieser Basis zu rekonstruieren ist. Aber auch wenn das unmöglich wäre, könnte die Analyse die Ebene der ›Verwendung‹ erreichen: sie müßte dann eben auf Leistungen ausgedehnt werden, die derjenige, der sich des ›Sprachsystems‹ und seiner ›Bedeutung‹ bedient, im aktuellen Sprechen und Hören erbringt. Die wichtigsten Anforderungen an die ins Auge gefaßte Semantik aber sind die. Sie muß *›radikal‹* sein in dem Sinne, daß *alle* Leistungen, die für das Verstehen konstitutiv sind, expliziert werden, und sie muß *differenziert* genug sein, um uns, zumindest begrifflich, die

433 Ob ein prädikativer Satz wie ›Paul liebt Paula‹ zunächst (wie in der ›generativen Grammatik‹ Chomskys) in Nominal- und Verbalphrase zerlegt und erst innerhalb der letzteren weiter differenziert wird oder ob er (wie in der Fillmoreschen ›Kasus-Grammatik‹) schon auf der ersten Zerlegungsstufe als Zusammensetzung aus Subjekt, Prädikat und Objekt erscheint, mag *syntaktisch* gleichgültig sein. *Semantisch* jedenfalls ist es ein fundamentaler Unterschied, ob man ihn (mit der älteren logischen Tradition) als einstellig prädikativen oder (mit der neueren) als relationalen Satz versteht.

Isolation des ›gedanklichen Gehalts‹ innerhalb des Bereichs der ›Bedeutung‹ möglich zu machen. Vor allem im Hinblick auf diese entscheidenden Punkte erweisen sich die semantischen Ansätze, die in der philosophischen und linguistischen Sprachanalyse bislang die dominierende Rolle gespielt haben, als revisions- und ergänzungsbedürftig. Wenn die Semantik den Zugang zur Lösung des Problems von Sprache und Denken eröffnen soll, muß sie zunächst von allen Aspekten, die, so bedeutend sie auch für die jeweils verfolgten anderen Ziele gewesen sein mögen, dieser Zielsetzung hinderlich sind, befreit und in die ihr entsprechende Form gebracht werden.[434]

Semantische Bestimmungen, wie sie in herkömmlichen fremdsprachlichen Wörterbüchern zu finden sind oder in Lexika, die die Bedeutung des Ausdrucks durch eigensprachliche Synonyme, Paraphrasen, Definitionen und Kontextbedingungen spezifizieren, scheiden ebenso aus wie die projektierten ›Lexika‹ der strukturellen Linguistik, die auf der Zerlegung bedeutungstragender Einheiten in elementare ›Seme‹ oder ›semantische Merkmale‹ aufgebaut sind. An ihrer Praktikabilität als formales Verfahren zur Disambiguierung, Aufdeckung von Tautologien und Sinnlosigkeiten oder (möglicherweise einmal) zur automatischen Übersetzung vollständiger Texte braucht dabei nicht gezweifelt zu werden, auch wenn das sicher nicht selbstevident ist. Kritisch für unsere Frage ist die fehlende semantische Radikalität. Durchweg wird die Bedeutung des zu erläuternden Ausdrucks durch die vorausgesetzte Bedeutung *anderer* Ausdrücke bestimmt: am einfachsten und offenkundigsten bei den Fremdsprachen-Lexika, am differenziertesten bei der Zerlegung in ›Seme‹ und ›semantischen Merkmale‹, bei der Verlagerungen in der ›Objektsprache‹ in Stufen erfolgen und durch Bestimmungen der semantischen ›Metasprache‹ ergänzt werden. In mehr oder weniger direkter Form führen alle Explikationen auf das Schema:

›...‹ bedeutet/ist gleichbedeutend mit ---

bzw. das mit Hilfe der Sellarsschen Punkt-Anführungszeichen (S. 158 Anm. 163) reformulierte Schema:

›...‹-Äußerungen sind *---*

434 Für das Folgende ist stets im Auge zu behalten, daß uns die vorliegenden semantischen Ansätze hier ausschließlich in ihrer Bedeutung für unser Problem interessieren und nicht an ihren eigenen Zielen gemessen werden.

zurück, das die entscheidenden Dinge unexpliziert läßt. Sie werden entweder in eine nicht thematisierte andere Sprache bzw. in einen nicht thematisierten Teilbereich der zu bestimmenden *aufgeschoben* oder, wenn die gesamte Sprache im Blick ist oder die Bestimmung der jeweils vorausgesetzten letztlich auf die mit ihrer Hilfe bestimmte Sprache zurückführt, *gar nicht* bestimmt, da das Verfahren nun hoffnungslos zirkulär wird.[435] Was man durch es gewinnt, ist im günstigsten Falle so etwas wie ein ›Netzwerk‹ semantisch relevanter Beziehungen *zwischen* den Ausdrücken, das zwar – unter bestimmten Bedingungen – hinreichen mag, um eine unbekannte bzw. den unbekannten Teil einer partiell bekannten Sprache in bekannte Ausdrücke zu übersetzen, das aber nicht zu erkennen gibt, *worin* die ›Bedeutungskenntnis‹ besteht, und dessen semantische *Relevanz* auch nur dann als gesichert gelten kann, wenn die generelle Bedeutsamkeit und für einen hinreichend großen Teil auch die speziellen Bedeutungen der zu bestimmenden Ausdrücke zuvor sichergestellt wurden.[436]

435 Heißt das, daß jede Bedeutungsbestimmung, die sich der Sprache bedient, *nicht* radikal genug für unsere Problemstellung ist, eine ihr entsprechende also letztlich gar nicht mehr formuliert, sondern nur noch durch eine ›praktische Einweisung in den verständnisvollen Gebrauch von Ausdrücken‹ (o. ä.) ersetzt werden kann? Natürlich nicht. Sprachliche Explikationen sind nicht bloße Tautologien (vgl. S. 163 f. Anm. 168). Uns geht es um die Explikation der am Verstehen von Sprache beteiligten Einzelleistungen, die durch Lexikoneinträge der genannten Art nicht geleistet wird. Angemessene sprachliche Explikationen werden dadurch nicht ausgeschlossen. Sie dürfen nur keine einfachen Reformulierungen der zu bestimmenden Ausdrücke bieten, sondern müssen ihre Verwendung theoretisch beschreiben. (Wittgensteins ›Sprachspiel‹-Beschreibungen und Grice's Erklärung des sprachlichen ›Meinens‹ bieten dafür, trotz ihrer jeweiligen Unvollständigkeit, positive Beispiele.) Man könnte allenfalls daran denken, daß Beschreibungen die etwaige prinzipielle Sprachunabhängigkeit des beschriebenen ›gedanklichen Gehalts‹ in Gefahr bringen; doch haben wir dieses Bedenken schon früher ausgeräumt (S. 147).

436 Vgl. S. 328 Anm. 353. Der Benutzer des Lexikons geht von der Annahme aus, daß der Verfasser bzw. die von diesem herangezogenen Autoritäten solche Kenntnisse hatten. Das ist vernünftig. Sicherheit aber hat er nur, wenn er die Bedeutung des fraglichen Ausdrucks selbständig sicherstellt, denn das gleiche ›Beziehungsnetz‹ könnte natürlich auch in einem völlig bedeutungslosen Glasperlen- oder musikalischen Spiel (S. 151 ff.) vorliegen, das ihm ein Witzbold als ›Sprache‹ verkauft. (Gymnasiasten beim Fremdsprachenunterricht kommt wohl gelegentlich dieser Gedanke.) Die Anzahl der selbständig zu bestimmenden Ausdrücke könnte relativ klein gehalten werden, wenn man voraussetzen könnte, daß beide Sprachen sich prinzipiell *ähnlich* sind und interne *Asymmetrien* besitzen, die systematische Fehlinterpretationen nach dem Muster des ›umgekehrten Spektrums‹ ausschließen. Dann könnte man, hat man an einigen Stellen erst einmal einen Einstieg gefunden,

Dieses Verfahren also bringt uns nicht weiter. Aber die prinzipiell gleichen Bedenken erheben sich, wie man leicht sehen kann, auch gegenüber einem ›wahrheitssemantischen‹ Ansatz, der das Schema der unspezifizierten ›Bedeutungsgleichheit‹ durch das spezifiziertere Schema:

›...‹ ist wahr dann und nur dann, wenn ---

ersetzt.[437] Auch hier droht entweder die Verschiebung in eine andere Sprache oder ein Zirkel, der allenfalls zur Einsicht in das ›semantische Netzwerk‹ führt.[438] Der einzige Vorteil gegenüber

bekannte Ausdrücke unbekannten auf Grund der bestehenden strukturellen Äquivalenzen zuordnen. Aber so elegant und anziehend für die formale Sprachbetrachtung (vgl. auch Anm. 437) dieses Verfahren auch sein mag, der empirische Sprachvergleich und die Praxis unseres Fremdsprachenunterrichts zeigen, daß die Voraussetzungen – jedenfalls im benötigten Umfang – nicht erfüllt sind, und selbst wenn sie es irgendwo sein sollten, bliebe das Problem des ersten Einstiegs. Der Vorwurf der mangelnden *Explizitheit* bezüglich des Verstehens der Ausdrücke bliebe natürlich in jedem Falle.

437 Vgl. vor allem die (S. 152 Anm. 154 erwähnte) semantische Anwendung der Tarskischen Wahrheitsdefinition durch Davidson. Unter der Voraussetzung, daß man das Für-wahr-Erklären von (inhaltlich unverstandenen) Satzäußerungen durch fremde Sprecher objektiv identifizieren und die Ähnlichkeitsannahmen von Anm. 436 auch auf die Sprecher-Meinungen ausdehnen kann, hat Davidson seinen Ansatz später zu einem Konzept der *›radikalen Interpretation‹* ausgebaut, das die Übersetzung vollständiger, unverstandener Sprachen ermöglichen soll (D. Davidson: *Radical Interpretation,* in: Dialectica 27, 1973, 313-328; ders.: *Belief and the Basis of Meaning,* in: Synth. 27, 1974, 309-322; ders.: *Thought and Talk,* in: Mind and Language, ed. S. Guttenplan, Oxford 1975, 7-23). Dabei ist nicht nur der extensive Gebrauch von Ähnlichkeitsunterstellungen – in der englischsprachigen Literatur als »principle of charity« bekannt – problematisch, sondern auch die vorausgesetzte Identifikation von Wahrheitserklärungen (vgl. S. 432 f.). Zudem besteht das Problem der Unterscheidung zwischen Wahrheit und Meinung (vgl. M. Dummett in: Guttenplan [ed.] 1975, a.a.O., 116 ff.), für die es innerhalb des Konzepts nur eine sprachtheoretisch äußerst ›kontraintuitive‹ formale Möglichkeit gibt (vgl. Davidson 1975, a.a.O., 20 ff.). Zur Frage der *trotz* der vorausgesetzten starken Interpretationshilfen verbleibenden semantischen Unterbestimmtheit, mit der auch Davidson rechnet, vgl. unter S. 457 f.

438 Die günstigsten Aussichten dürfte der wahrheitssemantische Ansatz auf der Ebene *komplexer,* wahrheitsfunktionaler Sätze eröffnen, auf der eine zirkelfreie Bestimmung logischer Ausdrücke (Junktoren, Quantoren) denkbar erscheint. Aber auch das gilt allenfalls für einen bestimmten Teil, denn daß z. B. der Tarski-Satz:

›p≡q‹ ist wahr.≡. ›p‹ ist wahr≡›q‹ ist wahr

eine nichtzirkuläre Bedeutungsbestimmung des Junktors ›≡‹ enthält, wird man guten Gewissens bezweifeln können (vgl. Dummett in: Guttenplan, ed., 1975, a.a.o., 113; ders.: *What is a Theory of Meaning (II),* in: Truth and Meaning, edd. G. Evans /

den Lexika ist, daß die statuierten Beziehungen jetzt *überhaupt* semantisch spezifiziert sind. Von ihrer radikalen semantischen *Explikation* aber sind wir immer noch weit entfernt, und die Spezifizierung selbst ist erkauft mit der Ausblendung der nichtassertorischen bzw. nichtverifizierbaren assertorischen Sätze (S. 432 ff.).

Die ›modelltheoretische‹ Version einer ›Semantik der Wahrheitsbedingungen‹ ist von dieser Beschränkung frei, da der Begriff der ›möglichen Welt‹ eine formale Möglichkeit zur Erklärung nicht verifizierbarer Sätze (über Vergangenes z. B.) bietet und der Begriff der modalen ›Akzessibilität‹ zudem die zur Erweiterung auf nichtassertorische Satzformen. Die formale Erklärung mag für die verfolgten logischen Zwecke hinreichen. Radikal semantisch droht auch hier ein Zirkel oder Regreß, solange das, *was* ›mögliche Welten‹ sind und *wie* sie demjenigen, der einen Satz versteht, zugänglich werden, in einer Weise beschrieben wird, die die entscheidenden Schritte nur paraphrasiert.[439] Weitere Explikationen müssen hinzukommen, wobei wir, wenn wir gewisse sprachtheoretische ›Kontraintuitivitäten‹ unberücksichtigt lassen,[440] fest-

J. MacDowell, Oxford 1976, 106 f.), und bei den Quantoren besteht bekanntlich die Schwierigkeit der nichtzirkulären Einführung des Allheitsgesichtspunkts.

Auf der Stufe der *Elementarsätze* ist ein Verfahren dieser Art ohnehin nicht mehr durchführbar und mit ihm entfällt natürlich auch die (für die komplexen Sätze zumindest mit formaler Plausibilität von Davidson unterstellte) Möglichkeit einer Segmentierung in ›wahrheitsrelevanter‹ Weise auf der Basis von Äußerungen und Wahrheitserklärungen allein. Die Segmentierung aber ist unerläßlich für das ›semantische Netzwerk‹. Denn bei *unanalysierten* Sätzen liefert der wahrheitssemantische Ansatz nicht mehr als eine globale Einteilung in ›wahre‹ und ›falsche‹, da alle faktisch äquivalenten Sätze das Tarski-Schema erfüllen. Um sie ›wahrheitsrelevant‹ segmentieren zu können, muß man sie jedoch schon verstanden haben und eine Vorstellung über den Beitrag der Teile zur Wahrheit oder Falschheit des Gesamtsatzes besitzen. Auch hier sind die wesentlichen Bedeutungsbestimmungen also implizit schon vorausgesetzt – eine Voraussetzung, die im übrigen schon die (unterstellte) objektive Identifizierbarkeit von Wahrheitserklärungen selbst kennzeichnet, denn wie wir festgestellt hatten (S. 152 ff.), sind diese sinnvoll nur gegenüber wahrheitsfähigen Entitäten (Propositionen) zu erheben, nicht gegenüber uninterpretierten Ausdrücken.

439 Z. B. nützt es uns wenig, wenn wir erfahren, ein Satz wie ›a *wünscht,* daß p‹ habe den Sinn von ›in allen mit a's *Wünschen* kompatiblen / für a's *Wünsche* akzessiblen möglichen Welten ist p wahr‹.

440 Das gilt vor allem für die Erklärung, die Bedeutung eines Aussagesatzes ›sei‹ die Menge der möglichen Welten, in denen er wahr ist (vgl. z. B. M.J. Cresswell: *Semantic Competence,* in: Meaning and Translation, edd. F. Guenthner / M. Guenthner-Reutter, London 1978, 15 f.). Hier fehlt die ›pragmatische‹ Fundierung der Rede

stellen können, daß der modelltheoretische Ansatz, *wird* er in der betreffenden Hinsicht fortgeführt, uns mit den gleichen Problemen konfrontiert, vor die uns auch unsere früheren Diskussionen gestellt hatten: *worin besteht* (z. B.) die numerische Identifikation eines – präsenten oder abwesenden – materiellen Gegenstands an einer bestimmten Stelle in der realen Welt, seine Reidentifikation an einer anderen Stelle in der realen oder in einer beliebigen irrealen Welt, und *welche Bedeutung* spielt dabei die zeichenhafte Verwendung von singulären Termini? Die für unser Problem entscheidenden Fragen lassen sich *anschließen*, finden ihre Beantwortung aber nicht *durch* semantische Bestimmungen der genannten Art.

Fraglich ist auch, ob die bestehenden Anschlußmöglichkeiten genügen. Alle erwähnten Ansätze haben ja nicht das Ziel, das *Verstehen* von Sprache und die an ihm beteiligten *Leistungen* aufzuklären, sondern bestimmte *Probleme* zu lösen, die sich im praktischen Sprachgebrauch, bei der regelhaften formalen Beschreibung des Sprachsystems oder der logischen Formalisierung sprachlicher Sätze und Argumente stellen. So notwendig ihre Lösung auch für eine umfassende Theorie des verständnisvollen Sprechens und Hörens sein mag, so wenig selbstverständlich ist es, daß eine semantische Theorie, die diese Aufgabe erfüllt, einen angemessenen Zugang zur Sprache im ganzen eröffnet.[441] Für unsere Zielsetzung kommt es darauf an, daß die relevanten

von ›der Bedeutung‹ in den realen Leistungen von Sprechern und Hörern. Versuchen wir jedoch, sie hinzuzufügen, wird die Erklärung implausibel. Auch wenn wir nur von den jeweils bekannten raumzeitlichen Gegenständen und sinnlichen Qualitäten ausgehen und mit Restriktionen von der S. 173 Anm. 177 erwähnten Art rechnen, bleibt die Anzahl der zu konstruierenden möglichen Welten unübersehbar groß. Daß der gewöhnliche Sprecher, der (sagen wir) eine Aussage über die Farbe des vor ihm liegenden Kugelschreibers versteht, *aktuell* auf alle Welten bezogen ist, ist mehr als unwahrscheinlich und als bewußte Leistung vollständig auszuschließen. Der Möglichkeitsspielraum der Sprache ist nicht im ganzen verfügbar (vgl. S. 329 f.). Man könnte allenfalls auf die *Möglichkeit* eines Zugangs zur Gesamtheit der relevanten Welten abheben, müßte dies allerdings spezifizieren, wobei es zumindest nicht ausgemacht ist, daß der zugrundezulegende Möglichkeitsbegriff eng genug gefaßt werden kann, um der realen Situation von Hörern und Sprechern gerecht zu werden, und doch nicht so eng, daß die Erklärungsbasis verloren geht.

441 Die systematische regelhafte Beschreibung z. B. ist unerläßlich, um der (zumindest partiell unbestreitbaren) Tatsache Rechnung zu tragen, daß jeder, der eine gewöhnliche menschliche Natursprache beherrscht, unbestimmt (und mit Blick auf die Rekursivität einiger sprachlicher Regeln im Prinzip sogar unendlich) viele neue Sätze verstehen oder verständlich hervorbringen kann. Es ist theoretisch denkbar, daß

semantischen Fragen für den Ansatz selbst konstitutiv sind. Hier liegt die eigentliche sprachtheoretische Bedeutung der programmatischen Aufforderung Ryles und Wittgensteins, die Bedeutung der Ausdrücke in ihrem ›Gebrauch‹ zu suchen. Ihr Programm ist in der neueren Semantik vor allem in zwei Theorien zum Tragen gekommen: in der von Austin inaugurierten ›Sprechakttheorie‹ und in der ›intentionalen‹ Bedeutungstheorie Grices. Durch ihre ›pragmatische‹ Orientierung kommen beide den Anforderungen an eine ›radikale‹ Semantik näher als die erörterten Ansätze, führen aber noch immer nicht weit genug, da sie den Sprachgebrauch auf einer relativ hohen Stufe analysieren, von der aus die elementareren, auf der die gesuchten begrifflichen Differenzierungen liegen, schwer erreichbar oder theoretisch gar nicht mehr zugänglich sind.[442]

Das gilt vor allem für die Sprechakttheorie, die sprachliche Äußerungen nach dem Muster geregelter Äußerungen in (mehr oder weniger komplexen) konventionellen Spielen versteht und die Bedeutung einzelner Ausdrücke durch ihren Beitrag zu Leistungen *dieses* Typs zu bestimmen sucht. So bedeutsam, speziell für das Verständnis der sog. ›expliziten Performative‹, der Hinweis auf die Einbettung sprachlicher Äußerungen in übergeordnete Handlungszusammenhänge ist, so besteht doch zugleich die Gefahr, daß die zugrundegelegten ›Paradigmen‹ unzulässig verallgemeinert und wesentliche Aspekte des faktischen Sprachgebrauchs durch die ›makrosemantische‹ Perspektive verstellt werden. Dieser Gefahr ist der Ansatz mehrfach erlegen. Auf der Satzebene hat er zu einer generellen Überbewertung des ›Modus‹-Anteils an der Bedeutung, zur Verkennung der Sonderstellung des Wahrheitsanspruchs und (als Folge davon) zur inadäquaten Behandlung auch des ›propositionalen Gehalts‹ geführt.[443] Noch

eine generative Grammatik zusammen mit einem korrespondierenden ›Lexikon der semantischen Merkmale‹ diese Beschreibung liefert. Dennoch wird man, abgesehen von der erwähnten Verlagerung der entscheidenden Fragen auf andere Ausdrücke und der generellen Implausibilität des zugrundeliegenden ›semantischen Atomismus‹, kaum annehmen können, daß das Ergebnis einer ›semantischen Interpretation‹ nach diesem Modell (man vergleiche etwa eine der resultierenden ›Lesarten‹ im Konzept von Katz und Fodor 1963!) das wiedergibt, was wir nach oder während (vgl. S. 751 ff.) des Hörens eines Satzes verstehen.

442 Vgl. dazu G. Harman: *Three Levels of Meaning*, in: J. of Phil. 65 (1968), 590-602.

443 Vgl. oben S. 116 Anm. 114; zur Kritik P. T. Geach: *Ascriptivism*, in: Phil. Rev. 69 (1960), 221-225 und Tugendhat 1976, a.a.O. [S. 97 Anm. 80], 137. 506 ff.

gravierender aber ist, daß das Regelsystem, mit dem die Sprechakte beschrieben werden, allenfalls ihren ›Spiel‹-Charakter, nicht jedoch Modus und Proposition expliziert, die nur mit wenig veränderten oder gleichen Worten umschrieben werden.[444] Die für unser Problem interessantesten semantischen Fragen sind auch hier verschoben.

Grice's Theorie setzt nicht ganz so hoch an, aber immer noch hoch genug, um in vergleichbare Schwierigkeiten zu führen. Sein ›Paradigma‹ ist die intentionale Verwendung von Ausdrücken zur Mitteilung an andere, wodurch eine Vorentscheidung nicht nur über die Funktion der Sprache im allgemeinen nahegelegt wird, sondern auch über die prinzipielle Sprachunabhängigkeit des mitzuteilenden Inhalts (S. 166 Anm. 170), was für den ersten Problemlösungsschritt sicher nicht ratsam wäre. Aber sehen wir davon ab. Kritischer für den Ansatz sind seine internen Schwierigkeiten. Wie kann er Äußerungen erklären, deren Bedeutung sich nicht aus der Mitteilungsabsicht des Sprechers herleiten läßt oder die gar keinen erkennbaren Hörer haben, wie das vor allem beim lauten oder stillen Selbstgespräch der Fall ist, das der Verfechter der Abhängigkeit natürlich zuallererst gegen das (rein) kommunikative Sprachverhältnis ins Feld führen würde.[445] Offen-

444 Vgl. die jeweiligen Regelformulierungen bei Alston 1964, a.a.O. [S. 36 Anm. 21], 42 f. und Searle 1969, a.a.O. [S. 121 Anm. 118], 88 ff., hier speziell die »Regel des propositionalen Gehalts« und die »wesentlichen Regeln«. Zur Kritik vgl. Tugendhat 1976, a.a.O., 240 und 258, wo auch Gründe dafür gegeben werden, daß Searles Regelsystem nicht einmal für die Explikation des ›Spiel‹-Charakters genügt. Das früher (S. 154 Anm. 158) erwähnte ›Zwitter‹-Verständnis des prädikativen Satzes und die ›Petitio‹ in seinem Argument für die Sprachabhängigkeit des referentiellen Bezugs auf Gegenstände (S. 197 f.) sind ein Ausdruck der mangelnden Radikalität von Searles Analyse. Daß er sich der bestehenden Lücken inzwischen selbst bewußt ist, indiziert der Hinweis auf die Notwendigkeit einer Fundierung seiner Theorie in der »Philosophie des Geistes« und die Ankündigung eines einschlägigen Buchs in (ders.): *Expression and Meaning*, Cambridge 1979, xii.

445 Entsprechende Einwände sind wiederholt gegen den Griceschen Ansatz erhoben worden und haben zu einschlägigen Revisionen geführt. Relativ leicht aufnehmen lassen sich Fälle, in denen *mögliche* Hörer angesprochen sind (Tonband-Vorträge, Plakate, Bücher) oder in denen der zu erzielende Effekt beim Hörer nicht *nur* auf Grund der realisierten Mitteilungsabsicht des Sprechers eintritt (Überzeugung durch Sachargumente z. B.). Schwerer zu integrieren sind ›Mitteilungen‹, deren Inhalt beim Hörer schon als bekannt vorausgesetzt wird, denn die vorgeschlagene Neufassung des intendierten Effekts (etwa) als *»aktivierter Glaube«* des Hörers (Grice in: Phil. Rev. 78, 1969, 169 f.; Schiffer 1972, a.a.O. [S. 37 Anm. 22], 51; Bennett 1976, a.a.O., 132) trifft allenfalls einen Teil der relevanten Gegenbeispiele und

sichtlich klafft hier eine theoretische Lücke und vergleichbare Lücken, zumindest in Grice's ursprünglicher Konzeption, zeigen sich auch bei der Explikation des Mitteilungs-Inhalts und seines Zusammenhangs mit den sprachlichen Zeichen. Sie sind im Rahmen des Ansatzes durchaus zu schließen und zum Teil (durch Schiffer und Bennett) auch schon geschlossen worden.[446] Abgeschlossen sind die benötigten Explikationen aber noch nicht und der hochstufige Ausgangspunkt legt es, auch abgesehen von der Frage der generellen sprachtheoretischen Angemessenheit und der Applikabilität auf ›nichtparadigmatische‹ Fälle, zumindest tendenziell nahe, Teilaspekte, deren genauere Untersuchung durch das ›Paradigma‹ nicht *gefordert* wird, unexpliziert zu lassen.

Keine der angesprochenen semantischen Theorien ist mit dem entwickelten Lösungsprogramm für das Problem von Sprache und Denken *unvereinbar* oder als Grundlage für den ersten Lösungsschritt *per se* inadäquat. Ihre Unzulänglichkeit liegt in der andersartigen, von den zu leistenden begrifflichen Differenzierungen mehr oder weniger weit entfernten sprachtheoretischen Fragestellung. Der Vorzug der an Ryle und Wittgenstein anknüpfenden Ansätze ist ihre Unabhängigkeit von gewissen theoretischen Vorurteilen und ihre ›pragmatische‹ Orientierung am Sprachgebrauch. Insofern kommen sie, namentlich der semantische Ansatz von Grice, unserem Vorhaben entgegen. Was auch

bedarf als *Bedeutungs*-Erklärung zumindest der Ergänzung durch ein (zu spezifizierendes) Verhältnis ›parasitärer‹ Abhängigkeit dieser ›Mitteilungs‹-Form von der gewöhnlichen. Für das Selbstgespräch gilt das verstärkt. Daß es seine Bedeutung aus dem Bemühen erhält, mit seiner Hilfe einen späteren *eigenen* »Erkenntniszustand« zu erreichen (Schiffer 1972, a.a.O., 79 f.), ist kaum glaublich, und die ins Auge gefaßte Erklärung des nichtkommunikativen Sprachgebrauchs als »kausal oder sogar begrifflich abhängig« vom kommunikativen (Bennett 1976, a.a.O., 170) bietet zwar größere Aussichten, müßte jedoch spezifiziert und gegen naheliegende Gegenevidenzen verteidigt werden und ist ohne zwingende Gründe für einen Anwalt der Sprachabhängigkeit unannehmbar.

446 Der Vorwurf verkappter Zirkularität oder bloßer Problem-Verlagerung durch die *sprachliche* Spezifizierung des Mitteilungs-Inhalts (Harman 1968, a.a.O., 66 f.; Chomsky 1975, a.a.O. [S. 44, Anm. 28], 77; Tugendhat 1976, a.a.O. 234 f.) trifft nicht und kann positiv entweder (wie es Bennett versucht hat) durch eine *sprachunabhängige* Spezifizierung oder (entsprechend dem von uns favorisierten Verfahren) durch eine Spezifizierung des ›gedanklichen Gehalts‹ der betroffenen Sätze *selbst* überwunden werden. Die entscheidende Lücke liegt bei der Explikation der Zeichenbeziehung, die (wie erwähnt, S. 37, Anm. 22) für arbiträre Zeichen zumindest nicht als geleistet gelten kann.

ihnen fehlt, ist die entschiedene Ausrichtung auf eine elementare, hinreichend differenzierte und sprachtheoretisch vollständige Analyse, die in einer Semantik, die unserem Lösungsprogramm entspricht, vom Ansatz her zwingend sein sollte.

3. ›Radikale Semantik‹ als Theorie des ›radikalen Spracherlernens‹

Schon bei der Diskussion der historischen Positionen waren wir auf eine Reihe von Phänomenen gestoßen, an denen die ›konstitutiven‹ Elemente der Sprache besonders deutlich hervortreten: Sprachursprung, Sprachwandel und Spracherlernen. So liegt es nahe, die radikal semantische Frage hier anzusetzen. Das Phänomen des *Sprachursprungs* ist uns empirisch nicht, sondern nur ›spekulativ‹ zugänglich. Wir können Aussagen über ihn nur in der Form von Rückschlüssen machen, die sich auf gegenwärtige oder historisch nachweisbare sprachliche Tatsachen gründen. Diese Situation hat Humboldt, wie wir gesehen haben, dazu veranlaßt, die Zusammenhangsfrage nicht als Ursprungsfrage zu formulieren. Das ist, wie Herders Ansatz beweist, nicht von der Sache her notwendig, ratsam aber in jedem Fall, da die entscheidenden sprachtheoretischen Grundlagen unabhängig von ihr zu gewinnen sind. Das Ursprungsproblem ist ein theoretisches Korrektiv: Jede Sprachtheorie mit umfassendem Geltungsanspruch muß eine plausible Erklärung für das Entstehen von Sprache zulassen,[447] auch wenn sie selbst nicht einfach in einer solchen Erklärung besteht.

Auch der *Sprachwandel* ist für uns nur bedingt von Interesse. Der diachronische Vergleich verschiedener Sprachzustände, der, entsprechend dem Verfahren der ›klassischen‹ Indogermanistik, gesetzmäßige oder rein kontingente Veränderungen nur konstatiert und die Gründe (weitgehend) unexpliziert läßt, scheidet aus. Soll diese Explikation aber geleistet werden, ergeben sich ähnliche

447 Der semantische Ansatz von Grice z. B. kann, speziell in der Ausarbeitung durch Bennett, dieser Bedingung genügen, während wir eine Theorie, die den Sprachursprung nur durch göttliche Eingebung oder ein säkulares Pendant zu ihr (›die Logik der kulturellen Evolution‹ o. ä.) erklären kann, mit Recht als zu wenig plausibel ausschließen.

Schwierigkeiten wie beim Problem des Sprachursprungs. Auch der Sprachwandel ist uns empirisch zum größten Teil unzugänglich. Wir bemerken ihn, wenn er vollzogen ist, nicht während er sich vollzieht, und können über die Gründe nur auf der Basis des faktisch Eingetretenen und allgemeiner sprachtheoretischer Annahmen urteilen. Nur in wenigen Fällen, vor allem im Bereich der Wortneuschöpfung und -umprägung, wird die Veränderung als solche miterlebt. Sie legt, wie wir bei Herder und Humboldt feststellen konnten (S. 40 Anm. 24 bzw. S. 60 f. und 80 f.), ein temporäres ›gedankliches‹ Hinausgehen über die Sprache nahe. Doch die Erörterung der betreffenden Unabhängigkeitsargumente (S. 359 ff.) hat gezeigt, daß wir bislang keine Möglichkeit haben, ein sprachunabhängiges Denken dieser Art methodisch sicherzustellen. Auf das dritte relevante Phänomen, das *Spracherlernen*, trifft das nicht zu. Überdies ist es dem Sprachwandel gegenüber insofern ausgezeichnet, als dieser spätestens auf der Stufe der kollektiven Durchsetzung individueller Veränderungen mit ihm zusammenfällt. Das Erlernen von Sprache, gleichgültig ob primär oder sekundär, ist uns nicht nur in den verschiedensten Formen empirisch zugänglich. Es bietet uns (wie erwähnt, S. 853) auch die benötigte methodische Möglichkeit zum Unterlaufen der Koextensivität von Sprache und Denken. Zugleich zwingt uns die Frage nach dem, was vor sich geht, wenn es vom verständnislosen zum verständnisvollen Umgang mit Ausdrücken kommt, zur Explikation der beteiligten Elemente, so daß Hoffnung besteht, durch sie auch auf die gesuchten begrifflichen Differenzierungen geführt zu werden.

Die Konzeption einer Semantik, die die Bedeutung der Ausdrükke durch Aufklärung ihrer Lernbedingungen zu bestimmen sucht, ist in der neueren Sprachphilosophie zuerst von Wittgenstein entwickelt worden. Sein Konzept kommt für uns nicht mehr in Frage, nachdem wir feststellen konnten, daß es auf ungerechtfertigten (weitgehend unexplizierten) behavioristischen Vorurteilen beruht, empirisch nur sehr begrenzt applikabel ist und sich vor allem nicht auf einen dezidiert sprachtheoretischen Standpunkt gründet. Das Verdienst Quines ist es, Wittgensteins Idee in eine Form gebracht zu haben, die sie zu einem theoretischen Vorhaben mit einem klaren empirischen Bezugspunkt macht und die notwendige Explizitheit bezüglich des (auch von Quine zugrundegelegten) behavioristischen Erklärungsmodells besitzt. Quines

Ansatzpunkt sind die Situationen der *»radikalen Übersetzung«*.[448] Wie kommt ein Mensch, der als Forschungsreisender, Kaufmann oder Soldat in ein fremdes Land kommt und mit einer ihm völlig unbekannten Sprache konfrontiert wird, dazu, fremde Ausdrücke durch bestimmte eigene wiederzugeben? Wenn er, wie unterstellt wird, weder über ein Lexikon noch über einen Dolmetscher verfügt, kann er sich nicht auf bloße Ausdrucks-Zuordnungen stützen (S. 328 Anm. 353). Er muß herausfinden, was die fremden Ausdrücke bedeuten, und ihnen auf dieser Grundlage eigene Äquivalente zuordnen. Das radikale Unverständnis zu Anfang zwingt ihn bzw. denjenigen, der seinen Lernfortschritt theoretisch beschreibt, zur Explikation der ihm vorliegenden sprachlichen und außersprachlichen Gegebenheiten sowie der selbständig an sie herangetragenen Leistungen, die zum Verständnis führen. Indem dies für die fremde Sprache geleistet wird, wird es, zumindest soweit die Übersetzung gelingt, auch für die eigene Sprache geleistet. Ihr gegenüber ist der Rekurs auf das Fremde ein Umweg, freilich ein methodisch sinnvoller, da er der theoretischen Objektivierung dient und versteckte Anleihen beim (›schon immer‹) vorverstandenen Eigenen ausschließt.

Dieser Zusammenhang weist bereits darauf hin, daß radikale Lernsituationen auch *in* einer bestimmten Sprache auftreten können. Offenkundig ist das zunächst im Falle gravierender *intersubjektiver* Verständigungsschwierigkeiten. Im alltäglichen Miteinanderreden gehen wir davon aus, daß der Gesprächspartner, der die gleichen Ausdrücke verwendet, sie auch in der gleichen Weise versteht wie wir. Etwaige Abweichungen bleiben unbemerkt oder fallen kommunikativ nicht ins Gewicht. Einige Diskrepanzen aber sind augenfällig. Wir werden mit Fachausdrükken konfrontiert, die wir nur halb oder gar nicht verstehen, stoßen auf ebenso unverständliche neue Metaphern oder auf dialektale, gruppensprachliche und idiolektale Besonderheiten, die mit unserem Sprachgebrauch nicht übereinstimmen. Gilt dies schon für die Texte von *Zeitgenossen*, so gilt es natürlich erst recht für die sprachlichen Zeugnisse *früherer* Jahrhunderte. Ja, beim Lesen

448 Vgl. bes. Quine 1960, a.a.O. [S. 123 Anm. 121], ch. II; Quine 1969, a.a.O. [S. 233 f. Anm. 240], 1 ff. 26 ff.; ders.: *On the Reasons for Indeterminacy of Translation*, in: J. of Phil. 67 (1970), 178-183; ders: *Die Ursprünge der Referenz* [orig. La Salle 1973], dt. Frankfurt 1976, Kap. II.

länger zurückliegender *eigener* Briefe, Diskussionbeiträge oder Entwürfe müssen wir häufig feststellen, daß ihr genauer Sinn und Zusammenhang uns inzwischen entglitten ist. Und wo liegen die Grenzen? Wenn das Verständnis sich in zehn Jahren ändern kann, warum nicht auch in einem Jahr, einem Monat oder einer Minute? Und wenn *ein* Ausdruck unseres Gesprächspartners Zweifel an der Gemeinsamkeit unseres Verständnisses aufkommen läßt, warum sollten entsprechende Zweifel nicht alle *übrigen* treffen können? Mögen diese auch in der Regel unproblematisch sein, die Tatsache, daß ein Teil problematisch ist, reicht hin, um uns aus der sprachtheoretischen Naivität zu reißen und die grundsätzliche Frage zu stellen, unter welchen Bedingungen *Gleichheit* des Verstehens gegeben ist und *worin* es jeweils besteht.

Die generelle Problematisierung ist unabweislich nur für die Theorie, nicht für die sprachliche Praxis. Hier wird ein guter Teil der bestehenden Lücken durch (redundante) sprachliche Kontexte oder ausdrückliche Erklärungen des betroffenen Autors ausgefüllt. Es ist klar, daß die bedeutendsten Fragen damit verschoben sind, denn die erläuternden Ausdrücke dürfen natürlich nicht in der gleichen Weise erläutert werden, wenn kein Zirkel oder Regreß entstehen soll. Im alltäglichen Miteinanderreden aber können wir ihr Verständnis voraussetzen – freilich nur solange, als wir davon ausgehen können, daß die Gesprächspartner in der gleichen Tradition aufgewachsen sind, in ihrer Kindheit also die gleiche Sprache erlernt haben und durch fortdauernden sozialen Zwang an größeren Abweichungen vom allgemeinen Verständnis gehindert werden. Auch das Problem des innersprachlichen Verstehens führt daher, nicht anders als das Übersetzungsproblem zurück in elementare *Lernsituationen.*[449] Daß der Erfolg dieses Lernens weder mit Blick auf die kindlichen noch auf etwaige spätere Lernvorgänge selbstverständlich ist, zeigen die auftretenden partiellen Verständigungsschwierigkeiten. Der Theoretiker, dem es auf die *Bedingungen* des Verstehens ankommt, wird durch sie dazu veranlaßt, die Gemeinsamkeiten auch dort zu problematisie-

449 Formal läßt es sich sogar als Spezialfall des Übersetzungsproblems selbst darstellen, sc. als denjenigen, in dem nicht nur einige wenige, dt. und russ. ›ja‹ etwa, sondern alle Einzelausdrücke der betroffenen Sprachen gleich sind. Ihr Verständnis *kann* jeweils (ungeachtet etwaiger Äquivalenzen und Asymmetrien in ihrer Struktur, Anm. 436) differieren. *Wird* es als gleich vorausgesetzt, liegt der triviale Sonderfall vor, den Quine (a.a.O.) als »homophone Übersetzung« bezeichnet.

ren, wo sie im Sprachvollzug nicht problematisch sind. Sinn dessen ist es natürlich nicht, das Verständnis als solches in Zweifel zu ziehen oder einen semantischen Solipsismus zu etablieren. Die sprachtheoretische Skepsis ist, ähnlich der Skepsis Descartes' oder Humes, nicht philosophisches Credo sondern Methode: indem das naive Vertrauen in die Gemeinsamkeit des Verstehens zweifelhaft wird, entsteht die Verpflichtung, das, was vorausgesetzt wird, wenn man *nicht* zweifelt, begrifflich zu explizieren und an der Realität zu messen.

Realität im Falle menschlicher Natursprachen ist es, daß ihre Ausdrücke durch die beobachtbaren nichtsprachlichen Verhaltensweisen und sonstigen ›Verwendungsumstände‹, die regelhaft mit ihnen verbunden sind, semantisch nicht hinreichend bestimmt werden. Das ist nicht nur die selbstverständliche Voraussetzung der ›Lerntheorie‹ des Katers Murr und die Prima-facie-Evidenz jeder Reflexion auf das eigene Sprachverständnis, sondern auch das begründete Resultat unserer Auseinandersetzung mit dem behavioristischen Ansatz Wittgensteins. Es spricht für die sprachtheoretische Unvoreingenommenheit Quines, daß auch er, trotz seiner behavioristischen Grundüberzeugung, diese Tatsache anerkennt. Seine These von der »*Unterbestimmtheit* der Übersetzung« hebt vor allem auf die Unmöglichkeit einer behavioristischen Spezifizierung des referentiellen Satzteils ab, geht aber tendenziell weiter und kann mühelos auch auf zahlreiche andere Aspekte elementarer oder komplexer Sätze ausgedehnt werden.[450] Der radikal Überset-

450 Die behaviorale Unterbestimmtheit beginnt, wie die Sekundärliteratur mehrfach und an einigen Stellen auch Quine selbst deutlich gemacht haben, schon auf der Stufe der Ausdrucksidentifikation, denn es ist ja auch denkbar, daß die gleichen sprachlichen Fakten durch verschiedene syntaktische oder phonologische Regelsysteme angemessen erfaßt werden. (Quine 1969, a.a.O., 5 bezeichnet die »homophone Übersetzung« darum mit Recht als Übersetzung nach dem Kriterium *»phonetischer«* – nicht phonologischer – »Korrespondenz«.) Für den semantischen Bereich gilt das natürlich erst recht.

Andererseits verknüpft Quine seine Unterbestimmtheitsthese mit verschiedenen weitergehenden Behauptungen, die nicht unproblematisch sind und darum prinzipiell von ihr getrennt werden sollten. Eine (in der Literatur oft als »inextricability thesis« bezeichnete) These geht dahin, daß die beobachtbaren Daten keine präzise Unterscheidung zulassen zwischen dem, was zur *›Bedeutung‹* einer Satzäußerung gehört, und der jeweiligen *›Meinung‹* des Sprechers. Daß hier ein Problem besteht, dürfte ersichtlich sein; aber die Unterbestimmtheitsthese selbst ist von dessen Lösung ganz sicher unabhängig, da sie das Verstehen als solches betrifft, gleichgültig ob auf individueller oder auf überindividueller Stufe. Schließt man die Differenzierbarkeit

zende steht mit Bezug auf die ihm verfügbaren Daten über die fremde Sprache vor einer Vielzahl denkbarer Übersetzungsalternativen, die mehr oder weniger weit voneinander entfernt sind. Woran kann er sich halten? Teilweise sicher an allgemeine ›Ökonomieprinzipien‹ und erkennbare strukturelle Entsprechungen. Aber ob sie zur Eindeutigkeit führen, steht dahin, und selbst wenn sie es tun, bleibt die grundsätzliche Frage, ob die *theoretisch* plausibelste Übersetzung *wirklich* die ›intentionale Einstellung‹ (S. 132 Anm. 132) der übersetzten Autoren trifft? So ist er – bis zum etwaigen, beobachtungsabhängigen Beweis des Gegenteils – auf die *Vermutung* angewiesen, daß ihr Verständnis seinem eigenen prinzipiell gleich ist, d. h. der Übersetzende schließt die bestehenden Lücken, indem er, wie Quine sagt, das »Begriffsschema« seiner eigenen Sprache in die beobachtungsmäßig unterbestimmte fremde »hineinprojiziert«.

Quine hat erklärt, daß die Unterbestimmtheitsthese nur bei der zwischensprachlichen Übersetzung »klaren empirischen Sinn« hat, und den Zweifel an der semantischen Eindeutigkeit unserer eigenen Äußerungen oder derjenigen von Sprachgenossen als »absurd«, »pervers« oder als schlechten »Scherz« abgetan (1960, a.a.O., 78 f.; 1969, a.a.O., 46 f.). Aber *wenn* eine Lücke besteht, besteht sie *immer* und nicht erst auf der Stufe des *sekundären* Erlernens von Sprache. Die Übersetzungssituation mag der bedeutendere empirische Anlaß sein, sich der Unterbestimmtheit bewußt zu werden, sprachtheoretisch ist sie weit weniger kritisch.

allerdings aus, liegt es, auch wenn es darin nicht impliziert ist, nahe, die semantische Unterbestimmtheit mit der generellen *Unhaltbarkeit* der Rede von ›der Bedeutuung‹ von Ausdrücken in Verbindung zu bringen, wie Quine das mit speziellem Bezug auf die Rede von ›Propositionen‹ bzw. von Bedeutungen als ›mentalen Entitäten‹ getan hat. Doch ist auch diese Behauptung, wie sich leicht zeigen läßt, weder eine notwendige (vgl. dazu auch P. Wilson in: Inquiry 8, 1965, 210) noch eine hinreichende Bedingung für die Unterbestimmtheitsthese. Entsprechendes gilt für die (in der Literatur vielfältig kritisierte) These Quines vom Zusammenhang der behaupteten *Übersetzungs*-Unterbestimmtheit mit der gleichfalls von ihm vertretenen Unterbestimmtheit von *Theorien,* die empirisch äquivalent sind. Sachlich suspekt (vgl. H. Putnam in: Semant. and Phil., edd. Munitz / Unger, New York 1974, 245) und zugleich unvereinbar mit anderen Quineschen Behauptungen ist schließlich die Verbindung mit einem semantischen ›*Holismus*‹, der zwar grundsätzlich durch eine speziell auf Einzelsätze oder -wörter bezogene Unterbestimmtheitsthese (vgl. Quine 1960, a.a.O., 78 f.; 1969, a.a.O., 35 ff. 80 f.) eingeführt werden kann, freilich nur um den Preis ihrer Selbstaufhebung auf der Ebene der Gesamtsprache (vgl. E. Martin / D.W. Smith in: Found. Lang. 12, 1974, 56 f.)

Sie ist ersichtlich weniger radikal. Solange man etwas *hat*, was unterbestimmten Äußerungen unterlegt werden kann, kann man in der Gewißheit leben, *daß* man etwas versteht, auch wenn man nicht sicher sein kann, ob es dem Verständnis des Gegenübers *entspricht*. Genau dies ist beim innersprachlichen Verstehen nicht mehr selbstverständlich. Zwar könnte man zunächst an eine analoge Erklärung denken und sagen, daß jeder einzelne sein (gegenwärtiges) ›Begriffsschema‹ in die Äußerungen seiner Gesprächspartner oder in eigene (frühere) Äußerungen ›hineinprojiziert‹. Doch das verschiebt die Probleme nur. Das Begriffsschema selbst ist ja zum überwiegenden Teil in intersubjektiven Lernsituationen erworben worden, und selbst wenn es rein individuell wäre, könnte die Entscheidung zwischen verschiedenen Interpretationen (wenn es solche gibt) spätestens auf der Stufe des jeweiligen eigenen Sprachzustands nicht mehr durch ›Projektion‹ von vorhandenen Kenntnissen fallen. Erst das Problem des innersprachlichen Verstehens stellt uns vor Lernprobleme, die radikal genug sind, um uns zur Explikation aller beteiligten Elemente zu zwingen.

Quines Zurückschrecken vor der umfassenden Anwendung seiner Unterbestimmtheitsthese ist der sichtbare Ausdruck des Konflikts, in den seine sprachtheoretischen Einsichten mit seinen behavioristischen Neigungen kommen. Es ist klar: wenn man zur Erklärung des menschlichen Sprachgebrauchs nicht mehr heranziehen will als Verhaltensleistungen und beobachtbare ›Verwendungsumstände‹, müssen alle Differenzierungen auf dieser Basis getroffen werden. Entweder also man zeigt, daß die Unterbestimmtheit doch mit Hilfe der Quineschen Prämissen oder geeigneten (behavioristischen) Zusatzannahmen zu überwinden ist, was allerdings, angesichts von ihm verwendeter Argumente und unserer eigenen früheren Überlegungen, äußerst schwerhalten dürfte.[451] Oder man nimmt, umgekehrt, das Auftreten unüber-

451 ›Ökonomieprinzipien‹ und strukturelle Entsprechungen, die in der Literatur die größte Rolle gespielt haben, kommen dabei (aus den angegebenen Gründen) kaum in Betracht, allenfalls geeignete Erweiterungen des Datenmaterials und der in Rechnung gestellten ›Verarbeitungsmechanismen‹. Quine orientiert sich am Reiz-Reaktions-Schema des psychologischen Behaviorismus (vgl. S. 126 Anm. 124) und entsprechend einfach sind seine Prinzipien. Daß ein weniger restriktiver behavioristischer Ansatz die Unterbestimmtheit zu überwinden vermag, ist mehrfach, z. T. auch mit speziellen Lösungsvorschlägen, behauptet worden (vgl. etwa J. Hintikka in:

windlicher Unterbestimmtheiten als Beweis dafür, daß die ins Auge gefaßten Interpretationsalternativen gar keine echten Alternativen sind, sondern sich auf ›begrifflich‹ irrelevante Ausdrucksdifferenzen beschränken.[452] Dann aber muß man die Rede von ›projizierbaren Begriffsschemata‹ (o. ä.) fallenlassen. Daß Quine dies *nicht* tut, zeigt, daß auch sein semantisches Wissen weiter reicht als seine behavioristischen Vorurteile.[453] Die reduktionistische Auffassung bleibt ›kontraintuitiv‹ und die behavioristischen Einlösungsmöglichkeit für die betroffenen ›Intuitionen‹ begrenzt. Quines Unterbestimmtheitsthese führt also selbst auf jene Tatsache zurück, die sich der unvoreingenommenen Sprachbetrachtung schon immer aufgedrängt hat und auf die wir im Zusammenhang mit den Erklärungen Humboldts über das Erlernen grammatischer Ausdrücke gestoßen waren (S. 67 f.): sc. daß das Spracherlernen nur teilweise durch die von *außen* kommenden Lehreinflüsse bestimmt wird, teilweise aber auch durch das, was der Lernende – beim primären ebenso wie beim sekundären Spracherwerb – *selbständig* an die beobachtungsmäßig unterbestimmten Daten heranträgt, was zugleich heißt, daß der Lernprozeß selbst und der

Davidson / Hintikka, edd., 1969, a.a.O. [S. 222 Anm. 228], 69 ff.; A. C. Lambert / P.D. Shaw in: Mind 80, 1971, 109 ff.; C.S. Hill in: Anal. 32, 1972, 68 ff.; M. Dummett in: Synth. 27, 1976, 24 f. 37). Durchschlagend gegenüber den Quineschen Bedenken ist jedoch keiner von ihnen, und zugleich kommen neue Schwierigkeiten hinzu, teilweise wird auch der behavioristische Rahmen zweifelhaft. Ob und wie weit die spezielle Grenzziehung Quines innerhalb dieses Rahmens *verschoben* werden kann, ist sprachtheoretisch relativ uninteressant. Wesentlich ist, *daß* wir mit behavioraler Unterbestimmtheit zu rechnen haben und unsere Theorie auf sie einstellen müssen.

452 Auch diese Auffassung ist in der Literatur mehrfach als Interpretation für die Quinesche These erwogen worden (vgl. S. Davis in: Phil. Stud. 18, 1967, 41; G. Harman in: Rev. Metaph. 21, 1967-68, 148; Ch. Landesman, in: Australas. J. Phil. 48, 1970, 321; K. Schick in: J. Phil. 69, 1972, 829; u. a.).

453 Vgl. hierzu auch die folgenden Äußerungen in Quine 1960, a.a.O., 26 und Davidson / Hintikka 1969, a.a.O., 312 f. (Hervorhebungen von mir): »In this chapter we shall consider *how much* of language can be made sense of in terms of its stimulus conditions, and what scope this leaves for *empirically unconditioned variation* in one's conceptual scheme.« bzw. »I am concerned only to show *what goes into* it [sc. translation], and *to what degree* our behavioral data should be viewed as guides to a *creative decision* rather than to an awaiting reality.« Einige Interpreten (Davis 1967, a.a.O.; M.C. Bradley in: J. Phil. 66, 1969, 124; Landesman 1970, a.a.O., 330 ff.; Schick 1972, a.a.O.) haben Quines Unterbestimmtheitsthese daher, entgegen seinen erklärten eigenen Absichten, als Argument *für* einen semantischen Mentalismus verstanden bzw. *für* die Möglichkeit von ›privaten‹ Bedeutungen und eine entsprechend skeptische Position.

Lernerfolg behavioral nicht vollständig kontrollierbar sind. Lernen, zumindest bei normal begabten und normal sich entwickelnden Menschen, ist durch Aktivität und Spontaneität gekennzeichnet, zu deren Wesen es nun einmal gehört, daß sie sich der totalen externen Verfügung entziehen. Der ›projektive‹ Charakter des Sprachverständnisses wird nicht nur durch einschlägige entwicklungspsychologische Beobachtungen bestätigt, sondern auch durch die Tatsache, daß nur er jener guten erkenntnistheoretischen Tradition entspricht, die wir (S. 90) im Anschluß an Herder und Humboldt zu übernehmen bereit waren.

Ein Lernmodell, das dieser Auffassung Rechnung trägt, sollte wenigstens vier Komponenten umfassen:

[a] die beobachtbaren *Daten* (Laut- und Schriftäußerungen, nichtsprachliches Verhalten, situativer physischer Kontext),
[b] die (angeborenen bzw. früher erworbenen) unspezifizierten *Fähigkeiten* der ›Datenverarbeitung‹,
[c] den spezifischen *Verarbeitungsprozeß*, und
[d] das *Resultat* das auf diese Weise erreicht wird.[454]

Diese Komponenten stehen in einem offenkundigen wechselseitigen Abhängigkeitsverhältnis, das verschiedene Schlußmöglichkeiten vom jeweils Bekannten aufs Unbekannte bietet. Zwei sind für uns von besonderer Bedeutung. Wenn man die Daten, Fähigkeiten und den Verarbeitungsprozeß kennt, kann man das Resultat des Lernens voraussagen. Kennt man dagegen Daten und Resultat, kann man die relevanten Paare von Fähigkeiten und Verarbeitungsprozessen ableiten. Empirisch scheint das zweite Verfahren geeigneter, da man zumindest solange, als hinreichend

454 Ein Modell dieser Art ist in den Grundzügen bereits bei Herder und Humboldt angelegt (vgl. S. 45 f. bzw. 56 f.). Chomsky (1965, a.a.O. [S. 44 Anm. 28], 1975, a.a.O., 23 ff.) erwähnt Daten, Resultat und Verarbeitungsmechanismus, wobei der letztere Fähigkeiten und Prozeß zugleich umfaßt. Tatsächlich wird deren Unterscheidung bedeutungslos, wenn man, wie Chomsky, die Fähigkeiten (»angeborenen Grammatiken«) so spezifiziert sein läßt, daß sich die Datenverarbeitung auf die Auswahl des jeweils passenden Teils beschränkt. Für eine Lerntheorie, die sich an derart starke und schwer zu begründende Annahmen nicht binden will, wird die Differenzierung notwendig.

Der Verarbeitungsprozeß ist im übrigen nicht zu verwechseln mit dem sukzessiven Lernfortschritt. Dieser bildet formal eine (indefinite) Folge von Stufen, die *jeweils* durch einen Lernprozeß der beschriebenen Art gekennzeichnet sind, wobei die Resultate der früheren Stufen auf allen späteren formal den Status (erworbener) Fähigkeiten haben.

detaillierte neurologische Kenntnisse fehlen, Aussagen über vorhandene Fähigkeiten und konkrete Formen ihrer Aktualisierung offenbar nur auf der Grundlage erreichter Ergebnisse machen kann. Soweit eine Wahlmöglichkeit besteht, ist die generelle theoretische Maxime dabei natürlich, die Prozesse so einfach und die Fähigkeiten so unspezifisch zu halten, wie das im Hinblick auf andere Lernvorgänge, bekannte Fakten über Lernzeit, Motivation usw., sowie auf Daten und Resultat möglich ist.

Das gilt unabhängig von allen weiteren theoretischen Überzeugungen, ist also nichts, was eine behavioristische von einer mentalistischen oder sonstigen nichtbehavioristischen Lerntheorie unterscheiden könnte. Der Behaviorist geht über den ›ökonomischen‹ Grundsatz hinaus und betrachtet das zweite Verfahren als dem ersten nicht nur empirisch, sondern grundsätzlich, überlegen. Er will nicht nur möglichst *einfache* und *unspezifische* Fähigkeiten und Verarbeitungsprozesse annehmen, sondern sie durch eine *Leerstelle* ersetzen, die durch dispositionelle theoretische Konstrukte auf der Grundlage beobachtbarer Daten und resultierender Verhaltensleistungen ausgefüllt wird. Würde das Lernresultat sich im Verhalten *erschöpfen*, wäre daran kaum etwas auszusetzen. Doch genau das ist der kritische Punkt. Nicht allein die semantische Relevanz des Mentalen schließt eine solche Reduktion aus.[455] Auch intern ergeben sich unannehmbare Konsequenzen. Wenn alles, was zu erlernen ist, ›im Verhalten offen zutage liegt‹, wird die Unterscheidung zwischen Sprachdaten und Resultat theoretisch bedeutungslos, denn es handelt sich dann ja um qualitativ identische Leistungen, nur mit verschiedenen ›Trägern‹. Das Lernen des ›Schülers‹ beschränkt sich auf spontanes oder durch ›Abrichtung‹ bewirktes *Nachahmen* der vom ›Lehrer‹ vorgegebe-

455 Im Kontext des skizzierten vierteiligen Lernmodells wird der ›Petitio‹-Charakter des behavioristischen ›Lernarguments‹ gegen mentale Prädikate (S. 126 f.) offenkundig: der zu begründende Reduktionsschritt wird bei der Spezifizierung der vierten Komponente stillschweigend als geleistet vorausgesetzt. *Daß* mentale Phänomene relevant sind, dürfte nach unseren obigen Untersuchungen feststehen. Angesichts ihrer *begrenzten* Bedeutung erscheint es dennoch angebracht, das Argument durch *interne* Überlegungen zu stützen. Eines der Hindernisse, die eine breitere Rezeption der ›mentalistischen‹ Lerntheorie Chomskys ausschließen, liegt ja bekanntlich darin, daß sie sich bei der Bestimmung des Resultats auf (›grammatische‹) ›Intuitionen‹ beruft, deren Objektivität zweifelhaft ist und die auch innerhalb der ›generativen‹ Linguistik zu erheblichen Abweichungen geführt haben.

nen und kontrollierten Verhaltensweisen,[456] wobei es allenfalls von pädagogisch-praktischem Interesse ist, auf Grund welcher vorhandenen Fähigkeiten und aktuellen Lernprozesse dieses Ergebnis erzielt wurde. *Verstanden* werden müssen die ihrem Sinne nach ›unverborgenen‹ Lehrvorführungen und Korrekturen überhaupt nicht mehr.

Das entspricht nicht den realen Gegebenheiten, weder beim Spracherlernen und Übersetzen, noch beim Erlernen (etwa) von Brettspielen oder Gesellschaftstänzen, bei denen die unterstellte durchgängige Beobachtbarkeit ihrer ›Sinnstruktur‹ wirklich plausibel erscheint. Die lerntheoretische Simplifizierung des Behaviorismus liegt im pauschalen Überspringen des Intentionalitätsproblems (S. 132 Anm. 132). Daß es auch und zuallererst im Bereich des Verhaltens auftritt, zeigt die Reflexion auf die impliziten Prämissen des behavioristischen Lernmodells selbst. Auch ein so einfaches Modell wie das von Quine zugrundegelegte kommt nicht aus ohne die vorausgesetzte Fähigkeit des Lernenden, die Situation als Lernsituation aufzufassen, semantisch irrelevante Faktoren der Sprachverwendung auszugrenzen, sprachliche und nichtsprachliche Ereignisse qualitativ und numerisch in Raum und Zeit zu identifizieren, Laut- und Schriftäußerungen überhaupt als ›bedeutsam‹ und speziell als zustimmungs- oder ablehnungsfähige ›Sätze‹ zu interpretieren, bestimmte Verhaltensweisen als solche der ›Zustimmung‹ oder ›Ablehnung‹ zu erkennen, und so weiter.[457] Es ist klar, daß in all diesen Fällen grundsätzlich mit Diskrepanzen

456 ›Nachahmung‹ eines Verhaltens*musters* liegt auch dann vor, wenn (bei Erfüllung des qualitativen Standards) die resultierende Leistung dem Lern-Vorbild nicht in *allen* Aspekten entspricht. Insofern ist ein Erlernen im Sinne des ›Erfassens des Prinzips‹ oder der selbständigen, ›regelgeleiteten‹ Übertragung auf neue Fälle formal abgedeckt. Allerdings liegt es in der Konsequenz des Konzepts der behavioralen ›Offenheit‹, daß auch davon letztlich nicht mehr die Rede sein kann (vgl. S. 122 Anm. 119, S. 131 Anm. 131). Behält man dabei (was angesichts des Verzichts auf qualitative Standards freilich zweifelhaft ist) eine Möglichkeit, von ›*Übereinstimmung*‹ zwischen ›Lehrer‹ und ›Schüler‹ und damit überhaupt noch von einem ›*Lern*ergebnis‹ zu reden, so kann der ›Nachahmungs‹-Charakter des Lernens sogar im Sinne vollständiger Imitation aufgefaßt werden.

457 Voraussetzungen dieser Art gehen, wie auch in der Literatur wiederholt bemerkt, explizit oder implizit in die Quinesche Darstellung ein, die durch ihren Ansatz bei unspezifizierten ›Zustimmungen‹ und ›Ablehnungen‹ (anstelle von spezifizierten Wahrheits- und Falschheitserklärungen) ohnehin schon in einer Weise vereinfacht ist, die für Aussagesätze kaum hinreicht.

zu rechnen ist, und für komplexere behavioristische Modelle gilt das natürlich erst recht.[458]

Hat man sich erst einmal klargemacht, daß das Zusammenspiel von ›gegebenen‹ Daten und ›projektiven‹ Fähigkeiten allenfalls unterschiedlich *gewichtet*, aber nicht einseitig *reduziert* werden kann, wird die Idee der behavioralen ›Offenheit‹ und der sprachtheoretischen Irrelevanz der zweiten und dritten Lernkomponente hinfällig. Zugleich verschwindet der Schein der grundsätzlichen Überlegenheit eines Verfahrens, das sie in Abhängigkeit von der gegebenen ersten und vierten zu spezifizieren sucht. Dieses Verfahren setzt (mit dem Lernresultat) die konstituierenden Leistungen des Verstehens und die gesuchte Differenzierung in ›gedanklichen Gehalt‹ und ›spezifisch Zeichenhaftes‹ *voraus*, kann sie also nicht *durch* die Untersuchung des Spracherlernens gewinnen. Der Rekurs auf radikale Lernsituationen hat zunächst nur die Funktion eines ›Anstoßes‹ zu radikal semantischen Fragen und gewinnt erst nach ihrer Beantwortung sachliches Gewicht für unsere Problemstellung, sc. als *methodische* Möglichkeit zur (eventuellen) faktischen Trennung von Denken und Zeichenverwendung bzw. zur Aufklärung der Gründe ihres Zusammentreffens. Für die *begrifflichen* Fragen ist das zweite Verfahren dem ersten (oben erwähnten) offenbar unterlegen. Nur wenn das Lernresultat in Abhängigkeit vom Lernprozeß und den ihm zugrundeliegenden Daten und Fähigkeiten bestimmt wird, ist die Hoffnung berechtigt, durch die dort – vor allem infolge ihrer zeitlichen Sukzessivität – relativ leicht zu unterscheidenden Einzelleistungen auf Aspekte geführt zu werden, die bei konstituierten, komplexen Ereignissen des ›verständnisvollen Gebrauchs von Ausdrücken‹ undifferenzierbar scheinen. Doch für dieses Vorgehen fehlen uns (bislang[459]) die empirischen Voraussetzungen. Fähigkeiten, die nicht auf Verhaltensdispositionen zu reduzieren sind, lassen sich vor oder während des Lernvorgangs sicher nicht

458 Vgl. dazu etwa die früher (S. 141 Anm. 145 u. 146) erwähnten lerntheoretischen (Re-)Konstruktionen von Lorenz, deren verdeckte interne Voraussetzungen – entsprechend ihrem erweiterten Anspruch – über die Quineschen beträchtlich hinausgehen.

459 Fortschritte in der Neurologie können die Situation verändern – freilich nur für eine *sekundäre* theoretische Stufe, da die Leistungen, die auf neurologische Grundlagen zurückgeführt werden sollen, *zunächst* (wie erwähnt, S. 261) unabhängig von ihnen identifiziert werden müssen.

leichter nachweisen als nachher. Ja, zumindest bei relevanten mentalen Leistungen kann dieser Nachweis für das Kind, das sie spontan mit entsprechend unterbestimmten Äußerungen verbinden muß, überhaupt nicht erbracht werden; vielmehr gründet sich unser Wissen über sie ausschließlich auf das erreichte eigene Sprachverständnis.[460] Die Bedeutung der lerntheoretischen Wendung für die radikale Semantik bleibt begrenzt.

Worin liegt dann ihr realer Wert? Zunächst in der ›natürlichen‹ Zerlegung der Analyse in einzelne Schritte: Teilbereiche, die zu getrennter Behandlung geeignet sind, braucht man nicht länger (wie wir zuvor bei der Auswahl unserer Musterbeispiele für faktisch sprachliches Denken) durch eine vorläufige, ›intuitive‹ Differenzierung des gesamten Phänomenbereichs auszugrenzen, sondern kann sie sich zu einem guten Teil durch die faktische Sukzessivität des Lernfortschritts vorgeben lassen. Zugleich erhält man durch sie, wenngleich keine vollständige Aufklärung, so doch einen bedeutenden ersten Anhaltspunkt für bestehende begriffliche Zusammenhänge, denn es ist klar, daß Denk- und Sprachleistungen, die bestimmte andere notwendig voraussetzen, nicht *vor* diesen erlernt werden können. Vor allem aber erfüllt der lerntheoretische Ansatz, auch wenn er sie nicht als solcher zu leisten vermag, für die begriffliche Differenzierung eine unentbehrliche ›Katalysatorfunktion‹. Der Erwachsene, der den Lernprozeß eines Kindes beobachtet, unterstellt ihm mit Selbstverständlichkeit auf jeder Stufe Leistungen, die durch das, was sich tatsächlich beobachten läßt, nur sehr begrenzt abgedeckt werden. (Jeder, der einigermaßen selbstkritisch ist, kann das leicht verifizieren.) In dieser Situation genügt die Einnahme eines sprachtheoretisch reflektierten Standpunkts, um von selbst mit den Fragen konfrontiert zu werden, die für die radikale Semantik entscheidend sind: Was liegt – dem Kind ebenso wie dem ›unterrichtenden‹ Erwachsenen – *tatsächlich* an Beobachtungsdaten vor? Welche *Leistungen* gehen in die Beobachtung ein bzw. müssen vorausgesetzt werden,

460 Für den radikal Übersetzenden, der seine mentalen ›Projektionen‹ in unterbestimmte fremde Ausdrücke bewußt erleben kann, gilt das zunächst nicht. Geht der Theoretiker jedoch von Berichten über solche Erlebnisse aus, sind die entscheidenden Fragen nur auf die dazu verwendete Sprache verschoben. Analysiert er eigene Übersetzungsleistungen, unterscheidet sich seine Situation mit Bezug auf die fraglichen Differenzierungen nicht mehr von der gewöhnlichen Reflexion auf das eigene Sprachverständnis.

um *Gleichheit* zwischen ›Lehrer‹ und ›Schüler‹ zu gewährleisten? Und *was ist es*, das man, stillschweigend und meist auch unbewußt, über das Beobachtbare hinaus unterstellt, wenn man einem ›Schüler‹ oder einem als kompetent (›geschult‹) anerkannten Gesprächspartner ›Verstehen‹ zuschreibt? Die Versuchung, in die man bei der Reflexion auf das eigene Reden und Hören gerät, sc. das ›Verstehen‹ mit (etwaigen) mentalen oder sonstigen ›Begleitvorgängen‹ neben dem Ausdrucksgebrauch zu identifizieren oder es, im Gegenzug, ganz auf diesen zu reduzieren, ist durch den ›objektivierenden‹ Ansatz beim Lernen beseitigt, ohne daß ›subjektive‹ Faktoren dogmatisch in Abrede gestellt werden müssen.

Unsere Untersuchung kehrt damit von einer anderen Seite her zu ihrer Ausgangsfrage zurück. Denn bedeutet die Anerkennung solcher Faktoren nicht, daß es beim Spracherlernen schließlich doch auf die Intervention eines ›besonderen Geistes‹ hinausläuft, wie ihn der Kater Murr für sich in Anspruch genommen hatte? Wenn wir die Rede vom ›Geist‹ nicht als Freibrief für hermeneutische Spekulationen und Mystifizierungen auffassen, sondern als Hinweis auf eine mehr oder weniger klar zu umgrenzende *Lücke* unseres gegenwärtigen theoretischen Begreifens, muß die Antwort bejahend ausfallen, wenngleich mit bedeutenden Einschränkungen. Sie trifft grundsätzlich nur einen *Teil* des Verstehens, nicht, wie der Kater glaubte, unser Verstehen im ganzen, und sie betrifft unsere Sprache nicht *undifferenziert*, sondern muß für verschiedene Ausdrücke gesondert spezifiziert werden, wobei mentale Leistungen zwar eine Rolle spielen, das ›Geistige‹ insgesamt aber keineswegs ausschöpfen. Wie die verbleibenden Lücken zu schließen sind, ist eine der zentralen offenen Fragen, vor die uns das Problem von Sprache und Denken stellt. Seine definitive Lösung steht aus. Aber die Einsicht in die Begrenztheit unseres Wissens gehört, wie wir seit Sokrates zu wissen glauben, zu den Voraussetzungen wahrer Wissenschaft. Scheinlösungen jedenfalls oder Lösungen nach dem Muster des gordischen Knotens, wie sie für unser Problem immer wieder geboten wurden, dürfen wir guten Gewissens ausscheiden.

Personenregister

Noam Chomsky
Reflexionen über die Sprache

Übersetzt von Georg Meggle und Maria Ulkan
stw 185. 313 Seiten

In seinem neuen Buch, *Reflexionen über die Sprache*, versucht Chomsky nicht die aktuelle linguistische Forschung darzustellen und voranzutreiben, sondern er fragt nach dem Sinn und Zweck dieser Forschung. Welches allgemeine Interesse haben die Ergebnisse dieser Forschung?
Chomskys Reflexionen bieten scharfsichtige Analysen der Kontroversen, die heute zwischen Psychologen, Philosophen und Linguisten ausgetragen werden: über den Erwerb kognitiver Strukturen, über den Zusammenhang der Sprache mit anderen geistigen Organen sowie über die Weise, in der kognitive Strukturen menschliches Handeln und Verhalten bestimmen.

Helen Leuninger
Reflexionen über die Universalgrammatik

stw 282. 198 Seiten

Noam Chomskys Buch *Reflexionen über die Sprache* (= stw 185) stellt eine Zusammenfassung der sprachphilosophischen Kontroverse zwischen Empirismus und Rationalismus und zwischen Semantik und Pragmatik dar. Es präsentiert aber auch einen neuen Entwicklungsstand in der Kontroverse darum, ob die Syntax unabhängig von der Semantik operieren kann. Chomsky führt in diesem Buch die bereits 1973 in den »Conditions on Transformation« entwickelte Spurentheorie ein und motiviert diese sowohl aus empirischen Gründen der Sprachbeschreibung als auch mit kognitiven Argumenten sowie mit Beobachtungen aus dem Prozeß des Spracherwerbs. Diese Theorie stellt eine starke Revision der bekannten Annahmen Chomskys dar.
In den *Reflexionen über die Sprache* liefert Chomsky sozusagen »nur« den konzeptuellen Rahmen der neuen Spurentheorie. Helen Leuningers Arbeit diskutiert nun die methodologischen und empirischen Fragen, die sich aus dieser neuen Theorie ergeben, und stellt sie in den forschungs- und wissenschaftsgeschichtlichen Zusammenhang, aus dem sie entstanden sind.

Eric H. Lenneberg
Biologische Grundlagen der Sprache

Übersetzt von Friedhelm Herborth
stw 217. 597 Seiten

Warum kann allein der Mensch lernen, eine natürliche Sprache zu sprechen? Welches sind die biologischen Prinzipien, die erklären, warum eine bestimmte Art – der Mensch – ein einzigartiges Verhalten – die Sprache – entwickelt hat?
Ehe Lenneberg seinen »Entwurf einer biologischen Theorie der Sprachentwicklung« formuliert, diskutiert er die für seine Frage wichtigen Forschungen. Dabei geht es insbesondere um morphologische und physiologische Korrelate der Sprache (Stimmwerkzeuge und Zentralnervensystem bzw. Atmung, Artikulation, Rhythmik und Steuerung); um Sprache im Kontext von Wachstum und Reifung (»die wohl bisher beste Zusammenstellung des gegenwärtigen Wissens über Spracherlernung«); um neurologische Aspekte des Sprechens und der Sprache (eine kritische Sichtung des klinischen Befundmaterials über leichte und schwere Sprachstörungen bis hin zur Aphasie – fast eine Theorie der Sprachpathologie); um Sprache im Lichte der Evolution und Genetik; um primitive Stufen der Sprachentwicklung (normale und pathologische Kindersprache); um das Verhältnis von Sprache und Erkennen.
»Eric H. Lenneberg, aus Deutschland gebürtiger amerikanischer Psychologe von Weltrang, hat zweifellos ... nicht nur *das* Standardwerk der modernen Biolinguistik, sondern auch zugleich eines der aufregendsten wissenschaftlichen Bücher des 20. Jahrhunderts überhaupt geschrieben.«
(J. H. Scharf)

Sprache, Denken, Kultur

Herausgegeben von Paul Henle
stw 120. 336 Seiten

Dieses Buch ist das Resultat einer immer noch seltenen Zusammenarbeit von Wissenschaftlern verschiedener Fachrichtungen. Anthropologen, Psychologen, Philosophen, Soziologen, Literaturwissenschaftler und Linguisten haben versucht, Natur und Funktion der Sprache zu klären.

Dieter Wunderlich
Studien zur Sprechakttheorie

stw 172. 416 Seiten

Wunderlich entwickelt in seinen Aufsätzen theoretische und methodische Prinzipien der Sprachanalyse im Hinblick auf Interaktionszusammenhänge. Er versucht damit, der Sprachwissenschaft einen neuen Standort zu geben, der verschiedene Entwicklungsstränge in sich vereinigt: die sprachphilosophischen Theorien der Bedeutung und der Sprechakte, die logische Präzisierung des Bedeutungsbegriffs, die formallinguistische Ausarbeitung des Grammatikbegriffs und die soziologische Interaktions- und Konversationsanalyse.

Sprechakttheorie und Semantik

Herausgegeben von Günther Grewendorf
stw 276. 416 Seiten

Die in diesem Band enthaltenen Beiträge von Sprachphilosophen und Linguisten stecken – zum Teil von kontroversen Positionen aus – den theoretischen Rahmen ab, in dem die grammatische Analyse sprachlicher Ausdrücke dem Handlungscharakter der Sprache gerecht zu werden hat.

Inhalt:

Einleitung des Herausgebers. *(I) Kommunikation und Bedeutung.* Georg Meggle, Eine kommunikative Handlung verstehen; Andreas Kemmerling, Was Grice mit »Meinen« meint; Manfred Bierwisch, Wörtliche Bedeutung – eine pragmatische Gretchenfrage; John R. Searle, Intentionalität und der Gebrauch der Sprache; *(II) Zur Semantik explizit performativer Äußerungen.* Günther Grewendorf, Haben explizit performative Äußerungen einen Wahrheitswert? Günther Grewendorf, Explizit performative Äußerungen und Feststellungen; Renate Bartsch, Die Rolle von pragmatischen Korrektheitsbedingungen bei der Interpretation von Äußerungen; *(III) Klassifikation und Identifikation von Sprechakten.* Thomas T. Ballmer, Probleme der Klassifikation von Sprechakten; Dieter Wunderlich, Was ist das für ein Sprechakt? Dorothea Franck, »Ein Mann – ein Wort«. Überlegungen zu aufhebenden Sprechakten; *(IV) Sprechakttheorie und Grammatik.* Roland Posner, Bedeutung und Gebrauch der Satzverknüpfer in den natürlichen Sprachen; Dietmar Zaefferer, Sprechakttypen in einer Montague-Grammatik. Ein modelltheoretischer Ansatz zur Behandlung illokutionärer Rollen.

Ernst Tugendhat
Vorlesungen zur Einführung in die sprachanalytische Philosophie

stw 45. 534 Seiten

Gegenüber der Vorstellung, die analytische Philosophie habe die Perspektiven der zentralen Themen der traditionellen Philosophie verloren, möchte Tugendhat zeigen, daß eine »erste Philosophie« – in der Antike die Ontologie, in der Neuzeit die Transzendentalphilosophie – sich nur auf einer sprachanalytischen Basis erneuern läßt. Es sind die traditionellen Leitbegriffe selbst – die Begriffe des Apriori, des Seins, des Gegenstandes, der Wahrheit, der Vernunft –, die in diese Richtung weisen, sobald man versucht, sie schärfer zu klären, als es mit den traditionellen Mitteln möglich war. Auf diesem Weg, der von den traditionellen Grundpositionen zur analytischen Philosophie führt, soll zugleich die analytische Philosophie ihrerseits in einen Reflexionsprozeß über ihre Grundfragen und Methoden gebracht werden.

Ernst Tugendhat
Selbstbewußtsein und Selbstbestimmung

Sprachanalytische Interpretationen
stw 221. 364 Seiten

Tugendhat will die philosophische Relevanz der Selbstbeziehung reaktualisieren, hält aber die strukturellen Modelle, an denen sich die traditionelle Selbstbewußtseinstheorie orientiert, für inadäquat. Im Mittelpunkt seiner sprachanalytischen Interpretationen stehen deswegen drei Philosophen, die diese Modelle in Frage stellen und sich dabei gegenseitig ergänzen: Wittgenstein, der der Vorstellung von einem Ich die Verwendung des Wortes »ich« entgegenhält; Heidegger, der den Selbstbezug statt als Reflexion als ein Verhalten zur Existenz versteht; und G. H. Mead, dem zufolge man sich zu sich nur verhalten kann, indem man mit sich redet, und dies nur, indem man mit anderen redet. Die Auffassung des Zusammenhangs von Selbstbeziehung, Freiheit und Vernunft, die sich herausstellt, führt am Ende des Buchs zu einer schroffen Konfrontation mit Hegel.

Alphabetisches Verzeichnis der suhrkamp taschenbücher wissenschaft